洪澤年鉴

2017 HONGZE YEARBOOK

淮安市洪泽区人民政府 主办
淮安市洪泽区地方志办公室 编

图书在版编目（C I P）数据

洪泽年鉴．2017／洪泽区地方志办公室编．—北京：方志出版社，2017．12

ISBN 978-7-5144-2815-5

Ⅰ．①洪…　Ⅱ．①洪…　Ⅲ．①洪泽区—2017—年鉴
Ⅳ．①Z525.34

中国版本图书馆CIP数据核字（2017）第 309243 号

洪泽年鉴（2017）

编　　者：淮安市洪泽区地方志办公室
责任编辑：冯　松

出 版 人：冀祥德
出 版 者：方　志　出　版　社
地址　北京市朝阳区潘家园东里9号（国家方志馆4层）
邮编　100021
网址　http://www.fzph.org
发　　行：方志出版社图书经销中心
（010）67110500
经　　销：各地新华书店
印　　刷：江苏农垦机关印刷厂有限公司

开　　本：889×1194　　1／16
印　　张：17.5
字　　数：606 千字
版　　次：2017年12月第1版　　2017年12月第1次印刷
印　　数：0001～1500册

ISBN 978-7-5144-2815-5　　定价：210.00元

《洪泽年鉴（2017）》编纂委员会

编者：淮安市洪泽区地方志办公室

地址：淮安市洪泽区文化中心一楼

邮编：223100

电话：（0517）87218019　87223447

邮箱：hongzexzb@163.com

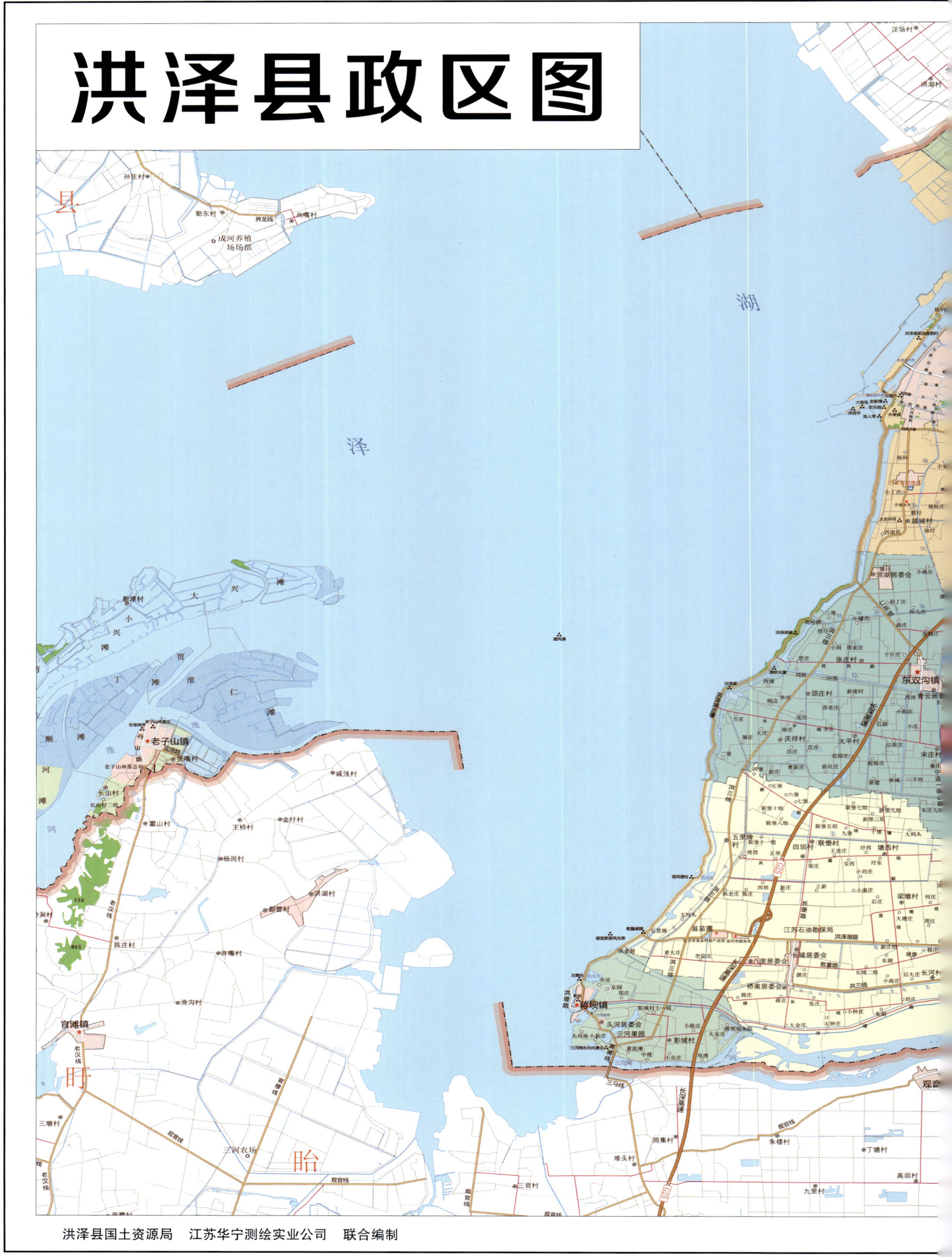

洪泽县政区图
孙庄村
勒东村
界龙线
尚嘴村
成河养殖场场部
县
湖
泽
新滩村
大兴滩
小兴滩
丁滩
贾滩
淮仁滩
顺滩
老子山镇
丹山路
张嘴村
长山村
霍山村
威洼村
王桥村
金圩村
杨岗村
洪湖村
都管村
陈庄村
许嘴村
渔沟村
官滩镇
老汉线
盱
眙
三墩村
观官线
三河农场
三官村
周集村
堆头村
朱楼村
丁塘村
高坝村
九里村
汪场村
滨湖居委会
东双沟镇
张庄村
邵庄村
庆祥村
大平村
宋庄村
五里牌村
四坝村
联堡村
塘西村
梁墩村
江苏石油勘探局
洪泽湖路
县苗圃
八里居委会
长堤居委会
桥南居委会
共三线
蒋坝镇
头河居委会
彭城村
长深高速
洪泽县国土资源局　江苏华宁测绘实业公司　联合编制

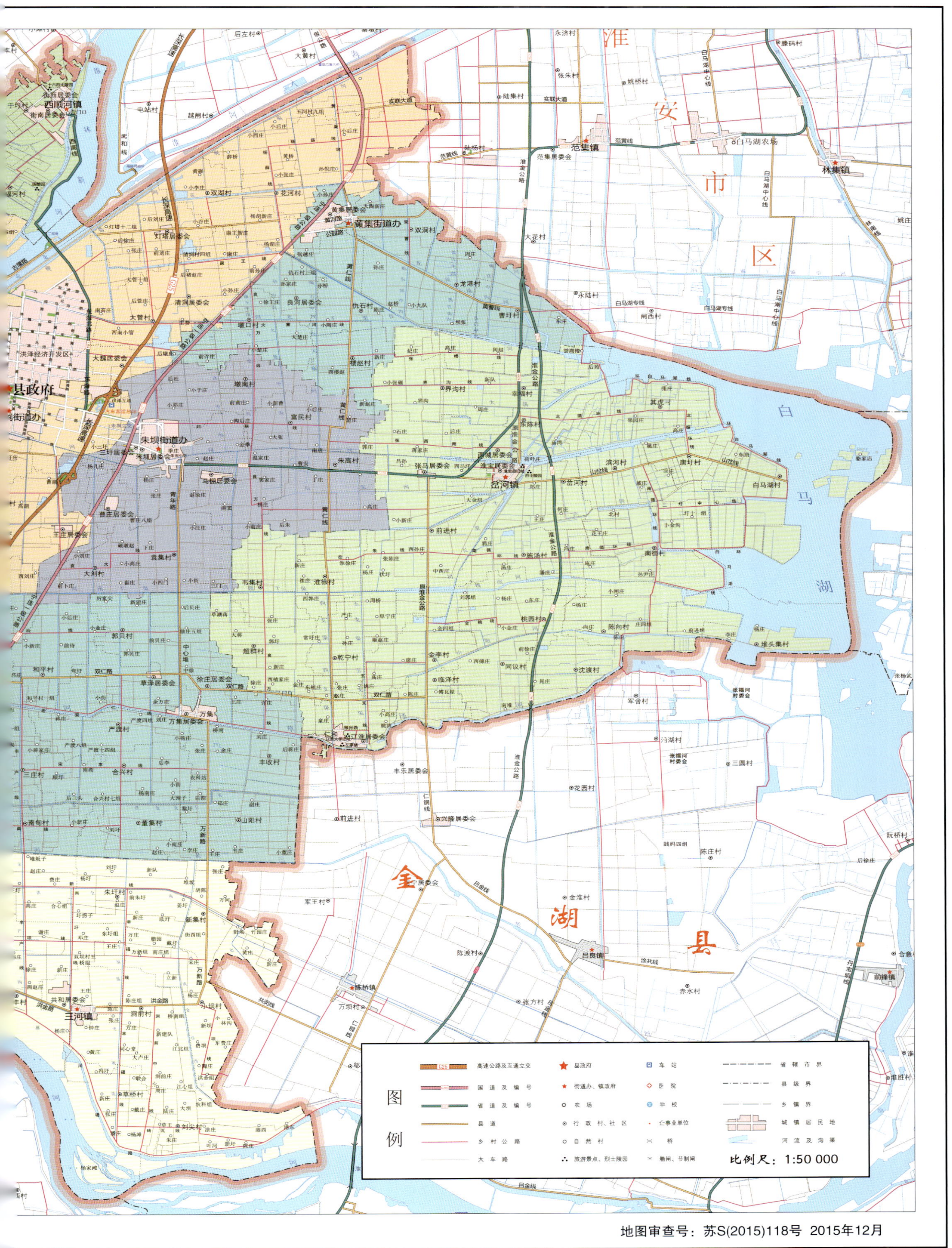

地图审查号：苏S(2015)118号 2015年12月

洪泽县城区图
洪泽湖
洪祥村
钱码头
高良涧复线船闸
洪泽湖旅游度假村
九牛水泥
中电热电公司
戴梦特化工
金象赛瑞化工
饲料厂
人民桥
砚台船闸
润林纸业
千禧纸业
宝润金属
迈克剑麻
杰迈手套
植物油厂
海珠集团
鸿盈花园
龙景生态园
邓码社区居委会
消防大队
人防办
高涧幼儿园
卫计委
妇幼保健院
邓码小区
盐务局
洪泽湖大桥
洪泽湖水上安全停泊区
卧龙金湾
湖滨花园
电大
闸小
石油公司
江苏银行
二中
大润发
检察院
人社局
农发行
电力宾馆
农行
农商行
兴泽苑
商贸城
润泽名都
寿保公司
高良涧水电站
高良涧进水闸
高良涧闸管所
港务公司
洪泽湖水上救援中心
海事处
实验小学
粮食局
财政局
影剧院
人行
银座
盛世华庭
盛世豪庭
夕阳红大院
北京路小区
华夏世纪家园
苏源绿洲
秀水苑
汉坤大酒店
中亿花园
古渔市
水产局
工行
建行
县医院
供电公司
机关小区
供销社
中行
华润苏果
城东批发市场
金泽苑
别墅区
世纪名城
高涧卫生院
民政局
环保局
机关幼儿园
浔河花苑
林业局
共泽湖文化广场
金莺花苑
天水百合园
大墩岛旅游度假村
船坞
泽国寺
欢乐园
水釜城
杨码社区居委会
城管局
浔河套闸
基督教堂
金色家园
东方大厦
渔人湾
实验中学
水木清华
省洪泽湖堤防所
迎宾大道
杨码花园
浔河中心路
武警中队
浔河村
鄱阳湖西路
鄱阳湖东路
洪泽湖古堰
洪三公路
双高路
高良涧客运站
洪泽县国土资源局　江苏华宁测绘实业公司　联合编制

地图审查号：苏S(2015)118号 2015年12月

编辑说明

一、《洪泽年鉴》为地方综合性年鉴，由淮安市洪泽区人民政府主办、区地方志编纂委员会办公室负责逐年编纂。《洪泽年鉴（2017）》以马克思列宁主义、毛泽东思想、邓小平理论、“三个代表”重要思想、科学发展观和习近平新时代中国特色社会主义思想为指导，坚持辩证唯物主义和历史唯物主义的立场、观点和方法。2016年7月7日洪泽县撤县设区，10月8日淮安市洪泽区挂牌成立。为便于记述，本年鉴除大事记、重要会议及领导职务以10月8日为时间节点外，统一使用设区后的机构名称。

二、本年鉴为第十一卷，主要记录2016年洪泽区自然、政治、经济、文化和社会生活等方面基本情况，为领导决策提供依据、为中外人士了解和研究洪泽提供资料，也为地方史志保存翔实的历史资料。

三、《洪泽年鉴》采取分类编辑法，以类目、分目、条目三个层次组成框架结构的主体。个别条目下设子目。本卷另设“特载”“特辑”“人物”等栏目，以丰富年鉴的内容；刊插了若干图片，力求图文并茂。

四、本年鉴中统计数据以区统计局公布的为准，统计局未作统计的以各专业部门提供的数据为准。量和单位的使用，执行国家标准。“特载”中所涉及的数据、量与单位均未作变动，以保持文件原貌。

五、本年鉴“人物”栏目中，有人物简介23篇，名录5种。其中，“组织机构设置及领导名录”由区委组织部、区编办核实提供（垂直单位和省、市驻洪单位机构由相关单位提供）；“省劳动模范”收录的人员由区总工会提供；“新人新事”收录的人员由相关单位提供；“好人榜”“文明家庭”收录的人员由区文明办提供。

六、本年鉴采用的稿件由全区各镇（街道）、各部门以及驻洪单位提供，并经相关单位领导审核。所有稿件经过区地方志办公室编辑编审。由于编者水平所限，不足之处恳请广大读者批评指正。

2016年7月2日，省委书记李强（前排右二）到洪泽视察三河闸　　曹恒楼 摄

2016年3月9日，省人大常委会副主任刘永忠（前排右二）率队到洪泽调研乡镇(街道)人大工作

孙高歌 向 美 摄

2016年 9月23日，省农委主任吴沛良（前排左二）到洪泽爱食派电商平台、白马湖森林公园及菊花园调研　　闵祥峰 摄

2016年7月28日，省粮食集团董事长、党委书记刘习东（前排右二）到洪泽调研江苏省白马湖粮食储备库发展情况　　闵祥峰 摄

2016年6月16日，省财政厅副厅长宋义武（前排右二）一行到洪泽调研蒋坝PPP项目进展情况

左泽瑞　摄

2016年7月10日，省环保厅副厅长蒋巍（前排左一）到洪泽调研尾水收集处理及利用工作

闵祥峰　摄

淮安市洪泽区挂牌成立

2016年10月8日，淮安市洪泽区成立大会召开。市委书记姚晓东出席大会并讲话。市长惠建林主持会议。市领导王维凯、张彤、戚寿余、李晓雷、陈洪玉、刘必权出席会议。姚晓东、惠建林、王维凯、李晓雷等市领导分别为淮安市洪泽区委、区人大常委会、区人民政府、区政协、区纪委揭牌。张彤宣布市委有关决定。戚寿余宣读省政府和市委、市政府有关通知。中共淮安市洪泽区委书记朱亚文作表态发言。

姚晓东对洪泽撤县设区工作及今后发展提出四点要求。一是凝聚新共识，充分把握撤县设区战略意义。洪泽撤县设区，全面融入淮安中心城市发展，既是对全市区域经济版图的一次重构，也为洪泽发展提供了重大机遇。有利于洪泽在更大平台整合要素资源，有利于洪泽在更广空间承接战略支持，有利于洪泽在更高水平增进民生福祉。二是接受新考验，稳妥实施区划调整各项工作。洪泽区委、区政府要认真落实市委、市政府部署安排，以强烈的责任感和使命感做好区划调整实施阶段各项工作。要坚定讲政治顾大局，坚持按序时快推进，坚决保稳定促和谐。三是激发新动力，不断增创科学发展更大优势。成立大会的召开，标志着洪泽区发展站在了新的历史起点上，迎来了新的重大机遇期。要精心谋划发展蓝图，积极争取政策支持，全力冲刺年度目标。四是担负新使命，着力打造创新实干清廉队伍。行政区划调整是一场考试、也是一个窗口，洪泽区广大党员干部要进一步解放思想、改进作风，巩固和发展团结一心、干事创业的生动局面。要转变发展思维方式，弘扬艰苦奋斗作风，维护清正廉洁形象。

惠建林希望淮安市洪泽区在把握大势中广泛凝聚思想共识。迅速传达会议精神，引导全区上下切实把思想和行动统一到市委、市政府的决策部署上来，形成推进洪泽加快发展的强大动力。在统筹协调中推进经济社会发展，抓住撤县设区的重要契机，迅速转变发展思路，谋划发展蓝图，创新发展方式，推进洪泽加快融入主城区，奋力开创洪泽发展新局面。在大干当前中争当跨越发展先锋，按照目标不降、任务不减、劲头不松的工作要求，统筹推进项目建设、民生改善等各项工作，确保圆满完成全年目标任务。

朱亚文说："洪泽正式宣布撤县设区，这注定是永载洪泽史册的大事喜事。我将与区四套班子一道，与广大干部群众一起，把握机遇，求真务实，迎接挑战，用洪泽的科学跨越发展来回报市委、市政府和广大人民群众对我们的期望。一是提高思想认识，坚决拥护市委、市政府的战略决策；二是加快转变观念，积极主动适应撤县设区的新要求；三是注重协调发展，聚力打造淮安中心城市新的增长极；四是发展社会事业，不断提升人民群众的幸福指数；五是从严管党治党，努力营造风清气正的政治生态。"

出席淮安市洪泽区成立大会的人员还有：殷强、杨步新、陈继信等洪泽区四套班子全体领导；区法院院长、检察院检察长、古堰管委会主任、经济开发区管委会主任；各镇、街道党政主要负责人；区直单位负责人；省市驻洪单位主要负责人；原洪泽县四套班子离退休老干部代表等。

淮安市洪泽区通过省级园林城市验收

2016年12月16日，区委、区政府召开省级园林城市创建工作评议会

2016年12月，江苏省住房和城乡建设厅组织召开洪泽省级园林城市创建工作评议会，与会专家一致认为，洪泽区各项指标达到了省级园林城市考核标准。

2014年，洪泽县正式启动省级园林城市创建工作。以提升城市园林绿化建设水平和质量为目标，累计投入6.2亿元，实施了一勺长淮公园（砚临河风光带）、城南公园（水釜城景区）、湖滨景区和城区道路绿化提升等近30项城市绿化重点项目。建成区园林绿化总面积达673公顷，绿地率36.98%，绿化覆盖总面积达730公顷，绿化覆盖率40.11%，公园绿地面积126公顷，人均公园绿地9.84平方米，创成省级园林式单位6家，省级园林式居住区4家。

2016年12月16日，省住建厅风景园林处领导携专家组一行到洪泽指导验收省级园林城市创建工作

2016年8月11日，淮安市园林管理局局长刘白到洪泽检查指导省级园林城市创建工作

砚临河风光带“一勺长淮”段

城南公园一角

电视媒体

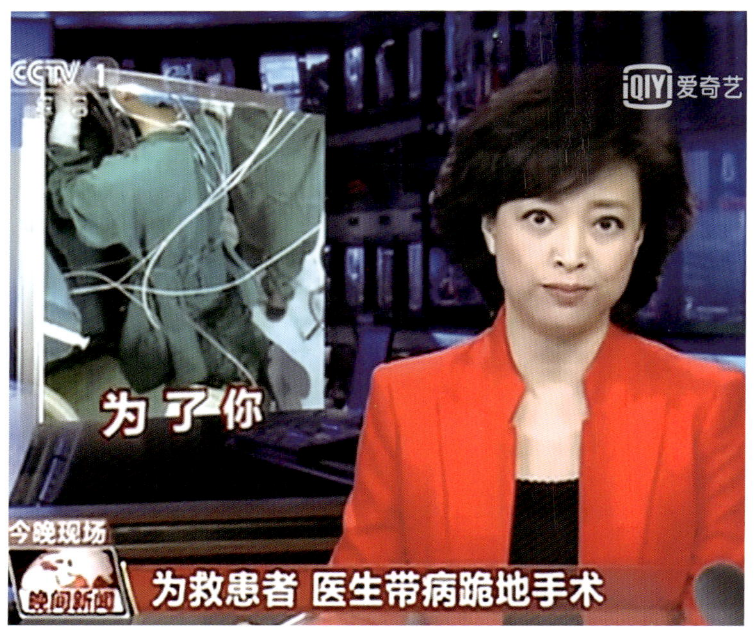

2016年，洪泽区新闻外宣工作围绕区委、区政府中心工作、重点工作，展示聚力打造“五区一极”新做法、新成效，集中展示涌现出的先进典型和特色亮点工作，让幸福洪泽成为人民群众的现实体验，积极唱响洪泽好声音。

主流媒体宣传有突破。2016年，中央电视台新闻频道、综合频道、国际频道、体育频道等用稿10余条，连续报道了洪泽区全民创业、“最美跪姿”医生赵光元、“最美双腿”自来水抢修工王兆福、全国“五好文明家庭标兵”孙成斌家庭、大闸蟹节系列文化活动迎中秋等，其中中央电视台新闻频道播出洪泽新闻6条，取得历年最好成绩。新华社、人民日报、光明日报、工人日报、农民日报、中国旅游报、中国县域经济报、中国环境报等国家级媒体用稿30多篇。新华日报用稿86篇，其中头版5篇，位于全省各县（区）前列；淮安日报用稿300多篇，头版头条近20篇，继续保持全市领先。

重点工作展示有成效。新华日报6个整版，淮安日报10个整版、扬子晚报10个整版，南京日

洪泽发布

《洪泽新闻》公众号

报6个整版等聚焦洪泽，《欧洲时报》一个整版宣传推介洪泽，旅游发展、城镇建设、高效农业、文明创建、社会事业、质效提升等重点工作得到了充分展示，成功推出王伟伟、孙成斌、赵光元、陈秀珍等一系列重大典型，进一步提升洪泽的知名度和美誉度。

重要节点宣传有影响。国庆期间，新华日报对新上任的县（区）委书记进行专访，头版头条报道了洪泽区委书记朱亚文的假期工作行程。省党代会期间，人民网、新华日报、新华交汇点、江苏网集中采访区委书记朱亚文，报道洪泽学习贯彻省党代会精神的思路举措。区党代会和撤县设区工作及时在新华日报、淮安日报进行整版宣传，取得较好宣传效应。

网络媒体

9月30日，人们在江苏省洪泽县参加罩鱼比赛　　新华社发（周洪明　摄）

江苏洪泽：古堰马拉松　共享秋色美

2016年10月24日 15:08:39

10月23日，选手行进在洪泽湖畔　　新华社发（周洪明　摄）

报纸媒体

新华日报　向两会报告　T7　星期日 2016年1月24日

率先建立『五位一体』管护机制，在全国农村改革试验区工作会议上作典型交流

为全国探路，洪泽聚力推进『小水改』

2015年12月24日，全国农村改革试验区工作汇报会在北京召开，江苏洪泽等8个市县区作经验交流。洪泽县委书记徐东海作了题为《聚力推进小型水利工程管理体制改革》的典型发言。洪泽小型水利工程管理体制改革的探索，受到会议充分肯定。

小型水利工程管理体制改革为全国探路

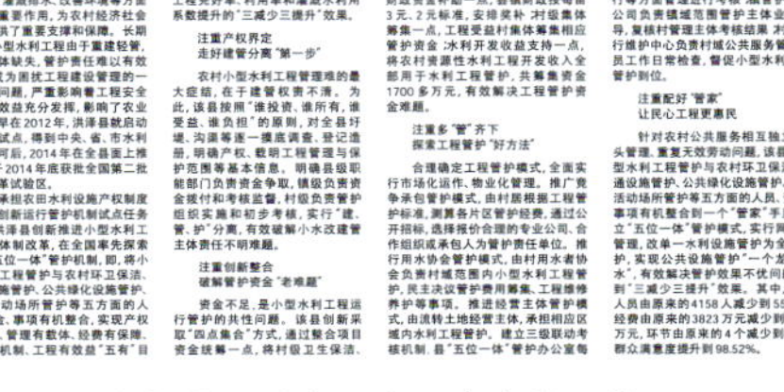

助力洪泽创建国家现代农业示范区

江苏食品科技产业园空间布局图

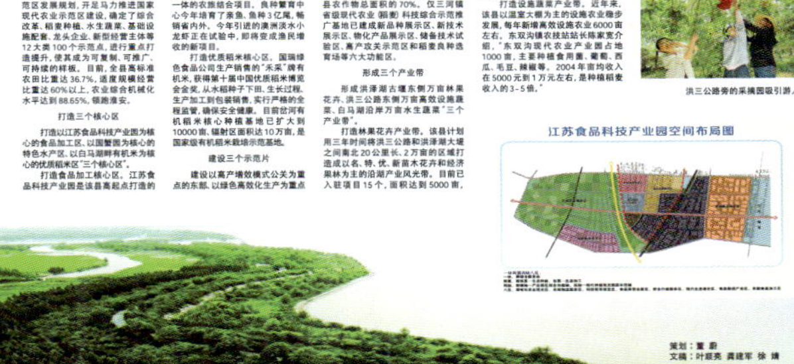

人民日报图文数据库（1946-2017）

非遗渔鼓

《人民日报》（2016年09月25日　04版）

9月24日，江苏省洪泽县演员在排练国家级非物质文化遗产洪泽湖渔鼓。洪泽湖渔鼓历史悠久，具有浓厚的地方特色和渔家韵味，展现了渔家生活中划船、织网等动作和姿态

周洪明摄（新华社发）

第十一届中国洪泽湖国际

活动菜单

一、名湖名堰之旅

1."中国蟹都·水韵洪泽"——央视·新浪洪泽旅游形象宣传片展播

2."大美洪泽湖·锦绣日月潭"——洪泽湖号旅游船台湾日月潭景区开航仪式

3."蟹都礼尚·洪泽印象"——洪泽湖全国文创产品旅游纪念品设计大赛

4."双堰拜水·两山问道"——首届"高家堰·都江堰—老子山·青城山"旅游发展峰会暨旅游合作签约仪式

二、旅游美食之旅

1."畅游江苏·水韵洪泽"——第十一届中国洪泽湖国际大闸蟹节开幕式

2."美丽中国·美丽经济"——第二届江苏"美丽经济"发展高峰论坛暨洪泽生态旅游产品发布及项目签约会

3."蟹逅洪泽·携手春秋"——长三角千人旅游直通车洪泽二日精品游体验之旅

4.首届中国洪泽湖·台湾美食节

5."欢乐大舞台·全民嗨起来"——第二届洪泽湖风情狂欢节

①第四届洪泽湖罩鱼大赛

②第三届洪泽湖大闸蟹宠物秀暨蟹都捆蟹达人挑战赛

③第二届"快乐蟹都·花海有约"洪泽湖欢乐广场花卉盆景展

④2016"激情广场·幸福洪泽"广场舞大赛

⑤2016洪泽湖古堰景区户外帐篷节

三、体育运动之旅

1."古堰森林·绿野仙踪"——第二届洪泽湖国际半程马拉松

2."大湖龙腾·绿野狂飙"——第二届中国户外运动挑战赛

①洪泽湖迷你马拉松赛

②洪泽湖古堰自行车赛

③洪泽湖水上皮划艇赛

3."大湖龙腾·逐浪飞舟"——第六届洪泽湖全国龙舟大赛

4."掼王争霸·蟹都对决"——大世界基尼斯洪泽掼蛋大赛

四、道学温泉之旅

1."星光丽影·泉都仙风"——CBSA美式台球(洪泽站)国际公开赛

2."山水寄情·温泉养生"——第二届老子山温泉旅游节暨温泉养生联盟峰会

五、产业经贸之旅

1."恒行香港·蟹秀香江"——洪泽湖大闸蟹出口香港经贸合作对接会

2."线上线下·电商争霸"——京东·淘宝-洪泽湖特产馆开馆仪式暨洪泽电商营销大赛

3."快乐之旅·礼享生活"——首届洪泽湖旅游产品暨文创旅游纪念品展销会

4."发展新征程·经济新增长"——洪泽湖经贸合作对接会

①全县重大项目签约暨重大项目集中开、竣工仪式

②南京经贸旅游合作恳谈会

③杭州招商推介暨项目签约会

大闸蟹节

蟹都视界

微信服务号

第十一届中国洪泽湖国际大闸蟹节，坚持“企业主办、协会承办、政府支持、群众参与、媒体支持”的办节机制，坚持以“湖、堰、山、泉，道、寺、蟹、园”为元素，紧扣“畅游江苏·水韵洪泽”主题，以“旅游经济”为战略，以“景区建设”为抓手，以打造“大湖文化、道学文化、美食文化、温泉文化”为目标，坚持自身特色，保留传统经典，提升品牌影响，努力把洪泽湖国际大闸蟹节办成集生态旅游、休闲美食、体育运动、道学温泉、渔家风情、产业经贸于一体的中国一流的湖泊文化旅游节庆，实现了以大闸蟹节全力助推洪泽旅游经济快速发展的预定目标，得到了各级领导和社会各界普遍好评。2016年8月，在青海省西宁市召开的中国节庆全国交流大会上，洪泽区作了题为《洪泽湖国际大闸蟹节运作机制的转型与创新》的交流发言；12月中旬，洪泽湖国际大闸蟹节再次荣获“中国节庆产业金手指奖·十大品牌节庆”称号；洪泽湖国际大闸蟹节被国家权威部门发布，其品牌价值达82.61亿元。

夕照渔人湾　汤红尉　摄

水上圆舞曲　吴小艺　摄

洪泽湖畔春来早　吴小艺　摄

水釜城秋景　汤红尉　摄

落霞秋水共妖娆　张　哲　摄

绿色骑行 张 哲 摄

水乡龙舟赛　王开成　摄

撒网捕鱼　张　哲　摄

欢聚一堂 严定禹 摄

牧羊曲 张文忠 摄

湖畔欢歌　张　哲　摄

晶透　蔡永青　摄

水天一色　季爱民　摄

洪泽湖放鱼节　陈　亮　摄

湖湾之夏 刘志聪 摄

归航 汤红尉 摄

劣境下的強者 孙云鹏 摄

春讯 仲苏洪 摄

白鹭家园 吴小艺 摄

洪泽湖野鸭 张 建 摄

渔舟唱晚 周洪明 摄

总　目

CONTENTS

特 载

特 辑

洪泽概况

大事记

洪泽湖

政　　治

法　　治

军　事

公共管理

公共服务

生态环境

农业·水利

工　　业

商贸流通

交通·通信

城乡建设

金融·保险

社会保障

镇·街道

人　　物

重要文件目录

荣誉栏

统计资料

索　引

坚持民生优先 加快创新发展 为建设现代化湖滨生态旅游新城而努力奋斗（摘要）

——2016年12月30日在区委十一届二次全会上的讲话

区委书记 朱亚文

这次会议是在洪泽撤县设区、进入新的发展阶段后召开的一次重要会议。会议的主要任务是，深入学习贯彻习近平总书记系列重要讲话特别是视察江苏重要讲话精神，全面贯彻落实党的十八大、十八届三中四中五中六中全会和省市党代会、全委会以及经济工作、旅游工作等重要会议精神，回顾总结2016年工作，研究部署2017年任务，组织动员全区干部群众，坚持民生优先，加快创新发展，为建设现代化湖滨生态旅游新城而努力奋斗。

一、真抓实干，稳中有进，现代化湖滨生态旅游新城建设迈出坚实步伐

2016年，全区上下坚决贯彻中央和省市决策部署，紧紧围绕全力打造"五区"、聚力建设苏北重要中心城市新增长极的奋斗目标，立足新起点，落实新举措，顺利完成"撤县设区"，实现"十三五"良好开局，建设现代化湖滨生态旅游新城迈出坚实步伐。

综合实力不断提升。地区生产总值、规模以上固定资产投资、规模以上工业开票销售收入分别迈上250亿元、200亿元、300亿元台阶；一般公共预算收入达23.2亿元；规模以上工业投资、第三产业投资分别达137.8亿元、35亿元，其中旅游业投资25亿元；社会消费品零售总额93.8亿元；城乡居民人均可支配收入分别为3.05万元、1.58万元；2013版全面小康社会建设监测综合得分91.3分。主要经济指标增幅高于全市平均水平。

旅游发展成效明显。洪泽湖古堰景区景观环境明显提升，蒋坝镇成为全省首批旅游特色小镇创建单位，老子山镇入选"最美中国榜"，西顺河镇获"中国最具特色名镇""中国最美乡镇"称号，岔河镇王骆殿岛被评为省级传统村落。举办第十一届中国洪泽湖国际大闸蟹节，国际半程马拉松赛、美式台球国际公开赛等活动知名度进一步提升，节庆品牌价值超80亿元；旅游宣传片登陆中央电视台黄金时段。成功入围国家全域旅游示范区创建单位，入选首批长三角自驾游热门十强城市，实现旅游收入31.3亿元，比上年增长14.2%，洪泽旅游渐成全省、全国关注热点。

城镇建设统筹推进。对接淮安中心城市规划，争取到30多平方千米城市建设空间；编制湖滨新区概念性规划和高铁小镇规划方案，确立"一年打基础，二年求突破，三年见成效"的南部片区发展思路。完成投资43.6亿元，348省道、芳草谷才智创客中心等重点项目有序推进，完成10个地块房屋征收，改造4条河道、9条道路、31个老旧小区；持续推进国家新型城镇化综合试点、省建设用地"双减量"试点等改革工作，14个PPP项目进入省项目库，位居全省第一。持续推进"四城同创"，创成国家卫生县城，通过省级园林城市创建评估；建成公共自行车系统，在苏北率先开通县级"交通一卡通"；建成智慧城管、智慧环保等项目，入选"2016年度中国领军智慧城市"候选城市。

产业结构逐步优化。预计三次产业增加值占比分别为13.4∶41.4∶45.2，二、三产业占比进一步提高。工业质效不断提升，预计实现工业入库税金6.75亿元，增长18%。现代农业加快发展，我区被列为全国新增农村改革实验任务试验区、政府购买农业公益性服务机制创新试点县（区），入选

省现代农业科技示范基地，食品科技产业园三产融合项目获得中央财政支持，张福河村获批省“一村一品一店”示范村称号。现代服务业稳步推进，电子商务“三馆一中心”开馆运营，电商产业园实现交易额6.8亿元，西顺河镇获批省级电子商务示范镇，新增省级电子商务示范村2个。创新能力不断增强，经济开发区获批省级知识产权示范园区，华晨机械建成首个省级博士后创新实践基地，大有恒水产、正济药业成功在“新三板”挂牌，洪泽湖电缆、金宇电缆、诗雨工贸在省股权交易中心挂牌，爱食派水产创成国家首批“星创天地”，新批国家高新技术企业13家，预计实现高新技术产业产值178亿元，占规模以上工业总产值的26%。

社会事业稳步发展。注重发展教育事业，成立教师管理中心，实行分学段设岗，实验小学城南校区、天鹅湖幼儿园被列为省首批海绵城市示范项目，洪泽中等专业学校与10所大中专院校、32家企业建立校校、校企合作关系，创成省级示范中等专业学校。积极发展卫生计生事业，组建3个县域医疗联合体，推进家庭医生签约服务，全面落实二孩政策，新增二孩1400多人。完善社会保障体系，新增城镇就业7600多人，“五项保险”覆盖率均在96%以上。启动新一轮脱贫致富奔小康工程，创新利用闲置城市资产扶持经济薄弱村发展，3个经济薄弱村达到新“八有”标准，7000人实现脱贫。加强平安法治建设，“无讼村居”创建效果凸显，社会治理工作受到中央综治委领导肯定。

中国共产党淮安市洪泽区第十一届委员会第二次全体会议

党的建设全面加强。扎实开展“两学一做”学习教育，认真抓好省委巡视组巡视反馈意见整改落实；组织开展“新起点新定位新发展”学习调研，广泛凝聚发展共识。培塑出“全国学雷锋示范点”马浪岗海事所、“全国文明家庭”孙成斌家庭、“江苏好人”刘兆富、“最美跪姿”赵光元等先进典型。落实“两个责任”，出台“三个一律、五个严禁”规定，开展“廉能洪泽”共建行动，启动第一批廉政巡察工作，严查“四风”突出问题。加强组织建设，严格落实“九严禁”等工作要求，切实做好区镇村三级换届工作；出台提振干部精气神工作意见，激发干部干事创业热情。引进高层次人才70余人，其中省科技副总9人、省“双创”人才4人，全市第一。

二、转换思维，明确目标，把握建设现代化湖滨生态旅游新城更高要求

2017年工作的指导思想是：认真学习贯彻党的十八大和十八届三中四中五中六中全会精神，全面贯彻落实习近平总书记系列重要讲话精神，按照中央、省、市部署要求，紧紧围绕“五位一体”总体布局和“四个全面”战略布局，牢牢把握“稳中求进”的工作总基调，牢固树立“五大发展理念”，以持续推进供给侧结构性改革为主线，以“两聚一高”为基本要求，着力打造现代化湖滨生态旅游新城。

2017年工作的主要目标是：实现地区生产总值280亿元；一般公共预算收入完成19.5亿元；规模以上固定资产投资232亿元，旅游投资55亿元；城乡居民人均可支配收入分别为3.29万元、1.72万元，旅游业贡献占比分别为11.3%、15.2%；旅游产业增加值、旅游收入、游客人数增长速度快于全市平均水平。

2017年工作的基本要求是：富民惠民、改革创新、绿色生态、才智驱动。

一要坚持富民惠民。始终把富民惠民放在突出位置，及时回应好民生关切，坚持发展一切产业首先考虑富民，实施一切项目优先考虑惠民，将更多财力向富民的产业、惠民的项目倾斜，努力让发展成果惠及广大群众，使现代化湖滨生态旅游新城建设，具备更广泛的群众基础，获得更强大的力量支持。

二要坚持改革创新。改革创新是民生发展的不竭动力，也是经济社会转型的核心内容。坚持开放导向，以更高的思维层次、更广的理论视野、更新的发展理念，去谋划、思考推动现代化湖滨生态旅游新城建设的重大问题和关键举措；坚持问题导向，破除制约现代化湖滨生态旅游新城建设发展的体制机制弊端，研究探索加快建设的新思维、新方法、新路径；坚持改革导向，以服务效能、投融资体系、城市管理、医疗卫生、农村产权制度等领域改革为重点，用创新的办法，提高投资效率，形成新的动能。

三要坚持绿色生态。绿色生态是最持久的民生，也是建设现代化湖滨生态旅游新城最宝贵的资源。坚持底线思维，把绿色生态作为一切工作的最基本要求，在研究政策、发展产业、安排项目等方面，首先考虑生态保护，优先安排绿色空间；坚持可持续发展理念，合理使用生态资源，不急功近利，不违背生态规律，打好治水、治气、治污攻坚战，走出一条“绿水青山就是金山银山”的可持续发展之路。

四要坚持才智驱动。人才是事业发展的“第一支撑”，也是建设现代化湖滨生态旅游新城的“第一资源”。树立全新才智观念，坚持以待遇留人、感情留人，真心实意为人才提供创新平台、创业空间；坚持“智在洪泽”，凡是能够为洪泽的发展提供智慧的各类机构、人才，都积极主动“拿来”，并给予热情的支持；坚持不拘一格使用人才，破除唯学历论、唯身份论，凡是各行各业的优秀分子、骨干人才、领军人物，都予以充分的信任，都给予大力的扶持，努力为现代化湖滨生态旅游新城建设提供强大的智力支撑。

三、全力以赴，奋发作为，提升建设现代化湖滨生态旅游新城整体水平

2017年，是“十三五”发展的重要年份，是全面建设现代化湖滨生态旅游新城的开启之年，要把握关键、突出重点，全力推进以下六个方面工作。

（一）以重点突破引领全域旅游，增强现代化湖滨生态旅游新城发展“推动力”。旅游是最能富民的产业，也是最能惠民的事业。坚持旅游利民导向，以全域旅游为统揽，把握旅游发展趋势，找准切入点，着力在旅游发展层次、力度、机制、内涵和影响力等方面寻求突破。

聚焦高位谋划。组建区旅游工作委员会，强化湖滨旅游在各项工作中的统筹、统揽作用，负责对全区旅游产业规划、资源整合、综合监管等工作进行协调，牵头制定财政、金融、土地等保障旅游发展的政策措施。围绕国家全域旅游示范区创建任务，制定全域旅游规划，细化实施方案，将全域旅游创建任务纳入全区目标管理考核体系，形成各镇（街道）、部门各司其职、密切配合的工作局面。制定片区发展规划，突出核心景区、重点板块，加快完成主城区、古堰景区、南部片区、大吉祥寺片区等控制性详规及项目实施方案。高度重视文化产业对旅游发展的引领、深化作用，把文化作为旅游发展的核心内容，实现旅游发展由依靠自然禀赋向发掘文化红利转变，为旅游开发重点突破创造优势条件。

聚焦投入建设。加强策划包装，全年招引实施旅游及配套项目60个，加快提升打造一批核心景区、特色小镇和美丽乡村。提升核心景区，完成投入20亿元，开工建设大墩岛、钱码岛生态旅游度假区、环洪泽湖一级游客集散中心、南部片区和老子山二级游客集散中心，配套建设348省道洪泽段，拓宽洪三公路，加快建设200千米绿道，开工建设浔河风光带，基本建成砚临河风光带，实施沿线水岸绿化、亮化工程，建设慢行系统，合理布局休闲驿站等旅游配套设施；坚持以林造景、以景配林，科学改造林相，增强古堰森林公园功能，提高森林景观效果，不断强化洪泽湖古堰景区核心地位。建设特色小镇，按照“功能聚合、建设精美、观感鲜明、体现魅力”的标准，重点打造河工风情蒋坝、温泉养生老子山、渔家风情西顺河、田园水乡岔河。其中，蒋坝镇完成投资10亿元，重点实施天鹅湾温泉综合体、落霞湾河工风情街区等项目，创成全省知名旅游特色小镇；老子山镇完成投资5亿元，新上艳阳度假温泉民居、惠泽居家养生中心等项目，加快创建国家级旅游度假区；西顺河镇完成投资5亿元，实施渔家风情园、汉风特色街等项目，创成国家3A级旅游风景区；岔河镇完成投资7亿元，重点发展以现代农业为载体的休闲观光旅游、以老街为主体的历史文化旅游、以王骆殿岛为核心的民宿旅游，全域融入白马湖旅游开发。打造美丽乡村，各镇、街道要建设1–2个宜游宜养、风格各异的乡村旅游区，每个乡村旅游区投入不低于1000万元。其中，老子山镇龟山村、朱坝街道锦鸿生态园创成省四星级乡村旅游区。

聚焦融合发展。注重旅游业要素与各产业有机融合。促进“环保+工业”，提升项目环境准入门槛，倡导企业节能减排、绿色清洁生产，严格环保执法，强化污染整治，实现工业与旅游和谐发展。促进“生态+农业”，依托生态资源，发展沿白马湖、沿洪三公路的休闲农业、农家乐、渔家乐等乡村旅游，培育农旅融合新型经营主体20家，实现生态、农业、旅游共赢发展。促进“绿色+城建”，在城市建设中植入景区概念和景观标准，建设绿色标识，按照“一路一品、一街一景”原则，打造绿阴风景道路，强化森林覆盖，推动“绿在城中”向“城在绿中”转变；围绕“精致水城”建设，加快引水入城，打造清水走廊，凸显滨水城市特色。促进“文化+园区（街区）”，致力引进重大文创实体投资项目，建设1个具有标志性和区域影响力的文化园区，迅速提高洪泽旅游知名度；加强与文创公司、知名高校合作，打造2–3条文化创意、特色美食、旅游纪念品等街区，共建3–5个高校写生、采风基地，实现文创与旅游互动发展。

聚焦市场营销。打造精品节庆，坚持节庆公司市场化运作，节庆活动专业化策划，继续举办中国洪泽湖国际大闸蟹节，办好洪泽湖国际半程马拉松赛、洪泽湖古堰全国自行车赛等重点活动，集中打造1–2个全国知名的精品赛事；突出节庆活动经常化，设立旅游发展基金，鼓励和支持文旅企业、特色镇（街道）、特色村（居）开展丰富多彩、具有一定影响力的文化旅游活动，让洪泽旅游月月有活动、四季有“诱惑”。设计精品线路，联合南京、淮安及周边城市知名旅行社，开通洪泽湖、白马湖及老子山镇、蒋坝镇、西顺河镇水上旅游线路，合理设计“一日游”“两日游”项目，丰富洪泽旅游内涵。实施以旅游经营者、优秀销售员、金牌导游、服务明星为重点的旅游人才培养工程，打造专业化旅游营销人才队伍。支持全民参与旅游开发，鼓励村（居）干部带领村民组建股份制旅游公司，参与旅游发展运营；扶持旅游企业、民间艺人、非遗传承人等主体，经营旅游特产、特色餐饮、旅游纪念品等。开展精准营销，针对特定人群、特定地区进行旅游信息精准推送和服务，坚持线上线下营销结合，抓好报纸、电视等传统媒体宣传推介，利用微博、微信、微电影等新媒体，开展搭车式、镶入式、全民式宣传，不断提升旅游“能见度”和吸引力。

（二）以转型升级提升工业质效，增强现代化湖滨生态旅游新城发展“竞争力”。工业是城市核心竞争力的关键所在。坚持以骨干企业壮大、优质项目招引、优良平台打造为路径，集聚优质要素，实现工业由低质态向高精尖转型，形成建设现代化湖滨生态旅游新城的独特优势。

激发企业主体作用。克服下行压力，实现经济增长，企业是主体，经营管理者是关键。加快培育领军企业，对年入

库税收超100万元的现有骨干企业，纳入重点服务范围，集中力量和资源，实行“一企一策”“一事一策”，在项目用地、科技创新、招引人才等方面，设通道、开绿灯，为企业提供个性化、精准式、高效率服务，扶持企业做行业“龙头”；遴选梳理唯思康食品、宏基铝业等科技小巨人企业，实行重点培育，支持企业做细分市场“单打冠军”。创造良好政商环境，加大涉企政策落实力度，通过企业家座谈会、银企对接会等形式，及时掌握企业困难，为企业发展提供要素保障。营造重商爱商氛围，充分调动和发挥企业家在引领企业发展中的带头带领作用，激发他们在经营项目、管理创新、技术改造方面的积极性，带领企业不断做大做强；组织开展“十佳企业”“优秀企业家”评选活动，对社会贡献大、群众口碑好的企业和企业经营者予以重奖；聘请“优秀企业家”为政府经济顾问，增加优秀企业家在人大代表、政协委员中的比例，增强企业家参政议政话语权，营造尊重、保护、支持企业家发展的良好社会环境。

提高项目建设质量。聚力招引优质项目，立足现有产业基础，主攻“三高一强”项目，全年新招引投资超亿元、超10亿元项目分别达50个、3个，投资总额达150亿元。其中，经济开发区招引投资超亿元、超10亿元项目分别达5个、1个，食品科技产业园分别达3个、1个，各镇（街道）招引投资超亿元项目3个以上。健全项目准入机制，建立以税收贡献、投资密度、技术含量、产业层次等为主要内容的项目承诺准入制度，成立项目评审委员会，负责对新招引项目质态考查把关。分类引导项目集聚，亿元以上项目、高精尖项目向经济开发区、食品科技产业园集聚，3000万元以上项目向镇工业集中区集中。健全项目建设推进机制，加强项目帮办服务，推进投资10亿元的环保日用品、3亿元的双孢菇深加工等30个在建亿元项目加速建设，确保按期竣工投产；推动投资10亿元的光伏发电、5亿元的健康饮料生产基地等14个在手亿元项目尽快开工建设。建立项目质态考核评价制度，以入库税收、环境容量等为重点内容，对项目进行综合效益考核，对项目考核优秀的及时予以奖励，对低质态的项目及时清理置换，对把关不严、引进虚假项目的要严格问责追责。

优化项目承载平台。经济开发区按照国家级经济开发区标准，完成基础设施投入15亿元，进行园区循环化改造，实施“一企一管”排污管网工程，启动重建洞庭湖路等12条道路，建成创新路等4条道路，改造沿路绿化景观，改善河道水生态；建设创客中心，提升高新技术产业园、软件产业园的科技孵化和技术成果转化能力。食品科技产业园以建设省级经济开发区为目标，按照南部片区融合发展思路，编制调整总体发展规划和用地规划；完成基础设施投入10亿元，建成一期道路、污水处理厂，启动建设二期道路、尾水湿地和热电联产项目；改建园区综合服务大厅，打造一站式政务服务平台，设立园区产业发展基金，强化园区综合服务能力。各镇工业集中区要按照省级中小企业示范基地创建标准，积极拓展融资渠道，充分利用社会资本参与基础设施建设，完成基础设施投入不少于5000万元，不断提升集中区功能配套、园区形象，加快优质项目集聚。其中，三河镇、西顺河镇工业集中区要创成省级中小企业示范基地。

（三）以效益提升做优都市农业，增强现代化湖滨生态旅游新城发展“支撑力”。坚持以国家现代农业示范区建设为依托，以加快发展都市农业为导向，积极提升农业综合效益，为现代化湖滨生态旅游新城提供更高品质的物质保障、持续优化的生态环境、丰富多彩的生活空间。

提升物产品质。强化示范引领，加快发展绿色稻米、生态渔业、健康食用菌、休闲观光农业、食品加工等“3+2”农业优势产业，以食品科技产业园建设为依托，加快南部片区融合发展，争创国家级农业高新区。加强标准化管理，建立农业生产监管检测预警系统和农产品质量安全追溯系统，形成从生产环境、投入品使用、生产过程、产品质量的全程标准化质量管理体系。打造农产品品牌，引导新型农业经营主体注册农产品商标，申报著名商标、名牌产品，开发特色土特产；加大对洪泽湖大米、洪泽湖螃蟹、洪泽芡实、洪泽荷藕等现有特色农产品品牌开发力度，新增无公害、绿色、有机农产品26个。

强化生态涵养。发展生态农业，推进农业标准化生产，加强对化肥、农药、饵料、饲料添加剂等农业投入品的监管，确保化学农药肥料使用量零增长；推广病虫害绿色防控和测土配方施肥技术，创建2个省级绿色防控千亩示范区，有效降低农业面源污染。发展农业循环经济，积极推广秸秆综合利用、林下经济、池塘循环水养殖等生态循环农业模式，建设生产生活垃圾、污水等废弃物处理处置利用设施，新增5家省级循环种养殖示范基地，实现种养殖业废弃物资源化利用。持续开展植树造林，新增彩色、珍贵林木1000亩，林木覆盖率达22%。开展农业生态整治，加大退圩还湖和河道综合治理力度，推进白马湖生态修复，筑牢湖滨旅游城市生态屏障。

丰富生活空间。加快农业跨界融合发展，推进农村休闲向生态养生、观光旅游、农耕体验转变，延展城市生活空间。注重农业与旅游融合，大力发展观光农业、体验农业等新业态，让基地变为景点、田野变为景区；支持农业经营主体举办特色农业体验活动，提升农产品附加值，提高农业旅游知名度。注重农业与教育融合，以食品科技产业园西部片区、岔河柴米河基地等为载体，加强与省农科院、南京农业大学、江苏食品药品职业技术学院等涉农高校科研院所合作，建设学生实训基地、研发展示基地、亲子教育农园等。注重农业旅游与互联网融合，大力发展农村电子商务，持续推广“一村一品一店”模式，实行农村旅游产品线上营销、线下体验，形成农村旅游产品进城与市民下乡双向流动，为都市居民开辟“第三生活空间”。

（四）以建管并举提升城市品质，增强现代化湖滨生态旅游新城发展“吸引力”。按照“提升老城区、扩建新城区”的思路，经典规划、精致建设、精细管理，打造具有个性魅力和人气指数的湖滨城市新样板，使洪泽更加宜居宜业宜游。

坚持高起点规划。城市科学规划是合理建设的前提和基础。推进土地利用、产业发展、交通建设、生态保护等规划与淮安中心城市有效衔接。实行总体规划与功能片区规划合一，精心编制南部三产融合区、洪泽湖沿线生态旅游区、淮金线以东白马湖融入区、北部制造业及配套服务区、中部都市农业推进区规划，明确片区国土空间的主体功能，引领土地利用规划、城乡规划与产业规划。实行总规与详规合一，完成城市色彩、绿化、交通、市政、管线等详细规划，实现整体规划与具体项目规划、远景规划与短期规划无缝对接，增强城市的协调性。实行规划与地域特征合一，切实将文化基因、生态现状、自然元素等融入城市规划中，体现湖滨特色，彰显城市个性。实行规划与建设合一，单体项目必须遵从总体规划和控制性详规，所有项目必须坚持先规划后建设，强化规划的刚性执行，维护规划的严肃性、权威性，真正做到一张蓝图绘到底。

坚持高品位建设。城市的品位是城市的名片，也是城市的品牌。主城区建设要注重城市形象特色塑造，把历史的遗存、自然的馈赠、现代的元素有机地融入城市建设中，形成建筑样式、色彩、功能、布局有机协调的城市风格。其中，新城区和湖滨新区要坚持绿化生态保护优先，基础设施和公共配套先行，启动建设420省道、330省道，扩宽五里牌高速出口，规划建设淮洪快速通道，开通淮洪快速公交，形成内通外联的城市交通网络；老城区要围绕产业发展和旅游开发需要，有序推进棚户区、老旧小区改造，合理利用地下空间，实行杆线入地、雨污分流，加快推进地下综合管廊和海绵城市建设。各镇(街道)要立足镇域发展定位，按照“一镇一品”要求，加快街区改造，完善基础设施配套，形成各具特色的街区风貌。

坚持高标准管理。现代城市三分靠建设，七分靠管理。探索成立区级城市管理协调机构，明确城市拓展空间的管理主体，丰富城市管理方式方法。逐步推进城市管理与服务分离，积极探索将城市日常保洁和绿化养护工作，外包给具有资质的社会组织，提升城市管理服务专业化水平。强化城市管理执法，完善“区—街道—社区”三级城市管理格局，提高城管执法效率；加大综合执法力度，开展市容市貌专项整治，对无证摊点、占道经营、乱搭乱建、物管混乱等城市管理顽疾重拳出击，确保市场环境、秩序明显改善。整合城市管理力量，推进网格化管理，调动社区居民、志愿者、社会组织等各类群体参与社区自治、小区管理，让人人都成为城市管理者。

(五)以创新创优提升工作效能，增强现代化湖滨生态旅游新城发展“创造力”。建设现代化湖滨生态旅游新城是一个新课题，是适应新常态的战略转型，要转换思维、创新机制，突破制约瓶颈，激发创新活力。

深化供给侧结构性改革。持续推进供给侧改革，深入落实“三去一降一补”五大任务，提高有效供给质量和效率。深化低质态企业清理力度，通过盘活、置换、破产等方式，逐步淘汰停产半停产企业。深入开展“两减六治三提升”专项行动，逐步搬迁、关停高污染、高能耗、低效益的“两高一低”企业，减少污染排放，强化环境监管，切实解决群众反映强烈的环境问题。积极培育旅游、养老等朝阳产业，带动城市基本资源要素升值，实行优质项目与优质资本结合，形成新的具有持久生命力的龙头产业。大力发展战略性新兴产业，积极培育智能制造、互联网经济、创意经济等新业态、新产业，加快构建现代产业体系。创新保障性住房新模式，提高棚户区改造货币化安置比例，支持棚改居民购买商品房，打通棚改、保障房和去库存通道。注重高端消费市场培育，实施市场细分战略，培育专业的批发、住宿、餐饮、会展等市场主体，引领消费升级，激发消费活力。

深化资本运营方式改革。支持国有平台公司做大做强，完善法人治理结构，强化国有公司主营业务，引导国有公司投资建设城市基础设施和旅游配套服务设施，提升市场运营能力和盈利水平；实行国有平台公司独立运行，推行法人治理实体化，建立以市场运营能力、盈利能力为核心的考核奖惩机制，提高管理者的积极性。有计划的扶持1-2个国有平台公司，强化优质资源资产注入，提升信用评级，提高直接融资能力，其中旅投公司完成旅游融资15亿元以上。注重吸引优质民营资本，加快推进现有PPP项目实施步伐，切实把项目资金变成项目投资。整合各类财政项目资金，重点向高端产业和关键项目倾斜，提高资金使用效率。紧盯国家继续实施积极财政政策的良好机遇，做好向上争取文章，加快贷转债步伐，降低资金运营成本，保持资金运营的良好质态。

深化行政审批制度改革。出台行政审批“四联合”服务制度，开设旅游、工业、三产、建筑4类项目联合审批绿色通道，实行重点项目联合评审、踏勘、图审、验收，压缩审批时限，提高审批效率。深化行政审批“三集中三到位”工作，按照“进一个门、办所有事”要求，逐步实现区级所有行政审批事项进驻政务中心集中到位、授权到位、电子监察到位。建设“互联网+政务服务”平台，实行实体政务大厅、网上办事大厅、移动客户端、自助终端等互联互通，推进行政权力全程网上公开透明运行，强化对权力运行全过程监督，最大限度降低企业制度性成本。

深化改革试点项目实施。坚持以试点项目集聚优质资源，以试点示范带动全面突破。稳步推进新型城镇化综合改革，持续开展建设用地“双减量”试点工作，创新多元可持续的新型城镇化要素保障机制，为城市争取更大发展空间、更多人口集聚。加大农村综合改革力度，推动农村土地所有权、承包权、经营权三权分置，深化农村产权制度改革，健全农村产权流转交易市场体系，推进农村小型水利设施管理体制改革和农业水价综合改革，充分激发农村发展内生动力。深化医疗卫生体制改革，加快推进分级诊疗制度建设。增强改革的主动性，加强对上沟通衔接，积极争取国家和省市专项改革试点，力求在一些重要改革项目上率先突破，真正把“试点”做成“示范”，努力走出一条既符合上级精神、又切合洪泽实际的改革试点新路径。

(六)以民生改善践行为民宗旨，增强现代化湖滨生态旅游新城发展“向心力”。坚持民生为本，兴办为民实事，不断提升公共服务、社会保障、社会治理能力和水平，让人民群众在建设现代化湖滨生态旅游新城中增强“获得感”。

做优公共服务。抢抓大城市疏解部分城市功能机遇，加快争取城市优质资源要素向洪泽集聚。回应群众对美好生活的新向往，大力推进公共服务标准化、均等化，重点办好教育、医疗等群众最关心、最直接、最现实的十件民生实事。坚持教育优先发展战略，大力实施名师、名校、名校长"三名"工程，突出优质教育资源引进，积极招引高等学校来洪办学，创新开展多种形式实质性的合作办学，办好人民满意教育。提高医疗卫生服务质量，转变医疗卫生服务理念，建立"卫生保健、健康服务、疾病预防"一体化服务体系，打造"健康洪泽"品牌；区人民医院重点打造2-3个省、市重点专科，完成新院区主体建设；借助医联体平台引导优质医疗资源下沉，全面提升基层医疗卫生机构服务能力，基层首诊率提高5个百分点；全面落实国家二孩政策，鼓励更多适龄夫妇生育二孩。繁荣文化事业，发展文化创意产业，启动建设东皇影业影视基地、中国洪泽湖美术写生基地等文创项目，扶持广电网络公司、蟹都文化传播公司等文化骨干企业做优做强；持续推进智慧城市建设，确保通过国家智慧城市试点验收；弘扬洪泽湖地域文化，传承和发展非物质文化，精编一本洪泽故事，力推一首洪泽歌曲，传播洪泽好声音；实施文化惠民工程，加快建设文化综合馆、体育综合馆、科技智慧馆，全面提升镇(街道)文化站、村(居)综合文化服务中心服务能力，深入开展文化"四送"活动，不断丰富群众精神文化生活。

完善社会保障。社会保障是民生安全网，关系每一个人、每一个家庭的福祉。坚持以创业促就业，持续实施全民创业行动，鼓励互联网创业，建设省级电子商务示范园，为群众提供更多就业机会；突出抓好零就业家庭和返乡人员等重点群体的就业，城乡登记失业率降至2.2%。完善以城镇居民、城镇职工和新农合基本医保为基础的多层次保障体系，五项保险覆盖率达96.5%。加快发展养老事业，积极探索公建民营、医养结合新模式，加快构建以居家为基础、社区为依托、机构为支撑的多元化养老格局。关注低收入群众、困难群体，综合运用救济、慰问、帮扶、志愿服务等形式，实施精准扶贫，实现8000人脱贫，2个经济薄弱村达到新"八有"标准，让更多群众共享发展成果。

加强社会治理。社会治理是社会建设的重要任务，关系民生幸福和社会稳定。坚持依法行政，健全依法决策机制，完善重大行政决策法定程序，提高决策科学化水平。健全完善矛盾多元化解机制，持续开展领导干部信访接待日活动，加大信访积案攻坚力度，深入推进"无讼村居"创建，全力打造社会治理样板区。严格落实安全生产责任制，增强安全生产意识，提高安全监管水平，坚决防止重特大事故发生。加强食品药品和旅游产品监管，确保群众和游客吃得放心、购得开心、玩得尽兴。健全党管武装机制，巩固军政军民团结局面，持续推进军民融合深度发展，争创省级双拥模范城。支持人大及其常委会依法履行职能，强化工作监督和法律监督；支持政协围绕民主和团结两大主题行使职能，发挥协商民主重要渠道和专门协商机构作用；巩固和发展爱国统一战线，加强同工商联和无党派人士合作共事。扎实做好老干部、关心下一代、民族宗教、外事、侨务、对台等工作，深化工会、共青团、妇联、残联、科协等群团组织改革发展，更好地团结社会各界同心同行，最大限度地凝聚各方力量和智慧，推动现代化湖滨生态旅游新城建设。

四、从严治党，锻造中坚，构筑建设现代化湖滨生态旅游新城坚强保证

事业兴衰，关键在党。落实党要管党要求，坚持从严治党标准，以干部队伍能力提升为抓手，不断加强党的建设，为打造现代化湖滨生态旅游新城提供坚强有力的政治保证。

(一)坚定理想信念，保持奋发有为的精神状态。始终把思想建设放在首位，深入学习党的十九大、十八届六中全会及省市重要会议精神，巩固扩大"两学一做"学习教育成果，推动党员干部坚定维护以习近平同志为核心的党中央权威。强化学习型党组织建设，发挥好党委(党组)中心组主体作用和党校教育培训主渠道作用，把理论教育、党性教育贯穿于干部教育的全过程，引导党员干部增强"四种意识"，坚定"四个自信"。认真贯彻《关于新形势下党内政治生活的若干准则》，严格落实意识形态工作责任制，切实加强社会主义核心价值观教育，以强大的价值引导力、文化凝聚力、精神推动力为支撑，努力在新常态下保持平常心、树立自信心、激发进取心。加强精神文明建设，广泛开展各类群众性精神文明创建活动，教育引导市民讲文明、守公德、树新风，全面提升文明素质，扎实做好全国文明城市创建工作。

(二)锤炼务实作风，锻造作为担当的中坚力量。认真落实20字"好干部"标准，牢固树立"凭实绩、重德才"的选人用人导向，严格执行干部选拔任用条例，不断提升选人用人科学化水平。坚持在一线锻炼用好干部，开展建设现代化湖滨生态旅游新城"大比武"活动，开辟旅游、工业、农业、城建等八大主战场，组建八大重点工作组，组织干部到旅游、招商、城建、国企等一线岗位实践锻炼；创新干部考评考核机制，实行优质公共资源、高层次人才、研发机构等引进与产业项目招引任务兑换制度，引导全员招商向招引城市发展核心要素转变。坚持多措并举管好干部，推进热点岗位干部轮岗交流，拓宽机关、事业单位和国有企业干部交流渠道；探索建立"两为"干部离岗培训制度，打通干部"下"的通道，推动形成能者上、劣者汰的从政环境，打造一支政治强、敢担当、作风正的党员干部队伍。

(三)坚持党管人才，形成人尽其才的良好环境。完善人才引进、培养、使用政策，优化人才流动配置、评价激励、服务保障机制，出台人才家属就业、子女入学等支持办法，构建以政府主导、企业主体和社会支持相结合的人才引进培养体系，最大限度发挥"事业留人、待遇留人"效应。坚持招引人才与招引研发机构相结合，落实人才集成扶持政策，实施企业家人才、行业领军人才、专业技术紧缺人才等培养引进计划，鼓励和引导企事业单位加强与高校、科研院所合作，设立"两站三中心"，为各类人才施展才华提供舞台、创造机遇。

(四)强化组织建设，筑牢坚强有力的战斗堡垒。加强机关事业单位党建，创新党建工作内容、形式和方法，找准开展活动、发挥作用的着力点，增强组织生活吸引力和感染力。加大基层党建工作力度，抓好基层党组织带头人和党务工作者队伍建设，常态化开展软弱涣散基层党组织整顿，切实增强基层党组织服务群众的能力；实施“两新”组织党建工程，扩大小区、集中居住点党组织覆盖面，探索社区党建区域联盟机制，推行党员“积分制”管理，推动党员更好地发挥先锋模范作用。

（五）坚守清廉底线，营造风清气正的政治生态。坚持挺纪在前，严格落实“两个责任”，持续推进“廉能洪泽”共建行动，固化深入开展巡察，真正用好监督执纪“四种形态”，严肃查处违反政治纪律、政治规矩的行为，始终保持惩治腐败的高压态势。注重惩防并举，持续深化“五德”教育，精心组织开展党纪新条规学习教育，常态开展警示教育，推动党员干部知边界、明底线。进一步加强权力监督，不断完善区镇村三级权力制约监督制度框架，更加注重对农村基层“微权力”监督，推动全面从严治党向基层延伸。完善容错纠错机制，坚持将监督干部同信任干部、保护干部、激励干部相统一，尤其要正确区分改革创新过程中失误与失职的界限，对基层组织和党员干部的重大改革创新举措及时定性，消除后顾之忧，营造鼓励创新、宽容失误的良好发展氛围。

淮安市洪泽区人大常委会工作报告（摘要）

——2017年 1月9日在淮安市洪泽区第十五届人民代表大会第一次会议上

区人大常委会主任 杨步新

各位代表：

我受区第十四届人大常委会的委托，向大会报告五年来的工作，请予审议。

主要工作回顾

五年来，区人大常委会在中共淮安市洪泽区委的正确领导下，以邓小平理论、“三个代表”重要思想和科学发展观为指导，全面学习贯彻党的十八大和十八届三中、四中、五中、六中全会精神，深入学习贯彻习近平总书记系列重要讲话精神，牢牢把握人大工作的正确政治方向，紧紧围绕全区工作大局，认真履行宪法和法律赋予的神圣职责，为促进全区经济社会发展作出积极贡献。五年来，共听取和审议“一府两院”专项报告121项，作出决议、决定117项，开展调研、视察、检查活动188次，依法任免国家机关工作人员342人次。

一、围绕中心，服务大局，推动经济社会科学发展

切实加强计划财经监督。在充分调研的基础上，听取和审议了区政府计划和预算执行情况的报告，并依法作出决议、决定。加强了对全区财政专项资金、重点预算部门财政资金、农业项目资金等使用情况的监督，分类公开了一般公共预算、政府性基金和社会保障基金等收支情况，听取和审议了审计工作报告和审计发现问题整改情况的报告，督促政府规范预算管理，提高资金使用绩效，把有限的资金用在助推发展、改善民生上。开展了国有资产管理情况的调研，督促政府加强国有资产机构建设，完善监管机制，强化监督管理，确保国有资产保值增值。督查了区“十二五”规划完成情况，建议政府大力实施工业强区战略，加快推进经济转型升级，保持经济稳中有进、稳中向好的发展态势。审议了区政府“十三五”规划纲要编制工作情况的报告，要求准确把握发展规律，统筹谋划目标举措，切实增强规划的前瞻性、科学性和可行性。开展质量兴区调研，强调坚持质量第一、品牌至上、创新发展，不断提升经济核心竞争力和区域综合竞争力。

大力支持重点项目建设。为贯彻区委“打造特色经济强区”目标，区人大常委会以本届人大三次会议“关于加快实施新型工业化、打造特色产业的议案”办理为抓手，对全区特色产业项目进行视察调研，建议做大做强传统优势产业，推动特色产业健康可持续发展。先后组织视察了宇天港玻、紫山食用菌、古堰景区、老旧小区和棚户区改造、348省道洪泽南环段等工业、农业、旅游、城市建设、道路交通重大项目建设情况，建议政府加大统筹力度，强化推进措施，促进项目建设，努力实现城乡协调发展。2015年12月4日，邀请27名省市人大代表视察洪泽旅游工作，为全区环湖旅游项目规划和建设建言献策。区人大办还直接参与服务项目建设，招引和培植固定资产投入3000万元以上农业龙头企业4个，培植规模以上企业1个，5年共完成现代服务业入库税收3500万元。

着力推动农业农村发展。区人大常委会紧紧围绕促进农业增效、农民增收和农村发展，依法开展监督工作。先后听取了区政府省级现代渔业产业园建设、“壮村”工程、农村电子商务发展、秸秆“双禁”与综合利用、职业农民培训情况的报告，视察了食品科技产业园建设情况，要求政府大力发展现代农业，提高“三农”工作水平，加快推进农业农村经济发展和农民增收。组织代表视察了全区农田水利建设、农村饮用水安全工作、农业气象服务和水稻机插秧推广等情况，听取区政府“五位一体”小型水利体制改革情况的报告，推动农村生产生活条件改善，着力打造美丽幸福乡村。关注城乡建设用地增减挂钩和土地流转情况，建议实施土地经营权依法有序流转，不断完善农业经营体系，稳步推进农业适度规模经营，促进新农村建设。

全力助推新型城镇化建设。区第十次党代会第四次会议作出了全力推进新型城镇化的战略部署。区第十四届人大第四次会议将“关于加快新型城镇化建设，推动幸福洪泽发展的议案”确定为大会议案。区人大常委会对议案落实情况开展调研检查，要求政府及相关部门坚持规划引领，突出产业支撑，大力推进城乡基础设施和公共服务体系建设，全面提升新型城镇化发展质量和水平。本届区人大常委会第三十四次会议作出了关于《洪泽区城市总体规划（2014–2030年）》决议，强调要合理控制城市规模，优化城市布局，促进城乡协调发展。常委会会议审议通过了《关于洪泽撤县设区有关事项的决定》，提出要聚力推动市委“淮洪一体、纳湖入城”的战略实施，加快融入淮安中心城市。常委会会议还审议政府征地拆迁议案，并作出决议，为城市改造和发展提供法制保证。开展了对洪泽区镇、街道区划调整情况的专题调研，形成调研报告为区委决策提供参考。

二、围绕民生，依法履职，促进发展成果普惠于民

五年来，区人大常委会始终坚持民生为本，在持续关注政府惠民实事及重点项目建设的同时，重点加强了教育、卫生、环保和社会保障等方面监督，促进民生改善，增进人民福祉。

促进教育发展。先后开展对全区小学、初中、高中教育工作的视察调研，建议政府科学统筹教育资源，推动义务教育均衡发展，深化高中教育教学改革，全面提升教育教学质量。听取了区政府关于学前教育专项工作报告，针对全区幼儿教育存在的师资力量薄弱、城区教育资源不足等突出问题，提出意见和建议，得到了区政府重视和落实。区政府连续两年每年招考幼儿教师50名，逐步提升幼师队伍的专业化水平；同时将“规划建设3所省级优质幼儿园”纳入政府惠民实事，有效缓解全区儿童“入园难”问题。视察了洪泽中等专业学校，建议努力提升办学实力和水平，办人民满意的职业教育。

关注医疗卫生。开展了医疗卫生体制改革工作情况的调研，建议政府加快推进分级诊疗制度建设，推动医疗卫生工作重心下移，实现各医疗机构健康协调发展，更好地满足广大人民群众多层次、多元化医疗服务需求。听取和审议了区政府关于新型农村合作医疗工作情况的报告，建议政府重视和解决合作医疗经办机构服务能力不足、基层医疗技术人才缺乏等问题。开展了计划生育工作视察，要求做好流动人口计生管理工作，加大对特困计生家庭的救助帮扶力度。视察食品安全卫生工作，重点对学校食堂、大型饭店和旅游景点餐饮企业进行检查，提出建议，督促整改。

重视生态建设。视察全区村庄环境整治工作，建议建立长效管护机制，不断美化农村人居环境和生态环境。重点检查《中华人民共和国环境保护法》在经济开发区的贯彻实施情况，抽查开发区部分化工企业，专题询问相关部门负责人，要求把企业“三废”治理作为环境执法重中之重，严格执法、铁腕治理。先后深入到区环保局等相关部门和部分镇、街道、污水处理厂等现场进行调研座谈，常委会第三十五次会议听取和审议了区政府环境保护工作情况报告，督促政府和相关部门牢固树立“绿水青山就是金山银山”的发展理念，突出问题导向，建立合力治污机制，着力打造整洁、优美、文明的绿色家园。

聚焦民生保障。区人大常委会关注“老有所养”“住有所居”“贫有所依”等基本民生保障，依法履行监督职责。视察养老服务工作，要求政府及相关部门坚持规划先行，优化资源配置，推进医养融合发展，大力提升养老服务水平。区政府出台了《关于加快发展养老服务业的实施意见》，并将养老服务业发展列入“十三五”规划，省人大常委会蒋宏坤副主任到洪泽开展省养老服务条例立法调研，对洪泽区养老服务工作的经验和做法，给予肯定。组织代表视察了中亿廉租房小区、洪泽湖大堤拆迁移民安置区等项目现场，建议政府进一步加强保障性住房规划和建设，使符合保障条件的困难家庭应保尽保。关注最低生活保障工作，要求政府及相关部门认真执行国家有关城乡居民最低生活保障的政策法规，完善制度，强化管理，实现城乡低保全覆盖。

三、围绕法治，加强监督，努力维护社会公平正义

推进依法行政。开展执法检查。先后对《中华人民共和国劳动合同法》《中华人民共和国村民委员会组织法》《中华人民共和国政府采购法》《粮食流通管理条例》《江苏省物业管理条例》等13部法律法规开展执法检查，促进这些法律法规的贯彻实施。检查中，除采用常规的视察、调研等方式外，还创新融入了专题询问、听取专项报告和进行满意度测评等环节和内容，切实增强监督检查实效。听取执法报告。本届以来，分年度听取了区安监局、科技局、总工会、供电公司共25个部门和单位相关法律法规贯彻实施情况的报告，拓宽了监督面。开展了“六五”普法工作检查。推进“六五”普法规划的实施，努力促进全民法律意识和法律素质的提升。调研宗教管理工作。要求积极推进宗教场所规范化建设，依法管理宗教事务，严厉打击各种邪教，切实维护宗教领域和谐稳定。

促进公正司法。分别检查公检法司工作开展情况，要求在强化法律法规宣传教育、完善执法监督体系、加强执法队伍建设等方面持续发力，同时积极探索建立联合执法机制，共同推进依法治区工作。开展对区法院的民事和刑事审判工作、审判运行机制改革、执行工作，区检察院的法律监督、民事行政检察、反贪污贿赂工作，区公安局的《刑事诉讼法》贯彻实施、打击经济犯罪、交警执法规范化、禁毒工作等情况的监督，督促司法机关公正司法、严格执法，着力营造公正高效的法治环境与和谐稳定的社会环境，提升人民群众的安全感和幸福感。组织人大代表旁听案件庭审、观摩公诉和现场执行情况，督促审判、检察机关为民司法、公正执法。加强人大信访工作，畅通民意表达渠道。

强化人事监督。坚持党管干部和人大依法任免相统一的原则，严格规范任前法律考试、拟任职发言、审议、表决、颁发任命书等程序，依法行使人事任免权，确保党委的人事安排意图顺利实现。区十四届人大四次会议以来，凡经人

大及其常委会选举、任命的国家工作人员一律向宪法宣誓。加强干部任后监督。听取区法院副院长、检察院副检察长共6人的履职情况报告;开展对区环保局、教育局等10个政府组成部门主要负责人的履职评议,会上,常委会组成人员对评议对象进行“一对一”点评,现场进行满意度表决,会后,将评议情况及满意度表决结果抄送区纪委、区委组织部备案,督促干部为民掌好权、用好权。

四、围绕主体,强化服务,促进代表依法履行职务

不断拓宽代表履职渠道。加强与代表的联系,常委会组成人员五年共联系基层人大代表485人次,听取他们对人大和政府工作的意见,并由常委会相关工作机构进行交办。邀请代表列席常委会会议,参加常委会和区相关部门组织开展的视察、调研、检查、电视问政等活动,有效拓宽代表履职渠道。创新开展代表活动。开展机关代表到农村、农村代表进机关“双向体验”活动,加强交流,促进履职;组织有专长的代表送医下乡、举办法律和农业知识讲座,增强代表服务意识;鼓励代表积极参与社会矛盾调处、帮扶弱势群体,促进社会和谐。深化“一个载体、两项制度”建设。加强“代表之家”标准化、特色化建设,全区共建成代表之家35个,推行日常管理规范化,常态化开展代表接待选民和向选民述职活动,到洪泽调研的全国人大办公厅和省人大领导对洪泽区的做法表示肯定。

深入开展代表“回见”活动。区人大常委会按照市人大“人大代表回选区见选民”活动的统一部署和要求,加强组织领导,制定活动方案,强化措施落实,做到规定动作不走样、自选动作有创新,较好地深化了活动的内涵和效果。活动开展三年,区省、市、区、镇四级人大代表向选民述职,召开座谈会或开办讲座387场次,为群众兴办实事1904件,代表提出建议1690件,并涌现了一批代表联系群众、服务群众、助推发展的先进典型。央视《新闻直播间》《人民代表报》等主流媒体对洪泽区活动及做法作了专题报道。

认真督办代表建议意见。不断创新完善代表建议办理工作机制,增强办理实效。每年人代会结束后,都及时召开建议交办会,对建议办理程序、进度、质量、职责提出明确要求。在建议办理过程中,我们采取“职能工委日常动态督办、督查小组定期专题督办、常委会领导领衔重点督办、常委会会议审议交办督办”的方式,进行分层督办。此外,还组织对建议办理不满意的代表约见承办单位负责人,加大督办力度,提高办成率。“完善城区公交站台建设”“整治城区浴室小锅炉”等建议办理代表最初“不满意”,在常委会领导和有关代表持续关注、督促下,最终得到满意答复和办理。区第十四届人大代表在人代会上提出建议、批评、意见487件,其中确定为重点建议27件,闭会期间代表提出建议283件,均得到了较好办理和落实。建议答复率为100%,满意率和基本满意率在95%以上,办成率逐年提升。

全力指导镇街人大工作。通过组织区人大常委会委办同志到镇和街道授课、特邀省市人大专家到洪泽举办法律知识讲座、组织外出观摩学习等方式,不断强化对基层人大同志和代表的业务培训,努力提升他们履职能力。定期召开镇、街道人大工作座谈会,指导各镇依法开好人代会,组织镇、街道人大开展代表活动,多渠道地加强对各镇、街道人大工作的联系指导。每年开展对镇、街道人大工作考评和表彰,有效增强他们履职积极性。

依法组织开展换届选举。从2016年9月起,区镇两级人大开始换届选举,在区委正确领导下,按照《选举法》《省选举实施细则》的有关规定及中央、省、市的部署和要求,始终坚持党的领导、充分发扬民主和严格依法办事,从严从实做好换届选举各个阶段、各个环节工作,选举产生新一届区、镇两级人大代表。

五、围绕履职,内强素质,全面加强自身建设

加强理论学习和业务学习。坚持常委会党组理论中心组学习制度,深入学习贯彻党的十八大和十八届三中、四中、五中、六中全会和习近平总书记系列重要讲话精神,坚持正确的政治方向。全面贯彻落实中央和省、市、区委关于加强和改进人大工作会议和文件精神,系统学习与人大工作相关的法律法规和业务知识,切实增强做好新形势下人大工作的责任感和使命感,努力提升常委会及其机关同志业务素质和水平。

加强作风建设和制度建设。深入开展群众路线、“三严三实”“两学一做”主题教育活动,并把学习教育与人大履职活动结合起来,增强群众观念,改进工作作风。常委会及机关同志主动深入基层、深入群众,认真开展调查研究,每年完成调研报告30篇以上、走访代表和群众2000人次以上。为提高常委会和机关工作的制度化、规范化水平,我们对常委会党组议事规则等原有的16项工作制度进行分类、梳理、合并、完善至4类13项,同时新出台《洪泽区人大常委会关于财政预算审查监督暂行办法》等3项制度,使常委会制度体系更加科学完善、符合工作实际。

加强宣传工作和理论研究。大力宣传人民代表大会制度、人大工作经验和代表履职风采,向《人民代表报》《人民与权力》《淮安人民》等市级以上媒体投稿。几年来,洪泽区被市级以上新闻媒体采用的宣传稿件达300余篇次,其中,2015年和2016年,省人大网站用稿在全省县区中排名领先、全市第一。认真开展人大理论研究工作,每年都有3至5篇有一定质量的理论研究文章,在市人大理论研究会年会上交流或在市人大相关杂志上发表。

今后工作建议

各位代表,今后五年,新的一届区人大常委会要在区委的正确领导下,坚持以邓小平理论、“三个代表”重要思想和科学发展观为指导,深入学习贯彻习近平总书记系列重要讲话精神,围绕区第十一次党代会提出的全力打造“五区”、聚力建设苏北重要中心城市新增长极的奋斗目标,坚持党的领导、人民当家作主、依法治国有机统一,切实履行宪法和法律赋予的职责，为加快推进现代化湖滨生态旅游新城建设作出新的贡献。

一是在服务发展大局上展现新作为。围绕服务全区经济社会发展大局，强化工作监督，努力促进区工业、农业、生态旅游、城市建设、民生事业科学协调发展。健全全口径预决算审查监督工作机制，强化对预算特别是重点项目预算的编制、执行、调整、决算和绩效管理的全过程监督，管好人民"钱袋子"。强化法律监督，促进"一府两院"依法行政，公正司法，推动法治洪泽建设。

二是在决定重大事项上取得新成效。围绕全区中心工作、全局性问题，适时作出决议决定，把党委对地方重大事务的主张转化为全体人民的自觉行动，凝聚发展新动能，加快推进全面建成小康社会的进程。进一步完善行使重大事项决定权办法，科学界定范围，健全工作机制，推动重大事项决定权的行使由程序性向实质性迈进。做好对决议决定执行情况的跟踪监督，把决定权和监督权结合起来，促进决议决定的贯彻落实。

三是在增强监督实效上实现新突破。加强和改进监督工作，切实担负起宪法和法律赋予人大及其常委会的监督职责。深入开展调查研究，切实增强所提建议的针对性和可操作性。完善听取审议工作报告、视察、检查、评议等方面的工作机制，加大督促落实和跟踪问效力度，推动有关方面改进工作。加强政府规范性文件备案审查，提高文件合法性、有效性。建立专题询问常态化机制，探索运用质询监督手段，严格规范程序，严肃问责问效，促进"一府两院"着力解决一些人民群众普遍关切的热点、难点问题。

四是在强化代表管理上探索新举措。按照中央和上级人大文件精神，结合区实际，研究出台加强代表管理实施意见。完善代表学习培训规划，落实初任代表培训制度，保证每位代表一届之内须参加一次以上的履职学习或专题学习。督促代表积极履职尽责，模范遵守国家法律法规和中央八项规定精神。教育引导代表忠实代表人民利益和意志，依法参加行使国家权力。教育和督促代表正确处理个人职业活动与履行职责的关系。建立代表履职档案管理、代表退出等制度。通过不断强化代表管理，着力打造一支德才兼备、服务人民、履职水平高的人大代表队伍。

五是在加强自身建设上争取新进步。健全人大常委会党组、机关党总支学习制度，加强政治理论、法律知识和业务知识学习，提高思想政治素质，提升履职能力。加强制度建设，完善制度体系，增强制度约束力，促进人大工作规范化。加强调查研究，深入基层一线，掌握第一手资料，为常委会审议提供参考依据和民意基础。牢固树立群众观念，广泛联系群众，体察社情民意，为群众排忧解难。加强人大工作宣传与理论研究，大力宣传人大履职经验和代表先进事迹，探索做好人大工作的新思路、新举措，以理论研究最新成果推动人大工作创新发展。

政府工作报告（摘要）

——2017年1月8日在淮安市洪泽区第十五届人民代表大会第一次会议上

区　长　殷　强

各位代表：

现在，我代表区人民政府向大会作工作报告，请予审议，并请区政协各位委员和其他列席人员提出意见。

一、五年拼搏，展示"洪泽作为"

本届政府履职以来的五年，是全区经济运行总体平稳、稳中有进、进中向好的五年，也是全区干群奋勇争先、奋力拼搏、奋发有为的五年。五年来，我们在市委、市政府和区委的坚强领导下，紧紧围绕美丽幸福洪泽建设这一奋斗目标，统筹推进稳增长、调结构、促改革、重生态、惠民生各项工作，全面落实"三去一降一补"五大任务，顺利完成了本届政府确定的各项目标任务，为加快建设更高水平全面小康社会奠定了坚实基础。

*五年来，全区在跨越赶超道路上抢先争先，发展实力大幅提升。*坚持把稳增长放在首要位置，积极应对经济下行挑战，有效增强跨越赶超的实力支撑。发展格局更趋优化，在全市率先完成新一轮乡镇行政区划调整，形成"三街三大三特"新格局；积极策应淮洪一体化战略实施，按照市委、市政府统一部署，顺利完成撤县设区工作，加快推进与淮安中心城市接轨，洪泽的区域战略地位进一步强化。经济总量持续攀升，预计2016年，全区实现地区生产总值、一般公共预算收入、社会消费品零售总额分别达256亿元、23.2亿元和93.8亿元，是2011年的1.9倍、1.6倍、2倍，年均增长13.7%、9.8%、14.9%；城乡居民人均可支配收入分别达30500元、15800元，是2011年的1.6倍、1.7倍，年均增长9.8%、11.2%。全面小康取得突破，在全市率先建成2003版全面小康社会，2013版全面小康社会建设36项监测指标中，有31项指标实现度大于目标值的80%，监测综合得分91.3分，高于苏北和全市平均水平，获得中国全面小康成长型百佳县（市）等22项国家级荣誉称号。

五年来，全区在产业强区道路上稳扎稳打，发展质态持续向好。扎实推动产业结构优化升级，二、三产业占比从2011年的83.5%提高到86.6%。工业经济转型提质，“4+1”主导产业集聚壮大，实现产值500亿元、占规模以上工业比重达70%，亿元以上企业数40家、较2011年新增8家，培植上市、挂牌企业13家，宇天港玻在香港成功上市。现代农业加快培育，初步形成“3+2”特色产业体系，全市唯一的国家现代农业示范区建设成效明显，获批全国农业产业化示范基地和政府购买农业公益性服务机制创新试点县（区），食品科技产业园被认定为省级现代农业科技园，农业现代化发展水平连续4年位居全市前列。三产服务全面提速，电子商务、生态旅游等新型业态发展迅猛，全区各类电商户和电商企业突破1000家、年销售额达17亿元，分别是2011年的19倍和7.5倍，建成省级农村电子商务示范县。水釜城、大吉祥寺等36个旅游景点建成开放，洪泽湖大堤入选世界文化遗产名录，洪泽湖古堰创成国家4A级旅游景区；2016年全区接待游客290万人次、实现旅游收入31.3亿元，分别是2011年的2.4倍和2.7倍。

五年来，全区在城乡统筹道路上群策群力，发展环境显著改善。累计完成投入102亿元，实施重大基础设施和城建重点工程175项。城市品质稳步提升，完成18项城市规划设计和31个地块房屋征迁，建成淮金公路洪泽段、洪三公路等主要交通道路，改造提升洪泽湖大道、幸福大道、浔河路等城区道路，新汽车站、洪泽湖文化广场等标志性工程竣工开放，城市建成区面积由2011年的17.5平方千米扩大到37平方千米，城镇化率达52%。镇村面貌明显改善，稳步推进国家新型城镇化综合试点，岔河、老子山、西顺河分别获批全国重点中心镇、全国美丽宜居小镇和中国最具特色名镇。新改建农村公路463千米、农桥523座，实现行政村客运班车、乡镇垃圾转运和污水处理设施全覆盖，完成1248个自然村庄环境整治任务，朱坝大刘、黄集曹圩等7个村分别获评省级美丽乡村和江苏最美乡村。生态建设成效明显，扎实开展大气和水污染防治专项行动，完成城区8条主要河流疏浚、清淤和生态修复，新增绿地面积138万平方米，城市建成区绿化覆盖率达40.9%。持续开展“四城同创”，创成国家生态县和卫生县城，全国文明城市、省级园林城市创建分别通过省级验收和评议。

五年来，全区在改革创新道路上先行先试，发展活力加快释放。着眼于激发动力活力，稳步实施12项国家或省级试点改革事项，推动改革攻坚、项目引建和创新创业协同并进。重点改革稳步推进，在全省率先开展城乡建设用地“双减量”试点改革，小型水利工程管理体制改革入选2015年中国改革年度十大经典案例，跻身全国农村改革试验区和2016年度中国领军智慧城市候选城市，“美丽蒋坝”项目被列为财政部PPP示范项目。持续优化行政审批流程，相对法定时限审批提速率达50%以上，完成新一轮政府机构和公务用车改革。发展后劲显著增强，累计引进亿元以上产业项目161个，完成规模以上固定资产投资702亿元、实际利用外资7.2亿美元，分别是前五年的2.5倍、1.3倍，国瑞化工、80万吨硝盐联产等重大项目竣工投产。创新创业活力迸发，实施省级以上科技计划项目160项，获批国家高新技术企业37家、较2011年新增34家，全社会研发投入占GDP比重达2.6%，科技创新成为产业升级的重要支撑。出台全民创业和贷款担保等系列文件，设立1.6亿元产业扶持基金、实施各类创业项目550个，创成省级创业型城市和省创新型试点县。

五年来，全区在民生改善道路上倾心倾力，发展成果普惠共享。坚持将75%以上的新增财力用于保障改善民生，累计投入96亿元、完成213件为民办实事工程。民生事业全面发展，完成新一轮教育布局调整，城区形成“两高中三初中四小学”格局，洪泽中学新校区建成使用，2016年高考本科达线率和录取率居各县（区）四星级高中之首，义务教育教学质量走在全市前列。医疗卫生体制改革深入推进，组建3个县域医疗联合体，三河等4个镇获评省级卫生镇，卫生服务体系健全率达100%。洪泽湖渔鼓入选国家级非物质文化遗产项目，创成全国文化先进县和全国诗词之乡。社会保障更趋完善，城乡低保、医保、社保覆盖率均达96%以上，新农合补助标准较2011年提高了2.2倍，城镇登记失业率保持在2.3%以内，2016年下半年通过第三方调查群众安全感满意度达99%，居全省第一。新建各类保障性住房52.2万平方米，9870户低收入家庭住房困难问题得到解决。政务效能持续提升，修订政府工作规则，规范公文会议和“三公”经费支出，出台政府领导同志AB岗、区长权力清单、重大行政决策程序规定等制度，进一步规范权力运行和决策程序，人大代表建议、政协提案办理满意率均达95%以上。

此外，电力、物价、广电、地震、气象、双拥、人防、地方志、机关事务、外事侨务、人民武装、民族宗教、应急管理、关心下一代等工作成效明显，形成了推动发展的强大合力。

二、蓝图绘就，激扬“洪泽梦想”

行政区划的调整，为洪泽提供了更广的发展空间、更多的利用资源，将极大助推城区更广范围优化空间布局，更高水平整合发展资源，更大力度集成竞争优势。未来五年，将紧紧围绕市委、市政府和区委对洪泽发展的明确定位，加快融入主城区，努力成为淮安发展新空间、新板块、新动能。随着“一带一路”、长江经济带、淮河生态经济带、沿运河城镇轴、宁淮一体化等重大战略布局的辐射，洪泽作为对接南京江北新区的“前哨”和淮安中心城市南大门，对外开放空间更加广阔，区域融合发展更具活力，只要我抢抓机遇、充分发挥优势，完全可以全面融入南京都市圈，分享江北新区发展的溢出红利，加快构建区域发展新空间。随着撤县设区后“纳湖入城”“淮洪一体化”和环洪泽湖生态旅游圈打造的不断深化，洪泽将主动融入全市总体发展格局，全面推进发展规划、产业布局、基础设施、公共服务等方面的“无缝对接”，借助全市发展大平台，助推洪泽发展新跃升，努力成为展示淮安城市形象的重要窗口、彰显城市文化的重要名片、承载城市功能的重要载体，加快打造更具分量新板块。随着供给侧结构性改革、创新驱动发展战略实施推进，加之国家现代农业示范区、新型城镇化、“小水改”“双减量”等重大改革试点效应的叠加，产业结构调整方向日趋明晰，只要我们在发展导向上更加注重量质并举，在发展动力上更加注重创新驱动，在发展模式上更加注重绿色增长，就能够不断增强核心竞争力，加快培育经济增长新动能。

面对新形势新任务，今后五年政府工作指导思想是：全面贯彻党的十八大和十八届三中、四中、五中、六中全会，以及习近平总书记系列重要讲话精神，认真落实“四个全面”战略布局和“五大发展理念”，以“两聚一高”为发展引领，按照省、市、区党代会部署要求，紧紧围绕打造“淮安制造业高新区、生态旅游首选区、都市农业示范区、新型城镇化样板区、承接江北新区辐射优先区”的目标定位，聚力建设现代化湖滨生态旅游新城，全面推进产业培育、民生事业、生态建设、城乡统筹、社会治理各项工作，努力把洪泽打造成经济实力强、百姓生活富、生态环境美、文明程度高的苏北重要中心城市新的增长极。

站在新的起点上，我们的主要奋斗目标是：力争实现一个率先、两个突破、三个高于。一个率先，即在全市率先建成2013版全面小康社会；两个突破，即GDP和城镇人均可支配收入分别突破400亿元和45000元大关；三个高于，即主要经济指标增速高于全市平均增速，城乡居民人均收入增速高于GDP增速，农村居民人均可支配收入增速高于城镇居民人均可支配收入增速。

——在推动“经济实力强”上展示更大作为。着力构建以先进制造业、现代服务业为主体的现代产业体系，率先基本实现农业现代化，确保主要经济指标增幅处于全市前列。力争到2021年，全区地区生产总值达到420亿元、规模以上工业总产值1100亿元，服务业增加值比重超过48%，经济发展质量和效益不断提升。

——在加快“百姓生活富”上取得明显成效。着力构建覆盖城乡、优质均衡、与经济发展水平相适应的公共服务体系，更大力度推进大众创业、万众创新，持续增加居民经营性收入，让群众的“口袋”鼓起来。力争到2021年，全区城乡基本社会保障覆盖率达98%以上，城乡居民人均可支配收入与经济增长同步，人民群众的获得感和幸福感持续增强。

——在打造“生态环境美”上彰显湖滨特色。着力构建资源节约型、环境友好型社会，实现产业转型与生态建设良性互动，努力打造天蓝、地绿、水清的靓丽洪泽。力争到2021年，全区空气质量达到二级标准天数的比例达80%、地表水好于Ⅲ类水质的比例超过72%，城镇绿化覆盖率达到39%以上，生态休闲旅游蓬勃发展，建成国家生态文明建设示范区。

——在促进“文明程度高”上实现全面提升。着力构建思想文化建设、道德风尚引领新高地，持续巩固“四城同创”成果，推动城市底蕴与时代精神共生共融、相得益彰，实现人文健康向上、政务规范透明、社会诚信有序。力争到2021年，社会信用体系基本健全，公众安全感和法治建设满意度保持在95%以上，和谐社会建设继续走在全市前列。

三、砥砺奋进，提升“洪泽实力”

2017年全区经济社会发展的主要预期目标是：实现地区生产总值280亿元、一般公共预算收入19.2亿元、规模以上固定资产投资230亿元、社会消费品零售总额100亿元，城乡居民人均可支配收入分别为32900元、17200元；培植盐化新材料、建筑2个百亿元产业，纺织、食品2个50亿元产业和40亿元旅游产业；全社会研发投入占GDP比重达2.7%，城镇登记失业率控制在2.2%以内，节能减排完成市定目标。围绕上述指导思想和目标，我们将重点实施五项工程：

（一）实施产业提质工程，聚力实现经济转型新突破。加快构建以全域旅游为抓手、工业经济为主导、都市农业为基础的现代产业体系，力争做到发展不减势、量增质更优。

叫响全域旅游品牌。围绕国家全域旅游示范区创建，启动实施“旅游开发突破年”行动，力争全年接待游客330万人次、实现旅游收入35亿元。以科学规划为引领，高标准修订全区旅游总体规划，统筹做好洪泽湖古堰、蒋坝、老子山三大核心景区旅游提升规划，加快形成环洪泽湖生态旅游的线性支撑。以项目建设为载体，年内完成投入30亿元、统筹推进四大类60个旅游及配套项目，重点加快大墩岛和钱码岛生态旅游度假区、环洪泽湖一级游客集散中心、渔家风情园等项目建设，积极争创国家级老子山旅游度假区、蒋坝AAAA级旅游风景区、西顺河AAA级旅游风景区和省级古堰生态旅游示范区。以品牌营销为抓手，继续办好中国洪泽湖国际大闸蟹节，不断提升洪泽湖国际半程马拉松赛、洪泽湖古堰全国自行车赛等重大赛事活动品牌影响力，精心打造全省乃至全国有影响的环湖“一日游”、“两日游”精品线路，进一步叫响全域旅游品牌。

做强工业经济支撑。扎实开展降本增效"暖企行动",在全面落实国家和省市降低企业负担各项举措的基础上,经信委要会同相关部门深入企业调研摸底,充分征求各方面意见,抓紧制定出台符合我区实际的减负政策和实施细则,助推企业稳健发展。对银珠集团等22家年入库税收超500万元重点企业、唯思康食品等55家成长型企业,强化"店小二"服务意识,全力保障生产要素需求,确保规模以上工业年内实现开票销售收入330亿元、培植列统企业25户以上;对当前受需求、价格波动等影响较大的困难行业和企业,经济开发区、经信委要逐户排查分析,形成问题清单并"一企一策"拿出保控措施,精准帮扶解决生产、销售、融资等方面难题,防止出现大的滑坡。结合省委、省政府部署的"两减六治三提升"专项行动,有针对性地开展化工行业整治和产能过剩行业结构调整,督促中电洪泽热电、欧西建材等100多户企业加快技术改造,推动落后产能淘汰和绿色转型发展。注重营造重商亲商氛围,组织开展"十佳企业"、"优秀企业家"评比活动,对社会贡献大、群众口碑好的企业和企业经营者予以重奖。

彰显都市农业特色。按照"四带四点一区"规划格局,加快构建全域性都市农业新体系。推进产业特色化,围绕南部片区融合发展思路和农业"3+2"特色产业,加快食品科技产业园、蒋坝农旅基地、三河特色产业社区建设,聚力打造现代都市农业示范区和国家级农业高新区,绿色稻米、生态渔业、健康食用菌等产业产值年内突破30亿元。推进经营新型化,扶持做大做强涉农企业、合作社、家庭农场等新型经营主体,拓展龙头自营产业向主导特色产业集聚,新增市级以上示范家庭农场、专业合作社30家以上;抢抓"互联网+农业"机遇,加强与阿里巴巴、京东等电商合作,大力发展农村电子商务,农产品电商交易额突破5亿元,争创省级电商十强县。推进产品标准化,出台农产品区域公共品牌建设实施意见,加快应用以农业溯源管理体系为重点的智慧农业大数据,围绕放大"洪泽湖"系列品牌效应,精心举办展销推介活动和申报标志认证,全年新增国家地理标志集体商标4枚、"三品"认证26个。

(二)实施项目提效工程,全面增创区域竞争新优势。牢固树立"项目为王、质效为先"理念,聚焦项目引建不动摇,聚力平台打造不松劲,为保持经济稳健增长提供核心支撑。

全力抓好招商引资。总结提升招商引资经验做法,更加强化专业、精准、务实,切实提高项目招引的针对性和成功率。在全力主攻"三高一强"项目基础上,持续深化职能部门招商、专业招商和委托招商,努力在重大项目落地上有实质性突破。八大重点工作组成员要率先垂范,落实好板块主体责任,每月带领挂钩镇(街道)、部门开展一次外出招商活动,各镇(街道)、各部门主要负责同志要确保集中更多的精力用于招商,力争全年引进亿元项目50个、超10亿元项目3个以上,其中各镇(街道)招引亿元项目不少于3个;经济开发区和食品科技产业园担起主力军重任,年内分别落户超10亿元项目1个以上。今年区里还将在台湾、浙江、上海、苏南等重点片区组织开展10次左右专题招商推介活动,相关牵头部门要按照"规模服从质量、规格服从项目"的原则,进一步排细排实活动方案,及早谋划筹备,认真组织实施,确保取得实实在在的效果。

聚力推进项目建设。围绕排定的30个重大项目和年度投资目标,持续实施挂图作战、定期会办、督查推进,力争全年新开工亿元以上产业项目30个、新竣工20个。对纳入全市新开工项目督考体系的10个重点工业项目,各镇(街道)、各相关部门要帮助项目单位抓紧做好用地保障、征地拆迁、报审服务等前期准备工作,推动苏丰环保包装、功能健康饮料等项目尽快开工建设,确保项目投资、形象进度达超序时。对今年计划竣工的亚润智慧文档、双孢菇深加工生产线等在建项目,制订个性化方案,在保证施工安全、工程质量的前提下,加快建设进度,争取早日竣工、投产运营,年内形成新增长点20个以上。在抓好新建、在建项目的同时,区督考办要会同经信、发改、商务、招商办等部门,对去年以来结转的39个内资、外资项目进行实地督查,定期通报进展情况,通过适时交办、提醒、催办,跟踪督促问题解决,力争年内项目开工率达80%、竣工率95%以上,确保完成年度投资计划和建设任务。

致力提升载体能级。突出软硬功能提升,统筹更多优质资源向各类园区集聚。经济开发区全面启动国家级开发区创建工作,围绕"全市考核第一方阵、全省排名实现进位"目标,新培育年销售收入5亿元以上单体企业2家、亿元企业30家以上;加快启动建设创客中心,完成冶金大道、洞庭湖路等12条园区道路重建工作,园区形象展示中心建成开放,创成国家知识产权试点园区。食品科技产业园按照南部片区发展定位,完成总体发展规划编制和用地规划调整,加快建成一期道路和污水处理厂,启动二期道路、尾水湿地、热电联产等项目建设,入驻体量大、质效好的食品加工类企业5家以上,争创省级经济开发区。设立2000万元专项引导资金,用于扶持6个镇(街道)工业集中区特色化发展,年内完成基础设施投入3亿元,三河镇、西顺河镇工业集中区创成省级中小企业示范基地。

(三)实施融合提速工程,加快建设美好淮安新板块。以融合发展为导向,科学优化城乡布局,有序整合各类资源,着力打造特色彰显、协同并进的新型城镇化样板区。

打造精致活力城区。统筹城市规划、建设、管理三大环节,努力在提升城市功能品质上展现新作为。围绕撤县设区后加快融入淮安主城区的发展要求,注重与淮安中心城市总体规划衔接,推动在空间、产业、功能、基础设施等方面的对接融合,全面形成定位清晰、功能互补的规划衔接体系。高标准推进主城区和湖滨新区建设,加快实施文创广场、芳草谷才智创客中心等10个总投资达50亿元的城建重点项目,拓宽改造五里牌高速道口,启动建设330省道、420省道和淮洪快速通道,348省道洪泽南环段建成通车;新改建城区道路6千米、同步建设地下综合管线，完成益寿路大桥、城区部分自来水老旧管网和城南公园等8个地块棚户区改造任务，推动新城区提升品质、老城区同步更新。实施城市管理提升工程，重点结合智慧城市建设，强化在城管、交通、旅游、政务等方面并网融合，切实提高城市运行效率和公共服务水平，年内创成全国文明城市。

培育特色魅力镇村。以国家新型城镇化综合试点为抓手，进一步完善镇(街道)总规修编，年内各镇(街道)基础设施投入不少于1亿元、完成街道立面改造1条以上。岔河要加快全国重点中心镇建设步伐，全面启动岔河老街、江淮大学修缮等项目，扎实做好王骆殿传统村落保护与开发；围绕挖掘美食、温泉、红色文化等珍贵资源，加快推进蒋坝河工风情小镇、老子山温泉养生小镇、西顺河渔家风情小镇建设，天鹅湾金陵温泉酒店春节前对外开放，老子山力争创成江苏省旅游特色小镇；高良涧、东双沟、朱坝、黄集、三河要围绕各自实际，找准定位、形成特色，重点策应湖滨新区建设、宁淮城际铁路开工、白马湖旅游开发、食品科技产业园建设，扎实做好产业配套文章，加快打造城乡一体示范镇。大力发展农家乐等生态观光旅游特色产业，年内建成省级美丽乡村和康居乡村3个以上，老子山龟山村、朱坝锦鸿生态园创成省四星级乡村旅游示范区。

涵养绿色文明生态。全力厚植生态优势，让天蓝、地绿、水清成为洪泽最为靓丽的发展底色。围绕天更蓝，持续开展大气污染防治行动，积极引导企业在节能减排、循环生产、资源回收利用等方面改造提升，全面完成年度节能减排目标；强化建筑工地扬尘、餐饮油烟治理和PM2.5指标监测，加快推进秸秆综合利用常态化，全年空气质量达标率继续保持全市前列。围绕地更绿，扎实做好城区节点增绿、沿路沿河造绿、成片造林复绿“三绿行动”，年内新建、改造街头游园2个，加快实施太湖路等景观提升工程和浔河、洪新河风光带建设，完成成片造林2000亩，城市建成区绿化覆盖率达41%。围绕水更清，重点实施白马湖上游9条河流整治及生态修复、市区清水互通等工程，年内改造供水管网39千米，污染源监控平台、污水处理厂提标改造工程建成运行。大力开展形式多样的生态宣传和公益活动，鼓励市民在绿色出行、节水节能、垃圾分类等方面身体力行，积极争创国家生态文明建设示范区。

(四)实施开放提升工程，不断释放创新发展新动能。坚持将改革红利与创新动力紧密结合，全面深化改革、扩大对外开放、强化创新驱动，为新一轮发展注入强劲动力。

深化重点领域改革。持续推进农村综合改革，全力开展政府购买水稻集中育供秧、专业化统防统治、粮食机械化烘干服务等国家级项目试点，推进农业水价综合改革，在全面完成农村土地经营权确权登记颁证工作的基础上，进一步完善农村产权交易机制，扩大交易种类和规模，力争年内交易额突破3500万元。统筹社会事业领域改革，完善“区管校用”教师管理制度，建立校长教师交流机制，实现区域内师资合理配置、良性互动；完成医疗绩效工资改革，推动分级诊疗和双向转诊，引导优质医疗资源下沉基层。鼓励支持企业对接资本市场，推进兴业银行、苏州银行在洪设点，洪泽湖建设投资集团打造2A信用平台，开发区投资发展公司和神州旅游公司年内发行企业债20亿元，华晨机械等3家企业在“新三板”或省股权交易中心实现挂牌。稳步推进城乡建设用地“双减量”试点工作，新增建设用地指标1800亩以上。

提升对外开放水平。加快“引进来”和“走出去”步伐，在持续加大制造业和生产性服务业利用外资力度基础上，重点围绕洪泽湖旅游开发和国家现代农业示范区建设，推动湖滨旅游、都市农业、健康养生养老等产业利用外资。加快推进宇天港玻三期、大墩岛旅游开发、秸秆综合利用等洽谈成熟项目，进一步提升开工项目外资到账水平，力争全年新上外资项目10个、注册外资实际到账1.2亿美元以上。积极争取和落实外贸扶持政策，精心组织悦丰晶瓷、东俊机械等企业参加境内外重点展会，鼓励企业利用展会抢抓订单，扩大出口规模，全年新增出口2000万美元以上外贸载体2家，宇天港玻完成外贸出口2亿美元。围绕打造承接江北新区辐射优先区，积极对接南京江北新区建设和淮洪一体化战略实施，用好用足“一县一题”专项扶持政策，加强对外沟通联系，努力争取更多优质资源、利好政策、重大项目向洪泽倾斜，全年向上争取项目资金30亿元以上。

增强创新发展能力。围绕提升区域创新能力，进一步强化企业创新主体地位，引导和鼓励企业开展基础性、前沿性创新研究，支持基于互联网的各类创新，加快培育具有自主创新能力的领军企业，全年新增国家高新技术企业10家、市级以上高新技术产品12个以上，实现高新技术产业产值180亿元、占规模以上工业比重达27%。高水平推进协同创新，加强产业技术创新联盟建设和关键核心技术联合攻关，充分发挥东南大学等技术转移中心作用，打造具有地方特色的政产学研合作品牌，年内促进校企合作20家、新增市级以上“两站三中心”企业研发机构12家，规模以上企业研发机构建有率达45%以上。继续保持人才引进的良好态势，大力实施“万人计划”、“双创计划”、“科技副总”等人才项目，全年引进高层次人才18名以上，促进更多优秀科技成果在洪资本化、产业化。

(五)实施民生提标工程，充分展现共建共享新成效。坚持以十件民生实事为抓手，全力加大民生投入、补齐民生短板，让发展成果更多地惠及全区人民。

优化公共服务供给。围绕深化教育现代化建设，重点实施以“校安工程”、薄弱学校改造为主要内容的办学条件提升项目，年内新建校舍4.2万平方米，实验小学城南校区、天鹅湖幼儿园投入使用。突出优质教育资源引进，加快实施名师、名校长、名校“三名”工程，创新开展多种形式实质性的合作办学。洪泽中专加快实训课程改革，打造特色品牌专业，年内建成省级智慧校园。推动现有医联体深度合作，完善区镇村三级医疗服务体系，深入开展家庭医生签约服务、年内续约率达90%以上，继续免费开展婚前医学检查，完成全区适龄妇女“两癌”和6000人食管癌筛查，积极落实好“全面二孩”政策。持续推进文化“四送”工作，启动建设东皇影业影视基地、中国洪泽湖美术写生基地、西顺河军事主题影视公园等文创项目，完成2个镇综合文化服务中心升级改造。

健全富民保障体系。全民创业是富民之要，实施更加积极的创业就业扶持政策，加大对城镇失业人员、困难家庭高校毕业生、返乡农民工等重点群体的就业帮扶力度，吸纳农村劳动力就近转移，全年新增创业1200人、带动5000人实现“家门口”就业，动态消除城乡“零就业”家庭。精准扶贫是富民之急，加大对经济薄弱村的扶持力度，通过送项目、送技术、送信息等途径实施开发式扶贫，让低收入人群有相对稳定的收入来源，年内带动8000人脱贫、2个经济薄弱村达到新“八有”标准。社会保障是富民之基，实施全民参保登记行动计划，积极推进各类社会保险提标扩面，城镇职工社会保险覆盖率、城乡居民养老保险和医疗保险覆盖率均巩固在96%以上；推进住房保障和供应体系建设，注重通过控制供地节奏、加快农业转移人口市民化和鼓励货币化安置等方式化解房地产库存，实现住房存量资源的优化配置。

维护和谐安定环境。扎实推进“政社互动”和社区减负增效，推广政府购买公共服务，引导社会组织有序参与社区服务、发挥建设性作用；深化法治宣传教育，组织实施“七五”普法规划，村（社区）法治文化阵地建设实现全覆盖。围绕提升“平安洪泽”建设水平，加快实施社会治安防控体系建设、湖滨治安特色区创建等项目，建强区镇村三级综治中心，严厉打击电信网络诈骗等新型犯罪行为，进一步提升公众安全感和满意度。完善领导接访、下访和包案制度，依法规范信访秩序和维护群众合法权益，深入推进“无讼村居”创建，全力打造社会治理样板区。严格落实安全生产责任制，深化对化工企业、食品药品、交通旅游、建筑工程、生态环境等重点行业领域的专项整治，切实加强源头控制和隐患排查，确保安全生产形势平稳可控、持续向好。

新的一年，我们将始终把群众所愿所盼放在心上，计划投入25亿元，全力办好惠民十件实事。1.实施城乡居民饮用优质水工程，加快建设备用水源地，农村居民区域供水实现全覆盖。2.实施教育基础设施提升工程，启动洪泽湖九年制学校建设和区机关幼儿园升级改造工作。3.按照三级医院标准异地新建含医疗、康复、健康管理三大区域的新区医院，新增床位1200张。4.升级改造仁和卫生院和15个村（居）卫生室。5.完成天水雅居等9个老旧小区、72万平方米设施改造，新建标准化农贸市场（生活家）1个。6.开通淮洪公交专线，方便群众快捷出行。7.实施太湖路道路及绿化改造提升工程。8.完成浔河、洪新河生态修复工作，进一步提升河道两岸景观环境，打造浔河清水廊道示范工程。9.实施洪泽湖大米、洪泽湖大闸蟹等农产品区域公共品牌建设工程，辐射带动12000户农民增收。10.实施“平安乡村”工程，新增各类治安卡口及监控视频点位800处，逐步实现城乡视频监控系统一体化。

四、不忘初心，书写“洪泽担当”

各位代表，新目标承载新担当，实现新一届政府工作良好开局，对我们提出了新的更高的要求。我们将紧紧围绕法治政府建设目标，强化法治思维，运用法治方式，全力推进科学施政、依法行政、高效履政、廉洁从政，努力在法治轨道上推动政府各项工作迈上新台阶。

始终把科学决策放在首位。全面实施重大行政决策合法性审查制度，进一步完善公众参与、专家论证、风险评估、集体讨论决定等行政决策程序，加强重大决策跟踪反馈和成效评估，确保决策程序规范、过程公开、责任明确。探索民生工作民意立项机制，对事关改革发展稳定大局、人民群众切身利益和社会普遍关心的热点问题，向社会公开征求意见或举行听证会；邀请人大代表和政协委员列席政府常务会议、参与政府决策，重大决策前及时向人大报告、与政协协商。健全以政府法制部门人员为主体，吸收专家、律师参加的法律顾问制度，实现政府机构法律顾问全覆盖。

始终把依法行政抓在手中。认真落实政府常务会会前学法和行政机关依法出庭应诉制度，强化行政首长依法行政第一责任人职责。健全行政许可和行政处罚网上公示制度，探索跨部门、跨行业综合执法和区域综合执法，加大对关系群众切身利益的公共卫生、旅游市场、民生保障等重点领域综合执法力度，切实提升行政执法效率和公众满意度。拓展政府信息和政务公开内容，推进财政预决算、公共资源配置、重大项目建设批准和实施等领域的政府信息公开，及时公布涉及公民、法人和其他组织权利和义务的规范性文件，努力让政府工作更加透明开放、贴近民生。

始终把效能提升落在实处。围绕开展相对集中行政许可权改革试点，加快调整行政审批局职能，重新梳理拟划转的行政审批事项。大力推行评审、踏勘、图审、验收“四联合”创新举措，清理规范涉及审批的各类认证、评估、代理、检查、检测等中介服务，全面落实行政审批“三集中、三到位”，为企业提供全流程、精准化的服务，新政务服务中心年内建成入驻。推进“互联网+政务服务”建设，运用“智慧洪泽”云平台，加强行政权力全程网上公开透明运行、实时电子监察，强化对权力运行全过程的监督，实现政务大厅、网上办事大厅、移动客户端、自助终端等互联共通。

始终把廉政纪律挺在前面。严格执行新修订的《中国共产党党内监督条例》和《关于新形势下党内政治生活的若干准则》，强化领导干部“一岗双责”，推动政府系统党风廉政建设责任制落到实处。认真落实部门预算、政府采购等制度，从严从紧压降“三公”经费支出，结合公车改革实施，加强集中统一管理和服务保障。强化行政监察、审计监督，持续推进“百村轮审”巡查强基行动，对公共资金、公共资源、国有资产和领导干部履行经济责任情况实现审计全覆盖。继续深化“廉能洪泽”建设，坚持宽严相济，杜绝懒政怠政，倡导敢为能为，努力营造风清气正的政务环境。

中国人民政治协商会议淮安市洪泽区第九届委员会常务委员会工作报告(摘要)

——2017年1月7日在政协淮安市洪泽区第十届委员会第一次会议上

陈继信

各位委员、各位同志:

我受政协淮安市洪泽区第九届委员会常务委员会的委托,向大会作工作报告,请各位委员审议,并请列席的同志提出意见。

九届工作回顾

政协淮安市洪泽区第九届委员会在中共洪泽区委的正确领导和区人大、区政府的大力支持下,高举爱国主义、社会主义旗帜,认真贯彻落实党的十八大、十八届三中四中五中六中全会和习近平总书记系列重要讲话精神,突出团结和民主主题,充分发挥人民政协的优势,组织全体政协委员认真履行政治协商、民主监督、参政议政职能,切实维护群众利益,不断加强自身建设,为促进政协事业发展,推进"幸福洪泽"建设作出了积极贡献。

一、以发展大局为中心,建言献策,为推进"幸福洪泽"建设出智出力

区政协充分发挥自身优势和职能作用,鼓发展之劲、献发展之计,着力汇聚共推发展的合力。

紧扣科学跨越发展开展政治协商。本届政协共召开全体会议5次,主席会议48次,常委会议20次,各类专题协商会、座谈会60余次,涉及协商议题62个,均紧紧围绕科学跨越发展主题,积极献计献策。一是围绕政府工作报告重要事项进行协商讨论。就涉及全区经济社会发展的突出问题和人民群众关心的热点、难点问题,积极组织大会发言。五年来,政协各参加单位和全体委员通过精心选题,深入调查研究,共撰写调研报告65篇,社会效应明显。如《统筹资源配置,推动我区机械(冶金)产业优化升级》的调研报告,从重视人才培养、产业链招商、行业合作与企业分工等方面给出5条意见和建议,均被区政府制定的相关文件吸收和采纳。二是围绕区"十三五"规划制定建言献策。区政协组织委员和相关专业人士,就"十三五"期间如何加强经济结构调整、推动供给侧改革、"新版块、新空间、新动能"定位、促进民生改善等重点问题开展协商议政。如《完善"五个机制 "推动分级诊疗》调研报告中提出的"基层首诊、双向转诊、急慢分治、上下联动"的分级诊疗服务模式贴近全区实际,为洪泽区加快推进医改工作提供决策参考。三是围绕区政府常务会议重要议题咨政建言。在历次区政府常务会议和重大决策会议上,针对不同议题,选派懂业务、有责任心的委员列席会议并积极协商议政。四是积极开展对口协商。围绕工业经济、教育卫生、文化旅游、精准扶贫、城乡环境、法治建设等问题与相关部门开展35次专题协商,邀请区委、区政府分管领导以及相关部门负责人参加并通报情况,面对面听取委员的意见和建议。如《进一步规范旅游商品经营市场》等建议得到相关部门的重视,为进一步助推洪泽旅游业发展起到积极作用。

始终坚持问题导向开展民主监督。围绕全区经济社会发展和民生关切,突出问题导向,认真开展民主监督。一是切实加强提案工作。政协九届委员会所立提案522件,主题鲜明、重点突出、内容实在,涵盖了工业、农业、交通、教育、卫生、旅游、文化等20多个领域,聚焦区域经济发展和民生福祉,既指出存在的问题,又提出对策建议。经过各方努力,所有提案已全部办结,涉及到的很多热点难点问题得到切实重视和有效解决。二是开展专项民主监督。先后推荐40余名委员担任区政法、信访、教育、税务、土地、卫计等部门的执法监督员、行风评议员;组织100余人次参加区机关组织的专项检查活动;选派委员参加电视问政、民意测评、年度责任目标考评、窗口服务部门满意度测评等监督活动,推动行风、政风建设;对全区各类事业单位招聘工作进行全程监督,凸显公平公正,社会反响良好。三是深入开展民主评议。组织市、区政协委员对区市场监督管理局、区供电公司、区自来水公司、区住建局、区卫计委等20多个单位进行了民主评议,促进部门工作。

围绕"六大跨越"目标开展参政议政。为促进委员和界别之间交流,更好地贴近和服务中心工作,区政协主席会议研究,根据区委"六大跨越"目标,出台《关于助力"幸福洪泽"建设,围绕"六大跨越"建言献策的实施意见》,将原先各界别委员重新整合,分别成立了特色产业培育、新型城镇化发展、旅游资源开发、大湖文化弘扬、民生福祉提升和生态文明建设六大工作组,由分管主席牵头,各专委会和工作组负责组织实施,开展协商议政活动。一是认真选题,开展视察工作。每年初,各工作组组织委员认真协商,制定方案,对涉及全区的重点工作和民生问题开展视察。主动征询被视察单位的意见,使政协提出的建议更具建设性和可操作性。五年来,委员们分别就区农村电子商务、洪泽湖古堰旅游、白马湖生态旅游等问题开展专题视察活动58次,撰写

专题视察报告26篇。如在视察水利工作中，委员们集思广益撰写的《强化水利工程管理，保障农村经济发展》视察报告，从产权、管理、经费等方面给出切实可行的建议，为区政府制定出台相关文件提供了有价值的参考。二是把准议题，开展调研。各工作组准确把握区委、区政府中心工作，深入一线开展调研。先后针对洪泽湖生态旅游、经济开发区转型升级、特色文化与旅游融合发展等方面进行专题调研，提出了数十条有前瞻性、可操作性的意见建议。区委、区政府对这些意见建议高度重视，将责任分解到相关部门，得到了迅速落实，保证了委员的履职成果真正发挥效力。如在2013年底，组织委员围绕全区就业创业情况进行调研，从抓好就业政策落实、劳动技能培训、引导自主创业等方面分析了我区的形势，给出具体建议，形成《努力实现更加充分的就业》的调研报告，被有关部门迅速采纳并转化为具体的工作措施。《弘扬蒋坝美食文化，助推全区旅游发展》调研报告，获得了淮安市第四届现代服务业发展论坛优秀论文二等奖。三是充分体现委员协商成果。在区政协六大工作组的组织实施下，委员们协商成果得到更好体现。《关于加快洪泽港口建设的设想》调研报告中提出的实施洪泽新港项目的建议获省、市、区发改委认同和立项，并被国家发改委列为江苏省PPP项目库项目对外发布推介；《关于加快发展家庭农场，培育新型农业经营主体的建议》被市人民建议办公室征集；另有26篇调研成果被集中编印，很多意见和建议得到了很好的落实。

二、以民生关切为主线，维和增谐，为推进“幸福洪泽”建设添砖加瓦

把“人民政协为人民”的理念贯穿于政协履行职能的各个方面。充分发挥委员主体作用，鼓励委员深入基层一线，倾听群众呼声，为构筑和谐稳定的良好氛围履职尽责。

积极反映社情民意。要求每个委员走近基层，走近群众，每年至少反映一条社情民意。拓展信息收集渠道，加强采、编、报的质量和效率。五年来，共形成社情民意信息80多条，为市、区领导了解民情、体察民意、集中民智发挥了重要作用。如《关于加强小区物业管理的几点建议》被市政协选为优秀社情民意进行交流，为全区乃至全市物业的规范化管理发挥了参谋作用。

努力化解社会矛盾。充分发挥政协在建设社会主义和谐社会中的积极作用，争做“群众贴心人”，认真体察民情、理顺民意、化解矛盾，为区委、区政府分忧解难。政协班子成员利用接待群众信访机会，了解群众疾苦，倾听群众诉求，并与政府部门联系，切实帮助群众解决一些实际困难。五年来，共化解民间各类矛盾纠纷120余起，有效地促进了社会和谐发展。

积极服务企业发展。区政协领导带领相关委员定期走访园区企业，主动会同引资帮办单位协调解决相关问题，推动企业盘活盘强。五年来，相继帮助全区的100多家企业协调解决了招工、贷款、劳资矛盾等问题，得到了企业的普遍认同和肯定。

服务新农村建设。按照区委部署，区政协积极参与服务新农村建设，先后开展了农村新型合作医疗制度建设、农村文化建设、农村路网建设、农村弱势群体帮扶救助等10多项专题调研、协商、视察等活动，形成了《完善农技服务体系》《加快农村水利建设，促进农业稳产增收》《农村文化建设应当重视的几个问题》等多份调研报告，积极为区委、区政府实施统筹城乡发展战略出谋划策。区政协领导班子、机关干部通过向有关部门争取政策、争取项目等有效措施，帮助挂钩村发展并主动脱贫。与贫困户结对子，帮助他们寻求致富项目，解决实际困难。五年来，区政协机关共挂钩12个村，争取项目8个，解决帮扶资金100余万元，结对帮扶困难群众180余人，捐助资金32万元。

扎实推进民生工程。组织广大委员扎实开展科技、卫生、法律“三下乡”等便民、利民、富民活动，连续17年开展“义诊进镇村、社区活动”，使“三下乡”活动形成长效机制。积极参与社会公益活动，如盐城射阳阜宁等地遭遇龙卷风自然灾害之际，组织委员捐资捐物、奉献爱心。部分委员自发组织社会力量捐资助学、主动深入敬老院开展节日慰问、尊老敬老活动等等，均取得了积极的社会效应和良好反响。

三、以民主团结为主题，凝心聚气，为推进“幸福洪泽”建设聚合力量

团结各界是人民政协服务经济社会发展的重要任务。区政协坚持将团结和民主两大主题贯穿于政协工作各个环节，扩大联系联谊范围，加强交流合作，助推洪泽发展。

密切与社会各界联系。开展界别间定期交流活动，加强与社会各界的联系。健全主席联系委员机制，开展主席约谈委员活动，注重对委员生活、工作和履职情况的关心。研究界别调整，扩大团结面，增强包容性，适当增加与新媒体的接触联系，逐步吸收新社会阶层的代表性人士到政协组织中来，为界别建设输入了新鲜血液。定期召开党外知识分子联谊会，为共建“幸福洪泽”出谋划策。

做好三胞和民族宗教工作。收集区“三胞”人员信息，建立健全档案资料，在每年元旦、春节期间开展慰问洪泽籍“三胞”及亲属活动，清明期间协助做好台胞祭祖联络接待等服务工作。每年组织委员视察少数民族村、宗教场所1–2次。会同区宗教部门积极向上争取资金，帮助少数民族村兴建改建特色村寨和文化活动场所，进一步融洽民族宗教关系。

联谊交流扩大知名度。充分发挥政协对外联系广泛的优势，先后接待省内外兄弟市区政协到洪视察考察50余批次。组织委员赴省内外考察城市规划建设、旅游开发、新区建设、项目选址、医疗卫生等活动12批次，并向区委、区政府提交有针对性的意见和建议。同时，积极宣传洪泽，推介洪泽，提高洪泽的知名度和美誉度。

四、以自身建设为重点，建章立制，为推进“幸福洪泽”建设夯实根基

区政协按照《中共中央关于加强人民政协工作的意见》提出政协自身建设的特有内涵，以思想建设为核心，以组织建设为基础，以制度建设为保障，切实加强自身建设。

认真抓好委员队伍建设。一是抓好委员学习培训。印发内部学习资料72期，举办政协委员和政协工作者学习培训班4次。二是抓好委员工作作风建设。出台了《工作组履职考评制度》《主席联系委员制度》《优秀政协委员评比办法》等相关文件，不断拓展新委员发展渠道，巩固和扩大委员履职成果。2014年，区委、区政府开展献爱心活动，得到了社会各界，特别是在上海、无锡等地的乡贤们踊跃捐资，区政协及时吸纳吉雨冠等4名优秀乡贤加入政协组织。三是激发委员的创业激情，鼓励委员立足岗位建功。引导委员为全区经济社会发展多作贡献，刘书华委员所属企业每年为国家纳税达5000万元，为社会捐资500万元，其中为家乡洪泽捐资助学60余万元；夏建文委员的艳阳度假连续三年与区委、区政府联合承办老子山CBSA美式台球公开赛，积极推介了洪泽。充分发挥委员在本职工作中的带头作用，广大委员成为各行各业的“领头雁”。郭明珠、潘恩如、赵劲松、俞光红等领导干部委员向上争取资金数亿元；刘仕鹏、赵晓斌等专业人才委员领衔的多项科研项目获省、市科技部门立项；夏宝国、万福建、陈星光、吕红梅、陈凯等文艺界委员所创作的十多项作品获国家、省、市表彰。据不完全统计，五年以来，由委员们在各自领域牵头组织有影响力的项目18个，受到区委、区政府以上表彰的委员165人次。

认真抓好机关作风建设。五年来，区政协机关先后开展了“党的群众路线教育实践”主题教育、“三严三实”专题教育和“两学一做”学习教育工作，进一步打牢了思想根基。按照中央“八项规定”和省、市、区作风建设要求，制定和完善了《机关工作人员守则》《廉政24项制度》等，以创建“学习型、创新型、服务型、和谐型、健康型”机关为目标，努力造就一支政治坚定、作风优良、学识丰富、业务熟练、身心健康的高素质政协工作队伍，使政协机关真正成为深受广大委员欢迎的团结之家、建言之家和温暖之家。

建好“委员之家”，拓展委员履职平台。2015年底，区政协专门召开主席会议落实省市领导批示精神，认真思考谋划，不断探索，积极争取区委、区政府支持，在水釜城内专门建成集委员活动与洪泽湖历史文化研究功能于一体的“政协委员之家”，其定位是“政协委员提高素质的课堂、联谊交友的平台、知情明政的通道、建言献策的阵地、展示风采的窗口和弘扬爱心的驿站”。“政协委员之家”正式投入使用以来，已先后组织各种学习交流座谈活动18次，相关会议6次，外地政协到洪视察学习8次，展示委员风采16人次，被市政协评为“优秀委员之家”。

加大宣传力度，拓展委员履职空间。不断创新宣传形式，着力构建宣传平台，对政协各项工作情况进行及时报道。五年来，共编发《政协工作简报》60期，向区委、区政府、各部门和委员及时通报政协工作情况。在《人民政协报》《江苏政协》《淮安政协》等市级以上媒体发表稿件49篇，对宣传我区政协工作产生了积极影响。

编辑文史资料，发挥存史资政作用。文史资料的收集整编取得新成果，相继撰写编印《水釜城记》《中国水上长城—洪泽湖大堤》《洪泽湖大堤碑刻集锦》《文化春秋洪泽湖》等文史资料，较好地宣传了洪泽旅游文化。

十届工作建议

今后五年工作的指导思想和总体要求是：高举中国特色社会主义伟大旗帜，全面贯彻落实党的十八大、十八届三中四中五中六中全会和习近平总书记系列重要讲话精神，紧紧围绕区第十一次党代会、区委十一届二次全会确定的经济社会发展的奋斗目标和战略任务，充分发挥政协作为协商民主重要渠道和专门协商机构的作用，扎实推进政治协商、民主监督、参政议政制度建设，为建设现代化湖滨生态旅游新城再作新贡献。

一、加强学习引领，为建设现代化湖滨生态旅游新城增进思想共识

党的十八大以来，以习近平同志为核心的党中央高度重视人民政协工作。党的十八大和十八届三中四中五中六中全会对做好政协工作、发展社会主义协商民主，作出了重大部署，并制定下发了《关于加强社会主义协商民主建设的意见》《关于加强人民政协协商民主建设的实施意见》。特别是在庆祝人民政协成立65周年大会、中央统战工作会议、全国“两会”等重要会议和场合，习近平总书记就政协事业发展作出了一系列深刻论述，为做好新时期政协工作提供了强大思想武器和指南。政协各组成单位和全体委员一定要认真学习、深刻理解、自觉践行，切实把思想和行动统一到中央的决策部署上来，统一到区委、区政府的各项目标任务上来。

二、提高履职成效，为建设现代化湖滨生态旅游新城多建睿智之言

政治协商要有新提升。“十三五”发展的大政方针、目标思路、重点任务，区委、区政府已做了明确部署，区政协要紧紧围绕贯彻区委十一届二次全会提出的“富民惠民、改革创新、绿色生态、才智驱动”的工作要求，针对“引领全域旅游”“引领工业转型”“做优都市农业”“提升城市品质”“践行为民宗旨”五大主题，开展专门政治协商，为建设现代化湖滨生态旅游新城当好参谋。

*民主监督要有新突破。*探索和完善民主监督的机制、手段和形式，畅通民主监督渠道，进一步坚持问题导向，建立健全制度，寓民主监督于政协委员提案、视察、调研、评议等活动之中，切实提高民主监督的质量。

*参政议政要有新作为。*牢牢把握“四个全面”战略布局，紧紧围绕区委提出的谋求“五个更加”、形成“六大优势”的工作重点，积极提出具有前瞻性、富于建设性的意见建议。要紧扣打造苏北重要中心城市“新版块、新空间、新动能”建言立论。围绕“聚力打造淮安制造业高新区、生态旅游度假首选区、都市农业示范区、现代农业发展先导区、承接江北新区辐射优先区”新目标协商建言。

三、强化团结联谊，为建设现代化湖滨生态旅游新城凝聚广泛力量

*进一步促进政协组织联系。*人民政协是最广泛的爱国统一战线组织，囊括各团体、各民族、各宗教、各阶层的代表人士，涵盖社会各界别。区政协要认真贯彻中央和省、市、区委统战工作会议精神，坚持大团结大联合，积极拓展工作领域。

*进一步促进民族宗教关系。*加强党外人士、民族宗教代表、港澳台同胞和海外侨胞的团结联谊，密切与非公有制经济人士、新社会阶层人士、出国和归国留学人员、新媒体从业人员等群体的联系沟通，把团结的同心圆越画越大，为洪泽新发展汇聚正能量。

*进一步促进与群众联系。*发挥好联系群众的桥梁纽带作用，及时搜集群众的意见建议，及时反映群众诉求，化解矛盾，促进各项民生事业的持续改善，增强群众的获得感和幸福感。

*进一步促进对外交流。*继续强化政协联系广泛、渠道畅通的特点，拓展和创新对外联谊交往范围领域、渠道平台、方式方法，为扩大洪泽知名度、促进洪泽大发展快发展献计出力。

四、坚持群众路线，为建设现代化湖滨生态旅游新城营造和谐环境

*进一步反映社情民意。*每个委员要牢固确立群众意识，积极反映社情民意。进一步创新工作方式，健全工作机制，拓宽反映社情民意渠道。

*进一步关注民生福祉。*全体委员要深入倾听群众呼声，关心群众疾苦，围绕教育、医疗等群众最关心、最直接、最现实的十件民生实事开展专题调研视察，积极建言献策。

*进一步做好扶贫帮困。*进一步关注低收入群众、困难群体，实施精准扶贫，继续结对帮扶经济薄弱村和困难群众。动员广大委员、社会团体等各方力量参与到帮扶工作中来，扩大参与面和受益面。

五、积极探索创新，为建设现代化湖滨生态旅游新城提升服务水平

*继续加强委员队伍建设。*全体政协委员要以习总书记系列重要讲话武装自己，做刻苦学习的模范、廉洁奉公的模范、发扬正气的模范、合作共事的模范、履行职能的模范。参加过上届政协的老委员在过去履行政协职能中取得或做出了出色的成绩，在新一届政协工作中要再接再厉。新当选的委员都是各阶层的优秀代表，要和老委员一道，不断加强学习培训，提高自己的政治素质和思想水平，不辱使命，卓有成效地体现自我价值。

*继续抓好“三化”建设。*要继续认真贯彻落实全国、省、市、区委《关于加强人民政协工作的意见》和政协工作会议精神，进一步完善和落实各项工作制度，使政协工作更加规范化、制度化、程序化。

*继续加强组织建设。*要加强专委会和工作组的组织建设，根据既考虑界别、专业，又兼顾发挥特长的原则，尽快安排各专委会和工作组成员。各委、组要根据政协工作职能，加强与委员的联系，迅速制定工作计划，周密安排，组织实施，充分发挥各委、组在组织和推动政协履职功能方面的作用。

*继续加强政协机关作风建设。*以“政协委员之家”为平台，遵循习近平总书记系列重要讲话要求，努力提高政协机关干部的政治理论水平和业务能力。政协机关干部要牢固树立为履职服务、为委员服务、为群众服务的指导思想，开拓创新，扎实工作，真正使政协机关充满生机与活力，成为团结、民主、务实、高效的战斗集体。

第十一届中国洪泽湖国际大闸蟹节

【概况】 由中国蟹都洪泽文化传播联合发展有限公司、中国洪泽湖国际大闸蟹节指导服务委员会办公室主办，洪泽区人民政府、中国田径协会、中国户外运动协会、中国台球协会、中国龙舟协会、江苏省旅游局、江苏省体育局、江苏省海洋与渔业局、扬子晚报社支持的第十一届中国洪泽湖国际大闸蟹节于2016年9月—11月在洪泽区举行。本届节庆围绕“名湖名堰之旅、旅游美食之旅、体育运动之旅、道学温泉之旅、产业经贸之旅”五个篇章开展活动，采取“公司主办、协会承办、政府指导、群众参与、媒体支持”的运作机制。注重打造旅游、体育两大板块，同时以文化、经贸等为辅助，做足旅游文章，发展旅游经济，争做淮安“大湖文化”旅游龙头。建立起多元化的节庆融资渠道，实现政府少花钱、企业多参与、群众得实惠的多方共赢。

【开幕式】 9月13日，第十一届中国洪泽湖国际大闸蟹节暨第六届洪泽湖全国龙舟大赛在洪泽湖畔渔人湾开幕。省政协副主席许津荣宣布开幕。市政协主席王维凯，香港钟山有限公司董事长黄宏亮，中江国际集团董事长彭向峰，中国节事旅游联盟主席邓峰，省体育局副局长颜争鸣，省海洋与渔业局副巡视员费志良，省旅游协会常务副会长唐建国，《扬子晚报》总编王文坚，南京大学社会学院教授张鸿雁，副市长王红红，省文化广电公司董事长陈剑，江苏今世缘酒业股份有限公司董事长周素明，江苏食品药品职业技术学院院长陶书中，四川成都都江堰市委常委、宣传部长、旅工委书记王敏等嘉宾应邀出席。区委书记朱亚文致开幕词。区长殷强主持开幕仪式。

第十一届中国洪泽湖国际大闸蟹节暨第六届洪泽湖全国龙舟大赛以宣传洪泽生态旅游为宗旨，以“畅游江苏·水韵洪泽”为主题，策划设计了《大湖·洪泽》《渔乡·洪泽》《古堰·洪泽》《欢乐·洪泽》《多情·洪泽》《龙腾·洪泽》六个单元，用艺术形式演绎洪泽独特的自然风光、人文风情、文化底蕴，展示洪泽人民上善包容、务实创新、激流勇进的大湖品质。著名女中音歌唱家关牧村演唱的《多情的土地》和青年歌唱家温震演唱的《美丽的洪泽湖》及舞蹈《洪泽湖渔鼓》等节目赢得现场观众阵阵热烈的掌声。

【项目集中签约会】 9月13日，洪泽区举行第十一届洪泽湖国际大闸蟹节项目集中签约会。本次活动共签约21个项目，另有6个项目集中开工，总投资达160余亿元。

【洪泽区·都江堰市旅游合作签约仪式】 9月13日，2016首届世界遗产地旅游联合发展峰会暨洪泽区·都江堰市旅游合作签约仪式举行。都江堰市委常委、宣传部长、旅工委书记王敏，都江堰市旅工委副书记、旅管委常务副主任高山，江苏省旅游协会常务副会长唐建国，市人大常委会党组成员肖进方，市旅游局局长、党组书记朱永兴，区委书记朱亚文，区长殷强，区人大常委会主任杨步新，区政协主席陈继信，区委常委、宣传部长董蔚等参加。王敏和朱永兴为“青城山—都江堰景区”和“洪泽湖古堰景区”友好单位揭牌。高山和董蔚为“青城山—都江堰景区”和“老子山温泉旅游度假区”友好单位揭牌。殷强主持活动。

洪泽区和都江堰市两地旅游资源禀赋优良，旅游发展态势良好，两地旅游合作空间广阔。建立长期、稳定、全面的合作关系，有利于推动两地旅游经济持续、健康发展，双方希望从互通项目信息、开展联合营销、提升旅游服务能力、开展旅游人才交流四个方面加强交流合作，实现双方旅游文化项目招引落地，推动区域市场共同发展。

仪式上，双方签订了旅游合作协议和景区合作协议。

【第三届洪泽湖大闸蟹宠物秀暨捆绑达人挑战赛】 10月11日，第十一届中国洪泽湖国际大闸蟹节“兴业银行”杯第三届洪泽湖大闸蟹宠物秀暨捆绑达人挑战赛成功举办。大闸蟹宠物秀现场，市民、学生参赛代表带着“乔装打扮”的“螃蟹宠物”上台，比试“螃蟹宠物”的创意和表演，一场场以大闸蟹为主角的“螃蟹情景剧”精彩上演。“螃蟹相亲记”“螃蟹闯娱乐圈”“螃蟹时装秀”“螃蟹作水墨画”……一个个拟人小故事的情景表演，将大闸蟹萌态十足有趣的展现，让更多的人分享丰收的喜悦。螃蟹宠物秀比赛根据参赛选手在名称、台风、装扮、说蟹等方面进行评分，最终高良涧幼儿园的参赛作品获得一等奖。

螃蟹捆扎比拼的是选手捆扎包装螃蟹的速度和能力，来自螃蟹养殖大户和螃蟹销售商选派的选手参加。选手们对统一规格的10只螃蟹进行捆扎包装，看谁捆绑最快。最终董业健获得第一名。

【第二届洪泽湖国际半程马拉松赛】 10月23日，洪泽区举办“中建一局杯”第二届洪泽湖国际半程马拉松赛。中国田径协会马拉松委员会副秘书长张永良、中建一局副总经理沙海、中建一局南京分公司总经理吕晓明、区委书记朱亚文、区长殷强等参加起跑仪式。

活动分半程马拉松（21.1千米）和四分马拉松（10千米）、迷你马拉松（5千米）三个项目。来自肯尼亚、埃塞俄比亚、坦桑尼亚、美国、德国、土耳其、西班牙、加拿大、科特迪瓦等9个国家的25名国际专业选手，以及中国大陆26个省、市的4000多名选手参赛。 最终，来自长跑国度肯尼亚的选手技高一筹，包揽男女组冠亚军；里昂以1小时3分13秒的成绩夺得男子半程马拉松的冠军，科派特、威力分别夺得第二名和第三名；戚姆太以1小时13分45秒摘得女子半程马拉松桂冠，南茜获得第二名，来自山东临沂的孙丹丹获得第三名。

【洪泽湖大闸蟹出口香港经贸合作对接会】 10月26日，“恒行香港·蟹秀香江”——洪泽湖大闸蟹出口香港经贸合作对接会在香港江苏会展中心举行。香港中国企业协会副总裁朱华、外交部驻港特派员公署办公室主任朱兴保、江苏旅港同乡联合会常务副会长杨耀忠、香港专业及资深行政人员协会会长陈绍雄、香港特许金融策略师协会主席周浩云、省商务厅驻香港经贸代表处亚太首席代表宋义军等领导、嘉宾和香港客商70多人参加。市委常委、政法委书记赵洪权，香港江苏企业协会会长、钟山有限公司董事长黄宏亮出席并讲话，区委书记朱亚文致推介辞。

近年来，洪泽区围绕打造淮安“苏北重要中心城市新的增长极”目标，深入实施“开放引领”战略，注重与香港的互访交流，先后引进宇天港玻、圣欧芳纶等港资项目38个，实际利用港资7.3亿美元，港资企业已成为推动洪泽经济发展的重要支撑。洪泽区是全省唯一一家与省海企集团建立合作关系的县区。一年来，通过双方共同努力，合资成立香港洪盈有限公司，在境外融资租赁、3D打印技术应用等方面开展了深入的合作，并取得一定的成果。

经贸合作对接会上，与会嘉宾共同观看了洪泽区形象展示片。洪泽区相关单位分别与香港大运集团、上海赣康信息科技有限公司、江苏宇天港玻新材料有限公司签订项目投资协议。在香港期间，赵洪权、朱亚文等还到香港驻港部队总部慰问驻港官兵，赠送洪泽湖大闸蟹，并先后到五丰行、香港钟山集团等公司考察，与企业负责人就相关合作事宜进行深入交流。

【CBSA洪泽美式9球国际公开赛】 11月8—11日，“艳阳度假·汤沟杯”2016CBSA洪泽美式9球国际公开赛在老子山温泉山庄举行。国家体育总局小球运动管理中心三部部长、中国台球协会秘书长王涛，省体育局副局长颜争鸣，省旅游协会常务副会长唐建国，市人大常委会党组书记、常务副主任陈洪玉，副市长吉子俊，区委书记朱亚文，区长殷强等出席活动。

洪泽区委、区政府以体育搭台、以赛事扬名，大力发展休闲旅游产业，2014—2016年连续三年举办CBSA美式台球赛，让洪泽湖国际大闸蟹节与中国台球运动顶级赛事交融，越来越多来自世界各地的高水平运动员参与到赛事中来，CBSA美式台球国际公开赛已经成为具有相当影响力的赛事。

来自20多个国家和地区的近200名选手，经过一周时间紧张而激烈的角逐，中华台北选手柯秉中、杨清顺分别夺得男子组冠亚军；中国大陆选手夏雨滢、陈思明分别夺得女子组冠亚军。

洪泽概况

历史自然人文

【历史沿革】 洪泽，因湖得名，得名于隋。

夏朝时，境域为淮夷人聚落。西周时，是徐国腹地。春秋时期，属吴、越；战国时期，属楚国。

秦时，境内东部属东阳县，南部属盱台（眙）县，西部属徐县，北部属淮阴县。

汉时，境域先后分属徐、高平、睢陵、盱眙、富陵、淮阴、东阳、平安等县。

三国时期，全境属魏，地处下邳郡和广陵郡边界，西部属徐县、淮陵县，南部属盱眙县，东部属东阳县，北部属淮阴县。

晋时，隶属多变，境内先后分属徐县、淮陵、淮阴、东阳、盱眙、山阳等县。

南北朝时期，南齐永明七年（489年），割直渎、破釜（破釜塘即洪泽湖一部分）以东，淮阴镇下流杂100户置淮安县。洪泽境域东部始属淮安县。

隋代，地处下邳郡、江都郡边界，东部属安宜县、山阳县，南部属盱眙县，西部属徐城县，北部属淮阴县。

唐代，全境处泗州与楚州边界，东部属宝应县、山阳县，南部属盱眙县，西部属徐城县、临淮县，北部属淮阴县。

五代十国时，地处后晋边境；后，境域大部属南唐，分隶泗州和楚州。

北宋时，全境处泗州和楚州边界，东部属宝应县，南部属盱眙县，西部属临淮县，北部属淮阴县、山阳县。

金、南宋时期，宋金以淮河为界，境域分属金与南宋。

元代，境域处河南江北行省、淮东道宣尉司边界，东部属山阳县、宝应县，南部属盱眙县、临淮县，西部属泗州，北部属桃源县、清河县。

明代，全境属南京（南直隶），地处凤阳、淮安、扬州三府边界；东部属宝应县，隶于扬州府高邮州；南部属盱眙县，西部属泗州，隶于凤阳府；北部属桃源县、清河县，东北属山阳县，隶于淮安府。

清初沿明制。

康熙时，全境处江苏布政使司和安徽布政使司边界。

嘉庆时，全境处江苏、安徽两省，地处两府（淮安府、扬州府）两州（泗州、高邮州）边界。

民国时，全境处江苏、安徽两省边界。西部属泗县，南部属盱眙县，隶属安徽省淮泗道；北部属泗阳县、淮阴县，东部属淮安县、宝应县，隶属江苏省淮扬道。后略有调整，分隶于江苏省第六行政督察专员公署和江苏省第五（后改为第七）、第六行政督察专员公署。

抗日战争时期，新四军开辟洪泽湖地区根据地，于民国30年（1941年）10月，在境域东部建立淮宝县抗日民主政府；于民国31年（1942年）4月，在境域西部建立洪泽县抗日民主政府，洪泽建县始于此。后，两县相继撤销。

中华人民共和国成立初，全境分属盱眙、泗洪、泗阳和淮阴4县。

1956年5月，经中华人民共和国国务院批准，重新设置洪泽县，为丁等县，辖4个镇、16个乡，涵盖较完整的洪泽湖水面部分，隶属江苏省淮阴地区行政公署。

1963年10月，岔河、仁和、黄集3个公社由淮安县划入洪泽县；洪泽境域涵较完整的洪泽湖水面及白马湖部分水面。

1983年，江苏省实行市管县体制，洪泽县隶属淮阴市。

1985年12月，江苏省人民政府对洪泽县行政区划重新调整，洪泽湖部分水面及淮河、临河、半城、成河4个乡镇划出，盱眙县和淮阴县部分村划入；全县辖13个乡镇及洪泽湖、白马湖2湖的部分湖面，仍隶属江苏省淮阴市。

2001年2月，淮阴市改名为淮安市后，洪泽县隶属淮安市。

2014年10月，洪泽县进行内部区划调整，高良涧、朱坝、黄集3个镇拆镇设街道办事处。全县辖3个街道、6个镇，有1个省级经济开发区。境域涵盖洪泽湖、白马湖2湖的部分水面。

2016年7月7日，根据江苏省政府办公厅《省政府关于调整淮安市部分行政区划的通知》精神，撤销洪泽县，设立淮安市洪泽区，原行政区域及内部区划不变。10月8日正式实施。

【地理位置】 洪泽,横跨"两湖"(洪泽湖、白马湖),纵贯"三水"(淮河入海水道、淮河入江水道、苏北灌溉总渠)。地处苏北中部,位于淮河下游,属淮河冲积平原的一部分。地处北纬33°02′—34°24′、东经118°28′—119°10′。东依白马湖,与淮安市淮安区、淮安市金湖县及扬州市宝应县水陆相依;南至淮河入江水道(三河),与淮安市盱眙县毗邻;西偎洪泽湖,与宿迁市泗洪、泗阳两县隔湖相望;正北与淮安市清江浦区以苏北灌溉总渠及淮河入海水道为界,西北与淮安市淮阴区接壤。城区南距南京市160千米。

【地貌】 洪泽,呈西高东低之势。全境东西跨度63千米,南北跨度38.5千米;全区最高点在老子山镇的丹山顶,高程51.5米;最低点在白马湖区,高程仅为5.1米。洪泽湖西南面的老子山镇为不连片的低丘陵地,中部为洪泽湖区,东部皆为黄淮冲积平原,地势平坦。洪泽湖大堤高程18.5米,与东部平原落差达10米以上;湖底浅平,高程一般为10米—11米,最低处约8.5米,最高处为12米,高出洪泽湖大堤以东地区3米—5米,故称洪泽湖为"悬湖"。

【气候】 洪泽,四季分明,气候宜人。位于北半球中纬度,地处中国南北气候分界线——"秦岭—淮河—苏北灌溉总渠"南侧。属北亚热带和暖温带过渡性地带,受海洋气候影响,季风气候特征显著;四季分明,气候温和,雨量充沛,日照充足,无霜期长;冬季主导风为东北风,夏季主导风为东南风。

2016年,全区年平均气温15.5℃,接近常年值15.1℃;7月25日出现年极端最高气温,为37.4℃;1月24日出现年极端最低气温,为零下11.4℃。年降水量1103.6毫米,比常年值偏多160.9毫米;年最多风向为东东北(ENE),频率为14%,年平均风速2.1米/秒;年日照时数1970.8小时,比常年值偏少200.8小时,年日照百分率仅为44%;全年无霜日253天。6月19日入梅,入梅正常;7月20日出梅,偏迟4天;梅雨量316.8毫米,比常年值偏多近3成。

【行政区划】 2016年,洪泽区辖高良涧、朱坝、黄集3个街道,岔河、东双沟、三河、蒋坝、老子山、西顺河6个镇及江苏洪泽经济开发区;全区有126个村(居),其中31个居委会(含24个村委会增挂居委会牌子)、95个村委会。中共淮安市洪泽区委、区人大、区人民政府、区政协驻高良涧街道;区行政办公中心位于城区洪泽湖大道(原北京路、瑞特路)26号。

【面积】 2016年,洪泽总面积1273.41平方千米(127341公顷,合1910115亩)。其中,陆地面积54965.25公顷,湖面47674公顷,其他水面24701.75公顷,水域总面积72375.75公顷,占境域总面积57%。

【河湖资源】 洪泽,素称"水乡泽国""鱼米之乡"。西依洪泽湖,东携白马湖,内拥河塘沟渠。境域雨量充沛,水资源丰富。境内河流、湖泊属淮河流域水系和高邮湖水系,过境水量大。主要湖泊有洪泽湖部分水域和白马湖部分水域;淮河经老子山镇流入中国第四大淡水湖洪泽湖后,经二河、三河(淮河入江水道)、苏北灌溉总渠、淮河入海水道等河流分道流入长江和东海;草泽河、浔河、花河、张福河、老三河、砚临河、贴堆河等是境内重要河道。洪泽湖周桥灌区和洪泽湖洪金灌区两个自流灌区为境内主要农田灌溉河系,皆为全国大型自流灌区。

【动物资源】 洪泽,动物资源丰富。境域水陆环境兼顾,生态环境良好;动物类型主要有哺乳类、鸟类、爬行类、两栖类、鱼类、软体类、环节类、节肢类等。珍贵动物有天鹅、鸳鸯、野鸭、野鸡和刺猬等。境内有野生动物291种。其中,哺乳类14种(其中狼、草獐等多年未见)、鸟类90种、爬行类13种、两栖类6种、鱼类 84种、软体类28种、环节类5种、节肢类51种。洪泽湖鹅是区内畜牧人员多年培育的地方新鹅种,为区内主要饲养鹅种。

洪泽湖有鱼类资源16科67种、底栖类动物 76种、鸟类194种,其中属国家一类重点保护的有4种、二类重点保护的有26种;是中华绒螯蟹(俗称洪泽湖大闸蟹)、洪泽银鱼原产地。成功申请了洪泽白鹅、洪泽草鸡、洪泽湖螃蟹、洪泽银鱼、洪泽白鱼、洪泽青虾、洪泽河蚬等国家地理标志产品。

【植物资源】 洪泽,植物资源丰富。全区为典型的水网地区,滩涂、堤坝较多,植被类型分为落叶阔叶林、水生植物、农业植被。典型的地带性植被为落叶阔叶林,林木覆盖率21.99%;有乔木19科37种,灌木3科3种;草本植物78种。其中,高良涧镇越城居委会的一株300多年的银杏树(俗称白果树)、蒋坝镇的一棵330多年的古银杏树都依然生长旺盛;而老子山镇龟山村的一棵千年古银杏树枯萎后经人工扶正后,立于原位,供游人观赏。另有东双沟镇合兴村的一棵百年柿树,长势良好,果实累累。近年,由于城市绿化、植树造林,一些花草树木新品种被引进境域后,生长良好。水生植被主要分布在洪泽湖与白马湖的周边滩地、浅水域中,为混生、水生草本植物类型;内塘水域亦有分布。

洪泽湖常见的野生植物有6类529种(含水生高等植物81种,不包括藻类)。其中,菌类9种、地衣类5种、蕨类12种、裸子植物25种、单子叶植物71种、双子叶植物407种。成功申请了洪泽大米、洪泽荷藕、洪泽芡实、洪泽菱角、西顺河红衣小花生等国家地理标志产品。

【水产资源】 洪泽,水产资源丰富。盛产洪泽湖大闸蟹、洪泽湖小龙虾、洪泽湖银鱼、洪泽湖青虾、洪泽湖毛刀鱼、洪泽湖白鱼等,素有"日出斗金"之誉。洪泽湖、白马湖及内河水系还盛产甲鱼、长鱼(黄鳝)、银鱼、鳜鱼、白鱼、黑鱼、鲫鱼、草鱼、鲤鱼、黄颡鱼、小龙虾、米虾、蚬、螺等鱼虾贝类90多种;菱角、芡实(鸡头)、莲蓬、藕、茭白、水芹、芦苇、蒲草等水生植物30多种,且产量高,品质好。

【矿产资源】 洪泽,矿产资源丰富。境域东南部蕴藏着石油、天然气，西南部储存着地热，西北部盛产芒硝，东北部富含盐矿。境内，金属矿产主要是赤铁矿，分布于东双沟镇以东的草泽河南岸；非金属矿藏主要有岩盐、芒硝、天然碱和石膏等。岩盐矿床主要位于西顺河镇及洪泽湖东北部。已探明陆上岩盐矿石量储量为28.78亿吨，氯化钠22.88亿吨；经测算，水下部分储量达1000亿吨以上，矿石平均品位达80%。芒硝为西顺河盐矿床的伴生矿床。硫酸钠储量为1.54亿吨，以无水芒硝为主，其次为钙芒硝。

【农业资源】 洪泽，生态环境优越。土地肥沃，大部分为渗育型水稻土，少部分为潮土、褐土、石灰岩土，有机质含量高，易于耕种。农业种植以有机、绿色、无公害农产品为重点，形成以稻麦为主，玉米、大豆、小麦为辅的农作物种植体系。

【旅游资源】 洪泽，旅游资源丰富。有洪泽湖古堰风景区（国家AAAA级景区），有中国传统古村落（老子山镇龟山村），有大运河世界文化遗产重要申遗节点（洪泽湖大堤），有省级老子山温泉旅游度假区，有国家级三河闸水利风景区等。全区可供开发的旅游资源约有7大类、37种、91处。其中，国家自然旅游资源分类的26种中有11种，人文资源48种中有26种。旅游资源在空间上主要集中在洪泽湖大堤、三河闸、老子山、龟山、淮河口滩涂、钱码诸岛等地。

境内名胜古迹众多，汇集着被誉为“水上长城”的洪泽湖大堤（世界文化遗产、全国重点文物保护文物单位）、以传说中“淮阴本土第一仙”张福而命名的张福河、历尽沧桑的镇水铁牛、乾隆御碑、老子炼丹台、龟山巫支祁（水母娘娘）井等历史景观。一幅靓丽的“洪泽湖夕照”画卷，醉倒五湖四海万千客。

洪泽湖中，百座湖心岛、千顷荷花塘、万亩芦苇荡等自然景观和三河闸、二河闸、高良涧复线船闸、高良涧进水闸等现代大中型水利设施相互映衬，融于一体。道教圣地老子山，传说老子曾在此隐居炼丹、施医救人，并留下仙人洞、青牛蹄印等古迹。

【文物】 2016年，洪泽区有馆藏陶器、瓷器、书画、钱币、农渔具等文物500余件。拥有31处文物保护单位。其中，国家级1处、省级5处6个点、市级12处、区级13处。国家级重点文物保护单位——洪泽湖大堤，有千年历史，是中华民族与洪水作斗争的历史见证，有着深厚的水文化内涵。仁和左家楼原新四军会议旧址、西顺河二十六烈士陵墓、仁和江淮大学旧址及散布于东双沟镇、岔河镇、老子山镇等地的多处革命烈士陵墓。

【非物质文化遗产】 2016年，洪泽区拥有87项非物质文化遗产。围绕洪泽湖、白马湖的形成变迁及农渔民生活风俗的相关传说在境域广为流传，影响深远。其中，洪泽湖渔鼓被确定为国家级非物质文化遗产，另有6项为省级非物质文化遗产的、33项为市级非物质文化遗产、47项为区级非物质文化遗产。

【名人足迹】 洪泽，人杰地灵，历代名人足迹遍布。唐代诗人白居易、崔颢、韦应物，宋代诗人苏轼、苏辙、王安石、范仲淹、杨万里、米芾、秦观、贺铸，元代诗人张以宁，明代诗人张禧、郑真，清代诗人曹若曾、黄景仁等均游历过洪泽，且留下许多脍炙人口的诗文和字画。抗日战争时期，陈毅、彭雪枫、张爱萍、邓子恢等在洪泽湖区与日军浴血奋战，名垂史册。新中国成立后，刘少奇、胡耀邦、习近平、温家宝等党和国家领导人曾到洪泽视察，为洪泽大地再添华章。

【民俗风情】 洪泽，民风淳朴，有众多民间歌谣，内容以反映湖区渔民生活居多。其中《渔民谣》《渔夫号子》《湖上渔歌》等，在洪泽湖一带流传较广。春节、国庆等节庆期间，城乡有舞龙灯、赛龙舟、踩高跷、玩花船、放风筝、猜灯谜等活动。

【洪泽饮食】 中国蟹都，水韵洪泽。洪泽饮食文化历史悠久。承载着技艺独特的蟹文化，蕴含着内涵丰富的酒文化，彰显着底蕴深厚的水文化。其中，“醉蟹法”“藏蟹法”两种洪泽湖大闸蟹烹饪技艺，早在北魏时期就闻名天下，并形成洪泽湖大闸蟹、洪泽湖小龙虾、蒋坝船帮菜、老子山渔家菜等传统系列美食。近年，又以本地特色水产“洪泽湖八鲜”为基础，形成新的系列美食，并成功举办蒋坝千人船帮宴。典型特色菜肴有：蒋坝鱼饼、鱼圆、狮子头、红烧肝肠，老子山鱼圆、红烧肉、银鱼羹，东双沟草锅煨老鹅、西顺河清真牛肉、朱坝小鱼锅贴、岔河红烧甲鱼、黄集羊肉，以及遍及洪泽湖地区的清蒸螃蟹、鳜鱼、白鱼，蚌汁、十三香、蒜泥龙虾、蟹黄豆腐、软兜长鱼、红烧大鱼头、槐花炒韭菜、凉拌香椿头、凉拌枸杞头等地区特色菜肴。 （孙汉军）

社会经济发展

【综合】 2016年，淮安市洪泽区经济运行平稳增长。全年实现地区生产总值255.31亿元，按可比价计算，比2015年增长8.9%。第一产业增加值33.63亿元，增长2.3%；第二产业增加值103.71亿元，增长10.0%，其中工业增加值89.26亿元，增长10.5%；第三产业增加值117.97亿元，增长9.8%。人均地区生产总值75558元，增长8.6%。经济结构进一步优化，三次产业增加值比例调整为13.2:40.6:46.2，二、三产业增加值占地区生产总值（GDP）比重为86.8%，比上年提高0.5个百分点。

当年，全区民营经济持续增长。私营企业总数达5718个，比上年增加1231个；私营企业注册资本（金）为227.25亿元，比上年增长21.5%。个体经营户25621户，比上年增加2862户；个体经营户注册资金为25.46亿元，比上年增长14.0%。年末城镇登记失业率为2.2%，新增城镇就业7626人，下岗失业人员再就业2363人。新申请地理标志集体商标4件，新增省著名商标4件、市知名商标5件。

地区生产总值构成项目情况一览表

表1

指　　标	单位	绝对数	比上年增长(%)
地区生产总值	亿元	255.31	8.9
第一产业增加值	亿元	33.63	2.3
第二产业增加值	亿元	103.71	10.0
#工业增加值	亿元	89.26	10.5
第三产业增加值	亿元	117.97	9.8

注:增加值为现行价格、增幅为可比价

【农林牧渔业】 2016年,全区农业生产保持稳定。全年完成现价农林牧渔业总产值67.08亿元,比上年增长5.12%。其中农业34.28亿元,同比增长4.05%;林业4.09亿元,同比增长6.77%;牧业17.12亿元,同比增长7.23%;渔业10.37亿元,同比增长4.1%。

全年粮食种植面积88.61万亩,比上年增长2.34%,总产量44.21万吨,增长0.50%。其中,小麦种植面积为41.56万亩,总产量为15.95万吨;水稻种植面积为45.42万亩,总产量为27.81万吨。油料种植面积为1.53万亩,总产量为0.32万吨。

全年新增林地面积5649亩,增长16.6%。生猪饲养量35.67万头,同比下降6.0%,家禽饲养量1037万羽,同比下降0.38%。全年水产品产量5.5万吨,同比下降3.5%。

主要农产品产量情况一览表

表2

产品名称	单位	产量	比上年增长(%)
粮食	万吨	44.21	5.0
#水稻	万吨	27.81	3.0
小麦	万吨	15.95	-8.0
油料	万吨	0.32	18.5
#油菜籽	万吨	0.19	26.7
生猪饲养量	万头	33.67	-6.0
#生猪出栏量	万头	20.48	-6.2
家禽饲养量	万羽	1037	-0.4
#家禽出栏量	万羽	716	-0.3
水产品	万吨	5.5	-3.5

【工业】 2016年,全区规模以上工业企业完成工业总产值726.41亿元,比上年增长12.4%。主要工业产品产量情况:元明粉222.5万吨,同比增长7.9%;浓硝酸20.4万吨,同比下降13.0%;气缸套313.7万只,同比增长0.2%;水泥21.0万吨,同比下降21.1%;电子测量仪器0.98万台,同比增长18.1%;机柜3.65万台,同比增长4.2%。全年用电量17.99亿千瓦时,同比增长2.3%,其中工业用电量14.36亿千瓦时,下降1.0%。

主要工业产品产量情况一览表

表3

	单位	累计	±%
元明粉	万吨	222.5	7.9
浓硝酸	万吨	20.4	-13.0
合成氨	万吨	8.0	-23.7
气缸套	万只	313.7	0.2
人造板	万立方米	88.4	20.4
水泥	万吨	21.0	-21.1
铜材	吨	35672.0	13.2
铝材	吨	54602.7	75.6
电子测量仪器	台	9781.0	18.1
机柜	台	36538.0	4.2
无纺布	吨	65274.0	25.4
棉纱	吨	1130.5	-88.6
毛纱	吨	24671.5	0.2
服装	万件	2340.3	13.0
发电量	万度	16375.6	-46.3
太阳能电池	千瓦	61812.0	1.2

全年,规模以上工业实现主营业务收入710.27亿元,同比增长11.8%。规模以上工业三大主导产业(化工、机械、轻纺)共实现主营业务收入401.96亿元,同比增长7.8%。占规模以上工业主营业务收入的比重为58.7%。

【建筑业】 2016年,全区资质以上建筑企业完成总产值80.78亿元,比上年增长28.43%。房屋建筑施工面积468.64万平方米,比上年增长9.75%。

【固定资产投资】 2016年,全区规模以上固定资产投资完成202.65亿元,同比增长19.2%,其中项目投资190.14亿元,同比增长24.4%;房地产投资完成12.51亿元,同比下降27.2%。第一产业完成投资4.48亿元,第二产业完成投资147.71亿元,第三产业完成投资37.95亿元。(一、二、三产业分类不包含房地产)

全区商品房销售面积45.31万平方米,下降2.2%,其中住宅销售面积36.29万平方米,同比下降2.6%;商品房销售额16.35亿元,同比下降11.4%,其中住宅销售额12.68亿元,增长1.7%。

【交通】 2016年,全区完成公路客运量495万人,较上年下降8.3%,公路货运量265万吨,同比下降11.1%。水上客运量2.15万人,同比下降0.9%,水上货运量765万吨,同比下降2.4%。港口货物吞吐量1150.27万吨,同比增长27.7%。

年末拥有公路里程1416.4千米，较上年减少35.8千米。

【邮电】 2016年，全区完成邮政业务收入4475.72万元，较上年增长4.1%，电信业务收入1.78亿元，增长3.5%。年末固定电话用户数5.15万户，减少0.27万户。年末移动电话用户达到21.55万户，增长0.27万户。年末互联网用户4.96万户，增长0.25万户。

【广播电视】 2016年，洪泽区编播《洪泽新闻》时政新闻节目360组，播发新闻稿件2600余条；16件作品获得淮安市优秀广播电视节目(作品)，获奖数量在全市各县区位居第二。总投资150万元的洪泽广电节目无线数字化覆盖工程基本完成，开通16套广播电视节目。强化广播电视“小耳朵”整治，获2016年度省“无小耳朵社区”创建工作先进单位。

【旅游】 2016年，中国洪泽湖国际大闸蟹节成功入选长三角自驾游十佳特色节庆活动，并接受新华社等主流媒体采访推介。渔人湾亲子二日游入选2016长三角十大亲子游项目。洪泽湖影视基地项目稳步实施。

当年，城区按照“名湖古堰、蟹都水城”的创园理念，有序推进浔河、洪新河生态修复和城区主干道绿化、亮化、美化，促进城市面貌持续改善，将城南公园与水釜城贯通打造成综合性景区，砚临河风光带建成开放。洪泽湖碑、周桥大塘、信坝遗址、乾隆御碑、国家级三河闸水利风景区等人文景观提档升级；苏北规模最大的佛教寺庙大吉祥寺初具规模，逐步开放。全年接待游客290万人(次)，实现旅游收入31.3亿元。

【国内贸易和开放型经济】 2016年，全区实现社会消费品零售总额为94.03亿元，同比增长11.0%。实现批发业销售额190.51亿元，同比增长12.8%；零售业销售额93.87亿元，同比增长14.8%；住宿业营业额4.3亿元，同比增长10.0%；餐饮业营业额14.42亿元，同比增长17.0%。创成省级电子商务示范镇1个，省级电子商务示范村1个。

全年新签外资项目19个，同比增长7个；协议注册外资5.07亿美元，同比增长92.8%；注册外资实际到账1.51亿美元，同比增长21.8%。全年进出口总额1.24亿美元，同比下降24.3%。其中出口总额1.13亿美元，同比下降25.5%。

【财政】 2016年，全区财政收支结构得到改善。全年财政总收入(不含土地出让金收入)29.26亿元，比上年下降4.5%。公共财政预算收入23.24亿元，同比下降7.8%。其中增值税2.15亿元，同比增长64.6%；营业税4.64亿元，同比下降49.1%。

财政收入分项情况一览表

表4

指　标	单位	绝对数	比上年增长(%)
财政总收入(不含土地出让金)	亿元	29.26	-4.5
公共财政预算收入	亿元	23.24	-7.8
#增值税(25%)	亿元	2.15	64.6
营业税	亿元	4.64	-49.1
企业所得税(40%)	亿元	0.92	101.7
个人所得税(40%)	亿元	0.31	-4.2
契税	亿元	2.53	-7.1
上划中央四税	亿元	6.02	10.6
#国内消费税	亿元	0.12	9353.8
增值税(75%)	亿元	3.82	-2.3
基金预算收入	亿元	6.35	1.5

公共财政预算支出41.48亿元，同比下降13.1%。其中一般公共服务支出3.93亿元，同比增长8.4%；教育支出为5.78亿元，同比下降21.1%；科技支出0.19亿元，同比下降80.1%；医疗卫生支出2.71亿元，同比增长14.7%；社会保障和就业支出3.84亿元，同比增长7.2%。

【金融】 2016年，全区金融市场稳健运行。年末全区金融机构存款余额221.03亿元，比年初增加40.83亿元，增长22.7%。贷款余额158.84亿元，比年初增加26.35亿元，增长19.9%。存款中，住户存款余额99.82亿元，比年初增加20.79亿元，增长26.3%；非金融企业存款70.69亿元，比年初增加7.51亿元，增长11.9%。贷款中，住户贷款50.81亿元，比年初增加2.14亿元，增长4.4%；非金融企业及机关团体贷款108.03亿元，比年初增加24.21亿元，增长28.9%。

金融机构人民币存贷款情况一览表

表5

指　标	绝对数(亿元)	比年初增加(亿元)	比上年末增长(%)
一、金融机构各项存款余额	221.03	40.83	22.7
1.住户存款	99.82	20.79	26.3
#活期存款	37.13	7.76	26.4
#定期存款	62.69	13.02	26.2
2.非金融企业存款	70.69	7.51	11.9
#活期存款	54.00	7.60	16.4
#定期存款	16.69	-0.09	-0.5
二、金融机构各项贷款余额	158.84	26.35	19.9
1.住户贷款	50.81	2.14	4.4

续表5

指　标	绝对数（亿元）	比年初增加（亿元）	比上年末增长(%)
#短期贷款	16.80	0.35	2.1
#中长期贷款	34.01	1.79	5.6
2.非金融企业及机关团体贷款	108.03	24.21	28.9
#短期贷款	28.38	-1.37	-4.6
#中长期贷款	66.23	26.14	65.2
#票据融资	13.41	-0.56	-4.0

【科学技术】 2016年，全区专利申请量2385件，专利授权量989件；其中发明专利申请量830件，全区有效发明专利拥有量110件。当年，新获批国家高新技术企业13家；获批省高新技术产品11个；获批市级以上“两站三中心”14家，其中省级2家；获批全国第一批国家“星创空间”2家，市级科技公共服务平台1家，市级众创空间1家。全年引进“千人计划”3名，其中创业1名；获批省“双创”4人、省“333工程”第三层次培养对象5人、市“淮上英才”计划11人，获批创新团队项目1个。

【教育】 2016年，洪泽区教育事业全面进步。创成省级优质园2所、市级优质园1所，省级平安校园示范区、示范性县级教师发展中心、高水平现代化职业学校等创建工作进展顺利。全区各级各类学校共有在校生43694人。高考录取率逐年提高，本科达线1009人，达线率55.32%，比上年提高1.99个百分点。

当年，全区教育系统推进以“自主学习”为核心教学模式，通过开展课题研究、教学竞赛、编写学案、课例展示等活动，提高学生自主学习能力。高考本科达线1009人，录取率51.51%，高于全市均值12.89个百分点；中考总均分、及格率、优秀率、700分以上人数占比居全市同类县区前列；小学学生学业水平位于全市同类县区前列；学前教育区域课程游戏化建设领跑全市；洪泽中专师生入围省级比赛人数较2015年增加3倍。朱坝中学“自主互动式”英语学习，江苏省洪泽中学“文学社团”、万集幼儿园“课程游戏化”分获淮安市课程基地项目一、二等奖。完成分学段设岗工作，全年补充新教师151人。

各类教育事业情况一览表

表6　　单位：个、人

指　标	学校数	班级数	在校生数	招生数	毕业生数	教师数
普通中学教育	10	272	12855	4291	4779	1276
#高中	2	102	4621	1553	1775	461
初中	8	170	8234	2738	3004	815
普通中等专业学校	1	16	1995	750	686	121
技工学校教育	1	4	1488	249	1256	17
小学教育	12	422	18150	2647	2959	1560
幼儿园	22	240	9091	3209	2836	485

【文化】 2016年，洪泽区文化活动丰富多彩。成功举办第十一届中国洪泽湖国际大闸蟹节。举办第十一个“文化遗产日”暨洪泽非遗展演展示活动和世界博物馆日主题展览活动。成功举办2016首届“世界遗产地旅游联合发展峰会暨洪泽区·都江堰市旅游合作签约仪式”活动。

当年，洪泽区突出“文化富民、文化惠民”主旨，出台《洪泽区业余文艺团队星级管理及扶持奖励暂行办法》，全区新成立13家民间艺术团，业余团队达到62支，其中登记注册24支。在洪泽湖古堰景区承办“万人太极齐舞、千人掼蛋齐乐和百人古筝齐奏”活动。在洪泽湖古堰景区投入60余万元，建设了淮安市第一家许亚玲戏剧工作室。由淮安市淮剧团创排的表现马浪岗海事人责任担当、无私奉献精神的大型现代淮剧《大湖魂》公开巡演。开展洪泽书法名家“为民书春”活动，免费为群众书写春联2500余幅。举办百场新春惠民文艺演出。主办“洪泽区农民歌手大赛”“绝对唱将”、第四届“魅力童星”等富有地方特色、社会广泛参与的歌舞和才艺大赛。与淮安市歌舞二团联动“送戏下乡”44场次，使基层群众在家门口便能享受到高规格的文化大餐。

全年完成送文艺演出146场、送电影1008场、送展览11场、送图书1.2万册，其中送图书数量占目标任务的240%。投入100余万元专项资金，为全区9个镇（街道）图书室配备电脑、门禁、充消磁仪、监控系统、书架等硬件设备。年初确立的全区40家村（居）公共图书全部加工上架，实现“通借通还”。完成三河镇涧前村、岔河镇淮宝居委会和蒋坝彭城村3个村（居）综合文化服务中心新建任务。

【卫生】 2016年，全区卫生计生事业得到进一步发展。组建3个区域医疗联合体，推进家庭医生签约服务，全面落实二孩政策，卫生服务体系健全率达100%；孕妇住院分娩率为100%，婴儿死亡率3.01‰。年末，全区共有各类卫生医疗机构134个，其中医院、卫生院14个，疾病预防控制中心（防疫站）1个，妇幼保健机构1个。各类卫生机构拥有病床1560张。共有卫生技术人员1748人。其中，执业医师547人、执业助理医师177人、注册护士735人、药剂人员140人、检验人员66人、其他卫技人员83人。

全年他区各级卫生机构接待门（急）诊110万人次，住院38057人次。完成义务献血量5450单位毫升（3264人次），无偿献血占临床用血量的182.7%。

洪泽区制定《洪泽区家庭医生签约服务实施意见》。在12个镇全部开展重点人群个性化签约，全年基本公共卫生服务项目签约307216人，基本公共卫生服务项目签约率91%。重点人群个性化签约19028人，签约率20%。全区建立35个健康管理团队，开展活动927次。基本公共卫生服务项目通过省级考核。全区新农合参合人数22.89万余人，参保率100%，全年共筹资1.29亿元，筹资标准每人565元，其中个人筹资标准每人140元(2015年110元)，省财政补助标准每人170元，区财政补助标准每人255元(由2015年省、县财政补助380元提高到2016年425元)。

全面推进慢性病、地方病、寄生虫病防控工作。重点做好35岁以上首诊测血压工作，首诊测血压率91.5%，全区累计建立居民健康档案314403份，建档率93.12%，累计管理36785例高血压患者、9513例糖尿病患者、3484例恶性肿瘤患者，为3902例冠心病等其他慢病患者建立档案。完成淮河流域实施食管癌早诊早治项目筛查10291人，食管和胃粘膜重度不典型增生(原位癌)15例，鳞(腺)癌17例，癌症检出率1.6%。完成省淡水产品寄生虫感染调查项目和50名孕妇弓形虫感染情况调查工作。农村饮用水卫生监测工作实现全覆盖。

【体育】 2016年，全区启动镇(街道)行政村(居)全民健身设施场地改造升级工程，完成40个行政村(居)农民体育健身工程改造升级，建设2个乡镇(街道)多功能运动场。新成立轮滑、老年人乒乓球、户外健身、马拉松、陈氏太极拳等5个体育社会团体。建成省级洪泽区国民体质测定与运动健身指导站，配备体成分、功率车、互联网健身系统等国民体质测试和医学检查相关仪器，配备了管理、测试人、专业技术等人员。完成国民体质测试3000人样本，总体合格达标率在95%以上。5月，区农民腰鼓队代表淮安市参赛，在省第七届全民健身运动会暨第八届农民运动会上获总分第五名、规定套路第五名的成绩；6月3—5日，岔河镇白马湖龙舟队代表淮安市出征江苏省第七届全民健身运动会龙腾华夏大赛，分别获标准龙男子500米直道竞速赛第六名、标准龙男子200米直道竞速赛第六名；6月22日，区组织的柔力球代表队代表淮安市赴徐州市参加省第七届全民健身运动会柔力球比赛，获三等奖。武术套路运动队代表淮安市参加江苏省青少年武术(套路)锦标赛，获2金4银3铜。

当年，成功承办洪泽湖古堰国际半程马拉松赛、“艳阳度假·汤沟杯”CBSA美式台球洪泽国际公开赛、全国龙舟大赛等赛事。

【城市建设】 2016年，洪泽区通过省级园林城市创建评估。全区建成区绿地总面积达705.02公顷，绿化覆盖面积757.02公顷，绿地率达38.1%，绿化覆盖率达40.92%，公园绿地面积167.67公顷，人均公共绿地面积达11.3平方米。全年实施市政建设工程9项，新建道路7.41千米、面积13.76万平方米，污水管道10.3千米，雨水管道8.46千米，维修道路面积4.5万平方米。

当年，全区持续推进国家新型城镇化综合试点、省建设用地“双减量”试点等改革工作。完成岔河、东双沟、三河等6个镇的集镇总体规划和控制性详细规划编制工作，实现村镇规划编制全覆盖。深化“撤县设区”后“纳湖入城”“淮洪一体化”和环洪泽湖生态旅游圈的打造。完成城南公园改造和洪泽湖大道绿化改造工程；继续推进砚临河二期项目建设；实施协作路、黄海路等7条道路绿化工程。加快推进31个老旧小区改造工作，基本完成浔河东路和白马湖(九条河)整治等地块的征收工作。洪泽区实验小学城南校区及天鹅湖幼儿园项目被正式列为江苏省第一批海绵城市示范项目。

【环境保护】 2016年，全区生态建设成效明显，大气和水污染防治专项行动见成效。全年空气良好天数达标率82%。完成尾水廊道二期工程，启动实施白马湖上游9条河流生态修复工程，辖区内3个国考断面水质全部达标。完成城区8条主要河流疏浚、清淤和生态修复。

当年，全区镇村面貌明显改善。稳步推进国家新型城镇化综合试点，岔河、老子山、西顺河三镇分别获批全国重点中心镇、全国美丽宜居小镇和中国最具特色名镇。新改建农村公路463千米、农村桥梁523座，实现行政村客运班车、乡镇垃圾转运和污水处理设施全覆盖；完成1248个自然村庄环境整治任务，朱坝街道大刘村、黄集街道曹圩村等7个村分别获省级“美丽乡村”和江苏“最美乡村”。

【安全生产】 2016年，全区各类安全事故死亡人数25人，较上年下降7人；亿元GDP安全事故死亡人数为0.1人，下降28.6%。

【人口】 2016年，全区人口出生率8.97‰，比上年度下降0.07个千分点；死亡率6.93‰，下降0.06个千分点；人口自然增长率2.04‰。年末，全区户籍人口37.88万人，比上年减少1.77万人；常住人口33.82万人，比上年增加0.06万人。全区城镇化水平进一步提高。按常住人口计算的年末全区城镇人口为17.71万人，比上年增加0.6万人，城镇化率为52.36%，比上年提高1.68个百分点。

【人民生活】 2016年，全区居民生活人均可支配收入为22960元，比上年增长9.1%。其中，城镇居民人均可支配收入为30290.8元，比上年增长7.7%；农村居民人均可支配收入为15697元，比上年增长9.1%。

【社会保障】 2016年年末，全区城镇参加失业保险职工5.12万人，比上年增加0.07万人；城镇企业参加基本养老保险职工8.54万人，比上年增加0.07万人；城镇职工参加基本医疗保险职工7.21万人，参加农村合作医疗居民22.58万人。

(孙汉军)

注：

1.依据区统计局2016年统计公报数据，部分指标为初步统计数

2.因乡村道路改造，乡道和村道里程数减少，因此公路里程数较2015年总体下降

3.普通中等专业学校和技工学校为专业数

4.涉农面积数据一般使用“亩”为单位

5.其中“上年”“去年”皆为“2015年”

1月

1日　洪泽县举行“全民健身·你我同行”2016年洪泽湖古堰元旦长跑活动。各镇(街道)、机关企事业单位工作人员代表、社会团体、市民代表组成50多个代表队参加长跑活动。参加活动的队伍从洪泽湖船形舞台出发,通过古堰梅堤健身步道,至洪泽湖大堤38.5千米处折返,全程5千米。

△　’2016洋河国御·地球人酒“美丽洪泽湖·幸福地球人”第六届中国洪泽湖冬泳节开幕。百余名冬泳爱好者参加活动。

4日　县委书记徐东海主持召开2016年第一次常委会,研究通过相关事宜。会议讨论即将在县“两会”上作的《人大常委会工作报告》《政府工作报告》《政协常委会工作报告》《法院工作报告》《检察院工作报告》《“十三五”发展规划纲要》。

6—7日　中国人民政治协商会议洪泽县第九届委员会第五次会议召开。

7—8日　洪泽县第十四届人民代表大会第五次会议召开。大会应到代表189人,实到代表179人。县长殷强代表县政府向大会作政府工作报告。报告共分小康建设取得新成就、开启幸福洪泽新征程、谱写开局之年新篇章、打造创新政府新形象四个部分。

16日　洪泽县举行万名党员党章党纪党规知识测试活动。

25日　中宣部、全国妇联在徐州召开全国“最美家庭讲好家训”巡讲工作经验交流会,来自全国31个省(市、自治区)党委宣传部和妇联负责人参加大会。会上,洪泽县委书记徐东海作“传承恩来家训·建设美好家风”经验交流。据悉,洪泽县委是会上唯一一家作经验交流的地方党委。

△　洪泽县打造的“金堤永固”德纪教育品牌在全市纪检系统创新项目评比中获全市县区中唯一的一等奖。“金堤永固”立意就是以固若金汤的洪泽湖自然大堤引申寓意,教育广大党员干部要不断夯实廉洁从政的思想道德基础,筑牢思想上的防腐大堤,切实做到为民、务实、清廉。

26日　中江国际集团公司副总经理、江苏省城乡建设投资有限公司董事长顾永恒,江苏银行运营总监赵辉到洪调研棚改工作。

29日　全县大干一季度暨招商引资、工业工作大会召开。县委书记徐东海以《大干一季度,决胜保全年,为求突破抢先机开好头起好步》为题讲话。

是月　《洪泽县城市总体规划(2014—2030年)》获淮安市政府批准实施。确定城市规划区面积约410平方千米,范围包括高良涧街道办事处、朱坝街道办事处、黄集街道办事处、岔河镇和西顺河镇。中心城区范围南至洪泽水厂、杨码村一带,北至苏北灌溉总渠,西至洪泽湖大堤,东至洪泽县界和规划中的宁淮城际铁路,面积约112平方千米。

△　洪泽县创成2015年全国“平安农机”示范县(区、市)。全县已创建省级“平安农机”示范镇6个,占镇总数的66.7%,创建“平安农机”示范村24个、平安农机示范户700户。

△　老子山镇入选全国第三批美丽宜居小镇示范名单。

△　全省生态红线区域监督管理考核结果出炉,洪泽县以103.2分的成绩获全省第一名。洪泽县生态红线保护区域包括饮用水水源保护区、洪泽湖重要湿地、白马湖(洪泽县)重要湿地、入江水道清水通道、洪泽湖银鱼国家级水产种质资源保护区、二河(洪泽县)清水通道维护区等6个保护区,总面积为603.89平方千米,占全县国土面积比例40%以上。

2月

1日　是日6时起至6月15日6时,洪泽湖开始为期四个半月的封湖禁渔期,禁止一切捕捞水生动植物作业。

6日　县委书记徐东海主持召开县委常委(扩大)会议。

会议传达学习习近平总书记在中央政治局“三严三实”民主生活会上的讲话精神以及全市工业大会、全市农业农村工作会议和扶贫工作会议、全市城市管理工作会议、省市宣传工作会议、省市纪委全会、全省组织部长会议精神，通报2016年重点实施的城建项目。

14日 从2015年度全市科学跨越发展总结大会上获悉，洪泽县荣获“淮安市2015年度县（区）科学跨越发展目标考核”第一名。

20日 洪泽县与上海赣康集团成功签约洪泽电子商务产业园项目，项目计划总投资10亿元。

21日 市长惠建林，市委常委、常务副市长戚寿余到洪泽县调研经济社会发展情况。

22日 “欢乐元宵·美好江苏”文化节在加拿大多伦多喜来登饭店开幕。开幕式上，省委宣传部精选了一批省级非遗保护项目进行展示，其中洪泽湖民俗文化剪纸、草编等非遗项目参加了江苏传统工艺展示。

25日 洪泽县召开科学跨越发展总结大会，要求全县上下围绕“十全”“十美”幸福洪泽奋斗目标，求突破、抢先机、保前列，全力推进经济社会持续健康发展。

28日 洪泽县举行一季度工业重大项目集中开工典礼，以电梯产业园为代表的8个重大项目集中开工。

29日 洪泽县召开文化大县建设推进暨新春文艺家座谈会。

3月

9日 省人大常委会副主任刘永忠率队到洪泽县调研乡镇、街道人大工作。

11日 县委书记徐东海主持召开县委常委（扩大）会，会议讨论研究并通过《关于进一步加强公安工作的意见》、建县60周年庆祝活动总体计划方案；讨论研究《关于2016—2017年城市工作的实施意见》。

12日 洪泽县举行年产20万吨草浆及本色纸项目签约仪式。

18日 洪泽县举行江苏淮安食品科技产业园项目集中签约会。

△ 第六届3·18中国·洪泽湖放鱼节公益活动在洪泽县境内举行。共放流鳙鱼、草鱼、鲢鱼、甲鱼等各类鱼苗种10万尾、计1万千克。

27日 2016年淮安（洪泽）春季工业重大项目集中开工仪式在三河镇食品科技产业园举行。皇信食品等9个重大项目集中开工。

1—3月 洪泽县完成规模以上工业开票销售63亿元，增长25.5%，超淮安市目标11.5个百分点；全部工业入库税金1.45亿元，增长6.8%；固定资产购置进项税1871.9万元，增长12.6%；规模以上工业投资预计22.8亿元，增长26%，超淮安市目标2个百分点。主要经济指标实现全面飘红，获全市县（区）科学跨越发展一季度考核第三名。

是月 洪泽县电子党务系统入选全国组织系统信息化应用典型案例。电子党务系统主要包括党组织设置管理、党员信息管理、网上发展党员、党组织关系接转、志愿服务积分管理、党费收缴管理、党务信息公开七个子系统。

4月

1日 洪泽烈士纪念馆和二十六烈士陈列馆开馆。两馆建设面积在500平方米以上。二十六烈士陈列馆以“顺河集阻击战”为主线，以革命斗争史为脉，以史叙事、以事论人；洪泽烈士纪念馆（北馆）以《血色丰碑——淮安烈士通览》为依据，以烈士事迹为本，全面展示洪泽地区600余名英烈在抗日战争、解放战争中的革命功勋。

7日 洪泽县召开外资外贸工作推进会，研究分析一季度全县外资外贸运行情况。

△ 正大集团农牧食品中国区资深副董事长吕攀率队到洪泽县调研食品加工项目。

8日 县委书记徐东海主持召开县委常委（扩大）会议。会议传达中央和省委、市委关于县乡换届工作相关文件精神，讨论研究乡镇党委换届工作相关事宜。

13日 县政府召开全体（扩大）会议，贯彻落实市政府全体（扩大）会议和县第十次党代会第五次会议、县十四届人代会第五次会议精神，回顾总结一季度工作，研究部署二季度任务。

21日 市长惠建林率队到洪泽县赴二河闸、三河闸调研防汛工作。副市长赵洪权、县委书记徐东海等陪同调研。

△ 江苏省洪泽湖管理委员会第一次全体成员会议在洪泽县召开。

28日 江苏大有恒水产供应链管理股份有限公司（位于洪泽县老子山镇）正式登陆新三板，成为国内水产流通行业领域第一家上市公司。

30日 洪泽县召开大干二季度动员大会，总结分析一季度工作形势，部署二季度任务。

5月

月初 洪泽县在苏北首家开通“交通一卡通”业务。该卡可在全省各地级市和京津冀沪等40多个城市的公交、地铁、出租车等公共交通上使用。

2日 县委书记徐东海调研丹山苑、艳阳度假、龟山传统村落、鼎顺生态园等18个新型城镇化项目。

5日 淮安市委考察组到洪泽县开展换届考察工作。

6日 洪泽县召开“两学一做”（学习党章党规，学习习近平系列重要讲话精神，做合格党员）学习教育工作部署会。县委书记徐东海作动员讲话。

9日 智慧洪泽承建单位县广电有线信息网络有限公司与内蒙古乌海网讯科技有限公司签订合作协议,启动智慧社区云平台项目建设,标志着智慧洪泽应用项目建设由服务政府管理向惠民宜居方向转变。

9—10日 由省政府教育督导委员会副总督学、省教育纪工委书记蒋吉生为组长的省督导考核组一行8人,对洪泽县近年来的教育工作进行督导考核,对洪泽县教育经费安排、县域内教育资源配置、师资队伍管理等方面存在的问题提出建议。

12日 成都市委常委谢瑞武率队到洪泽县调研小型水利工程管理体制改革及国家现代农业示范区建设。

13日 省委第五巡视组向洪泽县反馈巡视"回头看"情况。巡视组组长练如俊、副组长鄂忠伟向洪泽县委书记徐东海反馈巡视情况,练如俊代表巡视组向洪泽县领导班子进行反馈,淮安市委书记姚晓东代表市委提出要求,县委书记徐东海主持反馈会议并作表态发言。

14日 江苏省首届电商与文化菖蒲盆景展在洪泽电子商务产业园开展。此次展会由创客工作室负责人王子昊发起,展期两天,展出盆景近200件。

17日 全国人大常委会委员、全国人大农业与农村委员会副主任委员陈光国率全国人大常委会水法执法检查组,到洪泽县开展《中华人民共和国水法》执法检查。

△ 农发行洪泽县支行上报的2015—2016年棚户区改造工程项目贷款获总行审批,该项目授信额度20亿元,贷款期限18年,贷款执行人民银行抵押补充贷款PSL利率4.145%。该项目是洪泽县人民政府主导下的棚户区改造项目,属于民生工程,项目总投资25.18亿元,涉及10个地块4957户,拆除房屋65.93万平方米,建设安置房79栋2526套,总建筑面积29.5万平方米,统筹购买3处房源3600套,建筑面积35.46万平方米。

18日 省住建厅城建处调研员杨炳寿率考核组到洪泽县督查城市供水安全保障工作。

19日 紫山食用菌在北京全国中小企业股份转让系统成功挂牌。

20日 洪泽县在昆山举行招商推介签约会,共签约20个项目,总投资102.34亿元。

下旬 洪泽县在县行政审批窗口全面推行"告知承诺制",即在企业设立、变更、备案、注销符合或者达到法定的基本条件前提下,在缺少有关材料或材料不完备及未取得前置许可时,先予以办理各类登记,申请人承诺在一定的时间内补齐所欠缺的材料或在一定的期限内办理前置审批手续。该改革措施实施后,已惠及全县1000多家企业,审批提速率在50%以上。

23日 县委书记徐东海主持召开县委中心组传统优秀家训专题学习(扩大)会。江苏师范大学教授、国家社科基金重大招标项目"中国传统家训文献资料整理与优秀家风研究"首席专家陈延斌以"中国传统家训选读"为题作专题辅导。

25日 县委书记徐东海主持召开县委常委(扩大)会议,研究省委第五巡视组对该县巡视"回头看"反馈意见的整改工作任务。结合洪泽实际,整改工作方案共分4个方面、21项任务、86条整改措施。

26日 洪泽县"六五"普法工作受到中宣部、司法部、全国普法办表彰,被授予全国"六五"普法先进县称号。

31日 洪泽县国家卫生县城创建通过省级考核。

是月 洪泽县孙成斌家庭获全国"最美家庭"和全国"五好文明家庭标兵"称号。孙成斌家庭从1987年来,驻守马浪岗30年,先后参与抢救遇险船舶近2万艘、遇险船员近6万人次、货物400万吨,挽回经济损失近亿元。

△ 洪泽湖大闸蟹卡通形象"朋朋""谢谢"获得国家外观设计专利。洪泽湖大闸蟹卡通形象代言有了法律保障。

6月

1日 晚8时,县委书记徐东海主持召开第16次书记学习会,组织学习习近平总书记2016年4月25日在农村改革座谈会上的讲话精神。

3日 省旅游局副局长陈芬率队到洪泽县调研乡村旅游工作。

4日 洪泽县召开外资工作推进会。1—5月,全县利用外资工作总体向好。注册外资实际到账5077万美元,占市目标的42.3%,同比增长238.5%。新批总投资3000万美元以上外资大项目数暂居全市前列。

△ 洪泽县召开"廉能洪泽"共建行动启动暨深化"361"诚信服务品牌创建大会。会议部署了2016年"361"诚信服务品牌创建工作。

6日 2016年全国文化遗产日暨洪泽县非物质文化遗产展演展示活动启动。仪式上,为洪泽县实验小学洪泽湖渔鼓基地授牌;为三河花船成功入选江苏省非物质文化遗产项目名录授牌;向裴安年、金高坤、董风3名年度优秀传承人颁发荣誉证书。

△ 上海奉贤经济开发区生物科技园区党委书记、副总经理陶建雄率队到洪泽县开展结对帮扶活动,并洽谈经贸合作。上海奉贤经济开发区生物科技园区与洪泽县50户贫困家庭结对帮扶,直至帮助这些家庭脱贫。

7日 县委书记徐东海等领导调研白马湖旅游开发建设情况。

8日 淮安市南北共建园区建设管理培训研讨会在洪泽县召开。

10日 洪泽县举办建县60周年"百名乡贤故乡行"恳亲活动,邀请县内外的各位乡贤欢聚一堂,共叙乡情,共话发展。

△ 泰国华侨协会会长、世界台商联合总会名誉总会长、泰长兴化学工业有限公司董事长余声清率领"海外台商江苏行"团组到洪泽县考察。

12日 中国和平统一促进会海外理事、美国北加州和平统一促进会理事长、中美硅谷科技交流中心CEO、美国绿色科技园CEO、美国南京商会会长林青率队到洪泽县考察。双方就经济、文化、科技等方面进行交流。

15日 国家发展与改革委员会价格司农水处处长葛建营率调研组到洪泽县开展完善粮食最低收购价政策调研活动。

△ 省财政厅派员到洪泽县调研蒋坝PPP项目进展情况，对项目实施及前景表示赞许。美丽蒋坝PPP项目总投资15.8亿元，分三期实施。一期建设的滨湖风光带(包括观沧海、落霞湾、渔家傲等)、温泉综合体、快活岭、古镇老街改造、环镇道路等项目已全面开工，部分主体项目完工。

17日 全省免费WiFi建设运行座谈会举行，洪泽县经信委和县广电有线信息网络有限公司分别代表县政府与运营商在会上作建设经验交流发言，是20多个参会单位中唯一一个县级单位。

18日 洪泽县举办庆祝建县60周年万人古堰同演太极拳活动。县直各单位干部职工、企事业单位职工、城区中小学生，高良涧街道、东双沟镇、三河镇、蒋坝镇机关干部、社区群众等近万名代表，齐聚千年古堰，用太极拳表演这种传统的武术文化形式共同庆祝建县60周年。

△ 洪泽县二季度16个重大项目集中开工。市委书记姚晓东、副市长唐道伦，华西村党委书记吴协恩等客商代表出席项目开工仪式。16个新开工项目的总投资31.8亿元，有11个项目单体投资规模超亿元。其中工业项目7个，均为亿元以上工业项目，总投资达21.4亿元；农业加工项目5个，总投资2.7亿元；三产项目4个，总投资7.7亿元，也均为亿元以上项目。

20—21日 由国务院参事、清华大学公共管理学院教授施祖麟，国务院参事、国务院参事室原党组成员、副主任方宁带队的国务院参事室调研组到洪泽县调研农业农村工作。

22日 省台办副主任张为率队到洪泽县调研大湖文化对台交流基地建设情况。

24日 洪泽县举行不动产登记交易中心揭牌暨不动产权证书首发仪式，标志着洪泽县结束了土地、房产、林地等分散登记的历史，不动产登记工作进入全面明晰产权、有效保护权益、维护交易安全、提高交易效率的新阶段。

25日 全国人大代表南京淮安组到洪泽县专题调研现代农业发展情况。全国人大代表、南京市长缪瑞林，全国人大代表、南京市人大常委会主任陈绍泽，全国人大代表、淮安市委书记姚晓东等14名全国人大代表参加专题调研。

26日 由洪泽县委、县政府和扬子晚报社共同主办的第二届江苏"美丽经济"发展高峰论坛暨洪泽生态旅游产品发布及项目签约会在宁举行。会上，共签约60个旅游合作项目，其中实体项目32个，总投资160亿元。

6月28日—7月1日 2016全球智慧城市高峰论坛暨国际智慧城市博览会在上海国际博览中心举行，应组委会邀请，洪泽县智慧城市建设成果及经验在会上展出交流。博览会上洪泽县精心布设了36平方米的展厅，通过触摸屏、展示屏、灯箱、册页等方式多维度宣传展示，并将城市公共信息平台、环保、水利、城管、无线、党建等13个建成项目平台系统接入现场。在为期3天的展览中共接待国内外参观者2000多人次。

28日 省国土厅副厅长、党组成员李闽率队到洪泽县调研建设用地"双减量"试点工作开展情况。

29日 洪泽县召开动员会，全面部署洪新河两侧棚户区改造房屋征收工作。

30日 洪泽县举行建县60周年观摩活动。徐东海、殷强、杨步新、陈继信等县四套班子领导及双拥共建单位部队有关负责人、正处级以上洪泽籍领导干部、有成就的新乡贤、在洪泽工作过的离退休老干部、部分企业家代表等100余人，现场观摩了80万吨硝盐联产、宇天港玻、洪泽中学、紫山食用菌、食品科技产业园、美丽蒋坝和洪泽湖古堰景区。

是月 洪泽县2016年高考实考1824人，本科达线1009人，其中文化达线564人，比2015年增加49人；全县本科达线率55.32%，同比提高1.99%。

△ 洪泽县投入800万元设立农业机械化发展专项资金，这在全市尚属首创。据悉，该专项资金将重点支持机插秧育秧、烘干中心建设、高效示范园区、智慧农机推广等农机化关键核心工作，具体安排包括：对当年集中连片育秧面积5亩以上并在县区域内实施机插秧服务的给予每亩300元的补助；对粮食烘干机具给予每台2万元的辅助设施补助；对批处理能力在60吨以上(含60吨)烘干中心给予10万~15万元的配套设施建设补助；对高效示范园区机械、智慧农机等特色机具给予一定补助。

7月

2日 全县科级干部(红旗渠)培训班开班。本次培训共5天(7月4—8日)，全县50名科级干部参训。

△ 中国工程院院士孟兆祯到洪调研园林建设工作。

6日 市委书记姚晓东一行到洪泽县调研蒋坝特色镇建设。

7日 省政府办公厅发布《省政府关于调整淮安市部分行政区划的通知》，撤销洪泽县，设立淮安市洪泽区，以原洪泽县的行政区域为洪泽区的行政区域。洪泽区人民政府驻高良涧街道东九道26号。

8日　全县领导干部会议召开，宣布省、市委对洪泽县委主要领导调整的决定。朱亚文任洪泽县委书记，徐东海不再担任洪泽县委书记。市委书记姚晓东出席会议。

△　县委书记朱亚文检查防汛工作。他指出，洪泽水域面积大，防汛任务重，要在形成工作体系的基础上，进一步健全责任体系，确保一旦出现险情，就能够立刻采取有效措施应对。

9日　县委书记朱亚文调研重大项目建设。

△　“飞跃海峡——两岸青少年携手公益行·洪泽湖生态放鱼”公益活动在洪泽湖湾举行。活动由省洪泽湖渔业管理委员会、江苏财经职业技术学院、江苏经贸职业技术学院、共青团淮安市委、洪泽县人民政府、洪泽湖古堰管理委员会、台湾龙华科技大学、东南科技大学、致理科技大学、万能科技大学等共同联办。

10日　省环保厅副厅长蒋巍一行到洪泽县调研尾水收集处理及利用工作。

11日　市委书记姚晓东、市长惠建林率队到洪泽县督查推进上半年重大项目建设。

13日　县委书记朱亚文主持召开县委常委(扩大)会，传达贯彻市委六届十次全会精神。

19日　县委书记朱亚文调研旅游城建工作。

26日　县委书记朱亚文主持召开县委常委(扩大)会。会议传达省市关于开展违规吃请和公款吃喝问题专项整治工作相关精神，讨论研究《洪泽县接待管理“三个一律”“五个严禁”》及淮安市发改委关于征求洪泽区发展定位发展思路研究情况报告修改意见。

28—29日　中国共产党洪泽县第十一次代表大会召开。县委书记朱亚文代表中国共产党洪泽县第十届委员会向大会作《立足新起点　把握新机遇　全力打造苏北重要中心城市新的增长极》的报告。县委副书记、县长殷强主持大会。

29日　中共洪泽县第十一届委员会第一次全体会议召开。经选举，朱亚文当选为中共洪泽县第十一届委员会书记，殷强、程国民当选为县委副书记；朱亚文、殷强、程国民、杨国仁、董蔚(女)、周海滨、戈利民、朱玉生、张培刚、张春荣、韩永胜当选为县委常委。

△　中国共产党洪泽县纪律检查委员会召开第一次全体会议。经选举，戈利民当选县纪委书记，钱澄、朱爱军当选县纪委副书记。

是月　洪泽县首支企业债券项目获得国家发改委核准。本期债券由洪泽县城市资产经营有限公司作为发行主体，规模为10亿元，所筹资金全部用于洪泽县棚户区改造一期工程项目建设，项目总建筑面积约54.83万平方米，总投资约15.43亿元。

是月底　县第一批500辆城市公共自行车惊艳亮相街头。首批公共自行车车身为橘黄色，自行车前挡泥板两侧分别印有洪泽湖大闸蟹卡通形象朋朋和谢谢图案，后挡泥板为洪泽湖古堰航拍照。

8月

3日　全市二季度现代农业重点项目观摩交流会在洪泽县召开。

4日　县委书记朱亚文主持召开第十一届县委常委会第一次会议。会议提出“带头解放思想，树立开明开放的形象；带头真抓实干，树立务实担当的形象；带头勤政为民，树立亲民爱民的形象；带头发扬民主，树立团结协作的形象；带头廉洁自律，树立清正廉明的形象”五点要求。

△　洪泽县召开启动第十一届中国洪泽湖国际大闸蟹节动员部署会。

12日　洪泽县举行江苏洪泽现代农机农资大市场揭牌仪式。江苏洪泽现代农机农资大市场是集农机销售、配件物流、维修服务、一站式办证服务、产品展示、技术培训、金融保险、报废回收等多功能为一体的农机农资大市场，将高薪聘请江、浙、沪等地市场运营精英团队加盟，投入3000万元作为市场运营基金。并联合全国三农合作社不间断举行农机跨区作业服务，联合各类厂商、经销商分业态、分时段举行大型采购会、团购会、促销会等。

13—15日　中国节庆全国交流大会暨中国节庆旅游联盟年会在青海西宁召开，中国洪泽湖国际大闸蟹节作为大会主席团成员单位应邀参加，并作为全国唯一典型进行优秀节庆转型创新交流发言。

17日　市委书记姚晓东到洪泽县境内的白马湖畔调研洪金断面水质治理情况，并对下一步治理工作提出要求。

18日　县长殷强调研湖滨新区建设。

18—21日　台湾新北市里长代表团到洪泽县开展为期4天的“美丽乡村淮安行·台湾里长看洪泽”访问交流活动。

20日　上午9时30分许，一辆南京市开往涟水县、车牌号为沪D05146的客车由南向北行驶至205国道1122千米处时，因避让苏E2BL21左转弯轿车不慎，致客车侧翻。事故造成两人死亡、一人重伤。

25—27日　洪泽县举行生态旅游首选区·长三角主流媒体洪泽行活动。50家长三角主流媒体前往古堰景区、蒋坝、老子山等地调研，见证洪泽生态旅游发展，推介洪泽生态旅游建设成果。

26日　全市城市环境综合整治现场会在洪泽县召开。

△　洪泽县举行2016年“幸福洪泽·圆梦助学”活动。1—8月，全县累计发放爱心款近130万元，惠及400多名贫困学生。

27日　县委书记朱亚文主持召开第十一届县委常委会第

二次会议。会议研究讨论《"南部片区"联动协调推进机制方案》，原则通过《洪泽县"新起点新定位新发展"学习调研方案》，讨论通过《洪泽县道德模范和身边好人奖励及帮扶办法(试行)》《关于进一步规范服务保障县委日常运转工作的通知》。

是月 朱坝街道大刘村村史记忆馆开馆。该馆分为忆往昔和看今朝两个主题。忆往昔板块重点是实物展示区，木耙、铁犁、竹笆、薅秧耙子等传统耕作农具，水桶、竹制碗柜等日常生活用具以及粮票、布票等共200余件。看今朝板块重点通过图片展示，介绍生活新变化和乡风文明建设的新成果，设有最美家庭、荣誉榜、善行义举榜等子板块。

9月

1日 县城95路公交车开通，从客运南站始发，终点为汽车客运站，经过杨码小区、华润苏果、妇幼保健院、邓码小区、县政府、职教中心等24个停靠站点，投放10余辆。

7日 安徽省人大常委会副主任宋卫平率队到洪泽县调研湖泊保护和湿地保护工作。

9日 江苏省洪泽中学举办家风家训馆与孔子像揭幕仪式。

13日 第十一届中国洪泽湖国际大闸蟹节暨第六届洪泽湖全国龙舟大赛开幕。第十一届中国洪泽湖国际大闸蟹节暨第六届洪泽湖全国龙舟大赛以宣传洪泽生态旅游为宗旨，以"畅游江苏·水韵洪泽"为主题，策划设计了《大湖·洪泽》《渔乡·洪泽》《古堰·洪泽》《欢乐·洪泽》《多情·洪泽》《龙腾·洪泽》6个单元。

△ 首届世界遗产地旅游联合发展峰会洪泽县·都江堰市旅游合作签约仪式举行。

19日 县委书记朱亚文主持召开第十一届县委常委会第三次会议。会议研究讨论了洪泽撤县设区相关工作；讨论并原则通过《中共洪泽县委常委会议事决策规则(讨论稿)》会议还研究讨论《洪泽县镇(街道)党政正职权力运行制约监督暂行办法(征求意见稿)》、出席省党代会代表候选人推荐人选建议名单和淮阴工学院团干部到团县委挂职事项。

20—23日 县长殷强率领县党政代表团赴新疆生产建设兵团第七师128团开展对口交流活动。

22日 洪泽县举办残疾人"幸福洪泽亭"集中发放仪式。共赠送"幸福洪泽亭"31个，主要发放到全县各个镇(街道)，为残疾朋友谋福利。

23日 洪泽县召开县镇两级人大换届选举工作会议。

是月 全县首家3D打印实验室在洪泽中等专业学校建成。

△ 农业部办公厅、民政部办公厅、中国保监会办公厅联合批复，洪泽县被列为新增农村改革试验任务的试验区，确定为政府购买农业公益性服务机制创新试点县，全省获批两家，另一家是苏州市。

10月

1日 洪泽县领导干部大会召开，会议贯彻传达市第七次党代会精神。县委书记朱亚文主持会议并提出要求。

13日 洪泽区第八届教育艺术节暨第四十六届中小学生田径运动会开幕。第八届教育艺术节活动内容包括文艺、书画摄影、教玩具及课件制作、语言等项目，11月举办结束。

14日 中设书华励志奖学金首发仪式在洪泽区东双沟小学举办。洪泽爱心助学基金会名誉会长刘书华捐资10万元在东双沟小学设立"中设书华励志奖学金"，40名同学获"励志成长奖"，5位老师获"励志园丁奖"。

17日 区委书记朱亚文主持召开第十一届区委常委(扩大)会第四次会议。会议讨论通过2016年区四套班子挂钩经济开发区、食品科技产业园和镇(街道)安排；研究讨论《关于延续执行有关文件的通知》。

18日 省国土厅厅长李侃桢率队到洪泽区调研建设用地"双减量"试点工作。

23日 洪泽区举办"中建一局杯"第二届洪泽湖国际半程马拉松赛。活动分半程马拉松(21.10千米)和四分马拉松(10千米)、迷你马拉松(5千米)三个项目。来自肯尼亚、埃塞俄比亚、坦桑尼亚、美国、德国、土耳其、西班牙、加拿大、科特迪瓦9个国家的25名国际专业选手，以及中国大陆26个省、市的4000多名选手参赛。最终，肯尼亚选手包揽男女组冠亚军；里昂以1小时3分13秒的成绩夺得男子半程马拉松冠军，科派特、威力分别夺得第二名和第三名；戚姆太以1小时13分45秒摘得女子半程马拉松桂冠，南茜获第二名，来自山东临沂的孙丹丹获第三名。

21日 淮安市公安局洪泽分局举行成立大会。

29日 洪泽电子商务"三馆一中心"开馆。

31日 蒋坝、高良涧、老子山三个水文站水位均突破13.5米警戒水位。三河闸管理所接到省防办指令，开闸泄洪。水位上升主要原因为受强降雨影响所致。

11月

3日 区委书记朱亚文赴大墩岛、钱码岛实地调研旅游开发工作。

4日 洪泽区在江苏国际农业展览中心举办名特优农产品展销推介会。展销活动为期3天，是日起，洪泽湖大闸蟹等优质农产品入驻巴布洛集团云厨1站50个社区店。

5日 国务院发展研究中心研究员王辉到洪泽区调研湖

滨新区建设工作。

△ 区委书记朱亚文主持召开区委中心组(扩大)学习会。传达学习十八届六中全会公报精神和《关于新形势下党内政治生活的若干准则》。

8—11日 "艳阳度假·汤沟杯"2016CBSA洪泽美式9球国际公开赛在老子山温泉山庄举行。来自20多个国家和地区的近200名选手,经过激烈的角逐,中华台北选手柯秉中、杨清顺分别夺得男子组冠亚军;中国大陆选手夏雨滢、陈思明分别夺得女子组冠亚军。

11日 区政府与苏州元禾控股股份有限公司签订战略合作协议,洪泽湖融资租赁、洪泽旅游发展投资集团与苏州融华租赁有限公司签订联合租赁合同。

△ 区委书记朱亚文主持召开区委十一届5次常委(扩大)会,听取1—10月淮安市科学跨越发展目标完成情况汇报。

△ 据不完全统计,洪泽电子商务产业园当天("双十一")销售额超过2.5亿元。

14日 区委书记朱亚文调研道路改造及河道景观提升工作。

25日 洪泽区召开党的十八届六中全会精神宣讲工作动员部署暨首场宣讲会,全面启动党的十八届六中全会精神宣讲活动。

28日 敏实集团董事局主席秦荣华到洪泽区考察洽谈钱码岛开发项目。

29日 全省码头安全事故应急演练在洪泽区举行。

30日 洪泽区被省新闻出版广电局授予2016年度江苏省"无小耳朵社区"创建工作先进县(市、区)称号,为淮安市唯一一家。

是月 洪泽区实验小学城南校区及天鹅湖幼儿园项目被列为江苏省第一批海绵城市示范项目,并成功获批500万元建设引导资金。

12月

2日 洪泽区在洪泽湖南线3号标水域举办洪泽湖水上搜救联动演习,省、市、区地方海事部门,省环保应急中心淮安物资储备库等10余家单位参演和观摩。

3日 区委书记朱亚文主持召开区委中心组(扩大)学习会暨"两学一做"专题学习会。

12日 第一届全国文明家庭表彰大会在北京举行。洪泽区孙成斌家庭荣膺"全国文明家庭"称号,孙成斌受到习近平总书记亲切接见。

14日 省海洋与渔业局党组书记、局长汤建鸣率省"三农"工作调研组到洪泽区调研。

△ 全国妇联宣传部部长张小媛到洪泽区调研"心灵家园"关爱驿站工作开展情况。

16日 洪泽区省级园林城市创建工作通过省专家组评议。

20日 洪泽区获全省基层党员冬训示范县(区)称号,"洪泽'三个一'工程全面激活基层冬训" 获得全省冬训工作创新项目,朱坝街道、黄集街道和老子山镇分别获全省冬训示范镇(街道)称号。

△ 洪泽区举行环保新能源电动车项目签约仪式。环保新能源电动车项目计划在洪泽投资1亿元,注册资金3000万元。

21日 区委书记朱亚文,区长殷强一行赴南京高新区开展考察交流活动。

△ 区委书记朱亚文主持召开区委十一届六次常委(扩大)会。会议研究讨论洪泽区2017年为城乡居民办十件实事项目编排、洪泽区2017年度城建重点项目计划编排事宜。

22日 区政府与北京演艺集团签订公共文化建设战略合作协议。

30日 中国共产党淮安市洪泽区第十一届委员会第二次全体会议召开。区委书记朱亚文代表区委常委会作题为《坚持民生优先 加快创新发展 为建设现代化湖滨生态旅游新城而努力奋斗》的报告。

是月 洪泽湖大堤除险加固工程通过水利部淮河水利委员会验收。洪泽湖大堤除险加固工程主要建设内容:一是堤防加固,包括洪泽城区老车站段、二河林场段、钱码头段及十三堡大塘段;二是南北两端缺口段封闭,即盱眙张庄段、淮阴区码头段;三是建筑物工程,包括蒋坝老涵洞封堵、张福河船闸(上闸首)拆建等2座建筑物;四是水文监测系统;五是堤顶防汛道路;六是淮阴区境内植物护坡工程;七是管理站护堤房工程。工程概算投资20727万元,2013年1月21日开工建设,2016年9月23日完工。

综述

洪泽湖，中国第四大淡水湖，地处苏北平原中部西侧，位于淮河中下游结合部，是淮河河床的一个组成部分。其地理位置在北纬33°06′-33°40′，东经118°10′-118°52′之间，西北部、西部和西南部有宽窄不等、高低相间的岗陇和洼地，这些岗陇洼地俗称“三洼四岗”，东部地势平坦，临近京杭大运河里运河段，北枕废黄河和中运河。它西纳长淮，南注长江，东通黄海，北连沂沭。

洪泽湖湖面分属淮安市的洪泽、盱眙、淮阴三县（区）和宿迁市的泗洪、泗阳二县。洪泽湖西北部为成子湖湾，西部为安河洼、溧河洼，港汊众多，西南部为淮河入湖口，发育着30多个大小洲滩，东部为洪泽湖大堤，史称高家堰。

洪泽湖资源丰富，历史悠久，既是淮河流域最大的湖泊型水库、航运交通枢纽，又是渔业生产基地，素有“日出斗金”的美誉。（区志办）

洪泽湖水文

三河闸（中渡）水文站

【概况】 三河闸（中渡）水文站设立于1912年，位于江苏省洪泽区境内，地处洪泽湖的东南角，隶属江苏省洪泽湖水利工程管理处，是国家级水文站。设在三河闸下游距闸1300米处，是淮河入江水道的重要控制站。

三河闸（中渡）水文站承担的测验项目主要有水位、流量、含沙量、输沙率等，为淮河流域防汛防旱、工程调度、基础设施建设、生态环境保护等提供基础资料。

三河闸（中渡）水文站多年平均径流量186.0亿立方米，最大年径流量702.7亿立方米；最大流量10700立方米/秒。

（楚恩国　曹恒楼）

二河闸水文站

【概况】 二河闸水文站设立于1959年，是国家级重要水文站和中央报汛站。系洪泽湖出口控制站之一，掌握分淮入沂、淮水北调、引沂济淮、苏北供水计量等各种水情，为防汛抗旱和工程管理与控制运用搜集资料而设定。

该站的测验项目包括闸上游水位、闸下游水位、流量、输沙率、单沙、河湖水化学、水准与断面测量以及水质感官观测等。闸上游水尺距闸180米，闸下游水尺距闸232米，流速仪测流断面位于闸下游232米，和基本水尺断面重合，测验河段下游顺直长300米，最大河宽550米。二河闸水文站设站后，全面完整地监测到了水位、流量、泥沙等水文信息，收集到了许多宝贵的水文资料，为全省防汛、抗旱、供水等提供了全面及时完整的水情信息服务。截至2016年12月，二河闸泄水总量近4100亿立方米/秒，其中泄洪量为990多亿立方米/秒，引沂济淮总水量160多亿立方米/秒。

据统计，二河闸水文站实测以下特征数据：

出湖最大流量3250立方米/秒，发生于2003年7月11日；

入湖最大流量1030立方米/秒，发生于1985年9月18日；

1991年淮河洪水期间，二河闸12天泄洪9亿立方米/秒；

2003年淮河洪水期间，二河闸31天泄洪65亿立方米/秒；

2007年淮河洪水期间，二河闸23天泄洪40亿立方米/秒；

二河闸水文站获“全国先进报汛站”（2003年）“全国文明水文站”（2005年）荣誉称号。（狄大鹏）

洪泽湖水利

江苏省洪泽湖水利工程管理处

【概况】 江苏省洪泽湖水利工程管理处（以下简称管理处）位于淮安市洪泽区，是江苏省水利厅直属行政事业单位，成立于1953年11月，原为江苏省三河闸管理处，承担着三河闸、洪泽湖大堤、三河船闸、石港抽水站等8座大中型水利工程的管理任务。2008年3月，管理处更名为“江苏省洪泽湖水利工程管理处”。2015年10月，增挂“江苏省洪泽湖管理委员会办公室”牌子，增加协助江苏省水利厅承担洪泽湖管理保护、开发利用、综合治理等职能。管理处先后于1965年、1978年、1991年、1996年、2006年五次获全国水利管理先进集体称号。

【工程管理】 2016年，管理处夯实工程日常检查工作，量化检查标准、细化检查过程，对水工建筑物、机电设备、金属结构、水文设施等逐一检查，对检查过程中发现的安全隐患及时采取措施，消除隐患。根据工程现状，合理编报岁修项目，加强项目监管，切实解决工程安全隐患。

【防汛防旱】 2016年，淮河流域水情呈现先涝后旱，又由旱转涝的特点。6月3日，三河闸开始开闸泄洪，截至12月15日，累计运行102天，执行调度指令40次，累计泄洪140亿立方米。其中“亮板”运行7天，最大流量6450立方米/秒；洪泽湖大堤安全挡洪；石港泵站累计开机1100多台时，抽水0.9亿立方米，其中抽排涝水0.7亿立方米，抗旱引水0.2亿立方米；三河船闸安全运行，蒋坝站及时开机抽排涝水。在防汛工作中，管理处严格落实防汛会商制度，准确研判水情形势，及时启动防汛预案Ⅲ级响应；严格执行处领导带班制度、巡查值守制度、水情测报制度。全年共收集水情报文2.6万余份，公布水情报表346期。6月23日，国家防总、淮河防总联合工作组对管理处开展防汛督查；7月1日，国家防总巡视检查组检查管理处防汛工作；7月2日，省委书记李强检查指导管理处防汛工作，充分肯定了管理处防汛工作取得的成效。

三河闸泄洪

【湖泊管理】 2016年，管理处出台《省洪泽湖管理委员会工作职责》《省洪泽湖管理委员会成员单位工作职责》《省洪泽湖管理委员会办公室工作职责》。探索形成《洪泽湖网格化管理实施意见》，将全湖划分为125个圩网区网格、330个敞水区网格；落实60名湖长和125名网格长，引导“责任入格”。加强湖泊日常巡查力度，全年开展巡查督查83次，发现并查处违法圈圩25处。加强网格责任督查，全力清除非法圈圩。2013年、2014年间的清除非法圈圩372处、8.1万亩，恢复洪泽调蓄库容1亿立方米。

加强网格责任宣传，营造湖泊管理与保护氛围。结合“世界水日”“中国水周”“12·4宪法宣传日”等，联合有关单位举办主题宣传及童谣征集传唱活动；在沿湖县区电视台进行水法规宣传播放，开展水法规进渔村咨询宣传活动。全年组织水法规咨询活动4次，出动宣传艇8艘次，行程800余千米，600余人参与，受众2000余人次；开通“洪泽湖管理与保护”微信公众平台、“洪泽湖管理网”，通过新媒体展现洪泽湖管理与保护工作取得的新成果。

【砂石禁采】 2016年，管理处出台《江苏省洪泽湖水利工程管理处参与打击洪泽湖非法采砂行动方案》，整合沿洪泽湖大堤三个管理所执法资源，组建了一支24小时待命的禁采队伍，形成监督管理和协同作战的合力。针对洪泽湖非法采砂的动态特点，水政支队定期与不定期组织开展湖区突击检查执法，达到打击一处震慑全湖的目的。全年管理处水政支队开展洪泽湖禁采监督巡查19次，现场查处并交办县区非法采砂船24条；配合省水政总队、淮安、宿迁水政支队打击非法采砂活动54次，查处非法采砂船32条。加强与市、县（区）水行政主管部门及省洪泽湖渔管办等涉湖管理单位的沟通协调，组织召开沿湖两市六县（区）打击洪泽湖非法采砂工作交流会，全力维护湖区正常水事秩序，洪泽湖非法采砂得到有效控制。 （楚恩国 曹恒楼）

洪泽湖大堤

【概况】 洪泽湖大堤古称高家堰，是一条人工古堤，始建于东汉建安五年(公元200年)。北起淮阴区码头镇，南至盱眙县观音寺镇，全长67.25千米。

新中国成立后，对洪泽湖大堤进行了四次大规模的加固。1951年8月至1954年进行复堤加固工程；1966年淮河大旱，对大堤石工进行加固修建；1976年8月，唐山地震发生后，洪泽湖大堤被列为全省防震、抗震四大重点之一，开始实施抗震加固工程；1992年至1995年对三河越闸预留段、菱角塘段和三河拦河坝等险工段进行加固。

2006年5月，洪泽湖大堤作为明清古建筑，被国务院批准列入第六批全国重点文物保护单位。2014年6月22日，大运河世界文化遗产成功入选《世界遗产名录》，洪泽湖大堤（包括险工、救生桩、水志、信坝、碑刻等），是其中重要遗产点之一。

洪泽湖大堤不仅是淮河下游地区两千万人民生命财产和三千万亩农田的防洪屏障，还与三河闸、苏北灌溉总渠、入海水道等工程一起，发挥洪泽湖的防洪、灌溉、城市供水、航运、水产养殖、发电、旅游和生态环境改善等综合效益，为区域经济发展提供了防洪和水资源保障。

（楚恩国　曹恒楼）

三河闸

【概况】 淮河第一大闸——三河闸，位于洪泽湖的东南角，是淮河下游入江水道的控制口门，是淮河流域性骨干工程。它是建国初期我国自行设计、自行施工的大型水闸。

三河闸工程于1952年10月动工兴建，至1953年7月建成放水。闸身为钢筋混凝土结构，共63孔，每孔净宽10米，总宽697.75米；闸门为钢结构弧形门，每孔均设有2×10t卷扬启闭机一台。三河闸按洪泽湖水位16米设计、17米校核，原设计流量为8000立方米/秒，加固后的三河闸设计行洪能力提高到12000立方米/秒，属大Ⅰ型水闸。

截至2016年底，三河闸平均每年安全泄洪200亿立方米，为保证里下河地区3000万亩农田和2600多万人民生命财产安全作出贡献。刘少奇、胡耀邦、乔石、温家宝等都曾到三河闸参观指导。

（楚恩国　曹恒楼）

三河闸航拍图

二河闸

【概况】 二河闸位于淮安市洪泽区高良涧街道东北约7千米处，建成于1958年6月，是洪泽湖的重要出湖控制工程、淮河下游洪水分泄入新沂河及淮河入海的关键性工程，也是淮水北调的渠首工程，并兼有引沂济淮的任务。

二河闸具有防洪、灌溉、调水等综合效益的Ⅰ等大(1)型水利工程，共35孔，每孔净宽10米，闸总宽401.8米。闸底板高程8.0米，工作桥面高程28.25米。该闸设计标准为：分淮入沂设计流量3000立方米/秒，校核流量为9000立方米/秒；引沂济淮设计流量为300立方米/秒，校核流量为1000立方米/秒；淮水北调设计流量750立方米/秒，为淮安、盐城、连云港、宿迁四市工农业生产、生活用水服务。该闸采用弧形实腹式钢闸门挡水，2×250KN卷扬式启闭机启闭，可以实行现场、自动化远程控制。

二河闸航拍图

二河闸自建成以来，在防汛、抗旱、工农业生产、生活供水等方面发挥重要作用。2003年淮河特大洪水期间，二河闸在7月5日—8月6日泄洪32天，共泄洪65亿立方米；2007年淮河洪水期间，二河闸从7月9日—31日泄洪23天，共泄洪水近40亿立方米。截至2016年底，出湖最大流量3250立方米/秒（2003年7月11日），入湖最大流量1030立方米/秒（1985年9月18日）；二河闸泄水总量达4000亿立方米，引沂济淮进湖总水量达160亿立方米。

2004年3月，经水利部及江苏省水利厅批复对二河闸进行除险加固，消除工程安全运行隐患。2013年11月，江苏省二河闸管理所通过了国家级水利工程管理单位考核验收；2016年12月，通过国家级水利工程管理单位复核验收。

【汛前设备养护】 2016年，二河闸管理所对37台套启闭机（其中2台是小水电）进行全面、细致地检查和保养，内容包括：4480米水上钢丝绳、35台启闭机减速箱、5台减速箱机油、350只油杯黄油、35台启闭机限位装置、70个动滑轮、35孔闸门等。电气设备养护包括：19台闸门启闭控制柜、5台低压柜、2台高压柜、自动化控制系统、及时维修更新了有故障的元器件、35台电机绝缘电阻、工作接地和保护接地的电阻测试工作、60块电气仪表、2台变压器、2组避雷器等；对电气绝缘器具进行检验，更新部分灭火器；对配电室、变压器室进行除尘处理，检查保养了1台柴油发电机组。对水文站2台自记水位计、1套测流仪器、测流缆道等进行检查保养。完成零星养护项目：对损坏的变电站围墙进行维修；购置两台电动葫芦；对上下游护坡踏步等进行局部维修；对破损的管道及龙头进行维护、更换；增设部分标志牌、更新管线桩；维修了部分水文设施。

【汛期运行管理】 2016年，二河闸管理所加强汛期运行管理。一是落实防汛防旱工作责任制。成立防汛防旱工作领导小组、防汛抢险突击队，明确责任，分工负责；加强防汛值班工作，充实调整值班人员，做到不脱岗、不离岗，保证有一名所领导在岗带班;及时、准确执行上级的水情调度指令,并做好值班、闸门控制运用等记录;防汛物资储备采购保管到位。二是加强运行管理。健全“运行规程”“操作规程”等各项规章制度,主要技术指标、安全操作规程等在运行现场上墙明示;控制运用时严格按操作规程操作,填写闸门操作命令票,做到一人操作、一人监护;按规定对电气设备、仪表等进行试验、校验,所有机电设备均明确责任人,建档挂卡。三是做好水文测报工作。修改和完善测洪方案,保证在汛期有2套以上测洪方案,特殊情况下能测得出、测得准、报得出、报得及时;加强对遥测系统的运行管理,每天安排专人进行检查,数据入库率符合规范要求,满足资料整编要求。

截至2016年12月底,二河闸闸门共启闭135余次,测流34次,测沙4次,供水量达90亿立方米,充分发挥了工程效益,工程安全度汛。

(狄大鹏)

洪金灌区

【概况】 淮安市洪金灌区管理处(以下简称洪金灌区)位于淮河下游、洪泽湖东畔,白马湖、宝应湖以西,草泽河以南,入江水道以北。灌区范围包括洪泽区东双沟镇、三河镇,金湖县陈桥镇、金北镇和江苏省油田农场,共5个镇(场),总人口14.8万人,总面积496.6平方千米。其中,耕地面积42.0万亩,设计灌溉面积35.78万亩,有效灌溉面积32.6万亩,属全国大型自流灌区之一。灌区农作物以水稻、三麦等为主。

近年来,洪金灌区管理处坚持以“服务于群众、服务于基层”为宗旨,不断加强制度建设,规范供水服务,完成洪泽、金湖两区(县)32.6万亩农田的灌溉用水年度工作任务。管理处先后被评为省级水利风景区、省级节水型灌区和水利工程管理市一级单位。

【灌排工程】 洪金灌区灌溉水源为洪泽湖。渠首洪金洞位于洪泽湖大堤57千米+210米处,设计引水流量40.65立方米/秒。灌区灌溉骨干工程设有总干渠1条,长980米;南、北干渠2条,总长82.9千米。其中南干渠沿线市管骨干涵闸主要有有南干闸、塘潮闸、立新闸、黄庄闸、中北闸;北干渠沿线市管骨干涵闸有北干闸、联堡闸、孙庄闸、山阳闸。灌区排涝骨干工程设有排水河道3条,总长78.5千米。其中,草泽河位于灌区北部,全长26.5千米;老三河从灌区中部贯穿东西,全长38千米;洪金排涝河在灌区南部,全长14千米。

洪金灌区总干渠

洪金灌区2015年度灌溉引水量为19156.68万立方米,2016年度灌溉引水量为22465万立方米。

【节水试验示范点建设】 近年来,为加强灌区供水服务与节水灌溉工作,洪金灌区有针对性地选择部分典型田块,开展灌区节水试验示范点建设及服务工作,分析整理有关技术资料,为更好地开展供水服务和加强节水型灌区建设提供技术支撑与保障。2015年8月,洪金灌区先后多次组织工程技术人员到江苏油田农场、洪泽三河祥发农机服务专业合作社等灌区用水大户开展节水灌溉试点建设工作,工作人员深入田间地头,察看试点地块水稻等农作物的种植、生长和农田灌溉等情况,并就田间地块的水路布置、水工建筑物的合理利用和节水灌溉等工作与相关单位进行分析与探讨。2016年8月,洪金灌区技术人员到金湖县吕良镇参观管道输水节水灌溉试验田,学习管道输水这种高效节水灌溉模式,在现场与工作人员进行认真交流,并就田间输水管道的布置、水量的计量、设备的保养等进行探讨,对洪金灌区的节水灌溉工作的开展有着很大帮助。

【灌溉帮扶】 为解决少数行政村的用水困难,洪金灌区分别与洪泽区三河镇四坝、联堡和新集三个行政村挂钩,实行结对帮扶。在每年5—9月的灌溉大用水期间,定期组织专业技术人员深入用水困难村,密切关注农民用水情况,实地解决灌溉用水中的突出问题,努力让有限的水资源发挥最大的灌溉效益。2016年7月中旬,洪金灌区组织人员前往四坝、联堡和新集等村了解用水情况。经现场梳理与分析,存在少数田块地理位置偏高、高峰期用水困难,部分支斗渠及节制水闸管理不到位、跑冒滴漏问题突出等现象。针对相关情况,洪金灌区经会商后提出解决方案,一是结合各地用水实际,适当调整灌区轮灌时间安排;二是加强供水调度及精细化管理,抬高灌区南、北干渠水位,确保满足各支渠的灌溉用水要求;三是对于部分县、镇(乡)管灌溉工程设施及配套水工建筑物损毁及管理不到位等情况,市洪金灌区督促县、镇(乡)有关部门及时整改。

(孙成屹 钱 栋)

周桥灌区

【概况】 洪泽区周桥灌区(以下简称周桥灌区)位于洪泽湖大堤周桥段至高良涧段以东平原地区,兴建于1967年。西依洪泽湖,南至草泽河与淮安市洪金灌区毗邻,东接白马湖,北连苏北灌溉总渠。覆盖洪泽区的高良涧、黄集、朱坝、岔河4个镇(街道)及东双沟镇草泽河北片区域。是全国大型自流灌区之一。

周桥灌区主要由周桥洞、黄集洞组成,引流洪泽湖及苏北灌溉总渠水源,通过骨干渠道、灌溉支渠、斗渠、农渠进行灌溉。同时,建设成配套排涝河流体系,做到灌排可控,抗旱排涝。

周桥灌区设计灌溉面积32万亩,覆盖总面积51.2万亩,含耕地面积36.5万亩,其中自流灌溉面积21.2万亩,提水灌溉面积10.8万亩。

【周桥洞】 周桥洞位于洪泽湖大堤43千米处,为周桥灌区渠首,由洪泽区水利局设计和组织施工,南通专区启东区吕四镇建筑队承建,江苏省洪泽湖大堤加固工程指挥部验收。周桥洞设计灌溉面积32万亩,于1966年3月中旬开工,1967年6月建成放水。2003年,淮河流域灾后水利重建,对周桥洞进行维修加固,主要加固内容包括更换启闭机及电气设备、拆建上游挡浪板及下游消能设施等。

该洞为钢筋砼箱涵结构,共2孔,洞身总长56.05米,孔口净高3米,净宽3米,总宽6米,工作桥净宽3.6米。主要部位高程:工作桥面高程17.0米,洞身底板顶面高程8.0米,胸墙底高程11.0米,下游消力池顶面高程6.5米。闸门为平面钢闸门结构,配2×10t手电两用启闭机两台。上游引河长30米,底宽27米,河底高程8.0米,边坡1:3,下游引河左右堤顶高程12.5米~13.0米。

周桥洞原设计水位组合及流量如下:设计水位组合,上游11.0米、下游10.8 米,流量28.0立方米/秒;校核水位组合,上游11.5米、下游11.2米,流量33.0立方米/秒。灌区灌溉保证率达75%时,上游洪泽湖水位为11.98米,根据干渠水位推算,当下游水位11.55米时(全灌区满足自流灌溉水位),周桥洞实际引水流量可达61.85立方米/秒。

【黄集洞】 黄集洞又名砚马洞,位于高良涧街道张徐村的苏北灌溉总渠右堤桩号8千米+300米处,于1958年12月开工建设,1959年5月竣工,为淮安市淮安区水利局(原淮安县水利局)设计施工。黄集洞原为砚马支渠渠首,浔北支渠建成后,砚马支渠称为补水渠道。现状黄集洞为渠南支渠及一分支渠的常用灌溉水源,当总渠水位不足时,该片经渠南支渠引周桥洞渠首水源灌溉。

【灌溉渠道及设施设备】 2016年,周桥灌区有灌溉渠道1487.4千米,排涝渠道88.5千米。其中,骨干灌溉渠道1条,长4.1千米;灌溉支渠5条,总长51.3千米;斗渠、农渠1093条,总长1432千米。斗渠以上建筑物352座,完好率65%;农渠级建筑物850多座,完好率55%。全灌区有机电排灌站145座,机组166台,配套总动力7841千瓦。

【排涝渠道及设施设备】 灌区内,形成主要排涝渠道东西向,中沟及较大支流南北向流入骨干排涝河道的排涝河网。

灌区内有骨干排涝河道4条,总长88.5千米。其中,草泽河,东西向,西起洪泽湖大堤周桥大塘东侧,经洪泽区东双沟、岔河两镇入白马湖;为周桥灌区与洪金灌区分界河,全长30千米,流域面积125.7平方千米,含周桥灌区流域面积38平方千米。其中,浔河,东西向;上游为洪泽湖东侧大堤顺堤河,经高良涧街道、朱坝街道、岔河镇入白马湖;全长23.5千米,流域范围南至周桥灌区浔南支渠、北至浔北支渠,排水面积157.5平方千米。往良河,东西向;西起砚马支渠,经高良涧、黄集两街道,至岔河镇张桥村入白马湖;全长23.0千米,排水面积38.0平方千米。花河为洪泽、楚州两区的分界河,全长12.0千米,灌区内排水面积14.0平方千米。

【机构人员】 洪泽区周桥灌区管理所成立于1967年,2016年10月更名为"洪泽区灌区管理所",为洪泽区水利局直属正股级全民事业单位。主要负责全区农田用水管理和调度,灌溉干渠及堤防的日常运行管理、河道堤防维护;承担灌区农业用水、节水新技术开发及示范推广,灌区水利建设规划、设计;编制全区工农业用水计划,协调处理各种用水矛盾等。

2016年核定编制25人。内设办公室、工管科、财务科、经营科,下设城区、浔南、浔北、中心闸4个管理站。

【周桥灌区改造工程】 2001年,周桥灌区续建配套与改造被列入国家相关规划,至2016年底,共实施七期项目建设工程,总投资1.85亿元。一至七期项目,共护砌周桥总干、砚临干渠、浔北干支等12条渠道长64.73千米,完成高庄闸、杨码闸、陶新闸等各类配套建筑物235座。其中,一期工程投资750万元,更新改造建筑物32座;二期工程投资1800万元,更新改造建筑物60座,护砌干渠1.7千米;三期工程投资1500万元, 护砌干渠1.1千米,更新改造建筑物43座;四期工程投资4500万元,护砌干渠10.7千米,更新改造建筑物32座;五期工程投资2400万元,护砌浔南支渠6.83千米;六期工程投资4459万元,护砌渠道22.3千米,更新改造建筑物12座;七期工程投资3080万元,护砌支渠7条总长23.2千米,更新改造建筑物55座。

该工程增强了农作物的抗灾减灾能力,周桥灌区灌溉水利用率55%,骨干渠道抬高灌溉水位20厘米,改善灌溉面积25万亩,改善排涝面积250多平方千米,恢复自流灌溉面积15多万亩。降低了农业生产成本,促进农业增效、农民增收,改善了农村环境,经济、社会、生态效益显著,实现了"三提高、三改善"。"三提高":一是提高工程的配套率,水利基础设施进一步完善。中沟斗渠级配套率从55%提高至85%,小沟农渠级工程配套率由40%提高至75%;二是提高农田的灌溉保证率,灌溉用水得到保障。工程灌溉保证率从原先75%提高到85%；三是提高灌溉水利用系数，水资源利用率进一步提高。农田灌溉水利用系数从原先0.52提高至0.55。“三改善”：一是改善农业生产条件。通过工程建设，农田灌溉排涝条件得到改善，促进农业增产和农民增收。通过水利工程建设，亩均粮食增产约60公斤，亩均增收近160元；二是改善水生态环境。通过活水工程建设，疏通水系、改善水质，水生态环境显著改善。三是改善农村人居环境。通过项目结合水保等绿化工程建设，打造浔北支渠、砚临支渠等多处水利景观带，改善农村群众的居住环境。

【灌区信息化建设】 周桥灌区信息化是智慧洪泽水利中灌区信息化的一个子系统。该系统能够实现闸门调度自动化控制、水位流量数据实时监测，满足“无人值班、少人值守”要求，达到远程监控、数据共享、图像远传浏览的水平；实现遥测、遥信、遥控、遥调、遥视等功能。可根据灌区水情、雨情、水环境、农作物生长等信息监测、工程运行监控、水资源配置、行政事务管理、公众服务、防汛抗旱等方面的需求，制定信息化建设的规模、内容以及采用的实现技术。并以灌区关键取水口、骨干渠道构建灌区通信网与周桥灌区管理处的计算机局域网为重点，建立起覆盖周桥灌区管理处的计算机骨干网络，为周桥灌区信息采集、传输、处理、自动化控制以及灌区管理信息化支持系统搭建统一的应用平台，实现灌区各管理处网络互联互通和资源共享。

该系统委托扬州大学编制，2016年11月1日开工建设。（费佰亚）

洪泽湖交通

概　述

洪泽湖水域面积2069平方千米，湖底标高10.5米，高出县城近2米，故被称为“悬湖”，湖面开阔，四周无遮无挡，受冷暖气流交汇影响十分明显，一年有三个季节为突发性天气的频发季节。洪泽湖，南濒入江水道，北接苏北灌溉总渠和洪泽湖入海水道，上水可沿淮河通往安徽、河南两省各地，下水通往金宝线、张福河、洪泽湖西线、灌溉总渠，是融汇淮河、京杭大运河、长江的水系要冲，是苏、皖、豫、鲁等省煤炭、建材、粮食、元明粉等重要物资运输的咽喉要道。

（周海牛）

洪泽湖航道

【概况】 截止2016年，洪泽湖（洪泽境内）航道总里程达195.33千米。主要航道有三条，一是洪泽湖南线航道，自淮河进入洪泽湖的入湖口马浪岗至洪泽高良涧，全长24千米，该航道下连苏北灌溉总渠入京杭大运河；二是金宝线航道，自洪泽湖南线10号标至蒋坝（三河）船闸，全长11千米，该航道下连新三河；三是洪泽湖西线航道，自高良涧船闸至西线4号标，辖区内航程9.24千米。三条航道中，南线航道是主要通道，占总船舶总通过量的81.2%。至2016年底，洪泽湖的日船舶平均通过量约为500余艘，年货物通过量约为1亿吨。其中，苏北灌溉总渠1号船闸至张马洞16.89千米航道、洪泽湖南线马浪岗至宫滩渡口44.5千米航道分别被评为省级文明航道。

【基础设施建设】 2016年7月，张福河护岸（西顺河段）一期工程完成建设任务，并通过市航道处验收。2016年4月，淮河出海航道（红山头—京杭运河段）整治工程启动，至年底已完成图纸设计、抛泥区选址、工程招投标等工作。苏北灌溉总渠大桥改建工作启动，洪泽航道站积极协助市航道处做好工程建设矛盾协调工作。张福河护岸（西顺河段）二期改建工程启动，工程总投资390万元，已完成招投标工作。

【航道维护管理】 2016年，完成航道清障扫床2次，扫床里程达279千米，清除航道内碍航物、沉积物2处；维护航标51航次，其中夜航12次，计航行里程达6160余千米，航标正常维护1692座次，非正常维护15座次，航标正常率100%；完成航道巡查76天，岸线巡查36次，巡航航道里程6990千米，及时制止破坏航产航权行为3起，收取航道赔补偿40万元。（周海牛　成立俊）

洪泽湖港口码头

【概况】 辖区有港口20个，码头泊位69个，岸线长度共18.2千米。经港口管理部门许可的普货码头10个，危货码头1个，客运码头1个。据洪泽区港口局2016年统计数据，辖区港口全年完成港口货物吞吐量1150.2万吨，主要为煤炭及制品、矿建材料、化工原料及制品、钢材等物资。

【港口码头建设】 年内，完成瑞鸿盐业、丰达工贸和鸿运元明粉3家码头4套岸电系统建设、8盏节能光源置换工作，港务处码头、戴梦特化工、九牛水泥3家9套岸电系统建设。对7家企业的《港口经营许可证》进行年审，为洪泽县客运旅游公司办理《港口经营许可证》，全年共审核通过危货作业125船次。（周海牛　成立俊）

洪泽湖海事

【概况】 淮安市洪泽区地方海事处（以下简称：洪泽海事处）前身为1987年设立的洪泽县港航监督所，2002年更为现名，核定编制38个，为副科级行政执法类事业单位。截至2016年底，实有在编人员31人，辅助执法人员35人。下设办公室、财务股、航监股3个职能股室和马浪岗、洪泽湖两个一级海事所(其中洪泽湖海事所一所两点,在洪泽湖高良涧和蒋坝水域分别设立管控点)。配备大小海巡艇9艘、执法车4台。洪泽海事处除担负辖区水上安全监管、船舶防污染、航道防堵保畅等职责外,还承担着淮安市水上搜救中心洪泽湖区水上搜救的各项工作任务。连续20年被评为江苏省文明单位,先后被授予"淮安市十佳基层站所""江苏省创先争优群众满意先进基层党组织""全省交通运输行业文明示范窗口"等荣誉称号,连续多年被评为省、市地方海事船检工作先进单位。

巡航

【淮河入湖口马浪岗水域】 该水域是洪泽湖水上安全监管重点部位,是南来北往船舶入湖的咽喉之地,在湖区安全管理中占有十分重要的战略地位。2008年起,洪泽海事处实施船舶入湖报港制,要求所有入湖船舶必须按照规定报港,在征得海事机构许可后方可入湖。恶劣气候条件下,由马浪岗海事所对入湖船舶实施控制管理,必要时采取封航管制措施,禁止船舶入湖。同时,该所还通过电子显示屏、微信和短信群发平台等为过往船舶提供气象、水文和航道等信息服务。

【辖区渡口渡船管理】 2016年,洪泽海事处辖管渡口2道,分别是上海故事钱码岛渡口和大墩岛渡口,共有渡船2艘,1条为钢质船,1条为玻璃钢船。是年,两个渡口均已停渡,其中大墩岛渡口已列入撤渡建桥项目。

【水上风景旅游区管理】 至2016年底,辖区内有涉水旅游公司4家,分别是洪泽湖旅游度假村、老子山艳阳度假村、洪泽湖客运旅游责任有限公司、洪泽湖古渔村生态旅游有限公司。这4家公司共有客游船20艘、1042客位。其中洪泽湖度假村6艘134客位、老子山温泉山庄和淮上明珠共有4艘213客位、洪泽湖客运旅游责任有限公司6艘512客位,洪泽湖古渔村生态旅游有限公司4艘183客位。洪泽湖客运旅游责任有限公司经营着全省唯一的两条水上客运班线(洪泽至泗洪成河和洪泽至老子山镇)。

【洪泽湖水上搜救中心】 洪泽湖水上搜救中心基地工程于2007年立项,同年8月编制项目可行性研究报告,2009年投入使用,总投资2986万元。该中心担负着全县通航水域内突发公共安全事件的应急处置和指挥调度工作。主要职责是:负责洪泽湖湖区险情的具体搜救工作,及时启动应急预案对遇险船员(舶)实施有效救助,保障湖区险情救助工作必备的专业资源、社会资源及时到位,向有关部门报告重大水上遇险情况,及时上报搜救行动、搜救信息和有关情况,做好遇险的调查、统计和遇险人员的安置、救助、遣散等工作。开展水上搜救演习;加强日常性的水上搜寻救助工作;根据本辖区的具体情况,预先划定事故船舶、设施临时锚泊水域;组织召开搜救专业会议,开展水上搜救工作经验交流和人员培训,管理搜救专用设备和设施等。

【马浪岗海事所】 马浪岗海事所地处洪泽湖淮河入湖口一片四面环水的滩涂之上,距离城区24千米,与最近集镇老子山镇相距8千米,交通不便,条件十分艰苦,被称为"洪泽湖上的红旗拉普"。马浪岗作为河南、安徽等省沿淮船舶入湖的咽喉,战略地位却十分重要。多年来,马浪岗海事所作为湖区安全监督管理和抢险救助的最前沿阵地,在洪泽湖区安全管理中发挥了积极的作用。30年来,马浪岗海事所搜救遇险船只2万艘,抢救遇险船员近8万人,抢救遇险货物500多万吨,挽回直接经济损失近亿元,被船民称为"大湖卫士"和"洪泽湖上的守护神"。2014年10月、2014年12月、2015年4月,洪泽县委、淮安市委和省交通厅党组先后发文号召向马浪岗海事所学习。先后被表彰为"全国交通运输行业精神文明建设先进集体""全国海事'三化'好形象好品牌先进集体""全省交通运输行业创先争优示范点",连续3届被交通运输部海事局命名为"全国海事系统文明执法示范窗口",并获得全国"工人先锋号""青年文明号"等荣誉称号。2016年2月,马浪岗海事所被江苏省委宣传部命名为"第二批江苏省学雷锋活动示范点";2016年3月,马浪岗海事所被中宣部命名为"第二批全国学雷锋示范点"。2016年7月,马浪岗海事所党支部被表彰为"江苏省先进基层党组织"。 (陈春玉 成立俊)

洪泽湖避风港

【洪泽湖7号标避风港】 洪泽湖7号标避风港(原9号标避风港)。1992年6月,经江苏省交通厅批准,由江苏省交通厅、淮阴市交通局共同投资,江苏省交通规划设计院设计,洪泽县交通局具体实施,洪泽县、沭阳县水利工程队共同施工,1992年12月31日动工兴建,1994年7月31日建成,工程总投资约450万元。该避风港位于洪泽湖南线9号标以西200米处,该港池呈椭圆形,堤身长380米,东至洪泽湖大堤约4千米,北距高良涧镇约8千米,港池内有效停泊面积

1.5万平方米，可容纳100吨级船舶100艘。“洪泽湖避风港”港名由曾在洪泽湖上战斗过的张爱萍将军亲笔题写。

【洪泽湖11号标避风港】 洪泽湖11号标避风港（原16号标避风港）2002年10月，经江苏省交通厅批准，洪泽湖16号标避风港工程由江苏省交通厅、淮安市交通局共同投资，河海大学设计院设计，洪泽交通局具体实施，中海工程建设总局中原工程建设分局施工，江苏河海工程建设监理公司监理。2004年9月18日开始施工，2006年10月顺利完工，2007年2月5日交付使用，总投资1000多万元，该避风港位于洪泽湖南线航道11号标水域，距马浪岗约10千米，距9号标避风港约9千米，至蒋坝约11千米。港内有效停泊面积16000平方米，港池容量按100吨级船100条设计，兼顾考虑200吨级船进港避风。

【洪泽湖避风港自动气象站】 2009年11月20日，淮安市气象局、洪泽县气象局在洪泽湖“避风港”建成自动气象站。洪泽湖避风港自动气象站的运行填补了洪泽湖区没有风资料的空白，进一步提升洪泽湖安全气象服务的精细化水平和能力。该建设项目是江苏省2009年统筹集约项目“洪泽湖气象防灾减灾系统”内容之一，建设地点位于洪泽湖主航道避风港大堤上。

（陈春玉　成立俊）

洪泽湖安全停泊区

【概况】 洪泽湖高良涧安全停泊区2008年9月开工建设，2010年11月30日完成，总投资约1600万元。其主要功能是为湖区航行船舶、待闸船舶、洪泽湖水上搜救中心搜救艇安全避风和停靠服务，建成后停靠200吨级船舶400艘。

（成立俊）

高良涧闸

【概况】 高良涧闸位于淮安市洪泽区高良涧街道境内，建成于1952年7月，是苏北灌溉总渠的渠首，起着排洪、灌溉等作用。

高良涧闸共16孔，每孔净宽4.2米，闸室总宽81.24米，全闸总长173.06米，闸孔净高4.0米。闸顶高程19.5米，闸底高程7.5米；左右堤顶高程19.5米。底板为混凝土平底板，采用消力池消能，消力池底高程4.5米。闸门为平板直升钢闸门，采用卷扬式启闭机启闭。闸墩、胸墙、工作桥为钢筋混凝土结构。闸上交通桥按汽-10设计，净宽8.0米，桥面高程19.5米。闸工作桥宽4.5米，桥面高程19.5米。岸墙及上游翼墙为圆弧型空箱式钢筋混凝土结构，翼墙圆弧半径为50米，下游翼墙为重力式浆砌块石结构，翼墙圆弧半径为40米。

高良涧闸为大（2）型水闸，1级水工建筑物。设计流量为800立方米/秒；设计最高防洪水位16.0米；设计防洪标准为300年一遇，校核防洪标准为2000年一遇；地震设防烈度为Ⅶ度。

高良涧闸

【洪泽湖大堤高良涧闸除险加固工程】 经江苏省水利厅批复，2012年11月成立“江苏省洪泽湖大堤高良涧闸加固工程建设处”，作为加固工程建设的项目法人，同时确定了组织机构人员。建设处下设工程科、安全科、财务科、综合科四个职能科室。洪泽湖大堤高良涧闸除险加固工程于2014年10月开工建设，概算投资3623万元。本次加固设计维持原设计标准和规模，主要建设内容是拆除重建消力池，新建防冲槽，门槽轨道更换，混凝土修补及碳化处理，上游导流堤护砌、启闭机房、桥头堡拆除重建，启闭机及电气设备更换，增设自动控制及视频监视系统，修建防汛道路等，并对高良涧闸水文站进行改造。

至2015年4月底完成水下工程建设内容，2015年5月14日完成水下工程阶段验收；2015年9月24日房屋及其配套设施工程标段开始施工，水土保持工程同步开展；2016年6月12日完成水土保持工程，7月26日完成水土保持工程验收，8月25日完成室内外装修及配套工程，9月29日完成房建、自动化安装等共11个分部工程验收，11月9日完成单位工程、合同工程完工验收，11月11日完成档案专项验收。（郭雨田）

高良涧船闸

【概况】 高良涧船闸地处淮河下游，上接洪泽湖，下连苏北灌溉总渠，是沟通淮河与京杭大运河的咽喉要道，常年过往苏、皖、豫等省船舶，承担着煤炭、建材、粮食、石油等重要物资的运输通行。

至2016年底，江苏省高良涧船闸管理所辖三座船闸，一号船闸于1953年8月建成通航，闸室尺度（长）100m×（宽）10m×（门槛水深）2.5m，年设计单向船舶通过能量为300万吨；二号、三号两座船闸规模一样，（长）230m×（宽）23m×（门槛水深）4m，年设计单向船舶通过能量为1600万吨；二号船闸1993年12月建成通航；三号船闸2013年7月19日开工建设，2015年12月28日建成通航。三号船闸建成通航，船舶通行能力翻番，船舶待闸时间由原来的4至5天缩短到一天左右，船舶基本实现当天登记当天通过。

高良涧船闸管理所围绕“建、养、管、服”中心工作，开拓创新，奋发进取，开创了船闸“十三五”发展良好开局。获2013—2015年度省级文明单位复查验收；被省局、市局分别表彰为“全省航道系统创先争优活动先进基层单位”和“全市交通运输系统先进基层党支部”；通过“江苏省四星级档案室”认定。2016年，高良涧船闸管理所有职工101人，其中正式职工74人。

【2号闸大修】 2号闸自2004年大修至2016年已安全运行12年，15余万闸次。2016年5月18日开始大修，期间，管理所一方面加强1号、3号船闸安全运行管理，科学制定运行方案，建立联动机制，强化巡航指挥；利用视频登记、水上ETC系统和智能调度系统，提高船闸运行效率，确保航闸安全畅通，无拥堵现象发生。6月26日完成大修，工程通过竣工验收。

【加强安全保障能力】 2016年，三座船闸工作运行16777闸次，通过船舶总吨位5382.19万吨，货物量4106.42万吨。通航时间保证率、优良闸次率、设备完好率均达99%。1月下旬，天气寒冷、洪泽湖冰冻严重，船闸正常运行受到影响，管理所及时组织航政艇进行连续多天的破冰护航，尽一切力量保持航闸畅通，为船舶通行创造条件。9月份以来，洪泽湖水位大幅降低，严格落实枯水期安全监管措施，建立洪泽湖枯水期联动管理机制。加强与海事部门联动管理，控制大吨位船舶入湖，合理安排放行计划。12月初，2号闸电改项目尾期停航期间，上下游待闸船舶过千艘，管理所利用航政艇每日在引航道疏通，在5天内保障待闸船舶安全有序通过。

【过闸费征收】 自2016年1月1日0时起，过闸费征收标准调整工作实现平稳过渡。2016年征收过闸费5374.41万元，完成年度计划4350万元的124%，超年度计划1024万元，首次突破5000万元。 （刘 剑 畅 悦）

三河船闸

【概况】 三河船闸位于洪泽区蒋坝镇南端，是洪泽湖大堤的穿堤建筑物，是三河闸水利枢纽的组成部分。上闸首切洪泽湖大堤入洪泽湖，下游经入江水道三河段、石港船闸、金宝航道和南运西船闸连通大运河。其主要功能是通航，兼顾防洪。

三河船闸1969年开工建设，建成于1970年3月，2001年，经安全鉴定为三类闸。2006年12月—2007年7月进行除险加固。加固后的船闸口门净宽10米。闸室为扩散结构，有效长度100米，最大净宽16米。工作闸门为人字形钢闸门，每扇门配有一台QT-60KN电动推杆式启闭机。输水型式为短廊道集中输水，廊道闸门为平面直升式钢闸门，每扇闸门均配有电动、手动两用螺杆式启闭机。

三河船闸是洪泽湖大堤穿堤建筑物之一，具有重要的防洪地位，同时也是洪泽湖至高邮湖、宝应湖以及大运河的主要航道之一，缩短了淮河与大运河之间的航行距离，为里下河地区的防洪保安和经济繁荣做出重要贡献。

（楚恩国 曹恒楼）

高良涧水电站

【概况】 高良涧水电站（现名为：淮安市高良涧水利工程管理处）位于洪泽城区西侧、洪泽湖大堤之上，承担着管理范围内洪泽湖大堤防洪安全、排泄洪泽湖涝水，以及向灌溉总渠输水，保证下游部分地区工农业用水、航运补水等任务，同时利用水能进行水力发电，是保障下游地区人民生命财产安全的重要的综合性水利工程管理单位。

该处是淮安市水利局直属事业单位，在编职工34人，设有办公室、财务科、生产科、机电维修班、运行班（4个班）等7个科室（班组）。2016年被淮安市水利局表彰为“2015年度目标管理先进单位”“2015年度经济建设先进单位”，被江苏省总工会和安监局表彰为“2015年度江苏省安康杯竞赛优胜班组”、被江苏省精神文明建设指导委员会评为“2013—2015年度江苏省文明单位”。

该处闸站1972年建成投入运行以来，每年向苏北灌溉总渠下游输水30多亿立方米，向电网输送电量1100多万千瓦时，为当地经济社会发展作出积极贡献。而且水力发电生产的是清洁能源，每年发电量相当于为国家节约标准燃煤3490吨，减少向大气排放二氧化碳8959吨，取得了较好的社会效益、经济效益和生态效益。2016年，全年生产发电900万千瓦时，向下游灌溉总渠输水28亿立方米。

【水电站增效扩容改造工程】 水电站发电机组经多年运行，水轮机老化、汽蚀、锈损严重，机组出力不足，效率低，发电机绝缘老化。2012年10月25日，淮安市财政局、淮安市水利局以《关于高良涧水电站初步设计的批复》（淮财农〔2012〕154号淮水农〔2012〕70号）批复淮安市高良涧水电站增效扩容工程初步设计，批复概算为960万元。该工程于2014年8月15日开工建设，2015年9月16日完工。发电机组由每台200千瓦扩容为250千瓦，总装机容量由3200千瓦扩容到4000千瓦。改造后，工程运行正常。经统计，水轮机转轮和发电机组效率提高了10.99%，年均发电达1220万千瓦时，每年可增加发电收入10%左右，其经济效益、社会效益和环境效益显著。

【防洪闸除险加固改造工程】 高良涧站防洪闸建成于1972年，具有防洪、灌溉等综合功能，设计流量160立方米/秒，最大泄洪流量180立方米/秒。该闸经过40多年的运行，暴露较多隐患，经工程安全鉴定，并报水利部大坝安全管理中心核查，确认该闸为三类闸。2013年2月6日，江苏省发展改革委、江苏省水利厅以苏发改农经发〔2013〕243号文批复了淮安市高良涧站防洪闸防险加固工程初步设计，批复工程概算1375万元，总工期9个月。该工程于2013年8月8日开工建设，2015年9月25日通过完工验收。改造后，该处闸门止水效果较好；启闭机自动控制系统运行正常，可实现远程和现场启闭闸门；房屋无开裂、无漏雨现象，门窗完好。工程运行情况良好，工程效益达到预期效果。

改造后的防洪闸

【生产发电】 2016年，淮河流域雨水严重偏少，而且由于南水北调，生产发电的时间受到很大限制，仅仅依靠向灌溉总渠补水的少量机会，抢抓生产发电，全年累计发电时间5个月，发电量900万千瓦时。一是坚守岗位，强化值班巡查。值班人员坚持每小时巡查机组，发现问题及时处理并上报，确保机组安全稳定运行。二是及时维护，确保机组完好。对有缺陷或不能正常运行的机组，及时组织人员抢修，确保机组在最短时间内投入运行，全年共组织抢修18台次水轮发电机组。三是加强捞草，提高机组出力。电站上游河口拦污栅前经常会有水草，影响水流速度，全年共打捞柴草杂物500多吨，多发电近200万千瓦时，多创收70万元。

【调速系统和上游工作桥改造】 水轮机调速系统改造是增效扩容工程的一项增补工程，将水轮机调速装置由原来的机械装置改造为液压装置。16台水轮机调速机构原来是机械式的，利用三相异步电动机为动力源，带动蜗轮蜗杆调速机构，实现开关水轮机。最大缺点是断电时，人工操作非常费力费时，存在安全隐患。工作桥安装前，捞草工都是站在拦污栅后面的平台上捞草，平台很窄，离水面近，冬天湿滑，存在安全隐患。上游工作桥同高速液压装置改造工程一起招标，由江苏中禹承建。经过一个多月的施工，工作桥成功安装到位，并投入使用；10月中旬，完成16台水轮机调速设备改造，并进行了试机调试，成功投入运行，减少人力、物力成本，提高了发电效率。 （左步丰　程昱顺）

洪泽湖渔业

概　述

洪泽湖拥有水面200余万亩，365千米湖岸线，湖区圩区、洼地、滩涂众多，可开发面积30余万亩，水域自然资源十分富足，总生物量达33.7万吨。其中，洪泽湖有鱼类88种；底栖动物39种，以螺、蚬、蚌等为主。水草在浅水域的覆盖率在30%以上。

2016年，洪泽湖有渔业养殖39万亩，年行政许可1万起，涉及重点渔业乡镇22个（其中洪泽区6个），渔业人口10.3万人，专业渔民数量3.2万人。渔业年总产量6万吨，总产值23亿元，水产品年出口额2000万美元，其中洪泽湖大闸蟹出口量已连续多年位居全省前列。围绕生态文明建设，加快渔业供给侧结构性改革，推动“一二三”产融合发展。获得国家农业部批准的农产品地理标志3个，分别是洪泽湖河蚬、洪泽湖青虾和洪泽湖大闸蟹。洪泽湖大闸蟹列为2016年国家级农产品地理标志示范样板建设，为全国水产动物类唯一示范样板。沿湖重点涉渔企业快速发展，形成国家级龙头企业1个、省级龙头企业1个、市级4个，全面带动洪泽湖渔业产业经济发展。

洪泽湖渔政一大队辖区地处洪泽湖东岸，南至三河镇，以洪金洞为中心线与渔政二大队管辖水域交界，向西至淮阴区韩桥乡，以淮四河为中心线与四大队管辖水域毗邻，以洪泽湖西线航道4号标为界与五大队管辖水域毗邻，水域面积约60万亩，跨洪泽区、淮阴区2个区，6个乡镇（洪泽区三河镇、高良涧镇、西顺河镇、蒋坝镇4个乡镇；淮阴区的赵集镇、韩桥乡），12个村居。洪泽湖渔政一大队是江苏省洪泽湖渔管办暨洪泽湖渔政监督支队派出单位，正科级配制，现有人员12人，其中在编6人、协管人员6人。分设两个片区管理，南片管理洪泽县的三河镇、高良涧街道、西顺河镇3个镇（街道）水域；北片管理淮阴区赵集镇、韩桥乡2个乡镇水域。 （邓毅军　周　善）

封湖禁渔

【概况】 为保护、增殖和科学利用洪泽湖渔业资源，保护洪泽湖渔业生态环境，维护湖区渔业生产秩序，根据《中华人民共和国渔业法》和《江苏省渔业管理条例》等法律法规规定，每年2月1日0时起至6月30日24时止，省海洋与渔业局发布公告，对洪泽湖实行封湖禁渔。封湖禁渔范围为洪泽湖水域，包括成子湖、圣山湖及与洪泽湖相连的湖荡、湖湾、湿地，入湖河道以河口两岸连线向湖外延伸1千米处为界。其中：二河、三河分别以二河闸和三河闸为界。

螺蛳、河蚬、河蚌全年禁捕。根据湖区资源恢复状况确需捕捞的，由江苏省洪泽湖渔业管理委员会办公室决定并公告，依法许可其在特定时间、特定水域对特定品种进行捕捞；在批准设立的螺蛳、河蚬、河蚌增养殖试验区(含围网套养)内捕捞螺蛳、河蚬、河蚌的，须经江苏省洪泽湖渔业管理委员会办公室依法许可。

拖网渔船春季捕捞限扳网，禁止使用稠扳网和兜网。封湖禁渔期内，除特许捕捞外，禁止任何单位和个人捕捞水生动植物，禁止销售非法捕捞的渔获物，所有渔船、渔具应撤出捕捞水域。禁止电鱼、毒鱼(禽)、炸鱼。禁止使用鱼鹰、多层拦网、闸口套网、机吸螺蚬、地笼网、大簖网、密眼网簖、长江漂流刺网、密目刺网等破坏渔业资源的渔具、渔法从事捕捞。

依法设立的洪泽湖禁渔区、水产种质资源保护区和渔业湿地管护区等的管理，按照法律法规和有关规定执行。在洪泽湖从事捕捞的单位和个人应当依法在规定的时间内办理捕捞许可手续，缴纳渔业资源增殖保护费，按照捕捞许可证关于作业类型、场所、时限、渔具数量和捕捞限额的规定进行捕捞。在洪泽湖从事捕捞的单位和个人，应当遵守渔业法律法规和本通告。违法从事捕捞的，由江苏省洪泽湖渔政监督支队依法处以没收渔获物和违法所得、罚款、没收渔具、吊销捕捞许可证、没收渔船等处罚，责令赔偿渔业资源损失。涉嫌构成犯罪的，移送司法机关依法追究刑事责任。（邓毅军　周　善）

第六届洪泽湖放鱼节

【概况】 2016年3月18日，第六届洪泽湖放鱼节公益活动启动仪式在洪泽渔人湾码头举行。本次活动由省海洋与渔业局、淮安市人民政府共同主办，由省洪泽湖渔管办、淮安市农委、淮安市生态办、洪泽县人民政府共同承办。本届放鱼节主题是“到洪泽湖放鱼，为生态市给力”。淮安市副市长赵洪权宣布第六届3·18洪泽湖放鱼节公益活动启动后，各界代表分批将活蹦乱跳的10万尾鱼种放进了洪泽湖。

2016年省洪泽湖渔管办投入放流资金1000万元，先后开展20次左右放流活动。举办了放鱼公益活动专场、网民代表专场、旅游者专场、学生代表专场、慈善捐赠专场、环保行动专场等，投放11种鱼(蟹)苗共3亿尾。

（邓毅军　周　善）

渔业管理

【概况】 洪泽湖渔政一大队通过悬挂横幅、张贴公告、发放宣传资料和新闻媒体报道等方式宣传封湖禁渔政策。在封湖禁渔期间，推行驻船巡航执法工作。2016年上半年，共巡航执法16航次，出动240余人次，执法艇巡查里程18764.7千米，查处违反禁捕期规定丝网作业、方兰作业、花兰作业以及无证捕捞等案件280起，清理各类违章渔具3247件，有效震慑和打击了各类渔业违法行为，确保封湖禁渔成效。联系淮安市中级人民法院在西顺河镇张福河村建立法制巡回宣传点，加强普法宣传，实现普法宣传全覆盖；在涉湖涉渔的5个乡镇开展3个场次的集中普法宣讲活动，发放《渔业法律法规宣传手册》600余份，现场接受渔民法律咨询，解答渔民提问132人次。秉公执法，坚决打击非法捕捞行为。全年共清理地笼网8400道，查获地笼网违法

渔业执法宣传

捕捞38起，罚款20.6万元。建立涉渔矛盾纠纷联合调处工作机制，联席成员单位包括洪泽湖渔政一大队、洪泽区综治委、法院、检察院、公安局、司法局、交通局、水产局，以及洪泽区沿湖各镇政法委，每季度召开一次会议，分析涉渔矛盾纠纷情况，研究解决存在的突出问题，对创新社会矛盾管理提出意见和建议。（邓毅军　周　善）

洪泽湖景区

国家AAAA级洪泽湖古堰景区

【概况】 2015年12月30日，江苏省旅游资源规划开发质量评定委员会发布公告，批准洪泽湖古堰景区为国家AAAA级旅游景区，洪泽县AAAA级旅游景区实现“零”的突破。洪泽湖古堰景区，由洪泽湖大堤、水釜城、渔人湾、洪泽湖欢乐园四个片区组成，总占地面积1200公顷。

洪泽湖大堤(即洪泽湖古堰)始建于东汉建安年间，距今1800多年，全长67.25千米，古堰上有九龙湾、周桥大塘、信坝遗址、毛主席治淮碑、乾隆御碑、镇水铁牛等古碑碣、古遗址，被誉为水上长城、生态长城、天然氧吧。先后获评全

国重点文物保护单位、江苏省省级森林公园。2014年6月，洪泽湖大堤作为大运河申遗的重要节点被列入世界文化遗产名录。而在AAAA级景区范围内的洪泽湖古堰长20.2千米，总面积1021公顷，其中森林面积714公顷，各类树木共11万多株，森林覆盖率达70%。

水釜城占地面积50.3公顷，总投资3.2亿元，是一个以仿宋建筑为特色的商业集聚区，功能丰富，特色独具，城内特色小吃、休闲旅店、精品购物、地方特产和中国印博物馆、地震体验馆、掼蛋文化乐园等文化项目一应俱全，绘就了一幅现代版的"清明上河图"。渔人湾占地面积12公顷，南北全长2.5千米，由湖滨浴场、艄公驿站、银沙湖岸、洪韵舞榭、老船渔港、游艇码头等景点组成，是一道集旅游观光、水上运动、休闲娱乐等多功能为一体的自然观光带。欢乐园占地面积5.3公顷，是苏北地区首家生态休闲主题乐园，拥有现代化程度最高的旋转自由落体机、往复式过山车、旋转飞椅、24人大摆锤等20个游乐项目。景区主题鲜明，环境优美。

洪泽湖古堰景区以洪泽湖大堤为主线，串珠成链，具有良好的生态风光、厚重的历史风韵、别致的渔家风俗、独特文化风采，是一个融文化体验、养生休闲、大湖观光、现代游乐于一体的综合性生态文化旅游景区。

2016年古堰景区重点实施洪泽湖碑环境提升、南北入口环境提升、生态厕所建设、古渔市环境提升等5项工程。其中洪泽湖碑、大堤南入口环境提升工程已完工。（区志办）

国家级三河闸水利风景区

【概况】 三河闸水利风景区于2003年被水利部批准为国家级水利风景区，隶属江苏省洪泽湖水利工程管理处，距离淮安市区40千米，距离长深高速五里牌入口10分钟车程，淮安机场1个多小时车程。整个景区面积约8平方千米，其中水面面积约4.7平方千米，景区内有约7000公顷国家级生态公益林。

主要景点包括三河闸、白鹭自然保护区、月牙湖、乾隆御碑、镇水铁牛、洪泽湖水利碑廊、刘少奇下榻处。三河闸拥有近13米高的桥头堡，63个排水闸门，近698米的闸身，是新中国水利建设史上的里程碑。三河闸西面是洪泽湖，

三河闸水文化碑廊

东面是淮河入江水道。它上承洪泽湖接纳淮水，下接三河入江水道，既可蓄水灌溉，又可泄洪保安，调节着洪泽湖的水位，是名副其实的"天湖锁钥"。（楚恩国　曹恒楼）

省级二河闸水利风景区

【概况】 二河闸水利风景区位于风景秀丽、碧波荡漾的洪泽湖畔，距洪泽城区8千米。2014年10月，通过江苏省"省级水利风景区"考核验收。

赋园

省级二河闸水利风景区主要依托"二河闸"而建，景区以文化为特色，以亲水为基础，以"生态、野趣、科普"为主题，总体格局为"一湖一闸八景"。景区占地约1500亩，其中水域面积约1040亩。主要景点包括巨龙卧波、文化三园、荷塘月色、淮水钓台、樟下问路、丛林叠翠、大湖晚眺、人文三景，建有淮河湾文化长廊、廉廊、赋园、安澜亭、洪泽湖古堰记事碑、水闸科普园、分淮入沂陈列室、闸赋碑刻石等文化景点和水生植物园、玉兰林、银杏林、意杨林等生态景点。（狄大鹏）

洪泽湖美食

洪泽湖八鲜

【概况】 洪泽湖八鲜包括洪泽湖大闸蟹、洪泽湖甲鱼、洪泽湖鳜鱼、洪泽湖白鱼、洪泽湖银鱼、洪泽湖青虾、洪泽湖鮰鱼、洪泽湖鳗鱼。

【洪泽湖大闸蟹】 洪泽湖大闸蟹系出名门，品种为中华绒螯蟹，自古闻名遐迩，其个体硕大、壳青肚白，雄者脂白如玉，雌者脂黄如金，一到金秋，肢体肥大，肉质细嫩，成为不可多得的鲜美佳肴。正宗的洪泽湖大闸蟹，以具有青背、白肚、黄毛、金爪四个特点，在螃蟹中独占鳌头，驰名中外，尤其是其背壳上有一个相对规则的"H"，更成为洪泽湖大闸蟹的特有标志，因为"H"是"洪"字拼音的第一个字母的大

写,这是天然的巧合,也预示洪泽湖大闸蟹是蟹中之正宗。

洪泽人对大闸蟹的吃法颇有研究,吃大闸蟹首先要会选,捏捏"大腿",看看硬度够不够,再看看肚皮的颜色是不是发光发亮、关节有没有发白,以此来判别大闸蟹的肥壮程度。把蟹身翻倒,肚皮朝天,能敏捷翻转的是好蟹;把蟹放在地上,能迅速爬行的是健壮的蟹。到了秋末冬初,天气转凉的季节,在气温突然下降之前,最好吃母蟹,因为这个时候雌蟹还没有完全产卵,很肥的。到了气温下降后,公蟹很快就肥了,这个时候就吃公蟹,所以吃大闸蟹是根据季节的不同而选择公母。洪泽人还善于吃蟹,把洪泽湖大闸蟹做成各色各样的菜肴。主要食法有两种,即蒸食与烩食。蒸食时将蟹放于笼屉里,用高温蒸熟,再以酱油、陈醋、姜米、葱花、蒜泥等配成佐料,蘸着吃;烩食,则是精细的活儿,其中最有名的当属蟹黄豆腐了。这些年来,洪泽湖区人民将蟹美食发展到蟹黄包、蟹肉圆、蟹汤面、蟹骨糕等等,为香满天下的淮扬美食增光添彩。

2000年,洪泽县注册了洪泽湖螃蟹商标。2003年10月在江苏(上海)农产品推介会上,洪泽湖大闸蟹被评为"金奖"和"品质最佳奖";2004年洪泽湖大闸蟹被中国渔业协会评为"中国十大名蟹";2005年始,洪泽每年都组织开展洪泽湖大闸蟹质量评比与蟹王蟹后大赛;2009年洪泽县被中国渔业协会评为"中国洪泽湖大闸蟹之都",被亚太旅游联合会评为"中国蟹都";2011年,洪泽湖大闸蟹商标被国家商标总局评为"中国地理标志证明商标";2012年,被省工商局评为"江苏省著名商标",同年洪泽大闸蟹又被国家质监总局评为"国家地理标志保护产品"。

2016年,全区大闸蟹养殖面积8万余亩,占全区水产养殖面积的76%,其中大闸蟹无公害养殖基地12个。主要养殖模式为网围养殖和池塘养殖,亩投入一般2500元~3000元,网围养殖亩产河蟹50公斤左右,池塘养殖亩产河蟹100公斤~150公斤,平均销售价格在每公斤80元~200元左右。洪泽湖大闸蟹年产量6000吨以上,其中3两以上的大规格蟹占70%以上,年产值6亿元以上。

【洪泽湖甲鱼】 洪泽湖甲鱼又称鳖、团鱼,是一种卵生两栖爬行动物,其头象龟,但背甲没有乌龟般的条纹,边缘呈柔软状裙边,颜色墨绿。甲鱼常在洪泽湖水底的泥沙中生活,喜食鱼、虾等小动物,瓜皮果屑、青草以及谷物等也吞食。

据专家分析,洪泽湖甲鱼含有丰富的优质蛋白质、氨基酸、矿物质、微量元素以及维生素A、B1、B2等,具有鸡、鹿、牛、猪、鱼5种肉的美味,素有"美食五味肉"之称。

洪泽湖区渔民创造了独特的烹饪甲鱼方法,汤鲜味醇,肉细质嫩,营养丰富,主要有红烧甲鱼、清炖甲鱼、滑炒甲鱼、菇煲甲鱼、"霸王别鸡"等,其中"霸王别鸡"做法在洪泽湖区较为简单,用小母鸡、甲鱼、姜、葱、八角、桂皮、黑胡椒、黄酒、熟猪油若干,把鸡、甲鱼同时投入锅内,加入佐料烧开后,移至小火上,炖焖2小时左右至酥烂后取出,装入盘中即成。

【洪泽湖鳜鱼】 洪泽湖鳜鱼又称作花鲫鱼、鳜花鱼、季花鱼、桂花鱼、鳜鱼、鯚鱼,是淡水鱼中的上等食用鱼,亦有"淡水石斑"之称。

洪泽湖鳜鱼生长在常年保持二类水的洪泽湖,以捕食其它鱼虾为食,只吃活鱼虾,是典型的肉食性凶猛鱼类,而洪泽湖众多的鱼虾为其提供了充足了饵料和食物,所以洪泽湖鳜鱼肉质细嫩丰满,肥厚鲜美,内部无胆少刺。洪泽湖鳜鱼营养丰富:味甘、性平、无毒,归脾、胃经,具有补气血、益脾胃的滋补功效。其肉洁白、细嫩而鲜美,无小刺,富含蛋白质。鳜鱼的幽门垂多而成簇,俗称桂花鱼,其味清香扑鼻,鲜脆可口,可谓"席上有鳜鱼,熊掌也可舍。"

洪泽湖鳜鱼红烧、清蒸、炸、炖、熘均可。清蒸无疑是保存其美味最好的烹调方法。整条洪泽湖鳜鱼只需稍加腌制,和姜葱在水蒸气的氤氲中你中有我我中有你,经过了姜葱洗礼后的鱼肉去除了腥味徒留鲜味,然后在如花般的葱丝和红椒丝的装饰下,烹以少许豉油调味,最后,在热油的醍醐灌顶后盛装华丽登场。鱼还是那条鱼,完整如初,却已是肉如凝脂味极鲜。拨开红绿相间的葱丝红椒丝,夹起一块雪白的鱼肉,蘸些许豉油,入口是肉质鲜美唇齿留香,鱼肉自身的鲜美完美保存。而香炸洪泽湖鳜鱼则根据自己的口味进行细节调整,把鳜鱼洗净,取肉,留鱼头鱼尾,鱼肉漓干切成菱形状加入盐、姜汁、酒、葱腌30分钟。然后将鸡蛋

洪泽湖鳜鱼

洪泽湖白鱼

洪泽湖大闸蟹

洪泽湖甲鱼

洪泽湖银鱼

洪泽湖鳗鱼

洪泽湖青虾

洪泽湖鮰鱼

洪泽湖八鲜

与生粉拌匀，鱼肉沾上粉浆，撒上芝麻放入五成热油中炸三分种左右盛起。再等油温升至八成热时将鱼肉回锅炸至金黄色上盘，鱼头及鱼尾炸熟后放在鱼肉两边，即可上桌。

【洪泽湖白鱼】 洪泽湖白鱼属于名贵鱼类，少刺多肉，肉质白而细嫩，味道鲜美不腥，营养价值较高，一贯被视为上等佳肴，从隋朝开始就成为进献皇室的贡品。属鲤科鱼类，俗称翘嘴红鲌、娇鱼、白扁鱼、黄白鱼、翘嘴、大白鱼、翘嘴白鱼。平时多在洪泽湖底层多砾石、清澈的流水中栖息，冬季在深水多乱石的洪泽湖水底越冬。游泳迅速，善跳跃，性凶猛，以捕捉其他小型鱼类为食，是一种中小型食用鱼类。洪泽湖白鱼一般长25～55厘米，大的20～30公斤，细鳞细骨，肉质洁白，细嫩，鳞下脂肪多，与鲈鱼十分相像，味可与江南鲈鱼媲美。洪泽湖白鱼有较高的药用价值，具有补肾益脑，开窍利尿等作用。尤其鱼脑，是不可多得的强壮滋补品。

洪泽湖白鱼以洪泽湖水甘甜可口而远近有名。自古以来，洪泽湖上的渔民即以湖水煮白鱼，款待来访的亲友，被人们传为美谈。后来，经过洪泽湖区渔民潜心制作，创出了清蒸洪泽湖白鱼这道传统名菜，登上了圣宴之席。清蒸白鱼有两种做法，高级盛宴以食汤取其鲜汁为主，鱼肉细腻无咸淡味；另一种是以食鱼肉为主，清蒸时使汤汁入鱼体内，属于蒸之法。两种做法，均需鲜活鱼。清乾隆皇帝下江南巡视洪泽湖时，此菜博得好评。用洪泽湖白鱼肉制鱼圆做汤，鲜嫩异常，味道更佳，妙不可言，历来受到消费者的喜欢。善食的洪泽湖区渔民还经常用白鱼嫩肉，剔骨后充当蟹肉，以咸鸭蛋的红蛋黄充当蟹黄，制成蟹餐，几乎以假乱真。洪泽湖区渔民还喜将洪泽湖白鱼腌后晒干蒸食，鱼香扑鼻，开人胃口。

【洪泽湖银鱼】 洪泽湖银鱼又名银条鱼、冰鱼，玻璃鱼，俗称"黄瓜鱼"，为名贵水产品，春夏两季时肉质最肥美。洪泽湖银鱼，形似玉簪，色如象牙，软骨无鳞，肉质细嫩，味道鲜美，一向作为整体性食物(内脏、头、翅等均不去掉，整体食用)，而整体性食物目前作为一种天然的“长寿食品”为国际营养学会所确认。

洪泽湖银鱼多生活于洪泽湖水中下层，往往钻入水草中，为肉食性鱼，以小型的鱼虾为主食。洪泽湖银鱼一年四季皆产，无骨，透明，烹熟后呈白色，小者只若牙签粗细，大者可堪比小指。洪泽湖银鱼分为鲜银鱼、干银鱼，其制作法有很多种，可炒、可炸、可蒸、可做汤，最有代表性的是银鱼炒蛋、银鱼羹。洪泽湖干银鱼制作最有代表性的是干烹银鱼、干银鱼蒸茄子、银鱼炒青椒。

【洪泽湖青虾】 洪泽湖青虾又称河虾、沼虾，是洪泽湖区主要的经济虾类，营养丰富，肉嫩味美，深受人们喜爱，喜栖息于浅水区或水草丛生的缓流中，白天蛰伏在阴暗处，夜间活动，常在水底、水草及其他物体上攀缘爬行。洪泽湖青虾游泳能力差，只能作短距离的游动，常在水底草丛中攀缘爬行。但是在受惊或受到敌害时，能用腹部急剧收缩、尾扇拨水后退，然后身体突然伸直一弹便从水中逃遁。该虾生长快，在每年5—6月份孵化出的幼苗，一般约40天就能长到3厘米左右，到11月份每只体重一般可达3~5克。洪泽湖青虾一生中蜕要13~15次皮，它的生长发育就是靠蜕皮来完成的，生命一般为14—18个月。洪泽湖青虾属于杂食性小动物，以藻类、水草茎叶碎片、浮游动物、虾类、细菌、泥沙等为食，也食粮食类细末和枝角类、桡足类小生物。

洪泽湖青虾肉质细嫩鲜美，营养丰富，每百克食用部分含蛋白质16.40克，营养学家认为它有一定的补脑功能。洪泽湖青虾易消化，对身体虚弱以及病后需要调养的人是极好的食物；虾中含有丰富的镁，能很好的保护心血管系统，减少血液中胆固醇含量，防止动脉硬化，同时还能扩张冠状动脉；虾的通乳作用较强，并且富含磷、钙、对小儿、孕妇尤有补益功效。

洪泽湖青虾有多种烹饪方法，除煮青虾、油闷青虾、油呛青虾、炒青虾、盐水虾、烩青虾等外，另一有名的制作方法就是以酒醉之糟之，选个头相差不大，整齐且活蹦活跳的，用透明的玻璃钵子盛着，然后喷白酒(酒以把虾淹住为宜)，加盐、醋、糖、姜末、香菜，盖上盖子，稍捂片刻，即可上桌食用了。醉虾实在是人间至味，醉虾咬入口中，只用上下牙轻轻一挤，鲜嫩的虾肉在那种微微的酒味与酸甜中便滑到了舌尖，那瞬间的感觉实在是美妙之极。

【洪泽湖鮰鱼】 洪泽湖鮰鱼学名“长吻鮠(鮠)”，因与“回”同音，民间通称“回鱼”，俗称江团、白吉、肥头鱼、鮠鱼，是我国名贵的淡水鱼类。为洪泽湖底层的肉食性鱼类，平时在水流较缓处活动，冬季在深水处或水下乱石的夹缝中越冬，喜夜间捕食。洪泽湖鮰鱼属无鳞鱼类，大多无鳞鱼胆固醇含量较高，而鮰鱼却极低，与牛肉含量不相上下。

洪泽湖鮰鱼肉质鲜美，色香味具全，有很高的营养价值，为配席之佳选，具有低热、低盐、低胆固醇、高蛋白，富含人体必需的多种维生素和微量元素，营养丰富，且有补中益气、开胃利水之功效。洪泽湖鮰鱼蛋白质的氨基酸组成种类多，而且比例适当，人体不能合成的8种所需氨基酸它都具备，故属优质蛋白质，肌肉纤维较短，组织结构疏松，人体吸收率可达98%。洪泽湖鮰鱼含各种维生素、脂肪，脂肪多为不饱和脂肪酸，容易被人体吸收，有延缓衰老之功效。

洪泽湖鮰鱼的做法甚多，有白汁鮰鱼、红烧鮰鱼、粉蒸鮰鱼、清汆鮰鱼、清蒸鮰鱼、烩鮰鱼片等。洪泽湖区名菜白汁鮰鱼是比较常见的一种，选1千克左右春鮰主料，配以春笋焖制而成。成菜后菜品素雅色白清爽、鮰鱼软糯肥润、笋嫩如豆腐脑，汤浓汁厚粘唇，味道清香鲜美，堪称名品佳肴。洪泽湖红烧鮰鱼，以色泽红亮，油而不腻，鱼肉肥酥，味道鲜美而闻名。

【洪泽湖鳗鱼】 洪泽湖鳗鱼富含多种营养成分，具有补虚养血、祛湿抗痨、滋阴养颜、壮阳御寒等功效，是久病、虚弱、贫血、肺结核等病人的良好营养品。

洪泽湖鳗鱼食用方法较多：煎炸、红烧、炒、蒸、炖、熬汤，无所不可；如黄焖河鳗、夹烧鳗鱼等。晒干后的鳗肉称为鳗鲞，食用时可用水发之，切丝入汤，味道也很好。

（区志办）

政治

中共淮安市洪泽区委员会

常委分工

2016年1月,县委领导班子成员工作分工如下:

徐东海　主持县委全面工作,分管县人大、县政协工作,分管干部工作。

殷　强　主持县政府全面工作,分管经济工作和经济体制改革、机构编制、财政、审计、监察、统计、外事以及国防动员、人民武装等工作。

顾祥悦　协助徐东海分管党的建设工作,分管党校工作、县委机关工作、双拥工作,分管新型城镇化、城市建设和农业农村工作,负责重大项目工作,负责现代农业、湖滨新区开发及项目招商工作,受书记委托处理县委有关事宜。

杨国仁　负责县政府常务工作,负责财税金融、服务业、发展改革、目标管理、人力资源管理和社会保障等方面工作,负责资产经营与管理(含境外国资公司)、民生实事工作,分管县经济开发区(含盐化工区)、高铁新区和乡镇工业集中区工作以及南北挂钩工作,负责工业和三产服务业发展及项目招商工作。

董　蔚　主持县委宣传部工作,负责宣传文化、精神文明工作,分管教育、卫计、文化、体育等工作,负责旅游产业发展及项目招商工作。

陈孝红　主持县纪律检查委员会工作,负责软环境、"361"诚信服务和家风家教建设工作,协助顾祥悦做好重大项目审批服务工作,联系全民创业工作。

乐　翔　主持县公安局工作,分管城市管理、协助分管信访稳定、联合执法工作。

许根林　主持县委组织部工作,协助徐东海分管干部工作,协助殷强分管机构编制工作,分管智慧洪泽建设工作,负责重大项目考核工作和党建办日常工作,分管基层组织建设、科技创新、知识分子和人才工作,分管老干部、统战、工商联、民族宗教、科协、关工委、老促会、红十字会和群众团体工作。

钱宏光　协助顾祥悦分管新型城镇化和农业农村工作,协助有关领导分管县委办和政府办、民政实事、文化建设、水产发展工作,负责秸秆禁烧禁抛和综合利用工作,分管农机、粮食、供销工作。

周海滨　主持县经济开发区党工委工作,协助杨国仁分管工业经济和乡镇工业集中区工作,分管招商引资工作,负责县委主要领导交办的有关事项。

余　刚　协助顾祥悦分管农业农村工作,负责国家现代农业示范区建设工作,负责江苏食品科技产业园建设工作。

朱玉生　主持县人武部工作,分管人民武装建设、国防动员、人防和驻洪部队联系工作,分管军民融合发展工作,协助顾祥悦分管双拥工作。

张培刚　主持县委政法委工作,分管政法综治、信访稳定、联合执法工作,负责外资工作,牵头"四城同创"工作。

2016年8月,县委领导班子成员工作分工如下:

朱亚文　主持县委全面工作,分管县人大、县政协工作,分管干部工作。

殷　强　主持县政府全面工作,分管经济工作和经济体制改革、机构编制、财政、审计、监察、外事以及国防动员、人民武装等工作。

程国民　协助朱亚文负责有关党的建设工作,分管新型城镇化、农业农村工作,负责重大项目工作,分管党校工作、县委机关工作、双拥工作,负责湖滨新区开发及项目招商工作,牵头负责"四城同创"、创新创优工作,受书记委托处理县委有关事宜。

杨国仁　负责县政府常务工作,负责财税金融、工业、服务业、发展改革、目标管理、民生实事、统计、人力资源管理和社会保障等方面工作,负责资产经营与管理(含境外国资公司)工作,分管县经济开发区(含盐化工区)、高铁小镇和乡镇工业集中区工作以及南北挂钩工作。

董　蔚　主持县委宣传部工作,分管意识形态、精神文明建设和宣传工作,分管教育、卫计、文化、体育等党的工作,负责旅游产业发展及项目招商工作,协助程国民抓好

“四城同创”工作。

钱宏光　负责秸秆禁烧禁抛和综合利用工作，分管农机、粮食、供销工作，协助程国民分管新型城镇化和农业农村工作，协助有关领导分管县委办和政府办、民生实事、文化建设、水产发展工作。

周海滨　主持县经济开发区（含盐化工区）党工委工作，分管招商引资工作，协助杨国仁分管工业经济和乡镇工业集中区工作。

余　刚　负责国家现代农业示范区建设工作，负责江苏食品科技产业园建设工作，协助程国民分管农业农村工作。

戈利民　主持县纪律检查委员会工作，负责软环境建设、“361”诚信服务。

朱玉生　主持县人武部工作，分管人民武装建设、国防动员、人防和驻洪部队联系工作，分管军民融合发展工作，协助程国民分管双拥工作。

张培刚　主持县委政法委工作，分管政法综治、信访稳定、联合执法工作，负责外资工作，协助程国民分管双拥工作。

秦立行　协助杨国仁分管金融和资产经营与管理（含境外国资公司）工作。

李正培　协助杨国仁分管南北挂钩工作，协助周海滨分管经济开发区党工委工作。

张春荣　主持县委统战部工作，分管工商联、民族宗教、台办、侨联工作，负责全民创业工作，协助程国民分管农业产业招商工作。

韩永胜　主持县委组织部工作，分管智慧洪泽建设工作，负责重大项目考核工作、党建办工作，分管基层组织建设、科技创新、知识分子和人才工作，分管老干部、科协、关工委、老促会、红十字会和群众团体工作，协助朱亚文分管干部工作，协助殷强分管机构编制工作。（王玉祥）

重要会议

【中共洪泽县第十一次代表大会】　7月28日，召开中国共产党洪泽县第十一次代表大会，大会充分肯定十届县委的工作，会议认为，过去的五年，在中央和省市委正确领导下，县委团结带领全县人民，以建设美丽幸福洪泽为目标追求，抢抓机遇、创新实干，产业结构得到优化、湖滨旅游成功破题、城乡建设统筹发展、民生事业持续改善 、民主法治扎实推进、党的建设切实加强，胜利完成县第十次党代会提出的各项目标任务。

会议明确，未来五年，洪泽的奋斗目标是：率先全面建成更高水平小康社会，成功开启基本现代化，聚力打造淮安制造业高新区、生态旅游度假首选区、现代农业发展先导区、承接江北新区辐射优先区，打造苏北重要中心城市新的增长极，让幸福洪泽成为人民群众的现实体验。

会议强调，未来五年，洪泽发展要聚力谋求“六个更加”：即实现综合实力更加雄厚、工业基础更加牢固、生态旅游更加兴旺、城市面貌更加美好、人民生活更加幸福、党建保障更加有力。会议指出，率先建成更高水平全面小康，建设苏北重要中心城市新的增长极，需要用非常之力、实干之功，全力以赴、攻坚突破。未来五年，重点形成“六大优势”：强力提升工业质效，推进重大项目集聚，培植优质企业集群，提升平台承载能力，形成城市发展的动力优势；加速开发生态旅游，建设生态景区景点，开发生态湖鲜美食，强化生态旅游推介，形成城市发展的特色优势；加快发展现代农业，壮大优势特色产业，构建现代经营体系，提高农业装备水平，形成城市发展的基础优势；精致建设湖滨城市，精心规划布局，精准投入建设，精细管理服务，形成城市发展的品质优势；持续改善民生福祉，增加人民收入，繁荣社会事业，创新社会治理，形成城市发展的人心优势；稳步推进政治文明，持续深化改革，切实加强法治，全面推进民主，形成城市发展的保障优势。

会议强调，实现洪泽在新起点上的新跨越，党的领导是根本，干部队伍是关键，必须打牢实干奋进的思想基础，夯实干事创业的队伍支撑，打造坚强有力的战斗堡垒，营造风清气正的政治生态，为打造淮安中心城市新增长极提供坚强保证。会议号召，全县广大党员干部要以敢为人先的魄力，敢谋新篇的勇气，敢于担当的作风，抢抓机遇，克难求进，奋力赶超，为加快打造苏北重要中心城市新的增长极而团结奋斗！

【中共洪泽区委十一届二次全体会议】　12月30日，召开中共洪泽区委十一届二次全体会议，全会认为，2016年以来，全区上下紧紧围绕全力建设“五区”、聚力打造苏北重要中心城市新增长极的奋斗目标，立足新起点，落实新举措，实现“十三五”良好开局。全会指出，洪泽生态环境优美，旅游资源丰富，建设现代化湖滨生态旅游新城是凸显特色优势、实现跨越发展的必然路径。

全会强调，谋划明年发展，要坚持富民惠民、改革创新、绿色生态、才智驱动基本要求，把握关键、突出重点，全力推进六个方面工作：一是以重点突破引领全域旅游，以全域旅游为统揽，聚焦高位谋划、投入建设、融合发展、市场营销，增强现代化湖滨生态旅游新城发展“推动力”。二是以转型升级提升工业质效，激发企业主体作用，提高项目建设质量，优化项目承载平台，增强现代化湖滨生态旅游新城发展“竞争力”。三是以效益提升做优都市农业，坚持以国家现代农业示范区建设为依托，提升物产品质，强化生态涵养，丰富生活空间，增强现代化湖滨生态旅游新城发展“支撑力”。四是以建管并举提升城市品质，按照“提升老城区、扩建新城区”的思路，坚持高起点规划、高品位建设、高标准管理，增强现代化湖滨生态旅游新城发展“吸引力”。五是以创新创优提升工作效能，转换思维、创新机制，突破制约瓶颈，深化供给侧结构性改革、资本运营方式改革、行政审批制度改革，推进改革试点项目，增强现代化湖滨生态旅游新城发展“创造力”。六是以民生改善践行为民宗旨，坚持民生为本，兴办为民实事，做优公共服务，完善社会保障，加强社会治理，增强现代化湖滨生态旅游新城发展“向心力”。

全会强调，要落实党要管党要求，坚定理想信念，保持奋发有为的精神状态；锤炼务实作风，锻造作为担当的中坚力量；坚持党管人才，形成人尽其才的良好环境；强化组织建设，筑牢坚强有力的战斗堡垒；坚守清廉底线，营造风清气正的政治生态，为打造现代化湖滨生态旅游新城提供坚强有力的政治保证。全会号召，历史的使命，激励我们永不停步；洪泽的事业，需要我们勇往直前。要在以习近平为核心的党中央坚强领导下，团结带领全区干部群众，奋发作为，锐意进取，为建设现代化湖滨生态旅游新城而努力奋斗！（徐加奎　王玉祥）

组织工作

【干部队伍建设】 2016年，区委组织部以区镇两级党委换届为契机，通过“四评三考”科级领导干部、“三比两看”优选三类人员、“量化排名”深化综合研判，选优配强干部队伍。全年共调整科级干部234名，其中提拔76名、转任12名、交流117名，改任非领导职务31名，免职11名，择优使用7名实绩突出、综合表现好的“三类人员”进入镇领导班子，激活了基层干部队伍。加大区镇干部交流力度，将10名区直部门干部交流到镇（街道）任职，将11名镇（街道）干部调整到区直部门任职。

【两委换届工作】 2016年，按照《中共共产党地方委员会工作条例》《中共共产党地方组织选举工作条例》等规定，根据省、市委要求，严格程序，选举产生了洪泽区第十一届委员会委员、候补委员，区纪律检查委员会委员。新一届区委共有31人组成，其中，区委委员26人，候补委员5人；区委常委11人，区委书记1人，副书记2人。区纪委委员13人，其中，纪委常委7人，纪委书记1人，副书记2人。新一届“两委”委员，在素质、分布和各种比例上基本符合洪泽区的实际情况和省、市委关于换届工作的有关要求，达到了预期的效果。

【提振干部精气神】 2016年，根据区委统一部署，组织开展了全区干部精气神状况专项调研。就当前全区干部精气神状况及存在的问题，对干部精气神状况不佳的成因进行了深入分析，从强化政治引领，完善考核奖励机制，注重人文关怀，严格约束监管四个方面，提出了初步意见和建议。并针对存在的问题，综合上级精神、全区实际、各方面建议，起草了《关于提振干部精气神、强化激励引导机制的若干意见》（共16条）。并会同相关单位初拟了《重点项目帮办团成员管理考核暂行办法》《招商引资标兵评比办法》《年轻干部重点一线实践锻炼管理考核暂行办法》《关于建立年轻干部成长档案的通知》《关于贯彻落实干部能上能下实施办法的相关意见》等五项配套措施。

【干部教育培训】 2016年，区委组织部以《干部教育培训工作条例》为指导，积极打造党性教育实境课堂，开发设计“金堤永固”勤廉教育、“古堰探访”实境教学、“水上课堂”现场体验三大主题课程，面向广大党员干部开展党性教育。“水上课堂”入选《党的生活》“两学一做”党课创新案例，并被评为全市首批干部教育培训精品课程。依托区委党校，举办了党政干部（兰考）培训班、科级干部（红旗渠）培训班、青年干部培训班、党务干部培训班等专题培训班12期，参训干部1067人次。为适应规模化培训需要，运用“互联网+干部培训”模式，新建多终端一体化干部培训“云课堂”。开通理论热点、能力提升等6类专题模块和“两学一做”、“家风家训”等3个学习专栏，并实现与“智慧党建”、图书馆、农村远程教育等平台无缝对接、资源共享。全区公务员和参公管理人员全部纳入网络学习和考核，现有注册学员827人，年在线学习超过5万人次。3月，《“三点一线”构建精准化培训体系》特色做法在全省干部教育培训工作座谈会上作了书面交流；7月，编辑出版《源能量——洪泽区党员干部教育培训体会文集》，展示全区党员干部精神面貌。

【人才队伍建设】 2016年，区委组织部实施了“高层次人才双创能力提升工程”。全区共引进高层次创新创业人才60余人，其中引进千人计划3人，并实现了洪泽区千人计划创业零突破；获批省双创4人，其中创业类2人；获批科技副总项目9家；获批省“333工程”第三层次培养对象5人；获批市“淮上英才”计划11人，获批创新团队项目1个。人才项目获批数量创历史新高。全年对接哈工大、山东大学、南昌航空大学等十多所高校院所，开展学术沙龙2次；组建第九批科技镇长团到洪挂职；获批国家级“星创天地”2家；省高企13家；新建省市级“两站三中心”14家；成功获批江苏省博士后创新实践基地1家。

【基层党组织建设】 2016年，全区发展中共党员209人，其中女性占34.4%，35岁及以下占76.1%，大专及以上学历占64.6%，生产一线人员占74.6%，非公企业人员占30.1%，农牧渔民占30.1%，社会组织党员占10.1%，党员队伍结构和比例不断优化，新兴领域、重点群体发展党员力度不断增强。一是开展村级党组织集中换届。结合全区实际，推行“活力指数”评估、“三推三考三评”等选配党组织书记新举措和“一学二谈三查四诺”严肃换届纪律工作法，有效提高了推荐、考察、选用村干部的公信度，3名优秀村书记入选镇领导班子。全区122个村（居）、社区党组织全部按期完成换届，564名新一届村（居）、社区党组织领导班子成员中，平均年龄49.4岁，年龄结构较上届有明显提高；高中以上学历人数占总人数的93.6%，比上届增长近11%。27个村党组织书记为新调整人员，85%来自于村书记后备库。另有130余名后备人才新进入村党组织班子。二是开展“两学一做”学习教育。提出和制定“普通党员做合格党员、领导干部做模范党员”和“18104”（一个目标、八项要求、十项举措、四项保障）“两学一做”个性目标、特色方案和学习教育进度安排表，全区1200余个基层党组织，1.9万余多名党员参加学习。创新开展党（工）委书记“‘两学一做’电视专访”系列活动、“金堤永固·两学一做”知识竞赛、“我与党旗合个影，对党说句心里话”党性照片和专题党课创新案例征集等系列活动，编发工作简报19期，刊载各类宣传稿件400多篇。“两学一做”学习教育得到市委督导组的充分肯定。三是开展基层服务型党组织建设。出台《关于加强村级党组织书记队伍建设的意见》等三个文件，进一步完善了制度保障体系，有8名优秀村书记纳入市、区共管。先后组织全体村书记、村后备干部和企业管理经营人员、党务工作者赴井冈山、张家港、青岛等地开展拓展培训，96名村干部参加大专班、中专班学习。创新建立村党组织书记荣誉津贴制度，在全市率先对10年以下的离任村“三大员”和10年以上的离任村妇联主任进行集中慰问。开展非公企业党组织“四先”行动，推行“五联工作法”，新成立社会组织党组织4个。深化“民事代办”便民服务机制，完成新建、改扩建村部16个，便民服务室覆盖率100%。选派区委委员和组织部干部担任村“第一书记”，6个软弱涣散村党组织如期实现转化。分层制定党建责任清单，分类组织实施党建工作督查，层层落实了党建工作责任，建成“五星”示范村15个、“四星”先进村25个。全面推行村书记“权力清单”做法在《新华日报》头版刊登推介，电子党务系统入选全国信息化应用典型案例、江苏省机关党建优秀案例和淮安市创新创优项目二等奖。四是严格党员教育管理。建立发展党员“十项制度”，严格执行指标审批、培训测试等各项规范制度。进一步深化发展党员“双向记实”制度，建立发展党员网上电子档案、网下纸质材料同步提报审核机制，全面推广应用“智慧党建”发展党员系统，定制“一盒一表”（发展党员专用档案盒、发展党员全程信息检索表），实现“一步一审、一人两档”，全年有811名入党申请人信息在线跟踪管理。

【远程教育工作】 2016年，全区远程教育工作积极构建以固定学习日为基础，“专题党课、重大活动、主题培训、学历教育”相结合的“1+4”远教学习模式，基本建成“智汇”、学用、传播三大平台，推动了党员学习抓在经常、融入日常。按照“一根10M网线、一套播放设备、一间综合活动室、一本远教簿册、一个摄像头”的“五个一”要求升级改造远教设备，全区75个远教站点全部实现“提档升级”。结合“两学一做”学习教育，拍摄历史和人物题材党建宣传片《追寻》《百合花香》，分别荣获市级党建电视片评比一等奖和最佳制作荣誉称号。细化考核指标，探索远教站点新功能，延伸拓展站点58个，建成大刘村、彭城村2个省远教工作示范点和刘卉食用菌合作社省级远教学用示范基地。2016年远教工作代表淮安市接受省电教中心现场检查，受到省、市领导肯定。2016年度全市远教工作现场会在洪泽召开。

【干部监督管理】 2016年，区委组织部探索开展了“双提双诺双公开”活动。换届期间，共组织全区科级领导干部及其家属签订《严格遵守换届纪律承诺书》1028份，全部向社会进行公示。通过从干部家属角度进行的“侧面”提醒，有效增强监督实效，为换届工作风清气正、健康顺利打牢主体基础，换届期间没有发生一起违反换届纪律案件（这一做法被《新华日报》、省《组工信息》专题推介）。严格落实换届提名人选“凡提四必”。共对99名原镇（街道）领导班子成员、32名考察对象的干部人事档案进行任前审核登记，对77名区党代表和市党代表、区“两委”委员候选人初步人选中的科级领导干部个人有关事项报告进行查核，同时征求区纪委意见。针对核实中存在的问题，根据实际情况，先后发放说明通知书53份，做好提醒工作。扎实开展领导干部任期经济责任审计。全年委托区审计局对36名科级领导干部进行了离任审计，审结8人。 （陈宝安）

宣传工作

【概况】 2016年，全区宣传思想文化工作策应撤县设区，主动对接融入，弘扬大湖文化，夯实基层基础，文化自信更加坚定。全国有亮点。家风家训建设经验在中宣部组织的全国现场会上作交流。孙成斌家庭被表彰为全国文明家庭。马浪岗海事所获评全国学雷锋活动示范点。入选中国好人及提名7人，“最美跪姿”“最美双脚”等基层典型受到中央电视台报道。洪泽湖渔鼓参加中国侨联成立60周年文艺会演。全省争先进。党员冬训工作和文明家庭培育经验分别在全省大会上进行交流。先后获评全省党员冬训工作示范县（区）、全省宣讲先进集体、全省基层文联先进单位。入选江苏好人及提名9人。全市有位次。新增省级文明单位数量，中央电视台、《新华日报》等重要媒体发稿量和全国、省、市级文明家庭数量均居全市前列。此外，基层文化阵地达标建设、洪泽湖民俗工艺加拿大展示展演等工作受到省市领导批示肯定。党员冬训点餐制、新媒体联盟等创新做法受到省“简报”推介。

【理论社科工作】 2016年，洪泽区坚持用党的理论创新成果武装头脑，主要领导带头上党课、讲理论，推动理论学习入脑入心。党员冬训工作经验在全省大会上进行交流，获评全省冬训示范县（区），3个镇（街道）获评全省冬训示范镇（街道），“洪泽‘三个一’工程全面激活基层冬训”入选全省冬训创新项目，点餐制和“三创一转”做法受到省“简报”推介。2篇社科课题获得省专项课题立项资助。洪泽区社科联获评全省宣讲先进集体，并连续三年获评全国社科先进组织。

【新闻外宣工作】 2016年，洪泽区整合媒体资源，创新手段方式，聚焦重大主题，做大正面宣传，提振发展“精气神”。省市主流媒体重头稿件采用量居全市前列。中央电视台新闻频道、综合频道、国际频道播出洪泽新闻10条，王伟伟、赵光元、王兆福等一批基层典型取得历年最好成绩。

【城市形象宣传】 2016年，洪泽区举办的“第二届江苏美丽经济发展高峰论坛”“长三角主流媒体洪泽行”等重大活动提升洪泽新形象。“洪泽湖大闸蟹动漫片”“降央卓玛演唱《洪泽恋曲》沙画影视作品”精彩播映，深受好评。

【网络舆情工作】 2016年,洪泽区成立新媒体联盟,探索区内官媒自媒互动交流管理,受到省“简报”推介。创新做好网络舆情和新闻应急工作,新闻应急考核全市第一,宣传信息工作全市第一。“洪泽新闻”微信公众号被评为全省文明办网新闻类先进单位,全市县(区)唯一。积极稳妥地实行党报党刊投递发行调整。

【文化迈上台阶】 2016年,洪泽区坚持传承弘扬大湖文化,推动产业事业齐头并进,数量质量同步提升,增强群众文化“获得感”。分类分步推动基层文化阵地两年达标建设,受到省、市领导批示肯定。洪泽湖大剧院启动建设,并与北京演艺集团签约托管合作,探索了公共文化服务领域建设管理新模式。金高坤剪纸、董风草编等洪泽湖民俗工艺走进加拿大展示展演,受到省委外宣办、省外事办肯定。全区获批市级文化产业基地1个,“三上”文化企业15个,文化产业发展取得较大突破。

【文艺繁荣发展】 2016年,洪泽建县60周年系列文艺活动精彩纷呈。区文联获评全省基层文联先进单位。许亚玲大师工作室建成开放,精品淮海戏《马浪岗精神——大湖魂》启动创作。《洪泽湖渔鼓》参加中国侨联成立60周年文艺会演。

【德润洪泽建设】 2016年,洪泽区厚植道德土壤,凝聚道德力量,在核心价值观的融入践行中,打造“德润洪泽”品牌。洪泽区家风家训建设经验在中宣部组织的全国现场会上进行交流,文明家庭培育工作经验在省交流会上发言。实施最美家庭评选“百千万”工程,孙成斌家庭获评全国文明家庭,省市文明家庭数量全市领先。建立健全道德模范和身边好人推报、评选、表彰机制,荣获全国、省、市级好人和道德模范及提名分别达到7人、9人、45人,评选洪泽好人150多人。

【文明城市创建】 2016年,洪泽区推进全国文明城市创建,深化文明小区联创共建,推出文明洪泽20条,新增省级文明单位14家,全市最多。成立洪泽志愿者联合会,组织开展“万人志愿服务百村行”活动,马浪岗海事所入选全国第二批学雷锋活动示范点,“湖畔百合·香约邻里”项目入围省志愿服务交流会展示项目。 (赵 晨)

统战工作

【概况】 2016年,区委统战部在党外代表人士干部培养、促进民主党派发展、民族宗教事务等方面取得了可喜的成绩。引进投资2亿元的洪泽湖佛教旅游园项目二期工程,组织20多名非公经济代表人士开展“缅怀先烈·争做社会主义建设者”主题活动。年内,区委统战部获市委统战工作目标考核一等奖、统战宣传工作一等奖,获区跨越发展目标考核一等奖。

【党外代表人士培养】 2016年,区委统战部做好政协届中人事调整工作,及时更新党外副科级以上干部档案,积极向组织部门推荐优秀党外后备干部,新提拔1名党外干部担任副处级干部、1名党外干部担任单位正职、3名党外干部担任副科级领导职务。区委统战部重新调查登记全区党外干部情况,完善基础信息,建立完备的信息库。组织党外人士围绕区重点工作,深入调查研究,党外人士和统战成员提交各类提案、意见和建议90余件,其中《关于推进非公经济快速发展的建议》《促进房地产产业发展的建议》等调研报告受到区委、区政府主要领导的肯定。

【经济领域统战工作】 2016年8月,成立“新生代企业家商会”,鼓励新生代企业家虚心学习,加强交流,切实提高素质,为成长为优秀企业家不断积蓄力量。新生代企业家们还积极筹划并成立“简爱公益志愿者协会”,立志投身公益,回报社会,实现自己的社会价值。

6月,高标准组织召开省中小企业技术创新座谈会;5月,举办省民营企业信息直报点联络员培训班。在全省范围内提升洪泽知名度,给洪泽民营经济发展提供学习交流的机会。

【促进少数民族地区加快发展】 2016年,区委统战部组织人员多次到西顺河镇实地走访,开展调研活动。西顺河镇街西村是少数民族聚居地。区委统战部积极向省民委、省财政厅争取帮扶资金100万元,主要用于少数民族特色村寨基础设施建设,同时明确要针对当地牛羊肉屠宰加工特色产业争取帮扶项目的思路,切实增加少数民族群众收入。春节前夕,省委统战部副部长、省民委主任、宗教局局

省委统战部副部长、省民委主任、宗教局局长李国华(左四)一行,走访慰问西顺河镇

长李国华，到洪泽区走访慰问西顺河镇少数民族困难群众，送去党和政府对少数民族困难群众的关怀和温暖。

【维护宗教场所和谐稳定】 2016年4月，区委统战部组织全区各宗教活动场所负责人、传道人共100余名，开展“宗教政策法规学习月”活动，集中学习和培训了党和国家新形势下的宗教政策法规、场所安全管理等知识。组织开展和谐寺观教堂创建活动，引导各宗教组织参与星级宗教场所创建。定期联络佛教协会、基督教三自爱国会等宗教团体，督促寺院教堂加强管理，保障信教群众的利益，化解和消除各种不稳定因素，为社会和谐稳定奠定坚实基础。大吉祥寺是苏北规模最大的寺庙，项目占地9.33公顷，累计投入近5亿元，建成各类建筑物近10万平方米。寺庙内有出家人50人，常年居住居士近200人。先后有20多个省、市的佛教信众到寺庙听经学法。当年，大吉祥寺接待佛教居士和游客超20万人次，带动地方三产服务业消费3亿元以上。

【台胞、侨胞服务工作】 2016年，区委统战部承办了’2016江苏侨商洪泽行活动，全省侨商齐聚洪泽，观光旅游，洽谈项目。召开了全区侨胞座谈会，及时掌握侨胞侨眷在洪泽生活状况，解决侨企生产经营中存在的问题。建成水釜城“侨胞之家”阵地，为全区侨胞、侨属提供良好的交流休闲场所。组织选送表现洪泽湖渔家风情的非物质文化遗产《洪泽湖渔鼓》，成功入选全国侨商社会组织系统“纪念中国侨联成立60周年文艺会演”，并获优秀奖。组织了“美丽乡村淮安行·台湾里长看洪泽”“台湾中小企业家代表看洪泽”活动，实地走访区经济开发区企业、洪泽湖古堰景区、江苏食品科技产业园、西顺河镇、蒋坝镇和老子山镇等地，并就关心的相关事宜进行了洽谈交流。 （赵新武）

农业农村工作

【概况】 2016年，洪泽区126个村（居），其中市定经济薄弱村7个，省定经济薄弱村2个（含盐化新区淮洪路办事处1个）。全区共培育家庭农场635个，注册农民专业合作社925个，其中国家级示范社7个、省级示范社28个、市级示范社86个；省级示范家庭农场13个，市级示范家庭农场46个。全区镇（街道）农村产权交易全覆盖，村级覆盖率84%。全年，全区村级集体经济经营性总收入5849.08万元，比上年增长18%。其中，村级集体经济经营性收入100万元以上村（居）7个，占6%；50万元以上村（居）39个，占33.6%。

当年，区委农工部下属事业单位2个，为农村财务辅导站和农村产权交易服务中心。区委农工部内设办公室、农民负担监督管理科和农村经营管理科等3个科室，共有工作人员15人。2016年，区委农工部获“全省农工办工作创新奖”和“全省农村产权交易市场建设先进集体”，取得农业农村工作考评全市第三名，被区委、区政府表彰为2016年度“农业农村工作”“全民创业工作”“综治平安工作”“壮村工作”先进集体。

【确权登记颁证基本完成】 2016年，洪泽区先后完成农村土地承包经营权确权登记历史资料搜集、入户权属调查、承包地块实测、公示审核确认、经营权证书发放、综合档案整理等工作。组织实测地块20.17万块，实测面积45.63万亩；完善合同并建立登记簿58077份，发放经营权证书54633本，基本完成确权登记颁证工作。

【农村集体资产产权制度改革试点】 2016年，洪泽区选择25个村（居）扩大股改试点范围，累计股改村达到33个，占全区总村数的28%。通过清产核资，理清了历史遗留的债权债务，摸清了集体家底，明确了集体资产所有权，建立健全集体资产登记、保管、使用、处置等制度，确认集体经济组织成员身份。截至2016年底，全区完成集体经济组织成员界定85827人，以家庭为单位发放股权证书17007本，量化集体净资产9179万元。

【农村产权交易中心规范运行】 2016年，洪泽区农村产权交易市场运行规范。各镇（街道）成立农村产权交易领导小组，农村产权交易服务站均挂牌运行，办公场所及工作人员落实到位，办公设施配备齐全，实现区、镇（街道）交易全覆盖，村级覆盖率为84%，制定了农村产权交易管理办法、产品交易细则及交易操作流程，强化对农村产权交易过程中转让方、受让方等相关单位及其有关人员行为的监管，累计成交额1.32亿元。其中高良涧街道、岔河镇、黄集街道、东双沟镇落实了专职人员和专门的交易场所，岔河镇产权交易服务获全省50强。不断拓展服务领域，将村级公益事业、“一事一议”财政奖补项目等涉农资金引入农村产权交易平台进行交易并圆满完成。

【壮村工程】 2016年，洪泽区多措并举扶持村集体经济发展。一是大力拓宽增收渠道。各镇（街道）、村（居）和各帮扶部门积极谋划、创新思路，村级集体经济总量不断壮大。2016年全区村级集体经济经营性收入5849.08万元，比上年增长18%，经济薄弱村集体经济增幅明显。村级集体经济经营性收入100万元以上村（居）7个，占6%；50万元以上村（居）39个，占33.6%。黄集街道曹圩村利用丰富的旅游资源和有利的交通条件，与劳务公司、保洁公司、文化旅游公司等多个企业合作，通过提供劳务、服务与管理为村集体获得投资收益16.7万元；三河镇八里居委会成立锦宏建筑劳务服务中心，为江苏食品科技产业园提供劳务中介服务，带动村集体增收13万元；二是开展商铺扶持壮村。区政府出台《利用商铺住宅等资产扶持经济薄弱村经济发展工作方案》，区财政设立经济薄弱村专项扶持基金，出资2600万元为经济薄弱村从洪泽湖投资集团、资产经营公司购买部分商铺70%的产权。通过商铺经营奖励、商铺销售奖励、住宅销售奖励三种方式帮助村集体经济增收。至2016年底销售37套商铺，增加村级集体资产1110.78万元。三是扶持村级创业点发展。投资752.43万元，建成3651平方米商铺及标准厂房，其中市、区两级财政扶持村级创业点资金600万元，当年为村级创收71.25万元，村平4.75万元。

【扶贫开发】 2016年，洪泽区扎实做好“十三五”扶贫开发基础工作。区委召开扩大会，传达学习了省、市扶贫工作动员会精神，对“十三五”扶贫开发建档立卡工作进行部署安排。下发了《洪泽区关于实施脱贫致富奔小康工程的决定》及考核办法，并与各镇、街道签订了扶贫开发工作目标责任状。认真开展各镇（街道）低收入农户调查摸底工作，全区录入系统的人均年收入低于6000元的农户数共8684户、24491人；通过调查核实，共确定了7个市定经济薄弱村，2个省定经济薄弱村（含盐化新区淮洪路办事处1个）。开展“10·17扶贫日”访贫济困活动，全区四套班子领导，区直各部门和各镇（街道）副科级以上领导干部对经济薄弱村及贫困户进行结对帮扶。对全区1000名低收入人口开展实用技能培训。

【新型农业经营主体有序发展】 2016年，洪泽区引导各经营主体结合自身实际，制定运营规章制度，规范经营管理。当年创成省级示范家庭场7个，市级示范家庭农场16个，创成国家级示范合作社1个，省级示范社6个，市级示范合作社15个。开展家庭农场集聚区试点，推进新型农业经营主体集群化发展，其中岔河镇桃园村家庭农场集聚区正式开工建设。

【引导土地正常流转】 2016年，洪泽区新增土地流转合同2.38万份，新增流转面积3.91万亩，累计土地流转面积34.51万亩，流转率达75.63%，其中适度规模经营面积32.12万亩，适度规模经营比重达70.39%。洪泽区实时引导土地经营权有序流转，动员发包农户适当降低租金。同时，围绕“实物计租、货币兑现”方式创新定价机制，确定合理价格。三河镇率先实行以水稻市场均价为基础的动态价格机制，并针对经营效益下降，免除经营户承包服务费，帮助协调降租事宜，获得了经营户、农户的普遍认可。

【农村财务及“三资”管理】 2016年，洪泽区进一步加强农村财务及“三资”管理。出台《关于进一步规范和完善村级财务管理工作的意见》，切实加强村级财务监管力度，积极探索农村财务记账模式。改变原来的村账镇“双代理”的模式，由村会计独立记账，单独核算本村财务，农经站负责监督。老子山镇11个村均购买使用了“三资”财务软件客户端，实行村会计记账，村支书审核，镇（街道）农经站把关。

【农民负担监管】 2016年，洪泽区开展农民负担政策法规和业务培训，对涉农收费和价格进行规范管理，对重点领域农村乱收费问题进行专项治理，确保不加重村级组织负担，杜绝乱收费、乱摊派、超标准、超范围收取费用等情况的发生。全年，实施村级“一事一议”财政奖补项目38个，新建农村道路总长53.08千米，9.51万农村人口受益。

【农业保险】 2016年，区农经部门由以往的直接参与转变为协助配合、督促推进全区农业保险工作。将小麦、水稻的单位保险金额由400元/亩提升至550元/亩。当年，全区农业保险承保金总额3454万元，比2015年增加1110万元，增长47%；其中高效农业保险保费占50.8%。（陈　庆）

机关党建

【概况】 2016年，区级机关工委辖党的基层组织60个，其中党委19个（含机关党委3个），党总支13个，党支部28个，现有党员3893人。

【开展“三项行动”】 2016年，区级机关工委认真开展“三项行动”。一是党员理论武装“引领行动”。以“两学一做”学习教育为契机，重点实行“513”计划，即通过理论报告会、支部党课、党员冬训等形式，组织机关5000名党员深入学习《党章》《党规》和习近平总书记系列讲话精神；组织100个机关基层党组织开展“三学三增·与纪同行”党性知识竞赛；分别举办入党积子、预备党员、党务干部培训班，全面提升党员干部理论素养和党性修养。二是道德文化培塑“先锋行动”。以机关周末道德讲堂、文化广场大学堂等为宣传载体，强化机关先进文化引领服务群众功能；开展新乡贤论文和故事评选活动，征集参赛作品155篇，择优评出14件优秀作品，引导机关党员勇当岗位行业先锋。三是家风家训建设“融入行动”。将家风家训融入入党积子（发展对象）、预备党员主体班培训，加强机关员工美德教育；将家风家训融入道德讲堂，提高机关干部廉政意识和自警意识；将家风家训融入机关党员进社区志愿服务和新乡贤文化建设活动中，引导党员以优秀新乡贤为标杆，争做遵规守纪模范。

【实施“三大工程”】 2016年，区级机关工委认真实施“三大工程”。一是创新创优“提升工程”。通过将党建创新创优工作列入大目标管理、量化考核指标、强化组织申报、加强督查推进等措施，有效提升全区党建创新创优活动工作成效。2016年组织实施经济建设、公共管理、党建和精神文明类创新创优项目95个，择优报市参加答辩项目3个，其中两个项目分别获市一等奖和二等奖，推荐申报的“智慧党建”项目获全省机关党建创新创优活动优秀项目，全市仅两家、县区唯一。二是党建活动“凝心工程”。先后组织入党积子党纪专题培训、预备党员及党务干部赴沙家浜革命教育基地实境教育等活动，增强机关党员守纪和规矩意识；举办第三届机关运动会，活动内容涵盖益智、趣味、球类等六类12个项目，机关参与人员近万人；参与组织“洪泽湖古堰万人太极拳展演”“弘扬长征精神·共筑幸福家园”广场学堂、绝对唱将红歌专场、洪泽湖国际大闸蟹节马拉松赛事等活动，凝聚机关员工力量，激发党建活力。三是区域党建“联盟工程”。9月，先后组建“阳光百合”“共享护航”“夕阳增辉”和“平安和谐”四个区域党建联盟，指导各联盟联合开展党课和主题活动3次，参与党员近300人。

【建立“三个机制”】 2016年，区级机关工委建立“三大机制”，认真做好党建工作。一是实行党建责任清单，为组织履责“定标”。印发《区直机关基层党建工作考核办法》，完善党建工作责任制考核评价体系，从履行第一责任人职责、加强基层服务型党组织建设、严格党员教育管理、强化基层党建工作投入和保障四个方面，列出党建责任清单，年中配合区委党建办和组织部组织一次督查，年终开展综合考评，使基层党组织和书记抓党建工作有了目标。二是实行工作保证金制，使单位责任“捆绑”。将区直机关单位纳入党建目标考核范围，全面实行党建工作保证金制度，实行专户管理，考核由区党建工作领导小组负责，考核结果计入全区科学跨越发展目标考核奖惩细则进行兑现。三是实行书记专项述评，促有为晒出“实绩”。机关工委负责对51个区直机关党委、总（支）部召开党组织书记抓基层党建工作述职评议会，从履行职责情况、存在问题及原因、下一步工作思路和主要措施三个方面听取PPT汇报演示和现场评议，党建述职评议结果按比例列入各党组织年度党建目标考核。

（王 晨）

老干部工作

【概况】 2016年，全区有离休干部126人。其中，行政机关离休干部40人、事业单位离休干部39人、企业单位离休干部47人。老干部党委1个。老干部党支部40个，其中区级机关31个、镇（街道）9个。

【落实政治待遇】 2016年，区委老干部局开展“两学一做”学习教育活动。5月20日，召开“两学一做”学习教育专题动员会，明确实施方案及工作安排。落实“三会一课”相关要求，6月、8月分别开展“新时期共产党员思想行为规范”和“学习系列讲话，强化‘四个意识’”大讨论活动，同时把离退休干部党支部“两学一做”学习教育活动与老干部学习、视察活动结合起来，做到寓教于乐。

组织老干部调研参观。3月，组织考察国蟹园、新农村建设、蒋坝旅游开发等旅游开发项目；4月，组织考察悦丰晶瓷、华龙无纺布、弘基铝业、圣欧纺纶等重点工业项目，体会和感受洪泽的发展成就。5月，组织离退休干部代表参观省第九届园艺博览会。6月30日，组织20多位离退休干部参加洪泽建县60周年观摩活动，现场观摩了80万吨硝盐联产、宇天港玻、洪泽中学、紫山食用菌、食品科技产业园、美丽蒋坝和洪泽湖古堰景区。组织离退休干部代表分季度视察全县工农业发展项目。

走访慰问老干部。全年走访看望老干部330人次，帮助离休干部解决实际问题4件，释难解疑16条，陪同区委、区政府领导登门慰问120人次。

【落实生活待遇】 2016年，区委老干部局组织老干部参加学习教育报告会2场次、专题讨论会3场次；举办离退休党支部书记培训班；邀请淮阴师范学院单淮教授在夕阳红大院报告厅举办离退休干部形势报告会；开展“我看从严治党新气象”“我看十八大以来组织工作变化” 等主题调研活动；开展以建县60周年为主题的书画、摄影、征文等大赛，编印出版《庆祝建党九十五周年暨洪泽建县六十周年老同志书画摄影作品集》；收集近期老干部工作成果，制作《夕阳余晖耀悬湖》宣传片，向社会传递老年人热爱生活、健康向上的文化气息。

【离（退）休干部服务管理】 2016年，区委老干部局对困难的离休干部进行帮扶实现全覆盖，扩大家政服务的范围，更人性化地为老同志添加了清洗空调滤网、每季度上门为老同志们家中保洁，免去他们的后顾之忧；实行分类巡诊，根据离休干部不同的身体状况，确定每季度1—3次的巡诊频率。每次巡诊时，区委老干部局都派员参加，会同一名医生、一名护士对巡诊中发现的问题，及时提出医疗或服药建议。

2016年，区委老干部局依托夕阳红大院，开展离退休干部党员“一方隶属，多重管理”党建社区试点活动，通过学习、娱乐、参与社区治理、邻里纠纷调解、信访稳定，承担社会责任。确定高良涧街道临河社区为党建试点社区，让老同志参与到社区中去。

2016年，区委老干部局对安置在外地的离休干部，每年都上门看望，及时了解他们的生活、身体情况，帮助他们解决实际问题，对外地到洪泽安置的离休干部与本区离休干部一样看待，经常组织他们参加活动，帮助他们落实有关待遇。5月30—31日，组织老干部进行健康检查，增加检查项目。与区人民医院对接，逐步实施对老干部开展心理咨询、健康教育讲座、优化巡诊就医服务活动。

2016年，区委老干部局根据夕阳红大院实际情况和老干部的需要，在大院的厅前广场建自行车（电动车）车棚，保证老干部的车辆有地点存放。划线设停车位，杜绝车辆乱停乱放。定期召开相关单位协调会，就夕阳红大院的管理服务进行沟通，着力提升服务质量，实行综合服务质量每月考核评分，为老年人提供安全、舒适、卫生的学习工作和娱乐环境。

【开展老干部文体活动】 “五一”“国庆”期间，区委老干部局组织400多名离退休干部参加棋牌、门球、象棋、乒乓球等活动，丰富老干部文化生活。6月28日，联合高良涧街道临河社区组织离退休干部合唱队，赴淮安参加“纪念建党95周年，党在我心中，淮安市社区离退休干部歌唱比赛”，洪泽区代表队获二等奖。 （胡同成 薛炳南）

对台工作

【对台合作交流】 2016年，区台办整合资源“创”平台。3月，区经贸交流团赴台考察台湾振榕公司，代表区政府与振榕公司签订合作委托协议书。4月17日，洪泽（台湾）经贸联络处正式挂牌办公，为洪泽区的招商工作提供有效信息和资源。初步与台湾中小企业协会达成合作，通过协会邀请优质台商到洪泽参观考察，投资兴业。

【对台服务】 2016年，区台办帮助台商台属台胞解决困难。定期拜访在洪泽台商台企，主动帮助解决台商提出的各种困难，真心实意地为台商台胞台属提供周到服务。积极参与协调永裕化工停产改造，并与市台办进行对接。开展台商台胞节日慰问活动。在中秋、春节等传统节日，区台办给在洪泽的台商台胞送去节日的温暖。通过区台属联谊会，热情接待在洪泽的台属，定期与其他地区台联会开展交流活动。

【对台招商】 2016年，区台办组织公务赴台团组4个，近30人次，拜访台湾企业近40家；回访到洪泽考察过的企业，如台湾中小企业协会、芝柏光电股份有限公司等，紧密跟踪有意向的合作项目。4月中旬，区委、区政府分别在台北、台中地区组织食品产业专项推介会3场，参加交流台商100余人次。通过与台湾中小企业协会对接，邀请台湾新北市里长37人、台湾优秀企业家29人到洪泽考察。他们先后参观考察了区经济开发区、洪泽湖古堰景区、食品科技产业园、蒋坝镇、西顺河镇和老子山镇等地，详细了解区域内工业、农业、旅游业等优势产业。区台办积极与市台办联系，承办"海外台商江苏行"洪泽站、"淮台女企业家活动"洪泽站等活动；协助接待清江浦区、淮阴区、金湖县邀请的台湾乡里长。全年接待到洪泽考察的台商180余人。（王冬源）

党史工作

【《中国共产党洪泽历史》第一卷编撰出版】 2016年，时值洪泽建县60周年，经区委同意，区委党史办编撰出版《中国共产党洪泽历史》第一卷，该书翔实记述了新民主主义革命时期洪泽地区中共党组织创建、发展和壮大的过程，热情讴歌在党的领导下洪泽人民为争取国家独立、民族解放前赴后继，坚强无畏的革命精神。

【党史宣传教育】 2016年，区委党史办在纪念长征胜利80周年之际，撰写《彪炳史册的长征》《刘伯承与小叶丹歃血结盟的故事》等长征故事，并在《洪泽报》登载。开展党史进学校、进机关、进广场社区宣讲长征故事。9月下旬，与区委宣传部、机关工委等部门联合举办"广场大学堂"，向广大市民宣讲长征精神。10月，到洪泽实验中学、机关工委、住建局、妇联等单位宣讲长征精神。

【编撰改革开放时期洪泽地方党史】 2016年，区委党史办重视《改革开放时期洪泽地方党史》的编撰工作，制定编撰方案，反复细致修改专题稿。安排专人到部分单位进行面对面的业务辅导，使之提高组稿进度，6月，区委把党史工作纳入上半年考核目标，区委党史办制定具体考核细则，要求各镇（街道）、各部门重视党史工作。

【完成"江淮大学纪念馆"布展】 2016年，经区委同意，由区委党史办牵头负责，在左家楼建设"江淮大学纪念馆"，永久性展示新四军和江苏省委联合创办江淮大学的历史、江淮大学师生为民族和人民解放事业以及建设新中国所做出的贡献。区委党史办通过查阅历史档案、走访江淮大学师生，规划设计布展大纲，整理完善布展图片和文字资料。当年7月，按照布展大纲要求，南京焕祥展示设计工程有限公司进场施工布展，并与当月布展完毕、对外开放。

（管玉英）

党校教育

【概况】 2016年，区委党校在职教职工19人，其中专业技术人员16 人（高级讲师1人、讲师4人、助理讲师6人）。拥有教学电脑50台、办公电脑13台、中央党校远程教学网站C级站1座。全面实施教学和办公手段现代化。全年干部教育培训班办班17 期，有学员1500 人。区委党校党建工作获全市党校系统考核第一名。

【党建工作】 2016年，区委党校用好主体班载体，抓好党员干部教育培训工作。培训班突出党的基本理论和党性教育课程，提升参训党员干部的党性素养和廉能素质。在兰考焦裕禄干部学院、华西村、红旗渠、好干部教育馆等党性教育基地开设实境课堂现场教学。

2016年，区委党校开展"三学三增"专题学习研讨活动。通过自学、集中学习、领导干部上党课、专题交流等形式深入学习党章党规、准则条例，深入开展党性专题教育，组织推动全体党员立家规、正家风。发挥党校优势和职能作用，创新自选动作。安排年轻教师做好专题备课，组织专题交流，在培训班课程设置中开设党建课程。开展"两学一做"活动，引导全体党员干部对照个人思想、学习和日常工作作风，深入开展批评与自我批评，重点查找和解决在工作作风上存在的问题，杜绝"两为"行为，切实增强全员"四种意识"和担当自觉。区委党校推送的两篇"两学一做"活动征文被"共产党员网"采用，同时在全市征文评比中获二等奖。

【教研与科研】 2016年，区委党校以马克思主义基本理论、党章党史为主攻学科，围绕学科建设搞科研，搞好科研服务教学和咨政。形成20多个专题。全校教研、科研工作要求每人完成"四个一"，即一个成熟的教学专题、一个课题、一篇调研报告、在市级以上刊物发表一篇以上文章。参与省、市、区科研立项10个课题；市级课题结项1个；在市级以上刊物发表文章9篇；完成调研报告4篇。

【教育培训】 2016年，区委党校拟定培训计划，高质量、常态化办好各级各类主体班，充分发挥区委党校在全区基层党员干部教育培训中的主渠道、主阵地作用。明确主体班培训对象、培训班次，培训按计划推进；兼顾社会办学，充分发挥党校主阵地作用。

年内，举办主体班11期，参训750多人次。包括年轻干部（华西）培训班、党政干部（兰考）、（红旗渠）培训班、全区科级干部（红旗渠）培训班、全区青年干部（兰考）培训班、企业和社会组织党务工作者（青岛）培训班、全区政法综治干部（浙江大学）培训班、全区党务干部（国家机关工委）培训班、村居支部书记（张家港）培训班等。合作办班3期，与机关工委合作举办入党积极分子、预备党员专题培训班等。配合区委宣传部，做好年度党员冬训宣讲工作，送教上门30场次以上，受训人员3000人次以上。主要内容包括：宣讲党的十八届五中全会精神、解读新《准则》《条例》、开设“三严三实”专题党课、传统家风文化与领导干部家风建设等。在“两学一做”学习教育过程中，先后送教上门25场次，受训1000多人次。

培训班学员参观学习场面

【教师队伍建设】 2016年，区委党校注重教师队伍建设，注重提高教师教学质量，重视对教师思想教育，强调党校教师要坚持党校姓党，党校教师也姓党。加强和改进党校思想政治工作，教育引导教师夯实马克思主义理论功底，忠诚于党，忠诚于党校事业，坚持党的立场，坚定党的信仰，践行党的宗旨。党校教师要严守纪律，旗帜鲜明，恪守道德，弘扬优良作风，坚持为人师表，自觉维护党的形象和党校声誉。注重名师培养，致力于培养政治强、业务精、作风好的知名教师。先后选送10批次22人次青年教师到上级党校、高校进修学习，开设校内公开课12场。年轻教师张娟娟在全市党校系统精品课比赛中获第三名。

（吴亚琴）

淮安市洪泽区人民代表大会

会议决策

【区第十四届人大五次会议】 2016年1月7—8日，淮安市洪泽区第十四届人民代表大会第五次会议召开。190名代表出席会议。会议听取和审议了《洪泽区人民政府工作报告》；审议和批准《洪泽区国民经济和社会发展第十三个五年规划纲要》；审议了《洪泽区2015年国民经济和社会发展计划执行情况及2016年国民经济和社会发展计划（草案）的报告》，审查、批准了洪泽区2015年国民经济和社会发展计划执行情况的报告及2016年国民经济和社会发展计划；审议了洪泽区2015年财政预算执行情况及2016年财政预算（草案）的报告，审查了洪泽区2015年财政预算执行情况的报告和2016年财政预算（草案），审查、批准了2015年区级财政预算执行情况的报告和2016年区级财政预算；听取和审议了《洪泽区人民代表大会常务委员会工作报告》《洪泽区人民法院工作报告》和《洪泽区人民检察院工作报告》；进行了大会选举。

【区第十四届人大常委会会议】 2016年，淮安市洪泽区第十四届人大常委会共举行10次常委会会议。

1月5日，区第十四届人大常委会举行第四十次会议。会议讨论通过区第十四届人大五次会议有关事项；讨论通过区人大常委会工作报告（讨论稿），并推定报告人。

1月12日，区第十四届人大常委会举行第四十一次会议。会议进行人事任免。

3月27日，区第十四届人大常委会举行第四十二次会议。会议审议通过关于区人大常委会部分工作机构调整的议案；审议通过《洪泽区人民代表大会财政经济委员会工作规则》；进行人事任免。

5月1日，区第十四届人大常委会举行四十三次会议。会议听取和审议区政府“关于加快实施产城融合项目、加快新型城镇化步伐的议案”实施方案的报告；听取区环保局主要负责人履职情况报告；进行人事任免。

8月2日，区第十四届人大常委会举行第四十四次会议。会议听取和审议区政府“关于洪泽区2016年上半年国民经济和社会发展计划执行情况的报告”；听取和审议区政府“关于洪泽区2015年财政决算草案和2016年上半年财政预算执行情况的报告”；听取和审议区政府“关于洪泽区2015年度区本级预算执行和其他财政收支的审计工作报告”；听取区教育局主要负责人履职情况报告；进行人事任免。

9月8日，区第十四届人大常委会举行第四十五次会议。会议审议通过了《洪泽区人大常委会关于洪泽撤县设区有关事项的决定(草案)》。

9月30日，区第十四届人大常委会举行第四十六次会议。会议听取和审议区人大执法检查组关于《中华人民共和国政府采购法》执法检查报告；听取和审议区人大执法检查组关于《江苏省物业管理条例》执法检查报告；讨论通过《洪泽区人大常委会关于全区区镇两级人大代表换届选举日的决定》；进行人事任免。

10月11日，区第十四届人大常委会举行第四十七次会议。会议审议通过《洪泽区人大常委会关于成立区镇两级选举委员会的决定》；审议通过《洪泽区人大常委会关于全区新一届区镇两级人大代表名额分配及选举问题的决定》。

12月1日，区第十四届人大常委会举行第四十八次会议。会议听取区政府“关于2016年区本级财政预算部分变更情况的报告”；进行人事任免。

12月28日，区第十四届人大常委会举行第四十九次会议。会议听取和审议区政府“关于2017年国民经济和社会发展计划草案编制情况的报告”；听取和审议“2017年区财政预算草案编制情况的报告”；听取和审议区政府“关于代表建议办理情况的报告”；听取区选举委员会“关于区、镇人大代表换届选举情况的报告”；听取和审议代表资格审查委员会“关于区第十五届人大代表资格审查情况的报告”。

【区人大常委会主任会议】 2016年，区第十四届人大常委会共召开5次主任会议。

2月29日，区人大常委会召开主任会议。会议讨论区人大常委会2016年工作要点及实施计划。

4月27日，区人大常委会召开主任会议。会议听取和审议了区政府“关于‘五位一体’管护机制运行情况的报告”。

6月30日，区人大常委会召开主任会议。会议听取了区人行“关于《中华人民共和国人民银行法》和《中华人民共和国商业银行法》贯彻实施情况报告”；听取了区电信公司“关于《中华人民共和国电信条例》贯彻实施情况报告”。

8月30日，区人大常委会召开主任会议。会议听取和审议了区政府“关于医疗卫生体制改革情况的报告”。

10月31日，区人大常委会召开主任会议。会议听取和审议了区政府“关于农村电子商务发展情况的报告”。

监督工作

【财经工作监督】 加强经济工作监督。2016年，区人大常委会听取和审议“区国民经济和社会发展计划执行情况的报告”，向区政府提出树立项目为王理念，大力发展实体经济，实现城乡统筹发展等审议意见，得到区政府重视和落实。听取和审议区政府“关于财政预决算及审计工作情况的报告”，跟踪督查全区财政专项资金使用情况，切实管好人民的“钱袋子”。专题调研洪泽区近三年重点项目建设及重点税源企业发展情况，强调坚持走工业强区之路，加快推进经济转型升级。持续开展国有资产管理情况的调研，建议区政府加强监管机构建设，规范管理，严格监督，确保国有资产保值增值、不流失。

8月30日，人大代表视察江苏淮安食品科技产业园

【“三农”工作监督】 2016年，区人大常委会听取区政府“关于农村电子商务进展情况报告”，建议加强政策扶持，建设一流电子商务公共服务中心，不断深化行业合作和职业培训，促进电商企业平稳健康发展。考察淮安市食品科技产业园建设，要求区政府完善园区规划，尽快调整园区用地指标，切实解决项目用地问题；加大招商引资力度，着力招引一批土地利用率高、对区财政贡献大的项目。听取区政府“关于‘五位一体’小型水利体制改革情况的报告”，推动农村生产生活条件改善，着力打造美丽幸福乡村。

【民生实事监督】 2016年，区人大常委会关注民生实事及重点项目建设，将区政府2016年十件实事和社会事业重点项目进行梳理分类，排出督查时间表，通过看现场、查台账、座谈等方式，进行逐件逐项过堂检查。针对存在的部分项目进展滞后、重建轻管等问题，要求进一步明确责任，加快建设进度，保证工程质量，着力打造精品民生工程。民生实事项目得到较好完成。

调研和审议医改工作。年初，区人大常委会对区人民医院改革工作进行调研，提出要加强与市一院的紧密型医疗联合体建设，优化医疗资源，提高医疗水平。4月中旬至5月中旬，组织相关人员深入到区卫计委、岔河镇、东双沟镇、三河镇和部分医院，调查了解医疗卫生体制改革各项措施的落实和推进情况。9月29日，区人大常委会专题考察洪泽中专建设与发展情况，建议加快建设适应现代职业教育发展要求的教师队伍、不断提高投入保障水平、全面提升办学实力和质量。

【法律监督】 2016年，区人大常委会对《中华人民共和国政府采购法》贯彻实施情况进行检查。建议区政府加强对政府采购工作的领导，加强政府采购的预算管理，依法规范开展采购活动。检查《江苏省物业管理条例》贯彻实施情况。要求进一步加强组织协调，抓紧制定相关制度和实施细则，成立区物业管理办公室，强化属地管理，促进物业管理健康发展。

集中检查公检法司依法治区工作开展情况，要求强化执法理念教育，进行基础资源整合，完善执法监督体系，抓好普法教育，督促司法机关公正司法、严格执法，着力营造公正高效的法治环境与和谐稳定的社会环境。组织人大代表旁听案件庭审、观摩公诉和现场执行情况，督促审判、检察机关为民司法、公正执法，努力维护公平正义。加强人大信访工作，妥善解决和化解信访问题。2016年，共受理群众来信32件，接待来访110人次。

【人事任免及干部任后监督】 2016年，区人大常委会坚持党管干部和人大依法任免相统一原则，严格规范任前法律考试、拟任职发言、审议、表决、颁发任命书、向宪法宣誓等程序，依法行使人事任免权。切实加强干部任后监督。常委会会议分别听取了区环保局、教育局两个政府组成部门主要负责人履职情况报告。评议时，常委会相关人员对被评议对象进行"一对一"点评，现场进行满意度表决，并将评议情况以一定形式向社会公布。

代表工作

【拓宽代表履职渠道】 2016年，区人大常委会加强与代表的联系，健全常委会组成人员联系代表制度，听取基层代表对人大和政府工作的意见，并由常委会相关工作机构进行交办。邀请代表列席常委会会议，参加常委会和区相关部门组织开展的视察、调研、检查、电视问政等活动，保障代表知情知政权。

【创新开展代表活动】 2016年，区人大常委会开展机关代表到农村、农村代表进机关"双向体验"活动，加强交流，促进履职；组织有专长的代表送医下乡、举办法律和农业知识讲座，增强代表服务意识；鼓励代表参与社会矛盾调处、帮扶弱势群体，促进社会和谐。深化"一个载体、两项制度"建设，加强"代表之家"标准化、特色化建设，至2016年底，全区共建成代表之家35个。

【代表建议意见督办】 区十四届人大五次会议期间，代表共提出建议79件。至2016年底，已解决或基本解决的37件、正在解决的30件，受客观条件制约、暂时难以解决的12件。

【换届选举】 2016年，洪泽区区镇两级人大换届选举，换届选举工作9月下旬开始，经过换届选举的准备阶段、宣传发动和选民登记阶段、推荐确定代表候选人阶段、介绍代表候选人阶段和投票选举阶段的工作，截至12月4日，选举产生新一届区镇人大代表。

11月28日，洪泽区召开区镇两级人大换届选举推进会

（杨　攀）

淮安市洪泽区人民政府

县（区）政府领导成员分工

2016年3月，县政府领导成员工作分工：

殷　强　主持县政府全面工作，兼管财政、审计、监察、统计、机构编制方面工作。

杨国仁　负责县政府常务工作，负责发展改革、人力资源、公务员管理、社会保障、目标管理、一县一题、南北挂钩、企业上市、服务业、税收、物价、投融资、金融保险、政务服务、机关事务和现代服务业招商、金融招商方面工作。分管政府办、发改委、人力资源和社会保障局、物价局、政务办、信息化办、阳光办、机关事务管理服务中心、金融办，协助分管财政局、审计局、监察局、统计局。联系国税局、地税局、驻洪金融保险机构。

乐　翔　负责司法、政府法制、民政、双拥、社区建设、城市管理、应急管理、民族宗教、社会稳定方面工作。分管公安局、民政局、司法局、民族宗教局、法制办、双拥办、城管局、信访局、应急办、维稳办。

钱宏光　负责新型城镇化、农业农村、秸秆禁烧禁抛和综合利用工作，分管农机局、粮食局、供销总社，协助分管政府办、民政局、文广新局、水产局。

张培刚　负责外资和外资招商工作。

秦立行　协助负责金融保险、资产经营与管理、金融招商方面工作。

徐　琳　负责文化、教育、体育、卫生、计划生育、广播电视、新闻出版和社会事业招商方面工作。分管文广新局、教育局、体育局、卫计委、广播电视台、地震局、县志办。联系妇联、档案局、文联、残联、关工委、红十字会。

王兆龙　负责城乡规划与建设、住房保障、征收安置、国土资源管理、人防、城市资产经营管理和城建招商方面工作。分管规划局、住房和城乡建设局、国土资源局、人防办、城市资产公司、江苏洪泽湖建设投资集团有限公司。联系住房公积金管理中心。

张　亚　负责科技和科技招商方面工作，协助负责工业、环境保护方面工作。分管科技局，联系科协。

高　军　负责工业、信息化、招商引资、交通运输、环境保护、工业集中区方面工作。分管经信委、乡镇企业局、交通运输局、环保局。联系总工会、供电公司、烟草公司、盐务局、石油公司。

徐礼球　负责三农、水利、白马湖保护与开发、洪泽湖退圩还湖、扶贫、精神文明和农业招商方面工作。分管农委、林业局、水利局、水产局、农业开发局。联系农工部、气象局、共青团、社科联、文明办、信息中心。

陶　陶　负责商务和外经外贸、外事侨务、安全生产、商贸流通、全民创业、市场监督管理、私营个体经济方面工作，协助负责社区、小区管理。分管商务局、外侨办、安监局、市场监督管理局、商业总公司、物资总公司。联系台办、工商联、侨联、电信公司、邮政局、移动公司、联通公司。

陈洪标　负责旅游和旅游开发、旅游招商方面工作，主持洪泽湖古堰景区管委会工作，分管旅游局。

高万成　负责洪泽经济开发区管委会工作。

2016年12月，区政府领导成员工作分工：

殷　强　主持区政府全面工作，兼管财政、审计、监察、机构编制方面工作。

杨国仁　负责区政府常务工作，负责发展改革、人力资源、公务员管理、社会保障、政务服务、目标管理、民生实事、南北挂钩、企业上市、税收、物价、统计、投融资、金融保险、国有资产经营与管理、机关事务和现代服务业招商、高铁小镇方面工作。分管政府办公室、发展改革委、人力资源和社会保障局、物价局、行政审批局、统计局、信息化办、阳光办、机关事务管理服务中心、金融办、城市资产公司、江苏洪泽湖建设投资集团有限公司，协助分管财政局、审计局、监察局。联系国税局、地税局、驻洪金融保险机构。

张培刚　负责三外和外资招商方面工作。

秦立行　协助负责金融保险、资产经营与管理、金融招商方面工作。

徐　琳　负责文化、教育、体育、卫生、计划生育、广播电视、新闻出版和社会事业招商方面工作。分管文广新局、教育局(体育局)、卫生计生委、广播电视台、地震局、区志办。联系妇联、档案局、社科联、文联、残联、信息中心、关工委、红十字会。

高　军　负责工业、信息化、招商引资、交通运输、环境保护、工业集中区方面工作。分管经济和信息化委、乡镇企业局、交通运输局、环境保护局。联系总工会、供电公司、烟草公司、盐务局、石油公司、电信公司、邮政局、移动公司、联通公司。

王爱荣　负责司法、政府法制、民政、双拥、社区建设、应急管理、民族宗教、社会稳定方面工作。分管公安分局、民政局、司法局、民族宗教局、法制办、双拥办、信访局、应急办、维稳办。联系驻洪部队。

徐继东　负责科技和农业项目、资金争取方面工作，协助负责三农、国土资源管理方面工作。分管科技局，协助分管农委、国土资源局、农业开发局。联系科协。

韩学红　负责三农、水利、扶贫、白马湖保护与开发、洪泽湖退圩(围)还湖、旅游、商务、外事侨务、安全生产、商贸流通、全民创业、市场监督管理、私营个体经济和精神文明、农业招商方面工作。分管农委、林业局、水利局、水产局、农业开发局、农机局、粮食局、供销总社、旅游局、商务局、外侨办、安监局、市场监督管理局、商业总公司、物资总公司。联系农工部、气象局、共青团、文明办、台办、工商联、侨联。

何　喆　负责城乡规划与建设、住房保障、征收安置、国土资源管理、城市管理、人防、新型城镇化、湖滨新区、食品科技园和城建招商方面工作，协助负责环境保护方面工作。分管住房和城乡建设局、规划局、国土资源局、城管局、人防办。联系住房公积金管理中心。

高万成　负责经济开发区管委会、国家级经济开发区创建方面工作，协助负责工业方面工作。

县(区)政府常务会议

2016年，县(区)政府召开常务会议13次(含2015年12月24日召开的县十四届人民政府第27次常务会议)。

2015年12月24日，县长殷强主持召开县十四届人民政府第27次常务会议。就公务用车制度改革、国家知识产权强县工程试点县、设立县“4+1”现代农业产业发展引导资金、拨付杨码花园西侧地块房屋征收费用等有关问题进行专题研究。县委常委、常务副县长杨国仁、副县长乐翔、钱宏光、张培刚、高军，县政府党组成员陶辉、陈洪标等出席会议。有关镇(街道)、单位负责人列席会议。会议纪要如下：

关于公务用车制度改革方案。会议听取县机关事务管理局局长王俊关于洪泽县公务用车制度改革方案的情况汇报，决定原则同意提交的方案。要求县机关事务管理局按照会议讨论意见进一步修改完善。会议明确：1. 按照《关于全面推进公务用车制度改革的指导意见》(中办发〔2014〕40号)和《江苏省公务用车制度改革总体方案》(苏车改〔2015〕1号)文件精神，以厉行节约反对浪费为基本要求，坚持社会化、市场化方向，改革公务出行保障方式，创新公务交通分类提供方式，建立有效保障公务出行、公车运行费用节约可控、公车管理规范透明、监管问责科学有效的新型公务用车制度，车改后公务交通费用下降7%以上。2. 洪泽县公务用车制度改革领导小组负责制定公务用车制度改革工作方案，同时按照下管一级的原则，指导镇(街道)公务用车制度改革。洪泽县公务用车制度改革领导小组各成员单位要有责任担当意识，既要落实各自职责，又要积极配合、形成合力，按照任务分工，扎实严谨、务实高效地做好各项工作。3. 各镇(街道)、各部门要根据公车改革的总体要求，制定相关的配套措施和管理办法，切实抓好工作落实，并做好宣传和舆论引导工作，及时回应社会关切，努力为公车改革营造良好的社会氛围。

关于国家知识产权强县工程试点县有关问题。会议听取县科技局局长赵劲松关于国家知识产权强县工程试点县工作有关问题的情况汇报，决定原则通过提交的《洪泽县国家知识产权强县工程试点县工作实施方案》。会议明确，1. 按照国家知识产权局《国家知识产权强县工程试点、示范县(区)评定管理办法》(国知发管字〔2012〕133号)文件要求，在试点期内(2015年12月—2017年12月)完成申请专利5000件以上、实现专利技术产业化项目10项以上等各项指标任务。2. 加大知识产权宣传培训力度，借助“3·15”“4·26”、“科普宣传周”以及“知识产权宣传周”等科技宣传节日，组织开展广场咨询宣传活动，同时开展知识产权各类宣传活动，提升全社会知识产权保护意识。3. 加强知识产权保护工作，对专利、商标、版权等知识产权侵权行为进行严厉打击，充分发挥全县知识产权联席会议的协调作用，加强知识产权保护的联动和协作，不定期地开展联合执法行动，加强市县联合执法行动，确保每年联合执法3次以上。4. 科技局、知识产权局要担当起创建主要职责，细化工作目标，排出工作进度。经信委、财政局、市场监督管理局等其他所涉部门和镇(街道)要全力配合，共同完成创建的各项目标任务。

关于设立县“4+1”现代农业产业发展引导资金有关问题。会议听取了县农委主任杨步飞关于设立县“4+1”现代农业产业发展引导资金有关问题的情况汇报，决定原则同意提交的报告。会议明确，1. 根据市委、市政府《关于加快“4+1”现代农业产业转型升级提质增效发展的意见》(淮发〔2015〕19号)要求，设立“4+1”现代农业产业发展引导资金，每年500万元，列入县财政预算。2. 引导资金主要用于优质稻米基地、高效设施农业、洪三公路林苗一体化项目等“4+1”现代农业产业和全县重点片区、农业重点项目建设。3. 引导资金实行“先建后补”“以奖代补”的支持方式，重点支持食品科技产业园、农业产业化龙头企业、农民专业合作社、家庭农场等新型农业经营主体申报，以项目下达的形式组织实施单位统一实施。4. 项目建成后，由实施单位提出验收申请，县农委、财政局组织专家对申报的项目组织开展绩效评价考核，考核通过报请县政府批准后拨付引导资金。

关于拨付杨码花园西侧地块房屋征收费用有关问题。会议听取县征收办副主任陈后健关于拨付杨码花园西侧地块房屋征收费用有关问题的情况汇报，决定原则同意提交的报告。会议明确，同意县财政借款1300万元交由县征收办，用于支付杨码花园西侧地块房屋征收所需费用。

2016年1月19日，县长殷强主持召开县十四届人民政府第28次常务会议。就2016年城建交通重点项目、城市地下管线普查推进等问题进行研究。县委常委、常务副县长杨国仁、副县长乐翔、钱宏光、张培刚、王兆龙、高军、徐礼球、陶陶、赵成军，县政府党组成员陶辉、陈洪标等出席会议。有关镇(街道)、单位负责人列席会议。2名人大代表、2名政协委员应邀列席会议。会议纪要如下：

关于2016年城建交通重点项目有关问题。会议听取县规划局局长邵永军关于2016年城建交通重点项目有关问题的情况汇报，决定原则同意提交的实施计划。要求县规划局进一步将2016年城建交通重点项目实施计划与相关部门对接完善，报县委审定后稳步实施。会议明确：1. 2016年城建交通拟实施重点项目共计9大类、87个项目(含15个续建项目)。其中：各项规划14个、公建项目16个、安置小区工程5个、开发项目2个、市政工程22个、园林绿化项目10个、民生工程3个、征收拆迁工程7个、拟推介挂牌项目8个。2. 项目所涉部门要充分利用好向上争取资金，并积极探索采用企业自筹、PPP等多种合作模式。

关于城市地下管线普查推进有关问题。会议听取县规划局局长邵永军关于城市地下管线普查推进有关问题的情况汇报，决定原则同意提交的报告。会议明确，将地下管线数据及软件服务项目纳入智慧洪泽建设，所需经费由洪泽县广电有线信息网络有限公司先行支付，待工程完工审计后由县财政按政府常务会议纪要(2015年第17号)要求，在规定的期限内每年支付项目审计价实付款的15%用于运行管理。

关于县白马湖保护与开发项目资金配套有关问题。会议听取县白马湖办公室主任郭明珠关于县白马湖保护与开发项目资金配套有关问题的情况汇报，决定原则同意提交的整体方案。会议明确，根据市财政局、市环保局、市白马湖规划建设管理办公室联合下发的《关于下达2015年度中央水污染防治专项资金(湖泊生态环境保护)预算的通知》(淮财建〔2015〕84号)要求，相关镇、部门要充分利用好中央补助资金，加快实施白马湖上游9条中小河道整治及生态修复、节水灌溉、秸秆综合利用、岔河镇无公害生产基地建设和岔河镇水产清洁养殖共5个项目，所涉配套资金和项目建设管理费用，在项目具体实施时根据进展情况统筹安排。

关于县实小城南校区及天鹅湖幼儿园内部装备有关问题。会议听取县教育局党委副书记孙云鹏关于县实小城南校区及天鹅湖幼儿园内部装备有关问题的情况汇报，决定原则同意提交的报告。会议根据《中共淮安市委、淮安市人民政府关于加强县区党政正职重点权力制约监督的若干规定》(淮发〔2015〕25号)要求，对县实小城南校区及天鹅湖幼儿园内部装备所需约4770万元经费进行票决，并一致通过。会议明确：1. 同意加快推进县实小城南校区及天鹅湖幼儿园内部装备工作，所需资金由县财政安排。2. 将县实小城南校区智慧校园系统纳入智慧洪泽项目统一建设。

关于高良涧街道城市建设维护费用有关问题。会议听取高良涧街道办主任陈磊关于高良涧街道城市建设维护费用有关问题的情况汇报，决定原则同意提交的报告。会议指出，高良涧街道在加快“四城同创”和新型城镇化建设过程中，投入了不少资金用于基础设施建设和维护，兴办了多项民生实事。会议同意，由县财政先行拨付高良涧街道创建资金300万元，待“四城同创”工作通过验收后再拨付200万元。

关于对万通置业有限公司进行奖励有关问题。会议听取县供销总社主任徐月东关于对万通置业有限公司进行奖励有关问题的情况汇报，决定原则同意提交的报告。会议指出，万通置业有限公司在洪投资以来，积极主动纳税，带动就业明显，为洪泽经济发展作出了贡献。为继续鼓励万通置业有限公司在洪扩大投资，会议明确，根据《关于投资新建洪泽国际商贸中心的协议书(补充协议)》第三条中约定“对实际竞价高于约定价格每亩15万元的部分，在竞拍资金全部到位后一个月内全额予以奖励”，决定对万通置业有限公司奖励229.405万元，希望万通置业有限公司用好奖励资金，加大对万通国际商城周边绿化、基础设施的投入。

关于2016年洪泽湖古堰景区运营经费有关问题。会议听取县古堰景区管委会副主任许正文关于2016年洪泽湖古堰景区运营经费有关问题的情况汇报，决定原则同意提交的报告。会议指出，洪泽湖古堰景区利用较短时间创成了国家AAAA级旅游景区，实现了洪泽旅游景区AAAA级“零”突破，大湖旅游的品牌影响力持续提升。会议明确，为保障景区各项工作有序开展，同意拨付2016年景区人员工资、工程维修等运行经费共计865.94万元，所需费用由县财政安排。

关于城市公交空调车票价调整有关问题。会议听取县交通局局长赵希立关于城市公交空调车票价调整有关问题的情况汇报，决定原则同意提交的报告。会议明确，参照《淮安市物价局关于市区公交空调车票价等问题的批复》(淮价复〔2014〕56号)，结合洪泽县空调车辆购置成本、运营费用等情况，对县内城市公交空调车实行季节性票价。即春季(3月1日至5月31日)、秋季(9月1日至11月30日)按普通车票价收取，投币为每次1元、刷卡每次0.8元；夏季(6月1日至8月31日)、冬季(12月1日至2月底)空调开放，票价加收1元、刷卡加收0.8元。

关于348省道洪泽南环段公路绿化临时用地租赁有关问题。会议听取县交通局局长赵希立关于348省道洪泽南环段公路绿化临时用地租赁有关问题的情况汇报，决定原则同意提交的报告。会议明确，参照淮金线公路租赁方式，将348省道洪泽南环段公路绿化用地计466.857亩与相关村(居)签订租赁协议。租赁时间为10年，租金采取分年段、按年度支付(每年6月30日前支付)，1—3年每年1100元/亩，4—6年每年1200元/亩，7—10年每年1300元/亩(第一年为2016年)，2016年租金约78万元(含2015年下半年租金)，上述经费由县财政安排。

2016年3月8日，县长殷强主持召开县十四届人民政府第29次常务会议。就2016—2017年城市工作、扶持工业企业发展等问题进行研究。副县长乐翔、钱宏光、秦立行、徐琳　、王兆龙、张亚、高军，县政府党组成员陈洪标、高万成等出席会议。有关镇(街道)、单位负责人列席会议。2名人大代表、2名政协委员应邀列席会议。会议纪要如下：

关于2016—2017年城市工作有关问题。会议听取县规划局局长邵永军关于2016—2017年城市工作有关问题的情况汇报，决定原则同意提交的《关于2016—2017年城市工作实施意见》，要求县规划局按照会议讨论意见进一步修改完善、报经县委批准后实施。会议明确：1. 坚持多规融合，修编完善新老城区控制性详细规划，启动编制综合交通、商业网点等专项规划，完成湖滨新区、高铁新城、卓达绿色模块化建筑产业园和综合管廊、绿地系统等规划编制工作。成立规划委员会，严格执行城乡规划相关法律法规，建立健全规划决策咨询论证制度。2. 坚持高标准建设，重点从提升城市设计水平、大力推进棚改安居、健全公共服务设施、优化交通路网结构、完善基础功能配套五个方面加强城市建设。3. 坚持高水平管理，按照“条块结合、以块为主、属地管理”原则，重点从强化市容管理、社区管理、信息化管理三个方面予以加强，明确城市管理责任，推进精细化管理。4. 坚持高效能运营，围绕城市资产经营、加强政府与社会资本合作、科学合理利用土地资源和完善城市治理机制四个方面做好相关工作。

关于扶持工业企业发展有关问题。会议听取县经信委主任严定刚关于扶持工业企业发展有关问题的情况汇报，决定原则同意提交的《关于加快工业企业发展的十二条激励与扶持意见》(以下简称《意见》)，要求县经信委按照会议讨论意见进一步修改完善后实施。会议明确：1. 对在洪泽县境内注册、具有独立法人资格，且当年开票销售在2000万元以上的工业企业进行激励扶持，其中优先扶持属于“4+1”工业主导产业的企业。2. 各类奖励政策由业务归口部门拟定具体奖励补助方案，并经县工业财税发展推进小组研究确定后实行，该《意见》在2016年试行一年。3. 实施分类扶持，从扩销增税、技术改造、扶强做优、科研创新、降本增效、拓展销售、质效提升和目标贡献八个方面对企业进行具体的激励扶持，除降本增效类用水、用气、用汽资金由受益企业兑现外，其余资金由县财政统筹安排。

关于江苏海宏房地产开发有限公司股权有关问题。会议听取县财政局副局长张广信关于江苏海宏房地产开发有限公司股权有关问题的情况汇报，决定原则同意提交的报告。会议明确：1. 将县财政局在江苏海宏房地产开发有限公司所持有的股权划转至洪泽县城市资产经营有限公司，由洪泽县城市资产经营有限公司负责办理土地出让合同解除等相关手续工作，县财政局密切配合。2. 暂不退还因江苏海宏房地产公司解除土地出让合同产生的2000万元土地出让金，待对其进行清算、变现股权后，再返还其应得部分。

关于实施千岛湖路提升改造工程有关问题。会议听取县住建局局长赵可林关于实施千岛湖路提升改造工程有关问题的情况汇报,决定原则同意提交的报告。会议明确,由县住建局和园林局牵头实施千岛湖路提升改造工作,规划、审计、公共资源交易服务中心配合做好相关工作,所需经费由县财政予以安排。

关于加强和改进公安工作有关问题。会议听取县公安局政委朱国海关于加强和改进公安工作有关问题的情况汇报,决定原则同意提交的《关于进一步加强和改进公安工作的意见》,要求公安局按照会议讨论意见进一步修改完善、报经县委审定后下发。会议明确:1. 加强智能公安建设,加快建设实战型指挥中心、公安数据中心、智慧警务和智慧交通。2. 加强公安能力建设,进一步完善信息收集报送、信息分析研判、重点人员管控和“1+N”运行机制。3. 加强公安队伍建设,逐步增加常态化巡特警警力,每年开展4次以上应急处突演练;组建视频监控监看队伍,开展24小时分层分级网上巡逻;结合无讼村居创建,在13个派出所和交警大队事故处理股设立人民调解工作室,由司法局派出专职调解员,逐步完善“公调对接”工作体系,创新预防和化解社会矛盾体制。4. 加强公安工作保障,加大基层所队建设投入力度,设立公安专项绩效资金。

关于城市长效综合管理有关问题。会议听取县城管办主任、城管局局长朱正港关于城市长效综合管理有关问题的情况汇报,决定原则同意提交的《关于加强城市长效综合管理的实施办法》,要求县城管办与相关职能部门进一步对接细化,待修改完善、报经县政府审定后实施。会议明确:1. 实行长效管理,按照“属地管理、各负其责”的原则,完善县、街道、社区(村)三级城市管理责任体系,规范城市管理流程,实现实时、动态和精细管理。2. 明确职责分工,县城管、交通、住建、规划、市场监管、高良涧街道等单位按照职责分工,切实做好各项城市长效管理工作。3. 完善推进机制,进一步完善指挥协调、例会点评、督查考核、联合执法、资金保障、宣传教育六项保障机制。区城管委每月召开一次工作会议,对当月考核中发现的问题进行会办、督办和点评,在主城区重要区域推行城管“7315”工作制度。

关于城市建筑垃圾管理有关问题。会议听取区城管办主任、城管局局长朱正港关于城市建筑垃圾管理有关问题的情况汇报,决定原则同意提交的《洪泽县城市建筑垃圾管理实施办法》,要求县城管局按照会议讨论意见进一步修改完善、报经县政府审定后实施。会议明确:1. 设定准入条件,要求建筑垃圾运输实行公司化运作,企业从事建筑垃圾运输活动,须向县城市管理行政执法部门申请办理建筑垃圾处置核准,核准后方可从事建筑垃圾运输活动。2. 强化运输管理,县公安、交通等部门根据职能分工,承担好建筑垃圾运输管理等职责,设立车辆从事建筑垃圾运输准入门槛,明确渣土运输企业责任义务。3. 细化职责分工,县城管、住建、高良涧街道等单位分别承担建筑垃圾处置、施工现场管理、小区建筑垃圾管理等工作职责;由县城管局牵头,县公安局、环保局配合对建筑垃圾装载、建筑垃圾运输、扬尘污染、建筑垃圾弃置场地等情况和场所开展联合执法。

关于公共自行车系统建设有关问题。会议听取县城管办主任、城管局局长朱正港关于公共自行车系统建设有关问题的情况汇报,决定原则同意提交的报告,要求县城管局与相关部门抓紧对接,尽快启动此项工作。会议明确,公共自行车站点选址要以学校、医院、商业中心、旅游景点等人流集中地段为主,计划设置35个站点、投入1000辆自行车,其中2016年、2017年各投入500辆,所需费用由县财政按序时进度予以安排。县城管局牵头负责公共自行车系统的运营、管理和服务工作。

关于新建审判法庭有关问题。会议听取县法院副院长袁爱军关于新建审判法庭有关问题的情况汇报,决定原则同意在县法院审判楼前楼现址新建审判法庭,建筑面积1万平方米。会议要求,县法院、发改委、规划局、国土局等部门要密切配合,抓紧完善立项申报材料,尽快将该项目列入国家“十三五”政法机关基础设施项目建设规划申报计划。

2016年4月1日,县长殷强主持召开区十四届人民政府第30次常务会议。就利用闲置资产扶持经济薄弱村发展、朱坝、黄集街道农村教师发放岗位津贴等问题进行研究。县委常委、常务副县长杨国仁、副县长乐翔、张培刚、秦立行、徐琳、王兆龙、张亚、高军、徐礼球,县政府党组成员陈洪标、高万成等出席会议。有关镇(街道)、单位负责人列席会议。2名人大代表、2名政协委员应邀列席会议。会议纪要如下:

关于利用闲置资产扶持经济薄弱村发展有关问题。会议听取县城建办副主任高翔关于利用闲置资产扶持经济薄弱村发展有关问题的情况汇报,决定原则同意提交的《关于利用商铺、住宅等资产扶持经济薄弱村发展工作方案》,要求洪泽县城市资产经营有限公司按照会议讨论意见进一步修改完善、报经县委批准后实施。会议明确:1. 根据县委、县政府《关于加快发展和壮大村级集体经济的实施方案》(洪委〔2014〕33号)文件精神,结合县委委派第一书记到村居任职要求,决定利用江苏洪泽湖建设投资集团有限公司、洪泽县城市资产经营有限公司名下尚未出售、出租的商铺和住宅等资产扶持经济薄弱村经济发展。2. 县委组织部、农工部督促指导相关村居做好宣传、发动和房屋租售推荐工作,农工部督促村居做好集体经济收入登记入账和资金监管工作,洪泽县城市资产经营有限公司要与财政局等部门对方案进一步研究,立足精准扶贫,按照调动村居工作积极性的理念细化措施。

关于朱坝、黄集街道农村教师发放岗位津贴有关问题。会议听取县教育局局长高祝芹关于朱坝、黄集街道农村教师发放岗位津贴有关问题的情况汇报。会议要求,县教育局与人社局、编办、财政局对相关文件再进行讨论研究,待进一步修改完善、报经县政府批准后实施。同时,要在维护好农村教师利益和调动教师积极性的基础上,稳妥推进此项工作,原则上不得与上级相关文件规定冲突。

关于实施城乡绿化一体化重点项目有关问题。会议听取县林业局局长李加伟关于实施城乡绿化一体化重点项目有关问题的情况汇报,决定原则同意提交的报告。要求县林业局进一步将项目计划与相关单位对接完善、报经县委批准后实施。会议明确:1. 2016年城乡绿化一体化拟实施36个重点项目,其中:林业局牵头实施8个、园林局牵头实施8个，其余20个项目由各镇、各街道按照辖区范围划分予以实施。2. 县绿化委员会办公室负责全县造林绿化工作计划安排，编制年度造林绿化实施方案，组织协调指导各镇、各街道、县直部门以及驻洪单位开展全民义务植树活动。县林业、园林、水利、交通等所涉部门和相关镇、街道要按照进度要求，加快项目实施，确保各个重点项目在规定时间内保质保量完成。

关于2016年农业保险工作有关问题。会议听取县委农工部部长韩学荣关于2016年农业保险工作有关问题的情况汇报，决定原则同意提交的报告。会议明确：1. 提升种植业保险保障水平，按照省、市农业保险相关文件精神，结合农户投保需求、并参照周边县区做法，从2016年起将全县三麦、水稻保险金额由400元/亩提高至550元/亩。保费费率为4%，农户自交部分保费由县、镇财政分级承担，其中县级财政承担24%、镇级财政承担16%。2. 扩大高效险种覆盖范围，按照省财政厅《关于调整完善高效设施农业保险保费奖补政策的通知》（苏财金〔2014〕87号）精神，在蔬菜大棚、肉鸡等16个高效农业险种基础上，鼓励农民自主投保池塘淡水鱼养殖、肉牛养殖等8个非财政补贴性农业保险险种。3. 完善基层农险服务体系，推进农业保险服务网络和队伍建设，各镇、各街道要建立标准化农经服务大厅，利用农经平台高标准推进三农保险服务站软硬件建设，加强协保员队伍建设，指导和督促承保公司配备必要的工作人员、办公设施和专业工具。

关于实施农村饮水安全巩固提升工程有关问题。会议听取县水利局局长郭明珠关于实施农村饮水安全巩固提升工程有关问题的情况汇报，决定原则同意提交的报告。会议指出，解决好农村饮水安全问题是一项重要民生实事，所涉镇、街道和部门要高度重视、密切配合，全力抓好全县农村饮水安全巩固提升工作。会议明确：1. 采用PPP模式实施三级管网改造工程，面向社会公开招标筹集建设资金，同时积极争取省、市相关部门的经费支持。2. 工程管理设施改造、信息化智能管理系统所需费用及小水厂处置经费共约3300万元，由县水利局配合财政局，通过银行融资方式予以解决。

关于水源地达标提升工程建设有关问题。会议听取县水利局局长郭明珠关于水源地达标提升工程建设有关问题的情况汇报，决定原则同意提交的报告。会议指出，让人民群众喝上优质水、放心水是政府最大的责任，要切实通过水源地达标提升工程，让洪泽水源地水质达到Ⅱ类标准。会议明确：1. 对水源地地块征迁涉及的东双沟镇120户居民予以安置，征用的集体土地予以补偿，所需经费由县财政据实安排。2. 对工程占用的洪泽湖大堤省管段和县管段的顺堤河、护堤地共计468亩予以补偿。(1)省管段部分计划按20年时限补偿（2016年3月1日—2036年2月29日），占用水土资源补偿费按照顺堤河水面640元/亩、护堤地土地800元/亩计算价款，2016年共需补偿费34.656万元，以后每年按5%递增，工程监测费按6万元/年计算；(2)县管段部分占用补偿参照省管段补偿标准执行，年补偿费为5.264万元；(3)对项目所涉范围内已有承包关系的顺堤河和青坎地，由相关部门负责协调处理、依法依规解除相应合同。3. 原则同意县水利局提出的PPP招标相关条款，要加快工程招标进度，规范有序操作。

关于安全生产有关问题。会议听取县安监局副局长严定葆关于安全生产有关问题的情况汇报，决定原则同意提交的报告。会议明确：1. 二季度，安监局要牵头抓好重点行业领域专项整治、推进安全生产网格化管理、组织开展安全生产月活动和安全生产教育培训等各项工作。2. 根据《省政府关于切实加强全省开发区安全生产监管监察能力建设的意见》（苏政发〔2014〕137号）要求，设置县经济开发区安监局，为开发区内设机构，统一负责开发区范围内安全生产监管和执法工作。

关于县经济开发区化工集中区环保专项整治有关问题。会议听取县环保局开发区分局局长高夕恕关于县经济开发区化工集中区环保专项整治有关问题的情况汇报，决定原则同意提交的报告。会议要求，县经济开发区、环保局要进一步细化分解《洪泽经济开发区化工集中区环保专项整治方案》，确定整改实施项目，细化责任分工、解决措施和时间节点，并抓紧与企业签订环保责任状；县经济开发区要严把项目准入，化工集中区内不再新上化工项目，加快研究制定化工企业搬迁清退方案。

关于县经济开发区回顾性环评涉企征迁有关问题。会议听取县经济开发区社会事业局局长杨龙山关于回顾性环评涉企征迁有关问题的情况汇报，决定原则同意提交的报告。会议明确，对开发区回顾性环评涉及的宁淮特种气体有限公司和江苏戴梦特化工科技有限公司进行拆迁，补偿宁淮特种气体有限公司房屋征收、停业停产以及评估之外费用（包括工人生活补助、固废处置和搬迁后项目重新立项、环评、安评等）共约783.59万元，补偿江苏戴梦特化工科技有限公司房屋征收、停业停产以及评估之外费用（包括搬迁后项目重新立项、环评、安评等）共约871.13万元，实际经费以审计认定为准，由开发区予以安排。

2016年5月17日，县长殷强主持召开县十四届人民政府第31次常务会议。就实施环保网格化划分和监管、洪泽县乡村旅游发展"十三五"规划等问题进行研究。县委常委、常务副县长杨国仁、副县长钱宏光 、秦立行、王兆龙、高军、徐礼球、陶陶，县政府党组成员王爱荣、陈洪标、高万成等出席会议。有关镇（街道）、单位负责人列席会议。2名人大代表、2名政协委员应邀列席会议。会议纪要如下：

关于实施环保网格化划分和监管有关问题。会议听取县环保局局长唐传玲关于实施环保网格化划分和监管有关问题的情况汇报，决定原则同意提交的《洪泽县环境保护网格化划分及监管实施方案（试行）》，要求县环保局按照会议讨论意见进一步修改完善后实施。会议明确，根据《国务院办公厅关于加强环境监管执法的通知》（国办发〔2014〕56号）和《省政府办公厅关于建立网格化环境监管体系的指导意见》（苏办发〔2015〕65号）文件精神，扎实开展洪泽县环境保护网格化划分和监管工作。1. 网格划分：按照"属地管理、分级负责、全面覆盖、无缝对接、责任到人"的原则，坚持"党政同责、一岗双责、齐抓共管"的工作格局，将全县划分为县、镇(街道、含经济开发区)、村(居)三级网格,网格长由各级党委、政府主要负责人担任,第二级网格要利用现有资源和购买服务等方式配备4—6名专门巡查人员。2. 职责分工:一级网格负责构建环境监管机制、调处突出环境问题和重点环境信访纠纷,对本网格大气、水和土壤等环境质量实行监管,严防较大以上环境污染、生态破坏等环境事件发生,及时调查核实二级网格上报的环境违法线索,查处环境违法行为等;二级网格负责对网格内有环境影响的各类建设项目和污染物排放、社会生活噪声污染、饮食服务业油烟污染等,开展日常巡查和现场监管,及时向上一级网格报告环境违法线索等;三级网格负责对网格内有环境影响的各类建设项目和污染物排放等,开展具体的日常巡查和现场监管,及时向上一级网格报告环境违法线索,并落实好上级网格下达的环境问题整改要求。3. 保障措施:建立责任"五定"、部门联动、信息共享、公开监督和考核奖惩五项制度予以保障。

关于洪泽县乡村旅游发展"十三五"规划有关问题。会议听取县旅游局局长汤红尉关于洪泽县乡村旅游发展"十三五"规划有关问题的情况汇报,决定原则同意提交的报告。要求县旅游局按照会议讨论意见进一步修改完善并报县委审定后实施。会议明确:1. 按照全县"一线四点"的旅游开发格局,构建以古堰观湖、温泉度假、古镇美食、渔家风情、白马慢城为特色的总体发展思路。2. "十三五"期间,乡村旅游发展要围绕推进品牌建设、创新发展模式、提升公共服务水平、打造特色旅游产品、编制精品旅游线路、完善营销体系、建立人才培训体系等方面开展相关工作。3. "十三五"期间,建成省级旅游度假区2个,省级自驾游营地1个,省级乡村旅游点4个以上,美丽乡村示范点4个以上,特色民宿、特色休闲农庄9个,发展农家乐、渔家乐达到200家,乡村旅游项目投资达到30亿元。

关于租用台湾游艇宣传洪泽旅游有关问题。会议听取县旅游局局长汤红尉关于租用台湾游艇宣传洪泽旅游有关问题的情况汇报,决定原则同意提交的报告。会议明确,为扩大洪泽旅游品牌在台湾影响力,由洪泽县洪泽湖旅游协会租用中华两岸经贸文教交流发展促进会的五艘游艇船体做宣传广告。合作期限三年,租金每年每艘为新台币10万元,五艘三年共计新台币150万元(折合人民币约31.5万元),加上船名变更等费用合计新台币211.5万元(折合人民币约44.415万元),签约后两周内一次性付清,县旅游局要会同县台办将此项工作落实到位。

关于加快乡镇工业集中区发展有关问题。会议听取县乡镇局局长程雪峰关于加快乡镇工业集中区发展有关问题的情况汇报,决定原则同意提交的报告,要求县乡镇局按照会议讨论意见进一步修改完善并报县委审定后实施。会议明确:1. 由规划局和环保局分别牵头做好全县乡镇工业集中区规划编制和环境影响评价报告编制,所需费用从乡镇工业集中区建设专项引导资金中列支。2. 2016—2018年,各镇、街道每年"双减量"新增土地指标的30%(含征迁安置用地)可用于乡镇工业集中区建设。各镇、街道按照属地管理原则开展征迁、安置工作,土地征收费用由县财政、经济开发区、镇(街道)按2:3:5比例承担。3. 将乡镇工业集中区定位为县经济开发区的附属园区,统一加挂"洪泽县经济开发区"牌子,纳入全县招商引资范围,各镇、街道招引的项目落地运营后,所产生的税收由县财政、经济开发区、镇(街道)按2:3:5比例分成。4. 对各镇、街道工业集中区被认定为省市特色工业园区和中小企业公共服务平台被认定为市级以上公共服务平台的予以奖补。5. 县财政设立1000万元乡镇工业集中区建设专项引导资金,用于各项奖励及相关工作支出,由县乡镇局负责专项引导资金的管理。

关于扶持现代农业产业发展有关问题。会议听取县农委主任杨步飞关于扶持现代农业产业发展有关问题的情况汇报,决定原则同意提交的报告,要求县农委按照会议讨论意见进一步修改完善后实施。会议明确:1. 重点围绕优质稻米、生态渔业、健康食用菌、休闲农业、食品加工"3+2"农业优势产业,兼顾设施园艺、规模畜禽等特色产业,扶持县域内各类符合条件的实施主体。县农业农村工作领导小组根据项目申报情况,在县现代农业产业引导资金范围内,研究确定扶持对象。2. 由县农委牵头,会同财政等部门做好扶持项目申报工作,各职能部门负责职责范围内的扶持项目申报工作。3. 引导资金采取先建后补、以奖代补的扶持方式,项目单位要按规定用途使用引导资金,不得变更项目内容或者调整预算,确需变更或者调整的,应报经县项目主管部门和财政部门批准。

关于安全度汛有关问题。会议听取县水利局局长郭明珠关于安全度汛有关问题的情况汇报,决定原则同意提交的报告。会议明确:1. 安排培训演练费、县防汛抢险突击队汛期工作经费、县级防汛物资采购及储存保管费、险工段度汛应急加固工程费和入江水道防汛哨所建设资金等,并增购防汛帐篷50顶,共计约299.39万元。2. 根据《防洪法》对防汛防旱指挥部办公室属于纯公益性单位的工作定位,参照周边县区做法,同意将县防办列为全额拨款事业单位性质,由县财政安排30万元防办汛期专项办公经费。

关于采用PPP模式实施道路及基础设施配套项目有关问题。会议听取淮安食品科技产业园管理服务中心副主任丁君关于采用PPP模式实施道路及基础设施配套项目有关问题的情况汇报,决定原则同意提交的报告。会议明确:1. 以洪泽食品科技产业园发展有限公司作为项目实施单位,通过公开程序确定社会资本方,由政府方出资20%、社会资本方出资80%,共同组建PPP项目公司,进行项目投资、建设与运营,项目建设运行期限为14.5年,投资收益率约为7%。2. 项目建设完成后基础设施和安居工程由政府付费购买,政府对工程建设完成时间、质量、满意度等方面进行考核,根据考核结果分期支付政府购买费用;将项目内具有经营性的子项目,通过特许经营协议的方式,授予项目公司合作期限内经营权,由PPP公司进行运营。项目合作期满后,项目公司将本项目所有经审计的资产移交政府。

关于变更汽车现代服务园项目乙方主体单位有关问题。会议听取县公安局副局长赵卫国关于变更汽车现代服务园项目乙方主体单位有关问题的情况汇报,决定原则同意提交的报告。会议明确,将洪泽县人民政府与江苏南方

建设工程有限公司签订的兴建汽车现代服务园项目投资协议中，乙方单位由江苏南方建设工程有限公司变更为江苏嘉叶汽车服务有限公司，并重新签订投资协议。新协议签订后，江苏嘉叶汽车服务有限公司要迅速按照协议约定，抓紧项目推进。

关于实施淮宝路道路新建工程有关问题。会议听取县住建局局长赵可林关于实施淮宝路道路新建工程有关问题的情况汇报，决定原则同意提交的报告。会议明确，根据县政府2016年城建交通重点项目计划，由县住建局牵头实施淮宝路道路工程，长约1857米、红线宽36米，占地约98.57亩；县园林局牵头实施淮宝路绿化工程，规划、审计、公共资源交易服务中心配合做好相关工作，所需经费由县财政予以安排。

关于实施欢乐广场和文化广场应急避难场所工程有关问题。会议听取县住建局局长赵可林关于实施欢乐广场和文化广场应急避难场所工程有关问题的情况汇报，决定原则同意提交的报告。会议明确，根据《省政府关于进一步加强防震减灾工作的意见》(苏政发〔2010〕55号)、《省政府办公厅转发省住房和城乡建设厅等部门关于推进应急避难场所建设指导意见的通知》(苏政办发〔2010〕76号)和2016年5月6日全市应急避难场所建设推进会要求，启动实施应急避难场所工程。1. 欢乐广场、文化广场应急避难场所工程项目招标工作由县公共资源交易服务中心牵头，住建、地震、人防等相关部门配合，其中视频监控系统纳入智慧城市建设，由洪泽县广电有线信息网络有限公司负责建设。所需经费由县财政予以安排，最终结算价由县审计局审计确定。2. 发电机组、移动厕所、应急帐篷等应急物资要严格按照政府采购程序规范采购。3. 由县住建局负责协调洪泽湖影视城安排两间用房作为洪泽湖欢乐广场应急指挥室和物资陈放室，如无可用房间可由规划局出具选址意见书新建指挥用房，县发改、城管、人防等部门予以配合。

关于实施洪泽湖古堰环境提升工程有关问题。会议听取县古堰管委会副主任徐成军关于实施洪泽湖古堰环境提升工程有关问题的情况汇报，决定原则同意提交的报告。会议明确，根据《洪泽湖古堰景区旅游总体规划(修编)》要求，启动实施洪泽湖古堰环境提升工程，包括旅游开发和基础设施配套两个部分。旅游开发部分包括：实施洪泽湖大堤北入口环境提升工程，建设内容包括林中飘带栈道、自行车道、种植花池等，预计1500万元；对洪泽湖大堤南入口实施环境提升工程，合同价172.2万元。基础设施配套部分包括：实施洪泽湖大堤北入口内部停车场及绿化工程、生态厕所、临时管理用房、周桥大塘简易码头等相关基础设施配套工程。项目投入以审计结果为准，所需费用由县财政予以安排，古堰管委会要积极引进和充分利用社会资本参与景区建设。

关于江苏宝利嘉纺织有限公司到期贷款处置有关问题。会议听取中国工商银行洪泽支行(以下简称洪泽工行)行长王玉亮关于江苏宝利嘉纺织有限公司到期贷款处置有关问题的情况汇报，决定原则同意提交的报告，要求所涉部门规范有序、积极稳妥推进此项工作。会议明确：1. 洪泽工行将江苏宝利嘉纺织有限公司债权1500万元贷款本金及其产生的利息(利息以实际处置时产生的利息为准)，一次性转让给江苏洪泽经济开发区投资发展有限公司。洪泽工行和江苏洪泽经济开发区投资发展有限公司签订债权及抵押权转让协议，并转让相应的债权、抵押权。2. 由洪泽县价格认证中心对相关抵押资产进行价值评估，江苏洪泽经济开发区投资发展有限公司以评估价的85%支付给洪泽工行，用来收购江苏宝利嘉纺织有限公司转让的债权、抵押权。江苏洪泽经济开发区投资发展有限公司先行支付给洪泽工行的债权转让款项不足1500万元贷款本息部分，由洪泽工行向洪泽县人民政府发放类平台贷款不低于1亿元，期限5年，融资成本最高不超过年息8%，用此范围内息差覆盖剩余贷款本息；若至2017年6月30日洪泽工行未能向洪泽县人民政府发放类平台贷款，债权转让款项不足1500万元贷款本息部分由洪泽工行通过其他方式弥补。

关于县医院设备采购专项补助有关问题。会议听取县医院院长王林森关于县医院设备采购专项补助有关问题的情况汇报，决定原则同意提交的报告。会议指出，县医院购置、更新医疗设备，对进一步提升医院建设水平、推动学科建设、满足群众就医需求具有重要意义。会议明确：1. 县医院要按照合法公开程序采购CT、DSA两台大型医疗设备。2. 根据县委常委会会议纪要(2016年第2期)精神，县财政对设备采购安排专项补助资金，并加强资金监管。

关于智慧消防项目建设有关问题。会议听取县消防大队政治教导员张洪亮关于智慧消防项目建设有关问题的情况汇报，决定原则同意提交的报告。会议要求，将智慧消防项目纳入智慧洪泽整体规划进行建设，所需约500万元项目经费，由县财政予以安排。

会议根据《中共淮安市委淮安市人民政府关于加强县区党政正职重点权力制约监督的若干规定》(淮发〔2015〕25号)要求，分别对淮宝路道路工程所需约2500万元、洪泽湖古堰环境提升工程所需约2223万元、县医院设备采购专项补助所需约2600万元经费进行了票决，并一致通过。

2016年6月14日，县长殷强主持召开县十四届人民政府第32次常务会议。就房屋征收拆迁及补偿安置、淮宝商城房屋性质调查处理等问题进行研究。县委常委、常务副县长杨国仁、副县长钱宏光 、徐琳、王兆龙、张亚、陶陶，县政府党组成员陈洪标、高万成、王爱荣等出席会议。有关镇(街道)、单位负责人列席会议。2名人大代表、2名政协委员应邀列席会议。会议纪要如下：

关于房屋征收拆迁及补偿安置有关问题。会议听取县征收办主任季平关于房屋征收拆迁及补偿安置有关问题的情况汇报，原则同意提交的《洪泽县国有土地上房屋征收补偿安置有关规定》，并要求县征收办按照会议讨论意见进一步修改完善后实施。就做好此项工作，会议强调：1. 明确适用范围，《洪泽县国有土地上房屋征收补偿安置有关规定》适用于洪泽县县城区规划范围内国有土地上房屋征收项目。2. 鼓励货币安置，根据中央、省市相关棚改政策，加大棚户区房屋征收中货币化安置比例，被征收人选择货币补偿的，按照放弃安置面积，给予被征收房屋评估价的10%

补助,对选择购买政府搭建平台内商品房的,在预定合同价基础上再优惠5%。3. 实施惠民征收,对征收个人住宅的被征收人家庭,按照人口认定原则,对人均住房面积不足20平方米的,可按人均30平方米选择政府统购安置房或政府统建的安置房进行安置;被征收人家庭困难,且在县城区规划范围内仅有被征收一处住房的,经社区(居委会)同意和民政等部门认定后,可享受相应的住房补助优惠;对于家庭特困户、残疾人、低保户、大(重)病人员,经认定后可在政策范围内予以一定补助。

关于淮宝商城房屋性质调查处理有关问题。会议听取县规划局副局长沈传萍关于淮宝商城房屋性质调查处理有关问题的情况汇报,并原则同意提交的报告。会议要求,根据《江苏省住宅改变为经营性用房的规划管理和房屋登记管理的意见》(苏建规字〔2010〕5号)规定,并按照已取得土地证的使用性质,待公示无异议后,可将淮宝商城相关业主住宅用房性质变更为综合用房性质,县规划局、环保局做好相关工作,住建局对相应的房屋产权进行变更登记。在符合政策规定的前提下,淮宝商城此类情况经申请公示无异议后,也可参照此情况变更用房性质。

关于规划展览馆升级改造有关问题。会议听取县规划局副局长沈传萍关于规划展览馆升级改造有关问题的情况汇报,原则同意对规划展览馆进行升级改造,改造内容包括展陈更新、防渗维修、门厅扩建等,工程建设委托江苏省国际招标代理公司进行招标代理,采用"一编一审"的方法,另委托县内一家招标代理,对招标工程量清单和造价进行审核,项目纳入智慧城市统一建设。

关于清涧污水处理厂污泥处理处置有关问题。会议听取县住建局局长赵可林关于清涧污水处理厂污泥处理处置有关问题的情况汇报,原则同意在县内污泥处理处置项目投入运行之前,将清涧污水处理厂污泥送至安徽杭富固废环保有限公司进行处理处置,积存污泥处理处置费约550万元和每月污泥处理处置费约138万元由县经济开发区财政依处理处置进度情况予以安排。会议要求,县住建局要严格按照危废处置管理工作要求,做好污泥处理处置工作的跟踪对接,县环保局协助做好相关手续办理,确保处理处置到位、不造成二次污染。

关于洪泽中学教师公寓有关问题。会议听取洪泽中学副校长李建成关于洪泽中学教师公寓有关问题的情况汇报,会议要求,洪泽中学要尽快整改安全隐患,立即与相关电梯公司联系,对洪泽中学教师公寓电梯进行验收,确保验收合格、安全运行;消防大队配合洪泽中学做好消防设施安装完善工作,尽快消除安全隐患,县规划、住建、人防、供电等部门协助洪泽中学做好各自职责内手续完善和设施整改相关工作。会议强调,要尽快启动洪泽中学教师公寓破产处置程序,待破产启动后,成立清算组处理相关问题。

关于大墩岛旅游开发有关问题。会议听取县城建办主任陈洪鑫关于大墩岛旅游开发有关问题的情况汇报,原则同意由洪泽县城市资产经营有限公司与香港大运集团控股有限公司签订合作协议,并以大墩岛规划保留的资产总价值(折合人民币约1200万元)进行投资,香港大运集团控股有限公司负责项目建设运营的全部资金投入;县规划、国土、交通、水利、城管、环保等部门负责各自职责内的帮办服务工作。

关于引进PPP模式投资建设项目有关问题。会议听取县城建办副主任高翔关于引进PPP模式投资建设项目有关问题的情况汇报,并原则同意提交的报告。1. 引进PPP模式投资建设大庆中路东侧环境改造、临河社区周边棚户区改造、洪泽县交通新村棚户区改造、滨湖新区润养社区开发和芳草谷5个项目,项目由洪泽县城市资产经营有限公司或江苏洪泽湖建设投资集团有限公司采用公开招标方式确定项目社会资本方,并与社会资本方签订PPP合作协议,组建SPV项目公司,授予项目投资、建设、运营的特许经营权。2. 项目建成后,大庆中路东侧环境改造、临河社区周边棚户区改造、交通新村棚户区改造3个项目采用政府付费和使用者付费相结合的方式运营;滨湖新区润养社区开发项目采用股权、债权收购和委托经营方式运营;芳草谷项目采用政府付费和资产收购方式运营。各SPV项目公司注册资本金由洪泽县城市资产经营有限公司或江苏洪泽湖建设投资集团有限公司与社会资本方共同出资,注册资本不少于项目总投资20%,社会资本方占比不得少于80%。3. 项目招标必须按照"公平、公开、公正"的工作原则,规范有序操作。

关于民政对象提标事项有关问题。会议听取县民政局局长高红关于民政对象提标事项有关问题的情况汇报,并原则同意提交的报告。根据《市政府办关于提高城乡低保和特困人员供养标准的通知》(淮政办发〔2016〕35号)精神,城乡居民最低生活保障标准每人每月分别提高到520元、400元,农村五保对象分散和集中供养标准每人每年分别提高到7193元、7993元,城市"三无"人员供养标准每人每月提高到1172元。上述民政提标事项,从2016年7月1日起执行,所需经费根据《中共洪泽县委、洪泽县人民政府关于调整镇(街道)财政管理体制的意见》(洪委〔2015〕7号)规定,由镇(街道)财政予以承担。

2016年7月5日,县长殷强主持召开县十四届人民政府第33次常务会议。就当前防汛、安全生产等问题进行研究。县委常委、常务副县长杨国仁、副县长钱宏光、张培刚、秦立行、徐琳、王兆龙、张亚、高军、徐礼球、陶陶,县政府党组成员陈洪标、高万成、王爱荣等出席会议。有关镇(街道)、单位负责人列席会议。2名人大代表、2名政协委员应邀列席会议。会议纪要如下:

关于当前防汛有关问题。会议听取县水利局局长郭明珠关于当前防汛有关问题的情况汇报,就防汛相关工作,会议要求,要进一步严格落实责任,严肃工作纪律,切实做好防灾救灾各项工作。1. 强化组织领导,县防汛指挥部、各防汛分指挥部、防指各成员单位以及各镇、街道要高度重视当前的防汛工作,消除麻痹思想,细化工作方案,将各项措施落到实处。2. 强化值班值守,各镇、各街道、各部门要对照辖区和职责分工的要求,做好各自范围内的险工患段和应急值守工作,做到24小时不脱岗,发现问题及时处置和上报。3. 强化应急调度,县防汛指挥部要强化气象、水文会商，做到有预测、有研判、有建议，同时要在工作中坚持灵活调度、优化调度，最大限度减轻灾害损失，公安、住建、交通、城管、民政等单位做好抢险物资和人员力量储备。

关于安全生产有关问题。会议听取县安监局局长杨建浩关于安全生产有关问题的情况汇报，就做好下一步工作，会议强调，全县上下要突出重点，结合夏季高温特点，过细开展工作，坚决遏制重大安全事故发生。1. 突出重点，针对夏季安全生产工作特点，加强对危化品、烟花爆竹、建筑施工、消防、农机等重点行业领域的安全监管，加大对重大危险源、重要设施、重点部位的巡查监控力度。对排查出的安全隐患、管理漏洞和制度缺陷，要迅速整改到位。2. 加强督查，坚持关口前移、重心下移，把监管重点放在监督企业安全生产责任和措施的落实上，有针对性地采取监管措施，做到防患于未然。3. 强化基础，保持安全监管队伍的稳定性，各镇（街道）至少配备1名专职安全管理员、1~2名兼职安全管理员，进一步提升队伍的战斗力，同时加强安全设备装备建设，提升应急处置和化解突发事件的能力。4. 完善制度，结合安全监管现实需要，进一步完善安全生产规章制度，细化安全生产目标考核细则，让安全生产责任制真正落到实处。

关于支持洪泽中等专业学校发展有关问题。会议听取洪泽中等专业学校校长成群星关于支持学校发展有关问题的情况汇报，原则同意提交的报告，并要求洪泽中等专业学校根据会议讨论的意见予以修改完善，报县委常委会审定。会议要求，洪泽中等专业学校相关人员编制问题，由县编办和人社局按照“编随人走、待遇不变”的原则予以理顺；洪泽中等专业学校要坚持走自主发展道路，科学合理设置学科、开展多层次人才培训、加大招生宣传力度，努力打造高水平的现代化职业学校。

关于政府投资小型工程发包管理有关问题。会议听取县政务办主任陈金来关于《洪泽县政府投资小型工程发包管理办法（修订稿）》（以下简称《办法》）起草情况的汇报，原则同意该文件，并要求县法制办、监察局进一步做好《办法》的合法性审查。会议强调：1.《办法》中所指小型项目为《省政府关于印发江苏省工程项目招标范围和规模标准规定的通知》（苏政发〔2004〕48号）中明确的招标规模标准以下的三类项目，即工程建设估算价在100万元以下、设备材料采购估算价在50万元以下、服务采购估算价在30万元以下的项目。2. 在本县行政区域内进行的政府投资小型工程发包活动，应当遵循公开、公平、公正的原则，通过公开报价、竞争性谈判询价等方式确定承包人，严防“暗箱操作”行为，县政务办要切实履行好监管职责。3. 参加县政府投资小型工程的承包商，须进入小型项目承包单位信用信息库，未入库的不得参与发包活动。小型工程的发包应公开发布发包公告，发包公告在洪泽县公共资源交易网站公开发布，公告时间为3个工作日。

关于电商产业园有关问题。会议听取县商务局局长潘恩如关于电商产业园有关问题的情况汇报，鉴于当前宏观形势趋紧、外资引进难度加大，为推进引资项目尽快落地，同意与上海赣康信息科技有限公司签订补充协议，对引用外资规模调整为3000万美元，电商产业扶持资金相应调减392万元。会议要求，县商务局和政府办作为项目引资单位要抓紧与上海赣康信息科技有限公司沟通对接，力争项目尽快落地启动。

2016年7月22日，县长殷强主持召开县十四届人民政府第34次常务会议。就水污染防治、房地产去库存等问题进行研究。县委常委、常务副县长杨国仁、副县长钱宏光、张培刚、秦立行、徐琳、高军，县政府党组成员陈洪标、高万成、王爱荣等出席会议。有关镇（街道）、单位负责人列席会议。2名人大代表、2名政协委员应邀列席会议。会议纪要如下：

关于水污染防治有关问题。会议听取县环保局局长唐传玲关于《洪泽县水污染防治工作方案（2016—2020年）》起草情况的汇报，原则同意该文件，并要求县环保局按照会议讨论的意见进一步修改完善后实施。会议强调，要认真落实国务院《水污染防治行动计划》《江苏省水污染防治工作方案》（苏政发〔2015〕175号）和《淮安市水污染防治工作方案》（淮政发〔2016〕95号）文件精神，进一步增强做好水污染防治工作的责任感和紧迫感，按照“节水优先、系统治理”原则，全面推进水污染防治、水生态保护、水资源管理等各项工作，实施严格的水资源管理制度，加强饮用水从水源地到水龙头全过程监管，下大力气做好防治工作，不断改善水环境质量，全力保障水环境安全。

关于房地产去库存有关问题。会议听取县住建局局长赵可林关于《化解房地产库存稳定房地产市场的实施办法》起草情况的汇报，原则同意该文件，要求县住建局按照会议讨论意见进一步修改完善后实施。会议强调，要全面贯彻中央、省关于深化住房制度改革和提高户籍人口城镇化率的决策部署，实施精准去库存、联动去库存和转型去库存，采用控制土地供应、支持开发项目转型利用、鼓励新市民购房、推动棚改货币化安置、加大金融支持力度、用好住房公积金、减轻开发企业负担、完善城市基础配套设施建设和支持商业用房转型等方式，统筹做好各项去库存工作，推动房地产业供给侧结构性改革。会议要求，要建立部门联席会议制度，由县政府分管领导担任联席会议召集人，县发改、住建、规划、财政、住房公积金中心、国土等部门为成员单位，定期召开会议，协调解决化解房地产库存相关问题。

关于智慧洪泽项目有关问题。会议听取县智慧办、信息化办主任余学科关于智慧洪泽项目有关问题的情况汇报，并原则同意提交的报告。1. 将智慧教育一期、智慧卫生一期、智慧城管二期、智慧校园（洪泽中等专业学校项目）纳入2016年智慧洪泽实施计划，相关项目按程序履行招投标，项目争取的上级补助资金纳入智慧洪泽专项资金，用于支付项目资金和运行费用。2. 明确县信息化办作为智慧洪泽云数据中心、公共信息平台、OA办公系统、免费无线、市民卡项目的签约、验收和管理主体单位，工作期间产生的费用由县财政据实予以安排。3. 智慧洪泽项目专项维护运行费用包括：监控维护费用、监控电费、网络出口和短信费。智慧办会同使用单位对运行情况进行考核，县财政根据考核结果予以安排经费，智慧办做好资金监管工作。4.

从2017年1月1日起，由县智慧办扎口负责智慧洪泽项目立项和专项资金管理工作，建设单位要根据本单位信息化建设需要，提前申报下一年度建设项目，由县智慧办组织专家对项目进行论证，并报县政府同意后组织实施。县智慧办根据项目建设情况，编制下一年度智慧洪泽专项资金预算，专项资金使用时，由智慧办根据建设单位申请，对项目实施情况进行审核，并报经县政府同意后，由县财政予以安排。

关于转业士官安置及下岗失业志愿兵解困有关问题。会议听取县民政局局长高红关于转业士官安置及下岗失业志愿兵解困有关问题的情况汇报，并原则同意提交的报告。会议指出：1. 参照2015年7月9日县政府常务会议纪要(2015年第21号)精神，同意按照档案积分排序、依次择岗的方式，将17名转业士官安置到事业单位编外岗位就业，安置人员享受事业在编人员同工同酬待遇，参照事业在编人员核算工资数、按比例缴纳"五险一金"等，相关经费由县财政据实纳入年度预算、在用人单位予以追加支出。2. 参照2014年6月30日县政府常务会议纪要(2014年第11号)精神和2013年、2014年做法，同意安排29名下岗失业志愿兵到相关公益性岗位解困再就业。解困再就业人员工资按照1890元/月标准执行(含个人养老金和医疗保险部分)，所需经费由县财政据实安排。

关于调整血液透析收费标准有关问题。会议听取县医院副院长王金龙关于调整血液透析收费标准有关问题的情况汇报，并原则同意提交的报告。会议指出，根据《江苏省医疗服务项目价格手册》，并参照周边县区做法，将县内血液透析收费标准由原来350元/次调整为400元/次，其中：患者承担数额不变、仍为35元/次，医院承担45元/次，县财政承担40元/次，医保中心承担280元/次，调整后的收费标准从2016年8月1日起执行。会议要求，洪泽县人民医院、洪泽县中医院要做好价格公示，物价局做好价格监督工作。

关于淮安嘉诚高新化工股份有限公司贷款担保有关问题。会议听取县城建办主任陈洪鑫关于淮安嘉诚高新化工股份有限公司(以下简称嘉诚化工)贷款担保有关问题的情况汇报，并原则同意提交的报告。会议要求，在嘉诚化工关联公司提供土地抵押担保以及其关联公司和全部股东提供信用反担保的基础上，由县城市资产经营有限公司继续为嘉诚化工提供1000万元贷款的信用担保。

2016年9月1日，县长殷强主持召开县十四届人民政府第35次常务会议。就环保督察、国有林场改革等问题进行研究。县委常委、常务副县长杨国仁、副县长张培刚、王兆龙、陶陶，县政府党组成员王爱荣、高万成等出席会议。有关镇(街道)、单位负责人列席会议。2名人大代表、2名政协委员应邀列席会议。会议纪要如下：

关于环保督察有关问题。会议听取县环保局副局长唐士海关于环保督察有关问题的情况汇报，就做好下一步工作，会议强调，要高度重视，充分贯彻落实绿色发展理念，主动加强生态文明建设，积极解决群众反映强烈的环境问题，把思想和行动统一到中央和省市的决策部署上来；要举一反三，对在本次督察中群众反映出来的问题，坚持以问题为导向，继续做好整改，形成系统化的处置方案，提升工作能力，同时持续做好水污染防治、大气防治、化工园区环保专项整治、生态红线管控、断面水质保护和饮用水保护相关工作，进一步处理好经济发展与环境保护的关系；要加强队伍建设，着力提升环保、市场监管队伍的专业水平和业务能力，加强督察考核，严格问责、重点查处不作为和乱作为的现象，以强有力的举措，推动洪泽县生态环境保护工作再上新台阶。

关于国有林场改革有关问题。会议听取县林业局副局长田婷关于《洪泽县国有林场改革实施方案》起草情况的汇报，原则同意该方案，要求县林业局按照会议讨论意见进一步修改完善后实施。会议指出，国有林场是生态修复和建设的重要力量，也是维护区域生态安全最重要的基础设施，实施国有林场改革对于改善生态环境、发展生态旅游经济具有重要意义。会议强调：1. 加快实施，将洪泽林柴场更名为洪泽林场，单位性质仍为公益二类事业单位，保持原有编制数，进一步完善新型国有林场劳动用工和社会保障机制，加快出台洪泽县国有林场改革实施细则。2. 强化协作，国有林场改革工作涉及面广，需要多部门参与和配合，林业局要充分发挥牵头作用，做好业务指导和技术服务，发改委、财政局、国土局、人社局、编办等单位要加强协作、密切合作，确保此项工作顺利进行。3. 稳妥推进，国有林场改革要围绕保护生态、保障职工生活两大目标，建立有利于保护和发展森林资源、增强林业发展活力的管理新机制，稳步化解历史遗留问题，妥善安置林场富余职工，耐心细致做好思想工作，维护好职工切身权益，努力保持社会和谐稳定。

关于规范住宅物业服务收费有关问题。会议听取县物价局局长郭虎关于规范住宅物业服务收费有关问题的情况汇报，并原则同意提交的报告。会议指出，根据《江苏省物业服务收费管理办法》(苏价规〔2013〕4号)和《关于规范普通住宅前期物业服务收费的通知》(淮价服〔2015〕82号)精神，并参照周边县区做法，对洪泽县规范住宅物业服务收费文件出台后开盘的普通商品住宅，按照新的标准收取物业费，保障性住宅、房改房、老旧住宅小区参照执行。县物价局、住建局在文件出台后要做好跟踪调研工作，对文件出台效果进行评估完善，进一步加强对全县物业服务行业的规范和指导，提高物业管理总体水平。

关于天眼工程二期和智慧旅游项目有关问题。会议听取县智慧办主任余学科关于天眼工程二期和智慧旅游项目有关问题的情况汇报，并原则同意提交的报告。会议要求，将天眼工程二期和智慧旅游项目纳入智慧洪泽整体规划进行建设，由县广电网络公司通过政府购买服务模式予以实施，县审计局做好资金审计工作。

关于电子商务专项资金使用有关问题。会议听取县商务局局长潘恩如关于电子商务专项资金使用有关问题的情况汇报，并原则同意提交的报告。会议指出，根据《关于加快农村商务发展实施意见(试行)的通知》(洪政发〔2015〕70号)精神，对2015年在示范创建、平台建设等方面表现突出的单位和企业给予奖补；依据2016年3月18日县政府与杭

州闻远科技有限公司签订的《电子商务公共服务采购合同》，支付杭州闻远科技有限公司2016年电商基本运营费160万元。

关于江苏泽盛元置业等5家公司用地有关问题。会议听取县国土局局长赵可兵关于江苏泽盛元置业等5家公司用地有关问题的情况汇报，决定原则同意提交的报告。同意免收江苏泽盛元置业有限公司在洪地2009G19号地块、淮安市京淮房地产开发有限公司在洪地2010G5号地块、江苏益杰房地产开发有限公司在洪地2010G25号地块、洪泽中兴房地产开发有限公司在洪地2006G12号地块、江苏佰汇地产有限公司在洪地2009G28号地块开发过程中，因延期竣工等原因而产生的违约金，并由国土部门发放《土地出让条件验收备案意见书》。

关于洪泽天楹污水处理有限责任公司股权转让有关问题。会议听取县住建局局长赵可林关于洪泽天楹污水处理有限责任公司股权转让有关问题的情况汇报，同意洪泽天楹污水处理有限责任公司将100%股权及其投资的尾水工程收益转让给昆明滇池水务股份有限公司，授权县住建局与江苏天楹赛特环保能源集团有限公司、江苏天楹水务发展有限公司、昆明滇池水务股份有限公司、洪泽天楹污水处理有限责任公司、县水利局签订六方协议，明确股权转让事项及各方的权利和义务。股权受让后一年内，昆明滇池水务股份有限公司须完成对洪泽县污水处理厂的提标改造工作，并对厂区的绿化及环境进行提升、达到园林式企业要求。

关于江苏海宏房地产开发有限公司股权转让有关问题。会议听取县财政局局长陈中军关于江苏海宏房地产开发有限公司股权转让有关问题的情况汇报，同意以1000万元价格将江苏海宏房地产开发有限公司60%股权予以转让，进行股权变现。

2016年9月29日，县长殷强主持召开县十四届人民政府第36次常务会议。就跨越发展重点指标推进，镇总规、控规和镇村布局规划等问题进行研究。县委常委、常务副县长杨国仁、副县长张培刚、徐琳、王兆龙、高军、陶陶，县政府党组成员王爱荣、陈洪标、高万成等出席会议。有关镇（街道）、单位负责人列席会议。2名人大代表、2名政协委员应邀列席会议。会议纪要如下：

关于跨越发展重点指标推进有关问题。会议指出，即将进入四季度，各项工作到了见边见底、决战决胜的关键时刻，全县上下要紧盯跨越发展各项指标，密切关注进展变化，抓紧推进短板项目，为全年经济社会发展继续作出不懈努力。会议要求，一是强化目标意识，对县党代会、人代会和列入市考核的指标要认真分析、查找差距、逐项弥补、分步落实，特别是对差距较大、欠序时较多的，要采取有效措施，拉长短板、填平补齐。二是严格落实责任，县政府各位领导对本条线的工作负总责，要认真组织条线部门对每一项指标、每一个任务，对号入座，认真分析，对增幅下降、位次后移的指标，要花更多的功夫、下更大的力气，组织开展攻坚战。三是凝聚工作合力，县督考、统计等职能部门，要加强对全县面上指标的监测，加强分析研究，加大协调推进和服务力度；财政、经信、发改等牵头部门要增强工作主动性，认真分析指标完成情况，做好向上对接工作，充分加强信息沟通；各镇、街道要把完成跨越发展目标任务放在当前工作的首要位置，及时查摆存在差距，拿出切实可行的追赶措施，确保各项任务落到实处。

关于镇总规、控规和镇村布局规划有关问题。会议听取县规划局局长邵永军关于镇总规、控规和镇村布局规划有关问题的情况汇报，原则同意该报告，要求县规划局按照会议讨论意见进一步修改完善后实施。会议指出，编制镇总规、控规和镇村布局规划有助于加快推进新型城镇化发展步伐，进一步优化城乡空间结构，提高镇村规划建设水平。会议强调：1. 加强衔接，县规划局要对镇总规、控规和镇村布局规划再进行梳理，尤其要按照“撤县设区”后洪泽新定位来进行完善，在规划实施过程中加强与淮安城市总体规划、土地利用总体规划的衔接。2. 严格落实，各镇、街道要严格按照规划要求予以实施，在总体规划和镇村布局规划的指导下，抓紧编制具体的详细规划和专项规划，进一步提高规划建设管理水平。3. 完善服务，在规划中要注重服务功能的配套，补齐供水、污水处理、改厕、村庄道路等农村重点基础设施建设中的短板，统筹谋划，周密安排，推动基本公共服务均等化。

关于2017年中心城市建设项目投资计划有关问题。会议听取县规划局局长邵永军关于2017年中心城市建设项目投资计划有关问题的情况汇报，原则同意提交的报告，要求县规划局按照会议讨论意见进一步修改完善后报县委、县政府审定。会议指出，县规划局要充分征求县直各部门意见，同时做好与市直相关部门的对接沟通，将符合洪泽发展实际和提升“淮洪一体化”建设水平的项目纳入其中。

关于撤县设区有关问题。会议听取县民政局局长高红关于撤县设区有关问题的情况汇报，并原则同意提交的报告。会议要求，对挂牌当天流程要提前做好演练，会场检修、会议通知、会务安排和氛围营造等各项工作要进一步核准过细，做好应急预案，完善好各项应急措施；继续加强与市直相关部门对接，争取更多的政策支持。

关于洪泽时代生物科技有限公司逾期贷款化解有关问题。会议听取工商银行洪泽支行行长王玉亮关于洪泽时代生物科技有限公司逾期贷款化解有关问题的情况汇报，同意帮助工商银行洪泽支行化解洪泽时代生物科技有限公司89.16万美元逾期贷款。工商银行洪泽支行向政府平台投放2亿元项目贷款，将等额于逾期贷款本息数额的息差，通过开具委托付款书的方式，由县财政划转到县经济开发区指定的公司，用于代偿洪泽时代生物科技有限公司逾期贷款本息。同时，工商银行洪泽支行要将相应的抵押权利、债权无偿转让给县经济开发区代偿公司，并由洪泽时代生物科技有限公司与代偿公司签订机器设备抵押合同。

会议还讨论了其他事项。

2016年11月2日，区长殷强主持召开区十四届人民政府第37次常务会议。就政府和社会资本合作项目审批管理、生态文明建设规划等问题进行研究。区委常委、常务副区长杨国仁、副区长秦立行、王兆龙、高军、陶陶，区政府党组成员陈洪标、高万成等出席会议。有关镇(街道)、单位负责人列席会议。2名人大代表、2名政协委员应邀列席会议。会议纪要如下:

关于政府和社会资本合作项目审批管理有关问题。会议听取区财政局局长陈中军关于《政府和社会资本合作项目审批管理办法》起草情况的汇报,原则同意该文件,要求区财政局按照会议讨论意见进一步修改完善后实施。会议指出,为进一步加强政府和社会资本合作项目(PPP)审批程序管理,促进PPP项目规范有序健康发展,根据《中华人民共和国预算法》《省政府关于在公共服务领域推广政府和社会资本合作模式的实施意见》(苏政发〔2015〕101号)、《市政府关于国有企业发展混合所有制经济的实施意见》(淮政发〔2016〕131号)文件精神,对区内PPP项目进行统一的审批管理。会议要求,成立由财政、发改、法制、规划等部门组成的区PPP项目审查工作领导小组,各部门和镇(街道)上报的PPP项目经工作领导小组审查通过并报区政府审批后,方可编制正式的实施方案,任何部门和镇(街道)未经审查批准,不得擅自组织实施PPP 项目。

关于生态文明建设规划有关问题。会议听取区环保局副局长唐士海关于生态文明建设有关问题的情况汇报,原则同意提交的报告,要求区环保局按照会议讨论意见进一步修改完善后提交区人大审议。会议强调,编制生态文明建设规划,对巩固国家生态县创建成果,加快建设资源节约型、环境友好型社会,实现经济发展与生态改善同步提升具有重要意义。要坚定生态保护理念,以创新、协调、绿色、开放、共享发展理念为引领,坚持节约资源和保护环境的基本国策,推动生态文明建设深度融入经济建设、政治建设、文化建设、社会建设各方面和全过程。要强化生态保护管理,规划通过后,区环保局要牵头尽快制定各年度实施细则,按照源头预防、过程控制、损害赔偿、责任追究的思路,加大城市生态环境基础设施建设力度,优化产业结构和布局,加快形成系统完整的生态文明制度体系。要紧盯重点领域整治,对大气和水污染防治等群众关注的重点领域,要进一步完善防治手段和方式,对突出问题进行挂牌督办、限期整改,以强有力的举措,提高全区生态环境质量。

关于家庭医生签约服务有关问题。会议听取区卫计委副主任杨丽关于家庭医生签约服务有关问题的情况汇报,原则同意提交的报告,要求区卫计委按照会议讨论意见进一步修改完善后实施。会议强调,开展家庭医生签约服务是落实分级诊疗模式、建立社区医生和居民契约服务关系的具体实践,对推动医疗卫生工作重心下移、资源下沉,增强群众获得感具有重要意义。区卫计委要会同财政、人社、物价等部门共同做好此项工作,切实发挥好医疗卫生事业作用,更好地满足群众就医需求。

关于金都秀水小区安置房代购有关问题。会议听取区城建办主任陈洪鑫关于金都秀水小区安置房代购有关问题的情况汇报,同意由江苏洪泽湖建设投资集团有限公司以3700元/平方米价格代购金都秀水小区56套房屋,用于浔河路改造项目被征收户安置,江苏洪泽湖建设投资集团有限公司负责协调省国开行将金都秀水小区纳入棚改专项贷款采购范围。

关于洪新河两侧和临河五组地块房屋征收有关问题。会议听取区征收办主任季平关于洪新河两侧和临河五组地块房屋征收有关问题的情况汇报,原则同意提交的报告。会议强调,要加强工作指导,洪新河两侧和临河五组两个地块征迁涉及居民和企事业单位较多,征收办要组织好征收队伍、做好政策培训,将各项安置方案和补偿措施及时准确传达到位。要形成工作合力,征收拆迁工作涉及面广、工作量大,所涉部门要加强协作,按照征收办法和政策规定,履职尽责、密切配合,有力推动房屋征收工作。要严明工作纪律,征收办要严格按照法律法规制定补偿方案,规范好征收实施程序,按照“公平、公开、公正”的工作原则,组织实施好房屋征收补偿工作。

关于420省道和330省道洪泽段建设工程项目设计招标有关问题。会议听取区交通局局长赵希立关于420省道和330省道洪泽段建设工程项目设计招标有关问题的情况汇报,原则同意提交的报告。会议指出,按照《市政府关于印发淮安市市级政府投资项目生成和资金管理实施细则的通知》(淮政发〔2016〕58号)要求,尽快启动420省道和330省道洪泽段项目设计工作,所需经费由区财政予以安排。

关于提前实施2017年农村公路提档升级和农桥改造工程有关问题。会议听取区交通局局长赵希立关于提前实施2017年农村公路提档升级和农桥改造工程有关问题的情况汇报,为切实解决农路桥梁隐患,进一步方便农户出行,同意提前实施2017年农村公路提档升级工程(42.29千米)和11座农村桥梁改造,所需经费由财政予以安排。

关于区医院异地新建土地征用有关问题。会议听取高良涧街道办事处主任赵卒生关于区医院异地新建土地征用有关问题的情况汇报,因城区规划建设和区医院异地建设需要,同意对高良涧街道浔河、越城两村44.99公顷土地进行征用,其中18.53公顷土地用于区医院建设,剩余土地由城市资产公司储备,区医院用地和储备用地所需经费分别由区财政与城市资产公司承担。

关于返还淮安惠泽房地产有限公司土地出让金有关问题。会议听取国土分局党委委员、土地储备中心主任颜俊昌关于返还淮安惠泽房地产有限公司土地出让金有关问题的情况汇报,原则同意提交的报告。根据淮安市中级人民法院(2016)苏08民初108号民事调解书意见,区国土分局解除与淮安惠泽房地产有限公司签订的《国有建设用地使用权出让合同》(合同编号3208292013CR0063),返还所缴纳的出让金,并承担出让金产生的利息及诉讼费等其他费用。返还的出让金由区财政局安排资金拨付给区国土分局,再由区国土分局支付给淮安惠泽房地产有限公司;出让金以外部分由区财政局安排资金拨付给城市资产公司,再由城市资产公司支付给淮安惠泽房地产有限公司。

会议根据《中共淮安市委淮安市人民政府关于加强县区党政正职重点权力制约监督的若干规定》(淮发〔2015〕25号)要求,分别对420省道和330省道洪泽段建设工程项目设计招标所需约1600万元、区医院异地新建土地征用所需2322.8846万元经费进行了票决,并一致通过。

2016年11月22日，区长殷强主持召开区十四届人民政府第38次常务会议。就安全生产、完善医疗保险异地就医管理等问题进行研究。区委常委、常务副区长杨国仁、副区长张培刚、王兆龙、陶陶、王爱荣、徐继东、韩学红，区政府党组成员陈洪标、高万成等出席会议。有关镇（街道）、单位负责人列席会议。2名人大代表、2名政协委员应邀列席会议。会议纪要如下：

关于安全生产有关问题。会议听取区安监局局长杨建浩关于近期安全生产有关问题的汇报，就做好下一步工作强调，要针对冬季季节特点，切实加强对全区冬季安全生产风险分析和研判，落实有效对策措施，认真解决安全生产管理上存在的突出问题和薄弱环节。促进企业健全并落实安全生产管理各项规章制度，严格执行安全生产技术规程和标准，有效防范各类生产安全事故发生，加强对危化品、烟花爆竹的安全监管，加大对社区、公共场所的巡查监控力度，以强有力措施确保全区安全生产形势持续稳定。

关于完善医疗保险异地就医管理有关问题。会议听取区人社局局长葛庆友关于完善医疗保险异地就医管理有关问题的情况汇报，原则同意提交的报告，要求区人社局按照会议讨论意见进一步修改完善后实施。会议强调，完善医疗保险异地就医管理对进一步规范和引导合理异地就医，完善转诊转院工作流程，保障参保人员基本医疗需求具有重要意义。要加强组织领导，人社局切实承担起实施主体责任，科学制定具体工作方案，按照以人为本、创新机制的原则，坚持需求导向、问题导向、效果导向，提升医疗服务能力，形成科学合理就医秩序。要加强协作配合，区卫计委要提升医疗服务监管水平，完善转诊标准和指导意见，区医院、中医院和妇幼保健院要内设专门机构和安排人员负责异地就医转诊管理工作，完善异地就医转诊经办流程，提高服务效率和群众满意度。要加强宣传引导，采取多种方式加强异地就医管理政策的宣传，扩大政策知晓率，提高参保人员分级诊疗的自觉性，切实缓解医、患、保之间的矛盾。

关于设立科技型中小企业贷款风险补偿资金池有关问题。会议听取区财政局局长陈中军关于设立科技型中小企业贷款风险补偿资金池有关问题的情况汇报，原则同意提交的报告。会议指出，根据《省政府关于加快促进科技和金融结合的意见》（苏政发〔2012〕79号）、《省政府关于印发国家促进科技和金融结合江苏省试点方案的通知》（苏政发〔2012〕117号）精神，设立洪泽区金融机构科技型中小企业贷款风险补偿资金池，其中区财政出资500万元，省级财政配套资金500万元，由区科技局、财政局与邮储银行洪泽支行合作并共同管理，以市场化模式运作。

关于增加国家卫生县城创建道路维修经费有关问题。会议听取区住建局局长赵可林关于增加国家卫生县城创建道路维修经费有关问题的情况汇报，同意拨付在“创卫”过程中因新增道路零星维修产生的经费675万元，由财政予以安排。

关于拨付建设用地“双减量”试点项目资金有关问题。会议听取朱坝街道人大工委主任郭兆俊关于拨付建设用地“双减量”试点项目资金有关问题的情况汇报，原则同意提交的报告。会议指出，根据《洪泽县建设用地“双减量”试点工作实施方案》（洪政发〔2016〕41号）和《洪泽县建设用地“双减量”试点项目资金管理暂行办法》（洪政办发〔2016〕48号）文件精神，拨付朱坝街道项目资金400万元，用于兑付房屋征迁和安置费用。

关于落实严重精神障碍患者监护责任政策经费有关问题。会议听取区委政法委副书记、综治办主任李登学关于落实严重精神障碍患者监护责任政策经费有关问题的情况汇报，原则同意提交的报告。会议指出，按照《淮安市关于贯彻以奖代补政策落实严重精神障碍患者监护责任的实施意见》（淮综治办〔2016〕21号）要求，2016年第四季度的严重精神障碍患者监护责任以奖代补经费由区财政负担，从2017年1月1日起，将严重精神障碍患者监护责任以奖代补经费列入区、镇（街道）财政预算，区、镇（街道）财政各承担50%。

关于不良贷款化解有关问题。会议听取农业银行洪泽支行行长冯景鑫和太仓农商行洪泽支行行长王晓东关于不良贷款化解有关问题的情况汇报，根据省金融生态创建会议相关要求，同时为了更好地维护金融生态优秀县创建成果，降低银行贷款不良率、改善招商发展环境，原则同意提交的报告。1. 同意帮助农业银行洪泽支行化解江苏盈恒化工有限公司700万元贷款。农业银行洪泽支行从为洪泽农村供水有限公司发放的银团贷款费用中划出相应金额至区经济开发区下属的洪泽区工业园区经济发展总公司，用于代偿江苏盈恒化工有限公司的不良贷款本息，并将相应的贷款债权、抵押权转至代偿公司，同时农业银行洪泽支行等额扣减未收取的洪泽农村供水有限公司项目贷款银团费用。2. 同意帮助太仓农商行洪泽支行化解2646万元不良贷款。(1)江苏世荣置业有限公司1796万元贷款化解，由区财政将息差款转至区经济开发区下属的洪泽区工业园区经济发展总公司，由该公司为江苏世荣置业有限公司代偿相应贷款，同时太仓农商行洪泽支行将江苏世荣置业有限公司土地房产的抵押权和债权无偿转让给该公司。(2)洪泽润洪担保公司提供担保的350万元不良贷款化解，由区财政将息差款转至区经济开发区下属洪泽润洪担保公司，洪泽润洪担保公司向太仓农商行洪泽支行补缴相应担保保证金，太仓农商行洪泽支行从保证金账户扣取相应金额，来代偿担保的不良贷款。(3)区城市资产公司提供担保的500万元不良贷款化解，由区财政将息差款转至区城市资产公司，区城市资产公司安排其下属贸易公司以存单质押方式置换出其担保。

会议还听取区纪委副书记、监察局局长钱澄关于有关案件情况的汇报。

2016年12月20日，区长殷强主持召开区十四届人民政府第39次常务会议。就2017年城建重点项目、2017年民生十件实事等问题进行研究。区委常委、常务副区长杨国仁、副区长秦立行、徐琳、王爱荣、徐继东、韩学红、何喆，区政府党组成员高万成等出席会议。有关镇（街道）、单位负责人列席会议。2名人大代表、2名政协委员应邀列席会议。会议纪要如下：

关于2017年城建重点项目有关问题。会议听取区规划局局长邵永军关于2017年城建重点项目有关问题的情况汇报,原则同意提交的报告,要求区规划局按照会议讨论意见进一步修改完善后提请区委常委会研究。2017年城建交通拟实施重点项目共计4大类、114个项目(含16个续建项目),项目所涉部门要充分利用好上级扶持资金,并积极探索采用企业自筹、PPP等多种合作模式。会议强调,要高端定位,将"海绵城市、低碳城市、智慧城市"等建设理念,以及"多规合一"等改革试点成果,运用到城市规划建设管理的全过程,通过一个个精品工程的实施,优化城市空间布局,完善城市公共配套,补足民生服务短板。要统筹推进,规划局对项目选址、用地规模、规划设计等严格把关,对项目周边交通组织、功能配套等进行充分考量;住建局和各建设单位加快新能源、新材料在建设领域的推广应用,严把工程质量和安全管理关;区发改、财政、国土等部门积极做好项目审批、建设全过程的服务工作,保障项目顺利实施。要细化举措,各责任单位围绕年度目标任务,排实项目建设的计划书和路线图,增强责任意识,抓好分类推进,加强督查考核,确保全面完成项目建设任务。

关于2017年民生十件实事有关问题。会议听取区政府办副主任赵建清关于2017年民生十件实事有关问题的情况汇报,原则同意提交的报告,要求区政府办按照会议讨论意见进一步修改完善后提请区委常委会研究。会议强调,要细化实施方案,各牵头部门主动与责任单位、协办单位沟通对接,超前研究制定区医院异地新建、"平安乡村"等子项目的具体实施方案,逐一明确目标任务、序时进度、资金安排、责任分工等,提高实事项目的可操作性。要完善推进措施,各单位根据实施方案要求,抓紧部署安排,明确责任分工,充分考虑项目实施可能遇到的困难和问题,提前研究针对性的解决措施,想方设法破解难题,一着不让加快进度。要强化协作联动,每一件民生实事明确一名政府分管领导牵头、统筹抓好项目推进工作,各具体责任人要认真履行职责,抓好协调调度、强化组织实施,确保通过密切协作、强力推进,各项实事能取得实实在在的成效,让广大群众满意。

关于2017年重大项目有关问题。会议听取区发改委纪检组长倪正美关于2017年重大项目有关问题的情况汇报,原则同意提交的报告,要求区发改委按照会议讨论意见进一步修改完善后提请区委常委会研究。会议指出,重大项目是有效投资的载体、转型发展的引擎,加快推进重大项目建设对保持经济稳定增长,推动供给侧结构性改革具有重要作用。各责任单位要切实把项目建设作为当前工作的重中之重,着力谋划实施一批符合产业政策、支撑结构调整、提升经济质态的项目,扶持发展一批附加值高、市场前景好、科技含量高的项目,着力提升产业层次,加快转型升级,为洪泽发展不断增创竞争优势。区督考办要进一步健全完善动态预警、督查督办等工作机制,确保项目按序时推进。区发改、经信、农委等部门要充分发挥综合协调作用,做好重大项目安排、筛选、储备和前期推动工作,及时掌握项目实施进度,牵头协调解决有关问题。

关于江苏华泰机械有限公司监管工作方案有关问题。会议听取区政府办副主任刘海健关于江苏华泰机械有限公司监管工作方案有关问题的情况汇报,原则同意提交的报告。会议要求,区经济开发区牵头抓好江苏华泰机械有限公司监管工作,蒋坝镇、发改委、经信委、市场监管局要明确到具体责任人、切实履行相应监管职责,具体实施细则由区经济开发区牵头组织相关部门予以明确。

关于高中考质量奖发放有关问题。会议听取区教育局局长高祝芹关于高中考质量奖发放有关问题的情况汇报,原则同意提交的报告。为充分调动教师工作积极性,提升教师工作责任感,鼓励教师将更大精力用于教学工作,根据2012年5月18日县政府专题会议形成的《关于县城部分医疗单位、高中阶段公办学校绩效工资问题的会议纪要》精神,并结合周边县(区)做法,同意拨付2016年高、中考质量奖1108万元,由区财政予以安排。区教育局要做好质量奖发放的监管工作,严格执行上级各项文件要求,杜绝普发行为。

关于区机关事业单位职工住房和交通补贴有关问题。会议听取区财政局局长陈中军关于区机关事业单位职工住房和交通补贴有关问题的情况汇报,原则同意提交的报告。会议指出,为策应"撤县设区"发展,切实缩小洪泽区干部职工与市直及周边县(区)的待遇差距,进一步调动干部职工的工作积极性,同意对区机关事业单位职工发放住房补贴和交通补贴,自2016年10月1日起执行。

关于洪泽现代新农村投资发展有限公司股东变更有关问题。会议听取区财政局局长陈中军关于洪泽现代新农村投资发展有限公司股东变更有关问题的情况汇报,为推动国有资产合理配置和有效使用,进一步壮大区城市资产公司规模,同意将洪泽现代新农村投资发展有限公司股东由洪泽区国有资产管理局变更为洪泽区城市资产公司。

关于地税系统闲置房产置换有关问题。会议听取区地税局局长黄卫东关于地税系统闲置房产置换有关问题的情况汇报,原则同意提交的报告。会议要求,区地税局与财政局、城市资产公司做好对接,对闲置房产进一步做好资产评估和债务梳理。

关于348省道洪泽南环段路缘石更换有关问题。会议听取区交通局局长赵希立关于348省道洪泽南环段路缘石更换有关问题的情况汇报,同意将348省道洪泽南环段原计划使用的混凝土路缘石更换为大理石路缘石,增加的398万元经费纳入工程建设费用范围。

关于完善江苏天鹅湾旅游开发有限公司法人治理结构有关问题。会议听取区城建办主任陈洪鑫关于完善江苏天鹅湾旅游开发有限公司法人治理结构有关问题的情况汇报,原则同意提交的报告。明确江苏天鹅湾旅游开发有限公司为区属国有企业,由江苏洪泽湖建设投资集团有限公司和蒋坝镇乡镇资产集体经营中心出资组建。依据《关于进一步规范党政领导干部在企业兼职(任职)问题的意见》(中组发〔2013〕18号)精神及公司法相关要求,将进入公司管理层人员明确为国有企业工作人员身份,人员选用和招录由区组织人事部门通过从全区机关和事业单位选用(调任)、面向社会招引和招聘等方式进行。

关于岔河镇专职消防队建设有关问题。会议听取岔河镇镇长邵加成关于专职消防队建设有关问题的情况汇报，根据《江苏省政府专职消防队伍管理办法》相关要求和市公安、消防部门意见，同意岔河镇建设专职消防队。消防队建设所需338.9万元费用由区财政予以安排，建成后每年的正常运转费用由岔河镇政府承担，消防队员工资待遇参照区辅警标准纳入全区统一保障。

关于老子山温泉小镇PPP项目有关问题。会议听取老子山镇镇长傅建霞关于老子山温泉小镇PPP项目有关问题的情况汇报，同意采用PPP模式实施老子山温泉小镇项目，老子山镇要积极与区PPP项目审查工作领导小组对接，进一步完善实施方案，选择信誉好、资金充足的社会资本方进行合作。

关于江苏爱吉斯海珠机械有限公司地块征收有关问题。会议听取区征收办副主任陈后健关于江苏爱吉斯海珠机械有限公司地块征收有关问题的情况汇报，鉴于洪新河两侧地块棚户区改造项目安置房建设需要，同意对地块所涉的江苏爱吉斯海珠机械有限公司房屋及土地实施征收，所需5483.98万元费用从江苏洪泽湖建设投资集团有限公司中支出。

关于实施城区居民生活用水用气阶梯价格制度有关问题。会议听取区物价局局长郭虎关于实施城区居民生活用水用气阶梯价格制度有关问题的情况汇报，原则同意提交的报告。根据省委省政府《关于全面推进价格机制改革的实施意见》(苏发〔2016〕13号)要求，对城区居民生活用水用气实行阶梯价格制度。根据《关于印发江苏省污水处理费征收使用管理实施办法的通知》(苏财规〔2016〕5号)要求，实行差别化污水处理费政策，并将非居民、特种用水污水处理费由现行1.20元/立方米标准分别上调到1.25元/立方米、1.30元/立方米。

会议根据《中共淮安市委淮安市人民政府关于加强县区党政正职重点权力制约监督的若干规定》(淮发〔2015〕25号)要求，对江苏爱吉斯海珠机械有限公司地块征收所需5483.98万元费用进行了票决，并一致通过。

县(区)长办公会议

2016年，县(区)政府召开2次县(区)长办公会议。

2016年1月18日，县长殷强主持召开县长办公会议，就湖滨新区和高铁新城规划国际招标等问题进行专题研究。会议纪要如下：

关于湖滨新区和高铁新城规划国际招标有关问题。会议听取县规划局局长邵永军关于湖滨新区和高铁新城规划国际招标有关问题的情况汇报，决定原则同意提交的报告。会议明确：1. 规划编制期间，除已确定的重大项目外，其他项目一律暂停，待规划编制完成、所有项目经规划局初审后，报经推进湖滨新区建设工作领导小组审批。2. 近期，相关镇、街道可结合城乡建设用地“双减量”规划进行拆迁，拆迁后的土地保留在各镇、各街道名下。3. 规划设计经费列入县财政预算并实行专款专用，其他相关工作经费列入县财政预算并按项目化管理。

关于国防园和民防园规划设计招标有关问题。会议听取县高新技术产业园管委会主任、人防办负责人赵建东关于国防园和民防园规划设计招标有关问题的情况汇报，决定原则同意提交的报告。会议指出，经县公共资源交易服务中心组织，县国防园和民防园规划设计先后两次公开招标，均因投标单位少于三家，不符合招投标法律相关规定，造成两次流标。会议明确：1. 参照以往招投标做法，将县国防园和民防园规划设计公开招标转为竞争性谈判。2. 县人防办要会同县公共资源交易服务中心等单位做好与上级对口部门的沟通联系，确保相关程序合法、合规，同时要科学设定设计综合单价报价。

关于洪泽湖大堤封闭段旅游资源合作保护与开发有关问题。会议听取洪泽湖古堰管委会副主任徐成军关于洪泽湖大堤封闭段旅游资源合作保护与开发有关问题的情况汇报，决定原则同意提交的报告。会议明确：1. 洪泽湖古堰景区管委会与江苏省洪泽湖水利工程管理处对大堤封闭段保护与开发必须遵循“统一规划、依法许可、积极支持、合作共赢”的合作原则，保证洪泽湖大堤封闭段开发合法正常进行。2. 江苏省洪泽湖水利工程管理处要全力协助洪泽湖古堰景区管委会办理堤防管理范围内旅游建设项目的各项行政许可手续。3. 鉴于江苏省洪泽湖水利工程管理处在洪泽湖大堤绿化方面投入较大，故其参与洪泽湖古堰景区经营收入分成，具体为经营收入的18%；同时，洪泽湖大堤封闭对省堤防管理所经营造成一定损失，县财政给予其65万元/年的经济补偿。

关于江苏宇天港玻新材料有限公司和江苏省洪芯智能技术有限公司两个担保项目有关问题。会议听取县乡镇局局长程雪峰关于江苏宇天港玻新材料有限公司和江苏省洪芯智能技术有限公司两个担保项目有关问题的情况汇报，决定原则同意提交的报告。会议明确：1. 同意淮安市洪泽华盛中小企业信用担保有限公司按照相关程序为江苏宇天港玻新材料有限公司和江苏省洪芯智能技术有限公司分别提供续贷1000万元和贷款2100万元担保。2. 乡镇局要会同相关单位严格按照市统贷平台要求和贷款担保操作流程，抓紧完善政府承诺函等有关手续后报市统贷平台按程序审批。

关于县污水处理厂污泥处置有关问题。会议听取县住建局局长赵可林关于县(天楹)污水处理厂污泥处置有关问题的情况汇报，决定原则同意提交的报告。会议明确：1. 同意县住建局与江苏大自然新材料有限公司签订相关协议，将污泥送至该公司处理处置。2. 污泥处理处置费用共计160元/吨。其中，污泥处理处置费100元/吨，运输费60元/吨。3. 2015年9月22日至2015年12月31日污泥处理处置33.0456万元费用由财政予以安排，从2016年1月1日起及以后每月约需污泥处理处置费用9.6万元，由县财政按月安排。

2016年2月5日，县长殷强主持召开区长办公会议，就2016年交通工程重点项目等问题进行专题研究。会议纪要如下：

关于2016年交通工程重点项目有关问题。会议听取县交通局局长赵希立关于2016年交通工程重点项目有关问题的情况汇报，决定原则同意提交的实施计划，要求县交通局进一步将2016年交通工程重点项目实施计划与相关部门对接细化，待方案完善后稳步实施。会议明确：1. 2016年共实施省道348东段等交通工程重点项目22个，其中续建和新实施项目15个、开展工程前期项目7个。2. 项目所涉部门要尽快启动项目前期工作和项目施工、监理、业主中心实验室招投标程序，相关项目列入县财政工程项目计划内预算。3. 项目所涉部门要充分利用好向上争取资金，并积极探索采用PPP等合作模式。

关于县经济开发区化工集中区环保专项整治有关问题。会议听取县环保局开发区分局局长高夕昶关于县经济开发区化工集中区环保专项整治有关问题的情况汇报，决定原则同意提交的整治方案。会议明确，根据省环委办《关于开展苏中苏北地区化工园区环保专项整治工作的通知》（苏环委办〔2015〕28号）和市环委会《关于开展全市化工园区环保专项整治工作的通知》（淮环委〔2015〕9号）要求，对县经济开发区化工集中区开展环保专项整治。1. 从2016年1月至2017年5月，分动员部署、整治实施和验收考核三个阶段开展整治工作。2. 整治内容为：清理未批先建项目，依法实施项目关闭取缔工作，开展企业废气、废水、固体废弃物治理，完善化工集中区污水、雨水管网，实施污水处理厂处理工艺升级改造，开展化工集中区周边河道整治，加快环境敏感目标搬迁工作，落实环保网格化管理工作，开展化工集中区环境风险等级评估，加强园区环境预警、应急保障体系建设等十个方面。3. 成立县经济开发区化工集中区环保专项整治领导小组，由县经济开发区管委会具体实施，县环保局负责日常工作，各相关单位协同配合，实行网格化管理、挂钩联系和责任包干制度。

关于实施黄海路等4条道路绿化项目有关问题。会议听取县园林局局长孙德仁关于实施黄海路等4条道路绿化项目有关问题的情况汇报，决定原则同意提交的报告。会议明确，1. 黄海路、微山湖路、大禹路和协作路4条道路绿化项目实施工作由县园林局负责牵头，规划局、公共资源交易服务中心配合做好设计、施工、监理等招投标相关工作，高良涧街道、城管局协同做好政策解释工作。2. 所涉4条道路绿化景观实施面积为2万平方米，所需经费约480万元，由县财政根据审计决算价予以安排。

关于大吉祥寺相关手续办理完善有关问题。会议听取县政协副主席、统战部部长薛良柱关于大吉祥寺相关手续办理完善有关问题的情况汇报，决定原则同意提交的报告。会议明确：1. 成立专项工作组，由县委常委、常务副县长杨国仁担任组长，县政府所涉相关副县长和县政协副主席、统战部部长薛良柱任副组长，政府办、统战部、发改委、规划局、国土局、住建局等所涉单位为成员单位。2. 县宗教局要会同大吉祥寺负责人积极提供寺庙相关资料，全力配合做好完善手续各项工作；发改委、国土局、规划局要牵头做好项目立项、土地证、规划许可等相关手续的补办；国土局牵头将大吉祥寺土地利用规划调整到位；住建局牵头对寺庙现有房屋安全进行评鉴，并协助其办理相关手续；消防大队负责对寺庙消防安全进行系统检查，提出整改意见，并督促其整改到位，协助做好相关手续办理；市场监管局牵头对寺庙内食品安全予以检查指导，提出相关要求，督促整改到位。3. 大吉祥寺在建项目立即补办相关手续，以后新建的项目需依法提前办理相关手续，有关部门要主动对接，上门服务、跟进服务，确保新建项目手续齐全，不留隐患。根据书记办公会纪要（2009年第10期）精神，并参照周边县区做法，对大吉祥寺所涉规费县级部分予以减免。

关于城管协管员工资待遇调整有关问题。会议听取县城管局局长朱正港关于城管协管员工资待遇调整有关问题的情况汇报，决定原则同意提交的报告。会议明确，参照周边县区工资待遇，从2016年1月1日起，城管协管员绩效考核工资人均增加300元/月，工资待遇提高到1800元/月（其中基本工资1300元/月、考核工资500元/月），同时将住房公积金纳入预算。城管协管员工资实行逐年增长制，每年人均增加工资100元/月，暂定5年。

关于提高残疾人专职委员工资标准有关问题。会议听取县残联主席杨卫东关于提高残疾人专职委员工资标准有关问题的情况汇报，决定原则同意提交的报告。会议明确，为切实提高残疾人专职委员工作积极性，进一步做好基层残疾人事业工作，参照周边县区工资标准，将残疾人专职委员应发工资数由1600元/月提高到1900元/月。

关于国家卫生县城创建有关问题。会议听取县创卫办副主任杨丽关于国家卫生县城创建有关问题的情况汇报，决定原则同意提交的报告。会议明确：1. 由高良涧街道牵头组织人员，集中对城中村、城郊接合部环境进行清理，做到整洁有序。2. 由商务局牵头对农贸市场及周边环境进行整治，并落实长效管理机制，其中绿禾农贸市场要按照现代化管理模式进行改造。3. 对太湖路两侧环境、大庆路步行街西侧街面餐饮前灶后店、保障房（安置房）后期维护和中兴名都等小区管理相关问题，责任单位要按照创卫序时要求推进，限期整改到位。

关于收购洪泽亚沣房地产开发有限公司住宅有关问题。会议听取县地税局局长孙群关于收购洪泽亚沣房地产开发有限公司住宅有关问题的情况汇报，决定原则同意提交的报告。鉴于洪泽亚沣房地产开发有限公司欠缴淮安市洪泽地方税务局税款数额较大，淮安市洪泽地方税务局按照《中华人民共和国行政强制法》，已对其名下34套住宅实行了强制执行。会议明确，由洪泽县城市资产公司对上述34套住宅进行收购，将收购款90%交由淮安市洪泽地方税务局用于缴纳税款。（陈泽勇　张　鼎）

政府公共服务平台

【概况】 淮安市洪泽区“阳光洪泽”管理服务中心包括：“阳光洪泽·12345”政府公共服务平台、阳光纪检、民生通道、领导信箱、阳光信访五个受理平台。其中“12345”政府公共服务热线平台覆盖72个网络成员单位，与市级平台专线连接、资源共享、联动运行。平台受理中心采用即时受理、首接负责、限期办结、扎口回复、及时回访的工作机制，24小时无缝隙受理群众的电话、网络、短信、传真、微博、QQ等各种方式的咨询、求助、建议、批评、投诉、举报等事项，为群众提供全方位、全天候、高效率的政府公共服务。除自行受理、办理群众诉求，同时办理市平台交办的职责范围内的群众诉求。

【诉情处置】 2016年，区阳光办受理各类群众诉求23414件，同比上升2%。其中，领导信箱235件，同比上升33.5%；“12345”平台19849件，同比上升7.6%；阳光纪检162件，同比下降12.0%；大湖论坛·民生通道2649件，同比下降29.5%；阳光信访519件，同比上升31.1%。

区阳光办编印《“阳光洪泽”周报》52期、《“阳光洪泽”月度通报》12期、《“阳光洪泽”专报》10期，《领导信箱群众诉求办理情况报告》12期，通报相关镇（街道）、部门的处置亮点，剖析100多个疑难问题，研判可能出现的舆情，使“阳光洪泽”研判工作走在前面，做到未雨绸缪。

牵头组织20余次协调会办，针对群众反映较多的蓝湾咖啡油污堵塞下水道、浔河花苑门面房油烟扰民、高良涧船闸周边水上加油船无证售油、蒋坝镇平安加油站有照无证售卖汽油、原万集镇文广站蒋仕岭工伤复发治疗费用等问题，先后邀请区市场监管局、环保局、城管局、住建局、商务局、公安分局、消防大队、文广新局、广电台、网络公司、东双

阳光洪泽 心系你和我

沟、蒋坝、高良涧街道等相关职能部门及镇（街道）人员到现场协调处理。蓝湾咖啡油污堵塞下水道问题已得到解决；浔河花苑门面房油烟扰民问题已制定整改方案进行整改；区政府开展成品油市场集中专项整治行动；相关问题都得到妥善处置。

【协调联动会办】 2016年，区阳光办牵头，先后组织5次“阳光洪泽·12345”暨大湖论坛网友和网络监督员开展“三进”活动，先后走进高良涧街道洪建社区、住建局、城市资产公司、城管局和交运局。6月17日，召开2015年“阳光洪泽”先进工作者暨2016年度网络监督员座谈会。8月5日，召开半年推进会，学习贯彻县第十一次党代会精神。10月25日，召开“阳光洪泽”建设交流座谈会，传达区委书记朱亚文在《“阳光洪泽”月度通报》和《“阳光洪泽”专报》上的批示精神，高良涧街道、住建局、公安局、城管局、人社局、环保局、教育局、水利局等8个重点单位分管负责人出席座谈会。12月9日，召开网络监督员座谈会，更好筹划对阳光纪检、大湖论坛等网络舆情对策举措处置。10月下旬，先后安排高良涧街道、住建局等8家重点单位分管领导和工作人员走进“阳光洪泽”平台，进行互动交流学习。11月8日起，区阳光办开设“12345平台律师在线”，由律师在线为群众提供法律援助。至12月底，已累计在线解答20次，并把律师在线解答的法律知识整理成文字在大湖论坛发布。

积极向区委、区政府争取，将诉情处置办理工作纳入全区科学跨越发展目标考核内容。为将考评工作抓细抓实，区阳光办结合诉情办理工作特点，制定《“阳光洪泽”工作考核细则》。2016年7月初，依据《考核细则》对各镇（街道）、各相关承办单位上半年诉情处置办理绩效进行了考评，并通报考评结果。2016年底，对全区所有成员单位“阳光洪泽”工作进行全面考核，依据考核结果推荐10家先进单位和10名先进个人接受区委、区政府表彰。 （韦 姣）

政务服务

【概况】 2016年10月，洪泽县政务服务管理办公室更名为淮安市洪泽区行政审批局。区行政审批局以“构建淮安最优服务环境，集聚洪泽最新发展动能”为主题，积极探索“四联合”服务机制，放大361诚信服务品牌效应，规范化建设区镇村三级政务服务体系，推进公共资源交易平台整合，向打造苏北一流的政务服务环境目标不断迈进。累计受理各类许可服务事项263253件，全部按时办结，第三方测评满意率95%。获2016年度市“五一劳动奖状”、区科学跨越发展目标考核二等奖、全区党建先进集体考核二等奖；被省、市、区媒体采用政务信息65篇，其中佩戴胸牌视频被中央电视台 CCTV13频道采用，@国务院新闻图片在国务院网站刊登。

【建成区、镇、村三级政务服务中心】 2016年，区行政审批局有序推进新政务服务中心建设，安排分管领导全程跟踪帮办，协调处理建设过程中的各类问题。12月底，完成项目主体工程。全区9个镇（街道）政务服务中心、113个村（居）便民服务中心全部建成，形成区、镇、村三级政务服务体系，该项工作走在全市前列。4月29日，全市政务服务体系建设工作现场会在洪泽召开，现场观摩黄集街道、岔河镇

政务服务中心和便民服务站。

全市政务服务体系建设工作座谈会现场

【推进“互联网+政务服务”建设】 2016年，区行政审批局与全区“智慧洪泽”工作相衔接，多次会同相关部门绘制项目审批流程图，开发洪泽区网上审批软件，初步完成“互联网+政务服务”的系统构架；与市政务办对接，重新调整撤县设区后的相关事项审批流程，网上行政权力公开工作位于全市县(区)前列。

【推进政务服务标准化建设】 2016年，区行政审批局重新编制《便民服务指南》，再明确、再规范、再优化所有审批事项；设立361诚信服务综合服务窗口，通过对客商一对一帮扶，进一步放大361诚信服务品牌效应；3月，启动实施行政审批“告知承诺制”，省编办到洪泽专题调研此项工作的开展；10月，全面启动“五证合一”登记制度。

【探索“四联合”评审服务机制】 2016年6月，市编办下文成立洪泽区投资建设项目联合评审勘验服务中心。区政府印发《洪泽区推进投资建设项目“四联合”工作的意见》，明确规范“四联合”工作机制，对中电(洪泽)生物质热电有限公司投资兴建的生物质发电项目等三个项目开展“四联合”服务工作取得较好效果。

【放大361诚信服务品牌效应】 2016年，区行政审批局印发《关于进一步提升服务质量、放大361诚信服务品牌效应的实施方案》《2016年优化软环境建设和深化361诚信服务工作要点》等制度，建立361诚信服务月报工作机制，实现361诚信服务微信平台一周一统计，月报表一月一分析，掌握最完整的帮办信息。6月，全区召开“廉能洪泽”共建行动启动暨深化361诚信服务品牌创建大会，对2015年度361诚信服务“红旗单位”“红旗标兵”和“服务之星”进行集中表彰，现场颁发流动红旗。市、区政府网站、《淮安日报》《洪泽报》等新闻媒体对典型事迹进行报道。

【优化服务】 2016年，区行政审批局编制24张办事流程图，全区审批事项申请要件压减为337项，压减率66%；推进一线帮办，召开协调会、座谈会16次，开展并联审批、联审联办41次，及时协调处理各类问题126件，为30余家企业办理各类证照等事项达2300件，进驻项目现场帮办服务550余人次，举办招聘会34场，为全区30家缺工企业招聘5202人；完成银企对接182户，对接资金26.29亿元，对接成功率78.3%，协调过桥资金2861万元，帮助11家企业渡过难关。

【完善公共资源交易工作】 2016年5月，洪泽区成立淮安市公共资源交易中心洪泽分中心，洪泽分中心按照流程顺畅、互相制衡的原则，细化内设机构，明确科室职责，对招投标全过程进行跟踪；区行政审批局成立公共资源交易监督管理科，进驻洪泽分中心进行现场监管。9月，区政府办印发《洪泽区政府投资小型工程发包管理办法》，对直接发包项目标准进行明确规定。经造价专业人员审核的直接发包项目469个，总发包价10184.05万元，核减金额约1527.6万元，资金节约率15%。年内，查处6起串标案件，涉及投标单位16家，涉案金额2274.09万元。依据招投标相关法律法规要求，对16家涉及串标单位进行了处罚。　（李　明）

机构编制

【概况】 2016年，区编办坚持“撤一建一”“撤多建一”原则，完成检验检测、不动产登记和房屋交易、公共资源交易分中心等机构的设置，确保机构编制总量持续稳定。确定洪泽人民医院和洪泽中医院作为事业单位法人治理结构改革试点单位，并报市编办确认，并有序推进实施。出台《2016年度机关履职绩效考核办法和考核评分细则》，考核工作由编办牵头统筹协调、督导检查和推动落实。

至年底，全区有机构348个，其中行政编制单位61个、事业编制单位287个；副处级编制机构3个、正科级编制机构90个、副科级编制机构41个、股级编制机构214个。

全区在编人员6886人。其中，行政编制人员1344人、参公人员222人、事业编制人员5320人。

【机构编制调整】 2016年，区编办完成10个单位机构编制调整工作。其中，新增设机构8个，撤销机构2个。

当年，区编办调整部分机构设置。一是将原与区委办合署办公的区台办调整为与区统战部合署办公，这样与市台办的管理关系相对应，更好完成党在新时期统战工作任务。二是根据市委、市政府“淮洪一体化”建设要求，配合市机构编制部门将区国土资源局和在区住建局挂牌的区规划局调整为淮安市国土局洪泽分局和淮安市规划局洪泽分局，以及其下属事业单位一并调整为市业务主管部门垂直管理，以更好的统筹全市城乡建设发展。三是将原政府派出机构政务办改设为区行政审批局，列政府工作部门序列，这一设置是为了更好的策应全省相对集中行政审批权改革试点工作。四是将原洪泽县公安局更名为淮安市公安局洪泽分局，但仍为区政府工作部门，这样更好的有利于市公安局对洪泽公安工作的业务指导，使洪泽的社会治安融入市区大环境。"撤县设区"学校的调整，将全区所有原冠以"洪泽县"字样的学校均直接冠名淮安市字样，例如原"洪泽县高良涧小学"直接更名为"淮安市高良涧小学"。另外参照原淮海中学模式，特将原"洪泽县第二中学"更名为"淮安市洪泽湖高级中学"，此举体现揽洪入淮的发展方向。在2014年区乡镇行政区划调整时所在地设为街道的高良涧、朱坝、黄集三所卫生院此次均设置为社区卫生服务中心，向城镇化更迈进一步。

【撤县设区后机构编制调整】 2016年7月7日，接上级关于洪泽"撤县设区"文件后，区编办立即着手准备全县机构名称调整工作。10月8日，洪泽县正式实施"撤县设区"工作时，挂牌机构25家。至11月2日，完成全区机构名称调整工作，调整61家党政群机构名称、287家事业单位机构称变更。除在"撤县设区"前冠以江苏、淮安等字样的行政事业机构和教育、卫生机构外，其他行政事业机构以"淮安市洪泽区"开头冠名。另原县规划局、公安局、国土局3家单位更名为"淮安市规划局洪泽分局""淮安市公安局洪泽分局""淮安市国土资源局洪泽分局"。

【信用信息公示平台建设】 2016年，区编办开通洪泽机关事业单位信用信息公示平台，向区政府申请中文域名专项经费8.24万元，共注册中文域名365家；审核通过74家机关事业单位统一网站标识的挂标，实现党政机关和独立法人事业单位域名注册"全覆盖"，存量自建网站挂标"全覆盖"。全面实施事业单位法人"多证合一、一证一码"统一社会信用代码制度，新发、换发统一社会信用代码事业单位法人证书257份。

精心筹备建设洪泽机构编制人事综合信息大数据平台，赴外地相关县区和软件开发公司调研，与区人社、财政、组织部门充分沟通，并于9月下旬，邀请镇江银联有限公司工程技术人员到洪泽演示平台功能（主要包括机构编制管理、干部大数据采集、干部任免管理、公务员和事业人员日常管理等）。目前，该平台建设方案已报经区委、区政府批准列入"智慧洪泽"重点建设项目，预算费用80万。

【编制监管】 2016年，区编办结合机构编制统计月报工作，每月定期主动与区组织、人社、财政等相关单位联系落实机构编制、人员信息变动情况，通过实地核实、电话沟通等多种形式，全面掌控机构编制变动、退休人员减编、职级调整等事项，确保机构编制事项底数清、状态明。上级审批的行政事业编制、新进人员信息全部及时录入实名制库，确保该库动态更新。全年先后三次向市编办报备科级干部职数预审；开展控编减编自查，接受市编办对洪泽控编减编工作的专项检查；组织开展省委巡视组反馈的相关问题整治。

【完善区行政审批部门机构职责】 2016年，区编办编发《审改任务分解表》，召开4次审改联席会议，开展审改工作阶段性"回头看"，编发《洪泽审改工作简报》4期；及时传达上级有关审改工作最新精神要求，组织对拟划转的行政许可事项进行了3轮梳理，拟定区行政审批局"三定"方案和编制人员划转初步方案。出台《推广行政审批"告知承诺制"工作方案》，举办"告知承诺制"专题培训班，组织对"告知承诺制"许可审批项目进行二轮排查梳理。在此基础上，组织制定公安、民政、住建、商务、地震、人防、残联等36个行政审批部门的"告知承诺制"具体实施方案。共确定可以"告知承诺制"方式实施的行政审批事项218项。并以该机制办理审批474件次。据统计，仅2016年6—9月份，全区以"告知承诺制"方式办理各类行政审批290件次，审批时限与以往相比均有不同幅度的缩减。市场主体和社会公众的"获得感"普遍增加。成立投资建设项目联合评审勘验服务中心，出台《推进投资建设项目"四联合"工作实施意见》，明确各部门职责和任务分工。组织对中电（洪泽）生物质热电有限公司等3个项目分别开展联合评估、联合踏勘、联合验收。结合标准化权力清单，组织16个部门梳理78类、253项市场主体行业分类监管责任清单。出台《双随机抽查实施方案》，首期确定双随机抽查事项191项，组织随机抽查164次。牵头开通运行市场监管信息平台，实现证照信息衔接、审批监管联动。配合启用许可、处罚信息公示平台，录入信息1985条。圆满完成全省首批"双创"环境试评价任务。根据统一部署，在区市场监管局企业登记注册窗口启动运行"一表申请、一窗受理、并联审批、一份证照"的"五证合一"新办证模式。出台《推进"先照后证"改革后加强事中事后监管的实施意见》，明确部门执法监管职责，在此基础上组织各执法监管部门编制公布职责范围内的市场主体行业分类监管责任清单，确保责任到人，有效压实市场主体监管责任，杜绝出现监管真空。（孙 衍）

人事人才

【概况】 至2016年底，洪泽区机关事业单位在编人员6886人。其中，公务员1344人，事业单位人员5542人。女性3115人，党员2908人，高层次人才172人，高级职称987人。

年内，全区招录公务员58人，其中党群、乡镇32人，区直机关26人。引进硕士（副高）以上学历高层次人才25名。引进紧缺本科生365人，新增专业技术人才数810人，新增外国专家2人。为教育、卫生和其他事业单位新招录事业单位工作人员237人。

外事侨务

【提升服务水平】 2016年，区外侨办组织开展"侨务法律法规知识竞赛"活动，营造"尊侨、爱侨、护侨"良好氛围，提高在洪泽归侨、侨眷学法、懂法、守法和用法意识。主动和省侨办对接，在《欧洲时报》上刊登洪泽专版，大力宣传洪泽，提高洪泽的美誉度和知名度。通过上门走访、电话联系等形式，对近30家侨港资企业进行摸底，了解企业的生产经营情况，为企业提供各种相关信息以及政策、法规咨询服务,帮助协调侨港资企业经济纠纷,维护企业合法权益,重点做好省挂牌服务侨港资企业:洪泽大洋化工有限公司和九牛水泥有限公司的服务工作。开展社区侨务试点和侨务工作"123"工程。完善高良涧街道洪渠社区"侨务宣传角"内容,配备电脑网络,建立归侨侨眷专人负责联系制度,不定期组织开展侨法讲座、培训、咨询等宣传活动,为创建"社区侨务示范单位"奠定基础。

【规范因公出国(境)管理】 2016年,区外侨办审核上报因公出国(境)人数59人次,其中自组团9批37人次,出访12个国家和地区。在因公出国(境)报批工作中,严格执行相关规定,认真把好初审关,做好服务指导工作,对每一批出访团组的出访任务是否具体明确、人员构成是否科学合理、申请材料是否真实有效等情况进行严格审核,对无实质性内容或从事与本单位业务无关的团组坚决压缩精减或制止,对不合适的出访人员及时建议调整,确保出国(境)团组工作的务实高效。

【助推经济转型发展】 2016年,区外侨办发挥外事侨务工作的优势,强化外资招商的跟进和服务,为全区的经济发展增添"新动能"。一是精准发力开展高层经贸交流。根据全区工作需要并受客商邀请,区委、区政府主要领导分别率团赴澳大利亚、新西兰、英国、奥地利等地进行经贸洽谈及市场调研。在澳大利亚、新西兰期间,促成LEAP(力尔普)公司与江苏埃夫信公司的自动化工程项目合作,拜访新西兰商会,向总商会部分成员单位推介洪泽生态旅游和现代农业;在英国、奥地利期间,考察团推进新型建筑材料预制件项目以及商谈英亚地毯与洪泽剑麻企业合作的相关事项,同时与英亚地毯有限公司的客商进行座谈,拓宽洪泽华峰剑麻有限公司的国际市场。二是参与省政府组团赴韩国、日本开展经贸合作交流活动。在韩日期间,代表团分别参加江苏省政府举办的"江苏·韩国经贸合作交流会""江苏·日本经贸合作交流会"等活动,与部分韩日企业和社会团体建立战略合作关系,打开了韩日招商的新局面。三是及时办理外国人入境报批与管理工作。为服务企业开展对外交流,区外侨办严格按审批权限履行外国人入境报批手续,全年报批外国人入境9人次,在科技、文化、卫生等方面与企业、医院开展了交流合作。 (王佩萍)

信访工作

【概况】 2016年,淮安市洪泽区积极畅通信访渠道,认真解决群众诉求,全面推进依法信访。到市、去省、赴京上访量同比均呈较大幅度下降趋势,其中去省、赴京同比分别下降33.56%和15.99%,未发生被上级通报、有影响的信访事件,圆满完成全国"两会"、十八届六中全会、纪念建党95周年、G20杭州峰会、高考招生计划调整及中央环保督察组到江苏督察等重要敏感时期信访稳定任务。

【矛盾纠纷排查化解】 2016年,区信访局扎实开展矛盾纠纷排查化解工作,排查矛盾纠纷246件,化解214件。到市及以上走访矛盾排查判重率90%以上,化解率94%以上。

【信访事项受理办理】 2016年,全区共接待群众来访589批3144人次,受理群众来信和网上信访件194件(其中省、市党政主要领导信箱42件),复查信访案件5件。向区领导报送《重要信访摘报》13件,印发《区领导信访接待日简报》12期,《全区来信来访情况通报》15期。

【区党政领导接待日活动】 2016年,开展区党政领导接待日活动48次,接待群众104批955人次,接访事项按期办结率100%,化解率95%以上。

区委、区政府领导向信访群众发放依法逐级走访权益保障卡

【突出信访问题化解】 2016年,全区贯彻落实国家和省、市信访工作会议精神,把信访积案当作"项目"进行攻关,对每一个信访突出问题制定个性化化解方案,做到"一案一策、一事一议、特事特办"。年内,化解信访积案12件。

【信访工作法治化建设】 2016年,全区推行通过法定途径分类处理信访投诉请求工作,坚持"三条途径"处理群众诉求,把应该通过行政复议、诉讼、仲裁等法定途径解决的信访问题从一般信访问题中分离出去,进一步厘清信访途径与其他法定途径之间的受理范围,保障群众合理合法诉求依照法律规定和程序就能得到合理合法的结果。

【信访工作规范化建设】 2016年,洪泽区在全市率先启动向信访群众发放"依法逐级走访权益保障卡"工作,压实基层化解矛盾责任,引导群众依法、理性、有序、文明走访,维护正常的信访秩序和信访人的合法权益,营造和谐稳定的社会环境。2016年,全区发放"依法逐级走访权益保障卡"174份,有效减少矛盾上行。 (王爱荣)

政协淮安市洪泽区委员会

重要会议

【区政协九届五次会议】 2016年1月5—7日，政协淮安市洪泽区委员会(以下简称“区政协”)九届五次会议在城区召开。会议学习讨论徐东海在政协洪泽区九届五次会议开幕时的重要讲话；听取和审议政协洪泽区第九届委员会常务委员会工作报告；听取和审议政协洪泽区第九届委员会常务委员会关于九届四次会议以来提案工作情况的报告；听取和讨论区政府工作报告及其他有关报告；协商通过有关人事任免；表彰2015年度政协工作先进集体和个人；通过大会决议。

【主席会议】 2016年，区政协共召开5次主席会议。

1月5日，区政协主席会议协商讨论有关人事安排、常委会工作报告和提案工作报告。

6月23日，区政协主席会议开展“两学一做”集中学习讨论会。

6月29日，区政协主席会议协商讨论重点提案，确定提案交办时限；协商有关人事安排。

9月9日，区政协主席会议协商有关撤县设区政协相关事宜。

12月30日，区政协主席会议协商讨论政协九届五次会议相关事宜。

【常委会议】 2016年，区政协共举行4次常委会议。

1月7日，区政协召开九届十七次常委会议。会议协商有关人事安排，审议会议决议(草案)，提请小组讨论。协商通过《政协洪泽区2016年工作要点》。

6月29日，区政协召开九届十八次常委会议。会议传达全省政协工作会议和省委书记罗志军讲话精神；协商讨论区政协旅游资源开发组《关于打造洪泽旅游的四度空间》的调研报告；协商通过有关人事安排；听取区政协六大工作组2016年上半年活动情况以及下半年工作安排。与会人员还赴天鹅湾温泉酒店、最美三公里(观沧海、落霞湾、渔家傲)等地，实地调研蒋坝镇旅游工作。

9月9日，区政协召开九届十九次常委会议。会议协商通过了刘仁美秘书长所作的关于洪泽撤县设区有关政协工作的情况说明；会议听取区商务局《关于洪泽区电子商务工作情况汇报》；与会人员走访了岔河镇滨河村、江苏苏瑞达电子商务有限公司、西顺河镇张福河村等地，实地调研电子商务工作。

12月30日，区政协召开九届二十常委会议。会议协商讨论区《政府工作报告》；协商通过区政协常委会工作报告和提案工作报告；协商通过召开区政协十届一次会议有关事宜；协商有关人事安排；协商通过新一届政协委员界别设置、委员名额、委员名单。

参政议政

【政治协商】 2016年，区政协在九届五次全会期间，组织委员对《政府工作报告》及其他报告进行协商讨论。全委会期间3名政协委员围绕全区旅游发展、食品安全工作、分级诊疗等问题作大会主题发言。召开重点提案见面会、沟通会和协商会，提案办理绩效评议等，提高提案办理实效。“关于加快发展健康养生养老产业”“关于加快砚临河风光带建设”等重点提案办理迅速有力。

就涉及全区经济社会发展的突出问题和人民群众关心的热点、难点问题，积极组织大会发言。区政协组织委员和相关专业人士，就“十三五”期间如何加强经济结构调整、推动供给侧改革、“新版块、新空间、新动能”定位、促进民生改善等重点问题开展协商议政。如《完善“五个机制 ”推动分级诊疗》调研报告中提出的“基层首诊、双向转诊、急慢分治、上下联动”的分级诊疗服务模式贴近全区实际，为加快推进医改工作提供了决策参考。

围绕工业经济、教育卫生、文化旅游、精准扶贫、城乡环境、法治建设等问题与相关部门开展专题协商，邀请区委、区政府分管领导及相关部门负责人参加并通报情况，面对面听取委员的意见和建议。如《进一步规范旅游商品经营市场》等建议得到相关部门的重视，为进一步助推洪泽旅游业发展起到积极作用。

5月17日，区政协组织政协委员视察就业创业工作

【建言献策】 2016年，区政协积极反映社情民意 ，要求每个委员走近基层，走近群众，每年至少反映一条社情民意。拓展信息收集渠道，加强采、编、报的质量和效率。全年共形成社情民意信息20多条，为市、区领导了解民情、体察民意、集中民智发挥重要作用。《关于加强小区物业管理的几点建议》被市政协选为优秀社情民意进行交流，为全区乃至全市物业的规范化管理发挥参谋作用。

【民主监督】 2016年，区政协围绕全区经济社会发展和民生关切，突出问题导向，开展民主监督。先后推荐40余名委员担任区政法、信访、教育、税务、土地、卫计等部门的执法监督员、行风评议员；组织100余人次参加区机关组织的专项检查活动；选派委员参加电视问政、民意测评、年度责任目标考评、窗口服务部门满意度测评等监督活动，推动行风、政风建设；对全区各类事业单位招聘工作进行全程监督，凸显公平公正，社会反响良好。组织市、区政协委员对区市场监督管理局、供电公司、自来水公司、住建局、卫计委等20多个单位进行民主评议，促进部门（单位）转变工作作风，提高服务水平。

11月2日，区政协组织政协委员调研供电工作

【提案办理】 2016年，区政协共收到委员提案134件，立案98件，参与提案的委员达147人次。委员所提提案分别落实到40个承办单位、16个协办单位办理。在各承办单位的共同努力下，政协提案已经全部答复，办结率100%。11月10日，区政协召开提案办理绩效评议会议，对承办提案较多的11家单位，通过听取汇报、质询点评、量化评分的办法进行提案办理绩效评议。

其他工作

【帮扶活动】 2016年，区政协机关协调帮扶资金100余万元，共为挂钩的8个镇（街道）、9个村和社区解决难题、兴办实事17件；捐助资金8万元，结对帮扶困难群众30余人；与贫困户结对子，帮助他们寻求致富项目，解决实际困难。

【公益活动】 2016年，区政协组织开展“义诊进镇村（社区）”活动，累计惠及居民1000多人。

【阵地建设】 2016年，区政协建好“委员之家”，拓展委员履职平台。2015年底，在水釜城内建成集委员活动与洪泽湖历史文化研究功能于一体的“政协委员之家”，其定位是“政协委员提高素质的课堂、联谊交友的平台、知情明政的通道、建言献策的阵地、展示风采的窗口和弘扬爱心的驿站”。自“政协委员之家”投入使用以来，区政协已组织各种学习交流座谈活动18次，相关会议6次。外地政协到洪泽视察学习8次，展示委员风采16人次。“政协委员之家”还被市政协评为“优秀委员之家”。

【政协委员创业兴业】 2016年，区政协激发委员的创业激情，鼓励委员立足岗位建功立业。刘书华委员所属企业年纳税5000万元，为社会捐资500万元，其中为家乡捐资助学60余万元；夏建文委员所属的艳阳度假与区政府联合承办老子山CBSA美式台球（洪泽）国际公开赛，为宣传洪泽、推介洪泽作出应有贡献。

发挥委员在本职工作中的带头作用，广大委员成为各行各业的“领头雁”。郭明珠、潘恩如、赵劲松、俞光红等委员向上争取资金数亿元；刘仕鹏、赵晓斌等专业人才委员领衔的多项科研项目获省、市科技部门立项；夏宝国、万福建、陈星光、吕红梅、陈凯等文艺界委员所创作的文艺作品在国家、省、市发表、展览、演出。 （许 媛）

纪检监察

【概况】 2016年，区纪检监察局实施“百村轮审巡察”强基行动，省纪委专刊转发，作为全市唯一县区代表在全省巡察工作会议上作经验交流；破题“廉能洪泽”建设，市纪委专刊推介；在全市率先启动区委巡察，岔河镇常规巡察全面展开；改造升级“金堤永固”勤廉教育基地，中直机关党校、省公安厅等30多个单位到洪泽参观学习。是年，在全市纪检监察系统综合考评中，获综合考评一等奖、执纪审查第一名。

【压紧压实“两个责任”】 2016年，区纪委强化组织协调，责任落实取得新成效。提请区委常委会集中听取基层党委主体责任落实情况汇报，提请区委连续两年将党风廉政建设纳入区委党建一号文件统筹谋划，协助区委先后召开警示教育大会、作风建设大会、廉能共建大会等，压紧压实主体责任，为推进“两个责任”落实提供了强有力的政治保证。强化督查推进，协助区委制定“一书四单”，提请区委13名常委带队对74个单位进行年度责任制检查，认真开展月度交流、季度汇报、半年督查，牵头抓好市委年度责任制检查考核反馈意见的全面整改，督促抓好省委第五巡视组巡视“回头看”反馈意见的逐项整改，一些群众反映强烈的问题得到有效解决。强化追责把关，对2013年以来374件违纪案件开展“一案双查”线索大起底，起底履责不力问题线索23件，追责问责39人。严把“廉洁审查关”，先后审查82批次、2352人次，取消拟提名人选、资格认定、表彰奖励等23人次。

【正风反腐】 2016年，区纪委监察局精准立项整治，正风反腐成为新常态。从严整肃“四风”反弹，深入落实中央八项规定精神，扎实开展“防隐身防变异防反弹”专项整治，出台接待管理“三个一律、五个严禁”纪律规定，并创作动漫专题片，高频多媒播放，对执行不力的5个单位党组织书记和纪委书记进行集体约谈。常态整饬“两为”问题，深化开展“为官乱为、为官不为”专项整治，全年开展各类明察暗访128批次，组织专项督查26批次，公开通报“两为”典型案例9起。及时介入省市通报“地条钢”问题处置，启动问责程序，追责失职人员。对市软建办2次暗访发现的机关作风问题进行快速核查，问责处理10人，并公开通报批评。巡察整治“微权”腐败，创新开展“百村轮审巡察”强基行动，审计巡察52个村居，立案50人，问责37人。提请印发《区委巡察工作实施办法》，按期完成首轮巡察任务。认真办结省委第五巡视组交办的253件信访件，问责处理40人，函询背书8人，警示约谈6人，下达《监察建议书》5份。

【执纪审查】 2016年，区纪委监察局保持高压态势，执纪审查彰显新震慑。受理初信初访235件，立案248件，同比增长42.5%，其中查处乡科级干部48人、移送司法机关16人。制定并施行处分决定会议宣布制度，强化纪律处分联动执行，切实增强党政纪处分的震慑力。科学运用“四种形态”，全区纪检监察组织共问责674人、通报650人、曝光604人、函询谈话575人、约谈1015人，召开专题民主生活会26次，组织调整27人，“咬耳扯袖、红脸出汗”逐渐成为常态；党政纪轻处分案件占比81.5%，真正体现组织关爱。严查群众身边腐败，扎实开展“基层五长”专项整治，精心组织扶贫领域、民政资金、农村集体“三资”和执法办事不公等专项整治，立案查处基层“五长”134人、问责130人。

【源头预防】 2016年，区纪委监察局坚持惩防并举，源头预防构筑新防线。构筑制度防线，提请区委印发《关于加强镇（街道）党政正职重点权力制约监督意见》《村（居）干部“微权”行使监督检查办法》等制度，与区委书记和区长重点权力制约3项制度、区直部门“五项重点权力”制约监督办法等相配套，构建区镇村三级权力制约监督制度框架，促进权力规范运行。筑牢思想防线，运用“金堤永固+”新媒体平台，多维度开展廉能教育；改版“金堤永固”网站，上线8个月点击量突破3万次；改造“金堤永固”勤廉教育馆，先后接待150多个单位、9万余干群进馆参观，“金堤永固”品牌效应正得到越来越多的干群认同。夯实纪律防线，创新开展“三学三增”学习教育活动，区四套班子领导带头、全区1.3万名党员干部参加党内新法规知识测试，积极开展党员干部“三警一线”教育，牵头召开领导干部警示教育大会，组织观看《纤夫》大型情景话剧，制作播放专题片《作风建设永远在路上》，推动党员干部明法纪、知敬畏。

【纪检监察队伍建设】 2016年，区纪委、监察局加强队伍建设，执纪能力实现新提升。以改革激发动力，换届后迅速开展“三问三抓”征询意见活动，共向社会各界征集意见建议2700余条。落实区委关于基层纪委书记副书记4个提名考察办法，换届后镇（街道）纪委书记平均年龄下降8岁。整合纪检监察组织资源，成立3个工作小组、7个协作组、1个会审组，统筹构建“纪检组织联片、执纪力量联动、违纪案件联办、作风建设联查”的联动执纪新机制。以纪律严管队伍，制定《纪检监察干部行为规范》《纪检监察干部监督暂行办法》《纪检监察干部外出报备制度》等，筑牢内部监督“防火墙”。认真落实向区党代会报告工作制度，畅通信访举报渠道，广泛接受监督。严格执行《纪检监察干部个人有关事项报告制度》，对4名未如实填报干部予以提醒谈话。以实践锤炼本领，全面加强纪检监察干部“打铁”能力建设，安排基层纪检监察干部到委局机关跟班锻炼，举办纪检监察主题演讲比赛，开展岗位练兵比武活动，组织全区纪检监察干部参加党纪党规知识测试。（李衍强　徐　杰）

社会团体　工商联

洪泽区总工会

【概况】 2016年，全区有基层工会355个，涵盖单位355家，会员总数5.56万人。有镇（街道）总工会1家、镇工会8家，系统工会5家。有下属事业单位3个（洪泽区总工会退休职工服务中心、洪泽区职工学校、洪泽区工人文化宫）。区总工会被评为全市工会系统目标考核一等奖。

【工会组织建设】 2016年，洪泽区总工会推进25人以上正常生产经营企业建会，新组建独立工会13家，吸纳会员3920人。以农合组织为重点，实施农民工入会突击月，新组建7家农合组织工会，选树蒋坝镇渔网具合作社工会、三河祥发农机专业合作社工会等7个“农合组织”工会建设示范点。至2016年底，全区入会农民工3.9万人。推进基层工会职工之家实体化建设，瑞特电子、港宏玻璃瓶、海珠公司等9个单位被确定为市级实体化建设试点单位；朱坝街道、黄集街道、西顺河镇工会职工之家实体化建设取得良好成效。开展“结对共建·联手强家”，对30多家获得区以上模范职工之家称号的单位进行结对，联手开展强家活动。投资30多万元打造面向全区职工的综合服务中心，与镇（街道）以及社区职工服务站点、企业职工服务室进行有效对接，为职工提供“一站式”“零距离”服务。

【民主协商维权】 2016年，洪泽区总工会积极推进工资集体协商“363”工程建设，选树宏港毛纺、翔宇纺织等10家先进单位。组织全区工会干部征集民主协商典型故事和感言感悟，收集典型故事10个、感言感悟40条。建立健全企业、开发区（镇、街道）、区总工会和“三庭合一”（工会劳动争议调解、人社劳动争议仲裁、法院劳动争议审判）四级维权服务平台，参与协调劳动争议18起。区总工会“坚持‘三种形式’，深入开展厂务公开”被评为江苏省2016年度厂务公开民主管理创优实践项目。

【典型选树】 2016年，区总工会广泛选树先进典型，推荐评选省劳模3名、市“五一劳动奖状”4家、市“五一劳动奖章"1名和10家市工人先锋号。围绕洪泽建县60周年,开展"大湖劳动之星"评选表彰活动,"五一"期间,区委、区政府表彰了200名各行各业的"大湖劳动之星",省总工会臧铁柱部长和市总工会耿志浩副主席到会讲话。在全区范围内开展劳模普查,摸清392名劳模底数。做到劳模慰问金和补助金及时足额发放,还组织劳模疗休养2批28人。

【帮扶救助】 2016年,区总工会联动推进精准帮扶和普惠服务。在精准帮扶方面:一是摸清困难情况。对已建会企业、已入会职工开展全面、彻底的调查摸底,摸清困难职工家庭的实际数目和基本情况,并建档立卷,将1500多名符合条件的困难职工档案全部输入全总数据库。二是制定精准帮扶措施。根据摸底情况,制定一套有针对性的帮扶办法,努力实现定向帮扶。在推进普惠服务方面:一是积极构建困难职工长效帮扶机制,让"春送岗位、夏送清凉、秋送助学、冬送温暖"更加深入人心;二是累计投入100多万元,为在册的困难职工发放慰问金、免费药卡以及投保商业险,赠送"温情年夜饭";三是先后组织万余名职工加入市第五轮职工特殊疾病互济会,为93名患病职工办理救助,申领救助金超过50万元;四是投入13.5万元,全年为42名困难职工办理临时救助。

【劳动安全保护】 2016年,区总工会指导基层工会组织4000多名职工开展安全操作规程、安全技能、应急救护等知识培训,强化对安全生产、防暑降温的宣传引导和心理疏导,提高广大职工的自我保护意识和事故防范能力。开展"安康杯"竞赛,辖区企事业单位参赛率超90%,区供电、热电、航运等4家企业被市总工会授予"安康杯"竞赛优胜单位,区总工会获优秀组织奖。投入19.8万元,开展"送清凉、送健康"活动,共为48家企业、4500余名奋战在高温岗位的一线职工,发放保健药箱以及各类防暑降温物品。开展"安全隐患随手拍" 活动,推选54幅作品参与市级评选;组织12800多名职工参加全市职工安全卫生知识普及教育竞赛活动。深化"1+3"安全监控体系,劳动安全卫生专项集体合同同步签订率达100%。

【打造"掌上娘家"新平台】 2016年,区总工会把"利用新媒体,建立新阵地"摆上重要议事日程,打造一个全新的信息传输和交流互动平台。建立洪泽工会"掌上娘家"微信公众平台,并首批在3个镇(街道)和20家重点企业进行同步试点,区总工会设立平台服务中心、试点镇设立服务站、试点企业设立服务点。同时,区总工会还免费为试点站、点安装网络传输系统和终端,使其与区平台服务中心实现即时高效连接互动。截至12月底,"掌上娘家"关注人数超过1.2万人,每天签到超过2000人,职工论坛每天发帖超过500人次;"'掌上娘家'大讲堂"走进职工食堂为全国首创,中国职工教育网滚动宣传1个月;《新华日报》《淮安日报》等媒体报道10余次,《"指尖上的娘家"贴身又贴心——洪泽工会运用新媒体服务职工》在《江苏工人报》头版头条刊载;全市新闻宣传与信息工作会议在洪泽召开,会上区总工会作交流发言。该项目获全市工会系统创新创优第一名。

【实施"万名职工参与工程"】 2016年,区总工会以职工文化年为抓手,开展系列活动。一是"万人次职工对阵学法"工程。在"洪泽工会"微信平台开设"促进企业健康发展,构建和谐劳动关系"职工学法擂台,累计参与职工4.2万人次,过关超过4万人次。二是"万名职工素质提升" 工程。开展"日学一文、月读一书、季撰一稿、年习一技"主题读书活动;与区人社局联合开展计算机操作、汽车驾驶、农机修理、餐厅服务、砌筑等五个工种的劳动竞赛,参赛职工千余人;将中国教育服务网"职工驿站"前移至职工食堂,在职工中树立"工作在哪里、学校就在哪里、梦想就在哪里"移动学习理念,让职工利用吃饭的碎片时间学习知识,受教育职工过万人。三是"万名职工参与文体活动" 工程。组织元旦万人长跑、女职工掼蛋比赛、职工马拉松友谊赛、职工太极拳表演、职工球类比赛、职工文艺演出、绝对唱将赛歌会、"劳动最美"摄影大赛,吸引1万余名职工参与。"劳动最美"摄影大赛,让更多的职工能主动拿起手机、相机发现定格身边劳动美的瞬间,"最美跪姿"(赵光元)、"最美双腿"(王兆福)两张照片均出自普通职工之手,照片背后的故事却感动了全中国,央视等多家主流媒体进行跟踪报道,在广大职工中引起强烈反响;组队参加淮安市第八届职工围棋比赛和排舞大赛,分获团体总分第一名和一等奖。 (李延亮)

共青团洪泽区委员会

【概况】 2016年,洪泽区乡镇(街道)、机关企事业单位、学校等有59个基层团委、3个基层团工委、38个团总支。全区有团员3.15万人,其中新发展1064人。团区委实施的"图表式、环绕式、项目式"项目,推进了江苏洪泽中学共青团工作迈上新台阶,该项目被团省委评为全省创新创优项目二等奖;团区委被团省委授予"基础团务先进单位"称号;区公安分局团委被团省委表彰为"五四红旗团委";区外国语中学获省级"青年文明号";区公安分局110报警台、区检察院公诉科获市级"青年文明号"。区高良涧电商产业园作为全区青创空间参加省级评选交流活动。在全省少先队辅导员说课展示活动中,区实验小学制作的《寻访草编传人,传承非遗文化》微视频获二等奖,辅导员施小丹讲授的《我们走在新长征路上》微队课展示获一等奖。洪泽区志愿者项目办被团省委评为优秀项目办。创建省级少先队辅导员工作室"丁涛名辅导员工作室",进一步提升区少先队专业化工作水平。

【青年志愿者服务活动】 2016年,团区委组建"青春使者"青年志愿者队伍,全力服务"2016CBSA美式台球(洪泽)国际公开赛""第十一届洪泽湖国际大闸蟹节开幕式""第二届洪泽湖国际半程马拉松赛"等重大节庆赛事,展现洪泽青年风采。年内,团区委累计组织青年志愿者1000余人次,除参加上述重大节庆赛事外,还参加"植树节""放鱼节""食品宣传周”“全民健身日”“机关运动会”等15场重大活动。开展“保护母亲湖·幸福你我他”活动，打响保护母亲湖品牌。全区有16支青年绿色环保志愿者队伍，1000余人参与，成为保护洪泽湖绿色环保的重要力量。全年，青年绿色环保志愿者开展护湖行动20余场次，吸引了来自台湾、新疆等地的青年积极参与，参与青年逾万人。其中“保护母亲湖、行古堰长堤、引绿色风尚”主题活动，成为全国“绿色长征”公益健走江苏站唯一线下活动点。

【关爱青少年成长】 2016年，团区委分类开展青少年成长教育工作。“三级书记讲团课”工作机制，层级式开展团员教育；“结对帮扶”工作机制，跟踪管理重点青少年群体；“基地+导师+培训”形式，服务洪泽青年创新创业。“团”聚青年会“七夕”专场等大型青年活动，打开青年交流交友通道。“最美中学生”寻访表彰、“大湖娃小记者团红领巾寻访”等品牌活动，强化共青团的思想引领。“奋斗青春最美丽”“弘扬新乡贤文化，建设幸福新洪泽”广场大讲堂活动，扩展洪泽青少年教育形式。“开学法制教育第一课”“庭审现场进校园”等活动，强化青少年遵纪守法教育。开展青春关爱工作，开展“希望工程·圆梦助学”“百千万”留守儿童关爱、“三进三帮”、春秋两季助学志愿服务、“一转四进两倾听”暖冬关爱、困难大学生迎新春座谈、为贫困学子送新衣、亲情陪伴志愿服务活动10余场，覆盖青少年600余人。

【青年创新创业】 6月，团区委开设洪泽青年人才“双创”精英会，筹建青年就业创业孵化基地。带领洪泽农村电商创业青年张天天（洪泽县天源生态农业项目总经理）参加省青年“双创”大赛获“农村电商组”二等奖。洪泽区承办团省委青农部电商创业青年暨农村创业体系研讨会，与会人社、商务等部门及青年电商、青创空间负责人共同探讨青年电商创业发展路径。洪泽区被团省委确定全省村淘3.0平台8个试点县（区）之一。组织参加淮安市农村青年致富带头人评选活动，洪泽区张兵等4人获评为全市农村青年致富带头人。

市电商创业青年暨农村创业体系交流研讨会在洪泽召开

【打造“共青团网络社区”】 2016年，团区委打造“青年之声”平台，建立200人的青年网络文明志愿者队伍、40人的“青年之家”会员队伍、61人的“1+100”团干部队伍、10人的“青年维权”线上律师队伍的四支网络青年工作队伍，累计覆盖全区3万余名团员青年，初步建立具备沟通、维权、关爱、互动等功能的“共青团网络社区”。团区委“1+100”走支部连百心活动为抓手，推动全区61名团干部广泛联系8612名团员青年，开展1000余次线上线下活动，展示洪泽团干部“想在前面、做到前位、走在前列、闯在前头”的工作面貌。通过活动挖掘青年典型30余人，收集建议意见500多条，解决实际困难100余件。 （谷汇林）

洪泽区妇女联合会

【概况】 2016年，洪泽区设镇妇联6个，街道妇联3个，村（居）妇代会122个，区直机关事业单位妇委会13个，企业妇委会4个，有专兼职妇女干部约200人。至8月底，全区122个村（社区）妇联组织均完成改建，妇联主席122人，兼职副主席366人，执委854人，其中57人进支委。基层妇联组织建设不断延伸。先后成立区洪泽经济开发区妇联、区检察院妇联及2个非公企业妇联组织。向上争取扶持资金4万元，创建省、市级“巾帼示范基地”，全年创成省级巾帼示范专业合作社、生态农业家庭农场、巾帼农家乐示范基地、电商服务示范基地各1个。

【制定出台“十三五”妇儿发展规划】 2016年，区妇儿工委办认真总结区“十二五”妇女儿童发展规划所取得的成果，分析未来五年妇女儿童发展形势，参照省、市妇女儿童发展规划主要内容，结合当前妇女儿童发展状况，搜集材料，总结论证，编制起草淮安市洪泽区“十三五”妇儿发展规划征求意见稿，征求区妇儿工委各成员单位意见，经多次修改完善，于12月中旬颁布实施。

【开展妇儿关爱活动】 2016年，区妇联积极编制、设计、策划接地气的服务项目，持续开展系列贴近基层妇儿、走近基层家庭的服务活动。一是开展家庭教育活动。组织“心灵家园”志愿者坚持每周在“心灵家园”关爱驿站开展亲子阅读、幸福母亲大学堂活动，传播科学家教理念，促进家庭成长。年内，在城乡社区、妇儿活动阵地开展讲座400余场，万余名儿童及家长受益。二是开展“家风家训”宣讲活动。通过引导社会组织参与政府购买服务项目，在各镇“心灵家园”关爱驿站开展“最美家庭”百场巡讲活动，深入宣传“最美家庭”感人事迹和文明家风，弘扬社会正能量。

【推进民生实事】 2016年，区妇联认真落实省政府妇女儿童实事项目。一是有序推进农村妇女"两癌"筛查。召开专题部署会议,组织基层妇联配合区卫计委,做好调查摸底、跟踪服务等工作,同时加大对农村罹患"两癌"贫困妇女救助,年内,区妇联为1名患"两癌"的贫困妇女争取救助资金1万元。二是继续开展免费"一站式"婚检服务。加强与卫计、民政等部门的协调沟通,加大对婚检工作的宣传、把关,截至8月底,全区婚检率达98.89%。三是扩大单亲特困母亲帮扶覆盖面。采取动态管理,完善数据库的方法,为76名单亲特困母亲建立家庭档案。争取市、区财政扶持,为单亲母亲发放帮扶资金共计7.6万元。四是开展妇女创业就业培训。向中央和省级财政争取培训资金,联合洪泽中等专业学校,结合妇女创业就业技能需求,围绕电子商务、农作物病虫害防治、市场营销、水生蔬菜高产栽培等主题,在山东寿光、江苏泰州以及岔河镇、三河镇等地培训新型农业经营主体女性带头人300名,激发全区妇女的创业热情。

【成立洪泽女企业家协会】 注册成立洪泽女企业家协会。7月30日,召开区女企业家协会第一次会员大会。组织区女企业家协会会员开展金秋"走百企"和观摩白马湖生态旅游度假区活动,提升服务全区经济社会发展意识,增进交流,促进发展。

【妇女权益维护】 2016年,区妇联拓展妇女诉求表达渠道。加强区镇村三级维权网络、12338妇女维权热线和妇儿维权中心建设,积极推动将婚姻家庭纠纷调解纳入社会矛盾大调解格局,依托"妇女儿童之家"、矛盾纠纷调处中心、人民调解工作站等,建立健全区镇村纵向到底、从上到下的维权工作网络,实现婚姻家庭矛盾调解网络的全面对接。全年接待来电来访31件,结案率100%。开展"法护家园"宣讲咨询活动,依托"妇女儿童之家",联合司法、公安等部门,让群众知晓涉及婚姻家庭纠纷的法律知识,了解群众法律需求,现场解难答疑,指导群众解决法律问题的方法。开展宣讲、街头咨询活动31次,发放宣传册5000多张。加强维权队伍建设,组织基层妇联维权干部参加省、市妇联系统组织的维权工作专题培训班,提升妇联干部工作能力;每季度召开妇联系统维权工作例会,交流和分享维权工作经验体会,集体分析讨论疑难信访案件的处置方案,增强基层妇联干部维护妇儿权益、化解矛盾纠纷的实际能力和水平。

【女童安全保护】 2016年,区妇儿工委办下发《关于推进女童保护工作的实施方案》。6月20日,由区政府办牵头组织召开全区女童保护工作推进会。区教育局、法院等部门分管领导参加会议。区妇联联合区教育局举办两期女童保护培训班,培训103人。经现场考核,有53人通过女童保护讲师考核。常态化开展女童保护讲座。以政府购买服务的方式,依托"心灵家园"社会组织,深入全区妇儿之家开展女童保护讲座60余场。9月,联合区教育局在全区各小学开设"女童保护"课程。截至10月底,在各小学、城乡社区、妇儿活动阵地开展讲座400余场,1万余名儿童及家长受益。

【开展"1+1"献爱心活动】 2016年,区妇联与区各有关帮扶单位联系,牵头开展"1+1"献爱心活动,为全区29名孤困儿童每人送去1000元慰问金以及棉衣、食品等,让孩子们感受到社会大家庭的温暖。与上海嘉善经济开发区生物科技开发区党委联动,组织结对帮扶捐赠活动,为城乡20名孤困学子送去温暖。

【文明家庭建设】 2016年,区妇联开展寻找宣讲最美家庭"百千万"工程。计划用三年时间,通过寻找百村、评选千户,达到德润万人的效果。全区评选出村(社区)级"最美家庭"1220户、镇(街道)级"最美家庭"207户、区级"最美家庭"20户。联合区委组织部开展"最美家庭讲好家训"百场巡讲活动。要求全区各级党组织将"两学一做"学习教育活动与"最美家庭讲好家训"百场巡讲活动紧密结合,使"最美家训"成为引领全区人民崇德向善的积极力量。8月25日,区妇联联合区委宣传部、社科联、文广新局开展"践行两学一做、争创最美家庭"广场主题宣讲活动。3月7日,联合区纪委组织全区科级女干部及正科职干部家属105人赴德园和市委党校参加活动。3月3日,联合区侨联举办魅力女性健康素养讲座;3月8日,联合区级机关工委、总工会组织200余名妇女开展"庆三八"掼蛋比赛,得到全区干群的广泛认可。

【区妇女第九次代表大会召开】 2016年3月6日,洪泽区召开妇女第九次代表大会,全区各行各业、各条各线的100名优秀妇女代表参加会议,共商未来五年妇女事业发展大计。选举产生区妇联新一届领导班子。会议还对优秀家风监督员、"三八"红旗手、"三八"先进集体进行表彰。

(张雪茹)

洪泽区科学技术协会

【科普场馆建设】 2016年,洪泽区完善科普场馆建设。6月,光影世界科普馆增加"笼中鸟""光压风车""脚踏光琴"等6台光学设备,不断丰富场馆产品种类。9月,联合江苏省洪泽中学新建校园科技馆,该馆占地约500平方米,展品涉及声光体验、运动旋律、安全生活、数字生活、数学魅力、科学表演、机器人和3D打印机等主题。

【科普信息化建设】 3月,洪泽区召开科普信息化建设推进会,全区9个镇(街道)、32个社区居委会负责人参加会议。会后,安排专人负责与省市科协、社区居委会、安装公司做好协调沟通工作。6月底,31块室内科普宣传屏全部安装到位并投入使用。

【科普示范创建】 2016年,洪泽区开展市级科学教育特色学校申报工作,指导西顺河小学成功获批市级科学教育特色学校。指导洪泽园三村申报省科普示范社区项目,指导渔家风情科普馆和防震减灾体验馆成功申报省科普教育基地项目。

【科普宣传】 2016年,区科学技术协会联合文广新局、地震局、高良涧街道临河社区等单位组织渔家风情科普馆、防震减灾体验馆、博物馆、光影世界科普馆等科普场馆实行免费开放,接纳前来参观的社会公众近2万人;组织科普大篷车进校园活动,先后在朱坝中学、洪泽外国语实验学校和洪泽外国语中学等4所学校进行巡展;赴东双沟、岔河等镇开展科技下乡活动,现场发放科普图书、宣传手册和技术资料,服务群众3000余人次;联合高良涧街道等多家单位开展科普知识进社区活动。活动期间,共展出科普宣传挂图20套,发放科普宣传资料近万份;开展校园讲座、社区讲座活动5场,受益群众近万人;邀请省知识产权局党组成员、南京财经大学丁荣余教授到洪泽作"创新驱动与县域经济发展"专题报告会,区四套班子有关领导、各镇(街道)分管负责人近150人参加报告会。

区科协开展科普宣传日活动

【科普项目】 2016年,区科学技术协会按照中国科协、财政部联合实施的"基层科普行动计划"申报要求,培育科普惠农项目,指导淮安市食用菌协会成功申报国家级协会,获省财政厅奖补20万元。指导洪泽俊源农场申报省科普惠农服务站项目,成功获批并被评为优秀项目,获奖补资金2万元。

【中小企业创新发展能力提升计划】 2016年,区科学技术协会帮助华博数控、悦丰晶瓷等11家企业安装使用服务专利信息数据库网络,为企业申报专利提供指导。组织15家企业参加"企业专利应用工程师培训",培育典型应用案例7个;邀请比利时等海外专家到洪泽开展海智活动,以江苏淮安食品科技产业园为依托,建立洪泽区食品科技海智基地,并成功申报江苏海智基地。 (汤丽琴)

洪泽区残疾人联合会

【评残工作】 2016年,洪泽区规范残疾等级评定工作。全年共开展两次集中评残工作,为保证集中评残的公开公平公正,在实施过程中严把评前公开关、评残医生关、人情关,全区共有900余人参加集中评残,591名残疾人得到等级认定。其中,一二级残疾人288人,没有出现一例因违规评定而发生的信访等事件。通过摸底排查、上门核对、专家复核等措施,加大"假错空"残疾证的清理整治力度,全区共清理错证35人、假证285人、空证204人,共计524人。同时,整理核查省残联抽查残疾人证709人,并对清理出的残疾证及时注销。

【残疾儿童救助】 2016年,洪泽区将0~14岁残疾儿童康复训练期由原来9个月延长到11个月,全年进入康复机构进行康复训练的0~14岁残疾儿童109名。其中,0~6岁的95名、7~14岁的14名。

【幸福洪泽亭】 2015年,洪泽区在城区投放10个"爱心亭"。2016年,洪泽区将"爱心亭"改名为"幸福洪泽亭",并将范围扩大到全区各镇(街道)。9月22日,洪泽区举行集中发放仪式,现场将31个"幸福洪泽亭"钥匙发放给符合条件的残疾人。

【"残疾人之家"建设】 2016年,洪泽区在公办"残疾人之家"规范有序运营的同时,在有条件和有需求的镇、村(社区),开展创建"残疾人之家"活动,选定两个具有特色的"残疾人之家"创建点。一是残疾人较多、有辅助性项目、并有创建意愿的黄集镇黄集居委会"残疾人之家";二是辅助性就业项目实施较好的,由残疾人朱友福自主创办的三河果园"残疾人之家"。

【康复工作】 2016年,洪泽区对全区654名享受免费服药的精神残疾人实施免费服药,做到持证精神病人服药全覆盖;为360名残疾人户进行器具适配和无障碍改造;白内障手术补贴实施57人,为22人免费安装假肢。

【残疾人创业扶持】 2016年,洪泽区残联按照《洪泽区扶持残疾人创业的实施意见》精神,积极扶持残疾人创业项目,对15名残疾人创业典型发放补贴12万元。开展网店培训班两期,共110人参加培训;举办一期盲人保健按摩培训班,7人参加培训。全年培训人数达117人,有4名残疾人开办实体网店,3名残疾人开办盲人按摩室。

【助残补贴发放】 2016年,全区发放低保中重残补助金312人计24万元;发放护理补贴970人计13.9万元;发放残疾学生教育补贴21人计2.7万元;发放重残救助3200人计1581万元。 (佘功翔)

洪泽区文学艺术界联合会

【概况】 2016年，洪泽区文学艺术界联合会下设团体会员10个。现有会员916人，其中省级会员192人、国家级会员80人。增加编制设置，增设内设机构，新招录公务员2名，新发展党员1名。区文联被省文联表彰为全省基层文联工作先进单位。

【服务中心工作】 2016年，区文联围绕中心、服务大局，重点开展了如下活动：一是举办全区文化大区建设推进暨新春文艺家座谈会。2月29日，召开全区文化大区建设推进暨新春文艺家座谈会，组织文艺工作者围绕建设文化大区主题，座谈交流、建言献策，共同推动文化建设上台阶。区政府设立1000万元文化发展资助专项资金，对文艺作品展演、文艺人才培养、文艺精品生产等8类23个重点文化项目给予资助。出台《洪泽区推动基层文化阵地建设实施方案》，评选表彰洪泽湖文化奖作品26件，洪泽年度文化人物及提名5人。二是牵头组织开展建县60周年系列大型文艺活动。起草建县60周年庆祝活动实施方案，组织召开筹备会、协调会，落实细化具体活动方案及责任单位，"辉煌六十载·幸福洪泽梦"书法册页精品展、"奋斗的足迹·光辉的历程"大型摄影图片展、"大湖放歌·幸福洪泽"综合文艺展演，开展"红色印记"美术精品展、"水乡梦圆杯"诗词征集大赛等系列大型文艺活动，深受群众喜爱。

【开展采风创作活动】 2016年，区文联开展"淮河源"文艺采风暨"深入生活·扎根人民"主题实践活动。组织各协会文艺骨干赴河南省桐柏山淮河源头开展采风活动，感受淮河源头文化，体验中原民风民俗，积累优秀文艺创作素材。通过各种艺术形式，共创作书画、篆刻作品12件，散文、诗词10篇，摄影作品56张，选取优秀作品在《洪泽报》专版刊发。此外，还组织文艺骨干赴西顺河、蒋坝、老子山等镇采风创作300余件优秀作品。

【文艺惠民活动】 2016年，区文联推出一批有规模，有特色，有品位、有影响的文化艺术活动，展示大湖文化的独特魅力。春节前夕，举办2016年"新春送福·书法进万家""幸福家庭·摄影全家福"活动，免费为群众书写春联2000余幅，拍摄全家福100多张。春节期间，牵头组织"幸福洪泽·春到蟹都"水釜城庙会及舞龙大赛，举办"金猴迎春·幸福洪泽"书法篆刻楹联作品展、"古堰春风"新春摄影艺术展、"金猴劲舞迎新春"美术作品展、"金猴贺岁·幸福洪泽"春节专场戏曲表演、"金猴劲舞迎新春·幸福洪泽谱华章"新春大型综合文艺演出等系列迎新春文化活动。清明节期间，举办"春满洪泽"中学生清明诗文吟诵会，缅怀革命先烈，弘扬爱国主义精神。6月，区音舞家协会成功承办全区第四届"魅力童星"少儿才艺大赛。7月，举办第二届洪泽"绝对唱将"赛歌会和"激情广场·舞动洪泽"全区第三届广场舞大赛。10月，在洪泽湖欢乐广场举办"万家团圆·幸福洪泽"庆中秋迎国庆文艺演出活动。11月，举办2016洪泽区农民歌手大赛，经过各分赛区的海选、初赛和复赛，全区9个镇(街道)的15名农民歌手脱颖而出。

【文艺精品创作】 2016年，区文联以重大活动为载体，以全国、省级重要展览、比赛、出版为契机，激发文艺工作者创作热情，扶持文艺精品生产，推出了一批优秀文艺作品。

文学方面：围绕建县60周年精心编创《"水韵蟹都"洪泽文学作品集》《洪泽湖大堤石刻遗存》《洪泽湖当代楹联选》和《猎鱼》4部共200余万字的大湖文化丛书，面向全国出版发行。高锦潮的诗歌《梦想之门》，获全国第四届"伟人颂"征文一等奖，晁如波的散文《一条大河在这里逗留》获首届"漕运杯"全国邱心如女性文学征文一等奖，季大相的诗歌《歌唱一粒种子》获"科学精神与中国精神"诗歌大赛一等奖，潘桂的《谁能为我寄相思》获第十三届天籁杯中华诗词大赛金奖，叶江闽的诗歌《献血者歌》在淮安市"无偿献血、关爱生命"征文中获一等奖。张小燕、高锦潮获市文联"签约作家"称号；季大相获省作协"定点深入生活"作家称号，晁如波获省作协"签约作家"称号。

摄影方面：龚娟、张哲的摄影作品在"郎静山杯"中国新画意摄影双年展之"画意中国"摄影大展中获铜奖，张文忠、张玉萍、王继美等7人的摄影作品在"大美泗洪"全国摄影大赛中获优秀奖，严定禹的摄影作品在"印象中国"全国摄影大展中获佳作奖，庞保国的摄影作品在江苏省第22届摄影艺术展中入展。还有11人36次在国家、省、市影展中获奖(入展)。

书法方面：吴国亮的书法作品在第八届中国书坛新人新作展入展，江孝龙、束其虎的书法作品在第四届林散之——江苏书法作品双年展中分别获提名奖、优秀奖，谢久飞、徐仕刚、高正梅的书法作品在江苏省第十届新人书法篆刻作品入展；徐仕刚的硬笔作品获全国第二届硬笔书法临帖展优秀奖，在"亭林杯"江苏省硬笔书法大赛中韦可忠、姜苏海的硬笔作品获三等奖，高正梅的硬笔作品获优秀奖，获奖人数列全省县区第一。

音乐方面：阮云松作词、陈凯作曲的歌曲《洪泽鱼圆等你尝》成为对外宣传推介洪泽美食的歌曲，葛逊作词、陈凯作曲的童谣歌曲《家风引领我成长》和《老家规》在全区推广演唱，传扬优秀家风，培育文明新风。阮云松作词、陈凯作曲的歌曲《让世界与我们共成长》，成为江苏省洪泽中学60年校庆主题曲。

【文艺人才培养】 2016年，区文联建立洪泽文艺志愿者队伍，完善全区乡土文艺人才库，收录各领域文艺人才300多人，定向选配1名乡土文艺人才充实区文化馆。邀请梅花奖得主许亚玲到洪泽开设大师工作室，搭建文艺创作和艺术传承的高端平台。出台《洪泽区业余文艺团队星级管理及扶持奖励暂行办法》，进一步规范和扶持业余文艺团队管理和队伍发展，组建三河"莲湘舞"俱乐部等有特色的20余支民间文艺团队，全年开展大型文化活动100余场，基本实现送戏下乡"村村到"。邀请南京大学康尔教授等省市专家学者4人到洪泽开展多场文艺培训讲座；支持李正双、孙林、杜江等文艺骨干赴中国美院、南艺等著名艺术院校进修学习；组织文艺创作骨干赴金湖、盱眙、泗洪等友邻县市开展文艺创作交流培训活动，提高文艺欣赏及创作水平。

（马伟红）

洪泽区哲学社会科学界联合会

【概况】 2016年，洪泽区哲学社会科学界联合会有团体会员28个，涵盖哲学、政治、经济、文化、教育、金融、统计等主要学科。区社科联获全省理论宣讲先进集体和"全国大中城市先进社科组织"称号。

【课题研究】 2016年，区社科联紧扣"在新型城镇化道路上加快推进幸福洪泽建设"主题，突出改革创新、法治文明、旅游发展、文化建设等24个重点课题应用研究，采取课题资助等激励措施，有效地调动科研人员的积极性和创造性，《发挥区域优势推进素质教育基地一体化建设》等8篇论文在省级以上刊物发表，《洪泽区家风建设实践研究》获省、市社科课题专项资助，《完善社会矛盾纠纷多元化解机制探究——以洪泽区"无讼村居"创建活动为视角》在全省社科界第十届学术大会获评二等奖，《三个体系支撑起社会治理的经脉——基于洪泽区系统化创新实践的视角》等6篇论文获市第十三届哲学社会科学优秀成果奖。

【社科普及】 2016年，区社科联组织策划全区第十三届社科普及宣传周活动，紧扣"牢固树立新发展理念，建设强富美高新洪泽"主题，以洪泽湖广场大学堂为阵地，围绕生态旅游、乡贤文化、长征精神、医疗保障、家风家训、国防安全、爱国教育等方面，推出12期"洪泽湖广场大学堂"，由区相关部门领导和业务骨干或邀请市以上专家就婚姻家庭、我创业我快乐、急救与逃生、科学理财、洪泽湖大堤文化底蕴等专题与广大市民群众面对面交流，引导市民群众为强富美高新洪泽献智出力。

开展大型广场社科宣传咨询和书市活动，各相关部门和单位结合单位实际和行业特点，组织社科工作者和行业志愿者走上街头、社区、乡村、学校、企事业单位，围绕群众关心关注问题开展宣传咨询和志愿服务行动300场次以上。开展百名宣讲百村行、最美家庭百村行、百名乡贤百村行和百名好人百村行"四百活动"进村入户开展党的政策理论宣讲、社会知识普及、好人和乡贤故事宣讲，在全区营造人人做好人、家家争先进的浓厚氛围，为全区全力打造苏北重要中心城市新的增长极奠定坚实的基础。（王淑静）

洪泽区侨界联合会

【概况】 2016年，洪泽区侨界联合会围绕区委、区政府中心工作，积极履行侨联职能，共组织5批次侨商到洪泽考察洽谈项目，推荐《洪泽湖渔鼓舞》参加全国侨联文艺会演并获优秀奖，在古堰景区建成苏北一流的"侨胞之家"。区侨联被省侨联命名为2016年度"江苏省双'五有'侨联组织"，被区委授予2016年度政治文明、精神文明建设先进集体。

【主要活动】 6月28—30日，由区委、区政府主办，区侨联承办的"2016江苏侨商洪泽行"举行，省、市侨联负责人及来自南京、无锡、连云港等地的10多位侨商企业家参加活动。侨商们对古堰旅游、食品科技、电子商务等给予关注，与有关部门进行磋商洽谈。

6月，区侨联接待由美国北加州和平统一促进会理事长、美国南京商会会长林青女士带队的美国南京商会考察团，举办"美国北加州和平统一促进会·江苏洪泽经济开发区经贸座谈会"，双方在推进绿色文化科技发展方面达成共识。12月，接待由中国侨商总会副会长段律文率队的苏州侨商考察团，段律文就有关投资项目与区政府主要负责人进行深度洽谈。年内，还先后接待无锡侨商考察团、西班牙侨商考察团，与食品科技产业园就珍稀水果培育、高效农业种植、农业机械加工等方面进行磋商座谈。

【服务企业】 2016年，区侨联推荐江苏宇天港玻新材料有限公司作为淮安市新侨代表，参加在南京国际博览中心举办的"中国侨联新侨创新创业成果展"，该企业被省商务厅、省贸促会等7个部门授予"江苏省优秀侨资企业"称号。宇天港玻总经理王进东、通圆回转支承有限公司董事长吕成涛获批成为省侨商总会"科技新侨协会理事"。

百名好人宣讲百村行

【建成“侨胞之家”】 2016年11月，位于水釜城内占地87.5平方米的“侨胞之家”活动阵地建成并投入使用。“侨胞之家”的装修风格体现“侨”的特色，文化氛围浓郁，成为景区新亮点之一。区侨联利用这一阵地开展了“侨界群众迎新春掼蛋邀请赛”“侨界妇女联谊会”等多项活动。

【关注弱势群体】 1月，区侨联组织宇天港玻、富有旅游、悦新装饰、通圆回转支承、巴塞普塑业等5家侨企捐赠人民币1万元，共救助10名孤困儿童和贫困学子。区侨联还组织人员及时将澳大利亚华人企业家魏基成夫妇捐赠的300件爱心冬衣和50台助听器发放给特困职工、孤寡老人、特校学生和残障人士。12名“侨爱心巾帼志愿服务队”队员将募集的2000元爱心善款捐赠给农村留守儿童。据统计，2016年，区侨联用于慰问侨胞侨眷、社会弱势群体的各类实物、现金计2万余元。

【服务侨胞侨眷】 1月，区侨联举办2016年侨商侨眷迎新春联谊会，在海外就业的新侨代表、归侨侨眷、留学生代表共100余人参加活动。三八妇女节期间，举办以“塑造最美女性、共筑爱心桥梁、建设幸福洪泽”为主题的魅力女性健康素养讲座暨“侨爱心巾帼志愿服务队”成立仪式。重阳节期间，先后上门慰问10名75岁以上的老归侨、老侨眷。11月，组织部分侨眷赴淮阴区参观张纯如纪念馆，赴白马湖参观菊花展。 （郁素娟）

洪泽区红十字会

【人道救助】 2016年，区红十字会积极开展“博爱送万家”活动，在元旦、春节期间，向高良涧街道464户困难家庭发放价值近10万元的棉被、毛毯、粮油等物资。实施“助孤、助老、助残、助困”“大病救助”项目，发放困难家庭大病医疗救助款31.75万元，156户家庭受益。策划的“飘动的绿丝带·精神病患者博爱基金”项目获援建资金5万元，自筹5万元，全部用于全区困难家庭精神病患者的延续康复治疗，32名困难家庭精神病患者受益。组织开展“扶贫日”活动，深入基层与困难户结成帮扶对子，送上慰问金和物资。

【“三献”工作】 2016年，区红十字会采取多种形式宣传造血干细胞捐献知识，邀请志愿者现身说法，积极动员符合条件的适龄公民踊跃参与，不断扩大全区造血干细胞志愿者的库容量。严把志愿者的招募、登记、采样、运输、回访、配型、体检等环节，做好对造血干细胞志愿者的跟踪服务，努力提高造血干细胞捐献的成功率，降低反悔率。年内，全区完成造血干细胞血样采集80份，再动员10例，完成高分配型2例。器官捐献有新的突破，志愿者张保明成功实现眼角膜捐献，成为洪泽区第二例捐献眼角膜的志愿者。

【救护培训】 2016年，区红十字会继续实施省政府为民办实事项目——公益性应急救护百万培训工程，增强全民应急救护意识，提高自救互救技能。组织培训师资参加省里举办的培训班、复训班。全年培训初级救护员913人，普及培训6143人，超额完成市下达的培训任务。普及性救护培训做到进社区、进厂区、进学校、进机关。通过救护知识培训，使学员掌握气道梗阻、心肺复苏、伤口包扎等基本的救护知识和技能。

区红十字会举办广场培训活动

【募捐筹资】 2016年，区委、区政府下发“博爱在洪泽，人道万人捐”活动的意见。区红十字会认真落实、精心组织，全区机关、企事业单位干部职工积极捐款。全年募集善款125万元，其中为盐城龙卷风灾害募捐15万元，募捐数居全市首位。

【志愿服务】 春节期间，区红十字会组织以医务人员为主的红十字志愿者深入高良涧街道临河社区养老院开展“温暖新春”志愿服务活动，为老人举办健康知识讲座，开展义诊、心理辅导、建立健康档案。与相关部门联合先后到黄集街道、朱坝街道大刘村开展“万人志愿服务百村行”活动，通过制作急救知识展板巡展，设立咨询台，发放宣传资料5000多份，捐赠书籍2000册，现金3000元，演示心肺复苏技能操作、气道梗阻急救法等形式，向村民普及急救知识与技能，宣传造血干细胞捐献、器官捐献知识。

【宣传工作】 2016年，区红十字会利用“5·8红十字博爱周”“9·10世界急救日”等重要纪念日，在城区、街道社区和乡镇繁华地段开展宣传活动。向理事单位免费赠送《中国红十字报》20份、《博爱》杂志20份、《江苏红十字报》360份。鼓励新闻报道志愿者和社会热心群众多写稿、多发稿，大力宣传区红十字事业发展中涌现出的先进人物和感人事迹。其中，志愿者张保明捐献眼角膜，其家人多年无偿献血的感人事迹被扬子晚报和扬子晚报网、江苏新闻周刊、新民网、腾讯网等国内多家主流媒体刊登。全年在市级用稿8条，江苏文明网等省级用稿15篇。（沈志轩）

洪泽区关心下一代工作委员会

【主题教育】 2016年，区关工委组织“五老”宣讲报告员238人，举行主题宣讲报告会93场次，听众6.2万人次。组织3万余名学生在革命烈士墓等教育基地接受革命传统教育。围绕建党95周年，各级关工委组织青少年开展了形式多样的“学党史、学国史、听党话、跟党走”主题教育系列活动，并将这一活动与学习周恩来精神紧密结合起来，通过制作电子小报、“童心向党”征文、书法绘画比赛、宣讲报告、祭扫革命烈士墓等，将教育活动不断推向深入。开展“追寻伟人足迹，争做尚美少年”主题教育活动。区关工委将区辅导总站开展的“追寻伟人足迹，争做尚美少年”活动刻制成光盘，暑假期间在各辅导站巡回播放。与区教育局紧密配合，组织周恩来故事演讲比赛。在各中小学校开展周恩来故事演讲初赛选拔的基础上，遴选出20名选手参加决赛。

【预防青少年违法犯罪】 2016年，全区预防青少年违法犯罪工作围绕“六项工程”扎实开展，做到制度化、规范化、常态化。青少年违法犯罪比2015年下降15.6%，有5个镇（街道）实现青少年零犯罪，比2015年增长1个。107个村（居、社区）实现青少年零犯罪占比85%。组织对六类青少年的调查摸底，坚持早布置、多渠道、摸实情，横向到边，纵向到底，不留死角。在此基础上，组织“五老”人员与公安干警、基层干部、青年志愿者联合开展警民联手、亲情联手、邻里联手，一帮一、一带一的结对帮扶活动。为把此项工作做实，区关工委出台《关于进一步做好结对帮扶工作的意见》，对排查、结对、有针对性帮扶以及督查考核作了明确要求。经排查，全区共排查出六类青少年1418人。年内，全区结对595对。参加帮扶637人。其中，“五老”人员416人，公安干警69人，基层干部与青年志愿者152人。有462名被帮扶对象成功转化。各级关工委利用校外辅导站阵地，在寒暑假和节假日开展教育活动，全年举办各类培训班55期，受教育青少年1.09万人次。同时，发挥“五老”文艺宣传队的作用，高良涧、朱坝等镇（街道）利用“五老”文艺骨干，以文艺形式组织开展法治宣传，演出114场次，3.21万人次受到教育。年内，全区排查出无业青年41名，各镇（街道）关工委积极配合有关部门组织好就业前培训，并推荐就业，让闲散青年走上自食其力之路。全年举办就业培训23期1814人，推荐就业216人。

免费为孤儿体检

【济困助学】 2016年，全区通过济困助学公益联盟这个平台，资助贫困大学生379人，中小学生417人，奖励优秀大学生25人，募集和发放社会资助款249.22万元。济困助学工作实现由单一的机关团体和工作人员的资助向全社会多元化资助的转变；对孤儿、特困生，由单一的国家政策性资助，向在享受政策性资助的同时，还享受社会叠加资助，并在读大学期间享受跟踪资助的转变。

【校外辅导站建设】 2016年，校外辅导站工作形成各镇关工委与学校配合密切，“校站结合”工作不断深化；以“五室”建设为抓手的镇中心站内涵建设进一步拓展；以电子阅览室为标志的村重点站建设有序推进；活动开展日趋制度化、规范化等特点。10月，省关工委在洪泽区举办全省校外辅导站工作培训班，与会人员参观了区辅导总站和岔河镇中心站两个现场，观看区关工委和岔河镇关工委制作的辅导站活动专题片。区关工委在会上作了题为《构建三级网络，努力提升办站水平》的交流发言。省关工委常务副主任张艳对洪泽区校外辅导站和岔河镇中心站的建设和特色活动的开展给予了高度评价。具有洪泽特色的校外辅导站工作受到了与会者的好评。

【基层组织得到加强】 5月，区委印发了《关于进一步加强关工委工作的意见（2016—2018年）》（洪发〔2016〕24号）文件。全区镇、村关工委班子得到加强，“五老”队伍建设得以巩固。围绕“五有五好”标准，努力推进学习型、创新型、服务型关工委建设，积极打造“五好”基层关工委。配合区农委加大对“三扶两创”工作力度，培育“三扶两创”典型15个，涉及电商、种植、养殖等多种行业。（陈超美）

洪泽区工商业联合会

【概况】 2016年，区工商联有商会22个。其中，镇（街道）商会9家、行业商会12家、异地商会1家。有会员826户，其中工商联直属会员320家、行业（异地）商会会员506家。区工商联被省工商联表彰为“五好”县（区）级工商联、全省工商联系统先进集体，被市工商联系统授予年度综合目标考评先进集体。

【组织建设】 2016年,区工商联新成立行业商会2家,新发展会员192家,工商联企业会员826家。五星级商会2家,四星商会5家,三星级商会2家。

8月23日,洪泽区新生代企业家商会举行成立大会。全区150多家新生代企业家会员到会,市、区工商联领导为商会揭牌,并为商会会长、副会长授牌,为理事、监事颁发证书。会议通过《洪泽区新生代企业家商会章程》,选举出商会会长1名、副会长15名、秘书长1名、监事3名、理事40名。同日,洪泽简爱公益志愿者协会举行揭牌仪式,150多位新生代企业家,20多家爱心企业和部分爱心人士参加揭牌仪式,市、区工商联有关领导为区简爱公益志愿者协会揭牌。

【非公人士教育培训】 2016年,区工商联高度重视非公有制经济人士的培养,多形式、多渠道举行各种培训活动。委托南京亚太管理学院举办第一届由20多名企业家参加的MBA经济学习班;选送4名非公经济人士赴台湾中华大学参加青年企业家研习班,选派5名非公经济人士赴井冈山干部学院、延安干部学院学习培训,选派20名非公企业家赴清华大学进行培训,选派40名非公经济人士参加厦门大学、中国海洋大学、浙江大学党建学习班。邀请国家人力资源专家组副组长、中国科技大学教授赵海琦等6名教授到洪泽举办企业家素质提升培训班4场次。为工商联常委企业家免费体检建立健康档案,对首批30名工商联常委企业家强制免费体检,为全区经济发展提供强有力的人才支撑。

【对外友好商会联络】 2016年,区工商联积极开展对外联络工作,为企业发展搭建平台。坚持广交朋友,扩大交流,

区工商联与成都市锦江区工商联结为“友好工商联”

让更多客商认识洪泽、了解洪泽。与浙江省台州市金属流通业商会、上海市闸北区工商联、南京市雨花台区工商联、南京市溧水区工商联、徐州市铜山区工商联、成都市双流区、锦江区、成华区工商联等15家工商联结成“友好商会”。先后组织100多家会员企业10多次到北京、上海、广东、浙江、四川等地考察交流学习,学习现代企业管理知识,提升驾驭市场本领。促进企业对外合作项目30多个,总投资8000多万元。

【履行参政议政职能】 2016年,区工商联开展调查研究,广泛听取非公有制经济代表人士的意见建议、了解诉求,整合资源和力量,积极参与全县政治、经济、社会中重大问题的政治协商、民主监督,为全县经济社会发展、非公企业科学发展建言献策。不断引导企业界的人大代表、工商联界别的政协委员提高参政议政水平,创新参政议政的载体和形式,提高议案、提案质量。全年提出高质量建议及议案42件,全区非公经济企业家中有省人大代表1名、市人大代表5名、区人大代表25名。

【省民营企业信息直报点培训会议在洪泽召开】 5月24日至26日,全省民营企业信息直报点培训会议在洪泽区举行。全省13个省辖市工商联分管负责人、24个县(区)工商联分管负责人及联络员参加培训,并观摩洪泽民营企业信息直报点企业。区工商联介绍了民营企业信息直报点工作经验。省工商联研究室主任高寿凯说洪泽民营企业信息直报点工作走在全省前列,各地都要学习洪泽的工作经验。

【服务企业】 2016年,区工商联继续为企业搭建对外经贸合作平台,组织3批次50家企业与区外企业交流、沟通,推进项目合作10个。引进40名境外商家到洪泽交流考察,推进2个项目落户洪泽。利用新生代企业家商会平台,年培育区行业领军企业5户。积极搭建企业与政府沟通联系的平台,实施“一企一策”重点扶持。召开政企联席会议2次,为企业发展打造良好的发展环境。组织“依法治企”培训2场次,与会人员200人,进一步提高企业家的法治思维、法治素养,推进企业依法维权。年内,为企业协调解决各类困难或问题170多件。

【光彩事业】 2016年,全区非公企业用于扶贫、助困、助学助残、壮村工程等社会捐赠100多万元。区工商联因势利导,听取非公企业家的建议,积极搭建平台,整合资源,凝聚广大非公经济人士力量,成立由150多家企业、100多位爱心人士组成“洪泽县简爱公益志愿者协会”。遵照“自身发展,回馈社会”的光彩精神,开展光彩教育行、光彩生态行、光彩救助行、光彩强村行活动。积极奉献社会,投身公益事业,参与捐资助学、修桥铺路、扶贫济困、生态建设。开展“访贫问苦”“幸福洪泽·圆梦助学”“扶贫济困光彩行”主题活动。

(吕彦仪)

社会管理综合治理

【概况】 2016年，区政法工作围绕"平安洪泽""法治洪泽"建设目标，认真履行维护稳定第一责任，主动服务发展大局，"平安洪泽、法治洪泽、队伍建设"等方面取得新成效。省公布的洪泽区群众安全感第三方调查达97.5%，居全省第二，连续三年位列全市第一。人民群众对法治建设满意度和政法队伍满意率继续保持全市前列，被省委、省政府命名为"江苏省法治建设示范县（区）"。

【服务跨越发展】 2016年，洪泽区坚持把维护社会大局安全稳定作为首要政治任务，依法严厉打击违法犯罪活动，八大类刑事案件明显下降，连续24年命案全破，圆满完成全国"两会"、G20峰会等重大节庆活动及敏感节点的安全保卫工作，化解各类群体性事件126起，依法成功处置20人以上群体性事件69起。实施重大事项稳评项目22个。不断健全服务保障经济发展长效机制，研究出台《服务非公有制企业实施方案》等规范性文件，依法清理"僵尸"企业、审结破产案件7件，盘活资产8000余万元。服务保障重大项目，妥善审理砚临河地块房屋拆迁补偿纠纷，对高良涧街道龙庙城邦工程等保障房建设项目开展专项预防。维护市场经济秩序，坚决打击金融诈骗等各类经济犯罪，依法起诉各类破坏市场经济秩序犯罪13件16人，审结金融纠纷案件386件，为全区经济发展创造了良好法治环境。

【平安洪泽建设】 2016年，区综治中心建成，镇村综治中心建成率100%，全部达到《综治中心建设与管理规范》标准，中央综治办主任陈训秋在洪泽区调研时给予充分肯定。构建洪泽特色矛盾纠纷多元化解机制，"无讼村居"创建工作得到最高院和省市领导的批示肯定，全市矛盾纠纷多元化解工作现场会在洪泽区召开。区委、区政府出台《洪泽区2016年深化"无讼村居"创建构建矛盾纠纷多元化解机制实施方案》和《关于建立村（居）法治副书记工作制度的通知》。排出48个具体项目对创建活动进行项目化推进，从全区政法各机关党员干部中选派122名政治业务素质好的同志担任各村居法治副书记。区镇村三级调委会建成覆盖率100%，在区法院等重点单位设立人民调解工作室。通过政府购买服务方式，重点培植"老万交通事故调解室、张贵银调解工作室、银发工作室"等。以"张圣龙警务室"为样板，升级改造城区警务室。全区各级调解组织受理各类矛盾纠纷2171件，调处成功2168件，调处成功率达99.8%。

中央综治办主任陈训秋在洪泽区调研

湖滨治安特色区创建。围绕湖滨治安建设主题，按照"一镇一品一特色"的创建思路，各镇（街道）和有关综治成员单位实施社会治理创新项目18个，形成了覆盖全区的"水陆并举、动静结合、点线面相连"的湖滨治安特色区。进一步完善洪泽湖水域及湖滨治安防控，健全湖区大调解机制，加强渔民和湖滨沿岸居民普法教育。深入推进综治信息化实战应用，运用综治信息化系统报送有效事件信息23825件，办结23624件，办结率99.16%，获市综治信息化实战应用技能比武团体二等奖。

完善治安防控体系建设。投入2000余万元建设实战型指挥中心，实现情报、研判、指挥、行动一体化。"天眼"工程二期项目新增高清智能监控点700个、汇聚1400个，公安直接管控的视频点位将突破3000个，形成了覆盖全区主要道路、重点单位和要害部位、易发案场所等区域的全天候防范网络，实现对疑人、疑车、疑物的全时空、立体化防控。

加强平安志愿者队伍建设。成立平安志愿者协会，从各村居遴选首批新乡贤200余名，成立新乡贤志愿者工作室，全部在镇（街道）社会管理中心挂牌上岗，积极参与矛盾纠纷排查化解。加大社会治安综合保险工作推进力度，制作案例宣传片，用群众身边的人和事引导群众积极参保，已参保近3万户。

创新特殊人群管理模式。创新实施“平台+队伍+组织+项目”运行模式，重点社区服刑人员监控定位率达100%，无刑满释放人员当年重新犯罪，无社区服刑人员重新犯罪。大力实施“大湖‘12355’成长护航工程”，举办中学生模拟法庭大赛，开展青少年零犯罪镇和未成年人零犯罪社区创建工作，未成年人犯罪率、涉罪率、重新犯罪率同比下降，无在校生犯罪。加强肇事肇祸严重精神病人管控，出台《关于贯彻落实严重精神障碍患者监护责任以奖代补政策工作的实施意见》，区委、区政府以会议纪要形式明确2016年第四季度的严重精神障碍患者监护责任以奖代补经费由区财政负担，从2017年1月1日起，区、镇（街道）财政各承担50%，做到应补尽补。开展困境人群心理关爱活动，通过购买服务的方式，与5名心理咨询师签订服务协议，进驻区社会管理服务中心，对困境人群进行心理疏导。

【法治洪泽建设】 2016年，洪泽区全面推进依法行政，行政机关负责人出庭应诉率100%。深入推进公正司法，稳步推进审判权运行机制改革试点，扎实开展法官、检察官员额制改革，选任首批法官25名，检察官17名。加大执行力度，在全市率先出台《执行管理流程细则（试行）》，邀请区人大代表及政协委员监督、见证执行，邀请社会各界代表参与执行。成立破解“执行难”专项联络活动工作领导小组，充分利用查控划系统，定期开展夜间执行活动，有效解决执行难问题。

加强执法规范化建设。开展执法监督“百百千”活动，6件庭审和文书在市级获奖，其中一等奖3件，在全市领先。区检察院驻所检察室被最高检评为“全国文明接待室”“全国一级规范化驻所检察室”。区公安分局执法质量考评连续9年省优，全市公安机关执法规范化建设现场会在洪泽召开。

推进法治文化阵地建设。建成全市最大的现代化法治宣传教育中心，接待前往观摩的省市区领导和省内外各界32批次680余人次。在城区居民小区建成4个法治文化宣传阵地、2个廉政文化宣传阵地、1个道德文化宣传阵地。对三河镇法治文化一条街进行扩建改造。村级建成了朱坝街道大刘村法治文化公园、老子山镇龟山村法治宣传漫道等一批法治文化宣传阵地，区镇村法治文化阵地实现全覆盖。

开展法制宣传活动。全区各镇均成立业余法治文艺宣传队，巡回城乡演出，叫响了老干部“‘夕阳红’法治宣传”、朱坝镇“袁志西农民业余法治宣传”、岔河镇白马湖畔法治文化行等一批民间法治文化宣传品牌。老子山镇连续8年开展以法治演讲、文艺演出、法律咨询、送法到滩头（船头）为主要内容的“平安法治永远在我心中”系列法制宣传活动，被市电视台、电台、《淮安日报》等媒体予以报道。高标准完成“六五”普法任务，被中宣部、司法部授予全国“六五”普法先进县。

实施法治为民办实事工程。始终把法治惠民、民生保障作为法治建设的重要抓手，区法治办经充分调研后，把规范化建设政务服务体系、依法打击洪泽湖区非法采砂、实施紫藤成长工程等10个项目作为2016年全区法治为民办实事工程。打击洪泽湖非法采砂既是洪泽确定的实事项目，也是省委巡视组向洪泽反馈的巡视意见。实施驻点巡查，采用24小时值班制，开展联合执法，查处水事案件400多起，扣押采砂船99条，拆解采砂设备8780台，罚款500余万元。

实施涉法涉诉信访化解稳定工程。制定和完善涉法涉诉接访工作职责和管理制度，在公检法司轮流值班的基础上，聘请2名从法院退下来的老同志，负责涉法涉诉信访案件接待化解处理，实现涉法涉诉联合接访中心实体化运行。接待涉法涉诉信访案件28件，上级机关或者领导交办涉法涉诉信访案件35件（其中省委巡视组交办31件，市委政法委交办4件），均与政法各部门进行协调、交办、转办，并及时反馈回复。省委巡视组交办的31件涉法涉诉案件均得到及时有效办理，受到省委巡视组肯定。

【法治队伍作风建设】 2016年，区委政法委扎实开展“两学一做”学习教育活动，组织40余名政法干警赴浙江大学培训学习，邀请复旦大学法学院潘伟杰院长为全区政法干警开展法治讲座，举办政法系统专场道德讲堂。加强纪律作风建设，严格执行党风廉政建设和反腐败斗争各项规定，开展“为官乱为、为官不为”专项整治、公检法司开放日和“树廉洁家风·创廉洁家庭”活动。对平安法治建设和队伍建设存在不足的4个单位和部门负责人进行约谈。加强专业能力建设，按照“一专多能、一人多用”的要求，科学制定年度实战轮训、岗位练兵等教育培训菜单，按需培训。组织政法干警收听收看中央和省市政法大讲堂，全力推行“警师制”“青年法官导师制”“齐学大讲堂”，以“老带新、强带弱”方式，不断提升执法能力和水平。落实“从优待警”政策措施。切实关心干警职级待遇问题，公安民警警衔津贴已经到位，公检法机关班子成员除刚提拔的个别同志外，全部明确正科级。出台《关于进一步加强人民法院人民检察院工作的意见》。组织开展“最美政法人”评选活动。成功举办首届政法系统羽毛球、乒乓球比赛，丰富干警业余生活。

（周承杰）

法治政府建设

【概况】 2016年，洪泽区着力转变政府职能，深入推进依法科学民主决策，严格规范执法行为。深入开展政府合同审查备案。审核、备案政府合同131件，提出审查意见271条。建立“双随机”抽查机制，对全区行政执法主体、行政执法人员进行重新确认，有618人申办了执法证件。全面落实法律顾问制度，通过聘请法律顾问、建立政府法律顾问委员会等措施实现区法律顾问100%覆盖。

【学法用法】 2016年，洪泽区完善领导学法制度。区政府常务会议开展8次学法活动，专题学习《法治政府建设实施纲要（2015—2020年）》《2016年全省法治政府建设工作要点》《行政诉讼法》等内容。增强行政执法人员法治意识，邀请市法制办领导为全区行政执法骨干进行《行政诉讼法》和依法行政专题培训。做到依法办事，依法为广大群众服务。

【规范执法】 2016年，洪泽区做好"两法衔接"工作，区法制办与淮安市检察院洪泽分院联合推进各成员单位熟练使用业务平台，加强案件信息录入工作，有28个部门录入信息127条。严格行政执法准入制度，对新申领行政执法证人员加强管理，对使用市级以上政府主管部门制发的行政执法证件进行备案登记。认真开展执法案件评查，通过各行政执法单位自查、法制办集中评查等方式，重点抽查了全区14个行政执法部门的行政执法案件卷宗36件，及时通报行政执法案件评查结果。

【行政案件】 2016年，区政府法制办收到行政复议申请3件，其中撤回1件、撤销1件、因逾期未补正，视为放弃1件。

【行政应诉】 2016年，洪泽区认真落实行政机关负责人出庭应诉制度，区政府领导参加涉及区政府的行政诉讼案件，及时出庭应诉。继续与区法院加强合作，对涉及区直部门的行政诉讼案件，将法制办制作的《行政机关负责人出庭告知书》与传票一起送达相关部门，确保行政机关负责人出庭应诉。年内，全区涉政府一审行政应诉案件9件，区政府负责人出庭应诉率100%。

【信息公开】 2016年，洪泽区全面贯彻实施《政府信息公开条例》，加大重点领域、重大事项信息公开力度，推进财政预决算、公共资源配置、重大建设项目批准和实施、社会公益事业建设等重点领域的信息公开。督促各行政执法部门向社会公开执法主体、执法内容、执法依据和监督方式等情况。加强政府网站建设和管理，及时发布权威政务信息、回应群众关切，保障人民群众的知情权、参与权。

（马　康）

公　安

【概况】 2016年，淮安市公安局洪泽分局有民警302人，辖派出所10个，警务辅助人员550人。当年，区公安系统获市级以上集体表彰 9个、个人表彰43人次。其中洪泽分局获全省执法质量优秀单位、洪泽分局团委获团省委五·四红旗团委、洪泽分局互联网站获省公安厅优秀公安外网网站，三河派出所被省公安厅记二等功、被市公安局授予践行恩来精神模范警队，4个集体被市公安局记三等功、1人获市委表彰、9人获市政府表彰、9人被市公安局记三等功、24人获市公安局表彰。洪泽分局获全区科学跨越发展考核特别贡献单位、纪检监察工作先进集体、组织工作先进集体、综治与平安建设先进集体、军民融合发展工作先进集体、信访工作先进集体、优化软环境建设工作"行风十佳"金牌单位等。

【"110"接处警】 2016年，"110"接警服务台接报有效警情26663起，同比下降5.8%，其中，刑事警情同比下降11%，治安警情同比上升20%，交通事故同比上升15.5%，火警同比下降68%。全年出动警力55432人次、车船28006辆（艘）次。

【治安维稳】 2016年，洪泽公安分局完成"六四""七五"等敏感节点以及"G20"峰会、国家公祭日、"两会"、洪泽湖国际大闸蟹节系列活动等安保任务;大力加强网络舆情分析师和网评员队伍建设，网络舆情引导成绩列全市第一，守住了"网上阵地";进一步规范群体性事件现场处置工作，充分应用警戒隔离等战术动作，妥善处置各类群体性事件120余起。

【刑事侦查】 2016年，洪泽公安分局深入开展"五整一打"、打侵财、保民生"秋收"等专项行动，消除社会不安定因素，不断加大对各类违法犯罪活动打击力度，取得了显著成效。其中"五整一打"百日专项行动全市综合排名第一。成立图侦中心，落实重大侵财案件侦破责任，提升打击破案效能，群众安全感达97.5%，全市第一，跃居全省第二。全年破获各类刑事案件717起，破案率41.88%，连续24年命案全破。

【智慧公安建设】 2016年，区财政投入2000余万元建设实战型指挥中心，建强实战指挥中枢;完成"天眼"二期工程建设，自建监控点位2700个、汇聚2400个，公安直接管控的视频点位突破5100个，织密了"天网"。

【户籍管理】 2016年年末，全区户籍人口378772人，其中，非农业人口184200人。办理出生登记3749人，办理死亡注销1608人。在居住证系统中新登暂住人口6350人、注销8969人;新登记出租房屋1248户、注销1560户;核查、注销重户口27人。

【规范化执法建设】 2016年，洪泽公安分局高标准建成案管中心、执法办案中心、涉案财物管理中心，整合"三大中心"职能，在全市率先建成"三位一体"的执法管理中心;推进受立案制度改革，以信息化手段为支撑，研发受立案管控平台，推动执法流程再造，构筑起权力管理运行的"封闭环"。创办"一刻钟学法"手机在线学法栏目，以应知应会和贴近实战的法律知识为内容，定期向民警推送学法快餐，全局民警的学法能力与执法水平进一步提升。6月23日，全市公安机关执法规范化建设现场会在洪泽召开，副市长、市

6月23日，全市公安机关执法规范化建设现场会

公安局长刘必权高度肯定洪泽分局执法规范化建设工作，要求在全市进行推广。年内，公安部法制局领导亲临洪泽考察，扬州、镇江等地20余家公安局（分局）到洪泽学习交流。

【出入境管理】 2016年，洪泽公安分局加强境外人员临时住宿登记管理，共登记709人次临时到洪泽旅游观光、探亲访友、商务，其中外国人320人，港澳居民56人，台湾居民333人。受理出国境证件6217人次，其中护照3490人次，港澳通行证2015人次，台湾通行证712人次。

【禁毒工作】 2016年，洪泽公安分局抓获涉毒犯罪嫌疑人20人，吸毒人员111人，其中行政拘留107人，社区戒毒33人，强制隔离戒毒16人，缴获各类毒品650克。成功侦破"7·30"毒品专案，抓获刑事涉毒人员8人、治安处罚68人，现场缴获冰毒510克。

【经济侦查】 2016年，洪泽公安分局受理各类经济案件68起，立案60起，抓获犯罪嫌疑人49人，移送审查起诉48人，抓获网上逃犯3人，成功侦破章某某等人虚开增值税发票案等大要案件。

【网安侦查】 2016年，洪泽公安分局侦办各类涉网案件83起，同比增加15%，抓获网络犯罪嫌疑人122人，同比上升19%，侦破全市首例利用"借贷宝"第三平台实施诈骗串案、省厅挂牌督办的利用"伪基站"发送短信实施诈骗串案等省市有影响案件。严格落实网吧实名登记制度，检查经营性上网服务场所420家次，非经营性上网服务场所20家次，处罚问题网吧4家。

【交通执法与管理】 2016年，洪泽公安分局开展春运安保、危险驾驶整治、交通安全隐患大排查大整治、"两客一危"治理、城区交通安全整治和"五整一打"等专项整治行动，加强交通安全"五进"宣传，压事故，保畅通工作取得显著成绩，全区道路交通事故形势平稳。全区全年交通事故起数同比下降28.04%、死亡人数下降20%、经济损失下降43.88%。

【巡防管控】 2016年，洪泽公安分局立足设卡堵控和巡逻防控，抓获各类违法犯罪嫌疑人79人。通过情报导巡、扁平指挥，巩固三道防线，推出卡点堵控、视频监控、巡防管控、便衣守控和区域联控的"五控衔接"警务，全区侵财类犯罪同比下降17.7%。

【监所管理】 2016年，洪泽区监所关押量比上年增加1%，其中上年结存量减少10%，新收押量增加3%，月均押量增加7%；安全处理出所减少8.45%，其中安全交付监狱执行减少37%，刑满释放增加11.7%，快速有效处置突发疾病及重大疾病与上年持平。全年未发生在押人员暴狱、脱逃、自伤、自残等事故。监所连续48年安全无事故。

【水上警务】 2016年，洪泽公安分局接处水上警情125起，破案12起，其中非法捕捞水产品案件9起，入室盗窃案件2起，隐瞒犯罪所得案件1起。查验船舶证、簿、牌1万余张，办理证、簿、牌400余件。成功侦破"3·22"特大捕捞水产品案件，移送起诉19人，涉案人数为全市历年之最，被最高人民法院评选为全国十大典型生态保护案例。

【公安队伍建设】 2016年，洪泽公安分局坚持政治建警、素质强警、从严治警、从优待警的队伍管理思路，全面打造过硬队伍。深入推进"两学一做"学习教育、"践行恩来精神 争创模范警队"等活动，不断增强全警政治理论素养；依托省厅考核练兵活动，先后邀请国内知名专家学者来洪授课，进一步开阔视野、增长见识，有效提升了队伍综合素质；严格落实"一岗双责"，结合"严纪律、正作风、树形象、促工作"纪律作风百日整顿专项行动，全面排查整改队伍中存在的问题，队伍作风建设与精神面貌进步明显；搭建洪泽公安微信企业号平台与警务云盘，打造警务管理的升级版，获得省厅新闻中心与市局相关领导充分肯定；全面加强警营文化建设，按照"一所队一亮点"的要求，在城东、老子山等派出所打造各具特色的警营文化，进一步凝聚警心、鼓舞士气；加强典型选树，开通《大湖警方》栏目，每半月在区电视台推送一期展示公安先进典型和工作成果的节目，受到好评；组织开展"大湖美警"、洪泽公安好干部、警营行家里手等宣传评选活动，传递公安正能量。进一步完善从优待警措施，在落实年休假、生日慰问、民警子女入学等各项从优待警措施基础上，不断加大从优待警的力度，在全市唯率先为入籍单身民警免费提供食宿，有效解决新警住宿难、就餐难、无归属感等问题。

（杨　健）

检　察

【概况】 2016年，洪泽区检察院有干警59人，其中本科学历40人，占67.8%；硕士学位7人，占11.9%。年内，区检察院获各级表彰31项，整体工作位居全市检察系统业务考评第二名。被最高检表彰为“全国检察宣传工作先进单位”，被省文明委授予“江苏省文明单位”，被省妇联授予“江苏省平安家庭”，被市委表彰为“先进基层党组织”，被市法制办、团市委联合表彰为“普法志愿者法治文化基层行优秀组织单位”，被市检察院表彰为“先进基层检察院”“全市检察机关好班子”、记“集体三等功”一次，获区委、区政府科学跨越发展考核“特别贡献单位”。

【职务犯罪查处与预防】 2016年，区检察院立案查办贪污贿赂犯罪案件7件12人，其中处级干部1人、正科级干部3人、副科级干部2人；立案查办渎职侵权犯罪案件2件5人，其中科级干部1人，通过办案为国家挽回经济损失150余万元。通过系列渎职案件的查处，有效回应了人民群众对“两为”现象的高度关注。立足办案，跟进研判渎职犯罪高发领域案件特点，发现在财政专补资金领域承担专项资金监管职责的单位或部门主要负责人呈现“接力腐败”现象，严重妨碍专项资金使用和惠民政策实施，据此形成《反映三种因素叠加导致专补资金领域“接力腐败”突出应引起重视》的调研报告上报市院，先后被省、市检察院《检察简报》采用，并得到省检察院检察长刘华的批示肯定。

坚持“惩防并举、标本兼治”的原则，多层次、全方位开展职务犯罪预防工作。深入行政机关、企事业单位举办各种成规模的预防宣传、警示教育38场次，受教育干群3000余人。坚持一案一建议，一案一研判，深入发案单位开展预防调查，帮助查找发案根源，列出反腐应对举措，通过预防检察建议督促相关单位建章立制5项，撰写的《年度惩治和预防职务犯罪工作报告》获区委主要领导批示肯定。主动创新工作思路，借助新媒体拓展职务犯罪预防渠道，开通以“洪泽检察微预防”为名的“两微”（微信、微博）预防知识网络宣传平台；与区邮政公司携手开展“检察蓝+邮政绿”预防邮路工作，在全区设立4个预防邮路驿站。

【刑事检察】 2016年，区检察院积极履行审查批捕、审查起诉职能，坚决依法打击各类刑事犯罪。全年共批准逮捕各类犯罪嫌疑人65人，提起公诉359人。突出打击危害社会稳定、影响群众安全感的重大刑事犯罪，依法起诉严重暴力性犯罪、多发性侵财犯罪、毒品犯罪144人。依法惩治民生领域的犯罪，加大打击危害食品安全犯罪力度，依法起诉生产销售有毒有害食品、制假售假类犯罪案件21人。其中对涉案金额达500余万元、销售范围涵盖全国20多个省份的罗某等人生产销售假药案从快起诉，涉案罪犯被判处有期刑期，被判处罚金计1100余万元。认真贯彻宽严相济的刑事司法政策，依法决定不批准逮捕31人。对涉罪未成年人立足于教育和挽救，附条件不起诉3人，相对不起诉1人，建议公安机关撤销案件3人，开展法律援助20人次，封存犯罪记录6人。

【诉讼监督】 2016年，区检察院加大立案和侦查活动监督，监督应立未立案件2人，监督不当立案2件，纠正漏捕1人，纠正漏诉2人，向公安机关发出书面纠正违法通知书4件。加强刑事审判活动监督，共向市院提请刑事抗诉5件，其中2件已获二审法院改判。加强刑罚执行和监管活动监督，针对监区监管不规范的问题，发出检察建议2件，办理羁押必要性审查案件12件16人，均已释放或变更强制措施，成功确保看守所48年安全无事故。开展“集中清理判处实刑罪犯未执行刑罚专项活动”，充分运用检察建议确保工作成效。向区司法局等部门发出检察建议5件，4名罪犯被成功收监执行。其中脱管四年监外执行罪犯柴某某被成功收监执行的经验做法，被江苏法制报、江苏城市频道等媒体专门报道，该案获评“全省刑罚交付执行法律监督精品案件”。加强民事行政诉讼监督，提请抗诉1件，再审检察建议被法院采纳3件，发出执行监督检察建议6件；向行政机关发出督促履职检察建议11件，发出支持起诉意见书10件。其中就群众反映强烈的“自来水异味”“空气异味扰民”、企业“非法排污”等问题向有关部门发出督促履职检察建议5件。

【规范司法行为】 2016年，区检察院坚持问题导向，围绕“司法作风、办案规范、律师权益保障”等方面，认真梳理排查问题。依托统一业务应用系统，对342件案件进行流程监管，开展案件质量评查3次，及时整改文书瑕疵等不规范问题。切实保障律师执业权益，与区司法局会签《关于律师参与化解和代理涉法涉诉信访、刑事辩护、代理民事申请监督案件实施办法》，听取辩护意见29人次，为48名辩护律师提供电子卷宗200余册。深化人民监督员制度改革，职务犯罪案件全部纳入监督范围，共申请人民监督员监督案件7件12人。自觉接受人大、政协和社会各界监督，邀请人大代表、政协委员视察检察工作、参与庭审评议等活动6次，聘请6名特约检察员，主动听取意见建议，及时反馈整改结果。深化检务公开改革，开展“检察开放月”“举报宣传周”

3月29日，洪泽县人民检察院聘任特约检察员

等活动，通过新闻发布会、邀请网友看检察等形式，真诚接受社会各界监督。借助“两微一端”（微博、微信、检察门户网站）进一步加强司法办案活动公开，及时公开重要案件信息30件，法律文书257份，程序性信息968件，充分保障人民群众对检察工作的知情权、参与权和监督权。

【司法体制改革】 2016年，区检察院按照省、市检察院关于司法体制改革的相关精神，及时成立领导小组，按时序做好改革方案制定、人员情况摸排、表格填报、员额分配、入额考核等工作。同时，分层、分类针对性做好思想政治工作，教育、引导干警理解改革、支持改革、积极参与改革。完成了检察官遴选考核工作，经省检察院批准，17名干警被明确为员额检察官。同时，按照上级统一部署，完成员额检察官、检察辅助人员、司法行政人员等三类人员的分类定岗工作，并依据办案实际需要和司法责任制要求，初步拟定办案组织设置方案。在做好司法体制改革的同时，深入推进其他检察改革工作。为契合刑事速裁程序改革趋势，会同区法院联合出台《关于轻微刑事案件快速办理的工作实施意见》，与区司法局、律师代表召开座谈会，就如何确定轻微刑事案件范围、建立法律帮扶队伍等内容交换意见，为该项改革打好基础。

【检察队伍建设】 2016年，区检察院始终坚持党对检察工作的领导不动摇，主动承担党组“主体责任”，坚决落实“一岗双责”，以责任状的形式进一步细化责任清单，明确完成时限。以“好班子建设”为载体，加强党组对检察工作形势任务、发展态势等问题的定期分析研判，对如何提升检察工作质效专题研讨，班子成员撰写的《积极构建民生监督新模式》《司法改革背景下如何提升检察队伍素质》等10余篇调研文章在《检察日报》等国家级媒体上刊载。班子成员带头办案70余件，为干警上专题党课3次，谈心谈话30余人次，领导班子的整体合力有效提升，队伍凝聚力进一步增强。深化“两学一做”专题教育，通过开展“与党旗合影”“党员家风故事会”“庆祝建党95周年”等系列活动，不断提升干警思想政治素养。通过改进教育培训、岗位练兵等方式，加强复合型检察人才培养力度。组织干警赴人民大学、浙江大学等高校参加业务技能培训5人次，先后到全国、全市先进基层检察院考察交流，开展“一对一公诉对抗赛”等业务技能竞赛10余次，参加上级检察院组织的各类培训和业务竞赛100余人次，干警的法学理论素养和业务素质不断提高。1名干警被聘为全省检察机关兼职教师，干警在各级竞赛、评比中获奖、记功46人次。其中1名干警获评“全省优秀公诉人”，2名干警获评全市“检察业务标兵”，2名干警获评全市“工作能手”。在全市刑事执行检察业务知识竞赛中，集体平均分位居全市第一；在全市案件监督管理业务竞赛中，2名干警单项成绩进入全市前三名；在全市“百百千”工程评比中，2名干警分别获庭审视频类一等奖和法律文书类二等奖。（廖　颖）

法　院

【概况】 2016年，区法院有内设机关18个，其中派出基层人民法庭2个（东双沟法庭和在建的经济开发区法庭）。有在编干警87人、聘用人员56人。在编干警中具有本科学历67人、占77.0%，研究生学历10人、占11.4%。2016年，区法院受理各类案件5609件，其中民商事案件与上年相比下降4.84%，结案5052件，服判息诉率为93.70%，较上年上升0.48个百分点，一审案件当庭裁判率为10.60%，同比上升2.48个百分点，裁判自动履行率为41.44%，同比上升9.09个百分点。年内，区法院先后获“江苏省文明单位”“全省优秀法院”等项荣誉，被省高院记“集体二等功”，获全市法院考核二等奖，获区科学跨越发展目标考核“特别贡献单位”。“无讼村居”创建工作受到最高院院长周强以及省委、省法院、市委主要领导的批示肯定。

【刑事审判】 2016年，区法院坚持以庭审为中心，强化证据裁判意识，推进庭审实质化，落实直接言词原则。审结刑事案件308件。妥善审结案值达9000万元的被告人魏某某非法吸收公众存款案等大要案件；审理青少年犯罪35件42人，其中未成年人犯罪6件9人，无一上诉，无一发回重审或改判；进一步加强轻罪速裁工作，11类轻罪案件当庭宣判率95%以上，平均庭审时间5分钟—8分钟，平均审理期限8.5天，上诉率0.8%，无发改案件。

【民商事审判】 2016年，区法院积极化解事关民生的劳动争议、商品房买卖等案件，审结民事案件2897件，妥善审理好社会影响较大的淮安市天宸建设有限公司与东丽合成纤维江苏有限公司优先受偿权纠纷一案、应某某等人与洪泽区金丰房地产有限公司等人商品房买卖合同一案。审结商事案件703件，审结破产案件8件，涉及债权总额3.71亿元，职工446人，变现资产8238.5万元，并被省高院确定为全省法院破产管理人改革试点。

【行政审判】 2016年，区法院以保护当事人诉权为核心，对涉及工伤保险、行政处罚等涉及民生类行政案件，积极拓宽受案渠道，最大限度保护当事人合法权益。受理行政类案件30件，结案26件，案件结案率为87%，通过协调等方式化解行政诉讼案件9件，判决行政机关败诉4件，审结国家赔偿案件4件，行政机关负责人出庭应诉率100%。受理行政非诉审查案件43件，结案43件，结案率100%。

【执行工作】 2016年，区法院受理执行案件2363件，办结1909件，实际执结1117件，执结标的1.05亿元，实际执结率达58.51%，实际执结率和执行标的到位率分别较上年上升15.89和1.16个百分点。开展凌晨、晚间、午间等集中执行活动15次，拘传150人，当场履行或达成执行和解协议36人次，拘留48人次，执结款项213万元。向公安机关移送涉嫌拒执罪案件3件3人，其中2人已被判刑。坚持每月夜间执行、凌晨集中执行等活动常态化运行，形成强制执行合力。在全市率先出台《执行管理流程细则（试行）》，加强执行案件管理，从时间节点到款物处理、执行公开等多环节立规矩，严格按照工作细则考评执行工作。主动邀请区人大代表及政协委员监督、见证执行，邀请新闻媒体全程参与并报道。当年，邀请人大代表、政协委员、各界代表、媒体参与执行15次，助推良好舆论导向的形成。区法院执行提速工程被区委列为十大暖民工程。

【风险研判】 2016年，区法院围绕基层矛盾纠纷多元化解机制、破产企业资产变现等，确定9个调研课题，提前研判应对供给侧改革中可能出现的风险，为洪泽区适应和引导经济发展新常态营造良好的法治环境；同时，开展社会风险专项排查，针对农作物歉收可能引发的土地流转纠纷隐患，认真开展实地走访调研，及时向党委政府发出预警，建言献策，受到市委常委、政法委书记赵洪权批示肯定。全年向有关单位发送司法建议32条，采纳率84.7%，并有一司法条建议被评为全省法院优秀司法建议。

【司法为民】 2016年，区法院开展“司法惠民五件实事”。立案庭完成诉讼服务中心“七位一体”功能改造，建立诉调对接中心，设立导诉台，设立志愿者服务站，协调公安、司法行政等部门工作人员86人到区法院提供化解纠纷志愿服务。建立律师工作站，邀请律师定期开展纠纷化解工作。设立人民调解工作室，联系区司法局安排专职人民调解员派驻院本部、派出法庭、交通巡回法庭，侧重调解婚姻家庭、邻里纠纷、交通事故、征收非诉执行类纠纷。设立张贵银调解工作室，侧重调解小额诉讼、物业纠纷、劳动争议及追索农民工工资、涉消费者权益纠纷类纠纷。设立诉调对接工作室，就劳动、家事、物业、交通事故等多发类案开展委托调解、邀请调解等工作。落实业务部门负责人轮值制度。设立小额速裁团队，审结小额民商事案件302件，平均审理天数27.22天。少年庭独立运行，审结刑事速裁案件267件，并联合出台《轻微刑事案件快速办理机制的实施意见》。

【司法改革】 2016年，区法院开展“法院改革深化年”活动。经层层筛选，选任员额法官25名。开展兼职法警清退及执行警务化改革工作。推进院长、庭长办案工作。年内，区法院院长、庭长办案2208件，占结案总数的43.7%。开展“三看三评”活动，督促干警提高服务质量，规范庭审行为，落实相关制度。探索人员分类管理。建立以主审法官为核心的人员分类管理体系，实行审判辅助人员单独序列管理，对法官助理进行分级管理。加强聘任制书记员技能培训，有27名书记员通过省高院统一组织的定岗定级考试，占书记员总数的84.4%。

【“无讼村居”创建】 2016年，区法院创建网络实现全区122个村（居）全覆盖，坚持“周联系、月驻站、季排查”，相关创建工作入选“全市十大法治事件”，市委、市政府在洪泽召开现场会予以推广，《光明日报》《法制日报》等媒体予以报道。完善物业纠纷“3+1”调处机制。充分发挥社区、街道、住建部门在纠纷调处中的职能作用，物业纠纷案件量连续4年下降，得到市中院院长钱斌作批示肯定，要求在全市法院推广。强化“大湖法庭”建设。结合湖区渔民实际，每周送法进湖区，审结案件近千件，“船头调解”成为湖区特有风景，受到到洪泽调研的省综治办副主任李三顺等领导的肯定。

12月2日，省综治办副主任李三顺一行视察区法院大湖巡回法庭

【法院队伍建设】 2016年，区法院开展“两学一做”学习教育活动，院党总支被区委评为“先进基层党组织”。争取区委出台《关于进一步加强法院工作的意见》，每年设立不少于100万元专项资金用于干警业绩考评。建成廉政教育馆，邀请干警家属参加廉政教育活动。加强司法宣传调研工作，发表宣传稿件1500余篇，4篇调研分别被《中国社会科学》《人民司法》《法律适用》采用，11篇论文在国家和省级获奖，其中论文《立案庭职能扩大背景下人民法院购买服务范围探析》首次在全国法院第28届学术讨论会上获优秀奖。全院有3个集体、7名个人受到市级以上表彰。

（胡思远）

司法行政

【概况】 2016年，区司法局内设科室8个，下辖直属机构1个（区公证处）、司法所9个、律师事务所3个（含个人律师事务所1个）、基层法律服务所务所11个。全区司法行政系统有干部职工40人、司法所工作人员13人、律师11人、基层法律服务工作者23人。区司法局获全市“普法”工作先进集体、全省社区矫正“严格执法、严格管理”集中整治活动先进集体、全省司法行政系统宣传工作先进集体。有38人次分别获省、市、区级表彰。

【人民调解】 2016年，区司法局健全人民调解网络，完善调解工作机制，建立健全纠纷排查、情况报送、案件登记、督查督办、案件回访等制度。积极开展多元化解社会矛盾纠纷。重点做好医患纠纷、交通事故、价格争议和公调对接等人民调解工作室的建立；调处案件录入率100%，调解个案补贴落实到位；人民调解“季度通报制”“典型案件讲评制”“年终考核制”三项制度常态化；5月20日，区人大常委会组织调研《人民调解法》实施贯彻情况；11月3日，全市多元化解矛盾纠纷现场会在洪泽召开；12月9日，中央综治委副主任陈训秋到洪泽视察指导矛盾纠纷多元化解工作。年内，全区各级调解组织受理各类矛盾纠纷2171件，调处成功2168件，调处成功率达99.8%，无重大群体性事件发生，群众对人民调解工作的满意度98%以上。

【公共法律服务】 2016年，区司法局以农民工讨薪法律援助工作为重点，将法律援助服务向社区、村（居）延伸，实现法律援助“全覆盖”。组织各类法律服务人员开展“维护农民工权益百日专项行动”“农民工学法周”“法润江苏·春风行动”“公证助残月”等活动；为困难群体开辟绿色通道，全年办理法律援助案件707件，其中民事案件640件，刑事67件，受援群众满意率100%。实施“企业法律风险体检护航”工程，组织律师、公证员、法律服务工作者深入企业开展企业法律风险体检护航行动，对80多家企业提供法律服务。开展“司法鉴定开放日”活动，服务诉讼需求，维护群众权益。全年律师、基层法律服务工作者代理民事案件724件，非诉讼156件，见证423家，担任企业法律顾问441家，担任各级政府部门法律顾问23家。深化公证体制改革，将区公证处改制为独立核算、自收自支、自负盈亏的社会服务中介法人机构，公证工作健康有序运转，全年办理各类公证事项832件，公证业务收入61万元，无一错假证。

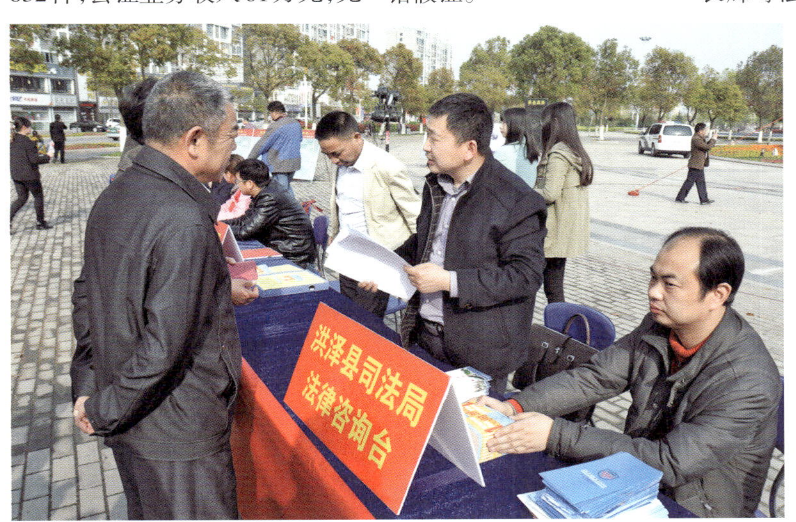

举办广场法律咨询活动

【特殊人群管理】 2016年，区矫正局和9个司法所全面使用省社区矫正平台，配齐配全矫务通终端设备；建立面部识别报到管理系统，完善矫正人员电子档案、GPS定位管理，实现社区服刑人员管理的科学化、实时化、规范化；在社区矫正工作中坚持“严格管理，严格执法”，严格执行标准，健全监督机制，建立和完善全员化、全流程、全方位的管理体系，全面推行“6+1”帮教管理模式，丰富社区矫正教育载体，强化社区矫正工作的针对性和实效性；开展以“检查廉洁自律，规范执法监督；检查职能履行，规范执法行为；检查责任落实，规范队伍管理”为主要内容的“三检查、三规范”专项整改活动，提高社区矫正执法管理规范化水平。全年先后接管社区服刑人员221人，解除社区矫正237人，警告39人次，治安处罚2人次，收监4人，在册人数169人，全区社区服刑人员“双八”活动基本落实到位，无因矫正工作不到位而导致重新犯罪现象发生；全区在册刑释解教人员1409人，信息核对和跟踪服务工作基本落实到位，重点刑满释放人员接送率100%；落实三帮一措施，帮教率100%，对在监狱服刑人员和社区服刑人员60多名对象的家庭情况进行逐个排查，对确有困难的家庭给予帮扶，协调解决6名对象的低保问题，解决3名对象大病医疗救助问题。

【法治宣传教育】 2016年，洪泽区制定出台了“七五”普法五年规划，召开“六五”普法总结表彰暨“七五”普法启动大会；全面建立“谁执法谁普法”工作机制，落实工作责任，成立洪泽区普法志愿者大队；组织开展“法润江苏·2016春风行动”“普法淮上行”“宪法进万家”“法治风帆水乡行”、全民法治阅读、“美好城市·法律相伴”、领导干部公职人员在线学法、大润发“3·15”消费维权、预防通信网络诈骗专题法治宣传、幸福广场法润江苏——普法惠民环省行、“12·4”国家宪法日“尊崇宪法、共筑共享法治洪泽”签名等法治实践活动，提高“七五”普法知晓率和参与度，扩大普法成效。加强法治文化阵地建设，打造朱坝街道大刘村法治文化走廊、高良涧街道大湖普法驿站、邓码小区法治公园、水利港湾普法长廊等法治宣教阵地，全区建成法治文化阵地122个，区、镇、村三级法治文化阵地覆盖面达97%。推进农村民主法治建设，全区创建省级“民主法治村（居）”57个，创建率47.5%，市级“民主法治村（居）”118个，创建率达98.3%，全市领先。

【司法队伍建设】 2016年，区司法局通过公务员招录、与区法院协调等方式吸纳3人进入司法行政队伍，全区镇（街道）聘用司法行政领域社工9人。全区系统内、外网网站建成并投入使用。开展项目化管理、督查督办和绩效考核工作，按照“四个全覆盖”和基层基础建设细化具体考核内容，不断完善双考双评机制，对基层司法行政整体工作进行全方位、全过程、全领域的考核评价。强化社会组织建设，建成基础型、专业型等社会组织14个，有力推动了司法行政工作从“有形覆盖”向“有效覆盖”的转变。扎实开展“两学一做”学习教育活动，认真落实“两个责任”，深入贯彻落实党风廉政建设责任制，围绕反腐倡廉主题分别开展“警示教育月”“权力观教育月”等活动。组织党员干部先后到西顺河二十六烈士陵园、南京大屠杀遇难同胞纪念馆、雨花台革命烈士陵园等地接受革命传统及爱国主义教育，开展“七·一”党员集体过政治生日活动，重温入党誓词，不忘初心，继续前行。党建联盟创新做法，被《洪泽报》《淮安日报》《江苏法制报》等媒体报道。韩夕玉等被评为市首届司法行政系统十大模范。

（董 锴）

洪泽区人民武装部

【两项重大教育】 2016年，区人武部坚持以军委主席习近平关于改革强军战略思想和系列重要讲话精神为指导，把“学党章党规，学系列讲话，做合格党员”学习教育和“坚定改革强军意志，投身改革强军实践”主题教育两项重大教育活动作为贯穿全年的政治任务，高起点筹划、高标准推进、高质量落实，紧密联系军队改革和经济建设发展形势，进一步深化认识，增强责任感、使命感、紧迫感，做到持续深入、落细落实，真正把学习教育成果转化到看齐追随、拥护支持改革、备战打仗和强化组织功能上，为推动全县国防后备力量，全面建设发展提供坚强的思想政治保证。

【民兵编组及训练】 2016年，区人武部积极适应经济发展新常态，持续加强基层党组织和基层武装部、民兵营连部规范化建设。围绕有效履行职能任务，优化民兵整组布局结构，重抓应急作战兵员动员队伍、“三战”分队和民兵应急分队、非战争军事行动抢险救援分队的编组，高标准完成上级赋予的年度民兵编组任务。先后组织175名民兵参加市县组织的以抗震救灾、警棍盾牌术、抗洪抢险救灾装备操作以及轻武器操作使用等内容为主的集训和自训，提升应急队伍的遂行任务能力。定期组织民兵应急分队和机关干部职工进行应急拉动和反恐维稳等训练，修订完善抗震救灾、抗洪抢险、防生化救援等18个非战争行动应急预案。

【国防动员】 2016年，区人武部着眼“平时服务、急时应急、战时应战”要求，建立健全国防动员组织领导机构，畅通军地互通互联指挥平台，扎实推进国防动员机制与地方应急管理机制的衔接，突出抓好“一综八办”工作机构的规范，进一步健全完善国动委内部运行机制，建强应急力量，深化军民融合发展，加大动员保障力度，全方位、多形式开展征兵宣传月活动。征兵工作严格各项程序、操作流程规范，其中兵役登记、党(团)员比例、大学生比例分别达96%、51%、40%，圆满完成新兵征集任务。举办“国防连着你我他，安宁维系千万家” 为主题的国防教育广场大学堂活动，邀请南京陆军指挥学院教授到洪泽为全区党政干部作国防形势报告会。

【作风建设】 2016年，区人武部坚决贯彻执行中央八项、军委十项、省军区党委十二项规定和上级党委有关要求，深入学习《中国共产党廉洁自律准则》，落实党内监督条例，彻底清除郭伯雄、徐才厚案件流毒影响。党风廉政建设始终保持尺度不松、力度不减，驰而不息纠正“四风”，严格执行公务接待制度，进一步简化各项活动安排，严格控制走访慰问、公费支出管理，在经费开支、兵员征集、干部调整等热点敏感问题上，坚持按规定程序办，不搞形式、不走过场，确保公开、公平、公正，让权力在阳光下运行。

【“双拥”共建】 2016年，区人武部着眼新形势、新要求，围绕战斗力和生产力的双重跃升，积极弘扬“双拥”双拥优良传统，强化组织领导，加大“双拥”双拥宣传力度，带头践行社会主义核心价值体系建设和当代革命军人核心价值观培育，积极参加和支援地方经济社会各项建设，勇于承担和完成防汛抗旱、抢险救灾等急难险重任务，广泛开展军民共建、文明创建、平安创建、和谐创建活动。按照省军区关于深入开展“百个人武部(预备役团)结对帮扶百个经济薄弱村、共建党组织和共建学校”活动通知要求和军分区“双百双建”工作实施方案，结合实际，继续与东双沟镇张庄村、镇敬老院及镇中心小学、3名贫困生结成帮扶对子，与张庄村党总支签订党建共建协议，先后协调投入22万元用于支持张庄村发展芡实种植业、成立芡实产业合作社、购置电脑设备、电教设施、扶持村电子商务产业发展、完善村道路网建设；定期组织村“两委”班子成员开展党务培训和党日活动等；拿出3.2万余元走访慰问了东双沟镇中心小学留守儿童、孤寡老人和15户低收入农户家庭，为他们送去学习用品、慰问金和生活用品，加快推动帮扶对象精准脱贫。省委常委、省军区政委曹德信到洪泽检查调研时给予充分肯定。

【军民融合】 2016年，区人武部先后3次召开军民融合推进会，邀请国家、省有关专家到洪泽授课指导；区委、区政府把军民融合纳入全区“十二大”重点工作和科学跨越发展目标考核内容。对瑞特公司、爱吉斯海珠公司等20余家企业进行调研摸底，了解企业发展规划，掌握“民参军”意愿及生产军工产品内在潜力，为部分企业牵线搭桥，并开展相关培训工作，协调帮助进入“军队物资采购商库”，实现地方生产力和部队战斗力同频共振、同步推进提升。

【安全稳定】 2016年，区人武部继续树立安全发展理念，坚持把落实制度作为安全工作的根本保证，扎实开展暑期安全竞赛活动，把住“人车枪弹密、毒化油气火”等重点环节，加大技防设施投入力度，建立应急报警系统和重点部位红外报警系统，构建覆盖全县的民兵信息网；畅通军地联防联控信息，密切关注社会动态，协助地方做好防控和维稳工作。妥善处理涉军矛盾纠纷，主动参与创建文明城、卫生城、生态城、双拥城，为平安幸福洪泽建设做出了贡献。

（孙玉春）

武警洪泽区中队

【概况】 2016年，区武警中队围绕中央军委习近平主席提出的“建设一支听党指挥、能打胜仗、作风优良的现代化武装警察部队”的目标建队育人，时刻按照“能打仗、打胜仗”的要求锤炼部队，始终贯彻“打得赢、不变质”的原则，抓安全求发展，圆满完成以执勤和“处突”为中心的各项任务。一班班长李家斌被武警淮安市支队记三等功一次，二班被武警淮安市支队表彰为先进班集体，中队有12人被武警淮安市支队嘉奖。区武警中队连续两年被武警江苏省总队表彰为“基层建设先进中队”。

【实战训练】 2016年，区武警中队党支部严格按纲施训，扎实开展评比竞赛、岗位轮换，“五小”练兵等活动。在执勤训练上，坚持“三个贴近”即贴近目标、贴近哨位、贴近当前形势。通过练养成规范执勤动作，练素质提升处置能力，练协同高效完成任务。结合哨兵遭袭击、人质被劫、犯人逃跑进村等实战情况，针对性地开展哨兵反袭击、“三快”（快速装退子弹、快速上刺刀、快速报警）、监区内解救人质、居民地捕歼战斗、红蓝对抗、夜间执勤方案演练等训练，提高官兵处置各种复杂情况的能力。根据季节变化、人员变动等因素调整执勤方案12次，进一步周密兵力部署。（姜建华）

武警洪泽区消防大队

【概况】 2016年，全区共发生火灾113起，无人员死亡，财产损失30.61万元。区消防大队紧紧围绕“两个稳定”和服务保障全区经济社会跨越发展目标，紧紧盯住“建一流警队、树一流业绩、创一流品牌”发展定位，坚持以公安部提出的“四项建设”为依托，以提升官兵能力素质为抓手，以深化防火灭火主业为中心，狠抓部队基础建设和刚性任务完成，为平安洪泽建设创造了良好的消防安全环境。

【“智慧消防”建设】 2016年5月，区政府将“智慧消防”项目纳入“智慧洪泽”整体规划建设，总投资约500万元。投入35万元购置个人防护装备425套，灭火救援器材191件；投入296万元启动综合训练馆建设项目。

【公共消防设施投入】 2016年，区消防大队普查水源300余处，提请区政府拨付51万元用于市政消火栓维护保养，同时结合城市道路建设和改造对自来水管网进行升级，配套建设市政消火栓，完成50个建设任务。争取区政府投入30万元为城区2个派出所分别组建保安消防队。加快推进“十三五”消防事业发展规划，区政府投入27万元启动修订全区消防专项规划编制修订工作。区消防大队向区委、区政府专题汇报岔河镇专职消防队建设情况，并多次实地调研，完成选址、图纸设计、招投标工作，同时进行车辆器材采购和人员招聘工作。

【消防灭火救援】 2016年，区消防大队共接警362次，出动警力3061人次、车辆578辆次，抢救被困人员37人，疏散被困人员 69 人，抢救财产价值1121.60万元。成功处置“3·8”江苏康丽欣电池有限公司车间火灾、“8·21”江苏洪泽久鑫机械有限公司变电房火灾等事故，完成杭州G20峰会消防安全保卫任务。

【消防监督执法】 2016年，区消防大队消防监督人员出动5343人次，检查社会单位2663个次，发现火灾隐患5058处，督促整改火灾隐患或违法行为5047处，下发责令改正通知书2264份，下发行政处罚决定书108份，行政罚款38.3万元，行政拘留13人。下发重大火灾隐患整改通知书5份、临时查封决定书144份、公共聚集场所投入使用前消防安全检查合格证书30份，组织火灾原因调查6起，出具火灾事故认定书5份，出具火灾事故简易调查认定书1份。消防设计备案抽查合格7起，竣工验收备案抽查合格13起。（韩 坚）

人民防空

【概况】 2016年，区人防办有工作人员15名。其中，行政人员2名、事业人员1名、政策性安置复员退武士官1名、聘用人员11名。区人防办将人民防空工作纳入军事斗争准备的整体规划，纳入国民经济和社会发展计划，纳入城市总体规划，形成党委政府强力领导、军地密切协同，多方共同支持的人防建设发展机制。洪泽区获省五年表彰一次的“全省人民防空先进城市”，被市国动委评为“淮防—2016”防空警报试鸣暨防空袭行动演练先进单位。

【机动指挥所建设】 2016年，区人防办建设人防机动指挥所。该项目为信息采集车、通信保障车、指挥车三车架构，由南京莱斯公司中标承建。9月，人防机动指挥所建设完成，车辆、设备交付使用，并通过“9·18”实战化演练检验，系统性能基本稳定。11月30日，通过省级综合验收。

【通信警报系统改造】 2016年，区人防办完成警报设施系统改造，对全区防空警报设施进行社会化管理，新建富民广场多媒体警报1台，实现集中控制，系统性能稳定，城区警报鸣响率和覆盖率95%以上。做好防空警报设施的维护、管理和测试。6—8月，组织有关技术人员对警报器进行了全面的检查、保养和测试，全区防空警报处于良好状态。

【应急演练】 2016年，区人防办完成"9·18"演练任务。"淮防—2016防空警报试鸣暨防空袭行动演练"，组织18个政府机关单位300多名工作人员开展紧急疏散演练，场景视频实时上传到市指挥所。这次演习具有人员多、装备全、标准高等特点。12月，联合区交通运输局在复线船闸下游联合开展人防抢修抢险专业队实战性演练，共有50名人防专业队员参加演练，训练主要采取抢修抢险技能操作进行，检验人防专业队的实战能力，达到预期效果。

【应急避难场所建设】 2016年，区人防办将应急避难场所建设与市民广场、园林绿化建设相结合，在洪泽湖文化广场、洪泽湖欢乐广场建成应急避难场所，设立疏散标志，建立应急供水、供电、通信等应急设施，为避难人员基本生活提供保障，提升应急避难的防护功能。

【完善制度建设】 2016年3月，区人防办与区人武部沟通协调，制定了切实可行的人防机关、专业队组训计划，成立了组织，确定了训练的内容、时间、地点以及参训人员等。4月，完成专业队整组工作。针对突发事件和新时期战争特点的要求，区人防办认真组织预案的编制工作。上半年，进行防空袭方案及民防综合数据库的更新与修订。制定值班室管理规定、值班领导和值班人员职责，建立值班台账、登记簿，完善战备值班规范化、制度化。做到每日、每周按时向市民防局上报战备值班情况，按时汇报人员在岗在位情况和辖区内重大事件等情况，保证信息畅通，战备值班制度得到较好的落实。

【法制宣传】 2016年，区人防办继续搞好民防知识宣传教育。城区中小学民防知识教育普及率达100%；完成"5·12"防灾减灾宣传周活动，组织机关、社区、学校应急疏散演练。完成"十三五"人防发展规划。（仇　竹）

法制宣传现场

双拥共建

【强化组织领导】 2016年，洪泽区调整区双拥工作领导小组组成人员，各成员单位相应调整双拥工作领导机构组成人员，并明确双拥工作联络员，在全区形成党政一把手挂帅、军政联动的双拥工作组织网络。出台《2016年双拥基础工作任务和军地互办实事计划》《2016年度洪泽区双拥工作考核实施细则》《洪泽区双拥工作领导小组成员单位工作职责》等文件。将双拥工作纳入党委议事日程、政府工作报告和政府百项工程，由区督考办定期督查双拥工作进展情况。

【双拥宣传】 2016年，洪泽区加强双拥宣传和国防教育，将国防教育纳入全民国防教育体系和党政干部培训内容，列为中小学生的必修课；提升《洪泽双拥网》内涵，巩固《长城永固》专栏；完成双拥一条街的双拥灯箱维护工作，更新双拥文化园的标语宣传标牌和户外展牌，及时反映区双拥工作动态，提升双拥文化园的新功能，造浓双拥宣传氛围。

【拥军活动】 2016年春节前夕，区委、区政府主要领导带队开展军地双方走访慰问活动，向驻洪部队赠送价值10万元的慰问品和慰问金。为驻洪部队每人每月增加生活医疗补贴100元，共12万元。5月，组织100多名驻洪官兵到区人民医院进行免费健康体检。为驻洪官兵办理每人每年1000元的集体医疗，共10万元。做好庆"八一"系列活动，举办军地共建签约仪式，召开庆"八一"军民融合座谈会。"八一"建军节前夕，区委、区政府主要领导带队慰问市军分区、联勤十五分部、市武警支队、市消防支队、驻洪部队官兵，赠送价值16万元的慰问品和慰问金。

10月25日，区委书记、区双拥工作领导小组组长朱亚文等一行赴香港慰问中国人民解放军驻香港特别行政区部队官兵，赠送鲜美的洪泽湖大闸蟹和"美丽清纯洪泽湖"云锦。驻港部队政治部副主任孙文举大校亲切接见并表示感谢。

【双拥教育基地建设】 2016年，洪泽区实施洪泽城南陵园与西顺河镇二十六烈士陵园"两园融合"工程，并更名为"洪泽烈士陵园"，投入近500万元对其进行改扩建，完成洪泽烈士陵园陈列馆、展览馆载体建设，着力打造成爱国主义教育和双拥教育基地。特邀二十六烈士原部队官兵到洪泽开展"缅怀革命先烈、筑梦中华崛起"祭扫活动，悼念革命先烈，缅怀他们的丰功伟绩和崇高精神。

【第二届"最美拥军人物"评选】 年初，洪泽区将"最美拥军人物"纳入2016年度全区"最美系列人物"评选内容，由区双拥办牵头实施。经过各镇（街道）、区各部门及省市驻洪单位层层评选推荐，最终遴选出10名"最美拥军人物"。（段广辉）

公共管理

经济事务管理

财　政

【概况】 2016年，洪泽区完成一般公共预算收入232424万元，占调整预算数228000万元的101.9%；其中：税收收入、非税收入分别完成184188万元、48236万元，税收占比为79.2%。完成一般公共预算支出414758万元，占调整预算数438544万元的94.6%。

完成政府性基金收入109394万元，占调整预算数50131万元的218.2%。其中，国有土地使用权出让收入完成99258万元、其他政府性基金收入完成10136万元。产生政府性基金支出130727万元，占调整预算数132173万元的98.9%。其中，国有土地使用权出让收入及对应专项债务收入安排的支出115259万元、其他政府性基金支出15468万元。

全区完成国有资本经营收入215万元，完成国有资本经营预算支出215万元，收支平衡。

全区社会保险基金2015年末结余133325万元，2016年当年收入95791万元。当年社会保险基金支出93032万元，主要支出项目有：基本养老保险基金支出48444万元，基本医疗保险基金支出17852万元，新型农村合作医疗基金支出11377万元，城乡居民基本养老保险基金支出8461万元。截至2016年末，全区社会保险基金滚存结余137232万元。

当年，区财政局落实财政政策，促进全区经济平稳较快增长和经济发展方式加快转变。积极与省、市对接，争取专项转移支付补助6.83亿元。全年支出企业发展扶持专项累计1.3亿元。区财政局获全区科学跨越发展考核集体一等奖，并获招商引资等6个单项先进集体。

【强化财政支出管理】 2016年，洪泽区严格执行中央“八项规定”和省、市、区有关规定，控制“三公”经费支出，在年初预算基础上将公务接待费和车辆运行费压缩10%以上；教育、医疗、社会保障等重点支出保障有力，安排教育、医疗、社会保障、农田水利设施建设等民生支出22.39亿元；提高机关干部职工收入水平，提高目标管理奖标准，落实住房、交通费两项补贴资金。全年，增加各项支出4600万元。

【完善会计事务管理】 2016年，全区会计事务管理工作在实现信息管理系统全省联网的基础上，进一步完善动态管理。强化会计从业资格管理，加强全区会计人员继续教育和培训，认真做好会计管理方面的各项工作。办理从业资格档案转档手续90份；及时按规定办理并发放会计从业资格证书216本；办理会计人员注册登记手续13份；换发到期会计从业资格证书291本；组织全区会计人员参加各种培训3541人次。区财政局获2016年度淮安市会计人员继续

举办全县机关事业单位会计人员业务及廉政教育培训班

教育工作先进单位。

【规范国库支付管理】 2016年，洪泽区进一步深化财政国库集中支付改革，不断强化财政项目资金的预算编审和执行工作。在财政局内部各科室之间，对各类项目资金的预算执行情况实行交叉互审，确保做到"有预算不超支，无预算不列支"。全区共支付各类财政资金46.28亿元，其中纳入财政管理的项目有1281项、资金9.32亿元。全年所有资金全部实行国库集中支付，直接支付比例95%以上，确保财政预算执行的约束性和严肃性，最大限度的发挥财政资金的使用效率。

【国有资产管理】 2016年，区财政局积极参与全区行政单位车辆改革工作。全区车改单位94家，参改车辆337辆，其中无偿划拨104辆，公开拍卖83辆，强制报废12辆，各单位留存138辆。拍卖和报废所得扣除评估、交易等费用后收入184.33万元全部上缴国库。

完成政府资产报表填报工作。全区资产填报工作涉及27家单位，资产总计102.77亿元，其中：受托代理资产12.03亿元，占11.7%；公共基础设施81.23亿元，占79.1%；其他经管资产3.01亿元，占2.9%，自然资源3.53亿元，占3.4%，保障性住房2.97亿元，占2.9%。（本次试点填报数据不含行政事业单位占有使用资产、政府财政性资产、企业国有权益）

完成全区行政事业单位国有资产清查及核查工作，资产类盘盈161.56万元，盘亏、毁损待报废等4440.99万元，其中固定资产盘亏、毁损待报废等3769.45万元，流动资产减少671.54万元；同意核销固定资产3487.74万元，未同意核销固定资产价值281.71元，核销流动资产0万元。至年底，全区报送3257.03万元核销报告。其中，审核同意核销3162.33万元，因产权不晰、材料不齐等原因暂未予核销资产94.7万元。

【加强非税收入管理】 2016年，洪泽区以规范非税收入管理为着力点，多措并举增收创收，力促非税收入提档升级，完成了年初既定收入目标，为全区财政支出提供了有力的财力保障。全年各项收费总额156340万元（不含公安罚缴分离885万元，交通罚没汇缴1205万元）。其中专项收入2072万元、行政事业性收费收入13955万元，罚没收入3329万元（不含公安罚缴分离885万元，交通罚没汇缴1205万元），国有资本经营收入215万元，国有资产（资源）有偿使用收入19120万元，政府性基金收入完成109393万元（含土地出让金收入106667万元），教育收费（预算外）7148万元，政府住房基金收入1108万元，各项资金全部纳入财政专户管理。

【政府采购规范化】 2016年，洪泽区进一步加强政府采购规范化管理。先后出台《淮安市洪泽区政府采购管理办法》《淮安市洪泽区政府采购内控机制及政府采购购买服务试行办法和目录》，开发政府采购预算管理平台，使采购过程更加公开化、公平化。继续大力推进政府购买服务，2016年全区政府购买服务达4420万元。扩大采购范围，将部分涉及乡镇的农业项目纳入政府采购范围。当年，全区政府采购规模66389万元，其中通过公开招标65693万元，节约财政资金8008万元，节约率10.76%。

【预决算管理】 2016年，洪泽区严格按照预算法要求，编制"四本预算"，即一般公共预算、政府性基金预算、国有资本经营预算和社会保险基金预算，并按程序提交区人大常委会相关会议审议。同时，深入推进预决算公开，全区有158个单位完成部门预决算和"三公"经费预决算公开工作，公开率100%，获得省财政厅表彰。全年清理、盘活可统筹使用的结余资金6804万元，增强财政资金使用效益。全年向省财政厅争取17亿元的债券置换额度，资金全部到位。

召开全县行政事业单位国有资产清查工作会议

【香港洪盈有限公司】 该公司为洪泽区设立的全市首家驻港县（区）级平台公司。2016年，该公司完成贸易额360万美元，获香港星展银行授信额度2000万港元。

【中外合资江苏省洪泽湖融资租赁有限公司】 该公司为洪泽区组建的苏北首家县（区）级中外合资融资租赁公司。2016年，该公司与苏州金融租赁、融华租赁等省内外融资租赁公司开展业务合作，总业务额过亿元。

【PPP入库项目全省第一】 2016年，洪泽区组织申报项目14个、总投资176.69亿元，全部入选省PPP项目库，项目入库数和投资额分别占全省的10.69%和8.41%，位居全省第一，其中"老子山温泉小镇"等4个项目被列为省示范项目，"美丽蒋坝"项目被列为财政部示范项目。（曹　艳）

国家税务

【概况】 2016年,淮安市洪泽区国家税务局(以下简称为区国税局)不断深化税收征管体制改革,认真开展全面营改增试点、"金税三期"上线等工作,努力完成全区增值税、消费税、所得税及车辆购置税的征收任务。全年完成税收收入10.14亿元,比2015年增长26.5%。其中,"两税"(增值税、消费税)收入7.23亿元,同比增长16.4%;所得税收入2.68亿元,同比增长70.4%;车辆购置税收入0.23亿元,同比减少1.67%。依法落实国家税收优惠政策,全年依法减免税收102550万元,办理各类退税7894万元。

当年,区国税局在全区2016年度科学跨越发展考核中获先进集体特别贡献单位、优化软环境建设工作"行风十佳"金牌单位;第一税务分局获全区财税服务业先进集体称号。

【全面推行"营改增"试点工作】 2016年4月初,区国税局即开始谋划全面推开营业税改征增值税试点工作,开展政策宣讲和业务培训,确保涉及的纳税人"会用票、会核算、会申报",并做好征管系统调试等准备,最终顺利完成5435户"营改增"纳税人的信息接收、发票更换、纳税申报及税款缴纳等工作。5月1日起,区国税局在全区建筑业、房地产业、金融业和生活服务业四大行业中全面执行"营改增"相关税收政策。全区实施"营改增"后,全年纳税人实现减税1028万元。

5月1日凌晨22分,洪泽第一张营改增增值税普通发票在洪泽湖国际大酒店开出

【"金税三期"正式运行】 2016年7月始,区国税局即展开"金税三期"切换准备工作,即时开展相关业务培训,组织系统测试,完成数据清理和补录等工作。10月8日,全区"金税三期"成功接入全国税收管理信息系统,正式上线运行,实现全区税收管理系统的规范统一。

【税收风险管理与税务稽查】 2016年,区国税局完成各类风险应对任务130户次。其中,纳税评估104户次、发票专项核查26户次。合计查补入库税款8602.23万元,其中增值税999.74万元、消费税0.56万元、所得税6078.67万元,加收滞纳金1520.86万元,加处罚款2.4万元。

全年调减增值税留抵1658.88万元,调减所得税亏损5030.25万元,实现应对总成效11518.67万元。

2016年9月,市国税局将稽查案件查处职能下放到县区局。区国税局稽查局向公安机关移交8起涉嫌虚开发票税收违法案件。同时,区国税局稽查局加大全区欠税清缴力度,当年追缴欠税5200万元,比上年度增加2015万元。

【国税退减】 2016年,区国税局依法兑现、落实各类税收优惠政策,全年减免税收102550万元,同比增长777.9%。减免税收项目主要有改善民生类计49814万元、鼓励高新技术类计7829万元、促进小微企业发展类计2399万元、节能环保类计1507万元,支持三农类计1770万元,支持其他各项事业类计38285万元,其余合计946万元。全年,区国税局办理各类退税7894万元,同比增长23.3%。其中,出口退税4839万元、其他退税3055万元。

【优化纳税服务】 2016年,区国税局全面优化纳税服务,营造良好税收环境。及时升级自助办税终端系统,新购置2台自助办税终端设备(总数达到6台),打造"24小时自助办税服务",方便纳税人灵活办税。努力提高窗口人员办税效率,减少纳税人等待时间。同时,认真开展"季度纳税服务明星"及"年度纳税服务标兵"评选活动,大力表彰先进,增强基层税务干部的荣誉感和服务意识。当年,区国税局工作人员吴学勇、刘立梅、左荣、陈兴泽、黄宇等被评为区国税局"季度纳税服务明星",张震被评为区国税局"年度纳税服务标兵"。 (王少红)

地方税务

【概况】 2016年,淮安市洪泽地方税务局(以下简称为区地税局)累计组织入库各项税收154634万元。其中市县级(公共财政预算)收入入库144808万元,同比减收40805万元,下降22%,下降的主要原因是"营改增"及减税政策影响。另外,征收教育费附加3824万元,同比下降831万元;社会保险费63476万元,同比增收960万元;其他基(资)金费3415万元,同比减收1464万元。

当年,区地税局蝉联"江苏省文明单位"荣誉称号,在全区科学跨越发展目标考核中获特别贡献奖。

【税源管理】 2016年,区地税局在实行"营改增"后,针对主体税种消失、税源萎缩的实际状况,按月召开税收形势分析会,做到税源可控、精准预测。强化所得税管理,完成企业所得税汇算清缴1192户，汇缴面100%，汇缴入库税款280.85万元，企业所得税累计入库3941万元。强化风险管理，全年完成中高等风险应对242户，应对入库税款合计9434万元，风险应对贡献率6.4%。未按期缴纳催缴率、逾期申报处罚率、新欠发生率等各项基础征管指标均居全市前列。加大对建筑、房地产企业的税收清理，以及欠税清缴和税务稽查的力度，清理入库建筑企业税收1350万元、房地产企业税收1532万元，清理陈欠税款154万元。查处各类税收违法案件23户，查补税款、滞纳金、罚款1470万元。

【完成“营改增”接续工作】 2016年，区地税局明确工作思路，细化工作职责，强化沟通，加强“营改增”后续管理，确保全区“营改增”工作平稳过渡。向区国税局移交纳税人5439户，代征增值税455万元，累计为涉改企业减轻税负450万元。及时解决“金税三期”系统推广过程中出现的各种问题，实现了“金税三期”系统的顺利上线和平稳运行。同时还召开国税、地税联席会议，联合开展税收宣传、培训辅导纳税人、税务稽查，确保全区税收工作顺利有序开展。

【纳税服务】 2016年，区地税局深入开展“便民办税春风行动”、重点企业“一对一”联系服务机制、“局长接待日”“地税开放日”“在线访谈”等活动，落实办税员制度，对全区30名优秀办税员进行了表彰；全面贯彻落实各项税收优惠政策，全年减免各类税收2318万元。针对“营改增”、资源税改革等重大税收政策调整，实行点对点上门服务，相关服务内容和举措被《经济日报》头版、新华日报、江苏城市频道、淮安电视台等媒体进行报道。紧扣“互联网+税务”工作理念，全力推广掌上办税手机APP和微信缴税，当年的12万元个税申报中，手机APP申报466人次，占比81.18%。通过微信成功缴税62笔，入库税款27万元。

洪泽地税局税务人员辅导个税申报

【队伍建设】 2016年，区地税局压实“两个责任”，严肃问题问责，开展廉政谈话，严管善待带队伍干部，营造风清气正的良好氛围；突出“两学一做”专题教育，依托“旗帜”网站、“税务蓝e家”微信群，搭建“指尖”党建微课堂。局主要领导所授《身边的榜样·前行的力量》党课课件，作为精品课程被洪泽区委组织部推荐为全市党员干部教育培训课程库收录的评选；注重干部职工的教育培训，在全市地税系统业务大比武考试中，综合人均成绩排名第二。加强地税文化建设，复刊了《洪泽地税资讯》，开展了系统内“最美家庭”评选活动；加大社会帮扶力度，积极组织参加各类公益活动，全年投入帮扶资金近30万元，走访慰问困难家庭50余人次，义务献血24人次。 （徐　凡）

审　计

【概况】 2016年，区审计局共完成审计项目374个。其中，县本级2015年度预算执行和其他财政收支执行情况的审计1个、经济责任审计项目45个、固定资产投资审计项目323个、财政财务收支审计项目5个。查出各类管理不规范资金2.76亿元，促进增收节支2.72亿元。

【财政预算执行审计】 2016年，区审计局在预算执行和其他财政收支审计工作中，加大对重大政策执行、重点领域、重点部门和重点资金的审计力度。在审计中发现，存在社保资金未及时出库、专项资金未单独核算、违规出借资金等问题，涉及管理不规范资金1.23亿元。

【扶贫资金审计】 5月4—20日，区审计局对区2013年至2015年扶贫资金管理使用情况进行审计，提出了资金管理和使用方面的建议，督促整改财务不规范问题3个，维护了群众利益，促进扶贫项目建设健康发展。

【完成市局交办的“百村轮审”交叉审计】 6月6日至7月22日，区审计局根据市审计局安排，对淮阴区12个村(居)开展“百村轮审”交叉审计工作，以问题为导向，经深入排查、多方取证，共发现、移交虚报套取、公款私存、收支不入账等违纪违规问题100多个。区审计局已经将审计线索移交淮安市审计局。

【完成省局交办的跟踪审计】 2016年，区审计局跟踪审计盐城市阜宁县2015年保障性安居工程的计划、投资、建设、分配、运营等情况，摸清了总体情况，审计出资金在筹集、使用、管理以及住房保障分配方面存在的问题，要求阜宁县人民政府应自收到本报告之日起90日内，将整改情况书面报告江苏省审计厅。7月初至8月底，区审计局跟踪审计“6·23”盐城龙卷风冰雹特别重大灾害救灾款物筹集、使用情况，通过核对银行账单，查看捐款明细账和资金支付凭证，统计捐赠收据的购领、开具情况等方式，有效

8月23日，区审计局人员实地勘查老旧小区（富民三期）改造工程实施情况

确认捐赠款物的完整性、真实性和合规性。

【经济责任审计】 2016年，区审计局完成区管领导干部经济责任审计项目45个。在审计过程中，发现未按规定纳入预算、未在规定科目列支招待费用、违规出借财政资金、扩大开支范围或提高开支标准等问题，涉及资金1.12亿元。

【政府投资项目审计】 2016年，区审计局完成固定资产投资项目323个，送审金额13.8亿元，审定价11.08亿元，核减工程造价2.72亿元，核减率19.7%。

【财务收支审计】 2016年，区审计局先后对区园林局、区汽车客运公司校车分公司等5家单位财务收支情况进行审计，提出了规范财务管理，加强内控建设方面的建议。

【审计队伍建设】 2016年，区审计局通过多种形式营造了浓厚的廉政文化氛围，筑牢审计人员拒腐防变的思想防线，提高审计队伍综合素质。结合"两学一做"学习教育，进行党规党纪集中学习和测试活动，观看"身边的榜样，前行的力量"先进人物事迹风采展，开展"学习恩来精神，坚定理想信念"和"忆长征壮举、颂雨花英烈"等活动，着力引导全体党员干部不忘初心，不忘党的信仰和宗旨。组织观看"洪泽好家风"典型事例的介绍和"三个一律、五个严禁"专题动漫片，学唱区纪委创作的《廉政歌》，开展退休老干部谈家风及优秀家训书法作品征集与展示活动，编发《家风家训手册》，弘扬廉政文化成果，树立审计机关清正廉洁的良好形象。在江苏省审计厅网站、《淮安日报》等媒体发表廉政信息20余篇，展示党风廉政建设成果。（万伏庆）

物价管理

【概况】 2016年，区物价局认真贯彻《江苏省价格条例》，着力打造民生物价，重点抓好价格管理、监督、认证、监测工作，创新"平价商店"管理机制和全力推进"价格诚信示范区"创建，取得较好成效。区物价局被国家发改委授予"全国价格监督检查工作基层联系先进点"；成功创建一个省级价格诚信区，两个省级价格诚信单位；被市政府授予"2015—2016年全市依法行政示范点""淮安市行政执法规范化示范点"称号；获市价格系统目标考评二等奖和区科学跨越发展目标考核一等奖。

【价格管理】 2016年，区物价局进一步深化资源性产品价格改革，促进水、气资源节约。实施民用自来水和管道天然气实行阶梯式价格制度方案。水、气阶梯均分为三级，第一、二、三级阶梯，基本水价、气价按1∶1.5∶3、1∶1.2∶1.5比例安排，每个住户用水、气人口基数为4人，每增加1人核增每人每年60吨用水量，60立方米用气量。实施过程中对经区民政及工会部门确认的低保和特困职工家庭每户每月享受免费（含代收费用）使用5吨自来水优惠，如当月水量不足5吨，在一年内可滚动使用。依据《洪泽区煤热价格联动暂行办法》，根据煤炭价格下跌和上涨幅度（参照秦皇岛煤码头综合平仓价），先后两次及时下调和上调供热价格，切实保障供需双方的利益。稳妥推进医药价格改革，加快推进分级诊疗制度建设，明确各项服务价格，推动家庭（乡村）医生签约服务工作的顺利实施。

【收费管理】 2016年，区物价局建立收费清单目录制度，对全区行政事业性收费进行一次全面清理，编制成《洪泽区行政事业性收费目录清单》发放至各个收费单位，并在门户网站中予以公布，便于社会监督。取消收费许可证及年度审验制度，建立收费报告制度。

【价格监管】 2016年，区物价局加强市场价格行为监管，在元旦、春节、"3·15"等节假日期间，组织进行市场价格检查，重点规范商贸流通、旅游景点、交通运输、餐饮住宿等行业的价格行为；突出教育、医药、住房等民生价格以及公用事业、公益服务等热点问题开展专项检查；继续加快价格诚信体系建设，在成功创建洪泽湖美食城成为"江苏省价格诚信区域"的基础上，通过不断努力，洪泽湖古堰管委会获评"江苏省价格诚信单位"且是全市唯一的旅游行业"价格诚信单位"，营造更加优良的旅游消费环境。充分发挥"12358"价格举报作用，实施举报案件即时化处理，受理各类举报114件，重点是物业收费、电商等，做到件件有回音。发出检查通知书10份并实施经济处罚，保护了消费者利益，维护正常的市场价格秩序。

【价格调处】 2016年，区物价局开展价格服务496件，涉金额12.5亿元。围绕政府重点项目、社会热点问题和群众利益诉求，扎实推进价格争议调处工作，化解价格矛盾纠纷，调处存量计税交易纷争180余件，促进社会和谐健康发展。在全市率先组建县（区）级专职价格调解中心。全区设立1个区级调解中心，9个镇（街道）级调解服务联络站，122个村级调解点。基本形成横向到边、纵向到底，覆盖全区的三级价格纠纷调处服务网络。全市价格调处工作推进会在洪泽召开。

【价格监测】 2016年，区物价局继续做好民生价格信息监测预警、预报工作，利用新技术，采用手机采报价系统、即时拍照等形式，掌握市场信息，及时监测上报市场相关商品价格。上报成品粮、居民食品、农资价格、农村服务收费、桑蚕茧等7大类106个品种6900多条数据。让商家和群众及时了解价格走势，为政府部门及时掌握市场动态提供准确的信息。

【平价商店】 2016年，是全省“平价商店”规范年，区物价局进一步抓好全区“平价商店”运营监管，探索“平价商店”发展新路径，稳步推进“平价商店”长效健康发展。实行“双考双评”机制，全方位对“平价商店”的经营品种、销售价格、市场均价、平价率、质量安全等9项标准进行监督考核，每月组织一次大检查，平时实行巡查暗访，检查情况在月底召开的“平价商店”例会上进行通报，年终考核进行汇总。创新监管模式，在省内率先引入第三方监督机制，对“平价商店”的运营进行有效监管。

【成本监审与调查】 2016年，区物价局不断完善成本监审制度，成立定调价成本监审集体审议组织，严格执行每项价格调整政策、措施。所有价格调整必须经过成本监审和集体审议，保证定调价工作科学化、民主化、制度化、合理化。做好专项调查，结合本地特色就群众关心的价格问题实地调查研究，例如，针对天气持续高温导致洪泽区芡实价格下跌较多情况，形成《芡实价格下跌及影响》；因雨雪天气导致蔬菜价格上涨情况，形成《多举措应对气温骤降带来的菜价上涨》等调研报告在市级以上刊物发表，为地方经济发展和政府决策提供价格依据。（姜亚津 郑桂华）

市场监督管理

【概况】 2016年，洪泽区新发展企业911户、个体工商户3194家，全区经济体量得到发展壮大。完成4家企业计量诚信示范单位申报工作，帮助2家企业通过省级计量保证确认验收、8家企业通过计量合格确认验收，15家企业完成26个产品标准的备案工作，完成6家企业物品条码新申报工作、16家企业物品条码续展工作。指导紫山生物股份有限公司申报江苏省农业标准化试点项目。开展“质检利剑"执法打假集中行动、食品专项检查执法行动、农资专项执法打假、去产能专项整治、清风行动等工作。受理各类举报投诉90余件，接受各类咨询近100起，共出动执法人员1000多人次，查处立案案件30起，其中大要案5起，向公安机关移送涉嫌犯罪4起（其中2起被公安机关立案侦查）。

【两个“透明”建设】 2016年，区市场监督管理局切实做好全区“透明安全餐饮体系”建设工作，努力实现餐饮安全“九个透明”建设目标，坚持“试点先行、重点突破、因地制宜、逐步推进”的原则，以学校食堂和大型及以上餐饮单位、旅游景区、美食街和机关午餐供应点为重点。定期通过在线监管平台进行督查，查看数据录入是否及时准确，操作间、备餐间等场所摄像头是否正常运转，场所内部卫生及操作是否符合规范，确保透明安全餐饮平台正常运转。全区开放且完善数量为291家（37家学校食堂、13家企事业机关单位食堂、241家社会餐饮），108家安装了云监控系统，分配312个账户。透明菜市场建设，确定城区富民市场、临河市场等4个农贸市场及2家超市作为首批建设单位，上述单位已按要求高标准建设到位，监测数据和监测结果已经同步上传到网上，食用农产品快检工作已进入常态化。同时，协助农贸市场主办方向经营户发放农残检测相关要求及法律依据，让经营户自觉履行进货查验以及提供壹票通等义务。

【维护消费者权益】 2016年，区市场监督管理局做好消费维权工作，切实维护广大消费者合法权益。整合举报投诉渠道，整合12315、12331、12365、阳光纪检、民生通道等各类消费举报投诉渠道，成立区市场监督管理局举报投诉中心，统一受理、分流、回复各类举报投诉。做好各类平台的投诉举报工作。年内，受理各类咨询、投诉举报446条，其中咨询131件，投诉举报315条，诉转案1件，受理率达100%，群众满意率达100%，为消费者挽回经济损失14万元。开展各类消费维权活动。联合区消协及相关单位深入到镇（街道）、农村集市，大力宣传消费维权相关法律法规，将打假消费维权宣传展板在各镇（街道）、集贸市场巡回展览。现场散发消费维权宣传册6000余份，接受咨询700人次，接处消费者投诉24件。

【净化市场秩序】 2016年，区市场监督管理局根据省市局商品质量监测工作要求，圆满完成市局下达的对烟花爆竹、儿童用品、床上用品、消防器材、装饰装修等与民生相关的商品质量抽样检验任务，共抽样135批次，全力配合承检机构完成商品采样工作。同时，组织开展疫苗专项检查、角膜接触镜及护理液专项整治等各类药械整治活动，持续规范药械市场。年内，开展活动10余次，立案23起，查获假劣药械货值金额1.11万元，罚没款5.1万余元。

【工商登记实行电子化】 2016年，区市场监督管理局全面推行网上申请、网上受理、网上核准、网上告知为一体的全程电子化登记服务，全力服务各类企业快速发展。加强综合服务窗口建设，经争取将综合窗口人员经费纳入财政预算，解决帮办辅助人员和工作经费。并及时对接审批相关部门，实现共享信息。再次疏理工商登记前置和后置审批事项目录，为企业登记注册提供依据，确保指导目录的及时性、完整性、准确性，不断提高企业登记准确率。

【实施“融资暖企”行动】 2016年，区市场监督管理局实施“融资暖企”行动，为企业融资提供便捷、高效的服务，共办理动产抵押登记46件，为企业融资近3.3亿元。开通“绿色通道服务”，帮助企业盘活存量资产，换取“真金白银”。

【商标品牌创建】 2016年，区市场监督管理局始终把培育注册商标和争创驰名、著名商标作为提升全区综合竞争力和企业核心竞争力的重要抓手，借助“洪泽湖”地理资源优势，本着从我区经济发展的实际情况出发，深入挖掘本地历史渊源并设计相关图案，大力打造“洪泽湖”商标品牌创建工作。结合全民创业活动，积极鼓励全区企业大力发展注册商标，继续保持商标注册持续增长。全年新申报省级名牌3个，

市级名牌9个，市知名商标5个，省著名商标4个。为进一步推进品牌战略，牵头制定《区长质量奖》。全区拥有有效注册商标1999件，其中中国驰名商标1件，江苏省著名商标20件，淮安市知名商标47件，地理标志证明商标21件。积极帮助企业培育发展省、市名牌。帮助企业唯新食品“煮食生活”保湿面申报农产品省级名牌及“洪泽湖大闸蟹”省级名牌到期复评工作。帮助企业申报市级名牌产品7件。

一、2016年新申报省级名牌

江苏康丽欣电池有限公司

江苏瑞特电子设备有限公司

江苏宇天港玻新材料有限公司

二、2016年新申报市级名牌

洪泽县达仁纸品厂

江苏佳禾木业有限公司

江苏华斯达食品有限公司

卓典食品香料(江苏)有限公司

淮安闻远科技有限公司

江苏洪泽湖电缆有限公司

江苏瑞特电子设备有限公司

江苏康丽欣电池有限公司

江苏瑞洪盐业有限公司

三、2016年新申报市知名商标

维尔欢	江苏维尔食品有限公司
瑞特	江苏瑞特电子设备有限公司
LOCA	江苏欧西建材科技发展有限公司
TY(图形)	江苏通圆回转支承有限公司
(图形)	华东助剂有限公司

四、2016年新申报省著名商标

洪泽湖	洪泽大洋化工有限公司
戴梦特及图	洪泽戴梦特有限公司
RTJSRtCHt	洪泽县瑞特电子有限公司
妙莲	淮安洪泽湖纸业有限公司

【电梯安全管理】 2016年，区市场监督管理局加强电梯安全监管，对全区680余台电梯进行编号，进一步明确电梯安全使用管理责任。在电梯内张贴“96333”应急救援标识，划分应急救援网格，对应急救援队伍进行网格救援培训。全年组织应急救援演练一次。

【计量惠民工程】 2016年，区市场监督管理局开展计量惠民工程。区综合检验检测中心免费为全区12个镇(街道)卫生院、计划生育指导站、87个村级卫生室免费检定医用计量器具610台件，免费为全区19家集贸市场检定计量器具1435台，检定合格率为97%。同时对辖区内的石油石化、冶金、化工等重点领域的13家生产企业开展了安全使用计量器具专项监督检查，对水产品批发市场、区域沿湖水产品经营户、老子山沿湖水产品经营户的计量器具进行了多次检查，共检查65家水产品销售单位，对162台件用于贸易结算的电子计价秤进行了免费检定。在各市场投放公平秤28台，供群众校验秤。在水产品上市后，每周到水产批发市场巡查一次，杜绝使用违规电子秤，督促经营户诚信经营，不缺斤少两，树立诚信经营良好形象。

【规范执法行为】 2016年，区市场监督管理局规范执法行为，不断创新监管方式，对立案、暂扣、结案、核审、执行、复议等各个环节进行监督管理，规范自由裁量权的使用，确保各个环节不出问题，实行监管职能到位，同时，法制部门工作人员变被动送审为主动审核，经常做到深入一线调查、了解有关案件的真实情况，对当事人申辩、陈述的问题进行及时的查证落实，并做好有关当事人的回访工作，即不放过任何违法行为，也不庇护违反法定程序的办案行为，全年回访当事人16人，稳定了民心，化解了执法积怨，理顺了监管工作环境。

（王　羽）

社会事务管理

民政事务

【村居社区建设】 2016年，洪泽区加强基层民主政治建设，以“四民主两公开”为抓手，进一步规范村务公开和民主管理工作。做好全区第十一届村民委员会换届选举的准备、指导、督查工作，规范选举程序，12月底前全面完成换届选举任务。加大“政社互动”工作推进力度，以“两份清单”和“一份协议”为抓手，为社区减负增效。强化社区基础设施建设扶持，发展社会组织，建立区级社会组织培育发展中心，健全社区、社会组织和社工为主体的“三社联动”机制，优先发展和培育公益类、慈善类、服务类、互助类社区社会组织。做好岔河村全省农村社区改革综合试点工作。

【社会事务】 2016年,洪泽区全面落实免费婚姻登记和免费婚前检查政策,建立婚前检查、婚姻登记"一站式"便民服务大厅,方便群众办事。全年共办理结婚登记4281对,离婚登记1095对。开展生活无着落流浪乞讨人员"夏季送清凉"和"寒冬送温暖"行动,救助流浪乞讨人员158人,成功寻亲5人,发放救助资金约16万元。全面落实惠民殡葬改革,免除基本殡葬服务项目费用1000元/人。此外,对"五保"、低保等九类重点丧葬救助对象再免收相关费用400元。

【优抚安置】 2016年,洪泽区建成双拥共建基地,加快洪泽烈士陵园扫尾和陈列馆、展览馆建设工作。开展烈士纪念日、清明节祭扫等系列活动,加强国防教育。建立优待抚恤标准自然增长机制,全年发放抚恤资金1322.93万元,发放义务兵家庭优待金442.89万元。开展优抚对象慰问活动,发放慰问金17.6万元。全年接收退役士兵(士官)151人,发放自主就业补助金497.15万元;符合政府安置岗位的有17人,安置率100%;全区报名参加中长期职业技能培训的有167人、复学11人,参训率100%。

【社会组织管理】 2016年,洪泽区加大社会组织培育发展力度。培育4A等级社会组织2家、3A等级社会组织9家、2A等级社会组织9家,新增社会组织64家,落实公益创投资金20万元。

【区划地名管理】 2016年,洪泽区推进在淮安市新一轮区划调整中"撤县设区"工作,加快融入中心城市建设,稳妥做好各项准备评估工作。策应做好滨湖新区建设相关服务,依法履行程序,推进城乡统筹一体化。按照第二次全国地名普查工作统一安排,完成第三阶段任务,进一步规范城区区划道路地名,完善《洪泽区地名录》《洪泽区历史地名保护录》以及全区地名数据库工作,规范地名公共服务管理。

(陈益生)

民族宗教事务

【概况】 2016年,洪泽区有佛教协会和基督教三自爱国运动委员会2个宗教团体,共有经审批登记的基督教活动场所101处(教堂10个、固定场所91个)。经审批登记的寺庙4座,还有3座寺庙、1处道教活动场所筹备设立。全区有21个少数民族、1个少数民族村(西顺河街道街西居委会),主要有回族、布依族、苗族。回族人口较多,主要集中在西顺河镇和高良涧街道。

【佛教文化产业园建设】 2016年,洪泽区对佛教文化产业园占地面积和发展空间进行整体规划,规划红线1147亩。大吉祥寺南侧、西侧的可用土地从发展空间、用地面积、用地性质、建筑风格、单体设计等方面进行科学规划控制,北侧地块新建普光明殿、菩提塔林和吉祥山三座建筑物。为确保大吉祥寺后续发展不受影响,年内开展周边地块拆迁工作,推进大吉祥寺依法依规建设,并督促大吉祥寺办理土地证、施工证、消防安全合格证。

【民族关系和谐发展】 2016年,洪泽区民族宗教事务局定期开展爱国主义教育活动,凝聚少数民族群众的爱国热情。通过上门走访、召开座谈会、建立宣传栏等形式,进行民族团结进步和少数民族政策宣传。组织开展少数民族情况调查,完善少数民族台账,重点加强对少数民族流动人口的服务和管理。着力解决少数民族群众的实际困难。12月,为高良涧街道、黄集街道、朱坝街道、岔河镇40余户少数民族困难家庭提供 3万余元的帮扶物资。

【维护稳定】 2016年,洪泽区民族宗教事务局加大对民族宗教领域不稳定因素的排查力度,对排查出的问题及时落实整改,力争把矛盾纠纷解决在基层、消灭在萌芽状态。协调解决三河镇八里基督教会的拆迁安置和佛教大墩岛泽国寺财产纠纷等问题;加强与信教群众的沟通,多方征求意见。全年没有发生有影响的群体性事件。

【平安创建】 2016年,洪泽区民族宗教事务局对全区宗教活动场所进行全方位的安全检查,对消防设施、应急灯、疏散指示牌等进行及时检查安装并建立安全制度和安全台账,对检查中发现的电力设施陈旧、缺少安全防护、场所内乱堆乱放等安全问题,层层落实责任人,明确整改期限,采取果断措施予以整改,确保全区宗教活动场所安定有序。

(邵正满　乔　茜)

机关事务

【人事机构调整】 2016年1月初,机关事务管理局成立公车管理科(挂机关公车服务中心牌子),配备管理人员4名,择优聘用车辆涉改单位驾驶员14名。

【公共机构节能管理】 2016年,公共机构节能工作重新纳入了2016年全区部门科学跨越发展责任目标考评范围。印发了《2016全区公共机构节能工作实施意见》;组织开展能耗统计培训,并表彰优秀统计人员20名;大力开展节能示范单位创建。明确1个机构开展省级节能示范单位创建活动,组织8个单位开展省、市级节水型单位创建活动,全过程参与单位的创建活动,适时进行督导。

【办公用房清理】 5月21日,出台《洪泽区党政机关办公用房管理暂行办法》。组织人员对全县党政机关办公用房科级以上人员再次开展核对和清理工作,清理腾退出的办公用房,及时组织调配,合理整合资源。通过整层或成片调整的方式,对原租房办公的单位、因拆迁无处安置的单位或办公用房拥挤的23个单位进行了安置,安置面积7294平方米。通过调整节约财政资金约200多万元。

【区行政办公中心保障维修】 2016年，机关事务管理局继续加强对区行政办公中心的管理，坚持日巡查、周检查制度，定期对电梯、空调、配电柜等各类设施设备检查、维护。清洗空调风机300多个、更换照明灯200多只、各种延时阀100多只，对办公大楼自行车停车场进行清理和外墙整体修漏粉刷400多平方米；配合园林局做好原绿化树木的移址和栽种工作；配合规划局做好新政务中心图纸设计的修改工作及协调处理工作。

【机关工作午餐监管】 2016，机关事务管理局进一步做好机关工作午餐监管工作：一是加强对午餐卫生的监管，和市场监管局每月开展一次全面检查。二是加强对饭菜品质的监管，要求区午餐办工作人员，每周开展检查2次，到各午餐点试吃，对饭菜质量、开饭时间进行监督管理。同时对荤菜的大小、重量进行严格规定，确保质量和数量全面达到标准。三是从机关事业单位选出10名工作人员，聘请为工作午餐义务监督员，加强对机关工作午餐的监管。

【会议服务】 2016年，机关事务管理局组织会议服务人员再次到市政府会议中心接受业务培训，提高服务标准。每场会议前，会务人员均提前到岗，细心做好会前卫生、音响、灯光、空调、茶水等保障准备，2016年，共承接视频会、道德讲堂、汇报会等各种会议225场。

【政府公物仓建设】 2016年，机关事务管理局设立政府公物仓，是全市率先成立的县（区）级政府公物仓，有18个单位参与调剂或处置，涉及资产价值252万元，提高了部分闲置资产的使用效益。

【公车改革稳步推进】 2016年，机关事务管理局严格按照“车改”政策要求，组织拟取消车辆的评估和拍卖工作。3月27日，在全市范围第一家组织公车拍卖工作，参拍车辆73辆全部拍卖成功，拍卖金额159.2万元，溢价率达73%。

出台《洪泽区公务派驻车辆使用及驾驶人员管理暂行规定》《洪泽区公务用车节假日统一封存管理规定》，统一印发《洪泽区公务用车使用审批表》《洪泽区派驻车辆使用情况汇总表》等表格，对公车使用范围、公车管理责任部门、使用审批、日常管理、费用公示及驾驶员管理做出具体规定。及时举办公务派驻车辆使用管理培训班，组织各单位办公室主任和用车联络员参加培训，帮助各单位掌握车辆使用和管理新规定，确保规范用车。6月，修订出台《洪泽区机关公务用车管理试行办法》。

为做好车辆服务保障工作，制订《洪泽区机关公车中心车辆服务保障方案》《驾驶人员管理规定》《公车中心车辆系列管理制度》。通过系列制度建设，促进了车辆调度、车辆保障、安全行驶等多方面服务最优化。全年为车改单位出车1800批次，安全行驶里程数约308万千米，协助派驻单位车辆维护30余次。

【安全维稳工作】 2016年，机关事务管理局引进北京京诚京安保安公司为行政办公中心提供保安服务，并于5月份，签订保安服务合同。引进后，保安公司通过人员调整，优化了人员的年龄结构和文化结构；进行了业务培训和体能训练。完善考核制度，实行责任与工资挂钩，增强保安人员的责任心。对进出区政府的人员实行24小时登记。做好消防安全巡查工作，每月组织一次消防安全检查、维修，强化消防设备应用的培训教育，做好日常维护检查工作，更换充装灭火器136只。

【行政办公中心环境管理】 2016年，机关事务管理局加强区行政办公中心办公区域交通秩序管理，增设广场道路停车位160个，安排专人加强对车辆的引导，引导车辆有序规范停车。添置行政办公中心广场禁止停车方锥路障标识牌30余只。强化办公区绿化的维护管理，添置一批鲜花及盆栽，美化绿化办公中心环境。

开展健康知识普及教育，在行政办公中心四周设置大型创卫知识宣传橱窗和宣传栏3块。开展无烟大楼创建活动，利用电子宣传平台，制作卫生健康知识及《江苏省爱国卫生条例》《关于领导干部带头在公共场所禁烟有关事项的通知》宣传片，在楼梯口电视上滚动播放。要求保安对进入大楼的办事人员进行禁烟劝导，安排2名禁烟劝导员，在办公楼内开展禁烟巡查及劝导活动。组织党员干部236人次到包干区，清理小广告、清扫垃圾；开展除“四害”活动，增设毒鼠饵站8个。组织人员76人次参与交通执勤活动；对违章停靠车辆等进行清理。

【新政务中心前期建设】 2016年，机关事务管理局积极配合相关单位做好新政务中心的图纸设计、食堂设计工作；选派一名老同志跟踪服务，配合做好原泵房移址，供水管道、电缆、通讯电缆改建，化粪池及排污管道的新建、会议室图纸设计、食堂图纸设计等工作；对工程施工质量进行监督。

（王　俊）

老龄事务

【概况】 至2016年底，洪泽区有60岁以上老人80172人，其中100岁以上老人12人、90~99岁老人938人、80~89岁老人8716人。

【养老机构】 2016年，洪泽区新增2家社会力量办养老机构，全区养老机构达29家，养老床位数2850张。全区养老护理员总数100人，养老护理员持证上岗率60%，培训初级养老护理员15人。要求所有敬老院挂养老服务中心牌子，接纳社会老年人12人。民政综合业务信息平台养老机构信息管理系统实现区、镇（街道）、村（居）全覆盖。

【居家养老服务】 2015年末，洪泽区城市居家养老服务覆盖率100%，农村居家养老服务覆盖率83.5%。2016年，建设标准化居家养老服务中心15个，其中城市小区新建居家养老服务中心2个、农村新建居家养老服务中心13个。建成老年人日间照料中心1个、“关爱驿站”2个、老年关爱之家2个、老年人助餐点12个。

【养老福利水平】 洪泽区建立农村“五保”老人和城市“三无”老人供养标准增长机制，新的供养标准从2016年7月1日起执行。新标准规定：农村“五保”对象分散供养标准从原每人每年6580元提高至7193元，集中供养标准从原每人每年7380元提高至7993元；城市“三无”老人供养标准从原每人每月1073元提高至1172元。发放“五保”老人和“三无”供养经费954万元。

农村“五保”分散供养对象和城市“三无”对象100%签订关爱照料协议。

【老年人意外伤害保险】 2016年，全区参保老年人意外伤害保险人数2万余人，参保金额近80万元，承保率30%左右。

【养老服务投入】 2016年，区财政投入50余万元对全区养老机构消防设施进行改造；落实政府购买养老服务资金约48万元；居家养老服务中心投入约220万元；老年人日间照料中心投入约15万元。累计发放尊老金678万元。

重阳节慰问老人

【特困老人供养】 2016年，洪泽区为400位困难老人购买养老服务，对低保家庭中60周岁以上的失能老人，按照每人每月100元的标准予以补助；对低保家庭和分散供养的特困对象中80周岁以上的高龄老人、低保和低收入家庭中60周岁以上的失独老人，按照每人每月60元的标准予以补助。全年共补助41.32万元。 （董业斌）

人口与计划生育服务

【概况】 2016年，洪泽区共出生3039人，人口出生率7.87‰，出生政策符合率99.57%，出生人口性别比102.87，孕前优生健康检查目标人群覆盖率100%，信息化建设达标率96.9%，流动人口计生管理服务率达95.5%，计生奖励优惠政策兑现率100%，1~14周岁独生子女提标实现全覆盖，特困家庭、手术并发症人员综合保险参保率100%。

【“二孩”政策稳步实施】 2016年，洪泽区全面实施“二孩”政策。区卫计委利用会议、培训班、标语、宣传栏、电视、广播以及网络等多种形式，加大国家生育新政策宣传力度。同时，做好政策衔接和解读工作，引导育龄群众按政策、负责任、有计划的生育。推行“散快优”生育登记服务，积极实施委托办理、村级代办、上门办理、预约办理，方便广大育龄群众。妥善做好政策调整前后各项计生政策之间的衔接工作，特别是处理好奖励扶助政策和社会抚养费征收政策衔接问题，着力维护良好的生育秩序。根据国家、省、市要求，全面做好 “二孩”政策实施后人口变动情况预警分析，每月对全区人口出生情况进行动态监测。

全年全区共办理生育服务登记2989人，其中申请生育“二孩”的1679人，“二孩”生育登记占56.2%。全年出生3039人，同比多出生507人；出生“二孩”1511人，同比多出生519，“二孩”率49.7%；出生“三孩”及以上50人。

【计生工作监管】 2016年，洪泽区简化手续，再造流程，全年再生育一孩审批61对。立案征收12例。先后两次开展“两非”（利用超声技术和其他技术手段进行非医学需要的胎儿性别鉴定以及非医学需要的选择性别的人工终止妊娠。）集中专项检查，全区的性别比综合治理工作成效显著。

【提标工作率先完成】 2016年初，区政府继续将0~14周岁独生子女父母奖励金提标工作列为年度为民办实事项目之一。全区6个镇、3个街道及县直相关部门将提标的独生子女父母奖励金全部纳入财政预算。全区有37902人符合独生子女父母奖励金提标标准，独生子女父母奖励金每人提高60元（原奖励金标准为40元，提标后为现金发放40元，保单发放20元），共兑现金额1516080元，保单发放金额758040元。6月底，洪泽区在全市率先完成独生子女父母奖励金提标工作。其中岔河镇通过涉农“一折通”兑现发放提标奖励金的做法受到市卫计委家庭发展处的充分肯定。

【计划生育特殊困难家庭保障】 2016年，区政府与3个街道、6个镇签订2016年人口计生目标管理责任状。同时，各镇、街道与各村（居）也签订了年度目标管理责任状，构建一级对一级负责、层层抓落实的工作格局。区委督查办与区卫计委分别于在4月、8月联合开展工作督促，督查结果通报全区，推进重点工作落到实处。将全区年满60周岁以上失能、不入养老机构养老的独生子女死亡家庭成员生活照料补贴61.9万元和独生子女死亡、伤残家庭成员和计划生育手术并发症对象计划生育系列保险22.85万元纳入财政预算，增强了计划生育特殊困难家庭抵御意外风险的能力。

【奖励扶助政策全覆盖】 2016年，全区20154人享受省、市计划生育家庭政策性奖扶。其中，符合省农村部分计划生育家庭奖励扶助政策的7702人，发放奖扶金677.8万元；符合省特别扶助政策的396人，发放奖扶金252.2万元；符合市农村50~59周岁独生女父母奖扶政策的11451人，发放奖扶金669.78万元；符合企业退休职工符合“独生子女父母光荣证”规定的一次性奖励政策的572人，发放奖励金133.3万元；符合城镇无业居民符合“独生子女父母光荣证”规定的一次性奖励政策的33人，发放奖励金9.72万元。

【建立失独家庭成员养老机制】 2016年初，区政府下发《关于建立洪泽区独生子女死亡家庭养老“6＋1”机制实施意见》，要求各镇（街道）明确主体责任单位、明确牵头责任单位、明确结对帮扶单位、明确赡养联系人、明确志愿者服务队伍、制定个性化养老方案、镇（街道）自选动作等方面建立“6＋1”计生特殊家庭养老机制。全区年满60周岁以上的独生子女死亡家庭都明确养老责任单位、牵头单位、帮扶单位，并开展了关爱帮扶服务。每个家庭都有2~3名赡养联系人和个性化养老方案。区政府为年满60周岁独生子女死亡家庭成员每人每月发放生活补助金500元，为失独家庭成员每人办理意外综合保险500元。建立镇级计生公益金制度，其中东双沟镇、三河镇、岔河镇和高良涧街道设立公益金总额5万元，其余镇（街道）公益金总额3万元。全区镇（街道）两级公益金规模达50万元。至年底，全区60岁以上独生子女死亡家庭成员养老服务机制基本建立。

【流动人口均等化服务实现全覆盖】 2016年，各镇（街道）统一配备婚育证明电子化发放设备，重点加强全国6个流出人口监测点动态监测。同时，整合卫生计生公共服务资源，实现流动人口均等化服务全覆盖。

【免费孕检】 2016年，区计划生育指导站开展免费孕检2800人。全区当年新婚与照顾再生一孩应检对象参检率达90%以上，提前完成市定1400对目标任务数。

【修正人口统计信息数据】 2016年，区卫计委组织全区人口计生规划统计人员检查并修正全员人口信息逻辑错误10多万条，提升信息化平台运行质量，人口统计数据准确率、及时率得到提高。

（凌学国）

综合事务管理

发展和改革工作

【概况】 2016年，区发改委单独向上争取到位资金4877万元，联合其他部门向上争取到位资金12.51亿元。全区完成第三产业增加值115.7亿元，增长7.8%；实施亿元以上三产项目23个，完成投资66亿元，其中泽田商务中心、白马湖森林公园南线工程、尾水湿地游园等9个项目竣工验收。在全区科学跨越发展目标考核中被评为一等奖，并被区委、区政府评为软环境建设“行风十佳”优胜单位。

【规划编制工作】 2016年，区发改委组织人员，集中物力，在充分调查研究的基础上，精心编制《淮安市洪泽区2017年国民经济和社会发展计划（草案）》，明确2017年的发展方向和各项任务；积极落实绿色发展理念，结合区“十三五”规划发展要求，主持编制《淮安市洪泽区主体功能区实施规划》《淮安市洪泽区“十三五”低碳经济发展规划》，积极推进洪泽区节能减排、低碳经济发展。

【重大项目建设】 2016年，区发改委牵头做好全区重大项目管理工作。全区列入市重大项目20个，总投资187.3亿元。年度计划投资 92.95 亿元。其中，续建项目5个，计划投资21.8亿元；新建项目15个，计划投资71.15亿元。全年完成投资额97.56亿元，完成年度计划104.96%。

【服务业管理】 2016年，区发改委积极推进现代服务业发展。全年完成服务业增加值117.97亿元，同比增长8%，服务业增加值占GDP比重同比提高1.2个百分点。全年实施亿元以上服务业项目23个，完成投资66亿元，其中泽田商务中心、高运商贸中心、白马湖森林公园南线工程、洪泽湖古堰景区一期、尾水湿地游园、西顺河现代服务业集聚区物流、经程物流、曹圩最美乡村旅游等8个项目竣工验收。

【新型城镇化建设】 2016年，区发改委利用多种形式推进新型城镇化建设。帮助老子山镇争取国家新型城镇化专项建设基金1.5亿元。帮助城市资产公司发行10亿元企业债；积极实施“双减量”试点，编制项目复垦方案，43个项目区入库、面积149.68公顷；创新农业现代化发展机制，培育家庭农场635个，注册农民专业合作社925个，全区91个村（居）基本完成确权登记颁证各环节工作；启动生态文明建设示范区创建工作，初步完成《洪泽区生态文明建设规划》；保持生态红线保护区总面积不低于603.89平方千米。

【审批服务】 2016年，区发改委切实做好项目审批工作。本着对企业、客商负责的态度，始终坚持做到对前往咨询的客商，热情接待，认真解答；对前往办理立项的企业，全程服务，在审批权限内的项目，企业材料齐备的前提下，工作人员坚持做到快办审批；对于转报项目，明确专人帮办、催办。全年审批项目（不含融资类项目）206个，其中政府投资项目109个，企业投资项目97个。审批窗口负责人赵洪涛被市发改委评为先进个人。 （张 伟）

安全生产监督管理

【概况】 2016年，全区发生各类安全生产事故168起，死亡25人，同比分别下降35.4%和21.9%。其中，道路交通事故59起，死亡24人，同比分别下降28.04%和20%；消防火灾事故108起，同比下降38.64%；工矿商贸（建筑装修）企业发生一起死亡1人事故，同比下降50%。亿元GDP生产安全事故死亡率为0.097。区安监局被江苏省安全生产监督管理局授予"全省非煤矿山及冶炼等工贸行业安全生产工作先进集体"；被淮安市安全生产委员会表彰为"2016年度安全生产工作先进集体"；获淮安市 "2016年度全市安全生产执法监察岗位练兵竞赛第三名"；获洪泽区2016年度科学跨越发展先进集体一等奖。

【安全生产责任体系建设】 2016年，区安监局强化组织体系建设，凝聚安全生产齐抓共管合力，健全安全生产责任体系，健全"党政同责、一岗双责、齐抓共管"的安全生产责任体系和格局。区政府主要领导担任区安委会主任，区政府班子其他成员均担任安委会副主任，分别签订安全生产责任状；打破责任状内容"千篇一律"的模式，采取"一镇（街道）一状，一部门一状"，将安全生产责任层层分解落实。区委、区政府召开6次会议，研究部署安全生产工作，区安委会召开4次专题会议协调解决各个时期的安全生产工作重热点问题，确保安全生产各项工作任务得到落实。明确安全生产监管责任，按照"管行业必须管安全、管业务必须管安全、管生产经营必须管安全""谁主管、谁负责、谁审批、谁负责"以及"分级管理、属地为主"的原则，全面落实各镇（街道）和各行业主管部门安全生产工作职责，并督促相关单位履行好监管责任，全力构建权责清晰、管理科学、配合有力、协调高效的安全生产监管工作体系。严格安全生产目标考核，进一步强化安全生产对洪泽发展的支撑保障作用，将安全生产工作与经济社会发展同步考虑、同步部署、同步落实，制定镇（街道）、政府部门安全生产目标考核办法，实行安全生产"一票否决"制度。

【安全隐患排查整治】 2016年，区安监局强化安全生产事前事中监管，依照洪泽实际编制年度安全生产执法计划，定期组织开展执法检查，对计划外的企业实施抽查。全年检查企业115家次，下达限期整改指令书43份，责令停产停业2家，立案处罚8起，罚没款33.72万元。紧盯重大节庆期间安全生产检查督查，针对元旦、春节等重要节假日和全国、省、市、区"两会"以及节后企业复工复产等重要时间节点，组织开展全面性的安全检查和督查，做到责任到人、检查到位。组织5轮29个综合督查组，对全区各单位的安全生产工作进行综合督查，排查出各类安全隐患和问题1400多条，将上述问题和隐患限期交由相关单位督办整改，到期后开展"回头看"予以落实，确保整改到位。深化安全生产重点行业领域专项整治，持续在非煤矿山、危险化学品、烟花爆竹、交通运输、建筑施工等16个重点行业领域深入开展"打非治违"专项整治行动，对无证无照、证照不全、超许可范围以及不履行建设项目安全设施"三同时"的违法生产经营建设行为，一经发现，依法采取停产、停建、停电、停供强制措施。

【安全宣传培训】 2016年，区安监局以宣传安全生产法和新修订的《江苏省安全生产条例》为重点，深入开展"安全生产月"等各类安全生产宣传、咨询活动。根据"三项人员"不同岗位需要，实行有针对性的培训，提升安全培训效果。全年培训2795人，其中生产经营单位主要负责人、安全生产管理人员1001人，特种作业人员327人，烟花爆竹经营人员325人。组织安排46名区、镇（街道）安全生产监管人员分别参加省、市安监部门举办的安监业务集中培训。组织观看警示教育片《血的代价》和《永不放弃》，教育警示大家牢记树立"安全第一"的意识，筑牢安全生产思想防线。

【企业安全文化建设】 2016年，区安监局继续推进企业安全生产文化建设"7+1"工作机制，发挥安全生产企业志愿者协会的纽带作用，定期分行业发送安全生产小贴士、分层分类精准培训、周到细致执法服务、安全标准化创建、完善动态"一企一档"、安全生产诚信体系建设等七项措施，加快推进企业安全生产文化建设。以安全生产企业志愿者协会为平台，引导协会成员单位、安全生产专家建立以"管政专家义助队"，更好地服务全区工业企业。

【安全生产监管与服务】 2016年，区安监局落实安全生产监管项目化管理，梳理出涉及企业主体责任落实、网格化监管等11个方面28个子项目，全部排定时间和进度，做到工作项目化、项目节点化、人员责任化。强化企业安全生产主体责任落实，6月起在全区开展落实企业安全生产主体责任活动，推动企业严格履行法定职责和义务，着重从建立岗位责任制度、保障安全生产投入、危险源精细化管理、强化隐患排查治理、加强全员教育培训等多个方面帮助企业建立起完善的安全生产管理体系，提升企业本质安全管理水平。11月24日，全市落实企业安全生产主体责任现场会在洪泽成功举办，在全市推介洪泽推进企业安全生产主体责任落实的"三三制"创新做法。深化安全生产分色和网格化管理，修订完善安全生产网格化管理工作方案，加强化工企业、建筑施工企业、镇（街道）属企业的网格化监管，加大对开发区企业分类分色管理力度，进一步落实属地管理部门、行业主管部门和招商引资单位的安全监管责任，织密安全生产监管网。加强应急值守和信息报送工作，强化突发事件信息报送工作，严格执行安全生产24小时值班和领导带班制度，全年节假日安排值班192人次，实行重要节假日和重要时段安全生产事故零报告制度，及时、准确、完整报送生产安全事故信息。

·链接·

洪泽区企业安全生产主体责任的"三三制"创新做法。2016年，区安监局探索落实企业安全生产主体责任的"三三制"形成全市有特色的工作。即以"三查"为基础，严控企业危险源；以"三标"为手段，警示企业关键区域；以"三抓"为重点，规范企业职工安全生产行为；以"三查"推动企业加强重大危险源网格化管理。要求企业建立从领导层到一线员工的网格化管理安全责任体系，实现企业危险源精细化管理，即以"班组日日查、车间周周查、全厂旬旬查"为要求，通过不间断、全天候的检查，及时发现、有效处置、按时消除事故隐患。建立起一种层层自查、内外互查、部门抽查的安全生产监管新模式，实现企业参与安全管理的人员更多，事故隐患排查面更广，最终达到了整合人力资源，提高安全管理水平，增强企业本质安全度的目的；以"三标"帮助企业夯实安全管理基础。要求企业规范做好"标志""标示""标识"工作。标志，即在企业的重大危险源、重要防控设施上进行醒目标志，以强化对这些区域的安全监管，凸显管理层级，起到警示作用；标示，即在厂区要对企业的危险源、重点区域、可能引发事故的风险点、紧急疏散通道等重要事项进行标示，做到一目了然，心中有数；标识，即对重大危险源、重点事故风险点要设立标识牌，载明岗位责任人、事故风险、储存数量、防护措施、急救方法、联系方式等事项，保证在紧急情况下能实施有效救援；以"三抓"增强企业职工安全生产主人翁主体责任意识。要求发挥企业职工安全生产主人翁主体责任作用，即以"抓岗前培训""抓班前会""抓应知应会"提升企业职工安全生产意识。抓岗前培训，即对新进入厂员工要做好入厂教育、车间培训和班组练习。入厂教育侧重安全生产法律法规和有关规章制度的学习教育；车间培训注重安全生产工艺流程和技术规范的学习；班组练习注重安全操作、防范措施落实和应急处置方面的指导，做到各有侧重，规范操作，防患未然。抓班前会，即在每天上班前，班组利用几分钟时间，对当天的安全生产工作进行要求和提醒，发挥职工的监督和管理作用，使安全管理工作成为职工的自觉行为。抓应知应会，即要求每个职工不但要了解全厂危险源的布局，更要熟练掌握本职岗位的生产工艺、技术要求、安全管理和应急处置方面的知识、技术、措施，能熟记于心、正确运用，保证本职岗位生产安全。

（仲爱林　江　森）

统　计

【第三次全国农业普查】 2016年，区统计局按照省、市统一部署，积极筹备第三次全国农业普查前期各项工作，组建区镇村三级普查机构，落实经费预算。充实普查人员，开展遥感测量工作，做好综合试点工作，宣传工作初步展开。

【统计法治建设】 2016年，区统计局通过群发短信、悬挂横幅、集中宣讲等方式开展统计法和《江苏省统计条例》宣传月活动。加大统计处罚自由裁量权监管力度，所有统计执法都通过政府行政权力网上运行，推动统计法治检查制度化、规范化。认真开展统计行政指导工作，建立制度化、规范化的行政指导体系，把行政指导贯穿于行政管理、行政执法工作全过程，综合运用告知、指导、警示、回访、约谈等方式开展行政指导工作，着力提升统计管理效能和依法行政水平，进一步改善统计工作环境。11月3日，由洪泽区统计局主办的"统计伴你行.数说三农情"统计法治文化进社区暨全区"三农普"宣传月活动在区欢乐广场音乐池举行。通过宣传活动，增进广大市民对统计工作、统计法治和全国第三次农业普查工作的了解，使统计工作更加贴近群众。

【加强全面小康监测】 2016年，区统计局加强全面小康监测，协调相关部门加强对2013版小康的监测工作，为全区争取2018年、确保2019年建成全面小康社会打下良好基础。 编印《洪泽统计月报》《洪泽统计年鉴》，并进行部分改版；发布《洪泽区国民经济和社会发展统计公报》，每年向区委、区政府及时报送《统计专报》《统计分析》，为领导决策提供依据。

【列统企业培植】 2016年，区统计局对规模以上工业企业培植实行全天候服务，全过程帮办，全方位督促，对列为培植对象的企业开票销售情况进行逐月跟踪、全程监测，力争尽可能多的工业企业在年底开票销售达到申报要求。对已符合申报条件的企业及时指导，组织材料申报，确保一户不漏，应报尽报。加大与省局、市局的沟通联络力度与频度，努力提高申报成功率。

【结对帮扶工作】 2016年，县统计局组织人员深入贫困户、挂钩村进行调研，帮助制定脱贫致富计划，到困难户、特困党员家中进行慰问活动，出资4万元帮扶岔河镇韦集村发展村级集体经济，壮大该村集体经济实力。 （张　彬）

公共服务

科　　技

【概况】 2016年，洪泽区拓展科技合作领域，引导企业加大科技投入，加快科技成果转化，科技创新能力不断增强。全区全社会研发投入实现6.81亿元，占GDP比重2.66%。专利申请总量2385件，其中发明专利838件，专利授权量953件。洪泽区被省知识产权局表彰为先进集体。

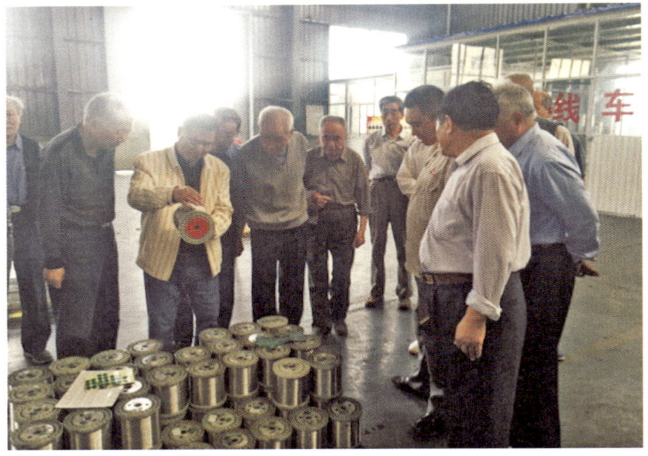

区科技局组织离退休老干部到企业调研

【高新技术产业】 2016年，洪泽区获批国家高新技术企业13家(含重新申报4家)。新增省级高新技术产品11个、市级高新技术产品8个。全年实现高新技术产业产值190.5亿元，占规模工业比重达26.22%。

2016年洪泽区获批高新技术企业一览表

表7

序号	企业名称
1	洪泽港宏玻璃瓶制造有限公司
2	江苏正济药业股份有限公司
3	江苏宇天港玻新材料有限公司
4	洪泽圣洛迪新材料有限公司
5	淮安巴德聚氨酯科技有限公司
6	江苏银珠集团海拜科技股份有限公司
7	江苏欣颖新材料科技有限公司
8	圣欧芳纶(淮安)有限公司
9	江苏新源太阳能科技有限公司
10	美轲(淮安)化学有限公司
11	中盐淮安鸿运盐化有限公司
12	江苏振方生物化学有限公司
13	江苏黄马化工有限公司

2016年洪泽区获批市级高新技术产品一览表

表8

序号	产品名称	企业名称
1	一种高强度耐腐蚀型机柜	江苏瑞特电子设备有限公司
2	采油树高压控制阀门	洪泽东俊机械有限公司
3	海洋采油树双V型高压密封装置	洪泽东俊机械有限公司
4	6-氯化钠2-巯基苯甲酸	江苏恒安化工有限公司
5	新型环保PVC助剂	美轲(淮安)化学有限公司
6	一种环保型高附着力喷塑技术电力保护柜	江苏瑞特电子设备有限公司
7	一种交流金属封闭环网开关设备	江苏瑞特电子设备有限公司
8	活性炭过滤材	淮安弘瑞炭业科技有限公司

【产学研工作】 2016年，区科技局积极组织产学研活动，通过实地走访、发放问卷形式累计征集企业技术需求30多项；主动邀请高校院所专家到洪泽走访企业，开展各项对接活动，鼓励企业开展产学研活动，推动企业转型升级。3

月，以淮安市科协举办的“比利时高科技农业专家淮安行”活动为契机，邀请比利时高科技农业专家一行到洪泽考察，并签订框架协议1个。4月，邀请江苏省农科院专家一行到洪泽考察调研，洽谈科技合作事宜。5月，邀请牛津大学转移中心一行到洪泽考察，开展科技、人才合作。8月，组织江苏国瑞绿色食品有限公司、江苏金象赛瑞工科技有限公司等15家企业参加淮安市科技创新大会暨技术转移对接活动，现场签约项目2个。12月，以江苏淮安食品科技产业园为依托，成功申报江苏海智基地。全力配合区委组织部做好人才培养工作，全年获批省科技副总9人。当年，洪泽区新增省部级工程技术研究中心9家（其中省级1家，市级8家），省级博士后工作站1家，省级研究生工作站4家，市级院士工作站1家。

江苏省科协组织专家到洪泽海智基地调研

2016年洪泽区获批工程技术研究中心一览表

表9

序号	名称	承建企业	文件依据
1	江苏省半导体激光焊接工程技术研究中心	江苏华博数控设备有限公司	苏科条发〔2016〕333号
2	淮安市硫酸酸洗废酸回收工程技术研究中心	淮安市丰立德环保科技有限公司	苏科条发〔2015〕726号
3	淮安市FPC新型电子工程技术研究中心	淮安华泰电子科技有限公司	淮科〔2016〕112号
4	淮安市轻量玻璃瓶研发工程技术研究中心	洪泽港宏玻璃瓶制造有限公司	
5	淮安市农药与医药中间体绿色合成工程技术研究中心	江苏恒安化工有限公司	
6	淮安市铝电解电容器工程技术研究中心	淮安盛宇电子有限公司	
7	淮安市汽车零件工程技术研究中心	洪泽恒利机械有限责任公司	
8	淮安市混凝土自保温砌块工程技术研究中心	江苏淮安万达建材有限公司	
9	淮安市水泥助磨剂工程技术研究中心	江苏仁爱建材科技开发有限公司	

2016年洪泽区获批省级研究生工作站一览表

表10

序号	名称	承担企业	文件依据
1	江苏恒安化工有限公司研究生工作站	江苏恒安化工有限公司	苏科条发〔2016〕337号
2	江苏春江润田农化有限公司研究生工作站	江苏春江润田农化有限公司	
3	淮安盛宇电子有限公司研究生工作站	淮安盛宇电子有限公司	
4	江苏华博数控设备有限公司研究生工作站	江苏华博数控设备有限公司	

【知识产权】 2016年，洪泽区大力实施知识产权战略，鼓励发明创造，加快实施专利技术产业化，加大知识产权保护力度，着力提升知识产权创造、运用、保护和管理能力。全年新增贯标备案企业9家，通过省标绩效考评2家，1家进行国标认证，有9家企业以专利为支撑获得江苏省科技成果转化风险专项资金2020万元。配合淮安市知识产权局开展专利行政执法行动3次。共检查商品1000多件，其中专利商品160多件。全年，立案查处假冒专利案件26件，办结26件。 （孙秋文）

教　　育

【概况】 2016年，全区共有幼儿园22所、小学12所、初中4所、九年制学校4所、普通高中2所，中等专业学校、特殊教育学校各1所，共有在校生42206人。其中，小学生18150人、初中生8234人、普通高中生4621人、中职生1995人、特校学生115人、在园幼儿9091人。教职工4001人。其中，幼儿园768人、小学1396人、初中562人、九年制学校412人、高中835人、特殊教育28人。

【学前教育】 2016年，全区有幼儿园22所。其中，乡镇幼儿园14所、城区幼儿园8所。共有240个教学班，在园幼儿9091人，学前三年幼儿入园率99.6%。

【义务教育】 2016年，全区有义务教育阶段中小学21所。其中，初中4所、小学12所、特殊教育学校1所、九年制学校4所。在校小学生18150人、初中生8234人。全区小学、中学入学率和巩固率均达100%。

【特殊教育】 2016年，全区有特殊教育学校1所10个班，全区6~14周岁残疾儿童115人（其中盲聋哑12人、智力残疾85人、其他残疾18人），入学115人，入学率100%。关爱体系进一步完善，特殊教育送教上门活动常态化，残疾儿童少年接受义务教育权益得到充分保障。

【高中教育】 2016年，全区有普通高中2所106个班，4621

10月，江苏省洪泽中学举行建校60年庆典

人；职高1所47个班，1995人。年内，区内普通高中入学1553人（其中江苏省洪泽中学869人，洪泽湖高级中学684人），职高入学750人，区外高中、职中入学788人，合计入学3091人。

【教育投入】 2016年，全区投入7522万元，新、改、扩建实验小学滨湖校区、天鹅湖幼儿园等4.9万平方米，拆除校舍8800余平方米；在全省率先将幼儿园校舍维修资金纳入区财政预算，完成优质幼儿园建设任务；实验小学滨湖校区和天鹅湖幼儿园获评“江苏省首批海绵城市示范项目”。全年资助贫困学生1万余人次，发放资助金1360余万元。

【学校安全】 年内，全区教育系统全面落实学校安全管理责任制，提前1年完成淮安市教育局下达的“三防”建设任务，没有发生一起安全责任事故。全区34个学校食堂有A级食堂32个，其中300人就餐的学校食堂全部达到A级食堂标准。创建省平安校园示范区工作通过市级验收。

【教育质量】 2016年，全区教育系统推进以“自主学习”为核心的教学模式，通过开展课题研究、教学竞赛、编写学案、课例展示等活动，提高学生自主学习能力。高考本科达线1009人，录取率51.5%，高于全市均值12.89个百分点；中考总均分、及格率、优秀率、700分以上人数占比居全市同类县区前列；小学学生学业水平位于全市同类县区前列；学前教育区域课程游戏化建设领跑全市；洪泽中专师生入围省级比赛人数较2015年增加3倍。朱坝中学“自主互动式”英语学习，江苏省洪泽中学“文学社团”、万集幼儿园“课程游戏化”分获淮安市课程基地项目一、二等奖。

【队伍建设】 2016年，洪泽区完成分学段设岗工作，补充新教师151人，评选第四批骨干教师458人，举行第三轮“全区幼儿教师综合素养考核”，完成各级教师培训1.6万余人次；教育奖励力度不断加大，足额兑现高考质量奖、中小学幼儿园考核奖、骨干教师津贴、农村教师岗位津贴；有序推进教师交流，共安排255名教干、教师在城乡及城际间交流；3项省级课题、35项市级课题通过省市结题论证。

【素质教育】 2016年，全区德育工作亮点纷呈，社会主义核心价值观、“八礼四仪”教育活动生动开展，创建市级周恩来班11个，区级周恩来班38个，涌现出省“美德学生”王雪、市“最美教师”潘蓉等先进典型。品牌项目影响力持续增强，成功举办区第八届教育艺术节、2016武术段位制暨校园武术精英赛，“中华武术进校园”“阅读推广”等校园文化建设精彩纷呈。

11月23—25日，区中小学艺术展演活动

【教育创建】 2016年，洪泽区创成省社区教育示范区，获评省级优质幼儿园2所、市级优质幼儿园1所；洪泽中等专业学校创成省高水平现代化中等专业学校；新增参与国际合作交流学校2所（分别是淮安市高良涧小学、洪泽湖高级中学）。组织开展第二批义务教育管理示范校、合格校评估认定工作，创成示范校2所（分别是淮安市万集小学、洪泽外国语中学），合格校2所（分别是淮安市仁和小学、淮安市朱坝中学）。教育现代化77个监测要点中，27个达成度为100%，综合得分位居全市第四。 （王坤业）

文　化

群众文化

【群众文化活动】 2016年，洪泽区在洪泽湖古堰景区举办“万人太极齐舞、千人掼蛋齐乐和百人古筝齐奏”活动；开展洪泽书法名家为民书春活动，免费为群众书写春联2500余幅；举办百场新春惠民文艺演出；举行“洪泽区农民歌手大赛”“绝对唱将”、第四届“魅力童星”等富有地方特色、社会广泛参与的歌舞和才艺大赛；区文广新局与淮安市歌舞二团联动“送戏下乡”44场次，使基层群众在家门口便能享受到高规格的文化大餐。

【文艺团队建设】 2016年，洪泽区突出“文化富民、文化惠民”主旨，出台《洪泽区业余文艺团队星级管理及扶持奖励暂行办法》，对业余文艺团队组织开展创星定级考核评定工作，按级给予奖补支持。年内，全区新成立13家民间艺术团，业余团队达到62支，其中登记注册24支。

【基层文化阵地建设】 2016年，在洪泽湖古堰景区投入60余万元，建成淮安市第一家许亚玲戏剧工作室。完成高良涧、西顺河等7个镇（街道）综合文广站的达标改造工程。重点打造了40个村（居）综合文化服务中心，11月，通过省文化厅验收。在全市文化工作会议上，洪泽区政府就基层文化阵地建设作经验交流发言。

【文化惠民实事】 2016年，洪泽区共承担完成3项市政府民生实事项目，即文化“四送”（送文艺、送电影、送展览、送图书）工程、图书“通借通还”工作、“新建三个社区文化中心”。全年完成送文艺演出146场、送电影1008场、送展览11场、送图书1.2万册，其中送图书数量占目标任务的240%。投入100余万元专项资金，为全区9个镇（街道）图书室配备电脑、门禁、充消磁仪、监控系统、书架等硬件设备。年初确立的全区40家村（居）公共图书全部加工上架，实现“通借通还”。完成三河镇涧前村、岔河镇淮宝居委会和蒋坝镇彭城村3个村（居）综合文化服务中心新建任务。

文艺精品生产

【概况】 2016年，由淮安市淮剧团创排的表现马浪岗海事人责任担当、无私奉献精神的大型现代淮剧《大湖魂》公开巡演。洪泽湖渔鼓舞作为淮安市唯一的成人代表队参加江苏省第七届社会舞蹈大赛，分获创作、表演三等奖，并作为唯一一个由区级侨联选送的节目，参加全国侨商社会组织系统庆祝中华人民共和国成立67周年暨中国侨联成立60周年《侨之旋律》文艺会演，获优秀奖。季大相创作的纪实散文集《猎鱼》，被列入江苏省作协第二批“定点深入生活作家创作项目”，由江苏凤凰文艺出版社出版发行；在全市小品小戏创作大赛中，洪泽区选送的《门风》获二等奖，《贪吃镇长》获优胜奖。组团参加淮安市第二届百姓文化艺术节系列活动，在歌手演唱、戏曲票友、朗诵、合唱、器乐大赛中，共获得器乐、戏曲票友、歌手演唱大赛3个一等奖，另收获6个二等奖，5个三等奖；区文广新局获优秀组织奖。

文物及非物质文化遗产保护

【文物保护与管理】 2016年，洪泽区建立健全区、镇、村“三级”田野文物保护网络，完成第一次全国可移动文物普查工作。文物考古有重大新发现，在老子山镇长山村发现一座宋代墓葬，与淮安市博物馆考古队进行联合发掘，其中仿木质拱门砖结构墓门为全市首次发现。长山村考古工程填补了洪泽区科学发掘考古空白。

【非物质文化遗产保护】 2016年，洪泽湖博物馆接待游客1万余人。举办第十一个“文化遗产日”暨洪泽非遗展演展示活动和世界博物馆日主题展览活动；优选精品项目参加淮安市非遗节；成功举办2016年第四届罩鱼大赛；提升改造中国印博物馆，建成开放渔文化博物馆；新建共和莲湘舞、三河花船、乾宁村竹编、洪泽湖渔鼓4个非遗传习所，全区非遗传习所总数达7家；建成镇、村特色文化展示馆3个；向市局争取500万元资金，实施周桥大塘环境整治二期工程；《洪泽湖大堤石刻遗存》一书由中国文史出版社出版发行、季大相列入江苏省作协第二批“定点深入生活作家”项

洪泽区第四届罩鱼大赛

目的《猎鱼》一书，由江苏凤凰文艺出版社出版发行；在全市非物质文化遗产理论征文活动中，全区1篇论文获二等奖，2篇论文获三等奖。

公共图书馆

【概况】 2016年，洪泽区图书馆新增馆藏图书18859册，订购报刊555种。新办理图书证5072张，全年流通人数68031人，读者利用163951人次。开通洪泽图书馆公众微信号，实现图书馆在新媒体与信息环境下的服务转型与升级。在全省率先建成少儿3D数字体验馆，入列江苏省少儿数字图书馆成员馆。先后举办春节谜语有奖竞猜、“舌尖上的春节”展、亲子阅读及幸福母亲大讲坛、周恩来读书节暨第七届洪泽湖农渔民读书节等系列活动；举办全区基层文化干部文博、图书业务知识培训班，进一步推动“书香洪泽”建设。

开通洪泽图书馆微信公众号

文化市场执法与管理

【概况】 2016年，洪泽区开展打击文化市场违法经营和清缴非法出版物（特别是政治性非法出版物）集中执法、校园周边社会文化环境整治、整治非法安装和使用卫星地面接收设施等专项整治行动9次，共检查场所1106家次，出动执法人员3246人次、立案查处、办结违规经营案件15起，下达整改通知书12份，收缴侵权盗版书刊986本、侵权盗版教辅等工具书42本。开展“扫黄打非·护苗2016”“扫黄打非·清源2016”扫黄打非·净网2016”“扫黄打非·秋风2016”等专项行动，全区32家网吧（30家营业）计1735台计算机，全部安装技术管理软件，对新设立和变更场所的15家网吧安装视频监控，实现网络和视屏双向监督，并在经营场所入口处醒目位置公布12318举报电话。“扫黄打非”进湖区工作取得成效，净化了湖区渔民、船民的文化环境。11月上旬全国“扫黄打非”工作会议在江苏召开期间，《新华社》《人民日报》等10大主流媒体记者专题采访了“洪泽湖文化船”。

年内，完成娱乐业、网吧、出版物、印刷业行政许可32件，娱乐业、网吧实现在《全国文化市场监管与服务平台》网络在线申报审批。完成30家印刷企业、38家出版物经营单位网上在线申报核验，及时办理《许可证》核验工作。强化广播电视“小耳朵”整治，获2016年度省“无小耳朵社区”创建工作先进单位。 （季大相）

节庆文化

【概况】 为进一步创新转型、持续高效办好洪泽湖国际大闸蟹节，加快节庆、旅游、体育、大闸蟹产业的快速发展，按照“公司主办、协会承办、政府指导、群众参与、媒体支持”办节机制，2014年9月，区委、区政府批准成立中国蟹都洪泽文化传播联合发展公司（以下简称蟹都文传公司），和区节庆办为一套班子两块牌子。根据洪办发〔2015〕78号文件精神，公司为独立法人治理结构、市场化运作方向的区属国有企业，直属区政府领导，区国资委管理，归口宣传文化系统。公司注册资本金500万元，固定资产700多万元，总资产2300多万元。

公司成立后，紧扣“节庆搭台、旅游唱戏”这一主题，围绕全力办好洪泽湖国际大闸蟹节、积极推动洪泽节庆旅游产业发展，成功策划与主办了第九届、第十届和第十一届中国洪泽湖国际大闸蟹节，大力宣传和推介了洪泽旅游节庆品牌，推进了洪泽旅游节庆市场化运作和多元化经营进程。至2016年底，公司已经发展成为区文化产业的龙头企业。

【大闸蟹节活动策划与主办】 2016年，根据区委第十次党代会第五次会议的有关要求，在总结2015年节庆成功经验的基础上，策划《第十一届洪泽湖国际大闸蟹节总体方案》。在区委、区政府的正确领导下，会同区节庆办等一室七组成功举办了第十一届洪泽湖国际大闸蟹节。大闸蟹节秉承“创新创优、市场运作、品牌塑造、群众参与、效益至上、安全第一”原则，坚持以“湖、堰、山、泉、道、寺、蟹、园”为核心要素，紧扣“畅游江苏·水韵洪泽”主题，以打造“大湖文化、道学文化、美食文化、温泉文化”为目标，坚持自身特色，保留传统经典，提升品牌影响，努力把洪泽湖国际大闸蟹节办成集生态旅游、休闲美食、体育运动、道学温泉、渔家风情、产业经贸于一体的中国一流的湖泊文化旅游节庆，实现了以大闸蟹节全力助推洪泽旅游经济快速发展的预定目标，得到了各级领导和社会各界普遍好评。

【大闸蟹节品牌价值评估】 2016年，根据区委、区政府要求，委托北京权威评估机构，历时2个月，采取国际公认的评估方法，对"中国洪泽湖国际大闸蟹节""洪泽湖大闸蟹"两个品牌无形资产价值进行了科学、系统、权威的评估，以2016年5月30日为基准日，最终评估确定"中国洪泽湖国际大闸蟹节"的品牌价值为82.61亿元，"洪泽湖大闸蟹"的品牌价值为78.76亿元。这是洪泽建县60年来所取得的两项最高层次、最有影响力的无形资产价值品牌。这两项价值品牌对促进全区旅游经济发展，提升洪泽旅游品牌形象，起到重要作用。

【旅游节庆品牌宣传】 2016年，策划制作《洪泽旅游形象宣传片》，通过与中央电视台、新浪网、携程网、中江网等媒体的长期宣传合作，多方位推介了洪泽节庆旅游品牌。

通过洪泽湖国际大闸蟹节开幕式、洪泽湖国际半程马拉松、洪泽湖·台湾美食节、洪泽湖罩鱼大赛等重大活动，加强与中央电视台、新华社、新浪、腾讯、搜狐、网易、今日头条、《新华日报》《扬子晚报》《现代快报》《南京日报》等多家主流媒体的交流和合作，多方位、多层次的宣传报道洪泽节庆旅游等方面的活动盛况。

"蟹都视界"网站和微信平台于5月份成功上线，并与新浪网、中江网、洪泽新闻网、洪泽政府网、洪泽旅游网等网络平台对接互动，及时发布节庆旅游活动消息，不断提升洪泽湖旅游及洪泽湖大闸蟹节的品牌影响力。

2016年8月，在青海召开的中国节庆全国交流大会上，洪泽区代表江苏节庆协会作《中国洪泽湖国际大闸蟹节——新形势下办节机制的转型与市场化模式的创新》的主旨发言，成功推介了洪泽节庆成果和经验。2016年12月，洪泽湖国际大闸蟹节又一次被中国节庆产业协会评为"中国节庆产业金手指奖——中国十大品牌节庆"。

【蟹都文传公司职能配置】 蟹都文传公司以主办洪泽湖国际大闸蟹节为主要职责，同时从事文化活动、体育赛事的策划组织，重要庆典、营业性演出及经纪服务，文旅产业投资与管理，重大展览展示服务，市场营销策划，各类广告设计制作、代理发布，网站、3D设计，主题酒店、工艺礼品、文创产品、旅游纪念品、洪泽湖土特产品的经营等。

根据工作职能，公司设董事长兼总经理1名、副总经理1名、工会主席1名，内设综合管理、财务计划、活动策划(文化传播)、广告展览、文旅产业、市场运营6个职能部门，现有管理人员12人。公司下设广告传媒、文游开发2个公司(正在注册成立的有洪泽湖土特产品、洪马体育文化2个公司)。

【蟹都文传公司运营绩效】 2016年，蟹都文传公司按照"超前谋划、市场主导、多元运作"的要求，公司以多种渠道、多种方式，先后与20多家商贸企业签订大闸蟹节冠名、承办、赞助、广告、战略合作、指定产品等协议，实现市场运作收入605万元。同时，实现文创产品、旅游纪念品等经营性收入和其他收入235万元，圆满完成区委、区政府交办的工作任务，为大闸蟹节活动的成功举办提供经费保障，为节庆旅游产业的发展作出积极贡献。 (仲芹 张哲)

卫 生

【概况】 2016年，洪泽区拥有医疗卫生机构134个。其中，二级甲等医院2所，二级妇幼保健机构1所。每千人医师数、护士数、床位数分别达到2.14人、2.18人、3.17张。全年接待门急诊110万人次，住院38057人次。完成义务献血量5450单位毫升(3264人次)，无偿献血占临床用血量的182.7%。

【综合医改】 2016年，洪泽区公立医院管理委员会规范运作，履行政府办医职能，印发《洪泽区推进医疗卫生体制改革实施意见》和《洪泽区2016年深化医改重点工作任务及分工》等重要文件，出台公立医院绩效考核实施方案，建立以服务质量、服务效率、服务数量、群众满意度和成本控制为核心的区级公立医院绩效考核评价体系，推行公立医院第三方绩效考核。区人民医院消化科被确认为淮安市市级重点专科建设单位，与中国医院协会疾病与健康管理专业委员会合作，成为全国首家县(区)级健康管理示范医院。区妇幼保健院与省妇幼保健院签订妇幼健康联合体合作协议，成为"江苏省妇幼保健院妇幼健康联合体"单位。区人

6月，召开洪泽县县域医疗集团建设工作会议

民医院与市第一人民医院实行管理同质化,医疗同步化,聘任市一院神级内科、妇产科、病理科专家为科室负责人,负责科室管理、业务发展、团队建设;普外科、心内科、神经内科等16个专科48名高级职称专家团队定期在区医院开展门诊、手术、查房,不断推出新项目新技术。

组织召开区域医疗集团建设工作会议,印发洪泽区域医疗集团对口帮扶实施方案,区人民医院、中医院、妇幼保健院分别与12个镇(街道)卫生院(社区卫生服务中心)签订协议,组建区域医疗集团。从区直医疗单位选派12名业务骨干到镇(街道)卫生院(社区卫生服务中心)挂职业务副院长(副主任),定期开展坐诊、查房、培训工作,加大对基层医疗的帮扶力度。区妇幼保健院与省人民医院生殖医学中心建立远程会诊平台,为本地患者实施“面对面”远程会诊。区人民医院运用“互联网+模式”,与市一院专线连接,基本实现对洪泽患者医学影像、检验结果市一院专家实时远程诊断指导。新上门诊、检验、影像、彩超叫号系统。

【基层卫生】 2016年,洪泽区制定《洪泽区家庭医生签约服务实施意见》。在9个镇(街道)全部开展重点人群个性化签约,全年基本公共卫生服务项目签约307216人,基本公共卫生服务项目签约率91%。重点人群个性化签约19028人,签约率20%。全区建立35个健康管理团队,开展活动927次。基本公共卫生服务项目通过省级考核。岔河镇中心卫生院创成国家级群众满意乡镇卫生院,三河镇卫生院创成省级示范卫生院,朱坝街道、岔河镇2个村卫生室创成省级示范村卫生室。

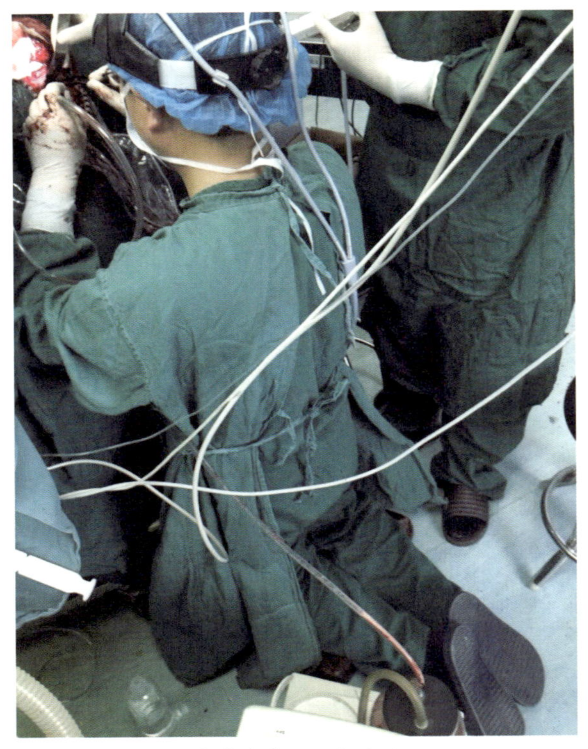

最美跪姿——赵光元

【合作医疗】 2016年,洪泽区按政策组织好新农合筹资工作,新农合参合人数22.89万余人,参保率100%,全年共筹资1.29亿元,筹资标准每人565元,其中个人筹资标准每人140元(2015年110元),省财政补助标准每人170元,区财政补助标准每人255元(由2015年省、县财政补助380元提高到2016年425元)。基本公共卫生服务项目通过省级考核。

【疾病控制】 2016年,洪泽区推进重大传染病防治工作,及时完成全区“十二五”期间梅毒、麻风病防治中期评估工作。加大辖区4个艾滋病初筛实验室和12个检测点的管理工作,完成HIV抗体检测32150人次。开展监管场所被监管人员艾滋病病毒抗体检测205人次,开展艾滋病感染者及病人流调工作5人次,组织感染者及病人接受上级CD4细胞检测56人次。完成麻风病治愈者现况调查,报告并核查麻风病疑似病例6例,未发现新发麻风病例。完成活动性肺结核病人登记84例,涂阳病人占32%。规范处置江苏省洪泽中学、洪泽湖高级中学、黄集九年制学校发生的3起结核病疫情,共筛查师生700余人,没有报告结核病例或者结核疑似病例。报告法定传染病723例,比2015年同期增加46.6%。无甲类传染病。针对辖区内出现的一例H7N9病例,及时启动应急防控预案,并邀请市卫计委专家进行指导,建议区政府及时关闭相关的2个活禽市场,有序落实各项防控措施。进一步规范霍乱等肠道传染病防控工作,4—10月共登记腹泻病人1329例,送检614例,送检率46.2%,总人口检索率1.6‰,规范处置2起手足口病聚集性病例。全面完成消灭脊灰强化服苗工作,对1例疑似麻疹病例进行及时报告和规范处置,未发生麻疹暴发疫情。

全面推进慢性病、地方病、寄生虫病防控工作。重点做好35岁以上首诊测血压工作和全人群死因监测工作,首诊测血压率91.5%,全区累计建立居民健康档案314403份,建档率93.1%,累计管理36785例高血压患者、9513例糖尿病患者、3484例恶性肿瘤患者,为3902例冠心病等其他慢病患者建立档案。完成淮河流域实施食管癌早诊早治项目筛查10291人,食管和胃粘膜重度不典型增生(原位癌)15例,鳞(腺)癌17例,癌症检出率1.6%。组织开展应急工作“六进”活动,宣传群众应急自救互救知识。区消除疟疾工作通过省卫计委达标考核。完成省淡水产品寄生虫感染调查项目和50名孕妇弓形虫感染情况调查工作。农村饮用水卫生监测工作实现全覆盖。举办一期严重精神障碍患者管理培训班。严重精神障碍患者检出率3.9‰,检出患者管理率92.8%。

【卫生监督】 2016年,区卫生部门对全区513户公共场所单位进行多轮监督检查。对6个行业的6个单位进行抽样检测,共检测空气样品48份,合格48份,公共用品样品132份,合格132份。开展集中式供水单位日常卫生监督工作,对城区集中式供水单位和老子山地面水厂这两个千吨以上水厂每季度开展一次日常的卫生监督检查工作,全面检查农村水厂1次,快速检验水质1次,对农村水厂存在消毒设施使用不正常等主要问题,均当场提出整改意见,限期整改。全年共开展饮用水卫生监督检查86户次,水质快速检测354个点次,快检项目均符合生活饮用水卫生标准。对10所学校学生饮用水进行监督检查和抽样检测。

对全区各医疗机构和无证“黑诊所”“游医”易聚集的场所进行检查,所有医疗机构检查覆盖率100%,检查频率300%。开展打击非法制售和使用注射用透明质酸钠行为专项行动、医疗机构依法执业等专项监督检查。发现无证行医、医疗机构超范围行医、违反传染病管理规定等违法违规案件6起、立案6起,罚款9600元,没收非法所得1185元。书写现场检查笔录和监督意见书680余份,出动执法车辆400次,监督员800人次。1月底开展霍乱防治工作专项检查,做好传染病预防控制工作,加强医院感染监督和消毒监测;7—8月预防接种专项检查,监督覆盖率100%;9月开展医疗废物管理专项检查。创新开展餐饮具集中生产单位专项整治工作。利用新修订的《餐具、饮具集中消毒服务单位卫生监督工作规范》,对高良涧街道美之源餐具服务部和东双沟镇朱丹餐具消毒门市进行合并整合,成立乐康餐具消毒配送中心。规范生产流程,保证产品质量。

开展省卫生计生监督执法全程记录试点工作,强化卫生行政执法工作。新发放卫生许可证69户,核发卫生许可证65户,采取“一户一档制”规范管理,对公共场所从业人员825人进行卫生知识培训并发放培训合格证。受理投诉举报4起,查实4起,均给予行政处罚。

【妇幼保健】 2016年,启动新一轮农村妇女“两癌”检查工作,为9个镇(街道)25914名农村妇女开展免费“两癌”检查工作,阴道镜检查2570人,宫颈病检1300人,查出宫颈病变147人、宫颈癌7例、乳腺癌3例。为46个单位2383名女职工进行妇女病普查。查出阴道炎322例、宫颈炎47例、子宫肌瘤157例。

落实农村孕产妇住院分娩补助政策,共对1835名农村孕产妇实施住院分娩补助,补助金额91.42万元;实施农村妇女免费增补叶酸预防神经管缺陷项目,免费增补叶酸1565人份;继续做好孕产妇艾滋病、梅毒、乙肝母婴阻断工作,孕产妇艾滋病、梅毒、乙肝检测率100%,艾滋病感染孕产妇及所生儿童抗病毒药物应用比例100%。全年孕产妇死亡率为0,孕产妇保健覆盖率98.9%,孕产妇住院分娩率100%,孕产妇产前筛查率65.9%,婴儿和5岁以下儿童死亡率分别为3.0‰和4.7‰。

做好一年一度的“六一”儿童体检工作,共为6227余名儿童体检,为700名托幼机构保健老师进行健康体检,为8666名儿童进行视力与口腔病筛查。对全区18所托幼机构开展卫生保健复评估工作。

【卫生计生资源整合】 2016年,洪泽区整合卫生计生资源,以区政府名义出台《优化整合妇幼保健和计划生育技术服务资源的实施意见》,完成区妇幼保健院与区计生指导站、镇卫生院、镇计生服务站资源初步整合、机构融合。做好卫校与职业中专学校的整合,落实人员安置工作。

【岗位设置调整】 2016年,洪泽区对多年不变的基层医疗卫生单位卫生专业技术人员岗位重新设置,对专业技术岗位中的高、中、初级职称岗位设置比例,由1∶3∶6调整为1.5∶5∶3.5,使高级卫技专业岗位增加27人,中级卫技专业岗位增加39人,调动卫生计生人才的工作积极性。

【创建国家卫生城】 2016年,区财政累计投入4.2亿元,开展环境卫生专项整治,巩固提升创建成效。集中开展“六小行业”整治、集贸市场整治等9个专项整治活动,建成占地5万平方米有机物处置中心,拆除城区旱厕,改扩建公共厕所52座,修筑道路25千米,新建农贸市场3个,改造老旧小区32个67.25万平方米。全面提升城区集贸市场卫生管理水平,对72个废品收购站全面落实责任监管和环境整治任务,社区及背街小巷道路硬化、公共绿化、环境美化、市容净化全部到位。创卫办共下发交办单508件,件件有落实。通过电视问政、聘请义务监督员,利用大湖论坛、政府微信群、洪泽报等形式发动群众参与创建,推动创卫工作深入开展。通过创建,市容市貌发生明显改观,涉及创卫9大项296个指标均达到规定要求,5月底通过省级考核验收,10月底通过国家网上公示。创成省级卫生镇1个,省级卫生村5个、市级卫生村5个。 (朱正洲)

体 育

【群众体育活动】 1月1日,举办“全民健身、你我同行”2016年洪泽湖古堰元旦万人长跑活动、第六届中国洪泽湖冬泳节活动。3月,联合妇联举办庆“三八”掼蛋、乒乓球等系列体育比赛;5月20日—6月13日,举办区级机关第三届运动会,来自区级机关的23支代表队、700余名运动

万人古堰同演太极拳展示活动

员参加了篮球、羽毛球、乒乓球比赛,以及徒步、掼蛋等趣味体育比赛。6月11日,举行“庆端午·迎七一”大世界基尼斯掼蛋大赛,参加活动人数约6000人,在洪泽湖国际大酒店宴会厅、洪泽湖掼蛋乐园以及镇村设立数十个赛场,统一规则、同时开赛,创下现场参赛规模最大记录,成为中国掼蛋之最,大世界基尼斯总部派员现场认证,并颁发证书。6月18日,举办庆祝建县60周年万人古堰同演太极拳活动,来自机关、企事业单位干部职工和中小学生代表身着印有“仁义礼智信”五种奥运色彩的太极服,在洪泽湖千年古堰上一字排开同时表演太极拳。8月5日,举办2016洪泽区“全民健身日”活动启动仪式暨“激情广场·幸福洪泽”体育彩票广场舞大赛。9月13日,成功举办第十一届中国洪泽湖国际大闸蟹节暨第六届洪泽湖全国龙舟大赛。10月23日,举行“中建一局”杯第二届洪泽湖国际半程马拉松赛,近万名选手沿着洪泽湖古堰赛道开跑。11月8日,举办“艳阳度假·汤沟杯”2016CBSA美式9球(洪泽)国际公开赛。

【体育惠民实事】 2016年,新建2个镇(街道)多功能运动场,包含一片灯光篮球场、2个乒乓球台、一条20件健身路径和羽毛球、广场舞等其他体育场地设施。实行行政村(居)农民健身场地设施升级改造工程,完成40个行政村(居)篮球场地、健身路径建设。

建成省级国民体质测定与运动健身指导站,配备体成分、功率车、互联网健身系统等国民体质测试和医学检查相关仪器,培训了管理、测试、专业技术等人员。完成国民体质测试3000人样本,总体合格达标率在95%以上。

【参加省级赛事】 5月,区农民腰鼓队代表淮安市参加省第七届全民健身运动会暨第八届农民运动会,获总分第5名和规定套路第5名;6月3—5日,区岔河镇白马湖龙舟队代表淮安市出征江苏省第七届全民健身运动会龙腾华夏大赛,分别获“标准龙”男子500米直道竞速赛第六名、“标准龙”男子200米直道竞速赛第六名;6月22日,区柔力球代表队代表淮安市赴徐州市参加省第七届全民健身运动会柔力球比赛,获三等奖。武术套路运动队代表淮安市参加江苏省青少年武术(套路)锦标赛,获2金4银3铜。

洪泽武术代表队在2016年江苏省青少年武术(套路)锦标赛上获奖

【体育协会】 2016年,全区新成立轮滑、老年人乒乓球、户外健身、马拉松、洪禹门球5个体育社会团体,全区体育社会团体达32个。

【社会体育指导员培养】 年内,洪泽区承办了2016年淮安市二级社会体育指导员广场舞项目培训,来自全市各县(区)80人社会体育指导员参加培训。举办一线社会体育指导员三级培训班,培训三级以上社会体育指导员129人,截至2016年底,洪泽区共有社会体育指导员1382人。其中,三级社会体育指导员995人、二级社会体育指导员265人、一级社会体育指导员113人、国家级社会体育指导员9人。万人拥有社会体育指导员数40.88人。

【体育彩票销售】 截至2016年底,洪泽区体彩站经营网点由年初的48个增加到52个,年内销售体育彩票2160万元,较2015年同期增长190万元,增幅6%,在全省县市区增幅排名中列第12名。 (蔡守廷)

旅　　游

【概况】 2016年,洪泽区旅游工作围绕生态旅游首选区目标定位,依托“湖、堤、山、泉、寺”核心旅游资源,践行“生态旅游全域化”发展战略,着力打造“美丽清纯洪泽湖、湖滨名城洪泽区”,集中启动了一系列沿湖旅游规划和项目建设,旅游产业急剧升温。全年共接待游客290万人(次),实现旅游收入31.3亿元。

【旅游规划】 2016年,洪泽区坚持规划先行、多规融合的原则,引领旅游开发方向。高起点、高质量地完成《洪泽区乡村旅游发展“十三五”规划》和《洪泽区旅游“十三五”规划》的编制工作。

【旅游市场管理】 2016年,区政府出台《关于做好全区旅游市场综合监管工作的通知》,要求各旅游单位(景点)制定服务标准、规范经营行为、统一旅游标识、培育诚信企业等方式,让到洪泽观光的游客尽兴消费、开心旅游。培养旅游人才,通过举办全区乡村旅游业务知识培训、全区餐厅服务员职业技能竞赛、老子山温泉旅游度假区厨师培训等,全面提升旅游从业人员素质、提高旅游服务质量。

【旅游活动】 2016年,洪泽区成功举办第十一届中国洪泽湖国际大闸蟹节、CBSA美式台球(洪泽)国际公开赛、洪泽湖古堰国际半程马拉松赛、全国龙舟大赛、首届“世界遗产地旅游联合发展峰会暨洪泽区·都江堰市旅游合作签约仪式”等大型活动,既提升了洪泽的知名度,又吸引了广大外地游客纷至沓来观光旅游。

【旅游宣传】 2016年，洪泽区高标准制作洪泽旅游宣传片，并在央视1套、9套、13套黄金时段播出；与《中国旅游报》《南京日报》《扬子晚报》《淮安日报》等合作，定期整版宣传洪泽旅游资源及旅游活动。开通“文旅洪泽”微信公众号，利用微信、网站、微博等多种渠道，视频、音频等多种形式推介洪泽旅游。

【旅游招商】 至2016年底，水釜城景区商铺签约率95%，业态布局丰富，推动水釜城可持续发展。江苏淮安食品科技产业园影视基地项目，是以石油小镇为基础，由东皇影业投资10~15亿元分三期实施建设，已与东皇影业签订投资建设协议。

【智慧旅游】 自洪泽开启“智慧洪泽”建设以来，洪泽“智慧旅游”建设成效初显，至2016年底，已形成以重要景区、景点、酒店为重点的智慧城市雏形。景区视频监控、360度3D虚拟景区等均已投入使用。

【旅游项目建设】 2016年，洪泽城区按照“名湖古堰、蟹都水城”的创园理念，有序推进浔河、洪新河生态修复和城区主干道绿化、亮化、美化工作，促进城市面貌持续改善，将城南公园与水釜城贯通打造成综合性景区，砚临河风光带建成开放。洪泽湖碑、周桥大塘、信坝遗址、乾隆御碑、国家级三河闸水利风景区等人文景观提档升级。苏北规模最大的佛教寺庙大吉祥寺初具规模，逐步开放。

老子山镇艳阳国际温泉养生中心完成土特产超市建设，镇区绿化、亮化分批次进行改造升级；中国传统村落——龟山村保护与开发项目，已完成首批石屋民居的改造，样板区对外开放。西顺河镇《镇域旅游总体规划》通过专家评审；张福河渔家风情园项目完成村部门前村庄立面改造；国蟹园景区投资约1亿元，建成并开放旅客接待中心、渔夫码头、垂钓中心、景观拉索桥、珍稀鸟类园等项目，初步形成集观光体验、休闲垂钓、水乡餐饮等功能于一体的综合性湖边生态休闲景区。蒋坝镇天鹅湾温泉综合体酒店部分完成主体工程；温泉岛部分工程项目进行招投标。滨湖风光带“醉美三公里”观沧海和落霞湾段已完成硬质铺装、景观提升等建设；彭城美丽乡村完成立面改造和绿化景观提升工作；头河美丽乡村完成规划设计。

洪泽湖碑

【旅游接待】 至2016年底，洪泽区有星级宾馆6个。基中四星级宾馆1个，即洪泽湖国际大酒店；三星级宾馆3个，分别是：艳阳度假老子山温泉山庄、温泉一号酒店、洪泽怡然居度假酒店；二星级宾馆2个，即洪泽湖旅游度假村、洪泽电力宾馆。有旅行社6个。

2016年淮安市洪泽区旅行社一览表

表11

名　称	负责人	地　址
江苏省洪泽湖旅行社	袁安莉	洪泽区人民路影剧院楼下
洪泽思源旅行社	翟　玲	洪泽区人民南路1号—4
洪泽金色假日旅行社	吕红梅	健康东路41号
洪泽正大旅行社	贾莲红	洪泽湖路115号
江苏省天鹅湾旅行社	贾　慧	健康东路42、43号
洪泽白马湖旅行社	—	—

（蒯　芳）

洪泽报

【概况】 2016年，洪泽区宣传信息中心编发《洪泽报》155期，用稿近5000篇，刊发新闻图片800余幅，同步在“洪泽新闻网”上刊载，选择部分稿件在微信、微博上推介宣传，营造良好舆论氛围。

【新闻宣传】 2016年，洪泽区宣传信息中心积极做好新闻宣传策划工作，定期安排采编人员围绕选题，带着感情、带着思考，深入基层去采访鲜活新闻。围绕区委中心大局，开设“大干一季度、确保开门红”“求突破、抢先机、保前列”“大干二季度、确保双过半”“大干四季度、决胜保全年”“项目进行时”“聚力电商产业园、构筑发展新优势”“洪泽好人”“创业路上”“文明故事会”“省级文明单位巡礼”等专栏，刊发专题报道200余篇。同时，浓墨重彩宣传洪泽湖大闸蟹节系列活动，聚焦卫生城、园林城创建，开辟“开展四城同创、共建美好家园”、评论、曝光台等栏目，以图文并茂的形式，及时宣传报道全区和各单位创建工作的最新进展及成果。在《洪泽报》“洪泽新闻网”上刊发各类创建稿件1626篇，其中重点稿件127篇。

【对外宣传】 2016年，洪泽区宣传信息中心在《新华日报》用稿29篇，其中头版3篇，二版头条1篇，数量和效果都是历史最好；在《淮安日报》用稿95篇，其中头版头条稿件12篇，A2版和B1版头条稿件28篇，数量皆创历史之最。

【版面创新】 2016年，区宣传信息中心出台《关于进一步改进会议和区领导活动新闻报道的实施办法》，大力度改进会议报道方式，把更多的版面留给具有新闻性强的重头稿件，对区里重大活动报足报透，一般性活动和相关领导活动作简要报道，增强报纸的新闻性和可读性。通过把洪泽Logo和吉祥物朋朋、谢谢融进版面，美化和提升版面质量。

【拓宽宣传渠道】 2016年，洪泽区宣传信息中心在平面媒体宣传的基础上开设信息中心微信公众号和微博宣传平台，多渠道宣传推介洪泽，洪泽新闻微信公众号长期关注用户在5000人左右。（徐成堂）

广播电视

新闻内宣

【概况】 2016年，区广播电视台紧扣区委、区政府工作中心，坚守主阵地，打好主动仗，为服务全区经济建设和社会发展创造了良好的舆论环境。精心策划"喜迎党代会""聚力招商攻坚项目""重大项目进行时""美丽乡村行""建县60周年回眸"等大型系列报道；圆满完成区党代会和"两会"的宣传报道任务；对第十一届中国洪泽湖国际大闸蟹节开幕式进行录播并在淮安市电视台展播，完成半程马拉松、美式台球公开赛等大型活动的新闻报道工作。

全年，编播《洪泽新闻》时政新闻节目360组，播发新闻稿件2600余条，完成自采电视新闻稿件1500余条；电台编播时政新闻1400余篇。组织开展纪念建党95周年、长征胜利80周年等重大活动宣传，播放主旋律影视剧63部2500余集。利用广播电视平台，播出"中华美德"等公益广告，培塑正确的道德观、价值观。顺应融媒体发展形势，加速主流媒体与新兴媒体的交融互通，创办影响洪泽微信公众号，粉丝量近3万人。开播《电视问政于民》电视节目，搭建干群心贴心的桥梁。《法官说法》《大湖警方》等联办节目已形成栏目品牌，具有一定的受众群，品牌栏目方阵不断扩大。16件作品获得淮安市优秀广播电视节目（作品），获奖数量在全市各县区位居第二。

新闻外宣

【概况】 2016年，区广播电视台在淮安电视台用稿215篇、江苏卫视用稿145篇、中央电视台用稿6篇，市级以上电视台累计用稿360篇，积分7765分，位居全市各县区第三。中央电视台用稿取得历史性突破，《为救患者医生带病跪地手术》等重点稿件在央视重要时段播出，推出了赵光元、王兆福等先进典型，引起较大的社会反响。

事业发展

【概况】 2016年，区广播电视台在做好新闻舆论宣传主业的同时，立足打基础、管长远，推动广电事业发展。自2015年下半年启动无线数字化覆盖工程以来，经过公开招标、资金争取、组织施工，克服技术力量薄弱、招标流程繁杂等困难，总投资150万元的洪泽广电节目无线数字化覆盖工程基本完成，开通16套广播电视节目。向省财政厅、省新闻出版广电局争取中央补助地方文化体育与传媒事业发展专项资金近90万元，分两批实施播出系统改造升级工程，实现广播电视编、录、储、播、管一体化，播出控制系统整体双备份、互备份，广播电视节目播出的安全性、可靠性显著增强。

安全播出

【概况】 2016年，区广播电视台把安全播出作为发展之根，建立健全各项制度。强化节目审查审核机制，新闻、广告等节目严格实行"三审三校"制度，逐级审核，努力把差错消灭在源头。健全安全优质播出制度，在中波台、发射台、主控机房安装监控系统，实行24小时、全方位监督管理。对中波台、发射台的发射天线、发电机组、播出设备等进行常态化安全巡查，提高广播电视播出的安全性和可靠性。中波台在全省21家中波台2016年度考核中获得满分，这是中波台连续六年获此项殊荣。（朱正海）

广电网络

【经营状况】 2016年，区广电网络公司在投资合作模式下完成营业收入3843.93万元，完成预算的121.6%；净利润377.90万元，完成预算的111.3%；净资产收益率4.3%。信源合作模式下，完成营业收入3843.93万元，完成预算的121.6%；净利润615.27万元，完成预算的181.2%；净资产收益率6.1%。

全年新增高清互动用户2428户，高清互动终端达10562户，完成年度目标的160%；新增宽带用户5587户，宽带总用户10574户，完成年度目标的245%。截至2016年底，全区共有缴费有线数字电视用户5.26万户，高清互动率、宽带覆盖率双双超过20%。

【智慧洪泽建设】 作为智慧洪泽的承建主体，2016年，区广电网络公司共实施20多个子项目，从立项、建设、监管、支付到运营等全流程运营模式得到确认，截至2016年底，新建项目13个，在建项目14个，通过验收项目8个，施工产值近亿元。其中，智慧水利、智慧环保、智慧城管、智慧管网、数据中心、公共信息平台、OA办公系统、智慧旅游一期、视频监控一期等项目投入使用，成为全区和相关单位的亮点工程、明星工程；智慧水利项目入选国家级试点案例；智慧农业、智慧教育、智慧消防、智慧卫生等项目快速推进。

2016年，区广电网络公司共接待各地100余批次客人的参观指导，先后在上海全球智慧城市峰会、巴塞罗那世界智慧城市博览会、无锡世界物联网大会上推介和展示建设成果，被华为公司列入全国六大典型案例之一，经济效益和社会效益进一步显现。

【数字电视业务】 2016年，区广电网络公司加强基础网络建设，重新架设中心机房到老子山镇的环网线路，新建党校分机房，建成城区线路环网，完成东双沟镇镇区、蒋坝镇彭城村和主城区等10多个小区的光纤入户改造工作，光纤入户覆盖超过1.5万户，实现用户净增长，全年实现主营业务收入1800万元。实施的网格化营维体系有效保证了用户稳定发展，维修、安装、投诉越来越少，2015年报修电话月平均1000次左右，2016年底月均只有800次左右，下降幅度明显，呼叫中心回访维修满意度99%以上，安装回访满意度100%。 （余洪玮）

政府网站

【概况】 2016年，区信息化办公室以夯实基础、强化服务为导向，立足政府门户网站宣传窗口优势，不断提高网站功能建设，扎实开展网络党建工作，全力做好智慧洪泽帮办服务工作。信息报送工作在全市各县（区）排名第二；洪泽政府网站获市文明网站称号。

【政府网站建设】 10月8日，洪泽政府网新版上线。为确保新版网站能够稳定运行，多次召开讨论会，解决新版网站出现的问题，对原有的新闻、招商、政务公开、图片洪泽、搜索等栏目和功能进行了缩减和修改，新版网站功能更完善，内容更简洁，页面更美观。2016年，根据国家和省市推进网站集约化建设的要求，对各镇（街道）和部门的网站进行精简，保留个别服务功能强、服务对象多或业务系统复杂的网站，在洪泽政府门户网站下面做单独的子页面，对没有申请保留的镇（街道）、部门网站，在洪泽政府门户网站下面做一个单独的子页面，精简页面栏目，只保留该单位的一些常规栏目。

【新闻宣传】 2016年，区政府网站全面报道中共淮安市洪泽区第十一次代表大会、区十四届人民代表大会等重大活动盛况；现场直播第十一届中国洪泽湖国际大闸蟹节开幕式和第二届洪泽湖国际半程马拉松赛活动。年内，发布视频新闻302期；发布各类新闻2107条，其中政务要闻832条，部门信息546条，各镇新闻322条，媒体聚焦新闻407条。报送省网站信息370条，被采用48条，报送市网站信息2680条，被采用795条。

【智慧城市建设】 智慧洪泽建设内容以“一个中心三平台”为基础，建设一批应用子项目。“一个中心三平台”已全部搭建，建成云计算数据中心、智慧洪泽公共信息平台、智慧洪泽公共基础数据库、视频综合监控平台、无线城市、时空地理云平台等6个基础项目；人口库、法人库、商事主体库等四大库正在完善信息；人口、社保、公积金、有线电视等数据已经进入公共信息平台，可以适时共享全区的数据信息资源；水利、环保、城管、党建、无线、视频监控等8个项目入驻云计算数据中心。智慧旅游（二期）、智慧消防、智慧教育、智慧健康已开始招标建设。2016年6月28日至7月1日，洪泽智慧城市受邀参加2016年全球智慧城市高峰论坛暨国际智慧城市博览会。

【网络党建工作】 2016年，党支部紧紧围绕“抓落实、夯基础、促发展”的总体思路，不断增强支部队伍建设，转正1名预备党员，发展1名预备党员，支部队伍更为壮大。通过开展“党员冬训”“三严三实”专题座谈会、“四个问题”思想大讨论等教育活动，提升全体党员干部自身素质；通过开展“网友走进区中医院参观交流”活动、“网络党员进村入户为老党员拍摄风采照”志愿活动、网络党总支开展“两学一做”实境学习教育党课、“缅怀革命英烈事迹 传承红军长征精神”等公益活动，不断加强网络党建阵地建设，激发党员参与网络党建工作的热情。

【大湖论坛运维】 2016年，大湖论坛日均访问量超过20000次、发帖2000个左右，民生通道栏目解决网友反映的各类问题3000余条。论坛组织100余次线上线下活动，参与人次超过2000余人，掼蛋、单车、徒步、游泳已成为大湖论坛品牌活动，广受论坛用户的欢迎。是年，大湖论坛APP客户端（掌上大湖）下载量突破6100余次，爱洪泽微信公众号有2.7万粉丝。 （陈秋香）

档案管理

【档案服务】 2016年，洪泽区档案局（馆）打造“五心”’档案服务品牌形象，利用档案资源优势，提升档案信息查阅利用率，建立方便人民群众的档案资源利用体系，并做到明确专人、随叫随到、态度热情、服务周到。全年共接待查档2276人次，调阅档案2115卷次和1143件次，提供证明复印件1602件。

【丰富馆藏资源】 2016年，洪泽区档案局（馆）完成全年资料的搜集整理，建立手工目录共计1039本。2016年共接收6个单位的文书档案，其中以卷为单位1300卷，以件为单位18446件。至2016年底，馆藏总数80826卷（册）162660件，资料23966卷（册）。

【档案数字化、信息化】 2016年，洪泽区档案局（馆）完成全年的数字化扫描工作，生成馆藏档案数字化副本。其中，纸质档案数字化副本，扫描以卷为单位21100卷，以件为单位100776件，以幅为单位2798555幅，生成以GB为单位2450GB。至2016年底，馆藏电子档案总数2546GB。

【农业农村档案工作】 2016年，新农村档案建设工作被列为重点工作。洪泽区档案局(馆)多次向区委主要领导汇报新农村档案工作的开展情况,形成以档案部门为主导,相关涉农部门配合,有明确的责任主体、有规范的工作体制、有科学的人才培训的先进档案工作体系。围绕农村各种新型社会组织和新的工作领域建立档案,重点抓好农村土地确权、土地流转、土地承包延包以及农村旅游开发等档案的建立与管理工作。

【撤县设区档案管理】 2016年,洪泽区档案局(馆)以区委办、区政府办明电形式对撤县设区档案作明确要求,要求各镇、街道、区直各部门(单位)把档案收集、整理、归档工作列入重要议事日程,加强组织领导,明确专人负责,对各类档案资料特别是有“洪泽县”字样的铭牌、徽章、各类荣誉档案等实物档案收集好,如有的实物无法归档的,要全方位留存照片、音视频资料,并整理、登记造册和集中存放。

【档案行政执法】 2016年4月,淮安市档案局会同洪泽区档案局组成检查组对部分区直机关、镇(街道)进行档案行政执法检查,走访了区检察院、人社局、高良涧街道、黄集街道、西顺河镇、蒋坝镇、三河镇7个单位,通过听取汇报、实地查看等方式深入了解洪泽区档案工作情况,促进全区各单位的档案收集、整理、管理、利用工作。

【档案教育培训和宣传】 2016年3月,洪泽区举办全区档案人员培训班,就各单位在年度文书档案整理工作中的注意事项及规范要求进行讲解,采用边理论边实践的方法,对各镇(街道)、部门专(兼)职档案工作人员进行档案业务知识培训。利用“6·9国际档案日”、9月“档案法治宣传月”“12·4全国法治宣传日”等开展档案宣传活动,提高全社会的档案意识。 (李 祥 张 莹)

地方志

【概况】 2016年,全区志鉴工作稳步推进。《洪泽县志(1988—2010)》通过省地方志办公室审核并进入出版程序;编纂出版《洪泽年鉴(2016)》《洪泽60年大事记》。

《洪泽年鉴》编纂工作启动10周年

【《洪泽县志(1988—2010)》】 2015年12月18日,《洪泽县志(1988—2010)》志稿通过淮安市地方志办公室验收。2016年,区志办根据验收意见,组织力量认真梳理、消化、吸纳,进行新一轮修改、补充和完善工作。9月,将修改后的二轮志稿提交省志办审核,并寄送方志出版社审读。10月,《洪泽县志(1988—2010)》志稿通过省志办审核。11月,通过方志出版社审读。并顺利申请到图书在版编目(CIP)数据(ISBN 978-7-5144-2232-0)。

【《洪泽年鉴(2016)》】 《洪泽年鉴(2016)》首次进行全彩印刷,并在框架条目方面较往年有所创新。创新重点突出放在“前彩部分”,设置“洪泽印象”栏目,跨页编排“数字看洪泽、媒体看洪泽、节庆看洪泽、空中看洪泽”等内容,设计新颖,视觉效果强;还增加了“要事特载”栏目,分别记载了年度政治、经济、文化等方面的大事要事,图文并茂,彰显了年度特色。11月,《洪泽年鉴(2016)》公开出版,全书564千字。

【《洪泽60年大事记》】 2016年是洪泽建县60周年。在区委主要领导的关心指导下,区志办编纂了《洪泽60年大事记》。这部大事记以档案资料和志鉴记载为基础,实事求是,资料翔实,主题鲜明,大事突出,具有较大的存史、资政价值。全书以时间为序,全面记载了洪泽60年来的自然、政治、经济、文化、社会等各方面的大事、要事,多角度、宽领域、系统地浓缩了洪泽的发展历程。这部大事记发行后,收到良好的社会效果。

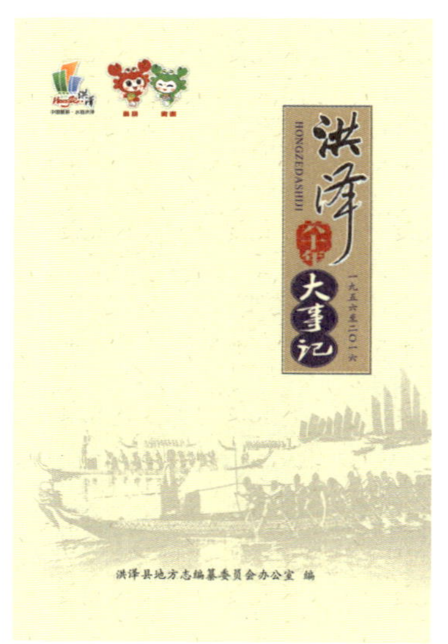

【《洪泽年鉴(2015)》发行】 2016年,面向全区机关、企事业单位发行《洪泽年鉴(2015)》500余册(免费赠阅)。及时更新城区图书馆、新华书店、主要宾馆等场所的《洪泽年鉴》,更好地发挥年鉴的资政、教化、存史作用。 (洪志办)

防震减灾

【概况】 2016年,洪泽区依据工程抗震设防要求管理,共审批建设项目26个，依法推动地震监测预报、震害防御、应急救援三大工作体系建设，防震减灾工作成效显著，继2015年后再次分别被中国地震局、江苏省地震局、淮安市地震局评为防震减灾工作先进单位。

【地震小区划工作】 2016年，洪泽区启动地震小区划工作。地震小区划是对某一特定区域范围内地震安全环境进行划分，预测这一范围内可能遭遇到的地震影响分布，包括设计地震动参数的分布和地震地质灾害的分布。4月底，完成洪泽城区地震小区划项目立项；8月，组织行政审批人员、办公室工作人员、图纸设计单位人员和农村工匠代表共5人参加淮安市地震局主办的第五代地震动参数区划图业务培训；8月底，完成招标工作，江苏省地震工程研究院以140万元标的中标，将对城区25.9平方千米规划利用土地进行地震小区划工作。

【监测预报】 为切实做好防震减灾工作，不断提高地震监测的能力和水平，2016年，洪泽区分别在老子山镇、蒋坝镇、岔河镇和洪泽地震台安装了1台地震烈度速报仪。一旦发生地震，系统能在第一时间勾绘出不同区域受地震波及影响的等值线，快速判定不同地区的地震影响程度，为实施灾后救援提供数据。区地震台实现全年无故障运行，连续监测数据传输率100%。

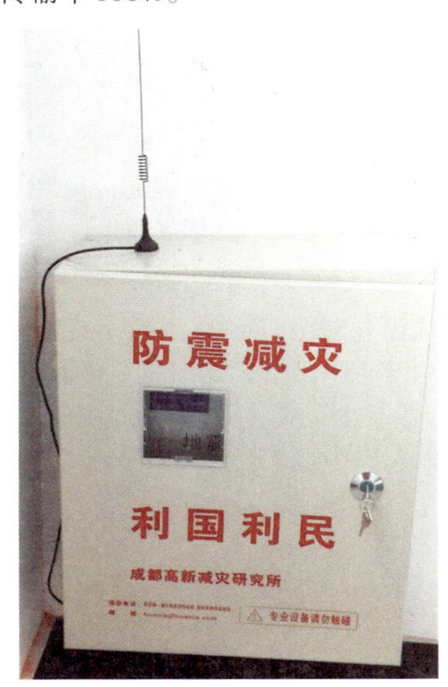

【地震科普宣传】 2016年"5·12"与科普周期间，洪泽区印发《关于做好防灾减灾日和科普宣传周期间地震科普宣传教育工作方案的通知》，要求全区各单位、各镇(街道)开展防震减灾科普宣传教育工作。区地震局和人防办在富民家园广场开展广场宣传咨询活动，发放宣传资料500余份。"7·28"唐山地震40周年纪念日期间印发《关于开展唐山大地震40周年纪念活动的通知》，组织全区开展纪念唐山地震40周年宣传活动。继续发挥防震减灾地震体验馆宣传教育阵地作用，全年接待各级领导、游客、学校师生和社区群众近2万人次。

【地震应急演练】 "5·12"期间，区地震局在洪泽湖实验小学举行全区中小学校地震应急疏散演练现场观摩会；投入2万余元在东城一品小区组织高良涧街道开展地震应急疏散演练，社区群众400余人参加活动。

【示范创建】 2016年，高良涧街道邓码社区申报并创成省级地震安全示范社区，洪泽新区中学申报并创成省级地震科普示范学校。

【"三网一员"调整】 2016年，对全区防震减灾"三网一员"进行调整，确保防震减灾信息平台运行畅通，提升全区防震减灾预警能力，形成了完整的群测群防网络体系。调整地震宏观观测点，在高良涧水产养殖场新增地震宏观观测点1个，东双沟镇周桥宏观观测点停止观测。4月，邀请淮安市地震局专家到洪泽开展"三网一员"培训。

【地震应急体系建设】 2016年，由区住建局牵头，投入近400万元，对城区欢乐广场、洪泽湖文化广场两个应急避难场所进行改造。组织全区各镇(街道)、部分防震减灾联席会议成员单位修订地震应急预案；组织全区各镇(街道)、各生命线工程单位组建地震应急救援队并开展演练和业务培训。 (王天伟)

气　象

【概况】 2016年，洪泽区年平均气温15.5℃，接近常年值15.1℃。但各月气温冷暖不均，与常年同期相比，3月、4月、8月、12月月平均气温分别偏高1.7℃、1.5℃、1.2℃、1.1℃，其余月份正常或接近常年值。7月25日出现年极端最高气温37.4℃；1月24日出现1969年以来最低值—11.4℃。3月27日入春，比常年提前2天，春季长74天，比常年偏长6天。6月10日入夏，入夏偏迟3天，9月17日夏季结束，正常；入夏多晴热高温天气，高温天气达9天。9月18日入秋，到11月7日结束，比常年62天少7天。进入冬季后，天气偏暖，12月月平均气温偏高1.1℃。

2016年降水量1103.6毫米，年度降水量偏多160.9毫米，但降水时空分布不均。最大日雨量130.2毫米，出现在6月21日；7月降水量最多，为251.1毫米，2月月降水量最少，只有16.7毫米。年暴雨日数偏少，仅4天。各月降水量与常年同期相比，4月、5月、6月、10月、12月月降水量分别偏多31.3毫米、74.9毫米、126.2毫米、154.1毫米和25.0毫米，而2月、3月、7月、8月、9月月降水量分别偏少17.1毫米、14.6毫米、66.9毫米、132.9毫米、11.1毫米，其余各月降水量正常或接近常年值。6月19日入梅，入梅正常；7月20日出梅，偏迟4天；梅雨量316.8毫米，比常年值248.9毫米明显偏多近3成。梅雨特点是:强降水集中在前、中期，后期为晴雨相间。最长连续无降水日数24天，出现在8月22日—9月14日。10月出现超长阴雨寡照等异常气候现象。11月

22日出现初雪，全年降雪日数9天，最大积雪深度6厘米，出现在11月23日。

年日照时数1970.8小时，比常年值2171.6小时偏少200.8小时，年日照百分率44%。年内各月日照多寡不均。8月份日照时数最多，为258.4小时，最少出现在10月，仅59.2小时。各月日照时数与常年同期相比，2月、3月、8月日照时数分别偏多29.8小时 、30.4小时 、48.3小时 ，而1月、5月、10月、11月、12月日照时数分别偏少17.1小时、48.1小时、127.8小时、55.9小时、47.0小时，其余各月日照正常或接近常年值。

全年平均风速仅2.1米/秒，比常年值2.7米/秒明显偏小。各月月平均风速最大值出现在3月，为2.6米/秒；其次为1月，风速为2.5米/秒；8月、9月、10月平均风速最小，均为1.8米/秒。全年出现在大风日数明显偏少，仅3天，年最大风速18.8米/秒，风向北东北（NNE），出现在5月12日。

【重要天气及影响】 1月18—19日、22—24日出现强寒潮天气，特别是后一次寒潮天气过程，48小时降温幅度达11.2℃。洪泽湖从1月24日起开始封冰，冰厚在4~5厘米，29日冰溶化，航道开始通航，另外全区多处自来水管冻裂。11月22日又出现寒潮天气，24小时最低气温降温幅度达12.0℃，22日最低气温降至-0.5℃，并伴有大雪天气，23日积雪深度达6厘米。受此次寒潮天气影响，全区有22.16万亩水稻倒伏，收获推迟。

【持续不利天气】 2016年7月中旬到9月上半月，洪泽区持续晴热少雨，全区旱情初现，直到9月15—16日受14号台风“莫兰蒂”外围云系影响，全区普降中到大雨，才解除了持续多日的旱情。7月下旬持续晴热高温，受此影响，老子山镇有195户螃蟹养殖户共200公顷蟹塘出现死蟹，直接经济损失150万元。10月持续降水，月降水量203.0毫米，是常年值48.9毫米4倍多，特别是10月20—29日连续10天降水，月降水量为1959年有气象记录以来最大值；月降水日数达21天，为1959年有气象记录以来最多天。月日照时数59.2小时，不足常年值187.0小时的三分之一，为1959年有气象记录以来最小值。受10月份持续阴雨天气影响，到10月末，全区有9000亩水稻倒伏，6000亩水稻发芽，水稻收获期推迟两周左右。

7月1日，县长殷强到洪泽国家气象观测站指导防汛工作

【气象服务】 2016年，区气象局在“1·24”强冷空气、“6·21”大暴雨等关键性、转折性、灾害性天气来临前，及时向各级领导、气象协理员、气象信息员、新型农业经营主体进行服务；通过微信、微博、电子显示屏、电视电台、洪泽气象为农服务平台、门户网站向全社会发布气象预报预警信息。共发布重要天气报告28期、专题服务材料64期、预警信号49次。

多次组织“专家联盟”技术人员深入田间地头，对春耕春播、夏收夏种、小麦赤霉病防治和水稻穗期病虫害防治等进行现场指导，开展“直通车”服务，提高服务针对性。为满足小麦播撒化肥需要，4月5日夜间，开展火箭人工增雨作业，效果显著。

【气象科普宣传】 2016年，区气象局利用“3·23”世界气象日、科普宣传周等，组织人员开展气象科普宣传活动。共散发各类气象科普传单上万份，现场咨询1000余人。常态化在气象为农服务平台、区政府网站上开展气象与生活、生产、工作方面科普宣传。

3月23日“世界气象日”，气象局组织人员开展科普宣传

【气象现代化建设】 2016年，洪泽区完成气象预警指挥中心建设，气象台于11月底搬入新的技术业务用房办公，业务成功切换。当年，区地震局为岔河国瑞“气象为农服务示范点”建成水稻农田小气候自动站和农业物联网，并投入使用。

（陈　翔）

国土资源

【概况】 2016年，洪泽区国土面积1273.41平方千米（127341公顷）。其中，陆地面积54965.25公顷，水面面积72375.75公顷（含湖面47674公顷，其他水面24701.75公顷），水面面积占总面积的56.8%。城区占地面积3.87公顷，建制镇占地面积3077.58公顷，村庄占地面积6982.08公顷，耕地面积3685.67公顷。全年向省国土资源局申报各类建设用地面积226.0385公顷，当年获批226.0385公顷。经查明，洪泽区境内有无水芒硝、岩盐、石油、地热（温泉）、矿泉水等矿产资源。

2016年6月，区住房登记职能划入国土部门。当年，洪泽国土分局获2016年度全区科学跨越发展考核先进集体一等奖、新型城镇化工作先进集体、城建交通工作先进集体、"行风十佳"优胜单位。

【国土资源监管】 2016年，洪泽区应用信息科技手段开展国土执法监管，投入140余万元开展"慧眼守土"工程建设，在洪泽经济开发区、区盐化工区等主要交通干线设置36个200万像素星光球形监控点，监控覆盖总面积约300平方千米。年内完成监控平台系统安装和室内设备调试，并通过互联网实现境域国土资源24小时全天候监控。

全年开展执法巡查24次，发现违法用地9宗，督促整改4宗，立案查处5宗。

【矿产资源监管】 2016年，洪泽区征收矿产资源补偿费88.61万元；完成矿产资源补偿费网络直报及入库任务。

当年，洪泽国土分局依法对老子山露天矿山（龙旺山采石矿）进行环境整治。废弃矿山治理区占地面积7.9万平方米，总面积约为9.4万平方米。完成洪泽大洋盐化有限公司申请采矿权变更审查及划定矿区范围的审查；完成矿产资源开发利用统计年报、地质环境统计年报、储量年报、矿山两权年检等工作。

【土地节约集约利用】 2016年，洪泽区对高良涧街道、朱坝街道、岔河镇等7个镇（街道）土地利用总体规划进行修改，调整规划用地面积405.87公顷。盘活低效闲置土地8宗，面积54公顷，盘活土地资产6483.24万元。全年农用地转用、集体土地征收8个批次，独立选址项目2个，涉及土地总面积287.87公顷。

【土地整治项目】 2016年，全区有省投资土地整治项目4个，其中当年报批1个；市投资土地整治项目1个，其中当年报批1个。涉及土地总面积3461.6601公顷。当年建成省投资土地整治项目1个，总面积925.2595公顷。

年内，完成高标准基本农田上图入库和城市（镇）周边永久基本农田划定工作，建成高标准基本农田19.49万亩，修正洪泽区城镇周边范围内土地总面积10.37万亩；2016年度占补平衡项目入库27个，新增耕地1489亩；完成区耕地后备资源年度更新调查，查实全区耕地后备资源面积4.86万亩。

【建设用地"双减量"试点】 2016年，区政府投入资金1.8亿元，向上争取专项补助资金872万元，着力整治农村居民点，完成整治面积2267亩。实现农村低效建设用地减少、区域经济发展增加，推动资源、产业、人力等集聚，切实提高全区新型城镇化水平，受到省国土资源厅领导的高度重视和充分肯定。

【不动产登记交易】 2015年11月12日，洪泽县不动产登记交易中心挂牌成立（2016年10月，更名为洪泽区不动产登记交易中心）。全区以不动产登记交易中心为主导机构，建成"四全"服务模式（一是全流程优化审批、二是全区域便民服务、三是全业务网上办理、四是全节点效能监管），形成以"一张图"为基础，集审批、服务、办理、监察为一体的国土资源行政审批服务模式。累计投入260余万元开展不动产统一登记发证系统和信息化平台软硬件建设，初步实现"部门管理扁平化、服务连锁化、监管透明化、形象统一化、人员全能化"。

当年，区不动产登记交易中心受理各类登记申请12082件，发放不动产登记证书5174份，登记证明3907份，受理各类信息查询7485件。

【土地使用权出让】 2016年,全区对外公开发布土地网上交易挂牌出让公告9期,其中网上交易经营性用地挂牌出让公告5期,涉及土地面积2200.276亩,成交价15.3395亿元;网上交易挂牌出让工业用地公4期,涉及土地面积1502亩,成交价1.2039亿元。 (刘秋波 李佩恒)

注:部分数据小数点保留至4位

环境保护

【概况】 2016年,洪泽区环境质量较2015年稳中有升,集中式饮用水源水质达标率100%,地表水水质综合达标率100%,功能区噪声达标率100%,空气污染指数达良以上的天数为299天,优良率81.9%。空气PM2.5平均浓度为37.0ug/m³,较2015年的41.0ug/m3明显下降,空气质量显著提升。当年,区环保局受理区信访局、区阳光信访、“12369”电话热线等转办的环保信访投诉334件,办结率100%。

【主要污染物排放管控】 2016年,全区实施6个减排项目,其中3个水减排项目,3个气减排项目。水减排项目包括洪泽区春雷农牧发展有限公司、白马湖上游6条河流整治及生态修复工程、洪泽清涧污水处理厂。气减排项目包括中电洪泽热电公司、中盐淮安鸿运盐化有限公司、江苏瑞宏盐业有限公司锅炉脱硫、脱硝、除尘改造项目。至2016年年底,SO_2、NOX分别在2015年基础上下降了4.0%和5.5%,顺利完成减排目标。COD、氨氮、总磷和总氮能够按期完成下降3.42%、3.3%、3.39%和3.76%的目标任务。

当年,洪泽区加大污染物排放监管力度,整体提升环境保护水平。建成“智慧环保”项目平台,实时监控重点企业排污状况,对重点企业在线监控设施实行第三方运行。丰富传统执法形式,采取日查、夜查、抽查、巡查相结合,限时排放、错时排放相结合的方式,强化环境监管。编制《洪泽化工集中区环保专项整治方案》,推进化工集中区实施“一企一管”方案,督促有废气、废水、危废三方面问题的企业按时整改。全年先后出动监察人员5000多人次,检查企业700多家次。

【工业固体废物排放监管】 2016年,洪泽区继续加强危废产生单位和经营单位规范化专项整治,督促区域内各企业进行危险废物规范化管理,提高规范化管理合格率。企业危险废物收集、贮存、运输、处置行为进一步得到规范,没有发生因危险废物非法倾倒导致的环境污染案件。当年,全区所有危废产生单位和经营单位全部实现网上申报,所有产废单位的危废均交有资质单位处置。当年,工业固体废物省内跨市转移审批(包括移出、移入)2841吨,省外转移审批(移出、移入)且经省厅批准的量为14005吨。

【噪声源监管】 2016年,洪泽区注重以人为本,要求区环保、城管、公安等多个部门联合行动,对区域内建筑施工、文化娱乐场所、考试考点和食宿点等区域噪声源进行巡查监管。及时制止施工、营业单位违反限时作业规定,功能区噪声达标率100%,保障居民休息、生活质量。

【环保项目审批验收】 2016年,洪泽区坚持依法行政,严把建设项目环境准入关,着力控制重污染项目和“两高一资”项目准入门槛。优化环保行政审批环节和流程,加强行政服务窗口建设,实行环保“一站式”服务。全年审查批准各类建设项目124个,其中编制环境影响报告书10份、编制环境影响报告表69份(其中政府项目18个)、填写环境影响登记表(9月1日以后为备案)45份。建设项目环保设施“三同时”(指环保工程与项目主体工程,同时设计、同时施工、同时投入使用)竣工验收32个,发放及审核排污许可证27个。

【建设项目环保监管】 2016年,洪泽区严格按照《环境保护法》《环境影响评价法》相关规定,要求环保局、发改委、经信委、开发区管委会等部门对区域内800多个建设项目环境影响评价和环保“三同时”制度的执行情况开展全面督查清理。重点对江苏正济药业有限公司、江苏振方化工有限公司等群众反响强烈的企业进行现场核查。全年清理违法违规项目285个,关停119个(其中区政府下文关停5个)、登记备案59个,完成率100%。

【环保宣传】 2016年,洪泽区环保局向企业发放《环境保护法》《大气污染防治法》等宣传手册3000余份,并对企业定期进行环保法律知识培训。同时,利用“3·15”消费者权益日、“4·22”地球日、“6·5”世界环境日、“12·4宪法日”摆摊设点、送法进社区、送法进企业等活动,广泛宣传环保法律知识,提升全区人民的环保意识。

生态文明公益宣传 (仲苏洪摄)

【争取项目资金】 2016年,区环保局向上争取资金9633万元。其中,省级环境保护引导切块资金2861万元,2016年全省覆盖拉网式农村环境综合整治试点补助资金1120万元,2016年省级环保引导资金(国控重点污染源在线监控系统第三方运营维护项目)5万元,2016年省级生态补偿资金5336万元,2016年度省级脱硫考核补助项目资金288万元;另含2016年度国控重点污染源监督性监测经费23万元(市级资金)。

(夏映雪)

种植业

【概况】 2016年，洪泽区域内广泛种植小麦、水稻、油菜、玉米、花生、蔬菜等农作物，各类农作物总产量48.82万吨。其中，主要农业作物为稻麦(各一季)，总产量44.52万吨，比2015年减产0.6万吨，减收1.3%。

全区小麦种植面积41.56万亩，平均亩产383.7公斤，较上年减产16.6公斤，下降4.15%；小麦总产15.95万吨，较上年减产0.495万吨，减幅3%。建成5个小麦万亩示范片，平均亩产482.6公斤，亩均多增15%。

全区水稻种植面积45.5万亩，其中建成优质稻米基地32.98万亩，优质稻米基地占72.5%；建成18个水稻绿色高产高效示范片，平均亩产678.3公斤，亩均增产25%。推广优质稻米品种“南粳9108”20万亩，占水稻种植面积的43.9%。虽然水稻生产过程中遭遇前期低温阴雨、后期历史罕见的持续阴雨少日照等不利气候条件影响较大，但是平均亩产量仍达628公斤，比上年增长1.6%；全年水稻总产量28.57万吨，比上年增长2.29%。

2016年，区农委内设办公室等9个科室，在编人员81人。区农委下属区农技站、区植保站等10个全额拨款事业单位及2个差额拨款事业单位、1个自收自支事业单位。“国家重大农技推广服务模式创新试点项目”获淮安市年度创新创优项目一等奖。区农委被区委、区政府授予2016年度科学跨越发展考核先进集体二等奖、农业农村工作先进集体。

【国家重大农技推广服务创新试点项目】 2016年，区农委完成国家重大农技推广服务创新项目试点工作，共完成新品种示范、新技术试验、展示与示范等项目54项(次)。其中，稻麦新品种示范24个、新技术试验9项、新型物化产品示范8项(次)、开展新技术储备试验10项(次)和高产攻关示范3项(次)。组织技术推介与现场培训8场、培训农业种植人员1200人次。

【农业产业化建设】 2016年，全区有省级农业龙头企业6家、市级农业龙头企业39家(当年新增4家)。全区有销售超亿元农业龙头企业12个，当年新增3个；新竣工农产品加工项目和农业一、三产项目到位资金超亿元项目6个。当年，全区还新引进3000万元以上农产品加工开工项目6个。

【高效设施农业建设】 2016年，区政府出台《关于扶持现代农业产业发展的若干政策意见》，加快推进优势特色产业发展，构建绿色稻米、生态渔业、健康食用菌、休闲农业、食品加工等“3+2”优势产业，兼顾发展设施园艺、规模畜禽等特色产业，形成2个以上竞争力强、综合效益高的地方特色主导产业。区农委组织申报与承担实施部省级粮食绿色高产高效创建、中央农业科技推广项目和粮食丰产科技工程等项目4项(类)。

当年，全区新增高效设施农业面积0.6万亩，建成三河院子、蒋坝快活岭、苏旭生态园、清禾田社、马羊山生态农庄

小麦种植现场

等5个休闲观光农业经营实体。启动老子山镇新淮村申报市级“一村一品”特色村程序。

【农资市场监管】 2016年，区农委组织开展“打击侵犯品种权和制售假劣种子行为专项行动”“3·15活动”“放心农资”下乡进村宣传周、行政执法服务月、食品安全宣传周、农产品质量安全宣传周等活动，散发种子法及“双打”专项行动宣传材料2000多份，农资常识、惠农政策等方面的宣传资料1.2万多份，接受现场咨询1000多人次。全年共出动执法人员260人次，检查种子经营门店187个次，抽取稻麦种子样品92个，监督抽取水稻、小麦、玉米种子监督检验样品38个；查处1起假水稻种子案件，案值20多万元。

【农作物病虫草害防治】 2016年，全区稻麦病虫草害总体呈中等偏重发生。小麦方面：赤霉病中等偏轻发生，纹枯病中等偏重发生，白粉病中等发生；蚜虫、红蜘蛛、黏虫等轻发生；草害中等偏重发生。水稻方面：虫害偏轻发生，其中一代灰飞虱轻发生，稻纵卷叶螟中等偏轻发生，稻飞虱中等偏轻发生，螟虫、稻蓟马、稻象甲等其他虫害呈轻或极轻发生；病害偏重发生，其中纹枯病呈偏重发生，稻瘟病轻发生，稻曲病、青枯病、恶苗病、水稻病毒病（条纹叶枯病和黑条矮缩病）等呈轻至极轻发生；草害呈偏重发生，部分大户种植田块残留杂草较多。稻麦病虫草害累计发生面积481.1万亩次，防治740.1万亩次，通过防治挽回损失153540吨，实际损失22697吨。

当年，全区加强植物灾害防治工作，新购置东风井关自走式喷杆喷雾机、雷沃自走式喷杆喷雾机等大型自走式植保防治机械52台，采取区域统一防治集中施药等措施，稻麦病虫专业化统防统治覆盖率达60.1%。区植保站对区域小麦赤霉病、水稻纹枯病、水稻稻瘟病及稻麦虫害进行多项针对性田间试验，稳步推广试验成果。开展稻麦产地检疫近2万亩，检疫良种1000多万公斤，开具产地检疫证书2份，调运检疫证书2份。

【农产品质量监管】 2016年，区农产品质量安全检验检测站组织抽检农产品样品394批次，抽检合格率达100%，其中省级抽检样品90批次，抽检合格率达100%。建立农产品质量安全追溯示范基地2个，分别是刘卉食用菌专业合作社、三河祥发农机服务专业合作社。完成30个无公害农产品检测、认证（尚未订购标识），完成3个绿色食品检测和申报工作，农产品“三品”产量占食用农产品产量比例为32.2%。

【测土配方施肥技术推广】 2016年，区农委组织小麦、水稻测土配方施肥面积45万亩，发放配方肥技术宣传单2万份，小麦、水稻施肥建议卡16万份，入田头指导种植户拔节孕穗肥施用技术10次。建成岔河镇、三河镇2个万亩测土配方施肥示范农田，高良涧街道、东双沟镇、朱坝街道等5个千亩测土配方施肥示范农田。同时，在岔河镇实施耕地质量提升综合示范区项目，推广应用商品有机肥1500吨，有机无机复合肥800吨，配方肥500吨，秸秆腐熟剂推广应用2万亩。

【项目资金争取】 2016年，区农委组织申报农业项目30个，向上争取项目资金13310.57万元，主要有2016年中央农业技术推广与服务（全程社会化服务）试点项目、省级现代农业产业发展（农业产业化引导）项目、省级农业三新工程项目、省级农产品质量安全建设项目、小麦良种推广补贴项目、小麦“一喷三防”补助项目、水稻高产创建项目、农作物秸秆综合利用项目、基层农技推广体系改革与建设补助项目、新增千亿斤粮食高标准粮田建设项目、秸秆多种形式利用奖补项目、园艺作物标准化创建项目以及新型职业农民培育项目等。

2016年区农委向上争取项目资金情况一览表

表12　　单位：万元

序号	项目名称	项目内容	金额
1	2016年中央农业技术推广专项项目	1.基层农技推广体系改革与建设；2.小麦“一喷三防”；3.重大农作物病虫害统防统治。	405.66
2	2016年小麦“一喷三防”补助项目	1.补助标准和对象；2.补助方式和操作办法；3.保障措施。	170
3	2016年重大农作物病虫害统防统治资金项目	1.实施目标；2.实施范围；3.实施主体与内容。	60
4	2016年省级农业可持续发展类项目	1.省级农产品质量安全建设；2.农业可再生资源循环利用。	149.6
5	2016年省级农业综合产能建设类项目（粮食绿色高产高效创建和增产模式攻关项目）	1.实施范围和内容；2.实施主体和要求；3.补助对象、标准和资金用途	280
6	2016年省级农业综合产能建设类项目（2016基层农技推广人员培训）	1.实施范围和内容；2.实施主体和要求；3.资金分配和补助办法。	6
7	2016年省级农业综合产能建设类项目（2016农业职业技能培训）	1.实施范围和内容；2.实施主体和要求；3.资金分配和补助办法。	162
8	2016年省级农业综合产能建设类项目（2016年重大病虫害防治项目）	1.实施范围和内容；2.实施主体和要求；3.资金分配和补助办法。	38

续表12

序号	项目名称	项目内容	金额
9	2016年省级农业综合产能建设类项目(2016江苏省耕地质量建设项目)	1.实施范围和内容;2.实施主体和要求;3.资金分配和补助办法。	30
10	2016年省级农业综合产能建设类项目(2016农产品产地土壤重金属污染治理)	1.实施范围和内容;2.实施主体和要求;3.资金分配和补助办法。	10
11	2016年省级农业综合产能建设类项目(2016省现代种业发展)	1.实施范围和内容;2.实施主体和要求;3.资金分配和补助办法。	20
12	2016年省级农业综合产能建设类项目(2016农业信息工程)	1.实施范围和内容;2.实施主体和要求;3.资金分配和补助办法。	20
13	2016年省级现代产业发展(农业产业化引导)项目	1.高效设施园艺业;2.农产品精深加工技术装备升级改造。	685
14	2016年农作物秸秆综合利用项目	1.实施范围;2.实施依据;3.目标任务;4.资金分配与使用;5.实施要求;6.推进措施。	1297
15	2016年农业支持保护补贴(耕地地力保护)项目	1.补助标准和对象;2.补助方式和操作办法;3.保障措施。	5862.31
16	2016年省级农业三新工程项目	1.山羊舍饲规模化生产技术集成与推广;2.机插秧规模化集中育秧技术集成与示范;3.食用菌基质循环利用技术;4.生猪伪狂犬病综合净化技术。	130
17	2016年新增千亿斤粮食产能规划田间工程建设项目	新建1万亩高标准粮田	1500
18	2016年中央农业技术推广与服务补助资金(全程社会化服务)项目	开展政府购买水稻集中育秧、政府购买统防统治、政府购买粮食烘干等服务试点任务。其中水稻集中育秧服务240万盘,粮食烘干服务3万吨,稻麦统防统治服务43万亩次。	1000
19	2016年中央农业技术推广与服务(农民培训)项目	培育新型职业农民	90
20	2016年省级现代农业产业发展(农业产业化引导)省级立项项目	1.洪泽食品科技产业园经二路新建道路工程;2.洪泽县农业信息化示范基地建设。	165
21	2016年中央农业技术推广与服务(园艺作物标准化创建)项目	1.实施范围和内容;2.实施主体和要求;3.资金分配和补助办法。	50
22	2016年中央农业技术推广与服务(测土配方施肥)项目	1.实施范围和内容;2.实施主体和要求;3.资金分配和补助办法。	60
23	2016年中央现代农业生产发展(农村一二三产业融合发展试点)项目	淮安食品科技产业园融合型现代农业发展示范区建设项目	1000
24	2016年耕地质量提升综合示范区建设项目	洪泽县耕地质量提升综合示范区建设项目	120
合　计			13310.57

(张来运)

林 牧 业

【概况】 2016年,洪泽区完成成片造林4581亩,四旁植树41.74万株,完成农田林网21000亩,完成中幼林抚育5000亩。当年成功创建省级绿色示范村15个。

2016年,全区规模养殖场(户)140个,全年生猪出栏量23.1万头,生猪规模比重达86.7%,其中大中型规模比重达70.1%。新建肉鸡标准化鸡舍3.15万平方米,肉鸡出栏1365万羽,规模养殖比重达96.3%;蛋禽存栏186.7万羽,规模比重90.2%。洪泽湖鹅出栏186.5万只,山羊饲养量达4.7万只。

【林木采伐管理】 2016年,洪泽区依法审批林木采伐许可证113件、木材运输及植物检疫许可证约3900份。其中涉及农田林网的林木采伐申请4份,涉及区水利、供电、交通工程建设的林木采伐申请20份,涉及省级以上重点公益林地段的林木采伐申请15份。全年全区采伐林木约34万株,主要为杨树等树种,未涉及古树名木类。

【林木病虫害防治】 2016年,洪泽区积极开展林业有害生物防控特别是美国白蛾的防治工作,释放100万头周氏啮小蜂进行生物防治;投入430万元购置防治设备设施及药物进行防治工作,其中在各镇(街道)安装太阳能杀虫灯12个,频振式杀虫灯16个,性诱剂测报器16个。

当年,全区树木病虫害发生率为45%,比2015年降低5%;区域内未出现大规模连片吃光叶片的现象,绿色通道和工业园区、镇村主要交通干道叶片保存状况较好。

【畜产品质量安全监管】 2016年11月，洪泽区生猪屠宰监管执法大队(简称区屠宰监管大队)成立；主要职责为对全区生猪屠宰点的检查评估，对全区畜产品质量安全进行监管。全年，全区检查出16家不合格生猪屠宰点，全部关闭整顿。当年，洪泽区生猪屠宰点第三方评估得分95分，顺利通过省级验收。

当年，区林业局加大兽药、饲料等投入品督查力度，与区内140个规模养殖场(户)签订畜产品质量安全监管责任书，实行动态管理，定时检查审核。全年开展集中检查和整治行动8次，实施产地报检点16个，检疫产地生猪1.733万头，检疫屠宰生猪2.58万头，检疫家禽396.28万羽，检疫种类动物产品323.36吨，检疫率达100%，合格率99.4%，对检出的不合格产品全部进行无害化处理。

【重大动物疫病防控】 2016年，洪泽区防疫生猪46.2万头份，家禽3103万羽份，山羊9.8万头份。全区生猪、山羊、家禽防疫密度100%；生猪口蹄疫抗体合格率95.5%，猪瘟92.1%，蓝耳病93.5%；山羊口蹄疫抗体合格率85.1%，家禽禽流感抗体合格率94.1%，鸡瘟92.3%。当年，此项工作顺利通过省市的检查验收。

【“五有”乡镇畜牧兽医站全覆盖】 2016年，洪泽区投入210余万元，坚持“统筹规划、整合资源、先建后补、注重实用”的原则，开展省级“五有”乡镇畜牧兽医站建设。“五有”乡镇畜牧兽医站建设主要内容是：有独立建制机构，有固定工作场所，有基本服务手段，有定编专业队伍，有稳定财政保障。年内，洪泽区在全市率先实现“五有”乡镇畜牧兽医站全覆盖。

鑫象猪场生猪养殖栏

【启动国有林场改革】 2016年，洪泽区制定“国有林场改革实施方案(征求意见稿)”。9月1日，经区十四届人民政府第35次常务会议审议后修改完善。10月12日，省国有林场改革工作领导小组对洪泽区的实施方案进行了批复，原则同意改革方案。当年，洪泽区国有林场改革顺利实施，成为苏北首家完成改革方案制定并通过省国有林场改革领导小组审批的县(区)。

【区苗圃兴办惠民实事】 2016年，区苗圃通过多次与区水利局协调，为场内30多户居民通上自来水，解决多年以来的饮用水难题；对全场电力线路进行改造，为全场职工群众安全用电提供了保障；更换泵站机器设备，为春季田间苗木提水灌溉提供方便。

【三河果园收入170万元】 2016年，区三河果园生产桃子约2万千克、梨1万千克、葡萄10万千克、生产小麦34万千克、水稻29万千克，各项经营总收入170万元。向省财政争取资金25万元，新修防渗渠500米。

【项目资金争取】 2016年，区林业局向上争取各类林牧业项目11个，资金991.99万元，取得显著的示范效应，带动社会投资4600万元，带动农户3169户，促动农民增收1.5亿元。

2016年洪泽区林牧业向上争取项目资金情况一览表

表13 单位：万元

序号	项目名称	项目内容	项目资金
1	绿色江苏	湿地保护与疫源疫病监测	55
2	绿色江苏	村庄绿化和森林抚育	161
3	绿色江苏	有害生物防治	28
4	绿色江苏	种苗补贴	20
5	绿色江苏	省级苗圃基地建设	50
6	扶贫资金	国有林场扶贫	60
7	重大动物疫病免疫注射劳务费补助	动物疫病防控	47.99
8	中央财政支持现代农业	规模场设备、实施购置等	100
9	省级农业产业化引导项目	规模场提档省级	100
10	2016年畜禽标准化健康养殖	规模场升级改造，达到“五化”要求	160
11	“五有“乡镇畜牧兽医站创建	乡镇畜牧兽医站改造、装修	210

(袁牧野)

水产业

【概况】 2016年，全区水产养殖总面积7000公顷，其中河蟹养殖面积5334公顷。当年新增高效设施渔业面积214公顷，全区高效设施渔业面积增至1700公顷，占水产养殖总面积的24.3%。无公害水产品31个，生产基地23个，总面积5534公顷，占水产养殖总面积的79.1%。

当年，全区水产品总产量5.6万吨，实现渔业产值11亿元，全社会渔业经济总产值达到24亿元。

【水产良种场通过农业部复查验收】 2016年初，洪泽区根据农业部对国家级水产良种场复检的要求，先后完成老保种区的修缮和新保种区进水系统的布排，做好相关鱼种、亲鱼的放养及相关档案制度的完善等工作。7月27日，受农业部渔业渔政管理局委托，全国水产原种和良种审定委员会秘书处组织专家，对国家级江苏洪泽水产良种场进行复查。上海海洋大学教授、副校长李家乐，全国水产技术推广总站研究员、副站长邓伟，湖州师范学院教授、所长杨国梁等专家参加了复查汇报会。市政府副秘书长秦浩，区委副书记程国民等全程陪同。复查组通过听取汇报、考察现场、查阅资料、质询问题等环节后，一致认为：国家级江苏洪泽水产良种场各项指标符合农业部制定的各项要求，原则同意通过复查验收。

区水产良种场（国蟹园）

【水产品质量安全监管】 2016年，洪泽区制定一套比较完善的水产品质量安全抽查制度，其中包括实施方案、考核办法和考核细则。先后开展水产品质量安全专项整治行动、“三鱼两药”检查、苗种生产专项检查、鱼药市场检查、水产品质量安全宣传周等活动，有效推动水产品质量安全工作。全年区水产局对全区38个水产样品进行101次抽样检查。10月，省水产局抽检洪泽区17个水产品样品、农业部抽检洪泽区7个水产品样品均全部合格。

【电捕鱼整治】 2016年，洪泽区对电力捕鱼现象实行“零容忍”。首先，做好渔业法律法规宣传，悬挂过街宣传横幅60余幅，发放打击电力捕鱼宣传材料400份。其次，组织渔业执法人员400多人次对辖区内的渔业重点水域开展巡查130多次；共出动执法车辆100余趟次，执法快艇30趟次，查获非法捕捞人员60多人次，没收电鱼器40余台套。再次，邀请广大市民和媒体参与监督，开展公开集中销毁电捕鱼器具活动，共销毁电鱼器53个、电瓶42个。

【渔船检验】 2016年10月，区水产局召开2016年渔船检验启动会议，制定2016年度全区渔业船舶检验方案，对全区渔船的船体结构、主机状况、船舶救生设备配置和相关证书进行全面检查。10月17日始，对全区捕捞和养殖渔船正式进行检验。当年，检查区域内1713条捕捞渔船、1512条养殖渔船，并通过“江苏省渔船管理信息系统”手持终端软件，将渔船信息适时上传至省平台。

【渔业油价补贴发放】 2016年，全区共有符合国家柴油补助条件的机动渔船3249艘，其中捕捞渔船1760艘、养殖渔船1489艘。分摊养殖证面积3908.64公顷，可补助功率5377.1千瓦，发放补贴资金1124.8035万元。

【洪泽湖生物资源调查】 2016年，洪泽区完成洪泽湖经济生物资源开展调查工作。并组织整理编纂成书，由中国农业出版社于2016年底正式出版发行。经查，2015—2016年期间洪泽湖能够采集的脊椎动物62种，部分节肢动物、软体动物等21种，主要优势水生植物28种，另有洪泽湖的优势鸟类及国家二级保护以上的候鸟和留鸟25种。

【渔业科技入户】 2016年，洪泽区在高良涧街道、岔河镇、东双沟镇、三河镇、蒋坝镇、西顺河镇、老子山镇等7个镇（街道）的42个村（居）实施渔业科技入户工程，培育渔业科技示范户400户，示范面积13521亩。其中新培植科技示范户82户，示范面积1826亩；辐射带动养殖户2000户、养殖面积27500亩。示范户先进实用技术入户率和到位率90%以上，示范户养殖收入明显比高于周边养殖户。

【组织南美白对虾养殖观摩交流活动】 2016年，区水科所、龙禹生态园、江苏博海食品科技有限公司三方合作，在三河镇的淡水渔业产学研基地选择3个塘口共21亩水面，进行南美白对虾养殖试验示范养殖。该品种虾，生长期为3个月时间，投资周期短，见效快，适宜在当地养殖推广。当年5月底引进苗种进行淡化养殖，8月底部分成虾开始上市出售，市场售价为17.5元~20元/千克，实现亩产350公斤。

8月28日，区渔业科技入户领导小组组织全区渔业科技入户技术指导员、示范户代表30余人观摩三河镇龙禹生态园南美白对虾精养试验示范基地，与会人员就南美白对虾养殖技术、市场前景展望等进行观摩交流。

【向上争取项目资金】 2016年，区水产局向上争取渔业项目补贴资金2700万元，主要涉及渔用燃油补贴、渔港建设、渔业设施改造、渔业科技服务、水产品质量安全等方面。

2016年区水产局向上争取项目资金情况一览表

表14　　　　　　　　　　　　　　　　　　　　　　　　　　　　　　单位：万元

序号	项目名称	项目内容	金额
1	水产品质量安全工作绩效评价奖励资金	用于开展水产品质量安全抽样、检测、必要的仪器设备购置以及水产品质量安全监管工作等	10
2	2016年水生动物病害测报项目	全区共设6个水生动物病害测报点，开展病样采集、病原检测、病害测报等工作；实施水生动物病情测报信息报送系统建设。	10
3	省级渔业科技入户工程	渔业科技服务	45
4	2016年水产品药物残留快速检测	全区6个快检室抽检水产品500个样，检测指标为孔雀石绿、呋喃唑酮代谢物。	20
5	池塘工业化生态养殖系统研究与示范	池塘工业化生态养殖系统	70
6	蒋坝渔港	土方开挖46000立方米，陆域回填11050立方米，港池开挖12113立方米，围堰10000立方米，防浪堤968米，码头2座，护坡、护岸2700平方米，钢筋混凝土挡墙120平方米，基础打木桩6000米，道路1500米，绿化3000平方米，电力设施1500米。	500
7	国家级方正银鲫兴国红鲤鱼良种场	保存方正银鲫亲本2万尾，兴国红鲤亲本5000尾	35
8	省级人才培养工程	市级培训	2
9	省级海监渔政专项执法补助项目	内陆水域打击非法捕捞、水产品质量安全、违规渔具清理整治执法专项补助，主要用于车、艇的燃油、维护保养及联合专项执法行动	10
10	省级水产品质量安全工作奖励项目	水产品质量认证奖励、水产品质量安全监管工作奖励	2
11	2015年度渔用柴油补贴		1990
12	省级水产品质量安全工作奖励项目	水产品质量认证奖励、水产品质量安全监管工作奖励	6
合计			2700

（陈　祥）

农业机械化

【概况】 2016年，全区主要农业机械10265台(套)。其中，秸秆还田机3112台、水稻插秧机4341台、粮食烘干机340台、大中型拖拉机2472台。当年新增水稻插秧机506台、大中型拖拉机265台、联合收割机173台、粮食烘干机108台、服务高效农业特色农机具1360台，共向上争取农机购置补贴资金1955.955万元；新增育秧流水线6条；实施集中连片基质硬盘育秧和社会育秧面积共计270.93公顷；实施水稻机插秧面积25333.33公顷，水稻机插秧水平达87%。全区农业机械总动力85.83万千瓦，比2015年增加2.19万千瓦，农业综合机械化水平位居全市第一。

【农机安全生产及监督管理】 2016年，洪泽区进一步落实农机安全监管职责，强化“安全第一、预防为主、综合治理”意识，开展农机监理服务工作。全区注册登记拖拉机534台、收割机239台；年检拖拉机460台、收割机1430台；农业机械驾驶人驾驶证初次申领365份；拖拉机“三率”水平达87%；享受财政补贴的拖拉机、收割机登记率达100%。先后在元旦、春节、中秋、国庆等节日，对农机合作社、农机维修点、报废更新企业、农机经销点全面开展安全隐患和责任落实情况排查，发现安全生产问题2起，当年全部整改到位。全年组织开展农机安全生产知识培训7期，参训拖拉机驾驶员270人、收割机驾驶员65人。

【农机社会化管理与服务】 2016年，洪泽区继续将农机服务体系建设作为提升全区农机社会化服务水平的重要抓手，着力实施2016年中央农业生产全程社会化服务试点政府购买粮食机械化烘干服务项目，根据粮食烘干成本要素，烘干服务每吨粮食补贴80元，年内发放水稻烘干服务作业补贴资金80万元，发放稻麦烘干服务公共平台建设资金160万元。不断发展壮大农机合作社，年内新增农机专业合作社24个，合作社总数达143个，合作社流转土地面积达8200公顷。扎实做好农机维修网点建设，确保农机具的保养、调试、检修和配件供应，年内完成农机维修网点新换发等级证书10个。与苏州金融租赁股份有限公司签订战略合作协议，推广以谷物烘干机为重点的农机租赁，先后为2个合作社融资贷款300余万元，解决了合作社发展资金不足的难题。

【推进粮食生产全程机械化】 2016年，洪泽区将推进省粮食生产全程机械化示范县(区)创建作为推动全区现代农业建设迈上新台阶的重要举措，围绕示范县(区)项目六大环节作业机具需求，落实高性能联合收割机配置秸秆粉碎抛撒装置1561台(套)、85马力以上拖拉机配置秸秆还田机1577台(套)、乘坐式高速插秧机498台、育秧流水线82套、与大马力拖拉机配套播种施肥机1668台、与大马力拖拉机配套耕整地机械2126台、高效植保机606台、粮食烘干机332台,为粮食生产全程机械化示范县(区)项目按序时开展提供了有力的装备支撑。

当年,洪泽区先后举办水稻高效植保、小麦烘干等技术培训班3期,培训320人次;召开水稻机插集成、高效植保机操作等现场观摩指导3场次,参加现场观摩被指导人员达280人次;组织新型农机经营服务主体负责人赴安徽、湖北江苏常州等企业开展观摩指导40余人。结合农机"三下乡"活动,在各镇(街道)开展农机新技术、新机具宣传活动,先后开展新机手技术培训14期,培训人数达1400余人。根据农时需求,组织技术人员62人次深入田间地头开展技术指导服务,为促进粮食生产全程机械化技术普及、推广和应用提供有力的技术支持。

水稻机械收种作业

【秸秆机械化还田及综合利用】 2016年,全区全年稻麦秸秆机械化还田面积计56693.34公顷,秸秆综合利用率99%以上。其中,夏季实施麦秸秆还田面积达28026.67公顷,夏季秸秆机械化还田和综合利用实现了全覆盖;秋季实施稻秸秆还田面积28666.67公顷。全区共新增与大中拖配套的秸秆还田机528台,秸秆还田利用机具结构明显优化。

(吴兵成)

农业综合开发

【概况】 2016年,洪泽区全面实施并完成2015年农业综合开发项目,项目总资金4374.28万元。投资2824万元实施2015年土地治理项目,建成高标准农田2.1万亩。其中,国家农业综合开发财政补助资金2730万元,项目区群众和单位自筹资金94万元。

当年,投资1550.28万元组织实施2015年农业开发产业化经营财政补助项目,其中国家农业综合开发财政资金1010万元。

【完成2015年度土地治理项目】 2016年底,全面完成3个2015年度洪泽土地治理项目。一是高良涧高标准农田建设项目,建设规模为1万亩,总投资1316万元,主要涉及高良涧街道王集、贺接、浔河三村;二是共和高标准农田建设项目,建设规模为1万亩,总投资1313万元,主要涉及三河镇草桥和刘尖两村;三是淮安明天种业科技有限公司实施高标准农田试点项目,建设规模为0.1万亩,总投资195万元,项目位于岔河镇滨河村。

2015年度,洪泽区3个土地治理项目总计开挖疏浚沟渠122条、101.32千米、24.9万立方米;新建排灌泵站10座,配套建筑物739座(含放水口),输变电线路配套1.37千米,建设砼衬砌渠道13.27千米;铺设机耕路24.9千米;营造和完善农田防护林网2万亩(折林地0.05万亩);开展农民技术培训1180人次,推广农业实用技术5项0.9万亩次。

3个土地治理项目实施后,改善灌溉面积2.1万亩,改善除涝面积0.97万亩,新增节水灌溉2.1万亩,年节约用水量188万立方米,增加农田林网防护面积0.9万亩,优质农产品种植面积2万亩。

【2015年度产业化经营财政补助项目到位】 2016年完成2015年度洪泽农业开发产业化经营财政补助项目共8个。一是1.5万头肉猪养殖基地扩建项目,总投资195.30万元;二是60万羽肉鸡养殖基地扩建项目,总投资200万元;三是100万只肉鸡养殖基地扩建项目,总投资198万元;四是110亩水果种植基地扩建项目,总投资198万元;五是100万羽肉鸡养殖基地扩建项目,总投资211.46万元;六是60万羽肉鸡养殖基地扩建项目,总投资198万元;七是800吨秸秆食用菌基地扩建项目,总投资198万元;八是150亩高产水产养殖改建项目,总投资151.52万元。

【争取2017年度项目资金】 2016年,洪泽区加大项目调研力度,科学编制申报2017年度农业综合开发项目5个,总计争取国家农业综合开发项目财政补助资金3790万元(土地治理项目财政资金3750万元、农业产业化项目资金40万元)。其中规划建设高标准农田2.5万亩。

全区编制申报2017年度农业综合开发项目分别是:岔河镇高标准农田建设项目,财政资金1500万元;东双沟镇高标准农田建设项目,财政资金750万元;三河镇高标准农田建设项目,财政资金750万元;岔河镇高标准农田建设项目,财政资金750万元;300吨食用菌栽培基地改扩建项目,财政资金40万元。

(史文霞)

水　利

【概况】 2016年,全区水陆总面积1394平方千米 ,其中水域面积757平方千米,占54%(含洪泽湖湖面)。境内有42条圩堤计133千米、2888条灌溉渠道计2650千米、3214条排涝河道计2570千米。生活用水保护区面积10.03平方千米,水质达Ⅲ类。农田水利灌区总面积3.47万公顷,干渠总长104千米。其中周桥灌区灌区面积2.43万公顷,主干渠总长55千米;洪金灌区面积1.03万公顷,干渠总长49千米。全年水利灌溉用水量5亿立方米,完成水费收入408.9万元。其中,农业水费391.82万元、水产水费15万元、工业水费2.08万元。

当年,区水利局内设科室5个,下属事业单位12个(直属事业单位7个、5个镇(街道)水利中心服务站)。全系统在岗职工112人,其中行政编制数13人(在岗10人),事业编制数132人(在岗102人)。全年,区水利局抓住国家加大农村基础设施建设的契机,主要在六大类水利工程建设项目方面向上争取水利建设项目资金6000万元。

【水资源管理】 2016年,全区河流水质较2015年稳中趋好。6月,区政府正式实施《洪泽区计划用水管理暂行办法》,全面推进节水型社会建设和节水型社会示范区创建工作。全年征收水资源管理费253.17万元,比2015年增加13.1%。

【防汛抗旱】 2016年,全区汛期从5月1日至9月30日,153天。期间,三河闸、二河闸、高良涧闸3个泄洪闸开启放水,放水总量171.93亿立方米;城东泵站、胡庄泵站、砚临沟泵站等17个区属泵站开启排水,排水总时长2208小时,排水总量2.5993亿立方米。

7月21至22日,区防汛抗旱指挥部办公室组织全区镇(街道)防汛突击队队员,区人武部、住建局、开发区、交通局、林业局等单位防汛突击队队员以及区防汛指挥部技术人员等113人进行培训。防汛期间,参训人员进驻洪泽湖大堤等防汛重点地段,并进行24小时巡逻防控。

当年洪泽地区旱期从7月21日至9月30日,71天。期间,周桥灌区、洪金灌区按省防指调度计划放水保证了全区农田灌溉用水及居民生活用水。8月30日、31日省防指调度淮安站、淮阴站分别开机抽引长江水,缓解本地及淮北用水矛盾。截至10月9日,两站分别累计开机40天、39天,分别累计翻水6.518亿立方米、3.851亿立方米。

【水利工程建设】 2016年,全区继续加大城市水利工程建设力度,努力打造优良的城市水环境。砚临河绿化整治工程、洪新河治理工程、浔河疏浚工程等城区河道整治项目正式实施改善洪泽城区水环境。区水利局还积极配合住建、规划、等部门开展城区河道的整治工作。完成土方100余万立方米,完成修建各类建筑物2300余座。

当年,全区主要实施2015年小农水重点县工程、农村饮水安全工程、浔河整治以及2016年小农水重点县工程、农村河道疏浚整治工程、中小河流治理重点县等6项农村水利工程项目。疏浚县乡河道45条计39.77千米,整治村庄河塘12面,新(拆)建农村桥梁68座,整治17个村的村庄河塘70条(个),施工土方总量33.16万立方米,完成路涵562米。灌区水利工程建设全面达到国家“节水、生态、景观”要求。

【重点水利工程简介】 2016年,区水利局组织实施6项重点水利工程,总投资约3亿元。其中,当年开工当年完成2项。当年,区水利局完成其他年度重点水利工程建设3项。

2015年小农水重点县工程　该工程于 2015 年 11月开工建设, 2016年 5 月完成。治理面积22.9平方千米,耕地面积2.35万亩,其中核心示范区面积6100亩。新建(拆建)各类小型农田水利工程1062座,其中泵站3座、渠首54座、路涵355座、倒虹吸8座、水闸11座、机耕桥28座、放水洞603个;建设斗、农渠护砌渠道27.57千米;沟渠疏浚6.36万立方米。

2015年农村饮用水安全工程　该工程于2015年5月7日开工建设,10月完工并进行调整试运行,12月10日调试完成全面完,2016年4月10通过县级完工验收。该工程计划解决农村饮水不安全人口4.64万人,涉及黄集、三河、蒋坝、西顺河、老子山5个镇(街道)32个行政村及居委会。主要建设内容:铺设管道450千米,开挖回填土方41.46万立方米,到户7440户,计划投资3000万元。实际完成内容:铺设管道455.24千米,开挖回填土方38.16万立方米,到户7440户。

2015年千亿斤粮食末级渠系工程　该工程于 2015 年12 月开工建设, 2016 年5 月完成。治理面积10.42平方千米,耕地面积1.15万亩,新建(拆建)各类小型农田水利工程569座,其中泵站11座、渠首16座、路涵48座、倒虹吸1座、水闸2座、机耕桥11座、放水洞480个;建设斗、农渠护砌渠道21.2千米;沟渠疏浚7.4千米;砼道路6.04千米,计划投资1500万元。

2016年小型农田水利重点县项目　该工程于 2016 年4月开工建设, 2016 年 12 月完成。治理面积23.54平方千米,耕地面积2.59万亩,其中核心示范区1.15万亩。新建(拆建)各类小型农田水利工程2014座,建设护砌斗、农渠47.89千米,沟渠疏浚土方3.15万立方米。

2016年农村河道疏浚整治工程　该工程于 2016 年1月开工建设, 计划2017 年3月完成。计划疏浚总土方52.62万立方米,其中疏浚县乡河道38条35.37千米,土方24.61万立方米;完成17个村村庄河塘整治,土方28.01万立方米,其中整治河道51条48.42千米,土方21.91万立方米,整理河塘12面,土方6.1万立方米。

白马湖生态环境保护节水灌溉工程　该工程于2016年12月开始筹备。项目涉及岔河、东双沟、高良涧、朱坝、黄集等5个镇(街道),治理总面积100平方千米,治理耕地面积约11万亩。计划建设内容:建设补水泵站80座、活水泵站4座；护砌渠道272.73千米、疏浚沟渠5.33千米、生态沟治理33.05千米；建设低压管道输水灌溉面积1400亩；同时对田间灌排建筑进行配套改造，并铺设砼道路11.76千米。

【水利工程管理】 2016年，全区组织申报苏北灌溉总渠右堤（14千米~14.5千米）护坡灌浆维修工程、洪泽湖大堤（25.2千米~25.6千米）护坡灌浆维修工程、苏北灌溉总渠右堤16.5千米~18千米防汛道路工程、淮河入江水道左堤（24.5千米~25.17千米）护坡灌浆维修工程、苏北灌溉总渠砚台闸维修工程、苏北灌溉总渠花河泵站维修工程等6个省级水利工程维修项目，总经费304.63万元。

当年，区水利局还协助施工单位开展智慧水利建设，完成工程管理科涉农资金整治项目，核实2016年水库移民信息并将补助经费及时拨付到位，做好美国白蛾防治工作，完成城市防涝排水检查验收及全区骨干河道水位特征调查资料等工作。

【水行政执法】 2016年，区水利局拥有水政执法用艇2艘。其中当年申请专项经费14.8万元新购置小型水政执法快艇一艘。全年，区洪泽湖管理站进行水域巡查176次、陆域巡查57次，总计253次巡查。其中，特殊巡查54次、常规巡查199次。巡查中发现26起圈圩、老塘加固以及老塘扩大，面积达到793.8亩、需要清除的土方达到25165立方。

当年，区水利局组织力量，积极参与省、市水利部门开展的打击洪泽湖非法采砂的"利剑行动"。出动执法人员4412人次、执法艇564艘次、车辆282台次，查处非法采砂案件109起，扣押采砂船只47艘次，拆除摧毁采砂机具5980余台套。

【备用水源地建设】 2016年，区生活用水备用水源地面积30.4公顷（4合56亩），主要建设内容为新建生态湿地、引水建筑物、退水建筑物、取水建筑物等。采用人工湿地的水源净化处理工艺，提升水源水质，使洪泽湖原水经本工程净化处理后水质提升。

当年，区备用水源地工程完成可行性调研、立项审批、规划设计等工作。该工程于2016年12月开工，总投资1.5亿元，计划2017年底完成主体工程，2018年6月建成并投入使用。

12月，区政府实施保护区内居民搬迁工作，确定搬迁居民约132户，当年完成70%。同时开始建设橡胶坝工程和进水建筑物工程。

【洪泽湖大堤除险加固工程通过验收】 该工程主要建设项目有七项：一是堤防加固，包括洪泽城区老车站段、二河林场段、钱码头段及十三堡大塘段；二是南北两端缺口段封闭，即盱眙张庄段、淮阴区码头段；三是建筑物工程，包括蒋坝老涵洞封堵、张福河船闸（上闸首）拆建等2座建筑物；四是水文监测系统；五是堤顶防汛道路；六是淮阴区境内植物护坡工程；七是管理站护堤房工程。工程预算投资20727万元，批复总工期36个月，于2013年1月21日正式开工建设。2016年9月23日全部完成，2016年12月23日通过水利部淮河水利委员会验收。 （齐文文）

洪泽区备用水源地设计效果图

工业

综　　述

【概况】 2016年，洪泽区实现规模工业增加值135亿元，同比增长10.3%。完成规模工业销售710亿元，同比增长11.8%。完成规模工业投入138亿元，同比增长18.5%。完成规模工业总产值730亿元，同比增长12.4%。完成全部工业用电量14.35亿千瓦时，同比下降0.97%。实现全部工业税金6.5亿元，同比增长15.8%。软件和信息服务业实现开票销售收入5.6亿元，电子信息产品制造业实现开票销售17.37亿元，互联网宽带接入用户普及率66.7%以上。

【项目引建】 2016年，洪泽区开工亿元以上项目19个，总投资30亿元，超额完成市下达的目标任务；新竣工亿元以上工业项目18个，总投资26亿元，占市目标数的138.46%。其中，区经信委招引的总投资1.1亿元生物质发电项目6月开工建设；总投资1.2亿元年产10万吨硫酸氢钠项目厂房主体完工，部分设备已到厂。

【企业技改】 2016年，洪泽区出台《关于加快工业企业发展的十二条意见》等惠企政策，鼓励支持企业技改创新、转型升级、做大做强。全年实施技改项目61个，完成技术改造投入54.4亿元。江苏华龙纺织有限公司高档无纺布等12个项目被列入市重点技改项目，江苏兰健药业年产200吨罗索洛芬钠原料药技改项目等5个重点技改项目已实现竣工投产；江苏宏基铝业有限公司、江苏春江润田农化有限公司、罗孚橡胶有限公司3个企业创成市级企业技术中心。

【“两化”融合试点】 2016年，区经信委做好贯标试点企业服务工作，以“两化”（信息化、工业化）融合贯标和评估两项工作为抓手，推动全区企业“两化”融合工作深入开展。洪泽联合化纤有限公司、江苏越城照明电器科技有限公司、江苏华博数控有限公司等4户企业创成市级“两化”融合试点企业。江苏宇天港波新材料有限公司创成市级“两化”融合示范企业。企业信用管理贯标11家，其中中盐淮安鸿运盐化有限公司为市级示范创建企业。加快推进全区特色工业品在线平台注册，有145户企业入驻平台，其中列统企业117户。

【淘汰落后产能】 2016年，洪泽区严格按照“五个彻底”要求，淘汰关闭恒鑫工贸、南钢四通、久鑫五金、三友机械4家钢铁企业和洪泽湖酒厂、华宝铸件等4家低端落后产能企业，以及永昌砖瓦厂、恒丰瓦砖等16家砖瓦生产企业。引导东泰人造板、悦丰晶瓷等企业加大技改投入，淘汰落后设备，促进企业转型升级。年内，全区GDP能耗下降3.8%，超额完成市政府下达的节能目标任务。

【帮办服务】 2016年，洪泽区继续开展“企业服务月”活动，区经信委党委领导班子成员带队，机关党员参加，分8个组累计实地走访200户规模以上企业，帮助企业化解资金、用电、招工等发展问题20个。积极发挥中小企业应急互助资金作用，帮助172户企业办理应急还贷6.1亿元，有效缓解了企业融资压力。组织召开行业分会，与企业家代表共同探讨运行形势，探讨解决困难方法。同时，积极帮助企业开展政策对接，帮助悦丰晶瓷、吉信甘油等17户企业争取省、市工业和信息化资金815万元。为大洋化工、悦丰晶瓷等10户企业申请直购电1.2亿千瓦时，帮助企业节约电费240余万元。当年，区经信委被区委、区政府表彰为科学跨越发展目标考核先进集体一等奖。

2016年洪泽区引进3000万元以上农业加工项目一览表

表15 单位:万元

序号	企业名称	项目	计划投资	当年实际投资	建设地点
1	江苏三企食品有限公司	休闲食品生产	8000	5750	园区
2	福斯派环保科技(淮安)有限公司	环保型秸秆模塑制品生产项目	5600	11389	园区
3	江苏省农垦米业集团洪泽有限公司	年产6万吨大米生产线	5100	4100	园区
4	洪泽白马湖农业科技有限公司	年加工8万吨大米及5万吨原粮仓储	5100	4088	岔河镇
5	淮安杨兴木业有限公司	年产10万平方米实木橱柜门板、15万平方米橱柜门芯板贴面、500万平方米瓦楞纸箱项目	4500	4267	园区
6	洪泽同心禽业有限公司	饲料加工和工厂化育雏	3600	2607	黄集街道
7	休比食品(江苏)有限公司	复合调味料食品加工项目	3500	2590	园区
8	洪泽县朱坝生态农业发展有限公司	特禽种蛋保鲜、炕孵及工厂化生产项目	3300	2661	朱坝街道
9	淮安同玉禽业有限公司	工厂化孵化、种鸡保种及保鲜	3200	3320	黄集街道
10	洪泽苏油农工商有限公司	农产品深加工	3200	3003	三河镇
11	江苏明天种业有限公司	洪泽县农作物种子仓储加工	3100	3010.8	朱坝街道
12	洪泽县益农农业科技有限公司	5000吨蔬果加工保鲜项目	3100	1060	三河镇
13	江苏唯思康食品科技发展有限公司	年产5000吨甘油三酯生产线改造	3050	3010	园区

2016年洪泽区新开工亿元以上经营性三产项目一览表

表16 单位:万元

序号	企业名称	项目	计划投资	当年实际投资	建设地点	帮办单位
1	江苏洪泽食品科技产业园发展有限公司	食品产业园服务中心	101400	76710	三河镇	食品产业园 三河镇
2	扬帆电梯产业园(江苏洪泽)发展有限公司	电梯产业园项目	60000	13550	园区	经济开发区
3	淮安市白马湖投资发展有限公司	李庄乡村旅游项目	30500	21465	岔河镇	岔河镇
4	洪泽县大吉祥寺	洪泽湖佛教旅游园三期工程项目	20000	12600	城区	统战部
5	广州普邦园林股份有限公司	洪泽县曹圩最美乡村游项目	18000	20043	黄集街道	黄集街道
6	淮安市京淮房地产开发有限公司洪泽分公司	洪泽湖湖鲜美食广场项目	16800	10555	城区	高良涧街道
7	江苏艳阳房地产开发有限公司	艳阳温泉国际居家养老中心项目	15800	8509.5	老子山镇	老子山镇
8	淮安嘉鸿机械加工产业园有限公司	机械加工产业园项目	15200	5810	东双沟镇	东双沟镇
9	洪泽广电有线网络信息有限公司	智慧洪泽、智能化综合信息服务平台二期	15000	7925	城区	组织部 宣传部 政府办
10	淮安御荷湾生态旅游开发有限公司	靓美大新滩荷香芦韵沁心苑项目	12000	5005	老子山镇	老子山镇
11	洪泽县经程物流有限公司	经程物流园项目	10600	11364	园区	高良涧街道

2016年洪泽区新开工亿元以上工业项目一览表

表17 单位：万元

序号	企业名称	项目	计划投资	当年实际投资	建设地点	帮办单位
1	洪泽臻泰生物科技有限公司	综合利用农业生物纤维生产20万吨新型环保日用品一期项目	30000	4040	园区	经济开发区
2	江苏银珠化工集团有限公司	西顺河片区热电联产	27000	25485	西顺河镇	西顺河镇 发改委
3	江苏华西新能源投资发展有限公司	25MWp光伏项目	26000	20	东双沟镇	经济开发区 东双沟镇
4	中盐淮安鸿运有限公司	年供卤450万方输卤系统技改项目	23000	30392	西顺河镇	西顺河镇
5	淮安国瑞化工有限公司	年产200吨磺草酮原药等7个产品	21000	11763	盐化工区	朱坝街道
6	淮安日昌太阳能发电有线公司	淮安市洪泽县日昌太阳能12MWp分布式光伏发电站项目	16000	1113	三河镇	发改委 政府办 三河镇
7	洪泽华泰机械配件有限公司	年产9.8万吨机械配件加工生产线项目	15500	13400	园区	蒋坝镇
8	皇信食品(江苏)有限公司	年产5万吨速冻食品	15000	6815	三河镇	食品产业园
9	江苏爱吉斯海珠机械有限公司	1000万只高性能发动机气缸套精益制造和智能制造生产线一期项目	15000	2000	园区	经济开发区
10	江苏海拜科技有限公司	年产10万吨硫酸氢钠项目	12000	6645	园区	经信委
11	江苏亚润智能科技有限公司	智慧文档管理系统生产线项目	12000	1070	园区	经济开发区
12	江苏陶氏工贸有限公司	离型纸项目	12000	3820	园区	乡镇局
13	江苏博润化工有限公司	年产20000吨1,4-丁烯二醇、10000吨正丙基七元环、1000吨2,5-二氢呋喃、500吨1,4-丁炔二醇、300吨网型黏合剂项目	11000	2320	盐化工	安监局
14	淮安东安高新能源科技有限公司	10MW屋顶分布式光伏发电	11000	3855	园区	西顺河镇
15	中电洪泽生物质热电有限公司	生物质发电项目	11000	5110	园区	组织部 经信委
16	洪泽县国超科技有限公司	UV真空镀膜和玻璃制品加工生产线技术改造项目	11000	10038	朱坝街道	朱坝街道
17	淮安瀚康新材料有限公司	年产9500吨聚酯亚胺漆包线漆等技改项目	11000	8300	园区	环保局
18	江苏康丽欣电池有限公司	新型电池生产线改造	10700	8570	园区	高良涧街道
19	洪泽县宏港毛纺有限公司	毛纺设备自动化改造	10200	10978	园区	高良涧街道

（刘建华　邵　菲）

江苏洪泽经济开发区

【概况】 2016年，江苏洪泽经济开发区进驻企业456家，其中规模以上企业207家。拥有自主知识产权企业120家，年申请专利达3000件。规模以上企业实现开票销售229亿元，入库税收3.9亿元。规模以上工业总产值522.79亿元、工业固定资产投资114.27亿元。一般公共预算收入9.6亿元。实现外贸进出口总额11662万美元。14项重点经济指标考核中，有10项进入全区前四名。2016年，江苏洪泽经济开发区经江苏省苏北发展协调小组考核，认定为南北共建园区年度实现进两位。年内，获市委组织部党建经济平台第三名、获区委、区政府科学跨越发展目标考核一等奖、获区委组织部优秀非公有制经济组织和社会组织党建联席会议成员单位。

【南北共建园区建设】 2016年，洪泽区继续深化南北合作。采取PPP、债市发债等方式加大投入，优化园区功能配套，投入5.5亿元高标准建设园区“九通一平”，铺设双向六车道主要干道；投入2.2亿元用于辖区内550户农民的拆迁安置，区内土地全部实现流转；新签约项目23个，新开工项目16个，其中亿元以上项目13个；南京高新区帮助洪泽工业园建成形象展示馆；启动投资10亿元的“综合服务中心”

项目规划，园区产业转移承接能力和配套服务功能进一步提升。2016年，南京高新区洪泽工业园在全省45家共建园区考核中列第19位，较2015年上升两位，进位全市领先，获奖补资金1000万元。

国家级南京高新区洪泽工业园

【园区产业集聚效应凸显】 2016年，江苏洪泽经济开发区有新三板上市企业两户，香港H股上市企业一户（江苏宇天港玻）。园区产业集聚效应日益显现，初步形成盐化新材料（威凌生化科技）、冶金机械（华晨机械）、现代纺织（鹿港科技）、电子信息（瑞特电子）及新兴产业（互联网+）为主导的“4+1”工业产业体系。一批现代物流、电子商务、互联网+等落户江苏洪泽经济开发区，且发展规模不断扩大。

【科技创新】 2016年，江苏洪泽经济开发区围绕化学新材料、现代纺织、冶金机械等主导产业，以科学发展为理念，致力低碳发展之路。当年，获批国家高新技术企业13家，主要有洪泽区港宏玻璃瓶制造有限公司、江苏宇天港玻新材料有限公司、江苏银珠集团海拜科技股份有限公司、江苏欣颍新材料科技有限公司、圣欧芳纶（淮安）有限公司等。全区建成市级以上研发平台项目13个，分别是市级院士工作站1个（淮安市宋微波院士工作站）；省级工程技术中心1个（江苏省半导体激光焊接工程技术研究中心）；市级工程技术中心8个，市级企业技术中心3个。建成省级以上科技孵化平台2家。获批国家级“星创天地”2家，分别是洪泽水产星创天地和洪泽食品产业星创天地。专利数2132个，各类专业技术人员3700多人。全年，区高新技术企业实现产值1552830万元。

【基础设施建设】 2016年，江苏洪泽经济开发区启动老制造业基地空间布局、产业体系规划修编，完成规划环境影响报告书编制并报送省生态环境评估中心进行审查。全面启动园区16条道路建设，巢湖路实现通车，洞庭湖路重建过半，幸福大道、黄海路、东海路、九牛路及创新路进场施工。累计争取工业用地指标136.97公顷，完成24个项目土地挂牌，完成东扩区的征地、房屋征收和326.67公顷已征土地倒包，具备大项目大规模入驻条件。创客服务中心、综合配套服务中心正在加快推进方案设计、项目选址，完善形象展示中心展馆厅位和布局内容。

【安全生产】 2016年，江苏洪泽经济开发区扎实开展环境综合整治，在园区道路主要出入口树立大型宣传牌，统一制作路灯、指示牌、路名牌，在易发交通事故地段增设减速带，安全、绿化、净化、亮化和美化水平得到较大提高。深入开展“打非治违”“263”专项行动等专项整治，实行分片包干、网格化管理，依法查处27起环境违法案件，办结率100%。定期组织安全生产大检查，共检查企业650余家（次），排查安全隐患近2000条，整改率95%以上。18家企业通过安全生产标准化评审验收，获2016年度全区安全生产工作先进集体和环保工作先进集体。积极开展“四城同创”和双拥工作，成功协调化解康丽欣等55个信访问题，完成28个“阳光洪泽”交办件。

【园区升级与管理服务】 2016年，江苏洪泽经济开发区启动国家级经济开发区创建工作，回顾性环评获得省环保厅批复。顺利通过中央环保组督导检查、省循环化改造工作初步验收和省农产品加工集中区复核，率先创成省级知识产权示范园区，成功挂牌“南京高新区洪泽工业园”。对骨干企业，由班子成员实行“一对一”帮扶，制定“一企一策”、实行“一事一议”，围绕存量升级和增量转型“两个关键”，以企业技改为突破点，帮助企业设备升级、技术改造，降低生产成本，加快传统产业高新化改造，确保企业满负荷运行。从现有国家高新技术企业中，择优选取一批运行质态好的“绿卡”企业，由部门实行“一对一”帮扶。定期走访企业，做好市场引导、信息咨询、上下协调服务工作，帮助企业解决具体困难，鼓励企业实施互联网+提升计划，推广智能制造、智能车间建设，推动研发专精新特产品，助推上市挂牌。

【招商引资】 2016年，江苏洪泽经济开发区继续坚持重商亲商，不断完善政策措施，调整招商策略，突出招商重点，加大招商力度，提高招商引资项目的履约到位率。年内，江苏洪泽经济开发区审核投资协议33个项目，已签订22个，其中亿元以上项目12个。新签约亿元以上工业项目13个。其中，总投资额超10亿元以上项目2个，5亿元以上工业项目4个，新引进项目数和投资额均排名全区第一；其中总投资10亿元的华西新能源项目、总投资7.5亿元的环保日用品项目、总投资3亿元的海珠气缸套项目和总投资1.5亿元的亚润智慧文档项目等重大项目，实现当年洽谈、当年签约、当年开工；牵头组织全区工业企业质效提升工作，23个提升项目实现投产或试生产，11个项目成功置换。

【要事记述】 1月18日，洪泽经济开发区三家企业——江苏洪泽湖电缆有限公司、洪泽金宇电缆有限公司、洪泽诗雨工贸有限公司在江苏股权交易中心挂牌。21日，洪泽经济开发区内江苏正济药业股份有限公司成功在全国中小企业股份转让系统（新三板）挂牌上市。

2月21日，淮安市长惠建林调研到洪泽经济开发区建设情况。28日，洪泽县举行一季度工业重大项目集中开工典礼。

5月20日，洪泽县在昆山举行招商推介签约会，共签约20个项目，总投资102.34亿元。24日，市委副书记练月琴到洪泽调研挂钩企业圣欧芳纶（江苏）股份有限公司发展情况。

6月18日，洪泽县二季度16个重大项目集中开工。市委书记姚晓东、副市长唐道伦，华西村党委书记吴协恩等客商代表出席项目开工仪式。

8月29日，市委书记姚晓东到洪泽调研经济社会发展，并实地调研了华晨机械项目。

10月29日，洪泽经济开发区举办江苏爱吉斯海珠机械有限公司新厂区项目开工仪式。

12月20日，洪泽经济开发区举行环保新能源电动车项目签约仪式。 （魏　嘉）

乡镇工业

【概况】 2016年，洪泽区乡镇工业企业营业收入358亿元，同比增长22.8%；实现增加值55亿元，同比增长50.2%；实交税金11亿元，同比增长30.5%；其中，规模以上企业实现工业总产值118亿元，同比增长12.3%；固定资产投资完成4143万元，同比增长20.1%，实交税金4.91亿元。

【乡镇工业集中区质效】 2016年，洪泽区乡镇工业集中区实现工业开票销售增幅22%，占全年目标的122%；新竣工固定资产投资3000万元以上项目41个；固定资产投资超亿元项目10个；新增列统企业30户；新增开票销售超亿元企业3户；完成质效提升或置换项目15个。

【民营经济发展】 2016年，洪泽区新发展私营企业1284户，新发展个体工商户3977户，分别完成市跨越发展目标的160.5%和180%，处全市前列。兑现2015年度全民创业奖励扶持资金759万元，通过公示后，全部发放到位。

2016年洪泽区乡镇工业集中区新增企业一览表

表18　　单位：万元

序号	企业名称	所在镇（街道）	主要产品	开票销售	入库税金	利润总额
1	江苏欣颖新材料科技有限公司	高良涧街道	新材料	1036	45	95
2	江苏埃夫信自动化工程有限公司	高良涧街道	环保控制系统	456	20	63
3	江苏源洁节能环保有限公司	高良涧街道	净水装置	—	—	—
4	江苏鸿盛机械科技有限公司	高良涧街道	铸造件	2100	16	11
5	洪泽军辉纺织有限公司	朱坝街道	布	450	51.2	22.6
6	洪泽科美纺织品有限公司	朱坝街道	布	580	68.5	209
7	江苏森和纸业	朱坝街道	离型纸	6000	500	300
8	洪泽县闽洪食用菌科技有限公司	岔河镇	食用菌	2700	1	5
9	洪泽敏田农业发展有限公司	岔河镇	农产品	2450	1	5
10	洪泽白马湖农业科技有限公司	岔河镇	农产品	2360	1	5
11	江苏奥沃思特科技有限公司	岔河镇	电子产品及配件	2550	1	5
12	洪泽鑫隆金属制品有限公司	三河镇	门框	2120	14	—
13	洪泽名仕箱包有限公司	三河镇	箱包，旅游鞋	2241	125	56
14	洪泽县东双沟镇双源米厂	东双沟镇	大米	2082.32	12.8	229.0552
15	淮安市日森旅游用品有限公司	东双沟镇	箱包，旅游鞋	2460	6.8	263
16	洪泽大洋盐化有限公司	西顺河镇	元明粉、氯化钠	27000	2500	23500

（王　颖）

江苏淮安食品科技产业园

【概况】 2016年，江苏淮安食品科技产业园完成基础设施投资2.5亿元，其中利用社会资本1.7亿元；融资5.9亿元；向上争取资金2405万元。完成道路、桥梁、水、电、网基础设施建设；完成招商引资项目15个，累计投资额62亿元，其中，10亿元以上项目2个，5亿~10亿元项目1个，1亿~5亿元项目7个；实现外资到账1000万美元，超额完成区政府下达的外资指标。11月18日，经科技厅审批为“洪泽食品产业星创天地”；12月21日，被江苏省科学技术协会审批为“洪泽区食品科技海智基地”；在2016年洪泽区跨越目标考核中获二等奖以及“优秀服务部门、开放型经济工作先进集体、旅游工作先进集体、精神文明及宣传思想工作先进集体”等多项殊荣。

【规划设计】 2016年，江苏淮安食品科技产业园邀请专业团队对淮安食品科技产业园总体规划和控制性详细规划进行修编，对“一体两翼两轴八区”的布局进行重新规划，最终确定“一体”即园区中部的综合体，拥有行政服务、教育培训、创业创新、电子商务、文化卫生等多重功能，主要设有电商中心、文体中心、农博园、影视基地等载体；“两翼”中的东翼作为农副食品加工和食品制造产业的加工区，主要有皇信食品、和其正红糖、汉和生物、紫山食用菌等项目；西翼打造设施农业、光电农业、智慧农业、休闲农业等现代农业，主要有鱼之源、澳吉尔、皇达兰花、南农大菊花、洪泽农业示范基地等项目；“两轴”中的横轴为产业园区综合功能轴，纵轴为现代种植观光旅游示范轴；“八区”就是将产业园内部规划成8个具体功能区，分别是农副食品加工区、食品制造产业区、生态农业观光区、科技教育研发区、文化卫生商贸区、综合行政服务区、冷链物流服务区、旅游休闲度假区。

【基础设施建设】 2016年，江苏淮安食品科技产业园重点启动道路、拆迁、安置小区等基础设施建设，其中总投资2.3亿元的一期道路，已完成经一、经二、经六、经十一、纬一、纬三、纬六等9条共计18千米道路的路基修筑；完成纬一、纬三、经二等4条道路的一层沥青铺设，四横五纵道路框架基本成型；完成494户房屋拆迁工作，占总数99%；投资1.6亿元的食品产业社区（安置小区），已完成60%的连排安置房主体建设，40%的连排安置房已封顶；投资1亿元的污水处理厂项目已完成选址、图纸设计；投资6亿元的冷热汽三联供热电联产项目，已获省发改委批准；投资4500万元的2628万立方米的燃气站已竣工。

【油田技校改造】 2016年，江苏淮安食品科技产业园按照“修旧如旧、内涵提升、有机更新”的原则，稳步推进油田技校改造。综合服务楼、文体中心、室外运动场等一期工程投入使用；电子商务中心、创客中心、职业农民培训中心、总部经济中心、招待所和美食广场等二期工程已完成改造；东皇影视、中国洪泽湖美术写生基地等项目已入驻，其中，东皇影业一期6000平方米的电影摄影棚已开工建设，院线电影《北爱之城》剧组已入园拍摄，集办公、休闲、美食、住宿、文化创意为一体的综合性服务区初见端倪。

【招商引资】 2016年，江苏淮安食品科技产业园共签约9个项目。在建4个项目。其中，皇信食品项目总投资3亿元，固定资产投资2亿元。鱼之源项目总投资2000万元，主要养殖美国鮰鱼、长江刀鱼、黄金鱼，年内已完成1座鮰鱼繁殖车间建设，并已投入生产。旭田光电项目总投资3000万元，拟建设1万平方米的五行环境植物工厂，年内项目主体结构封顶，完成玻璃幕墙安装。澳吉尔项目总投资3亿元主要分火龙果种植、采摘和观光、系列产品研发三期建设，年内已完成大棚的建设和火龙果种植。

【要事记述】

1月8日，江苏淮安食品科技产业园污水处理厂入河排污口设置通过专家论证。

1月22日，上海市食品协会2016年会暨洪泽投资环境说明会在洪泽召开。次日，上海食品协会一行实地参观考察了江苏淮安食品科技产业园的“四新”蔬菜基地、油田技校、紫山食用菌等。

1月29日，中国农科院汪晓云教授带队到江苏淮安食品科技产业园调研。

2月21日，市长惠建林一行到洪泽调研经济社会发展情况，实地调研了江苏淮安食品科技产业园紫山食用菌项目。

3月18日，江苏淮安食品科技产业园举行项目集中签约会，与皇信食品、澳吉尔、鱼之源、热电联产等8个项目进行签约。

4月6日，丹麦Nordic Flex House董事长Anders Thomsen到江苏淮安食品科技产业园调研考察。

5月17日，江苏淮安食品科技产业园提交的采用PPP模式实施14.1亿道路及基础设施配套项目的报告在第31次区政府常务会上通过。

7月16日，县委书记朱亚文调研江苏淮安食品科技产业园工作。

9月14日，江苏淮安食品科技产业园参加省农委2016年中央现代农业生产发展（农村一二三产业融合发展试点）项目答辩会并获得1000万元融合资金。

9月30日，江苏淮安食品科技产业园与东皇影业举行签约仪式。

10月12日，市委副书记练月琴专题调研江苏淮安食品科技产业园，并提出“整合洪泽周边资源，促进园区配套发展”的建议。

11月28日—12月3日，江苏淮安食品科技产业园负责人率队赴香港、深圳、东莞等地考察屋顶分布式太阳能、综合管廊等项目。

12月19日，院线电影《北京爱情故事2—北爱之城》剧组与江苏淮安食品科技产业园签订洪泽湖外景拍摄协议。

12月27日，江苏淮安食品科技产业园负责人率队前往南京洽谈功能性菊花项目产学研合作协议。 （刘星彤）

对外贸易

【概况】 2016年，洪泽区注册外资实际到账1.5亿美元、新批外资项目19个，同比分别增长20.9%、171.4%，开工项目外资到账7200万美元。新批总投资3000万美元以上项目10个，大项目数在全市各县区中位居前列。完成外贸进出口额1.24亿美元，其中出口额1.13亿美元。

【利用外资】 2016年，洪泽区不断提升利用外资质态，欧美日韩项目取得新突破，韩国OCI株式会社并购淮安宏亚新能源开发有限公司，投资总额超千万美元；美日合资成立佳辉新材料有限公司，总投资420万美元。

【外贸载体培育】 2016年，全区新增外贸出口载体11家。其中生产型出口企业8家，分别为：江苏国圣纸业有限公司、江苏通圆回转支承有限公司、洪泽恒利机械制造有限公司、福斯派环保科技（淮安）有限公司、江苏缔艺家家居有限公司、洪泽安心厨家具有限公司、江苏金象赛瑞化工科技有限公司、江苏康丽欣电池有限公司。 （杨泉泉）

电子商务

【概况】 洪泽电子商务产业园由洪泽高良涧街道于2015年创办，位于洪泽区经济技术开发区内。产业园本着“助推县域电子商务产业发展、卖响洪泽本土农特产品、孵化洪泽本土电商人才”的原则，整合优势资源，引进跨境、国内电商企业，着力打造具有农产品和水产品特色的电子商务企业集聚园区和孵化基地。包括电子商务运营中心、物流中心、仓储中心和加工中心四大功能区域。至2016年底，已建成电商公共服务平台和电商办公场所1万多平方米，物流、加工及仓储用房5万多平方米。园区服务平台功能完善，配套有多功能会议室、洽谈室及健身中心、电商培训学校、产品展示厅等供入驻电商免费使用，为入驻电商搭建优质成长平台。

2016年3月，洪泽电子商务产业园获批洪泽区电子商务产业孵化基地、青年创业基地和人才实训基地；8月，入选淮安市电子商务协会首批常务理事单位；12月，获批江苏省农村信息化应用示范基地。

【入驻电商企业】 至2016年底，签约入驻园区的电商企业71家，涵盖农产品、服装、化妆品、宠物用品、图文摄影等领域，入驻了圆通速递、EMS等6家物流企业，配送系统完备。龙头企业1家，网站开发软件公司3个，电子商务服务企业3家，第三方代运营企业1家，快递企业6家，团购平台1家。园区共有店铺118个，其中农产品店铺15个，宠物用品店铺12个，服装店铺46个，企业店铺7个。在园从业人数879人，带动就业人数5500人，全年交易额突破6.8亿元，“双十一”当天在园电商企业交易额达2.3亿元。

阿里巴巴公司“村淘”项目区级服务站已落地园区，菜鸟物流同时进驻，在全区建成45个村级服务站，进一步提高农村电子商务产业物流配送能力。淘宝网、京东集团京东网、杭州云谷原食味等国内国际有影响力的第三方电商平台已开拓洪泽特色优势农产品、旅游工艺品、旅游景点的销售量和知名度，促进地方产业转型升级发展。

12月29日，阿里巴巴集团农村淘宝洪泽区服务中心开业仪式

【研讨交流活动】 2016年，洪泽电子商务产业园举办各类

研讨交流会4次；开展电商、技能、创业等培训及线下推介宣传活动10次；举办了淮安市电商创业青年暨农村创业体系研讨交流会、洪泽电子商务产业园发展研讨会、江苏省首届电商与文化菖蒲盆景展及洪泽电子商务产业园龙虾线下品鉴活动等。

粮食流通

【粮食购销】 2016年，洪泽区国有粮食购销企业共收购小麦14万吨（其中托市收购小麦4.8万吨），销售小麦11.3万吨；收购稻谷8万吨，销售稻谷11万吨，实现粮食购销量44.3万吨。

【去库存增仓容】 2016年，面对前所未有的仓容压力，区粮食局坚守让农民“有粮卖得出”、确保不发生“卖粮难”工作底线，采取切实有效的“去库存”“增仓容”措施，取得一定成效。对挂牌交易的2014年托市小麦出库，另外给予20元/吨补贴，所有托市小麦出库的国有企业均减免30元/吨出库费用。5月底，全区最后1万吨2014年最低收购价小麦交易成功，在全市率先结“零”。

江苏省洪泽湖粮食储备库日处理300吨粮食烘干线5月开工建设，11月投入使用。朱坝粮管所新建1.5万吨仓容项目、万集粮管所新建1.2万吨仓容项目完成招投标并于11月开工建设。

【粮食流通现代化建设】 2016年，洪泽区粮食流通现代化水平达82%。完成国有企业改革，组建股份制“淮安洪粮储备直属库公司”。建成淮安大米核心基地2个。洪泽洪发稻米种植专业合作社创成五星级示范合作社，洪泽人和粮食种植专业合作社创成三星级合作社。

【粮食安全工程】 2016年，洪泽区落实粮食安全省长负责制下的市县长负责制精神，8月16日、17日率先出台《洪泽区粮食安全责任制考核办法》和《洪泽区强化落实粮食安全责任制的实施意见》，在全市县区中为首家。牵头负责全区粮食安全责任制考核工作，通过联席会议、专题会议、联络员会议、专题辅导、部门对接等方式部署粮食安全责任制考核工作。

（徐朝文）

供销合作

【概况】 2016年，洪泽区供销系统继续坚持以“为农服务、开放办社、加快发展、突出项目和专业合作经济组织”为重点，创新体制机制，推动系统经济稳定发展，在全区科学跨越发展目标考核中获二等奖。

【为农服务体系建设】 2016年，洪泽区分别在岔河镇、高良涧街道建成第一批“三农”综合服务中心；在高良涧街道、岔河镇、东双沟镇、三河镇等四个镇（街道）建成第一批村级电商“双代店”共12个；在朱坝街道、黄集街道、老子山镇、西顺河镇等四个镇（街道）建成第二批村级电商“双代店”共8家；在蒋坝镇建成第三批村级电商“双代店”1家。全年建成村级电商“双代店”共21个。与江苏淮供欣隆现代农业全程服务有限公司对接，在黄集街道、岔河镇、三河镇等镇（街道）开展大田托管、统防统治等工作。

年内，按照“六有”标准（有证照、有场地、有标识、有人员、有收入、有为农服务项目），全面改造三河镇、蒋坝镇、老子山镇等三个基层薄弱社。同时，加大组建各类农民专业合作社力度，共组建各类专业合作社15个，占计划的100%。

【农业技术推广】 2016年，区供销社与苏北农资公司、供联农资公司先后举办四期种植大户培训班，培训内容为“测土配方”“配肥供肥”“科学施肥”等，参加人员370人。

（厉源清）

商业贸易

【概况】 2016年，洪泽区商业（集团）总公司内设机构有办公室、财务室、招商引资办公室、维稳办公室、全民创业办公室和商业职工学校。下属企业包括托管中心1个（对改制后未组建新企业的企业资产、人员等事务进行管理），从事经营企业7个（其中6个企业为民营，1个企业为国有）。连续14年实现安全生产无事故。

【招商促发展】 2016年，洪泽区商业（集团）总公司完成固定资产投资8700万元。其中，由盐城客商投资5000万元的健强纺织项目，实现当年兴建、竣工、投产，实现开票销售2200万元，成为列统企业。由浙江明辉果蔬配送股份有限公司（上市公司）投资3000万元的农副产品加工、配送项目9月签约，配送业务已覆盖除老子山镇以外的所有镇（街道）。完成投资200万元以上的三产服务业项目1个，完成投资500万元以上工业项目1个。完成现代服务业税收127.5万元。完成全民创业目标8个。

【生猪屠宰点关闭】 11月，区食品有限责任公司所属的三河、仁和、万集、东双沟、岔河、高良涧、畜禽加工厂、朱坝、老子山、黄集等10个屠宰点关闭。连同2015年12月30日前关闭的西顺河、共和、蒋坝三个屠宰点，全区商业系统所属的定点屠宰点已全部关闭。

（王子涵）

烟草专卖

【概况】 2016年，洪泽区烟草专卖局（分公司）有从业人员53人。担负全区卷烟市场的营销服务和专卖管理的双重职能。全区持证经营卷烟零售户1882户。实现销售10315

箱，与全年目标任务10260箱持平；销售省内烟5116箱，占总销量49.5%；销售细支烟186箱，同比增长166%；实现销售额3.17亿元；单条结构（一条烟的平均价格）122.61元/条，同比增幅4.35%；实现税利7816万元，增幅2.5%，实现利润6392万元，增幅6.1%。上缴税金3013万元。

【专卖管理】 2016年，区烟草专卖局组织开展“冬季会战”“闪电行动”等系列集中整治卷烟市场打假破网专项行动，市场净化率稳定在98%以上。全年共查获涉烟违法案件72起，其中移送公安部门6起，移送市场监管部门8起；先行登记保存各类卷烟19716.5条，其中假烟88条；罚没款4.42万元。上报国标网络案件1起、市标网络案件2起；受国家局通报表彰1次，获得省局嘉奖令3个，市局嘉奖令2个，完成1起国标网络案件和2起市标网络案件。行政许可和行政处罚两项卷宗在全市系统年度评查中获第一名。卷烟零售客户亮证经营率保持100%，无证户控制在3%以内。

【营销服务】 2016年，区烟草专卖局坚持市场导向，尊重客观规律，做到销量、结构与消费者所消费的数量与结构之间的平衡，实现供需匹配。采用“小班制”入户培训方式，向客户培训陈列技巧、品牌推荐、销售形势分析等方面的知识。组织市场营销人员分析市场状况，摸清市场脉搏，树立为客户服务宗旨，每周电话调查了解客户满意度情况，对客户反映的问题及时进行整改，促进服务工作落实和服务质量提升，客户满意度、货源满意度等综合指标位居全市前列。

【创新驱动】 2016年，区烟草专卖局年度立项的“降低核心客户卷烟资金占用率”课题，获第二届“江苏省质协杯”QC小组成果交流一等奖，并在全省推广。2015年与淮安市烟草专卖局法规处联合承办的“编制法规工作手册，推进精益法规建设”创新课题获得市级年度创新成果二等奖，同年申报的“新形势下如何实现客户经理精准履职”，获市级年度创新成果优秀奖。

【贯标认证】 2016年，区烟草专卖局全面实施ISO9000质量管理体系、GB/T28001-2001职业健康安全管理体系和环境管理体系。12月，通过“三标合贯”第三方外部审核且无不合格事项。 （茆志龙）

食盐专卖

【概况】 2016年，江苏省苏盐连锁有限公司洪泽分公司（淮安市洪泽区盐务管理局）负责全区的食用盐、工业盐的供应工作。全年购进盐产品5038吨，销售5373吨，其中加碘食用盐4778吨，碘盐小包装1700吨，人均消费4.29千克，实现年利润91.7万元。

【市场管理】 2016年，淮安市洪泽区盐务管理局构建社会化食盐安全体系，促进全民食用碘盐工程的实施，开展多部门联合执法和食盐市场专项整治活动，确保食盐安全。全年出动车辆301车次，出动执法人员978人次，检查零售网点、饭店3764个，查处盐业违法案件21件，查处盐产品0.17吨，罚没款0.95万元。

【盐业宣传】 2016年，淮安市洪泽区盐务管理局加大健康知识和盐业法规的宣传力度，把消除碘缺乏病、提高全民健康水平作为宣传重点，扎实搞好“3·15”消费者权益日和“5·15”防治碘缺乏病危害宣传日活动。活动期间设宣传咨询点3个，摆放宣传靠牌12块、悬挂横幅标语10条、散发宣传材料近1.5万份。

【规范服务】 2016年，淮安市洪泽区盐务管理局更新营销理念，将客户需要作为市场第一信号，正确处理食盐专营与优质服务的关系。按照国家食盐批发企业等级标准配全便民措施，把服务承诺、法律法规、盐的品种价格公布上墙。加快转型发展，推行直配直送，减少中间环节，降低成本。加强质量管理，强化网点服务意识，做好售后服务，发现破损及质量问题，及时上门解决。确保碘盐覆盖率、碘盐合格率和合格碘盐食用率在98%以上。 （王国胜）

石油销售

【油品营销】 2016年，中石化洪泽石油分公司（以下简称“区石油公司”）细化经营组织，制定营业时间优化方案，推行一站一策举措，加大灌桶力度，扩大销售量。实现加油站成品油零售量35697吨，完成计划36419吨的98%，同比下降3.7%。直分销销售12717吨，完成计划12100吨的105.1%，同比上升41.6%，非油品销售1236万元，完成计划1195万元的103.5%，同比上升39.5%。

【油品经营市场整治】 2016年，为规范成品油市场经营秩序，区石油公司联合区商务、公安、消防、安监、市场监督、交通等部门以及相关镇（街道），对各镇（街道）非法加油点（船）进行集中整治。共取缔非法加油点63家、加油船21条，收缴成品油2吨，有效打击了非法从事成品油经营等违法违规行为。

【油站安全管理】 2016年，区石油公司做好集团公司HSE综合管理能力测评基层单位的迎检工作，加强安全管理信息系统规范应用；强化承包商施工安全监管，定期开展安全教育培训和考核，确保施工现场安全；提高全员安全防范意识，实现全年安全生产无事故。 （赵友芹）

交通运输

【概况】 2016年,全区公路总里程1487.831千米,其中,高速公路34.404千米,一级公路51.68千米,二级公路170.547千米,三级公路130.425千米,四级公路1050.775千米,等外公路50千米。全区农村公路总里程1421千米。其中,县道235千米,乡村道1186千米。新建农路79.1千米、农桥13座,通过省级"四好农村路"示范县创建工作验收。

全区客运线路48条。其中,城市公交线路6条,乡镇公交线路19条。全区有客运站10个,其中农村客运站8个。

全区航道总里程195.33千米,2016年新建直立式护岸400米。其中,等级航道7条,计146.29千米(其中洪泽湖南线三级航道44.58千米,苏北灌溉总渠三级航道16.89千米,2号闸接线三级航道7.53千米,洪泽湖西线五级航道6.49千米,金宝线六级航道31.20千米,张福河五级航道11.65千米,浔运西线七级航道27.95千米),等外级航道3条,计49.04千米。苏北灌溉总渠1号船闸至张马洞16.89千米航道、洪泽湖南线马浪岗至官滩渡口44.5千米航道被评为"省级文明航道"。各种助航标志47座。其中,固定标30座、横流标4座、杆形标6座、浮标7座。

全区有港口20个,码头泊位69个。辖区岸线长度共18.2千米,港口总吞吐量1150.2万吨。

【基础设施建设】 2016年,全区实施交通基础设施建6项,其中公路建设3项、桥梁建设1项、航道整治2项、总投资13.217亿元。

348省道南环段工程 该工程全长7.2千米,建设标准一级公路,总投资约4.1亿元(含绿化)。2016年累计完成投资2.46亿元,完成路基、管涵、雨污水管网建设。2016年年底完成主线段水稳层过冬。

348省道洪泽东段工程 该工程全长14千米,建设标准一级公路,总投资约5亿元。2016年项目部、监理和中心试验室到位,并进行征地清障工作。其中城区安芯智能港至朱坝工业园区段(2标段)于11月份进场施工,朱坝至岔河段因用地批文未下达暂缓开工。

农村公路提档升级和农桥改造工程 全年实施农村公路提档升级79.1千米、农桥改造13座,累计完成投资8281万元。

淮河出海航道整治工程 该工程涉及洪泽区境内约56.6千米(其中洪泽湖区42.3千米,经苏北灌溉总渠14.3千米),采用三级航道建设标准,总投资30000万元。2016年施工单位进场,区内航道疏浚完成,苏北灌溉总渠大桥改建招投标。

益寿路大桥改造工程 该工程为拆除原大桥后新,建设桥梁全长约82米,宽度32米,接线全长344米,计划投资2300万元。项目于2016年9月份进场施工,2016年完成全部桩基和下部结构。

张福河航道护岸工程 一期投资200万元,建设直立式护岸400米,于2016年5月份完工。二期投资390万元,建设直立式护岸600米。

洪泽"四好"农村路

【运输生产】 2016年,全区客运车辆148辆,城市公交车辆97辆,镇村公交19辆(其中8辆于2016年12月新上)。全年客运量495万人次,其中农村客运量60651人次,县境内公路客运量420万人次。

货运车辆1546辆,总吨位16100吨。货运拖船25艘,功率4712千瓦;驳船及货船1005艘,净载重吨位704802吨;其中千吨级货运船只8艘,总吨位15978吨。

【出租车管理】 2016年,洪泽区共有出租车100辆,洪泽区汽车出租公司和安捷公共交通公司,各拥有50辆。全年出租车客运量659万人次。

【城市公共自行车管理】 2016年,洪泽区开始建设公共自行车服务体系。由北京中城永安环保科技有限公司投资建设,独立营运,注册资本5000万元。7月,在城区建成公共自行车停放点19个,初步形成公共自行车存放网,投放公共自行车500辆。市民可凭公共自行车租借卡使用,收费标准为:一次骑行1小时内不收费,第2小时1元,第3小时2元,一天最多收取12元。

当年,全区办理公共自行车租借卡1774张,实际租借32589次,收费918元。全年公共自行车维修281辆次。

(曹夕锋)

【客运市场整治】 2016年,区交通运输局联合区公安、城管部门定期开展客运市场集中整治行动,在4个重点区域安装6部监控探头,查处非法营运车辆17辆,初步取缔东三街"黑车"窝点。全年累计出动稽查人员4869余人次,检查车辆4042辆次,妥善办理投诉举报18起,回复率达100%,没有发生一起行政复议和诉讼案件,未发生违规执法行为和公路"三乱"问题。

【路(航)产路(航)权维护】 2016年,区交通运输局组织清除非交通标志悬挂物44块,清除建筑控制区堆积物3277平方米,收取路产损失赔补偿费31.6万元,案件查处率、结案率均为100%。共查处超限车辆202台,罚款14.25万元卸载超限货物834.16吨。道路超限率控制在1.27%。

全年进行两次干、支线航道的清障扫床工作,实际扫床总里程达279千米,清除沉物2处。上航上线巡查76天,巡查里程6990千米,干支线的通航率达100%。及时制止破坏航产航权行为3起,收取航道赔补偿40万元。共维护航标51航次,其中夜航12次,计航行里程达6160余千米,正常维护1692座次,非正常维护15座次,航标正常率达100%。

【湖区安全监管】 2016年,区航道、海事部门对洪泽湖实施恶劣天气封航27次51天,检查船舶5542艘,查处违规船舶1100余艘;实施危化品船舶安检174艘、普通货船安检130艘;对客渡游船开展安全检查30余次,整改安全隐患40余项;对水运企业开展安全检查9次,排除各类安全隐患60余项;开通微信微政务平台,发布各类安全信息2400余条,向船民发放宣传通知300余份,张贴通知20余份;完成12395接处警301起,开展水上险情应急救援76次,救助遇险船舶126艘、遇险船员283人;冰冻期间破冰里程达1000余千米,为800余艘船舶开辟"春运"水上绿色通道;汛期出动480人次、海巡艇72艘次,巡航里程达2400千米,帮助300余艘搁浅船舶脱困;枯水季节投入150余艇力,800余人次,疏导船舶5000余艘次,排除搁浅险情300余次。中央电视台、江苏电视台、新华社、人民网等多家主流媒体对相关情况进行报道;确定"1+N"扁平化海事执法模式,处置枯水期船舶搁浅、航道不畅等各类险情60余起,查纠船舶标志标识不清、入湖不报港等显性违章船舶223起。

【法治建设】 2016年,区交通运输局制定年度平安综治和法治工作要点,与全系统12家企事业单位签订平安综治与建设目标责任书,推进"平安交通示范点"创建。办理行政许可167件,其中公路2件,航道2件,运管163件;行政处罚案件7132件,其中公路202件,海事6843件,运管87件。

(庄永峰)

邮　　政

【概况】 2016年,全区有邮政网点12个,邮运汽车2辆;投递邮路32条,其中农村投递邮路16条;邮政从业人员156人。全年邮政业务总收入4475.72万元,比2015年增长23.45%。

【邮政业务】 2016年,全区投递国内函件374.41万件,同比增长130.44%。其中,国际平函出口0.05万件,进口0.07万件;国际给据函件出口0.03万件,进口0.03万件;国内平函出口142.57万件,进口203.17万件;国内给据函件出口10.01万件,进口9.52万件;机要邮件0.32万份;代理速递信函出口0.61万件,进口2.3万件;办理汇兑2.36万笔;出口包件(快包、普包)0.43万件,进口包件(快包、普包)3.63万件,国内小包业务揽收31.18万件。全年投递报纸477.26万份,杂志10.88万份。全年金融总资产完成7.32亿元,较上年增长4.35亿元,同比增长147%;绿卡发卡2.02万张,网银1.51万户。

【邮政中间业务】 2016年,区邮政分公司实现集邮业务收入119.41万元,同比增长3.33%;机要邮件业务收入0.25万元,同比下降3.57%;包件快递收入159.96万元,同比增长65.65%;国内函件业务完成收入177.49万元,同比减少5.59%;报刊业务收入180.04万元,同比下降5.34%;代理金融收入3521.82万元,同比增长26.1%;电子商务和代理业务收入176.92万元,同比增长13.71%;分销物流收入80.15万元,同比增长13.63%;完成邮政金融业务收入2792.98万元,同比增长19.58%。

【国家邮政局副局长赵晓光到洪泽调研】 2016年8月24日,国家邮政局副局长赵晓光一行到洪泽区岔河镇金李村便民服务站，对洪泽邮政的普遍服务和农村电商工作进行调研。他肯定了便民服务站能为村民提供代收代缴、助农取款、信件寄递、包裹代投等便捷服务，希望洪泽邮政继续发挥便民服务站的桥头堡作用，做好邮政服务工作。赵晓光一行还到仁和支局，对农村网点普遍服务情况进行调研。省邮管局局长张水芳、市邮管局局长蒋涛及淮安市分公司总经理刘一青、副总经理仲向东等陪同调研。

国家邮政局赵晓光副局长（左一）到洪调研

【举办《相思鸟》邮品首发专场会】 2016年8月9日，洪泽邮政分公司成功举办《相思鸟》邮品首发专场会，到场的邀约嘉宾超200人，赞助商达5家，地方媒体4家。洪泽区副区长陶陶和淮安市邮政分公司副总经理仲向东一起为《相思鸟》特种邮票暨《阿狸·爱与相思》邮品首发揭牌。活动贯穿集邮知识抢答、"拉丁舞"表演、互动"奔跑吧兄弟"、情景舞"大湖鸿雁"等节目。当年，《阿狸·爱与相思》邮品全省征订并印制5000本，实现销售收入80万元，收益利润43%。

《相思鸟》邮品首发式

【严君华家庭入围全国"最美邮政世家"提名】 2016年1月，为庆祝中国邮政开办120周年，中国邮政集团公司策划了全国"最美邮政世家"评选活动，由严君华执笔、讲述了一家三代人坚守邮政事业的故事——"我们家的邮三代"入围，并参与网络投票，获得5.4万票。

【投递员赵永林拾金不昧】 4月20日上午，负责城区报刊亭投递的投递员赵永林在东风路广济大药房前捡到一只皮包，内有现金8000多元，主动交还失主薛晓燕。5月4日上午，失主薛晓燕将一面绣着"雷锋精神传承发扬，拾金不昧品德高尚"的锦旗送至区邮政分公司。

失主家庭向赵洪林（右一）赠送锦旗

（刘　军　严君华）

电　信

【概况】 2016年，中国电信股份有限公司淮安洪泽区分公司（以下简称区电信公司），下设办公室、销售部、维护安装部、政企客户部、渠道运营中心5个部门及6个生产中心、2个城市支局和11个农村支局。拥有营业网点50家，其中自有营业厅13家、合作厅37家，另建有便民服务点60家，网点覆盖全县所有镇和中心村。区电信分公司有合同制员工92人。

全年实现各项电信业务收入6700万元，比2015年增长4.76%。当年，区电信公司获淮安市"诚信单位"，被区委、区政府授予"捐资助学"先进集体。

【电信业务】 2016年，区电信公司主要经营固定电话、移动通信、互联网接入及应用等综合信息服务。大力推动新兴业务发展，为政府及各行各业提供丰富多样的云服务等新兴业务种类。并提供客服热线、网上营业厅、掌上营业厅、话单查询等多项基础服务项目。

当年，区电信公司拥有固定电话用户4.17万户，移动电话用户7.4万户，各类电信业务总收入6700万元，比2015年4.76 %。

【电脑互联网业务】 至2016年年底，全县家庭光纤入户（FTTH）上网用户4.46万户、20M及以上用户数规模到达3.43万户（含100M及以上用户0.89万户），其中互联网宽带用户3.9万户，网络视讯（ITV）用户1.9万户。各类电脑互联网业务总收入5598万元，比2015年3.2%。

【设施设备建设】 2016年，区电信公司积极开展高能耗网络设备的退网工作，全年累计退网设备601台；新建4G网

电信三管基塔

基站119个，新增华为5680T光纤交换机2台，新建AWiFi基站1220个。至年末，区电信公司拥有天翼（C网3G）基站92个、4G基站403个、WiFi基站1439个。拥有中兴C300设备6台、华为BRAS设备2台，华为SR设备2台，中兴B类光纤交换机899台、华为5680T光纤交换机40台。

【服务质量提升】 2016年，区电信公司创新和深化服务系统应用，通过客服热线、深化掌上（APP）推广应用，通过业务交付过程，全面向用户推介掌上营业厅、翼支付、智宽生活、天翼客服、欢go等智能化应用服务，全面实现了业务咨询、受理、缴费、查询、自助查障、投诉处理等用户需求。

（周中平）

移　动

【概况】 2016年，中国移动通信集团江苏有限公司洪泽分公司（以下简称区移动公司）下设综合部、市场经营部、集团客户部、全业务运营中心等部门，在职员工96人，大专以上文化程度占98%。公司总部位于瑞特大道13号。公司有96家营业网点，当年新增移动网点15家。其中移动营业部11家、合作厅85家，另建有便民服务站点90家，移动网点覆盖全区所有镇和中心村。

当年，区移动公司拥有固定资产942万元，用户19.96万户，各项经营收入1.15亿元。获省级"文明单位"称号，区级"道德讲堂建设工作先进单位""洪泽五四红旗团支部"。

【移动基站及网络建设】 2016年，区移动公司投资5000万元，新建4G网络基站212座，4G室分站点共计7个，总数增至219座，2G/3G/4G站点总数达到474个。拥有移动通信传输网781千米杆线，管道283千米，光缆长度3442千米。实现移动信号全区（包括洪泽湖区及淮河防汛区）全覆盖。区移动公司采用FTTH模式共新建驻地网小区378个，覆盖用户数89494户，驻地网小区覆盖数达到430个，总覆盖用户数达108401户。

【移动通信业务】 2016年，区移动公司主要经营个人移动通信服务、家庭和集团单位移动通信中的移动办公（MOA）、固定（可视）电话、宽带、互联网电视及企业整体信息化解决方案等综合性通信业务。主要推出客服热线、网上营业厅、短信掌上营业厅、补换卡、话单查询、跨区服务（异地办理业务）等22种基础服务项目。当年，区移动公司各类业务用户19.96万户。其中，移动电话用户18万户（含"4G"用户11.2万户），互联网宽带用户3.15万户，互联网电视用户1.3万户。

【集团信息化建设】 2016年，区移动公司完成集团信息化业务服务收入2114万，比2015年增长41.3%。其中政企固话、互联网、数据传输线路达到974条，年完成电路出租收入681万元，较2015年提升38.2%。当年，新增收费线路130条。

当年，区移动公司顺利签约洪泽中等专业学校智慧校园项目和国土局"慧眼守土"项目，以及财政预算系统3期等7个政企信息化项目。项目金额达到710万元。

（葛　存）

联　通

【概况】 2016年，中国联合网络通信有限公司淮安市洪泽区分公司（以下简称区联通公司）下设综合部、市场经营部、集团客户部等部门，全区各类服务大厅、充值站点78个，在职员工27人。公司拥有移动基站142座，实现联通电信信号全区全覆盖。至年底，拥有联通客户86743户，比2015年增长15%；各项经营收入2936万元。

【联通通信业务】 2016年，区联通公司主要业务有移动通信、互联网宽带、电路出租等业务。当年，县联通公司新建宽带小区7个，宽带小区总数达87个。家庭宽带实行全部免费提速，最大带宽升至100兆；年服务费为720元。至年底，拥有家庭宽带用户0.39万户，比2015年增加4%；家庭宽带业务收入130万元，比上年增长7%。

【联通集团业务】 2016年，区联通公司继续拓展集团通信服务业务，集团业务项目增加8项。集团客户数达到77家，集团服务专线42条，其中当年新增8条；全年实现集团业务收入580万元，比上年增加3%。

【设施设备建设】 2016年，区联通公司有各类通信设备总值21452万元，其中当年新增1550万元。当年新建移动基站5座，新购置通信设备15台（套）。联通移动信号实现区域全覆盖。

（马兆新）

城乡规划

【概况】 2016年,洪泽区规划分局完成各类规划编制23项。洪泽纳入淮安市城市总体规划,并在洪泽的用地空间、发展布局等方面争取上位规划支持。完成城市总体规划成果调整。完成全区镇(街道)新一轮镇村布局规划优化,规划面积1292平方千米。完成水利局执法基地、新区中学教学楼、公安局实战指挥中心、建材市场、蒋坝三河高炮、教堂,以及8个公共厕所选址。参与综合性公园和18处街头游园的选址等工作。规划设计杨码支路、千岛湖路、淮宝路、龙庙路、348省道洪泽区城南段、益寿路大桥等二十多千米近20个市政工程项目。审查区人行大楼、北京路加油站、农信社大楼、实验小学、杨码变电所、二中食堂、县医院食堂、新华书店仓库、绿禾农贸市场等12个方案审批工作。

当年,洪泽规划分局除完成规划设计、社会经济发展指标等主要工作外,还根据区委、区政府安排协同区有关部门完成农村危房改造工程、渔民上岸工程、村庄整治工程、安置房规划等。获江苏省村庄环境整治工作先进集体、洪泽区跨越发展考核一等奖和新型城镇化工作先进集体、洪泽区精神文明建设工作先进集体、洪泽"六五普法"先进集体、"水上百合"志愿者行动"公益合作奖"奖项。

【规划编制】 2016年,洪泽规划分局完成城市规划编制项目11个,其中控制性详细性规划1个,概念性规划2个,专项规划8个。完成村镇规划编制项目12个,其中总体性规划2个,控制性详细性规划5个,镇村布局规划3个,专项规划2个。

【规划选介】

《洪泽区城市污水专项规划(2016—2030年)》 该规划由淮安市城市建设设计研究院有限公司编制,主要包括规划期限、规划范围、规划目标、排水分区、污水处理、污水泵站、污水管道、环境评价等组成部分。

规划期限:近期2016—2020年;远期2021—2030年。

规划范围:本规划范围为洪泽中心城区,南至洪泽水厂、杨码社区一带,北至苏北灌溉总渠,西至洪泽湖大堤,东至洪泽区界和规划宁淮城际铁路,面积约112平方千米。

规划目标:从根本上改善城区内主要河流的水环境,减少城市污水对洪新河、浔河的污染,使整个洪泽城区形成一套完整、合理、符合标准的污水排放系统,为洪泽区2030年建设飞跃发展提供一套完整的智能化污水排水设施。

排水分区:洪泽城区以天楹污水处理厂和清涧污水处理厂收集系统及为界划分为天楹污水处理厂、清涧污水处理厂2个排水片,每片又划分若干个汇水区,形成"2片7区",总覆盖面积112平方千米。

污水处理:规划设置污水处理厂2座,一座为天楹污水处理厂,位于浔河以北、黄海南路以东、太湖路以南,在现状污水处理厂的基础上改造扩能,2030年,污水处理厂规模为6万吨/日,主要处理中心城区南部地区污水,同时考虑处理周边污水,占地5公顷。一座为清涧污水处理厂,主要服务于洪泽盐碱科技产业园和黄集街道,同时考虑处理乡镇工业统筹建设地区的污水,2030年,污水处理厂规模为8万吨/日。

污水泵站:洪泽城区规划建设污水泵站10座,总规模为25.2万吨/天,其中一级泵站总规模为21万吨/天,二级泵站总规模为4.2万吨/天。根据污水泵站的功能和排水去向,建设一级泵站和二级泵站。一级泵站指直接排入城市管网进入污水处理厂,二级泵站指由于污水收集系统较长,污水经二级泵站抽排入城市污水管网,然后再由一级泵站抽排入污水处理厂的泵站。

污水管道:洪泽城区规划新建d400毫米(d为管道直径)以上污水管道总长122.4千米,管网密度1.44千米/平方千米。其中管径d400毫米管道11.0千米,管径d500毫米管道83.71千米,管径d600毫米管道15.1千米,管径d800毫米管道6.7千米,管径d1000毫米管道3.1千米,管径d1200毫米管道2.8千米。

环境评价:提高城市污水收集处理率,降低污染事故发生的机率,保障洪泽城区人民群众生命财产的安全,改善城区生活环境;建设完善的污水排水系统,进行污水截流,改变部分河道脏、乱、差的现状,提高城区环境质量,改善城市人群休息、生活空间,促进人体健康;保护城市文物古迹,美化城市景观。

《洪泽区三河镇总体规划(2015—2030年)》 该规划由淮安市城市建设设计研究院有限公司编制,主要包括规划期限、规划范围、城镇性质、城镇规模、发展目标、规划布局、村庄规划、综合交通等组成部分。

规划期限:近期2015—2020年;远期2021—2030年。

规划范围:三河镇行政辖区范围,总面积152.48平方千米。

城镇性质:全国健康食品示范镇、区域南部中心城镇、生态湖滨旅居。

城镇规模:2020年,镇区人口规模19000人,建设用地约258.12公顷,人均建设用地135.85平方米。2030年,镇区人口规模35000人,建设用地约419.21公顷,人均建设用地119.77平方米。(中心镇区及工业区人口规模为21000人,建设用地为209.21公顷,人均建设用地99.62平方米;三河社区人口规模为14000人,建设用地210公顷,人均建设用地150平方米)

发展目标:总目标是以"产业三河、生态三河"为核心,展示科技创新、旅游观光、产业配套等综合服务功能,将三河建设成为以"食品科技硅谷、生态农业示范基地、湖滨旅居"为主题特色的区域南部新型城镇化建设的先导区。

规划布局:三河镇区形成"一镇三片"的空间布局结构。中心镇区:规划形成"一心两轴四组团"的布局结构。"一心":三河镇未来的行政中心。"两轴":以健康路、育才路作为城镇空间发展轴,串联城镇各功能组团。以健康路、育才路为界,分为三个居住组团和一个老镇区组团。三河社区:规划作为食品科技产业园配套完善、环境优美的现代化宜居社区。工业区:规划作为三河镇的工业集中区,以新型建材、冶金机械及循环经济为主导的现代化产业园,未来打造为洪泽区特色产业示范区。

村庄规划:根据《洪泽区三河镇土地利用规划(2006—2020)》,结合三河镇区未来空间拓展趋势及农村人口城镇化的要求,综合考虑村庄发展潜力、公共服务辐射半径、农业生产半径、地形地貌以及镇村意见,规划未来村庄布点为:15个重点村、2个特色村、223个一般村。

综合交通:高速公路:宁连高速穿境而过,镇内设有互通道口(洪泽南出入口)。一级公路:规划形成"一横一纵"的镇域一级公路网络,"一横"为420省道,"一纵"为宁连一级公路。420省道:规划为一级公路,向西至洪泽湖大堤,向东至金湖县,道路红线控制为50米。二级公路:规划形成两条二级公路,一条为洪三公路,道路红线控制为55米;一条为203县道,道路红线控制为24米。镇村公路:镇区至行政村道路为三级,尽可能形成环状,道路控制宽度为 15 米;通至各自然村的道路为四级,路网可采用放射状,道路控制宽度为7米(道路红线3.5米)。

《淮安市洪泽区黄集街道优化镇村布局规划》 该规划由上海开艺设计集团有限公司编制,主要包括规划范围、规划人口、村庄布局、产业布局、综合交通等方面。

规划范围:本次规划范围为黄集街道行政辖区范围,总面积约44.25平方千米。

规划人口:黄集街道城镇人口近期为1.95万人,远期城镇人口为3.08万人。农村人口至2030年为6000人。现状黄集城市化水平为44.65%,根据对黄集城镇人口和农村人口的分析和判断,规划预期到2030年城市化水平达到84%,高于洪泽县平均水平(80.8%)。

村庄布局:规划黄集街道镇域形成1个中心城区(黄集居委会),9个规划发展村庄(包括6个重点村、2个特色村和1个重点(特色)村),49个一般村。黄集街道规划发展村庄占自然村总量的15.5%,每个行政村平均分布有0.75个重点村、0.25个特色村和0.125个重点特色村。

产业布局:在镇域的发展建设现状基础上,规划形成镇域北部综合服务中心区、盐化工基地配套仓储及加工工业区、镇域东部白马湖旅游配套服务区、镇域中部高效农业种植区、特色水产养殖区、禽畜养殖区、镇域西部的花卉、有机蔬菜种植区和蚕桑养殖区八大产业片区。

综合交通:主要对外交通包括宁淮城际铁路、宁连一级公路、淮金公路、328省道,阜洪公路,白马湖旅游观光大道、301县道、302县道、202县道等。完善域内部镇村道路网络,加强中心城区—行政村—集中居民点的路网联系。城区至行政村道路为三级,尽可能形成环状,道路红线宽度控制15米;通至各居民点的道路为四级,路网可采用放射状,道路红线宽度控制9米。重点加强各规划发展村庄之间的联系,初步建立网状的道路格局。沿主要农村道路布置公交线路,结合村庄位置和实际运营情况设置公交站点。

【规划窗口建设】 2016年,洪泽规划分局深化行政审批体制改革,继续简政放权转变职能,按照"三集中三到位"要求,实行"一个窗口对外、前台审批、后台服务"的无缝衔接,努力构建"主体合法、责权明确、结构合理、程序严密"的全新行政服务体系。全面梳理现有规划行政审批事项,及规划审查审批的各个环节、流程、报建资料、审查方式等,纳入政务服务审批中心,实行"一站式管理",对重点项目、重大工程,实行"绿色通道"办理机制,"规划方案""用地规划许可证""建设工程规划许可证"等办理流程清晰、简明。当年,区规划窗口获区政务中心"红旗窗口"称号。

【规划档案室建设】 2016年9月,洪泽规划分局指导三河镇、岔河镇、东双沟镇、蒋坝镇、朱坝街道开展村镇规划档案室建设工作,收集整理自1979年以来的村镇建设规划类、村镇建设管理类、村镇房屋拆迁类、村镇建筑工程类、村镇名胜古迹园林绿化类等9大类档案17300余卷,档案入库15500余卷,入库照片档案211张。建设档案室5个,总计184平方米;档案库房5个,总计228平方米。当年,创成省级档案室5个,全区规划档案建设的规范化、制度化、科学化水平得到进一步提升。

【规划监管】 2016年,洪泽规划分局审批、发放"一书三证"142份。其中,"建设项目选址意见书"18份(城区6份、乡镇12份),"建设用地规划许可证"49份(城区29份、乡镇

区规划分局组织实施润龙科技项目规划验收工作

20份)，“建设工程规划许可证”75份(城区38份、乡镇37份)。规划窗口共接受政策业务咨询368人次、受理网上审批事项共100余件，接待查档176人次。

【“美丽乡村”建设】 2016年，洪泽区老子山镇新滩村、岔河镇南街居委会申报省级“美丽乡村”并通过审批。老子山镇新滩村投入431.38万元完成荷花荡平台、村综合服务中心、文化活动平台、芦荡迷宫、美丽乡村产业点、居家养老服务中心船体、道路建设、环境整治、环卫厕所、河道疏浚等项目的建设工作，村容村貌较明显改善。岔河镇南街村投入300余万元完成污水管道铺设、立面改造工程规划设计、小广场建设。

当年，启动西顺河镇于圩村、蒋坝镇头河村“美丽乡村”建设工作，全区“美丽乡村”总数6个。委托南京设计单位编制西顺河镇于圩村规划，当年完成初步方案；蒋坝镇头河村大杨庄采用PPP模式，由大千生态景观股份有限公司设计建设，已完成初步方案。（王凤军）

城市建设

【概况】 2016年，洪泽区建筑业总产值约92亿元，比2015年增长7%。新增规模市场4个、建筑企业4个，完成外埠市场建筑业产值50.2亿元，培育10亿~20亿元的规模企业1个。全区实施市政工程9项，总投资约1.19亿元。实施园林绿化项目14项，总投资约5136.7万元。实施征收(拆迁)项目11个，建筑面积56.17万平方米。完成31个老旧小区改造任务。全年新开工建设各类保障性住房3000套，基本建成1249套，城镇住房保障体系健全率达97.43%。完成商品房去库存39.45万平方米。创建省海绵城市示范项目1个。

2016年6月，住房登记职能划归区国土部门。当年，区住建局荣获省“住建系统重点工程劳动竞赛组织工作先进单位”，市“住建系统目标考评先进单位”，区“科学跨越发展考核优秀服务部门”“向上争取资金工作先进集体”“旅游工作先进集体”“城建交通工作先进集体”“民生和社会事业工作先进集体”等荣誉称号。

【建筑质量安全监管】 2016年，区住建局组织建筑企业“营改增”“三类人员”继续教育等各类培训6次，涉及人员达1135人。全年组织各类安全生产大检查及专项检查18次，抽查工程项目410余次，发出隐患整改通知30余份，提出整改意见251条，下达停工通知10份、停止使用通知12份，创市优质工程1项、文明工地9个，创省“扬子杯”优质工程1个。

【城区路灯管理】 2016年，洪泽城区路灯4291杆，7810盏，总功率505935瓦，灯型主要有9米双臂灯、9米单臂灯、12米双臂灯、15米高杆灯、中华灯；主要光源为LED；其中当年新增加路灯342杆，499盏。

当年，区住建局加快“智慧路灯”建设，利用灯杆范围广、可载波联网等特点，将无线网络、环境检测等功能融为一体，安装一体化“智慧灯杆”13杆、抱箍屏18套、分散式传感器系统45套、集中控制器56套；完成1900余盏路灯节能智慧升级改造，亮灯率达98%。

【城市园林绿化】 2016年，洪泽区完成《城市绿地系统规划》《城市绿线规划》等4个涉绿专项规划编制。举办了第二届菊花展。省级园林城市创建工作通过专家评审。当年组织实施园林绿化项目14项，总投资约5136.7万元，新增绿化面积12.42万平方米，更换四季草花约150万盆，播种自衍草花约3万平方米，绿化覆盖率达40.92%。

至当年年底，全区绿地面积705.02万平方米，绿化覆盖面积757.02万平方米，绿地率38.11%，绿化覆盖率40.92%。

【市政工程建设】 2016年，洪泽区实施市政项目9项，总投资1.19亿元。其中，新建道路约13.76万平方米，维修道路4.5万平方米，铺设雨污水管道约8.26千米、供水管道0.6千米，完成约100千米的管道和6700个雨水口、检查井的清淤疏通工作，更换雨水篦2300个。

【应急避难场所建设】 2016年，洪泽区有2处应急避难场所，其中洪泽湖欢乐广场为中心应急避难场所，洪泽湖文化广场为固定应急避难场所。总面积32.5万平方米，篷宿面积10.99万平方米，可容纳紧急疏散3.67万人。

当年，区政府投资416万元，完成洪泽湖欢乐广场中心应急避难场所和洪泽湖文化广场固定应急避难场所的提档升级改造工作，改造面积约32.5万平方米；新增应急供电、应急供水、应急指示牌、应急厕所、监控和广播等应急设施。

【海绵城市建设】 2016年，洪泽区利用区域内建筑物周边的绿化系统，通过设置传输草沟、下凹绿地、雨水花园和铺设透水砖等先进工艺，实施海绵城市建设项目。区实验小学城南校区及区天鹅湖幼儿园项目被列为江苏省第一批海绵城市示范项目。

【房屋征收安置】 2016年，洪泽区实施征收(拆迁)项目11个，建筑面积56.17万平方米，涉及居民2984户。按照“政府不得利、企业得微利、群众得实利”的原则，搭建商品房团购平台，打通安置房与商品房之间的通道；按照货币补偿、产权调换等方式供拆迁户自主选择安置方式。年内有13家开发企业主动入驻，提供1296套房源供棚改户选购。

城区洪新河地段拆迁改造前棚户区

2016年洪泽区拆迁安置地段情况一览表

表19

序号	拆迁地段名称	位置	面积(万平方米)	涉及住房数(户)	地段用途
1	洪新河南北两侧	位于洪泽湖大道两侧，东至新建路及大庆北路沿线，西至苏北灌溉总渠，南至东风路，北至砚台船闸	30.1	1512	沿河边是河道整治；部分为棚户区改造
2	电梯产业园地块	位于高良涧街道大管村、清涧村	8.67	503	工业用地
3	二涧小地块旧城改建项目	东三街东侧、太湖路北侧	0.5	23	教育用地
4	东十三道建设项目(砚临河—东一街段)	高良涧街道(临河社区)	2.4	78	道路建设
5	淮安食品科技产业园项目	洪泽县三河镇	8	500	工业用地
6	备用水源地项目	洪泽县东双沟镇	1	71	水源保护
7	白马湖生态保护工程草泽河项目	洪泽县东双沟镇	0.6	47	九条河整治
8	浔河四组周边地块(电梯产业园安置区)棚户区改造项目	洪泽县高良涧	1.6	63	安置房建设
9	348省道洪泽东段工程	洪泽县岔河镇	0.4	17	道路建设
10	县医院建设项目	洪泽县高良涧街道	0.9	40	区医院新址建设
11	盐化新区拓展区实联大道西延工程项目	淮安盐化新材料产业园区淮洪路办	2	130	盐化工储备用地
合计			56.17	2984	

(孙　涛　杨兆亚)

城市管理

【概况】 2016年，区城管局主要负责管理城区内街道、广场、公园、河道、小区等卫生保洁、市容秩序、违法建设、渣土运输、粪便处理、垃圾卫生填埋等工作。管理面积17平方千米，全系统在岗在职职工474人，拥有扫地车、冲洗车、执法车、垃圾运输车、吸粪车等多种执法、作业车辆64辆，拥有垃圾填埋、粪便处理、建筑垃圾处理等作业车辆等设备6台(套)。

当年，洪泽区“智慧城管”、浔河路示范路通过省级验收，城市长效综合管理工作在全市排名第一方阵。区城管局获区科学跨越发展目标考核二等奖。

【城市公厕建管】 截至2016年底，洪泽城区有公共厕所31座，其中独立式公厕28座，附建式公厕3座，移动式公厕2座；水冲式公厕31座，无旱厕。当年，按照“式样统一、设施完备、环境整洁”标准新建公厕5座，改建公厕17座。其中，区城管局环卫站负责城区主次干道两侧公共场所的公厕卫生管理，实行定人保洁，按时冲洗，达标排放；社区、所有制企（事）业单位集体的公厕由使用单位自行负责管理。

【有机物垃圾处理场投入试运行】 该场位于洪泽区泽清水务有限公司西侧、尾水廊道东侧占地8.13亩，设计处理粪便等有机物能力为50吨/日，有机物无害化处理率可达到80%以上。主要设施设备有预处理车间、计量门卫、综合水池、通风除臭、自控监控系统等，总投资约800万元。该工程由上海环境卫生工程设计院设计，洪泽东源建设有限公司承建。2015年7月正式建设，2016年5月建成并投入试运行。

洪泽区有机物处理中心

【户外广告管理】 2016年底，全区有商业店招店牌（含户外广告）牌7392块。其中，路边高塔广告牌320块、路灯挂牌2029块、其他形式户外广告牌1834块、商业店招店牌3209块。当年，新增店招店牌（户外广告）牌893块，维修更新2386块。全年收取户外广告费20.65万元。

【城市公园广场管理】 2016年，区城管局管理城区城市公园1个，总面积5.93万平方米。另管理城市广场7个，总面积31.3万平方米；其中洪泽湖文化广场、洪泽湖欢乐广场面积分别为9.1万平方米、11.8万平方米。

【防违拆违工作】 2016年，区城管局严管严控居民、企业及行政事业单位私建乱搭，先建后报现象。全年制止130起，下达整改书102份，拆除城市违建125处，计2287平方米；其中，配合高良涧街道等部门拆除违建1800多平方米。

【城市环卫】 2016年，洪泽城区保洁范围扩大至240万平方千米，含96条街道（路）、7个广场、1个公园。区城管局进一步规范城市街道清扫、保洁、清运、垃圾处理等环节，细化质量标准，加大街道保洁工作力度，做到主干道及两侧人行道必须达到“四无、六净、二不”标准。同时增加人力，加大设施设备投入。至年底，城区环卫人员349人。拥有各类环卫车辆38辆。其中洒水车4辆，扫路车15辆，垃圾收集车8辆，垃圾贮运11辆。当年购置环卫作业车辆9辆，环卫作业车辆总数31辆，城区主次干道路面全部实行机械化冲刷。另购置全密封式电动垃圾收集车10辆，全密封式垃圾收集车总数达到170辆，淘汰了非密闭式垃圾收集车辆；配置密闭式人力三轮式保洁车，总量增至192辆。在城区街道及广场公园等其他公共场所放置垃圾桶330个、果皮箱85个。

全年，区垃圾中转站转运垃圾6.5万吨，清理街道死角各类垃圾810余处，1700多车，600多吨。

【“智慧城管”项目通过省级验收】 该项目于2015年9月全面启动，2016年5月建成并通过省住建厅初步验收，8月通过终审验收。“智慧城管”使洪泽城市管理步入了信息化管理轨道，对洪泽城区17平方千米内的城市占道经营、违法建设、渣土抛洒、乱拉乱挂等违法违规现象实现全程监管，快速发现，快速处置，有效整治市容环境脏、乱、差现象，提升城市管理水平。

洪泽区“智慧城管”项目总投资600万元，建成万米单元网格1101个，实现共享全区交通、治安、物业等监控探头1000个；划出责任片区5个，明确城市管理部件5大类、85小类、81091个具体点，明确管理事件6大类、80小类；配备专职采集员5名、座席员4名；有协同专业处置部门21个。

当年，城区城市管理案件按期处置率提达到90%，高出省标5个百分点。

【城市管理综合整治】 2016年，区政府召开3次城市长效综合管理会议。区城管局组织开展岗位培训30多次，完成市级任务交办209件、整改199件，整改率95.21%；区级交办任务25260件、整改24338件，整改率96.34%；完成“931”整治项目17个，拓展整治项目13个，项目完工率100%。

【非机动车存放管理】 2016年，洪泽区按照“应设尽设、应划尽划、应收尽收、应罚必罚”的要求，强化对自行车、电动车等非机动车停车秩序的管理，对违规停放的进行劝导、纠正。同时在城区主次干道两侧划设非机动车停车泊位2150个，漆画停车线4700多米，暂扣违规停放非机动车辆745辆，引导、规范非机动车停放6400余辆次。

【临时疏导点搬迁】 2016年3月起，洪泽区启动临时疏导点专项整治活动，对城区健康路、东风路自由市场等45个临时疏导亭棚实施搬迁。主要采取就近疏导，鼓励入住门面房等方法，多项举措解决临时摊点问题。至7月底，完成临时疏导点搬迁工作，还路于交通，解决了城区市场周边区域行路难、停车难问题。

【再生资源交易集中经营】 2016年，洪泽区对城区旧物回收、再生资源交易市场进行规范管理，要求城区主次干道严禁设收购场所，背街小巷收购场所规范。当年，清理主次干道再生资源回收商户30多个，规范背街小巷商户20多个；建设再生资源集中交易市场1个，政府无偿划拨土地180亩，招引资金600多万元，建设办公用房28间、经营厂房80多间，经营面积8万多平方米，实现入驻商户18户。城区回收垃圾收购点实现集中规范经营。

【建筑垃圾规范消纳】 2016年，洪泽区出台《洪泽区城市建筑垃圾管理实施办法》，对全区建筑垃圾运输市场进行全面整治。成立建筑垃圾运输企业4家，运输车辆47辆，审批建筑垃圾处置申请32起，收取建筑垃圾处置费50.75万元。全年共查处36起渣土违规运输行为，暂扣渣土运输车辆2辆，罚款2500元。 （曹夕锋）

城市资产经营

【概况】 2016年，洪泽区城市资产经营有限公司坚持以经济效益为中心，以城市发展为方向，认真履行“投资、融资、资本运营”三大职能，不断创新经营理念、改革管理体系、拓展经营渠道，充分发挥“龙头引领、资源整合、资本放大、品质提升”四大作用。全年实施融资项目27个，融资总额61.1亿元。其中，当年到账项目23个，到账资金总额40.89亿元；申报项目4个，融资总额度20.21亿元。

至年底，公司拥有固定资产总额25.94亿元，比2015年新增加6.72亿元，增长35%。其中，房屋类13.37亿元，土地类12.57亿元。

【国有资产经营与管理】 2016年，区城市资产经营有限公司对名下的国有资产进行集中清理，搭建信息化管理平台，实现对全区各安置小区及各类资产的动态管理，确保管理的科学性和规范性，并对其进行出售、出租等运作，盘活存量资产，保证国有资产的保值增值。至年底，对公司名下尚未分配、出售的资产进行出租，共招租740间，实现租金收入600多万元，住宅、商铺出售收入1000多万元。同时，加大闲置资产管理处理力度，对各安置小区商铺和零星商铺进行清理，清理商铺879间；制定经济薄弱村扶持工作方案，提供90套商铺和120套住宅资源，用于帮扶全区45个经济薄弱村壮大集体经济。

【城建项目实施】 2016年，全区实施（含计划实施）城建项目19个，总面积约268.5万平方米，总投资约89.7亿元。主要有“三馆一中心”、芳草谷大厦（人才大厦）、实验小学城南校区和天鹅湖幼儿园、洪泽区人民医院异地新建等8个PPP项目；高良涧街道胡庄村拆迁安置区（328省道两侧拆迁安置小区）工程、经济开发区东扩项目、盐化工区、浔河（348省道）拆迁安置区工程等5个安置区项目；洪鑫大厦、西七道桥梁工程等6个其他类项目。

【居民小区维修】 2016年，区城市资产经营有限公司把群众反映的小区房屋质量问题定期进行汇总、讨论、研究，制定具体解决方案，及时上门维修。全年接待楼顶漏水、外墙渗水、窗户损坏、电梯维保等报修、维修1200多起，全部及时安排维修，并进行跟踪回访，维修合格率和回访率均达到95%以上。

【江苏洪泽湖建设投资集团有限公司】 2016年，该公司有专业技术人员37名，其中本科学历23名，专科学历以下人员14名。全年组织融资项目27个，融资总金额61.1亿元，当年落实到位资金40.89亿元。 （王 枫）

供 电

【概况】 2016年，全区有供电用户185020户，其中大工业用电360户，非普工业用电4270户，城镇居民用电64125户，农村居民用电97187户，农村生产及其他用电19076户。

当年，国网江苏省电力公司淮安市洪泽区供电公司（以下简称区供电公司）实现供电量14.72亿千瓦时，网供最高供电负荷30.97万千瓦，创历史新高，线损率完成4.28%。完成业扩报装容量25.813万千伏安。

区供电公司再获“江苏省文明单位”荣誉称号，被国网江苏省电力公司表彰为“2016年度安全生产先进集体”、同业对标管理评价标杆单位、检修专业和营销专业标杆单位、物力专业进步标杆单位。分组同业对标综合评价、业绩评价、管理评价和检修专业、营销专业位列17家县级供电公司第一名。农村供电所全省同业对标位列第一。被国网淮安供电公司表彰为“2016年度安全生产标兵单位”“四好”领导班子、文明单位标兵、党风廉政建设先进单位，并获总经理特别嘉奖。被区委、区政府表彰为科学跨越发展考核先进集体一等奖。

【电网建设】 2016年，区供电公司完成区域首座户内GIS智能杨码110千伏开关站启动投运，该工程获得国家电网公司命名“达标投产输变电工程”称号。老子山110千伏输变电工程前期工作准备完成，具备开工条件。完成220千伏草泽变、110千伏三圩变以及110千伏岔河输变电工程相关前期准备工作。全年完成洪泽精亚、淮安宏亚、西顺河电厂等35千伏用户及光伏电站接入系统工作，初步完成2017年510个储备项目设计工作，为工程开工建设打下基础。按期完成110千伏西顺河变、万集变主变租赁工程项目，洪泽变、蒋坝变和东双沟变10千伏开关间隔改造工作。全年完成生产技改工程9项、生产修理项目15个，配网维护改造项目699个，累计完成变压器改造180台，新增布点149台，新建环网柜129台和102条线路框架调整。完成农网维修改造项目724个，累计维修电杆3469根，安装低压配电箱及低压电缆分子箱395台，低压线路362.79千米，接户线改造15638户，筑牢区域供电网架。

区供电公司职工在进行杆上作业

【电网安全运行管理】 2016年,区供电公司组织开展各类安全大检查,及时消除安全隐患。全年,领导干部和管理人员到岗到位1160人次,现场发现问题236条,全部落实整改措施。全年督察施工现场596个,下发督察通报19期,全面在控工程施工现场安全。开展线路周期巡视、夜巡、特巡等300余次,测量配变负荷500余台次,发现整改隐患53处。开展配电设备绝缘化整治,完成450台柱开、1299台配变绝缘护套补装及934处线路接头裸露处绝缘化整治,补装驱鸟器2200余只。清理通道内外树木近万棵,35千伏及以上线路实现"零外破",配网线路跳闸同比下降72.97%,配网线路强停故障同比下降73.33%,实现5个月"零强停",有效保障设备安全运行。截至12月31日24时,区供电公司实现连续安全生产10814天,再获该年度淮安市"安康杯"竞赛优胜单位称号。

【打造供电服务"绿色通道"】 2016年,区供电公司启动供电服务"绿色通道"活动,领导班子成员挂钩联系经济开发区,负责政府重点项目供电协调和督办,全力推动重点项目供电服务提速提质。加强重要活动保电工作,完成区委、区政府"两会"、民生面对面电视问政、大世界基尼斯洪泽掼蛋大赛、中国洪泽湖国际大闸蟹节、洪泽湖国际半程马拉松比赛和"艳阳度假汤沟杯"CBSA洪泽美式9球国际公开赛以及高考、中考等现场保电任务,实现"零差错、零闪动、零投诉"。扎实开展营销农电"三巩固、三提升、三突破"劳动竞赛活动,有效夯实营销基础管理。开展101%和双百服务,提升客户满意度。开展营销人员服务规范、工单办理方法等业务培训,全面提升服务水平。区供电公司获江苏省放心消费创建活动先进单位称号。圆满完成区域高速公路段2个充电站8个快充电桩建设工作。完成"源网荷"智能网荷互动终端7个重要用户的安装。区供电公司在全省率先完成区域变电所关口、配变关口等非智能电表17.88万只更换工作。在全市率先完成"三(四)表合一"1683户采集建设任务。充分发挥农电管控中心作用,打造"百姓最满意供电所"品牌。积极开展了国网江苏省电力公司营销部与区供电公司三河供电所、岔河供电所开展结对帮扶工作,提高了供电所业务水平。农村供电所同业对标位列全省第一,共和供电所获得省公司命名四星级供电所。岔河、共和供电所分获国网江苏省电力公司表彰2016年度乡镇供电所管理提升劳动竞赛先进单位。

【第二轮电力志出版发行】 2016年9月,由区供电公司组织编纂的《洪泽县电力工业志(1988—2010)》正式出版发行。该部志书为1992年版《洪泽县电力工业志》的续志,是《淮安市电力工业志》丛书的分卷,记述1988年至2010年全县电力建设发展历史。志书主编为徐家镇,副主编为刘凤飞;先后由刘凤飞、徐家镇、杨苏仁等统稿总纂,历经八个寒暑,数易其稿,最终付梓问世。全书共10章39节,计35万字,16开本总页数292页,精装全彩印刷,由凤凰出版传媒股份有限公司江苏人民出版社公开出版发行。

【李大银入选国家电网公司优秀专家人才库】 区供电公司员工李大银在二次系统运维检修专业岗位上,不断追求技术创新,工作十二年中,由他直接参与研制的16项QC科技创新项目中,有12项获得国网江苏省电力公司及以上奖项,其中3项获得国家实用新型发明专利,4项新型技术发明,6项管理创新成果。

2016年,通过层层选拔,李大银成功入选国家电网公司优秀专家人才库。 (杨苏仁)

供　水

【概况】 2016年,全区有自来水用户81958户。其中,区自来水公司有自来水用户69246户,含居民用户68796户、工业用户450户;井源水务(洪泽)有限公司有自来水用户12712户,含居民用户11825户、工业用户45户。

全年,全区自来水生产销售问题901.10万吨。其中,区自来水公司生产销售总自来水量604万吨,井源水务(洪泽)有限公司生产销售总自来水量297.1万吨。

区自来水公司主要负责老城区居民生活用及企业工业用水供应及供水管道铺设维护,井源水务(洪泽)有限公司主要负责新城区(含城市东区片、南区片)居民生活用水及企业工业用水供应及供水管道铺设维护。

【供水生产】 2016年,区自来水公司生产用水全部取自钱码取水口,年取水量735万立方米;日处理净化能力5万立方米,日输出水量1.9万立方米。井源水务(洪泽)有限公司生产用水全部取自周桥灌区渠首处取水口,年取水量

1824.494万立方米；日处理净化能力5万立方米，日输出水量4.99万立方米。生产过程中，各自来水生产单位均做到严格控制“混凝、沉淀、过滤、消毒”等净水工序，确保输出水质符合《国家生活饮用水相关卫生标准》要求，保证居民生活用水安全。

【水费征缴】 2016年，全区自来水水费收取总额4440.8万元。其中，区自来水公司收取水费1481万元，含收回陈欠水费500万元；井源水务（洪泽）有限公司收取水费2959.8万元，含居民生活用水费用88.7151万元，企业用水消费72.97万元，区域供水消费333.24万元，其他用途消费2464.87万元。

洪泽区自来水营业大厅

当年，区自来水公司在城区人民南路24号水费征缴大厅正常收缴用户水费。另开通微信缴费功能（微信号为“hzxzlsgs）”，区自来水用户可通过微信缴纳水费。同时，与区工行、建行、农商行、邮储银行等金融机构以及支付宝、电易宝等移动支付平台建立水费代缴业务，用户可选择不同缴纳方式缴纳水费。

【供水管网建设维护】 2016年，全区供水管道总里程120千米。其中Ø400管道30千米，主要为球墨铸铁管道；Ø100~300管道40千米，Ø100以下管道50千米。

年内，区自来水公司完成1个安置保障房小区供水管道安装任务；组织实施水岸花城小区、胡庄安置小区供水管网安装施工工程。全年完成520户用水小户安装接水任务，安装管道33.2千米。自筹70万元，对北京桥以东至东三街路段的管道进行改造，安装Ø400球墨主管道500米，解决该地区管道老化、水压低问题等问题。当年冬季，区自来水公司组织实施城区水岸花城、安芯智能港、卧龙金湾、机关小区等46个居民小区1.2万余户用水户的水表组及管道保温防冻措施，主要采用水表池填沙、水表组保温、楼梯间管道保温等方法。

2016年，区自来水公司进一步完善整套抢修应急措施，并设立24小时受理电话，提升预防管控突发事件能力；定期对全区管网进行巡查排污，确保全区自来水干净卫生达标。

全年，区自来水公司组织抢修Ø100以上管道351处，Ø90以下管道1023处，换表、换阀、查漏水等591处。井源水务（洪泽）有限公司组织抢修Ø100以上管道82处，换冻表2300块、换阀、查漏水等210处。

【供水安全监管】 2016年5月，区自来水公司成立安监部，负责全县供水用户稽查、违章用水查处、抄收水表复查、水量分析督查工作。7月，对没有收取水费的老旧小区实施一户一表改造安装，建卡收费。完成城区用水情况进行分片核查工作，整改200多户门面房水表无法抄见、长期不用水户以及找不到户主等现象。

【客服窗口工作】 2016年，区自来水公司客服窗口接待用水客户到访后进行登记用户姓名电话，完善用户资料并及时反馈到公司相关部门处理客户反应的问题。

当年，区自来水公司客服中心变更用水户信息资料178户、接洽开户30户、协调新房送水42户，告知闸阀坏维修26户、通知缴清欠费复水户42户、处理用户要求抄表26户。同时，妥善解决群众查询卡号、用水费用质疑等问题。井源水务客服中心接洽开户2124户、协调新房送水1370户，告知闸阀坏维修206户、通知缴清欠费复水户10户、处理用户要求抄表 8户。

（徐于荣　王天荣）

供　热

【概况】 2016年，中电洪泽热电有限公司完成售电量2274.96万千瓦时，比2015年增加234.82万千瓦时，增长11.5%；实现销售收入830万元，同比增加15万元，同比增长1.84%。供热36.99万吨，同比增加1.52万吨，同比增长7.3%；实现销售收入6251万元，同比增加212万元，同比增长3.5%。全年各项业务收入7081万元，同比增长3.3%。

【供热生产】 至2016年底，洪泽热电公司用热用户达80户（所有热用户都为工业园区企业），全年用热量36.99万吨。

当年加大供热费用收缴力度，做到应收尽收，重点催缴陈欠电热费用，解决历史遗留陈欠管损问题，实行“一户一表、一户一策”，制定并实行陈欠热费收缴方案和考核机制。采用催缴、沟通、协商和停气手段，对长期停用单位，采用沟通、协商、政府协调或司法法律程序来解决。全年实现售热收入6251万元（当年生产热量的开票收入），其中回收陈欠热费439万元。

【电力生产】 2016年，洪泽热电有限公司1台6MW发电机组进行生产发电，完成发电量2274.96万千瓦时(非生物质发电)，全部注入上国家电网。上网电价0.43元/千瓦时(含税价)，总电力销售收入830万元。

【安全管理】 2016年，洪泽热电公司多项举措落实安全责任，提升安全管理水平。一是精心组织开展厂区防寒、防冻安全生产大检查工作，整改39条不符合项安全生产要求项目；利用节日期间供热量低，对供热管道进行集中消缺，完善春节期间各项安全保障措施，保障节日安全。二是按上级公司要求开展春季安全大检查，进一步查找和消除安全生产隐患，做好迎接汛期和机组迎峰度夏的各项准备工作。三是按照集团公司要求，9月份开展秋季内部安全检查，发现并整改76项问题。四是10月30日，对化水增容、生物质改造工程进行停工整顿。

【外包工程管理】 2016年，洪泽热电公司强化外包工程现场管理，采取当班值领导和运行人员进行巡查、处罚教育并举措施，齐抓共管。4月，公司对化水土建承包商违章现象进行停工整顿，组织相关施工人员停工学习；9月，对生物质改造现场违章现象进行处罚。

【环保管理】 2016年，洪泽热电公司强化环保意识，采取措施，改造配套设施设备，提升排放标准，确保公司各项排放物达到国家新标准，热电项目始终达标运行。公司制定新的管理细则，要求运行值编制轮值表，责任到人，每小时对环保设备及环保监测设备最低巡视一次，发现异常立即检查处理汇报。同时，为提高运行人员对环保突发情况处理能力，运行部协调生技部、HSE部，请港能环保维护公司对全能以上人员进行设备理论知识、操作方法、故障处理等培训，确保不出现环保事件的发生。全年，无污染事故发生。

【燃料采购】 2016年，洪泽热电公司抓住主供应商，紧盯市场变化，节约生产成本。年初，国内煤炭市场价格呈现大幅波动趋势，上半年煤炭价格波动较小，下半年煤炭价格出现连续大幅上涨态势。公司严格按“抓住主供应商，紧盯市场变化”的煤炭采购策略进行煤炭采购活动，并认真分析煤炭市场价格走向，及时准确地将煤炭信息上报公司，供燃料采购领导小组研究决策。经过与市场对比，公司煤炭主供应商淮南矿业集团煤炭价格调整相比与市场滞后，特别是6月、7月、8月淮南矿业集团的煤价明显高于市场同等质量的煤价时，公司适时调整采购方向。全年节约煤炭采购成本约60万元。

(赵　莉)

供　　气

【概况】 2016年，洪泽区有管道燃气公司1家，天然气供应站2个，液化气储配站4个。当年，华海管道燃气公司洪泽分公司新建三河燃气储配站一处。燃气储存总量52967.94立方米，其中液化石油气808立方米，天然气52159.94立方米；居民用气总量3442884.42立方米，其中天然气用量3441309.42立方米。

当年，全区管道燃气用户2.8万户，其中新增管道燃气用户5570户(含新挂表用户)，非居民用户33户。居民管道天然气普及率75%。

【燃气管网建设】 2016年，全区新铺设燃气管道11.59千米，主要集中在城区居民小区。至年底，全区燃气管道总里程112.7千米。

【燃气小区建设】 2016年，全区有燃气小区93个，天然气用户总量28258户；其中当年新建嘉怡花园、洪盛国际二期、水岸花城等9个燃气小区，新增加天然气用户5570户。

【燃气价格平稳】 2016年，全区天然气价格在2元至4元之间，与2015年度基本持平；其中，居民用天然气价格为2.6元/立方米，工业用天然气价格为3.45元/立方米，商业用天然气价格为3.65元/立方米。瓶装石油液化气价格基本稳定在85/瓶(15千克)左右。

【燃气市场监管】 2016年，区住建局加强燃气市场安全监管，重点对全区瓶装石油液化气进行安全监管。全年会同区公安局、市场管理局、安监局等燃气管理部门开展全区瓶装液化气市场联合执法行动10次，行政处罚26起，处罚总额36000元。其中移交司法部门1起，判处一年缓刑1人。

(张　娟)

金融·保险

人民银行

【概况】 2016年,全区各类银行业金融机构10家(其中法人机构2家,支行以下机构8家),各类分支机构36个(含国有控股银行10个),银行员工755人。

至年末,全区银行业金融机构各项存款余额221.02亿元,比年初增加40.83亿元,增长23%。其中,人民币存款余额220.26亿元,比年初增加40.95亿元,同比多增1.99亿元;外汇存款余额0.11亿美元,比年初下降0.0257亿美元,同比少增0.0304亿美元。区内银行业金融机构各项贷款余额158.84亿元,比年初增加26.35亿元,增长20%。其中,人民币贷款余额158.71亿元,比年初增加26.26亿元;外汇贷款余额0.0193亿美元,比年初增加0.012亿美元。

当年,区人行获淮安中心支行系统"党章·党规·党史"知识竞赛团体三等奖;被区委、区政府表彰为2016年度科学跨越发展目标考核"优秀服务部门",获全区财税服务业工作先进集体。

【推动货币政策传导】 2016年,区人行利用窗口指导加强货币政策传导工作,通过召开全区年度金融工作会议暨"政银企"融资对接会,明确金融发展新目标和新举措,组织10家银行机构与254户企业签订33.57亿元融资协议,全年实际对接240户、落实对接资金38.01亿元。按季召开银行机构行长联席会、学习会,通报金融运行情况,引导银行机构切实加大对"三农"和实体经济的信贷投入。

【维护金融秩序稳定】 2016年,区人行持续深入开展金融生态创建工作,完善创建协调机制,组织开展"金融生态县"评估,评估结果达到预期目标。围绕金融风险防范持续开展金融投资者教育工作,全年组织8次专题宣传教育活动。有效落实存保制度,组织开展存款保险风险评级工作和对投保机构的风险监测。积极实施"两管理两综合"工作,举办银行机构执行人民银行政策评价工作培训班,强化监督和情况通报,确保全区金融秩序平稳。

【推动金融精准扶贫】 2016年初,区人行结合辖区实际,制定《洪泽县金融精准扶贫工作实施方案》,确立五年发展目标,推动农商行建立贫困户档案,安排精准扶贫贷款专项计划1000万元。至12月末,对1579户贫困户授信7325万元,实际用信245户、金额2268万元。同时,区人行采取多种方法推进农村承包土地经营权抵押贷款试点,督促指导区农商行在有条件的乡镇开展农村承包土地经营权抵押贷款试点工作。其中,区农商行累计发放土地经营权抵押贷款12笔585万元,余额350万元,其中最大单户贷款额350万元。

【金融服务实体经济】 2016年,区人行切实落实区政府《关于降低实体经济企业成本的实施意见》,在降低企业融资成本方面提出"扩大融资担保规模、创融资模式"等五项措施。开展金融帮办活动,集中调研走访11户制造业企业,了解生产经营、融资需求等情况。对"企业服务月"期间27户企业反映的"因无抵押,导致融资难"等融资需求问题,组织银行机构逐一排查,提出相应对策建议。此做法得到区委书记朱亚文充分肯定并作批示。牵头组织和举办"洪泽区电视问政于民——金融服务专场"活动。

【落实新型城镇化重点项目资金100亿元】 2016年,区人行按照央行等八部委《关于金融支持工业稳增长调结构增效益的若干意见》和区委、区政府要求,牵头组织辖内银行机构梳理新型城镇化金融项目建设清单,筛选33个项目纳入洪泽2016年新型城镇化重点项目,项目总金额100亿元。

【信用体系建设】 2016年,区人行组织开展农村信用体系建设"123"创建评选活动,制定《洪泽县农村信用体系建设"123"创建评选活动方案》,在全区范围内开展信用示范镇、村、户的评选活动,共评选出1个信用示范镇、20个信用示范村、300个信用示范户,通过发挥先进典型示范效应和带动作用着力构建以"信用档案、信用评价、信用创建和信用激励"为核心的并具有洪泽特色农村信用体系创建工作机制。着力提高征信窗口服务水平,依法合规开展征信查询工作。全年累计办理个人征信查询7087人次、企业355次。

【农村支付环境建设】 2016年,区人行持续推进农村精品特色金融综合服务站建设,实现农村金融服务站可持续发展。至12月末,建成精品站25家、特色站2家。有序推进粮食收购非现金结算,制定《洪泽县粮食收购非现金结算实施方案》,金融机构和粮食部门联合成立领导组织,利用农村金融机构、农村金融综合服务站和助农取款点组织大力宣传,印发宣传单10余万份,悬挂宣传横幅200多条、宣传海报2600张、短信40万条,组织对粮管所、收购企业、粮食经纪人、种粮大户进行集中培训辅导。当年夏收期间,全区国有粮食企业政策性收购100%实现非现金结算,自营收购87.74%实现非现金结算,粮食经纪人与农户间非现金结算比率达92.41%,促进各类非现金结算工具在粮食收购中的使用和农村地区支付环境的改善。 (袁启斌)

农业发展银行

【概况】 2016年,中国农业发展银行淮安市洪泽区支行(以下简称区农发行)积极实施国家农业政策性存贷业务,全面实现"一类行"目标。全年实现经营性利润7693万元,完成目标任务的182.73%,比2015年增长89.39%。

当年,区农发行获江苏省分行一类行、淮安市农业开发银行系统先进集体。

【人民币存款业务】 截至2016年年底,区农发行实现人民币各项存款余额134517.59万元,比年初增加57809.66万元,同比增长82.58%。当年完成市农发行人民币存款任务的371.36%。

【人民币贷款业务】 截至2016年年底,区农发行各项贷款余额285099.22万元,较年初增加132969.81万元,同比增长153.21%。全年累计投放各类贷款211062万元,其中投放中长期贷款163900万元。

【银企对接总量达到十六亿】 2016年,区农发行继续加大支持地方经济建设力度,积极与地方企业沟通,了解项目发展状况及资金投向动态,主动化解资金放贷风险。当年成功开展银企对接7户,注入企业发展资金总量163900万元。 (赵 伟)

工商银行

【概况】 2016年,中国工商银行股份有限公司淮安洪泽支行(以下简称洪泽支行)有注册员工60人,内设综合管理部、公司金融业务部、个人金融业务部3个部门,下辖3个营业网点。年内,区工行主要经营本外币存贷款业务、信用卡业务、贵金属业务、基金业务、代理保险业务、各类支付与结算业务、进出口贸易和非贸易结算业务以及广大市民已熟知运用的自助银行、电话银行、手机银行和网上银行等产品。

当年,洪泽支行加强市场拓展,狠抓内部管理,严控不良资产,稳健经营,实现利息收入8786万元,实现营业利润9625万元,税后利润7356万元,在全市工商银行系统综合考核中位列全市第一名。区工行被省工行、市工行两级分行授予2016年度"先进集体"称号,被区委、区政府表彰为"财税金融服务地方经济先进集体"荣誉称号。

2016年洪泽支行内设机构及下辖网点一览表

表20

名 称	地 址	负责人	服务电话
行长室	洪泽区东风路51号	王玉亮	87222809
副行长室	洪泽区东风路51号	颜 健	87228351
纪委(工会)	洪泽区东风路51号	钱 勇	87228353
综合管理部	洪泽区东风路51号	张少华	87228354
公司金融业务部	洪泽区东风路51号	陈风军	87222230
个人金融业务部	洪泽区东风路51号	赵淮波	87228352
营业室(含自助网点)	洪泽区东风路51号	余新年	87223190
人民路支行(含自助网点)	洪泽区东三街北京路小区东门南侧	王 雷	87222309
北京路支行(含自助网点)	洪泽区北京路105号	徐正才	87228358
自助网点	洪泽区东七街商业5-108号	余新年	87223190
自助网点(建设中)	洪泽区东风路112-1号底层商铺	陈国忠	87223190

【存款业务】 截至2016年12月31日,洪泽支行各项存款余额182552万元,较年初新增26790万元,比2015年年底增长15%。其中,对公存款余额99539万元,较年初增加16116万元,比2015年年度增长16%;储蓄存款余额80294万元,较年初增加10846万元,比2015年年度增长14%;同业存款2719万元,较年初下降172万元,比2015年年度下降9%。

【贷款业务】 截至2016年12月31日,洪泽支行各项贷款余额214564万元,较年初增长43436万元。其中,公司类贷款余额141966万元,较年初上升40471万元,比2015年增长29%;个人类贷款余额72454万元,较年初上升3609万元,比2015年增长5%;票据贴现为144万元,较年初下降644万元,比2015年下降5%。

当年,个人贷款业务中,个人住房贷款余额64546万元,较年初增加6671万元,个人贷业务份额在洪泽区四大国有银行(工行、农行、中行、建行)中占比仍居第一。

【中间业务】 截至2016年12月31日,洪泽支行实现中间业务收入5080万元。其中,公司类中间业务收入4196万元,比2015年增长151%;个人类中间业务收入884万元,比

2015年增长165%。

【不良贷款压降】 截至2016年12月末，洪泽支行完成各类不良贷款压降额2700万元。其中，公司类不良贷款压降1500万元，占公司类总额1%；重组个贷不良客户26户，落实到户23户，累计清收个人不良贷款总额1100万元，占当年个人不良贷款总额1.5%，全面完成市行下达的任务。

【城区东七街自助网点建设】 2016年4月，洪泽支行租用洪泽区东风路112-1号底层商铺（杜甫广厦1幢93室）门面房1间，合57.71平方米，用于自助银行网点建设。4月，开始装潢门面。共设计安置4台自动存取款机等设备，当年安置2台自动存取款机。（叶志秀）

中国银行

【概况】 2016年，中国银行股份有限公司洪泽支行（以下简称洪泽中行）在岗职工26人，内设公司部、个金部、营业部、办公室等4个部门。有营业网点1个，自助服务区2个。主要经营本外币存贷款业务、个人银行、信用卡以及支付结算和理财业务等。

当年，洪泽中行实现账面拨备前利润2685.93万元，绩效排名位列同组第三，全年实现安全运营。

【贷款业务】 至2016年12月末，洪泽中行人民币贷款余额91944万元，比年初新增18828万元，增幅26%，新增额列当地“四大行”第三。其中，人民币公司贷款余额59495万元，比年初新增15868万元；消费贷款余额32449万元，比年初新增2960万元。

【存款业务】 至2016年12月末，洪泽中行各项存款余额97757万元，较年初新增24969万元，增幅34%，新增额在当地“四大行”中列第二。其中，对公存款余额为66626万元，较年初新增17100万元；对私存款余额为31131万元，较年初新增7869万元。

【中间业务】 至2016年12月末，洪泽中行实现中间业务收入665.01万元，比去年同期新增206.36万元。其中，公司板块中间业务收入363.09万元，个金板块中间业务收入301.92万元。（陈 斌）

农业银行

【概况】 2016年，中国农业银行股份有限公司淮安洪泽支行（以下简称洪泽支行）多渠道拓展存贷款业务，细化内部管理制度建设，加强风险管控力度。至年末，本外币各项存款总额18.01亿元，较上年净增2.50亿元；各项贷款总额16.04亿元，较年初增加新增3.44亿元；实现营业收入7308万元，其中中间业务收入1846.73万元。年末实现拨备后利润3527万元。

【存款业务】 截至2016年末，洪泽支行本外币各项存款余额18.01亿元。其中，对公存款余额7.12亿元，比2015年增加0.99亿元；个人存款余额为10.89亿元，比2015年增加1.50亿元。

【贷款业务】 2016年，洪泽支行拓展公司、三农项目营销、个人住房贷款业务，有效增加信贷投放量，资产业务快速增长。截至年末，洪泽支行各项贷款余额12.60亿元，比年初增加2.39亿元。其中，法人客户实体贷款余额49593万元，比年初增加23072万元；贴现贷款余额3399万元，比年初减少550万元；个人零售业务贷款余额73018万元，比年初增加1370万元。

全年，洪泽支行投放惠农项目贷款总额5.55亿元。其中，“洪泽区城乡建设用地增减挂钩项目”投放贷款1亿元，“洪泽区‘十二五’区域供水工程项目”投放贷款1.25亿元，“洪泽区节水灌溉项目”投放贷款1亿元，“洪泽区白马湖上游九条中小河道整治及生态修复工程项目”投贷款2.3亿元。

至年末，洪泽支行不良贷款22笔，凭证余额587万元。其中，法人不良贷款1笔，金额200万元；个人不良贷款21笔，金额387万元。

【中间业务】 截至2016年年末，洪泽支行企业网上银行活跃客户新增91户，企业短信通新增166户，个人短信通客户增加13625户，掌上银行客户增加7290户，快E付客户增加6858户，转账电话客户增加119部，E商管家客户增加119户，新增贷记卡客户2430户，特约商户新增31户。全年E商管家交易额4831万元，分期业务交易额增加2350万元。中间业务收入1846.73万元，比2015年增加879.72万元，增长47.7%。

【信用卡业务】 截至2016年年末，洪泽支行信用卡余额3860万元，其中不良余额30万元，较年初增加5万元，不良率0.79%。没有重大实质性风险发生。

【机构网点建设】 当年，洪泽支行综合管理部、财会运营部、信贷管理部、客户部四个部门，在岗职工33人。下辖支行营业部、高良涧镇分理处、高涧分理处、三河分理处四个营业网点；另有金泽花苑、泽地华城两个离行式自助银行；岔河惠农便利店将服务延伸至基层乡镇。网点在岗职工54人。（毕植科）

建设银行

【概况】 2016年，中国建设银行股份有限公司洪泽支行（以下简称区建行）内设办公室、客户部、营业部三个部门，有员工46人;在洪泽区东风路85号有综合办公楼一幢,总面积1600平方米;2016年10月在洪泽区东城一品1幢18号购买的办公楼投入使用,总面积1200平方米。当年,区建行主要经营存款、贷款、会计结算、代扣税与电费、代发工资、代缴电话费、代理国债、基金与保险的销售、银证转账、贵金属买卖、汽车分期贷款等业务。全年实现利润3315万元。

当年,区建行被中国建设银行股份公司淮安分行评为2016年度先进集体。

【存款业务】 截至2016年年末,区建行一般性存款余额为18.88亿元,较年初新增6.96亿元;其中:对公存款余额为14.2亿元,较年初增加6.39亿元;个人存款余额为4.68亿元,较年初新增0.57亿元。全年办理储蓄卡超过15000张、个人电子银行9600余户。外币资本金流入持续稳定;其中美元1115万元、港币4536万元、跨境人民币2.59亿元,全市同业排名靠前。

【信贷业务】 2016年年末,区建行各项贷款余额为11.34亿元,较年初增加0.62亿元。其中对公贷款余额为3.48亿元,较年初增加0.25亿元。全年办理19户融资业务,总款3.93亿元。

当年,区建行新签住房贷款按揭协议2个,个人贷款余额为78623万元,较年初新增3695万元,不良贷款余额为303.99万元,较年初增加193.7万元,不良率为0.38%。

【业务管理】 2016年,区建行围绕政府类客户、重大基础设施项目、大型龙头企业和供应链四个重点,扎实推进"主动授信、百行千户"活动,深入园区、贴近客户、走进市场,全面推进综合营销工作。调整大中小型企业授信策略,按照存量客户与新增客户并举、长期限与中短期并举,以中短期为主的指导要求,将制造业客户、本地特色产业、贷款需求旺盛的中小企业业务领域作为授信业务的主要着力点,挖掘优质存量客户潜力,全力推进公司客户信贷业务发展,积极支持地方实体经济发展。扎实服务个人住房按揭贷款市场,加快推进零售信贷业务转型,积极拓展如汽车分期贷款、"安居分期""快贷"和"助业贷款"等产品,全力支持区域消费市场发展。 (成　恺)

农村商业银行

【概况】 2016年,江苏洪泽农村商业银行股份有限公司(以下简称区农商行)下设13个部门,拥有18个支行、1个分理处,在岗职工总数314人。

至年末,区农商行资产规模80.67亿元,实现各项收入3.89亿元,资本利润率8.79%,资本充足率12.18%。不良贷款损失准备充足率408.11%,资本充足率12.18%。

2016年区农商行内设机构一览表

表21

部门名称	工作职责	负责人	服务电话
办公室	综合、党建等	王金宏	87222762
市场营销部	市场营销、产品研发	王伟民	87231550
金融同业部	同业金融产品	袁维娣	87206333
审计稽核部	审计稽核	徐　萍	87227733
计划财务部	财务核算与管理	董　进	87296373
运营管理部	会计核算与管理	徐　海	87230660
信贷管理部	信贷管理	陈　亮	87261770
资产保全部	资产保全	赵可玉	87234402
风险合规部	风险合规管理	曹　阳	87261771
人力资源部	人事考核与管理	陈文和	87222816
安全保卫部	安全保卫管理	周德明	87226850
监察室	投诉、行风行纪督查	沈　胜	87231308
科技信息部	网络管理与运行	李　静	87231330

2016年区农商行下属支行(营业部)一览表

表22

名　称	地　址	负责人	服务电话
营业部	洪泽区人民路23号	周冬晨	87231361
高良涧支行	洪泽区东风东路44号	丁　磊	87223772
朱坝支行	洪泽区朱坝镇新街东路6号	陈昌兴	87633011
黄集支行	洪泽区黄集镇黄河路132号	吕鹏仁	87612219
岔河支行	洪泽区岔河镇振兴路60号	郭云松	87662059
仁和支行	洪泽区仁和镇江淮中路48号	石　亚	87552215
万集支行	洪泽区万集镇双龙路132号	史爱高	87532219
东双沟支行	洪泽区东双沟街青云路	周致远	87515285
共和支行	洪泽区共和街大治路50号	章　涛	87452978
三河支行	洪泽区三河镇建业路3号	吴　扬	87412623
蒋坝支行	洪泽区蒋坝镇淮宁路58号	徐　浩	87446147
西顺河支行	洪泽区西顺河镇街道	宋　杰	87301011
老子山支行	洪泽区老子山镇迎湖路10号	张中孝	87312483
开发区支行	洪泽区东五街东侧,开发区管委会北侧	周　军	87231317
城北支行	洪泽区中洋旺街蓝波C座108-109号	赵万军	87223169
城南支行	洪泽区幸福广场步行街南门东侧	蔡凤蓉	87223962
大庆路分理处	洪泽区大庆南路45号	郑洪娟	87239196
北京路支行	洪泽区东九道北侧、东二街西侧	郭　沅	87229800
泗州支行	洪泽区城东风路中兴名都8幢S8号	李德华	87261317

【存贷款业务】 至2016年末，区农商行各项存款余额74.33亿元，比2015年增长0.87%；各项贷款余额46.22亿元，比2015年减少2.49%。

【银联业务】 至2016年末，区农商行发行圆鼎借记卡23万张、个人网银1.35万户，手机银行1.32万户，渠道替代率69.3%，成功升级25个农村金融综合服务站精品站。

【中间业务】 2016年，区农商行主要经营理财产品、代缴电费、人民币汇兑等中间业务，各项中间业务总收431万元。全年累计发行自营理财29期，代销理财49期；当年推出自主设计研发的“鼎富·洪泽湖”保本理财产品。11月，首次发行同业存单。

【风险管理】 2016年，区农商行进一步提升风险管控主动性、系统性，打好风险防控主动仗，强抓内控管理。一是推进“阳光信贷”工程，开展“六走进”活动，即走进“村镇、市场、机关、社区、园区、同业”等六大市场。二是推进信贷管理、运营管理精细化建设，保障运营无风险。三是确保安全无事故，紧绷安全这根弦，实现全年“三无”目标。四是树立品牌形象，通过在中国农村金融、金融时报、新华日报等省级以上重点媒体宣传，打造了老子山支行——“水上银行”的先进典型，老子山支行党支部被省联社党委评为“先进基层党支部”，区农商行被中华合作时报社评为“2016全国农村金融年度新闻·机构”奖项。

【公益活动】 2016年，区农商行举行“三项基金”发放仪式，情系青少年学子，奖励优秀学子12.4万元，结对资助困难学生30人；积极参与创建卫生城市和文明城市活动，策划组织区“绝对唱将赛歌会”，开展“金融知识送万家”等活动。 （王金宏）

太仓农商行洪泽支行

【概况】 2016年，江苏太仓农村商业银行有限公司洪泽支行（以下简称太仓银行洪泽支行）主要开展人民币及外汇存款、贷款业务，以及银行卡、水电费代理代收等业务；同时，开展金融投资理财等业务，重点拓展小微企业客户业务，挖掘企业潜力，提高服务质量，提升企业信誉，寻求自身发展空间。全年存贷总额14.63亿元，同比增长21.61%；业务收入0.4亿元，同比减少13.04%。

【存款业务】 2016年，太仓银行洪泽支行开展活期存款、定期存款、定活两便存款及通知存款等存款业务。全年个人存款0.45亿元，对公存款6.25亿元。当年底，各项存款余额6.72亿元，比年初增加0.19亿元，同比增长2.9%。

【贷款业务】 2016年，太仓银行洪泽支行主要开展自然人生产经营性贷款、个人商品房按揭贷款、农户小额贷款及助学贷款等贷款业务；重点加大对区域小微企业贷款扶持力度，支持洪泽地方经济建设。至年底，各项贷款余额7.92亿元，比年初增加2.41亿元，同比增加43.74%。 （陈　强）

邮政储蓄银行

【概况】 2016年，中国邮政储蓄银行股份有限公司淮安市洪泽支行（以下简称区邮储银行）对内设机构进行调整，原综合业务部与综合管理部合并，成立新的综合管理部，增设拓展三部。调整后，邮储银行内设综合管理部、市场拓展一部、市场拓展二部、市场拓展三部4个职能部门。另设营业网点12个。其中，自营网点3个、邮政代理网点9个。全行在岗员工48人。主要经营人民币存贷业务，兼营保险费、水电费收取等中间业务。

全年，区邮储银行累计完成业务收入4492.23万元，完成年计划的105.2%，累计完成拨备后利润2322.06万元，完成年计划的96.96%，收入增长率达18.7%，利润年增长率达25.1%，人均创收91.67万元，同比增长10.89万元，基本实现年初预定目标。

【存款业务】 2016年年底，区邮储银行实现存款余额42467.44万元，比2015年净增9488.30万元，完成年初净增计划37800万元的112.3%；存款额日均余额38452.57万元，日均余额年净增6079.53万元，完成年初计划37000万元的103.9%。

【贷款业务】 2016年年底，区邮储银行实现小额贷款余额11705.47万元，商务贷款余额15787.71万元，消费贷款余额4370.79万元，二手房贷款余额16352.67万元，一手房贷款余额2635.41万元，商业用房贷款余额628.23万元。个人贷款总余额51480.28万元，较2015年底的41301.58万元净增10178.7万元。小微企业贷款余额11450万元。

【中间业务】 2016年，区邮储银行主要经营保险、理财、基金、代收付业务、汇兑等中间业务，当年新增加贵金属业务。全年中间业务收入247.94万元，比2015年增长了118.8%。 （万　军　袁宏伟）

洪泽金阳光村镇银行

【概况】 2016年，江苏洪泽金阳光村镇银行股份有限公司（以下简称区金阳光村镇银行）在职员工41人，下设综合管理部、风险管理部、合规管理部和业务发展部4个职能部门；另有营业部、东风路支行和岔河支行等3个营业网点。年内主要开展对公对私结算、发放贷款、票据承兑与贴现、代收代付等业务。

当年，区金阳光村镇银行实现各项业务总收入3485.09万元，各项支出2480.08万元，实现利润1005.01万元。

【存款业务】 截至2016年12月末，区金阳光村镇银行各项存款余额8.42亿元，比年初增加3.92亿元，增长87.11%。其中，对公存款6.92亿元，比年初增加3.59亿元，增长107.81%；储蓄存款1.5亿元，比年初增加3300万元，增长28.21%。

区金阳光银行举行"金融消费者权益日"宣传活动

【贷款业务】 截至2016年12月末，区金阳光村镇银行各项贷款总额4.61亿元，比年初增加0.72亿元。不良贷款率1.91%。资本充足率17.95%，拨贷比3.58%，拨备覆盖率187.7%。

【银行卡业务】 2016年，区金阳光村镇银行新发行"金阳光卡"1876张。"金阳光卡"继续实行全球自助取款、跨行转账无手续费等优惠服务措施，并不断扩大使用面；年末始，启动磁条卡更换升级工作，全面提升卡安全性能。截至12月末，"金阳光卡"总量3938张，比2015年增长90.9%；卡中余额总量3115.9万元，比2015年增长48.4%。

【营业部迁址】 2016年初，区金阳光村镇银行开始筹备营业部迁址工作。新营业部选址于渤海路富民家园段路西侧建超财富广场5幢8室。整体为四层楼房，总建筑面积3966.31平方米。主要设有营业大厅、行部办公场所以及配套的员工宿舍等场所用房。其中，营业大厅设贵宾室、客户等候区、自助服务区、便民服务区等，为客户创造出安全、舒适、高效的服务环境。9月10日，新营业部对外营业，原营业部改设为东风路支行。 （王　蓉）

人保财险

【概况】 2016年，中国人民财产保险股份有限公司洪泽支公司（以下简称区人保财险公司）有从业人员37人，其中正式员工19人（大专以上学历9人，专业技术人员10人），聘用员工18人，保险营销员持证上岗率100%。主要经营财产损失保险、农险、综合治安保险、责任保险、信用保险、意外伤害保险、短期健康保险、保证保险等人民币或外币保险业务；以及与上述保险有关的再保险业务。全后，全区400余户企业，73600辆机动车，近2万户家庭30万人参加保险，保险保障总额80亿元，占全区财产保险市场份额50%，全面完成区委、区政府下达的责任目标。全年各项保费收入6105万，表结利润421万，实现税收300余万元。

【保险理赔】 2016年，区人保财险公司加强保险理赔服务工作，及时为受灾保户办理保险理赔事项，按保险条款足额赔付，努力稳定全区社会生产，保障人民生命财产不受损失。当年，区人保财险公司办结理赔结案3万余件，理赔总额4119万元，结案率98.5%。 （胡国林）

人寿保险

【概况】 2016年，中国人寿保险股份有限公司洪泽支公司（以下简称区人寿保险公司）内设客户服务部、综合管理部、个人保险部、银邮保险代理部、团体保险部五个职能部门，在岗职工24人，销售人员990人，在三河、东双沟、朱坝、黄集、岔河五个镇（街道）设立营销服务网点。全年实现保费15627.32元，荣获省公司TOP30成长快公司全省第六名。

【人身保险业务】 2016年，区人寿保险公司完成保险业务量 15627.32万元，比2015年增长19.30%。其中，长期保险首年期交6886.79万元，同比增长8.52%；短期保险1271.29万元，同比增长34.78%；续期保险7469.24万元，同比增长28.90%。当年，各项保险业务产生理赔付支出4432.57万元；其中，满期给付3597.30 万元，各项保险赔款支出835.27万元。 （颜嘉军）

中华财保

【概况】 2016年，中华联合财产保险股份有限公司洪泽支公司（以下简称区中华财保公司）主要经营企业财产损失保险、家庭财产损失保险、建筑工程保险、货物运输保险、机动车辆保险、船舶保险、能源保险、一般责任保险、信用保险、意外险伤害保险等业务。公司共有员工8名，业务人员5名。

【保险业务】 2016年，区中华财保公司完成机动车保费563万元、非车险及人身意外险等保费计280万元，商业性农业保险55万元，共计898万元。全年共产生保险赔付623起，赔付率60%，赔付总额538万元。

【学生保险、独生子女家庭保险】 2016年，区中华财保公司为全区10600名中小学、幼儿园学生保险，为4000户独生子女家庭承保意外伤害保险。学生保险产生医疗费用赔付总额48万元。 （金　林）

社会保障

社会保险

【企业养老保险】 2016年，洪泽区为全区企业离退休人员按时足额发放养老保险金45789万元。企业职工基本养老保险参保职工8.54万人，净增参保职工1000人，个体灵活就业人员参保4.18万人。征收养老保险基金3.74亿元，完成年目标的111%，其中清欠402万元，完成年目标的106%。社区管理率100%；档案累计接收率100%；累计为11218名退休人员进行免费体检，完成目标的102.5%。

【机关事业单位养老保险】 2016年，洪泽区机关事业单位参保人员7353人，累计应收保险费12490.2万元，实际征收12465.2万元，征缴率99.8%；清理历年欠费26.5万元，财政兜底资金10021.4万元。离退休4190人，应付养老金22513.1万元，实际支付22513.1万元，社会化发放率100%。累计实地稽核率30.5%，生存情况调查率100%。

【城乡居民社会养老保险】 2016年，洪泽区被征地农民社会保障覆盖率100%，城乡居民社会养老保险共参保82950人，参保率99.7%，城乡居民社会养老保险征缴基金2246.91万元，累计为51887人发放养老金5796.88万元，发放率100%。

洪泽区人力资源和社会保障大厅一角

【医疗保险】 2016年，洪泽区城镇基本医疗保险参保人数127964人，当年新增参保人员4619人，完成年目标的100.6%。其中，农民工参加医疗保险10351人，征收基金21909万元；城镇居民参加医疗保险55871人，征收基金904万元。城镇职工参加医疗保险61742人，征收基金22000万元。

【工伤生育保险】 2016年，洪泽区工伤保险参保人员4.3万人，其中农民工参加工伤保险1.3万人，均超额完成全年目标。征收工伤保险基金965万元。生育保险参保人员4.2万人，完成年目标的100%，当年新增参保2000人，征收生育保险基金737万元，完成年目标的123%。

【失业保险】 2016年，洪泽区失业保险参保人员51200人，新增参保人员1400人；征缴失业保险基金2178万元，失业保险覆盖率96.1%，完成年目标的128%。 （高　元）

劳动就业

【职业技能培训】 2016年，全区城乡劳动者职业技能培训5903人，其中失业培训2025人，新成长劳动力培训1729人。企业职工技能提升培训4332人，完成目标的102%。当期组织鉴定3120人，发证2740人，组织高技能人才培训735人，其中新增技师128人。

【劳动合同管理】 2016年，全区办理劳动合同备案12743人，鉴定13675人。集体合同订立109户，企业集体合同签订率100%。

【劳动争议和监察】 2016年，全区立案受理劳动争议案件192件，案外调解59件，处理结案191件。

年内，开展农民工工资支付情况、清理整顿人力资源市场秩序、规范劳动用工和劳务派遣行为、用人单位遵守劳动用工、社会保险法律法规情况等专项检查活动6次。受理监察案件82件，立案75件，结案53件。通过简单劳资纠纷调处的51件，调处成功率100%。开展“两网化”建设，建立一级网格4个，二级网格15个，“网格化”覆盖率100%。

【就业再就业】 2016年，洪泽区城镇新增就业7626 人，完成年目标的163.6%，城镇登记失业率2.2%。新增农村劳动力转移2350人，完成年目标的146.8%。实现城镇下岗失业人员再就业2363人，完成年目标的107.7%；实现就业困难人员再就业377人，完成年目标的113.7%。创建城镇充分就业社区达标率100%；发放小额贷款2270万元，完成年目标的125%。

2016年11月，区人社局赴乡镇开展招工服务

（高　元）

社会救助

【概况】 2016年，洪泽区建立城乡低保生活保障自然增长机制，实现低保“应保尽保、应退则退”的动态管理机制，规范低保工作流程，已保家庭镇（街道）动态复核率100%，低保提标前入户调查率100%。年内，全区城乡低保2214户4718人，其中城镇低保466户964人、农村低保1748户3754人，年发放低保资金1586.52万元。

全面落实资助省确定的7类对象，确保基本医保覆盖率100%，实现医疗救助比例不低于70%，对困难家庭医疗申请给予按比例救助。设立15个定点医院，医疗救助“一站式”即时结算服务实现覆盖全区，年发放医疗救助金约850万元。建立临时救助、“救急难”专项资金，全年救助临时生活困难群众1020人次，发放救助金95万元。

健全自然灾害应急预案和重大自然灾害紧急救助体系，实现农民住房和居家渔船保险“全覆盖”。创建国家综合减灾社区1个、市级综合减灾示范区1个，争取自然灾害救助金45万元。

社会福利

【概况】 2016年，洪泽区建成“三位一体”关爱服务中心。将区社会救助管理站、儿童福利院和未成年救助保护中心融合建设，更大范围内实现资源整合，10月全面运行。落实《淮安市孤儿保障办法》，全年为全区135名孤儿发放孤儿保障金189.02万元；开展“童享生日”活动，发放困境儿童蛋糕卡价值3.06万元。开展农村留守儿童关爱保护工作。实施“合力监护、相伴成长”专项行动，建立农村留守儿童督导员制度，要求留守儿童监护人外出务工时与委托监护人签订监护协议书、确认书和承诺书，对留守儿童实行动态管理。规范收养登记工作，按照收养法办理收养登记，全年共办理1户收养登记。发展慈善公益事业，完善全区“阳光慈善网”建设，2002—2016年累计募集资金1496万元；运用福彩慈善基金资助28名大学生孤儿完成学业。

住房保障

【房产管理】 2016年，区政府出台《化解房地产库存稳定房地产市场实施办法》，加强分类指导，实施分类调控，建立健全房地产市场调控工作责任制，实施差别化住房税收、信贷、土地供应等政策。全年商品住房去化期由24.73个月下降到13.91个月。全区商品房销售总量为39.5万平方米，商品房新建面积为2.8万平方米，商品房上市量为8.13万平方米。

【经济保障房保障群体扩大】 2016年，洪泽区经济保障房保障群体扩大到城镇中低收入住房困难家庭、新就业人员和外来务工人员。全年发放租赁补贴12.18万元。城镇中低收入住房困难家庭实现应保尽保。

【居民小区物业管理】 2016年，区住建局建立健全物业管理长效管理机制，出台《淮安市洪泽区住宅小区长效管理考核办法》，探索维修资金统筹定存，合理提高资金增值收益。

当年，全区有住宅小区85个，居民住房面积600多万平方米。全区按照“基本型、改善型、提高型”标准，完成惠民家园、富民家园、巴黎花苑等31个老旧小区改造，改造面积约62.75万平方米，惠及6126户居民。

全区备案物业服务企业42家。其中，国家一级资质企业4家、二级企业5家、三级和暂定三级的33家。

（孙　涛　杨兆亚）

住房公积金管理

【概况】 2016年，洪泽区公积金实缴单位722家，实缴职工21158人。其中，当年新开户单位141家，比2015年底净增单位139家，增长23.8%；新开户职工3135人，净增职工2377人，增长12.7%。公积金缴存覆盖范围65.5%，比上年提高5个百分点。

当年，洪泽住房公积金管理中心（以下简称区公积金管理中心）规范资金管理和运作，发挥公积金的互助作用，服务大厅获省住建系统“优质服务窗口”称号，获市公积金中心目标绩效考核“先进部门”。

【缴存业务】 截至2016年末，全区缴存住房公积金总额2.38亿元，比2015年(归集总额1.95亿元)增加22.2%；缴存余额6.06亿元，比上年增加18.7%。

全年，调整住房公积金缴存基数或比例单位317家，涉及职工12888人，新增月缴存额297.41万元。按单位性质，国家机关和事业单位占55.8%，国有企业单位占14.2%，私营企业占11.1%，其他占18.9%。

区住房公积金办事大厅

【提取业务】 2016年，全区住房公积金提取35939笔，14673.32万元，占全年缴存总额61.7%，比上年增加28.2%。其中，住房消费提取11800.88万元，占80.4%(购买、建造、翻建、大修自住住房3937.55万元，占26.8%；偿还购房本息提取7859.03万元，占53.5%；租赁住房费用提取4.3万元，占0.1%)；非消费提取总额2872.44万元，占19.6%(离休退休提取总额2589.36万元，占17.7%；完全丧失劳动能力，并与单位终止劳动关系提取33.86万元，占0.2%；户口迁出所在地或出境定居提取122.99万元，占0.8%；其他情况提取126.23万元，占0.9%)。

【贷款业务】 2016年，区公积金管理中心发放个人住房贷款577户，1.56亿元，同比增长13.3%。当期发放率65.2%，个贷运用率91.2%，无贷款逾期发放情况发生。贷款发放总额占当年缴存总额的69.4%。全年回收个人住房贷款8015.74万元。

【收益和支出】 2016年，区公积金管理中心住房公积金业务收入总额1746.76万元。其中，存款利息收入71.64万元，委托贷款利息收入1668.21万元，保证金存款收入6.91万元。

全年，住房公积金业务支出总额741.12万元，同比增长8.43%。其中，利息支出697.15万元，归集手续费支出35.77万元，贷款手续费支出3.98万元，其他支出4.22万元。

住房公积金单位管理经费支出总额94.55万元，其中，人员经费支出62.62万元，办公经费支出5.15万元，专项经费支出26.78万元。 (杨 毓)

高良涧街道

【概况】 高良涧街道是洪泽区城关街道，辖9个行政村、10个居委会。区域面积111.7平方千米，其中水域面积21.98平方千米。高良涧街道围绕“五个更加”发展要求，抓住“纳湖入城”“淮洪一体化”重大机遇扎实苦干，经济发展和社会事业取得较好业绩。2016年，实现全社会固定资产投资13.8亿元、公共财政预算收入1.73亿元、农民人均纯收入22944元、城镇居民可支配收入29820元。

高良涧街道最美家庭评比现场

农业 2016年，高良涧街道有农业耕地4.02万亩，以稻麦种植为主。水产养殖面积1.2万亩，其中大闸蟹养殖8000亩。主要呈现出耕地流转程度较高、特色农业发展较快、农田设施配套较好等特点。高良涧街道流转土地面积3.1万亩，流转率77.5%，建成连片稻麦种植示范区16个，规模化经营率92%，农业机械化程度98%，秸秆综合利用率100%。打造沿洪三公路农业经济示范带，培植澳蜜尔葡萄园等8家农业体验采摘园，“绿岛牌”螃蟹多次获得“蟹王蟹后”称号。通过项目申报，投入1300万元修建桥梁涵闸216座，铺设水泥路18千米，护砌渠道9千米，农田水利配套设施进一步完善。

工业 2016年，高良涧街道实现规模以上工业开票销售39亿元，工业入库税金0.72亿元。共签约亿元项目9个：投资1.12亿元的宏港技改项目、1.07亿元的康丽欣技改项目、3000万美元的净水项目、8000万元的三企食品项目、6100万元粮食深加工项目、3200万元(农业3000万元以上项目可当作亿元项目考核)的华记水产项目、1.6亿元的洪泽湖美食城项目、1.06亿元经程物流项目、1.16亿元的休闲农庄项目。新开工亿元项目6个：三企食品项目、宏港技改项目、康利欣技改项目、华记水产项目、洪泽湖美食城项目、经程物流项目。新竣工亿元项目5个：海信医药项目、宏港毛纺项目、天泽管业项目、经程物流项目、润龙科技项目。

社会事业 2016年，高良涧街道核实低保对象400户，做到应保尽保；为979户低收入农户共2646人建档立卡；为652户困难家庭实行医疗救助、临时救助，救助金额约18万元；为街道2662名高龄老人办理生活补贴卡，实行动态管理。完成46户渔民上岸登记上报及核批20户购房补贴工作，开展107户公共租赁住房和共有产权房登记核查工作，做好2068人的城乡居民社会养老保险登记工作。投入80余万元改造升级街道综合文化中心。投入30余万元打造建设路小区道德文化墙、惠民一期法制文化墙等一批宣传阵地和文化长廊。投入60万元提升和改造渔文化民俗展示馆、越城民俗展示馆。注册高良涧康乃馨志愿服务协会，注册人数1200余人。

城镇建设与管理 2016年，高良涧街道完成越城等3个村(居)一事一议项目立项报批，争取省级奖补资金90万元，修建村组道路6.22千米；完成大管和邓码灵堂维修工作。投入1630万元完成洪泽湖美食城景观大门、道路黑色化、屋面防水、下水道改造、停车位建设、绿化美化等改造提升工作。王集小区被命名为淮安市第一批市级康居村庄。完成投资1.8亿元的王集二期主体工程。完成惠民家园在内的31个小区和生活大院的提升改造工作，惠及居民6000多户。投入120万元组建城管分局，建设数字城管信息化平台，快速响应群众诉求，及时督查处理情况。打造30个卫生小区，创建20个文明小区，营造15个家风家训文化小区。苏源绿洲、巴黎花苑等8个小区获洪泽区“文明小区”称号。开展328省道安置区和348省道、“三馆一中心”、新实验小学、大吉祥寺等近20项重点项目的拆迁征地和树木清障等工作，及时化解矛盾。

【朱亚文到高良涧街道走访调研】 7月14日，县委书记朱亚文调研高良涧街道经济社会发展情况。朱亚文实地察看宏港毛纺、康丽欣电池和洪泽电子商务产业园，并听取高良涧街道经济社会发展情况汇报，他从综合实力不断增强、城市建设加快推进、人民生活不断改善、社会治理创新不断加强、党的建设不断加强五个方面，肯定高良涧街道近年来的发展。朱亚文说，高良涧街道是全县发展的重要增长极，目标追求要更高，要抢抓融入淮安中心城市和“一带一路”、江苏沿海开发等重大战略机遇，寻求新发展、新空间，保持勇争第一的工作追求，为全县发展多做贡献。

【高良涧街道领导成员名录】

党工委书记　陶　陶（2月免）　陈　磊（2月任）
党工委副书记　赵卒生　顾全新（5月免）
　贝怀强（5月任）
人大工委主任　袁书朋
党工委委员　王　海　胡正旦　赵建政　骈业祥
　王素萍（女）　楚一卿（5月免）
　刘如军（5月免）　丁俊光（5月任）
办事处主任　赵卒生
办事处副主任　胡正旦　郭建强（5月任）
　谢国光（5月任）　贝怀强（5月免）
纪工委书记　王　海

注：镇（街道）党（工）委书记、副书记在党（工）委委员中不重复列名。本栏目其他各镇（街道）亦同，注略。

2016年高良涧街道经济与社会发展概况一览表

表23

项　　目	单位	2016年	2015年	项　　目	单位	2016年	2015年
村数	个	9	9	第三产业	万元	—	—
居委会数	个	10	10	财政收入	万元	25791	27600
村民小组和农业组数	个	174	174	农林牧渔业总产值	万元	59273	59980
户数	户	40297	44058	服务业总产值	万元	21000	17000
总人口	人	116583	130249	乡村实有从业人员数	人	16792	16684
其中非农业人口	人	100912	109095	农民人均纯收入	元	24836	22744
人口出生率	‰	10.4	1.8	粮食总产量	吨	37588	34661
人口死亡率	‰	2.07	0.2	油料产量	吨	322	312
人口自然增长率	‰	8.33	1.6	生猪饲养量	头	21573	22566
总面积	公顷	8972.91	8972.91	三禽饲养量	万羽	1124	1438
其中：耕地面积	公顷	2718	2718	水产品产量	吨	6604	6504
地区生产总值	万元	—	—	规模以上企业	个	42	44
其中：第一产业	万元	—	—	规模以上工业产值	万元	960000	809013
第二产业	万元	—	—	规模以上工业利税总额	万元	40337	50100

2016年高良涧街道村（居）概况一览表

表24

村（居）名	支部书记	村（居）民小组（个）	户数（户）	人口（人）	劳动力（人）	耕地面积（公顷）	人均纯收入（元）
临河社区居委会	谢爱国	9	9227	16392	—	6.73	29676
邓码社区居委会	朱新生	4	4232	12848	—	—	28607

续表24

村(居)名	支部书记	村(居)民小组(个)	户数(户)	人口(人)	劳动力(人)	耕地面积(公顷)	人均纯收入(元)
湖滨社区居委会	邓加俊	–	2861	11227	—	—	22450
洪建社区居委会	毕来书	–	6514	19995	—	—	30436
洪渠社区居委会	杨永华	–	2678	10576	—	—	23432
惠民家园社区居委会	谷奎宝	–	4213	7911	—	—	23256
杨码社区居委会	陈华宝	8	3348	9954	594	93.5	28827
洪泽园三村居委会	潘恩锦	20	733	2591	1541	201.6	28646
崔朱居委会	孙佩元	12	746	2371	0	5.47	23445
越城村委会	杨　雷	18	910	3302	1922	301.93	26789
浔河村委会	周志忠	–	756	2795	1666	265.5	26738
贺接村委会	接玉博	–	620	2492	1300	286.7	20931
王庄村委会	侍夕梅	–	528	1939	1050	187.5	20931
王集村委会	蒯守堂	–	594	2371	1355	274.9	20931
砚台村委会	朱正莲	–	806	1802	—	—	26637
灯塔村委会	孙守鹏	10	746	2867	1422	304.46	20302
清涧村委会	康寿飞	12	867	3179	1881	339	20305
大管村委会	李长林	9	635	2402	1784	252.87	22996
胡庄居委会	高　飞	4	712	2669	471	124.2	26638
合　计		106	41726	119683	14986	2644.36	—

（杨壹淇）

朱坝街道

【概况】 朱坝街道距主城区约5千米，南与东双沟镇接壤，北与黄集街道、东与岔河镇毗邻。辖7个行政村、3个居委会，81个村民小组，总人口约2.98万人，总面积约60平方千米。2016年，实现财政收入9739万元，农民人均纯收入16959元。在全区科学跨越发展考核中位居第二方阵，获“江苏省和谐社区示范街道”称号。

农业　朱坝街道重视农村产业结构调整，至2016年底，已初步形成以三圩居委会、大魏居委会、墩南村的2000亩花卉种植；朱坝居委会、曹庄村、大刘村、三圩居委会、大魏居委会的1000亩蔬菜大棚；朱高村、富民村、马棚村、袁集村1500亩芡实种植，600亩水蛭养殖的新格局。6月，总投资3500万元，占地106亩的大刘村特禽种蛋保鲜孵化及工厂化生产项目进入淮安市项目库。

朱坝街道发展壮大村级集体经济，2016年实现村平均集体经营收入43.28万元，占目标的110%。新增家庭农场21个，创建省级示范农场2个，市级家庭示范农场3个。投入190.62万元实施“一事一议”道路财政奖补工程。实施中沟疏浚15条，完成土方3.61万立方米，沟塘整治1.7万立方米。在朱高村、袁集村（其中朱高村940万元，袁集村1000万元）完成投资1940万元防渗渠道施工；完成大刘村、朱高村、富民村、墩南村的城乡建设用地增减挂钩项目，新增挂钩指标160多亩。

工业　2016年，朱坝街道完成规模以上固定资产投入10.91亿元，占年目标的120.3%；完成全部工业产值45.5亿元；完成列通企业开票销售12.04亿元。

全年引进项目16个；总投资2.25亿元的国瑞化工二期工程竣工；国超科技技改项目投资1.1亿元；工业集中区在市级特色园区排名第六。

社会事业　2016年，朱坝街道纳入“五保”供养对象137人。其中，集中供养24人（每人每年发放生活费7680元）、分散居住113人（每人每年发放生活费6880元）。孤儿供养20人，每人每月发放生活费1176元。全街道127户355人享受农村低保，发放生活保障金230万元。重残人员340人，发放重残补助172万元。优抚对象136人，发放优抚金138万元。落实大病医疗救助180人，共发放救助款31万元。投入40万元，对敬老院进行星级达标升级改造；投资300多万元，新建大刘村多功能服务中心；投资40多万元，完成朱高村村部、大刘村居家养老中心、富民村老年活动中心的改造。新农保参保率98%，农村合作医疗全覆盖。

城镇建设与管理　2016年，投资40万元对街道办公楼进行改造，四周建围墙、立护栏；投资26万元铺设塑胶篮球场、添置运动器械；投资300多万元，新建大刘村多功能服务中心及相关的配套设施;投资250多万元用于街道绿化,提高街道品位。大刘村获市级康居示范村、省级文明村称号。

【朱坝街道领导成员名录】

党工委书记　管桂芬(女)

党工委副书记　卜正贤　曹加华(5月免)　高　飞(5月任)

党工委委员　孟祥永(5月免)　曹文俊(5月任)　徐士马　张　朝　夏永政　俞永海　颜君羽

人大工委主任　郭兆俊

办事处主任　卜正贤

办事处副主任　徐士马　曹文俊(5月免)　张成东　钟　伟(5月任)　谢鹤云(5月任)

纪工委书记　曹文俊(5月任)　孟祥永(5月免)

2016年朱坝街道经济与社会发展概况一览表

表25

项　　目	单位	2016年	2015年	项　　目	单位	2016年	2015年
村数	个	7	7	第三产业	万元	2.72	2.56
居委会数	个	3	3	财政收入	万元	9739	12473
村民小组和农业组数	个	81	81	农林牧渔总产值	万元	67193	58963
户数	户	7739	7647	服务业总产值	万元	91600	76920
总人口	人	29779	29205	乡村实有从业人员数	人	17331	17652
其中非农业人口	人	6249	6293	农民人均纯收入	元	16959	15544
人口出生率	‰	7.66	8.06	粮食总产量	吨	43439	44067
人口死亡率	‰	4.86	4.45	油料产量	吨	74	81
人口自然增长率	‰	2.80	3.52	生猪饲养量	头	34445	31240
总面积	公顷	5800	5800	三禽饲养量	万羽	224.87	207.63
其中:耕地面积	公顷	3404.6	3383	水产品产量	吨	2171	1991
地区生产总值	万元	—	—	规模以上企业	个	26	24
其中:第一产业	万元	—	—	规模以上工业产值	万元	342907	298100
第二产业	万元	—	—	规模以上工业利税总额	万元	23412	21270

2016年朱坝街道村(居)概况一览表

表26

村(居)名	支部书记	村(居)民小组(个)	户数(户)	人口(人)	劳动力(人)	耕地面积(公顷)	人均纯收入(元)
朱高村	曹文凤	9	936	3609	2120	473.3	16982
马棚村	赵柱云	11	993	3623	2238	409.3	17213
袁集村	袁安龙	9	853	3233	1889	493	16972
大刘村	赵培成	8	521	1920	1186	293.7	16703
曹庄村	曹中标	3	318	1167	691	160.1	16965
朱坝居委会	朱克锋	10	1423	5223	2832	322.3	16984
三圩居委会	成　龙	6	538	2543	1429	139	17241
大魏居委会	魏　建	5	441	1847	1049	183.1	17206
墩南村	褚国礼	10	898	3540	1860	472.4	16962
富民村	严定洪	10	818	3074	1855	458.7	16983
合　计		81	7739	29779	17149	3404.9	—

(王生标)

黄集街道

【概况】 黄集街道位于洪泽区、清江浦区、淮安区三区交界处，东连白马湖，北临苏北灌溉总渠，西接宁连一级公路。328省道、洪淮公路、淮金公路穿境而过。街道辖7个行政村、1个居委会，总人口约2.1万人。区域面积51平方千米。2016年，实现地区生产总值6.6亿元、财政收入8960.8万元、农民人均纯收入15515元。

农业　2016年，黄集街道依托白马湖保护与开发，加速土地流转，壮大畜禽养殖，强化农业招商，大力发展现代农业，实现农业一、二、三产业融合发展。

粮食生产又获丰收。小麦平均亩产380公斤，水稻平均亩产640公斤，增产因素冲抵了粮价下跌因素。完成曹圩村、龙港村、双涧村、黄集居委会等村（居）高产粮田1万亩，建成高标准农田1万亩。村（居）集体经济收入平均达46.7万元，同比增长10.5%。新增设施农业面积1000亩，农业高效保险占比50%。新培育合作社4个、家庭农场18个，其中创市级家庭农场和示范合作社各1个。投入50万元，整治河塘9条11万立方米；投入150万元，新建农桥5座；完成龙须港生态修复工程5.5千米清障拆迁任务。投入200万元，新铺一事一议道路10千米。

黄集高效业示范园种植的红辣椒喜获丰收

黄集街道围绕养鸡产业化发展和"农旅"融合，大力开展农业招商和产业培育。新竣工3000万元以上项目1个，即同玉公司投入3200万元的工厂化孵化、种鸡养殖及保鲜项目，年可孵化苗鸡1000万羽；新开工3000万元以上项目1个，即同心禽业投资4200万元的饲料加工及育雏项目，养鸡产业基本实现链条式发展。新上1000万元以上项目2个，即投入3000万元的吴老头生态农庄项目，投入1200万元的花顶家庭农场，两个项目均已竣工运营。

至2016年底，黄集街道农村土地确权登记颁证工作基本完成，实测面积3.8万余亩；农村集体资产股份制改革工作深入到墩口、双涧、仇石3个村。农村集体资产产权网上交易完成44笔，累计交易金额470万元；农村小型水利管护服务工作进入常态化、规范化。

工业　2016年，黄集街道实现规模以上工业开票销售5.6亿元，注册外资实际到账1004万美元，服务业入库税收7000万元，工业用电量660万千瓦时，规模以上工业实体企业税收1700万元，新培植列统企业5个。洽谈1000万元以上项目13个，其中已开工项目6个。共实施亿元以上项目4个，分别是：投资4亿元的固废处置项目、投资1.5亿元的圣欧芳纶二期项目、投资3600万元的同心禽业项目、投资3200万元的同玉禽业项目。此外，围绕高新材料、新型建材、机械加工和农产品加工等主导产业，实施了10个千万元左右的中小项目。

第三产业　2016年，黄集街道继续发展以羊肉为主打的餐饮服务业，对拉动市场、繁荣经济起到显著作用。同时规划兴建现代特色商务集聚区：一是街道北侧集仓储、物流、化工建材市场、非化配套产品生产等于一体的特色集聚区；二是街道南侧集办公、酒店、公寓等于一体的商务服务区；三是街道中部集中央公园、商业综合体、影院娱乐、羊肉美食等于一体的生活休闲区；四是龙须港西部，以企业为投资主体的现代庄园集聚区。已建成职工公寓2幢，有6家企业达成租建意向，有3家企业拟建仓储加工厂。2016年三产服务业产值达1.58亿元。

旅游业　2016年，黄集街道策应全区实施旅游大战略，依托淮安市区枢纽和白马湖旅游开发，确立"一线五点"总体格局，精心打造集产业经济、农业景观、旅游休闲、配套服务功能于一体的黄集特色乡村旅游产业带，形成与白马湖旅游功能互补、特色相宜、风格别具的乡村旅游品牌和旅游市场。"一线"：确立龙须港这个"主轴线"，建设一条水上风光带和陆上景观大道，致力打造水陆相连、"农旅"相随的乡村乡愁旅游产业带。沿龙须港两侧，东部重点发展农家乐、农业嘉年华等项目，西部重点发展现代农庄、新型农场等项目。"五点"：一是东端曹圩"最美乡村"。以居住点为核心，向外拓展进行商业开发，建设具有乡村特色的宾馆、酒店、民宿、特色街等项目，形成具有较强接载能力的旅游龙头。二是中间龙港中心村。突出居住、服务两大功能，从起步抓设计，避免先建后改的浪费。三是西端仇庄"美丽乡村"。把保存完好、格局较好的仇庄打造成独具特色的传统村落旅游点。四是向南延伸打造风格差异、魅力独具的大

10月1日，白马湖菊花精品馆对外开放，前往欣赏的游客每天达1万人次

楚水美乡村。五是向北延伸复兴镇区的羊肉美食城。项目区东西长约7.4千米，南北纵深近1千米，已经启动乡村旅游产业带、曹圩“最美乡村”、仇庄“美丽乡村”和龙须港景观等4个专项规划编制设计工作。

社会事业 2016年，黄集街道新型合作医疗参保率100%，城乡居民养老保险续保率99.9%，农村低保和“五保”供养家庭实现应保尽保。免费孕前检查和农村“两癌”普查1123人，先后为2312名独生子女办理保险，资金帮扶计划生育困难家庭2户。

城镇建设与管理 2016年，黄集街道通过向上争取，投入资金80万元，新建占地60亩的小游园和占地2000平方米的标准化篮球广场；策应白马湖旅游综合开发，投入1300万元用于曹圩“最美乡村”形象提升改造；投入30万元，实施亮化提升工程，更换LED路灯275盏，更换老旧线路2.7千米，集镇路灯实现全覆盖；投入150万元，加快区域供水推进速度，实现集镇农户与城区居民同饮一湖水；投入50万元，启动黄仁线、龙须港旧桥改造工程；投入60万元，新铺设农村公路1.16千米，投入30万元修缮公园路、文化路等破损路面1.5千米。

投资500万元新建派出所办公楼；投入100万元改建的县级全省第一、镇级全省唯一的未成年人文明礼仪教育实践基地；投资50万元改造街道政务服务中心，累计服务群众3.2万人次；投入30万元改造老年活动中心，安装各类健身器材22种。集镇实行“五位一体”常态化、制度化管护机制，重点治理集镇“脏、乱、差”现象，精心打造秩序井然、管理规范、环境优美的示范集镇。

【黄集街道领导成员名录】

党工委书记 朱来俊(5月任) 李 飞(5月免)
党工委副书记 肖建平 马 军(5月任)
高 飞(5月免)
党工委委员 高晓梅(女) 王 蓉(女,5月免)
邱晓明 殷开成 钟 刚 赵 斌
张自生(5月任)
人大工委主任 张夕高
办事处主任 肖建平
办事处副主任 王 蓉(女,5月免) 邱晓明
陈 进(5月免) 朱晓明(5月任)
严凤艳(女,5月任)
纪工委书记 高晓梅(女)

2016年黄集街道经济与社会发展概况一览表

表27

项目	单位	2016年	2015年	项目	单位	2016年	2015年
村数	个	7	7	第三产业	万元	15545	15850
居委会数	个	1	1	财政收入	万元	8960.8	9725
村民小组和农业组数	个	81	81	农林牧渔业总产值	万元	49558	44830.6
户数	户	6402	6435	服务业总产值	万元	4214	3950
总人口	人	20588	20640	乡村实有从业人员数	人	13487	13762
其中非农业人口	人	2940	2966	农民人均纯收入	元	15369	14087
人口出生率	‰	10.2	9.9	粮食总产量	吨	40062	38810
人口死亡率	‰	8.59	6.25	油料产量	吨	84	75
人口自然增长率	‰	1.6	3.6	生猪饲养量	头	17542	21307
总面积	公顷	5100	5100	三禽饲养量	万羽	181.7	173.29
其中:耕地面积	公顷	2603	2709.87	水产品产量	吨	2407	2341
地区生产总值	万元	65987	65303	规模以上企业	个	19	18
其中:第一产业	万元	23568	23134	规模以上工业产值	万元	163211	118242
第二产业	万元	26874	26319	规模以上工业利税总额	万元	1539.71	1439.49

2016年黄集街道村(居)概况一览表

表28

村(居)名	支部书记	村(居)民小组(个)	户数(户)	人口(人)	劳动力(人)	耕地面积(公顷)	水产面积(公顷)	人均纯收入(元)
曹圩村	王建东	9	569	2142	1485	424	7	18126
龙港村	孙如好	16	926	3113	2139	547	10.67	14915
双涧村	陶 春	9	698	2281	1598	270	0	15111

续表28

村(居)名	支部书记	村(居)民小组(个)	户数(户)	人口(人)	劳动力(人)	耕地面积(公顷)	水产面积(公顷)	人均纯收入(元)
黄集居委会	陶艾明	8	1148	2940	1901	85	0	16951
墩口村	张文颖	12	987	3159	2135	425	17.1	14730
良河村	宋元生	6	512	1774	1298	264	1.33	14392
娄赵村	张正金	10	674	2373	1798	345	2.67	14884
仇石村	陈金恩	11	888	2806	1872	293	30	15014
合计		81	6402	20588	14226	2653	68.77	—

(郭兆勇)

岔河镇

【概况】 岔河镇地处洪泽区东部，北邻淮安区，南毗金湖县，西与朱坝街道接壤，东隔白马湖与宝应县相望。辖22个行政村、4个居委会，总人口6.58万人。镇域总面积235平方千米，其中白马湖水域44平方千米，耕地面积15万亩。

2016年，岔河镇实现地区生产总值34.79亿元，同比增幅23.8%；公共财政预算收入1.66亿元，同比下降13.3%；村集体经济收入1564.81万元，村平均集体经济收入59.23万元，同比增16.21 %，其中100万元以上村3个，50万~99万元以上村8个，30万~49万元以上村9个；农民人均纯收入17256元，同比增幅9.4%。2016年，岔河镇入选全国重点镇，通过省级文明镇验收，获得省级农村产权交易先进乡镇称号。

农业　2016年，岔河镇着力培育优质稻米、生态渔业等特色优势产业，粮食生产实现"十二连增"，环白马湖生态农业产业带、沿淮金线高效农业产业带初步形成，有机稻米、水生蔬菜、特种水产品养殖、良种繁育、工厂化育供秧等特色农业产业进一步巩固和扩大，食用菌种植、肉鸡养殖等高效农业产业蓬勃兴起。大力发展订单农业，坚持走"部门+科研院所+农户""公司+基地+农户"的推广新路，与省农科院合作，在滨河、岔河、其虎等村创建稻麦万亩高产示范片，推广宁麦13、南粳9108等新品种，平均亩产分别达510公斤、760公斤；在滨河、桃园等村推广稻田养虾新模式，亩平收入在2000元以上；与淮安市交通控股集团汉耕公司合作，在其虎、东陈等村流转土地发展优质稻米种植，"岔东大米"获江苏省首届优质稻米暨品牌杂粮博览会金奖；强化农业项目招商，举办"水乡缘"杯第一届禾采插秧节。

"水乡缘"杯第一届禾采插秧节

岔河镇把增加绿色优质农产品供给放在突出位置，狠抓农副产品标准化生产、品牌创建、质量安全监管。对镇内特色农产品、旅游产品加大包装设计，打响岔河系列有机大米、手工挂面、芡实、菱角、荷藕、食用菌和草鸡蛋、咸鸭蛋、虾米、小鱼干等原生态的农产品品牌，注册"禾采牌"有机大米和 "岔东牌"有机大米等一批岔河特色农产品商标。重点做好"岔河大米"品牌的打造和推广，整合全镇现有的大米品牌，鼓励持有者积极加入到"岔河大米"品牌创建工作中，形成一个注册品牌下的若干系列，实现抱团发力，共创品牌。

工业　2016年，岔河镇实现规模以上工业企业开票销售20.56亿元，同比增幅25.4%；规模工业入库税金1.47亿元，其中江苏华源新能源科技有限公司当年入库税金1.33亿元。

岔河镇牢固树立"项目为王"理念，围绕跨越发展目标，主攻招商引资，强化361服务，项目引建取得突破，当年竣工亿元以上工业项目2个，完成工业固定资产投资11亿元；高档无纺布、环保模塑、食品加工、木材加工等一批工业项目当年竣工达效；新培植华斯达食品、海强特钢等规模以上工业企业6户。提升重点企业运行质态，做好华源新能源、华龙无纺布、福斯派等企业扩能提升和产业链延伸，新培植入库税金超亿元企业1家，100万元~500万元企业3家；新增福斯派环保科技、华斯达食品等外贸平台，当年实现外贸进出口总额1068万美元，超额完成全年目标。

第三产业　2016年，岔河镇立足农业基础优势，积极发展"农业+"，培育农村电商、农业生态旅游等新型业态，服务业增加值占GDP比重逐步提高。以省级电商示范镇为依托，以岔河优质稻米为龙头，成立农村淘宝服务站，组织开展电商培训6期500多人次，全镇新增网店50多户。依托白马湖和农业、生态、历史人文资源优势，抢抓白马湖保护与开发机遇，大力发展生态观光、"农旅"体验、水乡古镇特色旅游产业，对沿浔河、丰产河、348省道和环湖大道、白马湖大道、淮金公路等"三横三纵"关键节点进行旅游规划设计，先期启动了王骆殿传统村落、南街美丽乡村、岔河老街保护性修复与开发等项目建设。

旅游业　岔河镇依托王骆殿岛省级传统村落，打造“最美渔村”，力争用两年时间将王骆殿打造成江苏乃至华东地区享有美誉的首个渔家风情民宿旅游度假区和中国传统古村落。启动老街保护性修建与开发，把岔河老街打造成为业态丰富、特色鲜明的，集商业、旅游、文化于一体的景区，重现老街昔日的繁华。启动水岸地球村、丰产河休闲观光农业以及浔河滨水景观等项目的规划建设，通过重点节点的旅游打造，以点带面推动岔河旅游业向支柱产业发展。

推广都市农业新体系，发展“农业+旅游、农业+健康养生”等新型模式，打造一批以采摘、体验、垂钓等为主题的“农家乐”“渔家乐”品牌，实现农业、生态、旅游共赢发展。启动岔河村滴水灌溉项目，建设高效农业示范园。大力推进沈渡等村的农业综合开发、韦集等村的良田改造以及西城、乾宁的高标准农田建设项目，启动覆盖全镇15个村(居)的节水灌溉项目建设，不断改善农业生产条件。推进政府购买粮食机械化烘干服务试点工作，形成一批可复制、可借鉴的“岔河经验”。

社会事业　投资100万元新建超群、韦集、桃园、其虎、淮宝等五个村(居)居家养老服务中心，投资30万元建成仁和关爱驿站，投资20万元建成岔河老年人日间照料中心，投资400万元实施岔河敬老院院舍翻建工程，对镇两个敬老院消防设施全面改造，仁和敬老院成为全区首家公建民营敬老院。滨河、岔河、界沟等3个村被评为“省级和谐示范社区先进单位”。

城镇建设与管理　岔河镇坚持“规划引领、项目支撑、资金多元、市场运作”的工作思路，制定重点中心镇建设方案，推进“十个一”项目建设，2016年累计投入资金7160万元，实施城建项目11个。编制总规、控规、产业园区、浔河和十里长河滨水景观工程等规划设计，完成万顷良田、产业园区、丰产河项目区等地块的流转征迁，同时，配合市、区推进沿湖项目、7条河流治理、348省道、白马湖大道等项目征迁，妥善做好项目涉及农户的搬迁安置工作，城乡安置小区7栋170套、老年安置区9栋54间房屋竣工交付使用，城乡安置小区二期4栋规划设计完工。推进镇区“三化”工程，开展大气和水污染防治专项行动，全面落实“五位一体”长效管护机制，持续抓好秸秆“两禁”和综合利用，生态建设取得显著成效。

幸福生活

【农村产权改革】　2016年，岔河镇推进农村土地承包经营权确权登记颁证，发证率95.6%；施行农村集体资产股份制改革试点，推动农村土地规模经营，累计培育新型经营主体299家、新增36家，流转土地5.6万亩。按照“组织架构清晰、管理制度健全、交易运行规范、监督指导有力”要求，建立农村产权交易机制，开展土地流转、渔塘承包、道路建设、小型水利等农村产权交易活动，全年完成交易额1916.37万元，溢价78.66万元，位列全区第一，全省50强，获得省级农村产权交易先进乡镇称号。

【岔河镇领导成员名录】

党委书记　周　庆(5月任)　朱来俊(5月免)
副 书 记　邵加成　成美煜(5月任)
委　　员　韦夕岭　刘　奎(5月任)
张　政(5月任)　张志海(5月任)
李　坤(5月任)　成美煜(5月免)
滕维一(5月免)　钟　伟(5月免)
杜冰雪(女，5月免)　李国家
人大主席　杨晓竹(女)
镇　　长　邵加成
副 镇 长　韦夕岭　刘　奎(5月任)
邵艾红(6月任)　滕维一(5月任)
郭建强(5月免)　杜冰雪(女，5月免)
纪委书记　杜冰雪(女，5月任)　刘　奎(5月免)

2016年岔河镇经济与社会发展概况一览表

表29

项　目	单位	2015年	2016年	项　目	单位	2015年	2016年
村数	个	22	22	第三产业	万元	77954	96741
居委会数	个	4	4	财政收入	万元	21600	25352
村民小组和农业组数	个	209	209	农林牧渔总产值	万元	125660	136388
户数	户	18249	19222	服务业总产值	万元	2885	3393
总人口	人	65907	65989	乡村实有从业人员数	人	42963	42697
其中非农业人口	人	16708	16792	农民人均纯收入	元	15773	17256

续表29

项　目	单位	2015年	2016年	项　目	单位	2015年	2016年
人口出生率	‰	5.68	9.44	粮食总产量	吨	111796	110635
人口死亡率	‰	5.62	6.83	油料产量	吨	1407	1015
人口自然增长率	‰	0.04	2.6	生猪饲养量	头	64990	47283
总面积	公顷	19968	19968	三禽饲养量	万羽	4.2	6.9
其中:耕地面积	公顷	7468	7468	水产品产量	吨	14720	13773
地区生产总值	万元	281046	347982	规模以上企业	个	40	41
其中:第一产业	万元	67781	75915	规模以上工业产值	万元	961393	803671
第二产业	万元	135311	175326	规模以上工业利税总额	万元	1280978	1489780

2016年岔河镇村(居)概况一览表

表30

村(居)名	支部书记	村(居)民小组(个)	户数(户)	人口(人)	劳动力(人)	耕地面积(亩)	水产面积(亩)	人均纯收入(元)
淮宝居委会	张宝贵	3	2118	3486	1341	214	278	17326
岔河村	张学宏	8	735	2521	1589	5500	1600	17876
滨河村	赵长洪	9	865	3200	1997	7084	380	17749
唐圩村	徐成柏	11	852	3865	2527	6900	400	17173
白马湖村	谢可芹	5	273	707	705	—	—	17289
南街村	阙怀成	10	888	3262	2275	5000	1200	17078
施汤村	施广洋	7	681	2645	1618	5040	500	17084
前进村	贝文年	9	708	2600	1693	6114	210	16678
张马居委会	郑金霞	8	751	2050	1577	3777	50	17302
西城居委会	范如宁	8	840	2373	1739	5018	110	16905
界沟村	张乔山	8	675	2556	1686	6302	—	16872
幸福村	王连国	7	718	2522	1737	4300	712	17245
东陈村	陈红兵	11	903	3379	2476	4567	700	16814
其虎村	王成银	6	634	2480	1697	3650	1130	17311
堆头集村	王　军	3	174	622	423		1260	15752
陈向村	陈少兵	18	641	2490	1520	6220	14	16377
沈渡村	杨茂勤	16	555	2152	1635	4120	12	15838
桃园村	李明成	23	782	2595	1812	6100	243	15718
同议村	袁启友	14	480	1820	1415	3800	—	16392
临泽村	付士清	12	414	1530	1109	2730	—	16355
金李村	陈祥生	13	475	2040	1781	4220	—	16394
乾宁村	张天龙	21	640	2485	1623	5574	165	16399
江淮居委会村	姚永林	19	1504	4867	2671	3221	50	16399
超群村	贝启国	24	925	3520	2700	6880	—	15374
韦集村	朱启权	16	475	2146	1921	5038	—	15673
淮徐村	田艾国	16	516	1976	1473	5528	50	15753
合　计		305	19222	65889	44740	116897	9064	—

(李文俊)

东双沟镇

【概况】 东双沟镇位于洪泽湖东岸，南与三河镇交界，北与高良涧街道接壤。镇域湖岸线8千米，镇域面积161平方千米，辖15个行政村、5个居委会，户籍人口6.1万人。镇域面积161平方千米。宁淮高速、宁连一级路、洪三公路南北方向穿境而过。2016年，东双沟镇以"新型城镇化发展为龙头，主攻二产，突破三产，提升一产"的思路，全镇经济社会保持平稳健康发展。实现一般公共预算收入1.03亿元，农村人均可支配收入1.77万元。全镇科学跨越发展考核位列镇(街道)第五名，农业农村工作、组织工作、信访工作和"阳光洪泽"建设均获先进集体称号。

农业　2016年，东双沟镇结构调整步伐再加快，狠抓农业项目的招引、建设、推进。全年完成3000万元以上农产品加工项目1个，1000万元以上农业一、三产项目3个，新增市级农业龙头企业2个。全年新增高效设施种植面积2000亩，争取省级财政资金扶持项目1个，列入市级"4+1"项目扶持资金1个；创成3个市级示范家庭农场、4个市级土地股份示范合作社；新建6个粮食烘干中心，居全区首位。累计投入8000多万元，综合实施土地整理、农业开发、水利建设、一事一议等农业项目，完成拆建工程1484个，完成土方28万立方米，铺设道路15千米，修建防渗渠49.5千米。农村"五位一体"管护机制逐步健全，管护优秀率在95%以上。土地"双减量"试点工作稳步推进，新增耕地面积2700亩，占全区60%以上。深化集体资产股改，完成三庄、宋庄、丰收等3个村的社区股份制改革，居全区第一。

工业　2016年，东双沟镇实现规模以上工业税收2500万元，超目标25%；规模以上企业开票销售10亿元；规模以上工业总产值、规模以上固定资产投资、规模以上工业投资分别为122亿元、15亿元、11亿元。共开工固废处置、海绵及旅游用品、机械加工园、光伏发电等亿元以上项目4个，固废处置和投资3000万元以上农业龙头项目——汇丰新能源竣工投产。

全年招引工业项目9个。其中亿元以上项目3个，累计投资8亿元。百顺制衣与泽阳光伏成功置换。全镇新培植列统企业2家。

社会事业　2016年，东双沟镇推进保障安民、政策惠民和创业富民工作。深化医疗体制改革，健全卫生服务体系，镇卫生院通过省示范乡镇卫生院验收；完善校园安全机制，镇中心幼儿园通过省安全校园验收；实行全民参保，城乡居民养老保险参保率达98%；优化社会救助机制，加大对困难群众的帮扶力度，全年共发放各类救助金1045.4万元；加大农村攻坚脱贫力度，帮扶脱贫人数1374人；投入100多万元升级改造镇敬老院，达到省星级敬老院标准。

城镇建设与管理　2016年，东双沟镇坚持把工贸融合作为推进新型城镇化建设的重要支撑，突出以工强镇、以镇兴贸、工贸融合。聘请南京大学规划设计院修编完善《东双沟镇总体规划》《东双沟镇控制性详细规划》《东双沟镇工业集中区规划》。投入3200万元新建城乡建设用地增减挂钩项目安置房；投入450万元新建1800平方米政务服务中心；投入1000万元新建占地45亩的文化服务广场；投入1080万元实施宁连路东侧外立面改造、镇区绿化和管网配套等基础设施配套工程，改扩建镇区道路3千米；完成6个村(居)的覆盖拉网式环境整治，并通过省市验收。

【东双沟镇领导成员名录】

党委书记　宋成勇
副书记　顾全新(5月任)　谢红军
委　员　严　军(5月任)　贝怀成
唐学报　查友海(5月任)
徐　霞(女，5月任)　胡长宝
人大主席　高　锋
镇　长　顾全新(5月任)
副镇长　韦祥彬(5月任)　褚忠琴(女，5月任)
纪委书记　严　军(5月任)

2016年东双沟镇经济与社会发展概况一览表

表31

项　目	单位	2016年	2015年	项　目	单位	2016年	2015年
村数	个	15	15	第三产业	万元	68014	67521
居委会数	个	5	5	财政收入	万元	12985.09	20728
村民小组和农业组数	个	243	243	农林牧渔总产值	万元	117206	115438
户数	户	17319	17383	服务业总产值	万元	4211	4655
总人口	人	60948	61027	乡村实有从业人员数	人	34285	34240
其中非农业人口	人	7425	8378	农民人均纯收入	元	18000	16013
人口出生率	‰	9.59	10.5	粮食总产量	吨	102739	102724
人口死亡率	‰	5.69	5.76	油料产量	吨	211	205
人口自然增长率	‰	4.9	4.7	生猪饲养量	头	89752	91503

续表31

项　　目	单位	2016年	2015年	项　　目	单位	2016年	2015年
总面积	公顷	15184	15184	三禽饲养量	万羽	6019	6256
其中:耕地面积	公顷	7345	7345	水产品产量	吨	4075	4599
地区生产总值	万元	221346	221255	规模以上企业	个	37	37
其中:第一产业	万元	48402	48449	规模以上工业产值	万元	911284	910658
第二产业	万元	105376	105285	规模以上工业利税总额	万元	111098	111010

2016年东双沟镇村(居)概况一览表

表32

村(居)名	支部书记	村(居)民小组(个)	户数(户)	人口(人)	劳动力(人)	耕地面积(公顷)
青云居委会	吴　明	9	1520	4906	4632	385
邵庄村	杜建山	19	764	3033	2501	300
宋庄村	杨怀虎	11	1011	3709	3041	437
南甸村	孙文涛	19	881	3266	2622	402
庆祥村	李文义	19	770	2776	2291	440
滨湖居委会	韦祥彬	6	750	2566	2090	301
沿河村	韦祥彬	20	928	3528	2822	466.66
张庄村	岳德兵	8	881	3202	2673	289
太平村	邵正祥	12	859	3152	2611	424
和平村	李　苏	9	816	2260	1708	349
三庄村	韦长江	7	654	2312	1955	335.20
万集居委会	韦广玉	9	780	3850	2200	253
草泽居委会	袁国金	9	764	3158	1920	340
徐庄居委会	王成军	8	723	2450	1780	322
郭贝村	郭吉玉	7	509	2149	970	320
严渡村	严登虎	9	732	2812	1600	373
山阳村	潘久洪	11	890	3600	1800	653
董集村	钟加明	6	265	2065	890	326
合兴村	黄吉标	12	896	3760	1860	467
丰收村	李开华	10	825	3269	1325	400
合　计		220	16218	61823	43291	7582.86

(刘　彬)

三河镇

【概况】 三河镇位于洪泽区东南部,东与金湖县陈桥镇交界,南临淮河入江水道与盱眙县观音寺镇、金湖县戴楼镇隔河相望,西依洪泽湖大堤,北与东双沟镇毗邻,宁淮、宁连高速公路穿腹而过。全镇辖15个行政村、4个居委会,总人口5万人,总面积141.85平方千米。2016年,全镇实现地区生产总值25.2亿元,一般公共财政预算收入1.673亿元,农民人均纯收入15960元。

农业　2016年,三河镇坚持把推进农业产业化经营作为主抓手,突出发展高效农业、生态农业、品牌农业。投资4500万元的奥洁尔有限公司、3200万元的苏油粮油加工项目、1450万元的淮安海纳牧业有限公司等一批农业重点项目相继建成投产,农业生产质效持续提升。引进推广新品种、新技术,新建成区级以上水稻机插秧万亩示范片7个,区级以上小麦机条播万亩示范片8个,国家级稻麦示范区3.4万亩，完成全市第一家水稻钵苗机插面积2000亩。全镇建成省级农业龙头企业1家，市级龙头企业3家。合作社及家庭农场共85家，其中国家级1家、省级13家、市级24家。

江苏现代农业示范基地

工业 2016年，三河镇坚持"项目为王"理念，依托江苏洪泽经济开发区、淮安食品科技产业园和镇工业集中区平台，强力推进工业经济，完成工业产值105亿元，规模以上工业实现开票收入13亿元，规模以上固定资产投资12.7亿元，新增列统企业3个，入库税金1800万元，现代服务业入库税金5010万元；实现注册外资到账790万美元，外资进出口1100万美元。

全年新增私营企业14个，个体工商户105户。全年招引各类项目12个，其中亿元以上工业项目6个，分别是10亿元的食品产业园服务中心项目、6亿元的热电联产项目、2000万美元的澳吉尔生态农业项目、3亿元的风力发电项目、1.6亿元的农光互补光伏发电项目及1亿元的生物质发电项目。已开工亿元项目3个，分别是10亿元的食品产业园服务中心项目、2000万美元的澳吉尔生态农业项目及1.6亿元的农光互补光伏发电项目。竣工亿元项目2个，分别是1亿元的泽田广场三产项目和2.2亿元的50万件橱柜加工项目。开、竣工3000万元以上的农业加工项目2个，即投资4200万元的农产品加工项目和投资5600万元的木制品加工项目。

社会事业 2016年，三河镇坚持把群众利益放在第一位，最大限度地让群众共享改革发展的成果。全面落实"低保、五保"政策，共落实城乡"低保"280户643人，落实"五保"209人，集中供养"五保"老人102人；落实重残对象408人，重残经费196万元；报批医疗救助对象542人次，救助金180余万元；救灾和临时救助2200余人次，救助金额46万元；发放优抚经费165万元。加大农村医疗卫生基础建设，完善新型农村合作医疗制度，农村合作医疗实现全覆盖。实现农村公交村村通，方便群众出行。全年开展群众性文体活动 30 场次，新增农家书屋图书 1万余册。

城镇建设与管理 2016年，三河镇坚持园镇融合，重点聚焦淮安食品科技产业园，做好基础设施配套。投资3000万元完成西片区街道提升工程，启动电力杆线入地，绿化、亮化铺装，雨污分流管网铺设18千米；加速区域供水进程，改善饮用水水质，新增受益人口0.5万人；实施农村环境治理工程，开展农村道路和河道卫生清洁工作，确保"五位一体"管理机制有效运行，镇容村貌进一步改善。

【三河镇领导成员名录】

党委书记　朱沛军（女，12月任）
　　　　　李　阔（女，12月免）
副书记　韩　辉　邓玉鸿
委　员　施吉春　王永俊（5月免）　徐化峰
　　　　赵巧玉（女，5月免）　石　千　郭自清
　　　　徐昊飞（5月任）　樊　军（5月任）
人大主席　李　纯（5月任）　杨国标（5月免）
镇　长　韩　辉
副镇长　石　千　赵恩忠　胡德雷
　　　　王永俊（5月免）
纪委书记　施吉春

2016年三河镇经济与社会发展概况一览表

表33

项　目	单位	2016年	2015年	项　目	单位	2016年	2015年
村数	个	15	15	第三产业	万元	34346	34108
居委会数	个	4	4	财政收入	万元	22800	22002
村民小组和农业组数	个	239	239	农林牧渔业总产值	万元	104509	97944
户数	户	12402	12395	服务业总产值	万元	14217	13568
总人口	人	48978	48933	乡村实有从业人员数	人	31352	29455
其中非农业人口	人	21446	21463	农民人均纯收入	元	15962	13600
人口出生率	%	0.89	0.64	粮食总产量	吨	84793	76872
人口死亡率	%	0.68	0.45	油料产量	吨	835	860
人口自然增长率	%	0.23	0.22	生猪饲养量	头	36890	29816
总面积	公顷	7404.4	6709.7	三禽饲养量	万只	22378	21580

续表33

项　目	单位	2016年	2015年	项　目	单位	2016年	2015年
其中:耕地面积	公顷	6957.4	6288.7	水产品产量	吨	9521	9346
地区生产总值	万元	252000	167083	规模以上企业	个	49	47
其中:第一产业	万元	735642	561170	规模以上工业产值	万元	870293	870543
第二产业	万元	833055	768580	规模以上工业利税总额	万元	113997	95759

2016年三河镇村(居)概况一览表

表34

村(居)名	支部书记	村(居)民小组(个)	户数(户)	人口(人)	劳动力(人)	耕地面积(公顷)	水产面积(公顷)	人均收入(元)
共和居委会	潘国平	11	578	2180	1203	353.3	4	15900
刘尖村	朱明巧	16	694	2469	1240	368.3	—	15800
草桥村	胡厚兵	17	602	2278	1025	249	—	15950
涧前村	冯高原	16	585	2193	1180	487	—	15920
小坝村	张能会	19	546	1840	961	382	—	15930
新集村	戚加华	16	602	2121	1203	427	—	15910
朱圩村	潘立喜	18	694	2620	1136	489	—	15890
赵集村	赵长流	22	850	3200	1550	347	—	15930
双坝村	王延波	19	836	3180	1180	499	—	15900
永丰村	赵长兵	11	365	1520	875	360	—	15850
八里居委会	李巾年	5	526	2328	1017	379	28	16200
桥南居委会	李国祥	5	531	2907	1450	277	—	15300
长堤居委会	郭永年	9	1297	5886	2211	324	66	16500
长河村	张如标	9	684	2668	1320	252.8	—	15820
梁墩村	赵忠政	7	445	1749	864	303	—	15790
联堡村	赵建东	11	626	2782	1235	457	--	15700
塘西村	赵家松	9	541	2350	1058	432	15	15980
四坝村	王成刚	11	660	2560	1345	488	234	16300
五里牌村	梁家爱	8	740	3260	1467	83	100	16700
合　计		239	12402	50091	23520	6957.4	447	--

（樊　军　赵洪江）

蒋坝镇

【概况】 蒋坝镇位于洪泽湖古堰最南端，西临烟波浩渺的洪泽湖，南接全国闻名的水利枢纽三河闸，北与南水北调东线工程洪泽站相邻。全镇水陆面积12.1平方千米，下辖2个行政村、2个居委会，总人口1万人。2016年，实现财政总收入1.04亿元，农民人均纯收入22180元。成功创建江苏省文明镇、江苏省卫生镇。

农业　2016年，蒋坝镇完成彭城村农村集体资产股份合作制改革试点工作，新组建农村土地股份合作社1个，完成村平均集体经营性收入 38.8万元，招引投资6500元的快活岭湿地花田项目，新引进固定资产投资3000万元以上农产品加工项1个，新引进固定资产投资1000万元以上农业一、三产项目1个，把互联网+农业，旅游+农业引入农业农村经济发展中，新建村级电商“双代店”1个，创建市级示范农民专业合作社1个。

工业　2016年，蒋坝镇实现工业开票销售9.78亿元，工业入库税收1784万元。新签约、开工项目1个，即华泰二期年产9.8万吨机械配件加工生产线项目。竣工项目1个，即江苏富港特钢有限公司年产30万吨热轧钢筋生产线项目，项目总投资2.2亿元，已通过亿元以上工业项目市竣工验收。新培植列统企业1个(春江润江)，全镇工业列统企业数达13个。

旅游　2016年，蒋坝镇坚持以打造特色小镇为导向，突出功能完善，旅游品牌日益响亮。投资2.4亿元新建占地117亩的天鹅湾金陵温泉酒店，投资1亿元实施了观沧海和落霞湾河工风情街区项目，投资6500万元实施了占地450亩的快活岭湿地花田项目，投资4200万元新建占地20亩的银杏广场，投资5700万元实施总长达12千米的环岛绿道项目。美丽蒋坝休闲度假区项目获批全国优选旅游项目，美丽蒋坝PPP项目成为国家级示范项目。

快活岭湿地花田

城镇建设与管理　2016年，蒋坝镇严格实行“规划一张图、审批一支笔、管理一本法”，维护城乡规划与管理的严肃性，加大城市管理资金投入，健全城管保洁队伍，配备执法车、道路清扫车、垃圾转运车等城管保洁专用车辆。实行城镇管理全覆盖，城管队员按地段、区域责任到人，全天候不间断巡查；严厉查处占道经营、车辆乱停乱放、房屋违建等行为，确保镇域干净、整洁、车辆有序，道路通畅。

【温泉项目】　天鹅湾金陵温泉酒店由江苏洪泽湖旅游发展有限公司投资建设，总建筑面积2.6万平方米。该酒店是集住宿餐饮、会议培训、温泉理疗、旅游度假等为一体，以温泉为特色的高品质商务酒店。拥有标准间、商务单人间、商务套房和总统套房等各式客房共120余套。拥有SPA水疗池、鱼疗池等30个不同功效的温泉池，最大日接待量2000人以上，温泉岛使用的温泉水来之1676米深的地下，被省地热资源中心鉴定为“富含偏硅酸、高锶型优质医疗热矿泉水”。

【美丽蒋坝PPP项目】　美丽蒋坝PPP项目是国家级PPP示范项目，也是省财政厅PPP项目库中第一个完成招标、第一个成立项目公司、第一个动工、第一个获得基金支持的项目，至2016年底，总投资额度和建设进度均已过半，天鹅湾金陵温泉酒店、最美三公里、快活岭湿地花田等项目已初具规模，并接待省委办公厅、连云港市、盐城市、徐州市、扬州市、安徽省天长市等地区和部门100余批次的组团考察和学习。

【蒋坝镇领导成员名录】

党委书记　王　伟

副书记　潘　洋(女)　孙　翔(5月任)　郭孝洋(5月免)

委　员　胡金海　陈文生　孟祥国　王军辉　陶园园(女,5月任)　王守梅(女,5月任)　曹俊成(5月免)

人大主席　郭孝洋(5月任)　严国凤(5月免)

镇　长　潘　洋(女)

副镇长　孟祥国　孙　翔(5月免)　顾树香(女,5月免)　汪　渠(5月任)　王军辉(12月任)

纪委书记　胡金海(5月任)　曹俊成(5月免)

2016年蒋坝镇经济与社会发展概况一览表

表35

项　目	单位	2016年	2015年	项　目	单位	2016年	2015年
村数	个	2	2	第三产业	万元	18315	13586
居委会数	个	2	2	财政收入	万元	8285	12710
村民小组和农业组数	个	14	14	农林牧渔总产值	万元	5946	5610
户数	户	3418	3450	服务业总产值	万元	6280	3610
总人口	人	9743	9820	乡村实有从业人员数	人	4711	4693
其中非农业人口	人	3855	6831	农民人均纯收入	元	21310	19461
人口出生率	‰	4.15	6.65	粮食总产量	吨	5385	5216
人口死亡率	‰	5.74	4.76	油料产量	吨	143	157
人口自然增长率	‰	-1.58	1.89	生猪饲养量	头	5220	4120
总面积	公顷	12.1	12.1	三禽饲养量	万羽	4.86	4.61
其中：耕地面积	公顷	302.9	325.9	水产品产量	吨	1900	1793

续表35

项　　目	单位	2016年	2015年	项　　目	单位	2016年	2015年
地区生产总值	万元	139491	116479	规模以上企业	个	14	14
其中:第一产业	万元	5110	4533	规模以上工业产值	万元	667510	592507
第二产业	万元	116066	98360	规模以上工业利税总额	万元	82727	73405

2016年蒋坝镇村(居)概况一览表

表36

村(居)名	支部书记	村(居)民小组(个)	户　数(户)	人　口(人)	劳动力(人)	耕地面积(公顷)	水产面积(亩)	人均纯收入(元)
头河村	郑红军	8	825	3125	1875	112	1038	21380
彭城村	黄得鸿	6	602	2217	1378	193	214	21210
西堤居委会	贾　慧	3	610	2110	890	0	0	—
中街居委会	高　松	2	618	1897	680	0	0	—
合计		19	2655	9349	4823	305	1252	—

（刘　昀）

老子山镇

【概况】 老子山镇位于淮安市洪泽区西南部，南与盱眙县官滩镇毗邻，隔湖与蒋坝镇相望，西北为洪泽湖。水路距离洪泽城区32千米，陆路距洪泽城区88千米。镇域面积300平方千米，滩涂约占90%，镇区面积4.8平方千米，素有“水乡泽国”“温泉之乡”之美誉。辖9个行政村、2个居委会，总人口1.83万人，其中渔民约占60%，分布定居在湖区60多个滩头。2016年，实现财政总收入8300万元、公共财政预算收入6900万元、规模以上企业开票销售5.2亿元。

农业　2016年，老子山镇实现农林牧渔总产值6.1亿元，新增高效设施渔业养殖2300亩、秸秆机械化还田率91.2%。新发展农民专业合作社11个、家庭农场38家，其中省市级以上3个；注册农产品商标35枚、培育出“一村一品”特色产业5个，培育龙头企业3家，实现农业增效，农民增收。

实施农渔民技术培训工程，全年邀请区农委技术人员及区以上农业、林业、渔业等部门专家举办培训班52期，培训638人次，发放资料5000余份、科技书籍800多本，发布农业信息122条。以养殖为主产业的新滩、洪明等村年内继续加大高效渔业养殖投入，与2015年相比，水产养殖面积、养殖品种、养殖资金投入的增加使得产业规模持续扩大，全年水产品产量达14178吨，同比增加11.5个百分点。

工业　2016年，老子山镇实现规模以上工业产值23.8亿元，利税1.61亿元；工业用电量699万千瓦时；规模以上固定资产投资9.2亿元；新增列统企业5家，实现规模以上企业开票销售5.33亿元；工业入库税金2100万元；注册外资到账817万美元；江苏大有恒水产在新三板成功上市。

第三产业　2016年，老子山镇旅游内涵不断提升，景区基础设施进一步完善。电子商务蓬勃发展，拥有各类网店30余家，全年电商交易额突破500万元。新增个体工商户191户、新增私营企业75家、新增200万元以上三产服务业项目3个。成功举办2016年CBSA美式台球(洪泽)国际公开赛、风筝节、龟山民俗文化节等主题活动，全年累计接待国内外游客约120万人次，实现旅游经济综合收入近10亿元，新增就业220余人。

社会事业　2016年，老子山镇完成农村创业意识培训77人，创业技能培训53人，再就业320人；发放各种惠农资

老子山镇镇区一角

金370余万元，低保、孤困、优抚、重残等弱势群体补助实现提标扩面，城乡居民重大疾病纳入"低保"和大病救助范围；逐步完善和提高公共卫生服务水平，新型农村合作医疗参合率100%；农村基础养老金发放覆盖率100%；社会养老、慈善救助、妇女儿童权益保障进一步加强。改造提升居家养老服务中心；免费为全镇60周岁以上老人体检；免费为全镇35~60岁年龄段的妇女进行"两癌"检查；开展"慈善一日捐"和走基层、访千户、暖民心活动。完善"岸上两个点、水上两条船"综合服务管理体系，实现社会管理服务全覆盖，平安老子山、法治老子山创建扎实有效。建立涉法涉诉联合接访中心，化解社会矛盾，信访案件同比下降15%，矛盾纠纷调解成功率99.78%，公众安全感达99.6%。

城镇建设与管理　2016年，老子山镇立足"三新"建设，加大投入，集镇面容面貌显著改善。全年投入200余万元，按照"六整治""六提升"要求，重点对规划布点的迎湖东路、长山、龟山和刘咀四大片区开展环境整治，聘用"五位一体"管护人员38人，清扫村庄道路30千米，疏浚沟渠50条，建设泵站20座。新铺设茶庵、书院居民区排污管道，新增镇区停车位150个；完成镇区主要道路标识更换；新建"家风主题公园"。完善污水和垃圾处理运行体系，定期对污水处理厂和垃圾中转站进行修缮维护，实现"组收集、村保洁、镇处理、区转运"的垃圾收运体系。

【大有恒水产上市】 2016年4月28日，江苏大有恒水产供应链管理股份有限公司（以下简称"大有恒水产"）挂牌上市，正式登陆新三板，成为国内水产流通行业领域第一家上市公司。

江苏大有恒水产专注于水产品贸易十多年，长期为沃尔玛、家乐福等大型商业连锁超市和餐饮企业提供安全、质优价廉的水产品，从而实现品牌口碑的积累和增值。2014年，大有恒水产全资控股江达（上海）实业有限公司，完善进出口业务，做到海产冻品源头直采进口；2015年，江苏大有恒水产全资控股上海全惠寅仓储有限公司，在上海自贸区内投资改建两万吨储量的冷库。通过从打造水产品的源头直采贸易、销售及全程冷链物流服务，为国内百姓提供源源不断的品质更高、品种更丰富的远洋渔业水产品。

【老子山温泉】 老子山拥有丰富的地热温泉资源，至2016年，已打4眼泉水，每眼温泉井日出水量2000立方米，出口水温达61℃，经国家地矿部门权威测评，老子山温泉为偏硅酸型，储量大、品质优，含有锶、氟、磷、钙、硒、钾、氡等20多种微量元素。老子山温泉属全国最好的温泉，不仅起到理疗、美容，而且最适宜于建设温泉浴场、热带鱼养殖和矿泉水开发，现有淮上明珠温泉度假村、老子山温泉山庄、凤凰泉体育基地和温泉一号四家大型温泉企业。

老子山镇艳阳度假温泉国际大酒店

【龟山村】 龟山村位于老子山镇南部，紧邻淮河，青山绿水，景色宜人，村庄因形若巨龟浮于水面而得名。龟山不仅是淮河、洪泽湖地区佛教文化最早发祥之地，也是我国许多传奇故事的发生地。龟山名胜古迹遍布，仅据志载即有20多处。2014年，龟山村被国家传统村落保护发展专家委员会评审认定为中国传统村落，是淮安市唯一，也是洪泽湖流域唯一的一个中国传统村落。走进龟山可见松柏叠翠，农家炊烟袅袅、鸟语鸡鸣，一幅蕴藏厚重、生态幽静、淳朴归真交融的画面展现在眼前。龟山村围绕发展之美，大力发展旅游业，已建成仿古长廊、御码头、龟山草市及核心文化片区、游船码头等，村民自发开办民宿客栈、农家乐，2016年接待游客5万余人次。围绕环境之美，对重点区域进行绿化美化，新建污水处理厂、景观旅游厕所等。围绕风尚之美，进行典型评选活动，利用道德讲堂宣讲，引导农民群众提升文明素养。围绕人文之美，制定实施历史文物保护与修复规划，充分挖掘传统艺人作用，传承历史记忆、丰富群众生活。围绕秩序之美，发挥村规民约、红白理事会等自治组织作用，打造遵纪守法、幸福安康龟山村。

【老子山镇领导成员名录】

党委书记　李　飞（5月任）
副 书 记　傅建霞（女）　杨　洋（5月任）
委　　员　李勇涛　王兆银　唐国章
　　　　　倪立明　施官俊　于　娟（女，5月任）
人大主席　韩强业（2月任）
镇　　长　傅建霞（女）
副 镇 长　王兆银　倪立明（12月任）
　　　　　杨华金（5月任）
纪委书记　李勇涛

2016年老子山镇经济与社会发展概况一览表

表37

项目	单位	2016年	2015年	项目	单位	2016年	2015年
村数	个	9	9	第三产业	万元	13640	12400
居委会数	个	2	2	财政收入	万元	8600	11623
村民小组和农业组数	个	52	52	农林牧渔业总产值	万元	61000	49170
户数	户	5497	5497	服务业总产值	万元	26200	26000
总人口	人	18338	18237	乡村实有从业人员数	人	11400	11335
其中非农业人口	人	14691	14590	农民人均纯收入	元	14900	14500
人口出生率	‰	12.8	12.6	粮食总产量	吨	2848	2642
人口死亡率	‰	2.7	3.2	油料产量	吨	280	268
人口自然增长率	‰	6	10.1	生猪饲养量	头	7817	6450
总面积	公顷	20000	20000	三禽饲养量	万羽	1.15	1.05
其中:耕地面积	公顷	368.6	368.6	水产品产量	吨	15808	14178
地区生产总值	万元	287740	265400	规模以上企业	个	26	24
其中:第一产业	万元	61100	61000	规模以上工业产值	万元	213000	192000
第二产业	万元	213000	192000	规模以上工业利税总额	万元	16100	14500

2016年老子山镇村(居)概况一览表

表38

村(居)名	支部书记	村(居)民小组(个)	户数(户)	人口(人)	劳动力(人)	耕地面积(公顷)	水产面积(公顷)	人均纯收入(元)
书院居委会	杨兆斌	5	720	2559	1541	—	337	15700
茶庵居委会	孙广启	3	2630	5199	2559	17	171	15600
新滩村	朱宝强	4	246	946	742	—	438	15800
洪明村	孙成志	5	304	964	520	—	536	14700
新淮村	贺庆贵	6	553	2138	1198	5.6	412	14600
张咀村	陈孝德	6	423	1373	793	—	243	14900
安淮村	胡宝柱	6	327	1338	864	—	445	14600
长山村	徐化贵	6	434	1759	968	233	211	14900
龟山村	胡明江	3	131	742	513	—	278	14300
兴隆村	倪秀祥	5	163	626	365	—	380	14200
刘咀村	朱兆全	3	214	693	402	113	308	14600
合计		52	6145	18337	10465	368.6	3759	—

(严定喜)

西顺河镇

【概况】 西顺河镇位于洪泽湖北畔，三面环水，自然风光独特，全镇三分之二区域在国家级湿地保护区内。全镇下辖4个行政村、1个居委会，人口1万人，区域面积18.1平方千米，耕地面积3639亩，水产养殖面积2.5万亩。2016年，西顺河镇完成公共财政预算收入1.45亿元，现代服务业入库税收1710万元。在全区责任目标综合考评中获一等奖，被区委、区政府授予"招商引资工作先进集体""工业经济工作先进集体""旅游工作先进集体""纪检监察工作先进集体""精神文明及宣传思想工作先进集体""综治与平安建设工作先进集体""统战工作先进集体"等殊荣。

农业　2016年，西顺河镇在全区率先探索实践农村土地、鱼塘流转全覆盖和土地、鱼塘全部流转的农(渔)民参加企业职工养老保险制度试点，创新土地规模化、集约化、高效化经营，提高群众保险待遇。同时将农民从土地上解放出来，转变发展业态，让他们从事服务业，促进收入倍增，提高人民群众获得感和幸福指数。

年内，西顺河镇加快推进投资10亿元的现代渔业产业园项目建设，规划对产业园道路、水系、塘口进行改造；引进优新品种及先进技术，突出特种养殖、高效养殖、循环养殖、智慧养殖，提高养殖效益，提升洪泽湖大闸蟹、洪泽湖龙虾等水产品及水生蔬菜的知名度，将园区打造成生态循环养殖、智慧养殖基地和鱼种繁育、科普教育、休闲观光、采摘垂钓基地。水产种养殖方面，着重抓好“一蟹二虾三特四常五水”。“一蟹”即抓好大闸蟹养殖；“二虾”即抓好“青虾、龙虾”养殖；“三特”即抓好三种特色水产养殖；“四常”即抓好四大常规鱼的养殖；“五水”即抓好“莲藕、芡实、蒲菜、茭白、水芹”等五种水生蔬菜种植。

工业　2016年，西顺河镇实现规模以上工业开票销售12.85亿元，占年目标的100%，同比增长40%；实现工业用电量1.54亿千瓦时，占年目标的110%，同比增长11.4%；完成固定资产购置进项税800万元，占年目标的100%；新培植规模以上企业4户。

西顺河镇牢固树立“工业主导发展，项目带动发展”的工业强镇理念，坚持“项目为王”理念，加大项目招引力度，优化招商引资环境，重点招引1亿、5亿元、10亿元以上重特大项目。年内，投资2.8亿元的热电联产项目、投资2.3亿元的采卤项目和投资1.1亿元的分布式光伏项目等3个新开工列入市重大项目督考的亿元项目竣工；江苏天参公司投资1.1亿元的高效生态渔业休闲观光项目完成一期投资。同时，为竣工项目做好帮办服务，协调解决生产经营中的实际困难，提高80万吨硝盐联产、国圣纸业、洪泽大洋盐化、中盐淮安鸿运盐化等企业的生产效益。

旅游　2016年，西顺河镇突出打造“渔家风情旅游特色镇”这一重点，大力实施“旅游兴镇”战略，依托世界文化遗产洪泽湖古堰、张福河，挖掘古堰水利文化、盐商硝盐文化、渔文化内涵，举全镇之力加快实施“工旅结合”“文旅结合”“渔旅结合”，打造景点。重点规划建设了洪泽湖渔家风情园项目、芦荡迷宫项目、于圩水美乡村项目、民族特色村寨项、红色旅游项目。建成整体外观设计以古朴的汉风建筑为主、与即将建成的汉风古街、盐商博物馆融为一体的文化大院，建筑面积1134平方米。投资1500万基本完成占地50余亩的“烈士陵园”片区景点打造；新建洪泽烈士纪念馆、二十六烈士陈列馆、英烈墙、纪念鼎以及陵园广场和停车场。

投资1200万元打造民族特色街区，在建成7000平方米民族特色小区的基础上，完成民族特色小区门头建设、2千米道路铺设、雨污管道分离、街区周围立面高水平规划设计、民族文化广场升级改造、街区内外空地景观绿化。建设洪泽湖渔家风情园，建成张福河停车场、渔文化广场、游客接待中心，完善提升接待功能。

4月1日，洪泽烈士纪念馆、二十六烈士陈列馆开馆

【规划编制】　2016年，西顺河镇聘请南京大学、东南大学、省淡水研究所等单位，分别编制了《西顺河镇旅游发展战略与总体策划》《现代渔业产业园发展规划》《镇工业集中区规划》等，基本形成“工业上以盐化新材料及其衍生产品为主导；农业上发展生态循环高效养殖，建设一流现代渔业产业园；旅游上挖掘工业旅游、文化旅游、渔业旅游、生态湿地”等特色优势，全镇域打造旅游，建设渔家风情特色镇。

【西顺河镇领导成员名录】

党委书记　胡　滨（1月任）　严定刚（1月免）
副书记　周宗燕（女）　孟庆国
委　员　王　涛　王　军（5月任）　徐留芳（女）
　　孙　丽（女，5月任）　骆殿俊
　　戴夕伟（女，5月免）
人大主席　沈　澎
镇　长　周宗燕（女）
副镇长　胡　详
纪委书记　王　涛（5月任）　戴夕伟（女，5月免）

2016年西顺河镇经济与社会发展概况一览表

表39

项目	单位	2016年	2015年	项目	单位	2016年	2015年
村数	个	4	4	第三产业	万元	14000	13900
居委会数	个	1	1	财政收入	万元	14100	15600
村民小组和农业组数	个	31	31	农林牧渔总产值	万元	16375	16630
户数	户	3013	3032	服务业总产值	万元	14000	13900
总人口	人	9417	9395	乡村实有从业人员数	人	5403	5529
其中非农业人口	人	3218	—	农民人均纯收入	元	19733	18054
人口出生率	‰	128	110	粮食总产量	吨	3900	4031
人口死亡率	‰	31	17	油料产量	吨	230	220
人口自然增长率	‰	97	93	生猪饲养量	头	2600	3200
总面积	公顷	349	349	三禽饲养量	万羽	—	—
其中:耕地面积	公顷	310	310	水产品产量	吨	8194	7137
地区生产总值	万元	82130	75320	规模以上企业	个	25	24
其中:第一产业	万元	16735	16630	规模以上工业产值	万元	89000	78500
第二产业	万元	48523	38100	规模以上工业利税总额	万元	—	—

2016年西顺河镇村(居)概况一览表

表40

村(居)名	支部书记	村(居)民小组(个)	户数(户)	人口(人)	劳动力(人)	耕地面积(公顷)	水产面积(公顷)	人均纯收入(元)
街西居委会	闻素兵	6	1110	3207	2271	77	72	19691
街南村	王克飞	8	623	2119	1190	93	80	19750
于圩村	李大军	9	480	1690	1052	103	98	19688
张福河村	张立军	3	226	606	458	—	—	19786
洪祥村	张　军	5	574	1795	986	—	—	19750
合　计		31	3013	9417	5957	273	250	—

(孙　丽　刘　宇)

组织机构设置及领导名录

（2016年1—12月）

区四套班子

中共淮安市洪泽区委员会（正处级）

书　记　徐东海（7月免）　朱亚文（7月任）
副书记　殷　强　顾祥悦（7月免）　程国民（7月任）
常　委　徐东海（7月免）　朱亚文（7月任）
殷　强　顾祥悦（7月免）　程国民（7月任）
杨国仁　乐　翔（5月免）　董　蔚（女）
夏明忠（挂职，1月结束）
许根林（7月免）
钱宏光（挂职，8月结束）
余　刚　陈孝红（7月免）
周海滨　朱玉生　张培刚
秦立行（挂职，2月任）　戈利民（7月任）
李正培（2月任）　张春荣（7月任）
韩永胜（7月任）

淮安市洪泽区人大常委会（正处级）

主　任　杨步新
副主任　曹文龙　黄　河　王建东
韩学红（女，1月任，11月免）
党组成员　徐洪华　韩学红（女，1月任，11月免）

淮安市洪泽区人民政府（正处级）

区　长　殷　强
副区长　杨国仁　钱宏光（挂职，8月结束）
秦立行（挂职，2月任）　张培刚
王兆龙（11月免）　徐　琳（女）
张　亚（挂职，8月结束）　高　军
徐礼球（7月免）　陶　陶（1月任，11月免）
王爱荣（7月任）　徐继东（挂职，10月任）
韩学红（女，11月任）　何　喆（11月任）
党组成员　杨国仁　乐　翔（5月任）
钱宏光（挂职，8月结束）
秦立行（挂职，2月任）　张培刚
王兆龙（11月免）
张　亚（挂职，8月结束）　高　军
徐礼球（7月免）　陶　陶（1月任，11月免）
王爱荣（4月任）　韩学红（女，11月任）
何喆（11月任）　陈洪标（11月免）
高万成　陶辉（1月免）
赵成军（挂职，1月结束）
区长助理　赵成军（挂职，1月结束）

政协淮安市洪泽区委员会（正处级）

主　席　陈继信
副主席　陈炳峰　杨　皖（11月免）
谢建东（11月免）　王天林　薛良柱
党组成员　刘　筠　陶　辉

区人武部、纪委、法院、检察院

区人民武装部（正团级）

部　长　史新元
党委第一书记　徐东海（7月免）　朱亚文（7月任）
政　委　朱玉生
副部长　万兆干

中共淮安市洪泽区纪律检查委员会机关（副处级）

书　记　陈孝红（7月免）　戈利民（7月任）
副书记　钱　澄　葛庆友（5月免）
朱爱军（7月任）
常　委　张步红　钱保泽　王桂民（8月免）
谷朝阳（3月任）　陈　燕（女，8月任）
办公室（挂“研究室”牌子）主任　张　明
纪检监察干部管理监督室主任　祖青青（女，5月任）
信访室主任　陈　燕（女，1月免）　滕家文（1月任）
案件审理室主任　谷朝阳
党风廉政建设室（挂“区人政府纠正行业不正之风办公室”牌子）主任　陈　燕（女，1月任）

宣传教育法规室主任　褚兆丰
第三纪检监督室主任　王佩清
案件监管室主任　赵树江
综合部门派驻纪检组组长　张学荣

区机关纪检监察工作一室(副科级)
副主任　赵树江(1月免)

区人民法院(正科级)
院　长　韩　俊(11月免)
党组书记　韩　俊(11月免)　王亚林(11月任)
副院长　王亚林(代院长,11月任)
　　　　接　滨(11月免)　袁爱军　朱秀山
党组副书记　接　滨(11月免)
纪检组长　郭学龙
政治处主任　戚寿猛
党组成员　郭学龙　袁爱军　朱秀山　戚寿猛
审委会专职委员　何素军　李锦骏
执行局局长　章熙全
法警大队大队长　滕兆斌
法警大队教导员　张连军

区人民检察院(正科级)
检察长　韩少芹(女)
党组书记　韩少芹(女)
副检察长　徐加山　成支农　万海军
党组副书记　徐加山
纪检组长　蒯银华(女)
政治处主任　杨巨军
党组成员　成支农　万海军　杨巨军　蒯银华(女)
职务犯罪侦查局局长　孙　磊
反渎职侵权局局长　孙吉娴(女)
检委会专职委员　王国光　王　艳(女,6月任)

区委工作部门及直属单位

区委办公室(正科级,挂"区委全面深化改革领导小组办公室"牌子)
主　任　徐加奎
副主任　李万国(5月免)　刘明爱(1月免)　潘立军
　　　　张天鄂(1月任)　陈中玉(5月任)
　　　　倪洋军(5月任)
派驻纪检组长　李万仲

区委组织部(正科级,挂"区委组织员办公室""区委党建工作领导小组办公室"牌子)
部　长　许根林(7月免)　韩永胜(7月任)
副部长　张明成　胡平川　赵可林
派驻纪检组长　邵顺金

区委组织员办公室(正科级,挂牌机构)
主　任　赵可林
副主任　余学科(5月免)

区委代表联络办公室(正科级,与区委组织部合署办公)
主　任　胡平川

区委企业工作委员会(正科级,与区委组织部合署办公)
书　记　秦广青
副书记　朱国锋

区党建办(正科级)
主　任　倪洋军

区党员干部现代远程教育办公室(副科级)
主　任　陈　玲(女)

区重点项目督查考核办公室(正科级)
主　任　胡平川
副主任　谢秀兰(女,6月免)　宋学初

区人才工作办公室(正科级)
主　任　袁玉民
副主任　石庆春

区委老干部局(正科级)
局　长　张明成(1月免)　马　斌(1月任)
副局长　薛东春

区委宣传部(正科级,挂"区精神文明建设指导委员会办公室""区对外宣传领导小组办公室"牌子)
部　长　董　蔚(女)
副部长　李大洋　叶顺亮　程　钢
派驻纪检组长　孟庆峰
新闻应急中心主任　王会梅(女)

区对外宣传领导小组办公室(正科级,挂牌机构)
主　任　叶顺亮

区精神文明建设指导委员会办公室(正科级,挂牌机构)
主　任　程　钢
副主任　王传华

区委统一战线工作部(正科级)
部　长　薛良柱(7月免)　张春荣(7月任)
副部长　徐成洋　沈如先
派驻纪检组长　陈　祥

区委区级机关工作委员会(正科级)
书　记　万福善
副书记　田桂兰(女)　楚一卿(5月任)
纪工委书记　刘益传
委　员　刘益传

区委农村工作部(正科级,挂"区扶贫工作领导小组办公室"牌子)
部　长　韩学荣(5月免)　俞光红(5月任)
副部长　罗　锋　周志选
派驻纪检组长　吴洪成
扶贫办主任　罗　锋(6月任)

区委政法委员会(正科级)
书　记　张培刚(1月任)
副书记　李登学　俞光红(5月免)　韩学荣(5月任)
派驻纪检组长　成群星(女,5月免)

区社会治安综合治理委员会办公室(正科级,与区委政法委员会合署办公)
主　任　李登学

区依法治区领导小组办公室(正科级)

主　任　张培刚(1月任)

副主任　沈正涛

区宣传信息中心(正科级)

主　任　叶顺亮

副主任　王进龙　孙玉清

区委党校(正科级)

校　长　顾祥悦(7月免)

副校长　邵志洪　刘正好

派驻纪检组长　李　伟

区行政学校(正科级)

校　长　杨国仁

副校长　邵志洪

区委保密委员会办公室(局)(副科级,挂"区国家保密工作局"牌子)

主　任(局长)　张天鄂(1月免)

丁俊光(1月任,5月免)

王玉祥(5月任)

区委机要局(正科级,挂"区国家密码管理局"牌子)

局　长　陈玉林

区委党史工作办公室(正科级)

主　任　王　娟(女)

副主任　郭海荣(女,1月任)

区委台湾工作办公室(正科级,挂"区政府台湾事务办公室"牌子,与区委统一战线工作部合署办公)

主　任　严荣和(5月免)　陈中玉(5月任)

副主任　万田路

区接待办公室(正科级)

主　任　汤澄漪(女,1月免)　仲维芬(女,1月任)

副主任　高佳伟

区信访局(正科级)

局　长　吕伏洋

副局长　高登戈　余从峰　周连军(6月任)

派驻纪检组长　严　军(5月免)

督查专员　周连军(6月免)　王爱荣(6月任)

区档案局(正科级,挂"区档案馆"牌子)

局(馆)长　姚嘉云

副局(馆)长　袁小勇(5月任)

区机构编制委员会办公室(正科级)

主　任　张明成

副主任　龚步勤　袁夕康

区人大常委会办事机构和工作机构

区人大常会办公室(正科级)

主　任　骆奎标(区人大党组成员)

副主任　刘　森(女,1月免)　顾树香(女,5月任)

派驻纪检组长　龙　青(女)

内务司法工作委员会(正科级,挂"民宗侨台工作委员会"牌子)

主　任　夏文新(区人大党组成员,5月免)

虞启华(5月任)

社会事业工作委员会(正科级)

主　任　朱成银(区人大党组成员,1月免)

副主任　贾明清(1月免)　刘　森(女,1月免)

人大代表联络工作委员会(正科级)

主　任　杨　滟(女,1月任)

农业经济工作委员会(正科级)

主　任　朱德满(区人大党组成员)

财政经济工作委员会(正科级)

主　任　詹洪宁(区人大党组成员)

副主任　李　斌

科教文卫委员会(正科级)

主　任　朱成银(区人大党组成员,1月任)

副主任　贾明清(1月任)

环资委员会(正科级)

主　任　吴小军(1月任)

副主任　刘　森(女,1月任)

区政府工作部门及直属机构

区政府办公室(正科级,挂"区政府外事侨务办公室""区政府法制办公室""区人民防空办公室"牌子)

主　任　翟启荣(区政府党组成员)

党组书记　翟启荣

副主任　赵建清　杨巨卫(5月免)　刘海健

赵建东(5月任)　陈泽勇

派驻纪检组长　王道凤(1月免)　郭　虎(1月任)

党组成员　赵建清　杨巨卫(5月免)　刘海健

赵建东(5月任)　陈泽勇

王道凤(1月免)　郭　虎(1月任)

区政府法制办公室(正科级,挂牌机构)

负责人　杨巨卫(5月免)　刘海健(5月任)

区政府外事侨务办公室(正科级,挂牌机构)

负责人　王佩萍

区人民防空办公室(正科级,挂牌机构)

负责人　赵建东

区金融管理办公室(正科级)

主　任　赵建清

副主任　周仲达(5月任)

区应急管理办公室(副级)

主　任　郭　虎(1月免)

区机关事务管理服务中心(正科级)

主　任　王　俊(女)

副主任　王佩萍(女,5月免)　严荣喜

区信息化办公室(正科级)

主　任　倪洋军(5月免)　余学科(5月任)

副主任　吕伏兵　赵新年(2月任)

区高新技术产业园管理发展中心(正科级)

主　任　赵建东

区人力资源和社会保障局(正科级)

局　　长　胡　滨(5月免)　葛庆友(5月任)
党委书记　葛庆友(5月任)
副 局 长　赵　林　刘建华(女)　严国风(5月任)
　　　　　刘晓娟(女,5月任)
党委副书记　胡　滨(5月免)　厉庆赋
纪委书记　徐世英(6月免)
党委委员　徐世英(6月免)　赵　林　刘建华(女)
　　　　　严国风(5月任)　刘晓娟(女,5月任)

区社会医疗保险管理处(副科级)

主　任　朱　红(女)

区机关事业单位社会保险管理处(副科级)

主　任　孙佩凯

区人才交流服务中心(副科级)

主　任　张连稳

区城乡居民社会养老保险处(副科级)

主　任　朱永平(女)

区发展和改革委员会(正科级,挂"区物价局"牌子)

主　任　胡长林(1月免)　刘兴春(1月任)
党组书记　刘兴春(1月任)
党组副书记　胡长林(1月免)
派驻纪检组长　倪正美
副主任　董新章　潘恩如(5月免)　郭　虎(5月任)
党组成员　倪正美　董新章　潘恩如(5月免)
　　　　　郭　虎(5月任)

区物价局(正科级,挂牌机构)

局　长　潘恩如(5月免)　郭　虎(5月任)
副局长　宋向明　朱翼强

区经济和信息化委员会(正科级,挂"区中小企业局"牌子)

主　任　马　斌(1月免)　严定刚(1月任)
党委副书记　严定刚(1月任)
党委副书记　马　斌(1月免)　王　业
副主任　高汉波　程雪峰　赵华标
纪委书记　韩红艳(女)
党委委员　高汉波　程雪峰　韩红艳(女)　赵华标

区能源办公室(副科级)

主　任　刘如军

区乡镇企业局(正科级,挂牌机构)

局　长　程雪峰
副局长　孙洪慧(女,5月免)　曹俊成(5月任)

区商务局(正科级,挂"区粮食局"牌子)

局　长　薛　莉(女,5月免)　潘恩如(5月任)
党委书记　潘恩如(5月任)
党委副书记　薛　莉(女,5月免)　刘俊马
副局长　孙华雷　王金雨
纪委书记　傅　宁
党委委员　傅　宁　孙华雷　王金雨

区粮食局(正科级,挂牌机构)

局　长　王金雨
副局长　简夕洪　赵巧玉(女,5月任)

区安全生产监督管理局(正科级)

局　长　杨建浩
党组书记　杨建浩
派驻纪检组长　梁　俊
副局长　严定葆(5月免)　向德美　汤　践
　　　　黄文凯(5月任)
区安监局开发区分局局长　黄文凯(5月免)
党组成员　梁　俊　严定葆(5月免)　汤　践
　　　　　向德美　黄文凯(5月任)

市公安局洪泽分局(正科级)

局　　长　乐　翔(5月免)　王爱荣(5月任)
党委书记　乐　翔(5月免)　王爱荣(5月任)
督 查 长　乐　翔(5月免)　王爱荣(5月任)
政　　委　朱国海(5月免)　高吉会(5月任)
副 局 长　赵卫国　张志远　高吉会(5月免)
　　　　　刘正林　卢爱国　植万洋(5月任)
党委副书记　朱国海(5月免)　庞保国
　　　　　　高吉会(5月任)
副政委　李　毅
纪委书记　潘春如
政治处主任　管荣华
党委委员　潘春如　赵卫国　张志远
　　　　　高吉会(5月免)　刘正林　卢爱国
　　　　　李　毅　管荣华　植万洋(5月任)

区维护稳定工作领导小组办公室(正科级)

主　任　乐　翔(5月免)　王爱荣(5月任)

市公安局洪泽分局指挥中心(副科级,挂"办公室"牌子)

主　任　王发明
教导员　陈玉东(1月任)

市公安局洪泽分局刑事警察大队(副科级,挂"区有组织犯罪侦查大队"牌子,)

大队长　王正春
教导员　施　明

市公安局洪泽分局警务督察大队(副科级)

大队长　李国举

市公安局洪泽分局经济犯罪侦查大队(副科级)

大队长　杨福宝
教导员　吴成茂

市公安局洪泽分局治安警察大队(副科级)

大队长　张志云
教导员　王夕月

市公安局洪泽分局水上警察大队(副科级,挂"区水上派出所"牌子)

大队长　张春光
教导员　赵宜洪

市公安局洪泽分局国内安全保卫大队(副科级)

大队长　严定跃
教导员　陈胜齐

市公安局洪泽分局交通警察大队(副科级)

大队长　赵建东

教导员　朱　军

市公安局洪泽分局巡特警大队(副科级)

大队长　植万洋

教导员　韩文涛(1月任)

市公安局洪泽分局网络安全保卫大队(副科级)

大队长　陈文进

教导员　徐翠俊(1月任)

市公安局洪泽分局法制大队(副科级)

大队长　张平玉

教导员　赵长军

市公安局洪泽分局高良涧派出所(副科级)

所　长　骈业祥

教导员　李　坤(1月免)

市公安局洪泽分局城东派出所(副科级)

所　长　刘　军

教导员　杨　斌

市公安局洪泽分局朱坝派出所(副科级)

所　长　夏永政

市公安局洪泽分局黄集派出所(副科级)

所　长　殷开诚

教导员　张福建

市公安局洪泽分局岔河派出所(副科级)

所　长　钱　健(1月免)　李　坤(1月任)

市公安局洪泽分局仁和派出所(副科级)

所　长　顾广武

市公安局洪泽分局万集派出所(副科级)

所　长　宋锦阳(1月免)　杨文华(1月任)

市公安局洪泽分局东双沟派出所(副科级)

所　长　唐学报

市公安局洪泽分局共和派出所(副科级)

所　长　魏　广(1月免)　郭自清(1月任)

市公安局洪泽分局三河派出所(副科级)

所　长　郭自清(1月免)　魏　广(1月任)

市公安局洪泽分局蒋坝派出所(副科级)

所　长　陈文生

市公安局洪泽分局老子山派出所(副科级)

所　长　唐国章

市公安局洪泽分局西顺河派出所(副科级)

所　长　王　军

教导员　薛建波

区司法局(正科级)

局　长　贾　定(5月免)　杨巨卫(5月任)

党组书记　杨巨卫(5月任)

副局长　陶夕龙　唐兴华　张军锋

党组副书记　贾　定(5月免)　陶夕龙

派驻纪检组长　李衍强

党组成员　唐兴华　李衍强

区民政局(正科级)

局　长　高　红(女)

党组书记　高　红(女)

副局长　石学元　刘晓娟(女,5月免)
潘翠萍(女)　严定葆(5月任)

派驻纪检组长　靖　忠

党组成员　石学元　潘翠萍(女)
刘晓娟(女,5月免)
靖　忠　严定葆(5月任)

区双拥办(副科级)

主　任　高　红(女,5月免)　石学元(5月任)

区交通运输局(正科级,挂“区交通战备办公室”牌子)

局　长　赵希立

副局长　嵇亚美(女)　郭正前　赵永年
蒋士干(11月任)

党委副书记　赵希立　袁维荣

纪委书记　蒋永年

党委委员　蒋永年　嵇亚美(女)　郭正前　赵永年
蒋士干(11月任)

区交通战备办(正科级)

主　任　赵希立(5月任)

副主任　赵永年(5月任)

区公路管理站(副科级)

站　长　蔡　春

区地方海事处(副科级)

处　长　陈春玉

区运输管理所(副科级)

所　长　刘海青

区航道管理站(副科级,挂“区港口管理局”牌子)

站　长　杨金波

港口管理局(副科级,挂牌机构)

局　长　杨金波

区住房和城乡建设局(正科级)

局　长　赵可林

党委书记　赵可林

副局长　王天林　王　君　龙　刚

党委副书记　程泽仁

纪委书记　孙成军

党委委员　王　君　龙　刚　孙成军

区规划局(正科级)

局　长　邵永军

副局长　马长青(5月免)　沈传萍(女,挂职)

区房屋征收管理办公室(副科级)

主　任　季　平

区园林管理局(副科级)

局　长　孙德仁

区环境保护局(正科级)

局　长　唐传玲(女)

党组副书记　唐传玲(女)

副局长　唐士海　陈　波　杨广群　沈伟标

派驻纪检组长　赵顺平

党组成员　赵顺平　唐士海　陈　波　杨广群
沈伟标

区环保局开发区分局(副科级)
局　长　高夕忽
区环境监察局(副科级)
局　长　宋玉洪
区农业委员会(正科级,挂"区林业局"牌子)
主　任　杨步飞
党委书记　杨步飞
副主任　张明晨　李岳峰　段学志
党委副书记　李加伟
纪委书记　赵　军
党委委员　张明晨　赵　军　李岳峰　段学志
区林业局(正科级,挂牌机构)
局　长　李加伟
副局长　邵正满(1月免)　田　婷(女,1月任)
区水产局(正科级)
局　长　刘　洪
党委书记　刘　洪
副局长　陈大雪　刘　洋
纪委书记　张正权
党委委员　陈大雪　刘　洋　张正权
区农业机械管理局(正科级)
局　长　王　淮
副局长　俞海东　褚伏鸿　陈　进
区农业资源开发局(正科级)
局　长　洪　滔(5月免)　夏文新(5月任)
副局长　张代坤　简夕洲
区红旗林牧场(副科级)
负责人　张代坤(分管)
区绿化委员会办公室(副科级)
主　任　冯连虎
区农业干部学校(副科级)
校　长　王砚超(1月免)
区种子公司(副科级)
经　理　杨开晴
区良种繁育场(副科级)
负责人　张明晨(分管领导)
区苗圃(副科级)
场　长　杨广本(5月任)
区三河果园(副科级)
场　长　王昌斌
区水利局(正科级)
局　　长　郭明珠
副 局 长　袁安全　陈万学　杨兆军
党委副书记　郭明珠　傅启飞
纪委书记　孙　芹(女)
总工程师　杨玉华(女)
党委委员　孙　芹(女)　袁安全　陈万学　杨兆军
淮安食品科技产业园管理服务中心(正科级)
主　任　余　刚
副主任　韩强业　陈　诚(5月免)
刘爱媛(女,挂职,6月任,11月结束)
万田路(挂职)　丁　君(挂职,5月任)
区财政局(正科级,挂"区政府国有资产监督管理办公室"牌子)
局　长　陈中军
党组书记　陈中军
副局长　张广信　潘春明　谢　芳(女)
派驻纪检组长　王　峰
党组成员　王　峰　张广信　潘春明　谢　芳(女)
区收费管理局(副科级)
局　长　梁　勇
区会计管理局(副科级)
局　长　金　海
区财政国库集中支付中心(副科级)
主　任　严大胜
区审计局(正科级)
局　长　叶亚波
党组副书记　叶亚波　朱锦春
副局长　朱锦春　陈定保　孙学志
派驻纪检组长　刘素娟(女)
党组成员　陈定保　孙学志　刘素娟(女)
区统计局(正科级)
局　长　顾恒彪(5月免)　严宝云(5月任)
党组书记　严宝云(5月任)
副局长　陈如圣　丁建勋　杨长青
党组副书记　顾恒彪(5月免)　陈如圣
总统计师　韩学龙
派驻纪检组长　刘　顺
调查局局长　韩学龙
党组成员　刘　顺　丁建勋　韩学龙　杨长青
区科学技术局(正科级,挂"区知识产权局"牌子)
局　长　赵劲松
党组副书记　赵劲松　杨柏祥
副局长　张　丹(女)　杨柏祥　马长青(5月任)
派驻纪检组长　顾学勤
党组成员　顾学勤　张　丹(女)　马长青(5月任)
区教育局(正科级,挂"区委教育工作委员会""区体育局"牌子)
局　长　高祝芹
副局长　秦春宏　程　梅(女)
党委副书记　高祝芹　孙云鹏
纪委书记　刘　光
教育工会主席　赵　起
党委委员　秦春宏　程　梅(女)　刘　光
区体育局(正科级,挂牌机构)
副局长　袁开春
区人民政府教育督导室(副科级)
主　任　杨步实
江苏省洪泽中学(副处级)
副校长　李建成(主持工作)　钱　斌(1月免)
吴长青　徐福树
纪委书记　刘义珍

老师发展中心主任　朱正标

洪泽湖高级中学(正科级)

校　长　胡国生
党委书记　胡国生
党委副书记　魏国才
纪委书记　韦恩东
副校长　左　分　曹仕锋　蒋永军
党委委员　韦恩东

区教师发展中心(正科级,挂"区教师进修学校"牌子)

主　任　钱　斌(1月任)
副主任　万泽民　秦春宏(6月免)　干家标
张　辉(6月任)

江苏省洪泽中等专业学校(正科级,挂"洪泽开放大学"牌子)

校　长　成群星(5月任)
副校长　杜守俊　肖金泉　王砚超　查友海(5月免)

区文化广电新闻出版局(正科级,挂"区文物局""区版权局"牌子)

局　长　陈礼新(5月免)　陆　珉(女,5月任)
党委书记　陆　珉(5月任)
副局长　陈继荣　许　量　严后金
党委副书记　陈礼新(5月免)　陈新兵
纪委书记　闫兆瑞
党委委员　闫兆瑞　陈继荣　许　量　严后金

区卫生和计划生育委员会(正科级)

主　任　周保祥(8月免)
党委书记　周保祥(8月免)
党委副书记　张　彬
副局长　杨　丽(女)　许金峰
纪委书记　李　伟
党委委员　李　伟　杨　丽(女)　许金峰

区人民医院(正科级)

院　长　周保祥(1月免)　王林森(1月任)
党委书记　周保祥(1月免)　王林森(1月任)
副院长　刘仕鹏(6月免)　陈　星　谢　张
陈永军　王金龙(6月任)
赵　华(女,挂职,6月任)
党委副书记　韦光亮　赵　华(女,挂职,6月任)
纪委书记　刘仁鹏(6月任)
党委委员　刘仕鹏　谢　张　王金龙(6月任)

区中医院(副科级)

院　长　周保祥(1月免)　王林森(1月任)

区卫生监督所(副科级)

所　长　席黎明

区疾病预防控制中心(副科级)

主　任　李　栋

市洪泽卫生职工中等专业学校(副科级)

校　长　查友海(1月免)

区市场监督管理局(正科级,挂"区食品药品监督管理局""区食品安全委员会办公室"牌子)

局　长　柳　明(5月免)　贾　定(5月任,10月免)
党委书记　柳　明(5月免)
贾　定(5月任,10月免)
党委副书记　严宝云(5月免)　张晓春
副局长　严宝云(5月免)　张晓春(5月免)　孙　林
田爱华　朱　江　赵长荣　王广明
纪委书记　李　纯(5月免)　黄建军(5月任)
党委委员　李　纯(5月免)　孙　林　田爱华
朱　江　赵长荣　王广明
黄建军(5月任)

区城市管理局(正科级,挂"区城市管理行政执法局"牌子)

局　长　朱正港
党组书记　朱正港
党组副书记　陈传银
副局长　陈传银　傅启忠　魏同云(女,挂职)
赵宝祖
派驻纪检组长　李广连
党组成员　李广连　魏同云(女,挂职)　赵宝祖

区监察局(正科级,与区纪律检查委员会机关合署办公)

局　长　钱　澄
副局长　王天林　褚兆丰(3月任)

区民族宗教事务局(正科级)

局　长　徐成洋
副局长　邵正满(1月任)　曹晓青(女,1月任)

区广播电视台(正科级)

台　长　潘　辉
党组书记　潘　辉
副台长　朱　勇　朱守亚　陶爱群
派驻纪检组长　阚卫华
党组成员　阚卫华　朱　勇　朱守亚　陶爱群

区旅游局(正科级)

局　长　汤红尉
党组书记　汤红尉
副局长　王明师
派驻纪检组长　赵建忠
党组成员　赵建忠　王明师

洪泽湖古堰景区管理委员会(副处级)

主　任　陈洪标(11月免)
副书记　周德宝
副主任　许正文(5月免)　徐成军
综合处处长　杨文龙(5月任)
招商项目处处长　颜德军
土地规划处处长　杨忠明
行政财务处处长　张学农(6月任)
党委委员　徐成军

区软件园管理发展中心(正科级)

副主任　周　莉(女)　朱洪宝

江苏洪泽经济开发区管理委员会(副处级)

工委书记　周海滨(4月任)
主　任　高万成
副书记　高万成　夏明忠(挂职,1月结束)

万立明　刘恒川(挂职,2月任)
副主任　夏明忠(挂职,1月结束)
陈中玉(5月免)　陈士堂　刘日昊
张振中(5月任)　刘恒川(挂职,2月任)
俞　磊(挂职,8月任)
纪工委书记　陈正梅(女)
工委委员　陈正梅(女)　陈中玉(5月免)　陈士堂
刘日昊　张振中(5月任)
党政办主任　丁玉禄
经济发展局局长　唐士明
规划建设局局长　孙　鹏
财税服务局局长　张振中(5月免)
陈　诚(5月任,11月免)
招商局局长　陈士堂
外资招商服务中心副主任　胡文贤

区老子山旅游度假区管理委员会(正科级)

主　任　周　庆(5月免)　李　飞(6月任)
党委书记　周　庆(5月免)　李　飞(6月任)
副主任　付建霞(1月任)　杨　洋(1月任,12月免)
施玉春(1月任)

区地方志编纂委员会办公室(副科级)

主 任　周凌晨

区地震局(正科级)

局　长　赵国平
副局长　厉永华(5月免)　王天伟(5月任)

区行政审批局(正科级,挂"区政务办"牌子)

主　任　陈金来
党组书记　陈金来
副主任　刘军波　胡正立(5月免)
孙洪慧(女,5月任)
派驻纪检组长　李海涛
党组成员　刘军波　胡正立(5月免)

市公共资源交易服务中心洪泽分中心(副科级)

主　任　徐锦才

区城市建设指挥部办公室(正科级)

主　任　陈洪鑫(6月任)
副主任　陈洪鑫(6月免)　高 翔

区"阳光洪泽"管理服务中心(正科级)

主　任　葛庆友(5月免)　钱保泽(5月任)
副主任　倪永凯

区供销合作总社(正科级)

主　任　徐月东(5月免)　许正文(5月任)
党委书记　徐月东(5月免)　许正文(5月任)
副主任　孙　彪(5月免)　李国家　刘新光
党委委员　孙　彪(5月免)　李国家　刘新光

区物资总公司(正科级)

总经理　徐月东(5月免)　许正文(5月任)
党委书记　徐月东(5月免)　许正文(5月任)

区商业总公司(正科级)

总经理　叶亚堂
党委书记　叶亚堂
副总经理　向从进　朱文建
党委委员　向从进　朱文建

区城市资产经营公司(正科级)

董事长兼总经理　陈洪鑫
副总经理　高　翔

蟹都文传公司(正科级)

总经理　王明生
副总经理　伍永年

区政协办事机构和工作机构

区政协办公室(正科级)

主　任　刘仁美(区政协党组成员,秘书长,9月任)
副主任　张能涛　洪　滔(5月任)
派驻纪检组长　赵　卿

提案委员会(正科级)

主　任　郭　虎(区政协党组成员,5月免)
陈礼新(区政协党组成员,5月任)
副主任　李　宾(1月任)

学习宣传和文史资料委员会(正科级)

主　任　张能涛(区政协党组成员)

经济科技和城乡建设委员会(正科级)

主　任　张国雨(区政协党组成员)

文卫体和人资环委员会(正科级)

主　任　陈志国(区政协党组成员)

港澳台侨和民宗法制委员会(正科级)

主　任　虞启华(区政协党组成员,5月免)
严荣和(区政协党组成员,5月任)

区群团组织

区总工会(正科级)

主　席　田富凯(11月免)　韩永胜(11月任)
党组书记　田富凯(11月任)
党组副书记　田富凯(11月免)　余 敏(女)
派驻纪检组长　余　敏(女)
副主席　田富凯(11月任)　胡怀彬　蒋永平
李　翔(女)
党组成员　胡怀彬　蒋永平　李　翔(女)

共青团洪泽区委员会(正科级)

书　记　陆　珉(女,5月免)　王　蓉(女,5月任)
副书记　马晓伟(女,5月任)

区妇女联合会(正科级)

主　席　仲维芬(女,1月免)　汤澄漪(女,1月任)
副主席　胡妍慧(女)

区文学艺术界联合会(正科级)

主　席　李大洋
副主任　赵万满(5月任)

区哲学社会科学界联合会(正科级)
主　席　程　钢(5月任)
区红十字会(正科级)
会　长　徐　琳(女)
副会长　胡石清
区残疾人联合会(正科级)
理事长　杨卫东
副理事长　石　磊　潘国平
区科学技术协会(正科级)
主　席　赵劲松
副主席　张　丹(女)
区工商业联合会(正科级)
主　席　谢文章
党组书记　沈如先
副主席　李加坤
党组成员　李加坤
区侨界联合会(正科级)
主　席　郁素娟(女)
副主席　张益坤

垂直管理和驻洪单位

区盐务局(公司)
局长(经理)　刘井峰
副局长(副经理)　褚　雯
支部书记　刘井峰
工会主席　褚　雯
区烟草专卖局(分公司)
局　长　李劲松
经　理　李劲松
支部书记　李劲松
副局长　刘　斌　杨　林(3月任)
副 经 理　刘海涛(3月免)　杨　林(3月任)
淮安市国土资源局洪泽分局
局　长　赵可兵
党委书记　赵可兵
副局长　钱晓松 植万洲
党委委员　钱晓松　植万洲
张　波(兼监察大队大队长)
颜俊昌(兼土地储备中心主任)
区国土资源分局开发区中心所
所　长　陈正林
区国土资源分局岔河中心所
负责人　周洪明(升格前任,支部书记,主持工作)
区国土资源分局东双沟中心所
负责人　马清岭(升格前任 支部书记,主持工作,7月免)
负责人　周宗骥(支部书记,主持工作,7月任)
区国土资源分局三河中心所
所　长　汪小平

区气象局
局　长　高文亮
支部书记　高文亮
副局长　陈克祥　赵小军(11月任)
区国家税务局
局　长　韩　江
党组书记　韩　江
副局长　唐　斌　吴小戎　丁树华
纪检组长　杨　军
第一税务分局局长　马凤忠
第二税务分局局长　顾晓明
第三税务分局局长　宋学林
第四税务分局局长　高学林
第五税务分局局长　杨步桃
稽查局局长　姜志武
区地方税务局
局 长　孙 群(6月免)　黄卫东(6月任)
党组书记　孙　群(6月免)　黄卫东(6月任)
副局长　李本政　费立新　刘　明
党组副书记　蒋爱民
纪检组长　蒋爱民
第一税务分局局长　顾金军
第二税务分局局长　侯广辉
第三税务分局局长　刘　铸
第四税务分局局长　赵永胜
稽查局局长　李　兵
区住房公积金管理中心
主　任　王成玉
支部书记　王成玉
副主任　赵加玉
办公室主任　杨　毓(女)
中国人民银行洪泽区支行
行 长　袁永红
党组书记　袁永红
副行长　刘　刚　高 茹(女,3月任)
纪检组长　高 茹(女)
总稽核　高　茹(女,3月免)
党组成员　刘　刚　高　茹(女)
工会主席　刘　刚
中国农业发展银行洪泽区支行
行　长　严成镰
支部书记　严成镰
副行长　姜 明(兼信贷主管)
王 敏(女,兼会计主管)
支委委员　姜　明　王　敏(女)
副专员　刘　超(兼办公室主任)
办公室副主任　赵　伟(1月任)
中国工商银行股份有限公司洪泽支公司
行 长　王玉亮
党总支书记　王玉亮

副行长　朱　童(4月免)　舒正权(4月免)
颜　健(4月任)
纪委书记　钱　勇
工会主席　钱　勇
综合管理部　张少华

中国农业银行洪泽区支行

行　长　冯景鑫
党委书记　冯景鑫
副行长　赵可顺(10月免)　王振华
纪检书记　赵可顺(10月免)　王振华(10月任)
行长助理　胡　瑞(10月任)
党委成员　赵可顺(10月免)　王振华
胡　瑞(10月任)

中国建设银行股份有限公司洪泽支行

行　长　李　俊
行长助理　席方敏

中国银行股份有限公司洪泽支行

行　长　吴健强(1月免)　刘仕明(1月任)
副行长　李万涛(7月免)　杨桂祥

江苏洪泽农村商业银行股份有限公司

董事长　朱彩涛(7月免)　张　雪(10月任)
行　长　黄国锋(10月免)　吴巧平(10月任)
党委书记　朱彩涛(7月免)　张　雪(10月任)
党委副书记　黄国锋(10月免)　吴巧平(10月任)
监事长　嵇尚钦
副行长　张金邮　朱　波　孙国元
纪委书记　嵇尚钦
党委委员　张金邮　朱　波　孙国元

中国邮政储蓄银行有限公司洪泽区支行

行　长　洪玉军(12月免)
吴泰然(12月任)
党总支书记　洪玉军(12月免)　吴泰然(12月任)
副行长　龙　斌(6月免)　朱　闽(女,2月任)
行长助理　李　青(11月任)
综合管理部经理　万　军

江苏太仓农村商业银行股份有限公司洪泽支行

行　长　王晓东
副行长　陈　强(分管外勤)　苏建中(分管内勤)
风险主管　刘如龙

江苏洪泽金阳光村镇银行股份有限公司

行　长　左宗明
副行长　杨　青　钱拥军　阮帮庚(10月任)

中国人民财产保险公司洪泽区支公司

经　理　穆维励(女)
副经理　钱玉梅(女)　向财昌
办公室主任　胡国林

中国人寿保险有限公司洪泽区支公司

副经理　戴夕年(主持工作)
经理助理　胡　明　董　玫
综合股股长　颜嘉军

中华联合财产保险股份有限公司洪泽支公司

经　理　张轶华
副经理　陈　兵

武警洪泽区消防大队

党委书记　张洪亮
大队长　殷玉祥
政治教导员　张洪亮
党委副书记　殷玉祥
副大队长　苏　波(党委成员)

武警淮安市支队直属大队洪泽区中队

大队长　李陆春
政治教导员　封　波

武警淮安市支队洪泽区中队

中队长　赵　海
政治指导员　王陈万(借出)
姜建华(主持政治部工作)

区邮政公司

总经理　戴云生(女)
党委书记　戴云生(女)
副总经理　陈继军　陆其彦(8月任)
纪委书记　陈继军
工会主席　陆其彦(8月任)

区电信公司

总经理　张海涛
党委书记　张海涛
副总经理　韩爱龙(5月免)　孙伏林
冯　旭(5月任)
纪委书记　孙伏林
工会主席　韩爱龙(5月免)　冯　旭(5月任)

区移动公司

总经理　董长跃
支部书记　董长跃
副总经理　黄慷慨
经理助理　刘　宁
工会主席　黄慷慨

区联通公司

经　理　刘　坚
党支部书记　吴建军
总经理助理　唐荣生
综合部经理　马兆新

区供电公司

总经理　张同洲
党委书记　高永银
党委副书记　张同洲
副总经理　高永银　汤　池　杨　彪　杨红卫(女)
纪委书记　夏振华
工会主席　夏振华
区运维站经理　李广玉

区自来水公司

总经理　叶　健(7月任)

支部书记　丁明星（7月任）
支部副书记　万卫华（女，7月任）
副总经理　丁明星（7月任）　李寿云（7月任）
　　　　　高爱东（7月任）
办公室主任　徐于荣（7月任）
办公室副主任　翟红梅（女，12月任）

区石油公司

经　理　陈广文
副经理　王洪辉

区新华书店

经 理　王　云

中电洪泽热电有限公司

总经理　刘星雨（12月免）　李建明（12月任）
党委书记　刘星雨（12月免）　李建明（12月任）
副总经理　李建明（12月免）　万　勇
纪委书记　万　勇（6月免）　涂元杰（6月任）
工会主席　李建明（6月免）　涂元杰（6月任）

江苏省洪泽湖水利工程管理处

主　任　唐荣桂
党委书记　唐荣桂
副主任　马晓忠（9月免）　周和平
　　　　郑福寿（挂职）　张友明（9月任）
纪委书记　刘俭和
办公室主任　楚恩国

江苏省灌溉总渠管理处高良涧闸管理所

所　长　刘红军
书　记　刘红军
副书记　郭雨田
办公室主任　倪玉萍

江苏省灌溉总渠管理处淮阴抽水站管理所（与二河新闸管理所合署办公）

所　长　汤可方
副所长　江洪群　智日进　杨　俊
综合股股长　徐光远

淮安市高良涧水利工程管理处

主　任　左步丰
副书记　左步丰
副主任　吴钟乐　徐学举　单文彬（9月免）
办公室主任　程星顺

江苏省宁连公路三河收费站

站长助理　赵可军（主持工作）
办公室主任　李海燕

江苏省洪泽湖渔业管理委员会办公室一大队

大队长　邓毅军
支部书记　孙　金
副大队长　刘长义　谭　磊

江苏省二河闸管理所

所　长　狄士鹏
副所长　王　俊

江苏省高良涧船闸管理所

所　长　刘　剑
副所长　曹　斌　郭　强

江苏省南水北调洪泽站管理所

所　长　杨登俊
支部书记　杨登俊

淮安市洪金灌区管理处

主　任　孙成屹
副主任　韦　超　陈士亮
办公室主任　李　平

注：1. 2016年1—10月为洪泽县机构名称，2016年10—12月为淮安市洪泽区机构名称。《组织机构设置及领导名录》中，前者省略，只用设区后机构名称；2. 区各设党委、党组单位的党委（组）成员中，书记、副书记的成员身份不作单独列出。

省劳动模范

谢爱国　男，1966年9月出生，中共党员，大专学历，高良涧街道临河社区党委书记。

九十年代初，位于城郊接合部的临河社区，基础设施比较差。时任主任的谢爱国，多方筹措资金200多万元，铺设水泥路15千米，安装自来水用户1000多户，受益人口3000多人，在辖区主干道安装路灯100多盏。为丰富居民的精神文化生活，倡议集资投入100多万元，兴建全区第一个集文化、娱乐、休闲、健身于一体500多平方米的村级文化活动中心。临河社区地处城区中心地段，为推进城市化建设，积极配合有关部门，完成征地拆迁200多户，完成征地300多亩，清障树木万余棵。

他主动挑起社区招商引资的重担。先后到浙江、广州、上海等地，引进了红太阳家具城、华宁刃具、明兴钢管、恒鑫服饰、申宏塑胶、临河市场、百特精密机械等项目，总引资额7000多万元。发动居委会干部用自己的房产作抵押，从银行贷款100多万元，在城区东部建成东方大厦、东方娱乐城等经济实体，每年为集体增收10多万元，也为社区居民提供了就业岗位，增加了家庭收入。他还自己带头搞项目发家致富，先后建起了浴室、百货批发部、酒店、汽车运输等致富项目，家庭收入每年都在20万元以上，为群众走共同富裕道路做出了榜样。在他的带动下，社区许多人员走出家门，做劳务、开商店、搞经营、跑运输等，居民家庭人均收入逐年稳步增长。

他经常到社区村组走访、座谈、调研，做群众的贴心人。每年为居民解决实际困难500多件，为60余人实现就业或再就业，每年为社区居民解民忧送温暖，钱物总计达100多万元。

2006年4月，临河社区被省依法治省领导小组评为“民主法治示范社区”；2006年10月，被全国老龄工作委员会办公室评为“全国敬老模范社区”；2006年12月，被省科学技术协会评为“江苏省科普示范社区”；2010年9月，被省新闻出版局、省司法厅、省人民政府法制办公室评为“全省农家书屋法治文化建设示范点创建活动先进单位”；2012年12月，被国家减灾委员会、民政部评为“全国综合减灾示范社区”；2013年，被省科学技术协会评为“江苏省科普示范社区”；2014年，被中国科协、财政部评为“全国科普示范社区”；2014年10月，被省妇联评为“江苏省平安家庭创建活动示范社区”；2015年，被评为“江苏省和谐示范社区”。

2005年5月，谢爱国被市政府授予“劳动模范”、被市委评为“双带标兵”；2014年12月，被市委组织部评为“十佳社区党组织书记”；2015年6月，被市纪委、组织部评为全市“十佳勤廉村官”；2016年5月，被省政府授予“劳动模范”。

徐寿耀 男，1957年2月出生，中共党员，本科学历，中学高级教师，洪泽外国语中学校长。

徐寿耀师范毕业后连续多年担任初中毕业班物理教学，经常利用节假日到家电维修铺捡拾废弃的电子零件，还到废品收购站淘一些能用的零部件，保证学生的物理实验课能开起来，为共和中学物理学科中考成绩多年名列全县前列做出贡献。1994年，任共和中学校长，组织后勤人员勤工俭学，想方设法改善教师福利待遇，让教师感受到温暖，激发工作积极性。很多学生因各种原因辍学，他带头家访，给家长谈道理，给孩子谈前途，有些家庭特困的学生，他用自己微薄的工资垫付学杂费。徐寿耀身体力行，埋头实干，让共和中学教育教学成绩一枝独秀。共和中学成为苏北农村的一所名校，被时任洪泽县县长的苏焰称为“共和现象”。2012年，任洪泽实验中学校长，大胆进行学校管理改革，学校先后被评为省“示范初中”“淮安市首届人民满意民办学校”。2013年，被聘任为洪泽外国语中学校长。他坚持早晨第一个到校，晚上最迟离开，每天巡视校园，遇到问题现场解决，坚持跟班听课，了解教师的教学和学生的学习情况。将“事业上尊重人、感情上留住人、待遇上吸引人”作为重要举措。经过两年多的努力，学校教学成绩县内领先，素质教育市内有名。

他把自己的实践所得撰写成教育教学论文。《留人先留心》《文化：学校管理的黏合剂》在《中国教育报》发表；《“强校壮身”重在精细化管理》在《现代校长》发表；《校本教研：学校快速持续发展的引擎》在《校本教研》发表，《恰当使用“家校联系卡”》在《教育旬刊》发表。撰写的论文《用师爱撑起学生的心理晴空》获国家级一等奖、《文化——学校管理的追求》获省级一等奖。承担“中华传统美德与心理品质健康教育的研究”等项国家、省、市级课题研究。

1996年7月，他被市政府授予“劳动模范”；2009年9月，获省“师德先进个人”；2016年5月，被省政府授予“劳动模范”。

唐保霞 女，1967年8月出生，中共党员，高中毕业，江苏银珠化工集团车间主任。

1986年进厂后，从学徒、操作工，到班长、调度员，再到车间主任，做到工作、学习两不误，视学习为“第二工作”。在提升自身技术水平的同时，向职工传授经验，做群众的“带头人”。在一线练就了一身过硬的技术本领，出色完成各项工作任务，得到领导和同事们的信任和肯定。担任中控主操时，她所在车间产量年年第一；升任工段长后，所在的班组产量年年第一，从未发生过安全事故，年年被评为“先进班组”；升任二甲车间主任后，所在车间连续10多年被公司评为“先进车间”，每天来的最早、走得最迟，哪里有问题，哪里就有她的身影。每次检修，她都自始至终与员工们一起干，细心准备检修材料，安排检修事项，全程跟踪检修进度，确保检修“用材省、事故少、效率高、进度快”，并一次性取得开车成功。

2006年，二甲生产工艺专家测算江苏银珠化工集团二甲催化剂使用寿命最多有6个月，年生产能力2000吨。她带领工人师傅进行相关改造，是年9月底，生产产品达到4000吨，将催化剂的使用寿命延长一年，年生产5100余吨，为企业增产达效立功。2011年，二甲车间进行大修，她与工人们一起准备材料，合理安排检修事项等，二甲车间大修仅用5天时间，远低于专家估计的15天。陆续开发出：低温N，N–二甲基苯胺精馏真空机组冷却系统、高纯度N，N–二甲基苯胺制备系统、N–甲基苯胺节能降耗型回收过滤系统、N，N–二甲基苯胺生产过程中碱液回收处理技术。技术的提升使得二甲产量逐年增加，各项消耗逐年降低，二甲产量从2006年的5166.77吨升至2015年的6291.17吨，苯胺单耗从2006年的0.85吨降至2015年的0.785吨；同时还开发出高附加值的新产品“对甲”，其产能从最初的13.49吨提高到98.25吨，每年为公司创造利润超百万元。她还对生产系统后处理装置进行改造，研发出“环保型带引风机工业尾气处理装置”“废水蒸馏环保装置”，让企业和企业产品始终处于同行领先地位。

2012年4月，获省政府“五一劳动奖章”；2016年5月，被省政府授予“劳动模范”。

新人新事

赵光元 男，1968年7月出生，本科学历，淮安市洪泽区人民医院神经外科主任。

1996年7月，他自皖南医学院毕业到洪泽人民医院工作。他为人踏实谦逊，在洪泽区人民医院神经外科20年如一日，医德高尚，医术精湛，热心公益，累计献血超6000毫升，多次参加捐款、义诊等活动。遇到有重大手术后的患

者，他查过房，晚上基本不回家。平时，赵光元每天提前半小时到班上，查看前一天手术病人的恢复情况。周末或节假日，他同样忘不了手术的病人，他会在晚上散步的时间，来到病区，查看病人病情。如果来不了，就打电话给值班医生，询问病区的相关情况。他一心扑在工作上，对待患者像亲人一样。

2016年3月3日下班后，赵光元仍在病区查房。18:00左右，急诊来了一位脑溢血患者，情况危急，需紧急手术。赵光元顾不上吃饭，赶紧推着患者进入手术室，“麻醉、破皮、开颅、清淤……”一切紧张有序，当手术进行到关键时刻，赵光元用了很多方法仍有一部分颅内血肿不好清除，如果此时调整手术床，会给患者造成一定风险。这时，赵光元尝试着跪了下来，在这个角度，就能很顺手地清除血肿。就这样，一台4个多小时的手术，他跪着做了近2个小时。23:00就在上一台手术刚结束，急诊又送来了一位突发脑出血患者，时间刻不容缓。此时，身患强直性脊柱炎的赵光元，背部已经僵直，稍微一弯腰就能感到明显的疼痛，在生与死的关头，他义无反顾地再次走上手术台，这台手术更加复杂困难，直到凌晨4点，手术才顺利完成。此时天已经微微亮了，他没有选择回家休息，仍然选择留在病区，守护患者度过这最危险的时刻，直到中午才抽空睡了一个小时。他跪着手术这感人的一幕被手术室护士无意间拍下，并上传朋友圈，得到无数网友点赞，称这一“跪”是“最美姿势”。这一“跪”先后被《淮安日报》《现代快报》《扬子晚报》《新华日报》、中央电视台一套和十三套等媒体报道。

他本人获2016年1、2月份“淮安好人”；2016年4月，获“江苏好人”；2016年5月，获淮安市“五一劳动奖章”；被评为2016年度“江苏省第三届百名医德之星”。

孙成斌 男，1965年9月出生，中共党员，高中毕业，1987年参加工作，在洪泽地方海事处马浪岗海事所从事湖区安全监督管理一线工作。

参加工作后，孙成斌和他的同事共抢救遇险船舶近2万艘，抢救遇险船员近6万人次，抢救货物400多万吨，挽回经济损失近亿元。船员送给他一个称号——“大湖卫士”。孙成斌的看云识天气在湖区是出了名的，有时比天气预报还要准，什么“雨后生东风，未来雨更凶”“西北起黑云，雷雨必来临”“日落胭脂红，非雨便是风”……。及时给渔船民提供气象信息，让渔民、船民及早做好预防，增强安全感。

孙成斌连续26年被洪泽地方海事处马浪岗海事所评为“先进个人”；2012年4月，获县“五一劳动奖章”称号；2013年2月，被市交通运输局评为全市交通运输行业“十大最可爱的交通人”；2013年9月，被省文明办授予“江苏好人”称号;2015年4月，被市委宣传部、市文明办、市总工会评为“文明职工”；2015年7月，被评为市“十佳五德干部”；2015年9月，获省道德模范提名奖。2015年12月，被市精神文明建设指导委员会表彰为“第三届淮安市道德模范”；2016年2月，被市交通运输局表彰为“十二五”淮安“最美交通人”；2016年5月，被省委宣传部、省文明办、省总工会联合表彰为“江苏省十佳文明职工”；2016年5月，被省总工会授予“五一劳动奖章”。

陈书敬 女，1980年2月出生，中共党员，研究生学历，淮安市洪泽区人民法院少年审判庭庭长。

2016年共结案132件，审限内结案率100%，作为少年庭庭长，她带领全庭干警全年收案379件，结案345件，结案率91.03%，其中婚姻家庭案件调撤率54%，刑事附带民事案件调撤率100%。全年审理青少年犯罪的案件35件42人，其中未成年人犯罪6件9人，无一上诉，无一发回重审或改判。通过电话约谈、家庭走访、重点人关注等方式，共对15名少年犯进行集中回访，组织他们参加公益劳动，对1名少年犯救助资金2000元，邀请心理咨询师对2名未成年被告人进行心理疏导；资助3名留守儿童现金6000元及衣服、生活用品等。2016年，区人民法院少年审判庭被市中级人民法院和团市委评为市级“青年文明号”。陈书敬撰写的《轻罪速裁审判程序之初探》在江苏省法官协会“今世缘杯”有奖征文活动中被评为优秀作品。她本人先后荣获院“办案能手”、市“十佳优秀法官”、市“预防青少年违法犯罪工作先进个人”、市“最美法官”、市三等功、全省党建工作“优秀共产党员”、省“三八红旗手”；2016年7月，获全省法院系统“优秀共产党员”称号。

万　滔 男，1984年12出生，江西抚州人，本科学历，洪泽区检察院侦监科科长兼公诉科副科长。

2010年10月，他到洪泽检察院工作，先后承办300余件公诉案件，均获法院有罪判决，无一错案。公诉的徐某某合同诈骗案件在全市庭审评议中获三等奖。先后办理涉案金额近亿元的王某等人非法吸收公众存款、涉案30余人的水上运输犯罪案等有重大影响案件。积极履行诉讼监督职责，发出纠正违法10余份；提起抗诉4件次(均获市检察院支抗)；纠正漏诉9人次。2013年，办理李某等8人寻衅滋事案，以不构成犯罪为由，建议公安机关将“李某等8人寻衅滋事”案件作撤案处理。就该案的定性、处理及时向洪泽区检察院检察委员会汇报及市检察院请示。经市检察院批复认定李某等8人不构成犯罪。在办理刘某某等6人聚众斗殴案件中,涉案人员均系未成年在校生,大部分系初犯、偶犯,且家庭都具备一定的监护条件,为减少犯罪前科对未成年人造成影响,经过前期的调研准备,先后草拟《未成年在校生犯罪案件处理若干问题意见》《未成年附条件不起诉实施细则》并获通过,在全市率先探索建立"未成年附条件不起诉工作机制",对该案5名未成年犯罪嫌疑人适用附条件不起诉。"未成年附条件不起诉工作机制"在全市创新创优项目评比中获奖。2015年承办的拒不支付劳动报酬案在全市执法监督"百百千"活动中获一等奖,并在2016年全省第七届优秀公诉人评比活动中获"优秀公诉人"称号。

他勤于学习、积极调研,不断提高个人政治思想、业务素质,先后发表调研报告、经验信息、风险研判等20余篇。在应对"两法"正式实施、衔接过程中,形成的"四前会审"非法证据排除、未成年特殊制度对接机制构建等相关经验做法信息,被省、市检察院采用转发。针对首例危险驾驶案件办理形成的"联动机制办理全省首例危险驾驶案"被最高人民检察院"情况反映"转发。2014年就农村醉驾高发态势撰写的风险研判报告,被省、市检察院"情况反映"转发。

他连续多年被区检察院评为先进工作者、优秀公务员等,2016年2月,被市检察院记"三等功";2016年3月,获省优秀公诉人称号。

陈 翔 男,1968年10月出生,中共党员,大学学历,高级工程师,洪泽区气象局办公室主任兼气象台台长。

1990年7月参加工作后,他坚持精益求精,确保每一个观测数据更准确,每一条气象预报信息更精确,连续取得250班无错情记录。他注意总结复杂天气过程的预报经验与教训,在重大灾害天气和重大社会活动中提供精细化预报和优质服务。为环洪泽湖旅游观光农业、城市规划、客商投资和资源开发等项目提供技术咨询和专项服务。冒酷暑、顶风雪,一年四季为区域站运行保驾护航,全县每一个区域站都留下他忙碌的身影。在关键农时农事季节,深入田间地头,调查苗情长势,现场指导服务。每年都为气象信息员、农民创业编写培训教材和授课,积极参加气象科普活动。在做好繁重的日常工作之余,他丝毫没有放松理论学习和科研工作,先后主持省、市局十项课题研究,发表了49篇论文,一本15万字专著。在气象系统业务竞赛中,获全省第一名1次,全市第一、第二名各4次。

2013年1月,被中国气象局授予"优秀质量测报员";先后20次获得省气象局"百班无错奖";2016年4月,被评为第三届"洪泽好人";2016年7月,被洪泽区委评为"优秀共产党员";2016年8月,获"淮安市最美科技人"提名奖;2016年4月,被省气象局评为"重大气象服务先进个人"。

好 人 榜

中国好人提名

刘兆富 男,1946年4月出生,中共党员,大学文化,副研究员,洪泽区爱心助学基金会理事会理事长。曾任中共洪泽县委副书记、淮安市人民政府副秘书长、研究室主任等职务;他年近古稀,辗转数千里,在短短七天内跑遍了上海、苏州、南京、淮安等地,为洪泽困难学子筹集45万多元爱心捐款,并于2014年1月发起成立洪泽爱心助学基金会;2015年,获"江苏好人";2016年,获"中国好人"提名。

王伟伟 女,1987年11月出生,淮安宏伟牧业有限公司董事长。她大学期间开始创业,通过代理销售羊奶挣到"第一桶金",毕业后返乡二次创业,创办淮安市宏伟牧业有限公司和洪泽县民创养羊专业合作社,成为苏北农村的"女羊倌"。她一步一个脚印地向"一只羊"的产业梦迈进着。2015年,获洪泽十大杰出青年、淮安市好青年、江苏省大学生优秀创业项目三等奖、"邮储杯"全国创业大赛江苏省三等奖、江苏省科普带头人、"2015CCTV全国十大三农创业致富榜样",2016年,获"淮安好人""江苏省优秀共青团员""江苏身边好青年"、获"中国好人"提名。

江苏好人

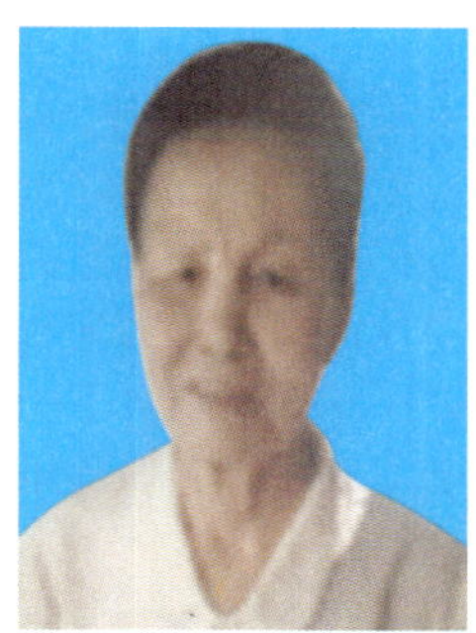

陈秀珍 女,1938年4月出生,享年77岁,生前系洪泽区岔河镇淮宝居委会居民。

"我们家日子现在好过了,我享受不到了,你们以后每年拿出一些钱来,帮助一下我那些困难的老姊妹们"。陈秀珍临终前的一席话,让做儿子的唐传金不敢忘记。陈秀珍生前主要在上海以收废旧为生,在上海挣了6套房产,按照母亲遗愿,唐传金将其中一套房产的租金用于设立爱心养老基金,每年拿出5万元,22年总计110万,帮助居委会生活困难的老人。4月17日,是陈秀珍的生日，为完成母亲遗愿，在澳大利亚打工的唐传金回到老家——淮安市洪泽区岔河镇淮宝居委会，以其母亲的名义设立110万元爱心养老基金。

赵光元 （见第205页新人新事）

王兆福 男，1956年1月出生，江苏省洪泽区自来水公司抢修工。从事维修工作10年来，始终坚守在维修岗位的第一线，共参与涉水抢修2000余次。2016年7月21日，为了保障群众用水，查明爆管位置，在处置盛世华庭小区一处爆裂管道时，王兆福多次扎进污水里查找管道爆裂位置，及时恢复了正常供水。事后大家都亲切地称这双露出水面双腿为“最美双腿”，他的事迹先后被《扬子晚报》、凤凰网、光明网、新浪网、腾讯网、江苏电视台、中央电视台等媒体报道，大家纷纷为这名维修工不怕脏、肯吃苦的精神点赞。2016年被评为“江苏好人”。

淮安好人

陈玉德 男，1964年生，中共党员，洪泽区自来水公司职工。2005年夏天，台风“麦莎”入侵洪泽，陈玉德跨上摩托车，顶着狂风暴雨，疾驶近50分钟，到达市中心血站时，脸色苍白，10分钟后，走进了献血室，献出400毫升的血（Rh阴性血），挽救了一条生命。1993年至今的23年间，陈玉德已累计献血11200毫升。先后荣获全国无偿献血奉献铜奖、淮安市无偿献血先进个人、淮安好人等荣誉称号。

穆文礼 男，1958年2月出生，江苏省淮安市洪泽区人，洪泽区糖酒有限责任公司白云商场经理。熟悉他的人都喜欢叫他“五哥”，他原本是洪泽区糖酒有限责任公司白云商场一名普普通通的职工，2016年中秋面对湍急的河流毫不犹豫的纵身一跳，成功救下一个落水少年，被江苏文明网、腾讯网等媒体报道。被评为2016年度淮安好人。

王建华 男，1963年6月出生，1983年12月参加工作，江苏省三河船闸管理所技师。30多年来一直在一线工作，身患胃癌，靠吃药、吃流食维系生命。他以乐观心态，对待

疾病，工作热情、作风扎实，技艺精湛，获得同事好评。他的创新成果《一种简易清除起重螺杆油污专用工具》获全省水利行业技术工人技术技能创新大赛特等奖。先后获“先进工作者”“五一劳动奖章”“洪泽好人”“淮安好人”等荣誉，被誉为江苏省洪泽湖水利工程管理处与死神搏斗、与病魔抗争的“水利英雄”。

徐　斌 男，1969年生，中共党员，淮安市洪泽区汽车客运站办公室主任。1997年9月，徐斌和他的同事驾驶着大客车从洪泽开往苏州的途中，发现一老人被诈骗时，不顾个人安危挺身而出，与乘客齐心协力将其中行骗的三人抓获，交于甘泉镇派出所。徐斌见义勇为的事迹被《扬子晚报》、洪泽报等媒体纷纷报道。先后荣获“洪泽新闻人物”、省市“见义勇为先进分子”“洪泽好人”“淮安好人”等称号。

文明家庭

全国文明家庭

孙成斌家庭 该家庭是洪泽区远近闻名的“海事之家”。1987年以来，孙成斌和妻子吕瑞兰一直坚守在条件艰苦的洪泽湖中孤岛——马浪岗海事所，担负着洪泽湖入

湖船舶管控、湖区抢险救生以及服务船民等多项重任。2009年，儿子孙友为也成为一名海事协管员，与孙成斌夫妇一道，并肩守卫着大湖。30年来，孙成斌共参与救助遇

险船舶近2万艘、遇险船员近6万人次，抢救货物400多万吨，挽回经济损失近亿元。船民们都称他为"大湖卫士""洪泽湖上的守护神"。孙成斌家庭，2016年被评为"全国文明家庭"。

首届江苏文明家庭

唐真亚家庭 唐真亚是老子山支局投递员，1999起，坚持早上6点前到支局分拣邮件，7点半准时出发送镇上陆路邮件，然后简单吃个午饭或带上干粮赶到码头驾着小船进入湖区，为湖荡中的村委会和湖区渔民投送报刊和邮件。

妻子闫玲从那时起便成了他的助手，不但顶着别人的冷嘲热讽做起了邮政报刊分发义工，还经常乘船一起去湖区投送邮件。唐真亚对投递工作无怨无悔，但由于长年在外工作，对自己父母、爱人、孩子欠的太多。2003年8月份，当时正值高校通知书投递高峰，就在唐真亚下湖后不久，爱人患病急需手术，是母亲和妹妹将她送到县城医院。儿子从上初中就一直在县城住校读书，唐真亚只有开会的时候去看望孩子，但往往会议一结束，他就赶回去忙自己的投递工作。

对于这种经常发生的情形，爱人和儿子也最终理解他和支持他。17年来，他全身心投入服务湖区渔民的工作中，"一个人、一双浆"，风雨无阻，默默无闻，累计水陆路出班各2400多次，行程近40万千米，投递报刊88.6万份、信件4.6万件，投递准确率达100%。他用自己的实际行动，把中国邮政普遍服务从陆地延伸到船头，从湖面延伸到社会，把党和政府的声音传到千家万户。他被渔民朋友亲切地称为"大湖鸿雁"。唐真亚家庭，2016年被评为"首届江苏文明家庭"。

夏宝国家庭 该家庭注重家庭建设，注重家训传承，注重家教，有良好的家风。夏家先进事迹被新华社、光明日报网、《新华日报》《江苏工人报》等媒体多次宣传报道。夏宝国父亲夏克智87岁，中华诗词学会会员，书法作品多次在国外和香港、台湾等地区展出或交流，出版《夏克智诗书画作品集》。每年春节期间都率儿孙义务为乡亲和洪泽湖渔民写春联。夏宝国长期从事宣传文化工作，爱岗敬业，在《人民日报》《新华日报》、央视等媒体发表新闻作品1000多

篇，获奖100多篇次。曾被评为《新华日报》年度十佳通讯员、淮安市十佳新闻工作者；热心古典诗词传统文化传播，与他人联合主编《千秋诗文洪泽湖》，由中国文史出版社出版。夏宝国潜心研究洪泽湖文化，有200多万字研究成果出版和发表，为洪泽湖大堤参与中国大运河申报世界文化遗产营造良好氛围。有其参与编纂的《百里文化长廊——洪泽湖大堤》获江苏社科评比三等奖。妻子纪如明孝敬老人，和睦邻里，为人真诚，起早贪黑，料理家务，全力支持家人全身心投入工作、学习和文化研究。儿子夏洞明自幼热爱书法，12岁时参加经教育部批准的国际性少儿书法比赛获金奖，工作踏实认真；其论文《洪泽湖与四大名著》在《文化新世纪发表》。儿媳吴漪萍研究生毕业，现在南京国际学校担任骨干教师，为外国学生教授汉语，向国际友人传播中华文化。夏宝国家庭，2016年被评为"首届江苏文明家庭"。

首届淮安市文明家庭

邓红家庭 邓红，2012年创建"水上百合"巾帼志愿者协会，现有注册会员500余名。"水上百合"，寓意志愿者们像圣洁的百合花一样，用自己的爱，沐浴洪泽湖水之灵气，帮助他人排忧解难，走上幸福人生。

邓红，20多年关爱孤寡、救助病残、牵手单亲母亲；热心公益，仅2015年就组织志愿活动2000余人次，志愿服务时间16万小时，组织爱心捐助近60万元，关爱空巢老人近1500人次；借助腾讯公益平台，成功创投"留守流动儿童之家""爱心唤醒植物人""小成才的武术梦"项目，受到全国各地爱心人士的持续关注与支持……

丈夫袁高波，原本从事出租车运营，可以说是"专职公益司机"，就连家里的车库也成了志愿活动物品存放处。每次活动，他总是放弃出租车生意，免费接送活动人员，运送活动器材，参与活动现场布置。就连远在外地的女儿、女婿，虽然每月要还房贷、付房屋租金等，但他们也经常捐款

捐物，帮助策划活动方案，尽自己的一份微薄之力。一年难得的几次家庭团圆，饭桌上讨论最多的是关于公益活动方面的话题。

邓红和"水上百合"志愿者协会的活动，多次被《淮安日报》、淮安"有事报道"、江苏文明网、江苏卫视、中国文明网、今日头条等多家媒体报道。

2000年，邓红被评为"淮安市首届中青年骨干教师"；2012年，被评为省"巾帼建功"标兵；2014年，获市第二批优秀志愿者；2015年，获市优秀社区消防宣传大使称号；2015年，被分别评为"江苏好人""淮安好人"；2016年，被评为市优秀共产党员；2016年，被评为市教体结合"优秀校长"。邓红家庭，2016年被评为首届淮安市文明家庭。

蒋仕发家庭 该家庭居住在洪泽老子山九年制学校附近的两间平房里。从蒋仕发踏上老子山的土地，30多年的时间，他教书育人、娶妻生子，文凭从高中变成本科，身份从普通教师变成学校党支部副书记，而从未改变的是他坚守在乡村的信念。他拖着残疾双腿，在偏远学校坚守教学岗位。每天凭借楼梯扶手上下880个台阶，坚持课外辅导，深入家访，资助多名困难家庭学生完成学业，当地人亲切地称他为"大湖深处点灯人""大湖灯塔""大湖明灯"。

妻子周万青，是一位贤惠、善良、能干的女人。她勤俭持家，在当地也小有名气。经常接济比自己条件差的家庭，赠衣赠物。当年为支持丈夫资助特困生自己到轮船站附近靠剥虾仁、打零工贴补家用，生活拮据，但毫无怨言。现在为了照顾丈夫毅然辞去厂里的工作，到学校食堂做厨师，两人相互依托。

儿子蒋坤是一个懂事的孩子，从小学习就勤奋刻苦、乐于助人。在小学读书时，遇到下大雨，总把自己的雨伞让给邻居小孩打，自己宁愿淋着雨回家。读大学时也经常接济比自己困难的同学。

蒋仕发家庭和睦友善，引得当地民众一致好评。夫妻恩爱，关系和谐，从不争吵。全体成员"孝"字为先，对父母照顾体贴入微，他们是好儿子，好女婿，好媳妇，好女儿。

2014年，蒋仕发被评为"江苏好人""感动淮安教育十大人物""淮安师德之星""感动江苏教育人物——最美乡村教师"、县"五一劳动奖章"。蒋仕发家庭，2005年被评为洪泽县"五好文明家庭"，2016年被评为首届淮安市文明家庭。

张贵银家庭 张贵银从事审判工作近30年，办理案件1600多件，案件的和解撤诉率在90%以上，息诉服判率达100%，无一件错案，无一件超审限案件，无一件缠诉上访案件。多年来，张贵银始终心系人民，为了清收破产企业债权，他经常带病坚持工作，有时一年在外七、八个月，为企业解决涉案纠纷金额3亿多元，所审理的企业破产案件的债权清收率在60%以上，累计清收债权近1000万元。2003年春天，他被查出肝癌，先后做了四次手术，并在医院进行多次化疗。住院期间张贵银同志仍不忘法院工作，但是只要身体好转，他都坚持回到审判工作的第一线。

张贵银的妻子张洪岩是县医院放射科的一名医生，本身的工作就非常繁忙，由于丈夫顾不了家，要挑起家庭的全部重担。女儿出生后，由于丈夫经常出差，张洪岩不得不把女儿和那不足一米长的小床一起搬到工作的地方上夜班。身为放射科职业医生的张洪岩，又怎能不知道自己的工作放射环境带给幼小孩子的伤害？当张贵银出差的时候，张洪岩总担心，每到阴天、下雨更是牵肠挂肚，怕丈夫不会照顾自己，关心刀口是不是疼痛难忍。可丈夫每次出差回来，看到他高兴的样子，妻子知道，丈夫经手的案件肯定办的不错，这时，她所有的不快也随之散了。

张贵银获省"一等功"2次、"二等功"3次，获市"三等功"3次，获省"十佳法官"3次，2次被评为"全国优秀法官"；

1992年5月，被授予市"劳动模范"；2004年，被评为省优秀共产党员；2014年，被评为"淮安好人""洪泽好人"。张贵银家庭，2004年被评为省"绿色家庭"，2016年被评为首届淮安市文明家庭。

赵光元家庭 赵光元出生于安徽巢湖，淮安市洪泽区人民医院神经外科主任，妻子汪忠红，洪泽区人民医院消化科主任。1996年自皖南医学院毕业后两人一同来到洪泽区人民医院，在这座湖滨小城，一干就是20年。

赵光元为人踏实谦逊，在洪泽县人民医院神经外科20年如一日，心系病人，医德高尚；他热心公益，个人累计献血超6000毫升，多次积极参加捐款、义诊等活动。2016年3月3日，像往常一样，为了能够寻找最佳手术位置来清除患者颅内血肿，一台4个多小时的手术，赵光元跪着做了近2个小时。这感人的一幕被手术室护士无意间拍下，并上传朋友圈，得到无数网友点赞，称这一"跪"是"最美姿势"。这一"跪"先后被《淮安日报》《现代快报》《扬子晚报》《新华日报》、中央电视台一套和十三套、各大网站等媒体争相报道。

妻子汪忠红也是个"工作狂"，抢救消化道大出血、内镜下取异物、消化道肿瘤的内镜下手术，无论何时，只要病人有需要，无论多晚，都会第一时间奔赴医院。

从医20年来，他们始终"以病人为中心"，没有休息时间，很少能按时下班，无法照顾女儿。他们的女儿受父母的影响，生活自理能力很强，乐于助人，习惯良好，是一名优秀的大学生。

参加工作以来，他们恪守救死扶伤的神圣职责，以高尚的医德、精湛的医术，赢得患者的信赖和同行的尊敬。"精医、尚德、求实、自强"是皖南医学院的院训，也正是这简简单单的八个字一直砥砺着赵光元夫妇20年的从医生涯，并将一直守护生命这块高地。

赵光元2006年、2008年被县医院评为先进个人；2010年被县医院评为先进工作者；2016年获县卫计委"最美医德之星"；2016年，被评为市"五一劳动奖章"、淮安好人、江苏好人。赵光元家庭，2016年被评为首届淮安市文明家庭。

重要文件目录

中共洪泽县委员会　洪泽县人民政府发文目录

（洪发〔2016〕）

1号　关于下发《洪泽县2016年党建工作要点》的通知
2号　关于调整县委常委工作分工的通知
3号　关于印发《2016年县四套班子各项目强产业工作实施方案》的通知
4号　关于印发《洪泽县2016年推进"百项工程"实施方案》的通知
5号　关于印发洪泽县2016年招商工作意见的通知
7号　关于下发《洪泽县2016年度新型城镇化重点项目(第一批)》的通知
8号　关于调整县委常委分工的通知
9号　关于印发国家现代农业示范区建设的通知
10号　关于成立滨湖新区管委会的通知
11号　关于成立高铁新区管理委员会的通知
12号　关于加快企业发展的十二条激励与扶持
13号　关于下发《洪泽县2016年度新型城镇化重点项目(第二批)》的通知
14号　关于下发《洪泽县2016-2017城市工作实施意见》的通知
15号　关于下发《关于进一步加速和改进全县公安工作的意见》的通知
17号　关于调整《关于加快推进国家现代农业示范区建设的实施意见(2016-2018)》文件部分内容的通知
18号　关于认真做好镇领导班子换届工作的通知
20号　关于下发《进一步提升服务质量,放大361诚信服务品牌效应的实施意见》的通知
21号　关于印发"弘扬新乡贤文化,建设幸福新洪泽"活动实施方案的通知
22号　印发关于加快乡镇工业集中区发展若干措施的通知
23号　关于开展"廉能洪泽"共建行动的意见
24号　关于进一步加强关工委工作的意见
26号　关于进一步加强人民法院、人民检察院工作的意见
27号　关于加强和改进教育工作的八条意见
28号　关于下发《洪泽县生态文明建设重点任务行动方案(2016-2018年)》的通知
29号　关于明确县委常委工作分工的通知
30号　关于印发《洪泽县道德模范和身边好人奖励及帮扶办法(试行)》的通知

注:2016年10月8日洪泽撤县设区前,中共洪泽县委员会、洪泽县人民政府发文

中共淮安市洪泽区委员会　淮安市洪泽区人民政府发文目录

（洪发〔2016〕）

4号　关于下发《中共淮安市洪泽区区委常委会议事决策规则》的通知
5号　关于印发《中共淮安市洪泽区委巡察工作实施办法(试行)》的通知
6号　关于实施脱贫致富奔小康工程的意见
7号　关于洪泽区党政群和人大、政协机关机构设置等事项的通知
8号　关于镇(街道)党(工)委、政府(办事处)更名的通知
9号　关于延续执行有关文件的通知
10号　关于淮安市洪泽区事业机构名称更名等事项的通知
12号　转发区委组织部、区委统战部《关于区政协换届人事安排的意见》的通知
13号　关于支持江苏省洪泽中等专业学校发展的意见
14号　关于提振干部精气神强化激励引导机制的若干意见

注:2016年10月8日洪泽撤县设区后,中共淮安市洪

泽区委员会、淮安市洪泽区人民政府发文按新名称设置文件抬头，发文序号、重新编排

中共洪泽县委员会发文目录

（洪委发〔2016〕）

3号 关于表彰2015年度县党建工作先进集体的决定
4号 关于提名县人大常委会主任、副主任、县人民政府副县长候选人的通知
11号 关于表彰2015年度农业农村工作先进集体和个人的决定
12号 关于表彰2015年度壮村工作先进集体和个人的决定
13号 关于表彰2015年度招商引资工作先进集体和工业经济十强企业的决定
14号 关于表彰2015年度“十佳信访工作者”的决定
16号 关于表彰“洪泽最美人民警察”和“洪泽优秀人民警察”的决定
27号 关于转批《洪泽县人大常委会2016年工作及实施计划》的通知
28号 关于转批《政协洪泽县2016年工作要点》的通知
29号 关于表彰2015年度科学跨越发展考核及经济与社会发展工作先进集体、先进个人的决定
30号 关于表彰2015年度政治文明精神文明建设先进集体和先进个人的决定
31号 关于表彰2015年度智慧洪泽建设工作先进集体和先进个人的决定
32号 关于下发《洪泽县2016年深化家风建设活动实施意见》的通知
38号 关于表彰2015年度电视问政于民活动优秀组织单位和先进个人的决定
39号 关于派发党风廉政建设主体责任季度工单的通知
40号 接受巡视以来工作情况汇报
45号 关于命名表彰2015年度洪泽县文明单位、文明窗口、文明校园、文明镇（街道）、文明村（社区、居委会）、文明小区、文明企业名单的通报
49号 关于表彰“大湖劳动之星”的决定
52号 关于表彰2015年度361诚信服务“红旗单位”、“红旗标兵”和“服务之星”的通报
89号 关于表彰2015年度组织“创星定级”活动“四星”级以上村（居）、社区的决定
110号 关于表彰全县先进基层党组织优秀党务工作者和优秀共产党员的决定
111号 关于朱亚文等同志职务任免的通知
112号 关于成立中央环境保护督察迎检工作领导小组的通知
113号 关于省委第五巡视组对洪泽县巡视“回头看”反馈意见整改情况的报告
123号 关于省委第五巡视组对洪泽县巡视“回头看”反馈意见整改情况的通报
126号 关于中国共产党洪泽县第十一次代表大会及两委一次全体会议选举结果的报告
128号 关于表彰第十届中国洪泽湖国际大闸蟹节先进集体、先进个人的决定（草案）
131号 关于2016年幸福洪泽、圆梦助学活动先进集体和个人表彰决定
142号 关于转发《中共洪泽县人大常委会党组关于做好全县县镇两级人民代表大会换届选举工作的意见》的通知
143号 关于印发《洪泽县镇（街道）党政正职权力运行制约监督暂行办法》的通知
146号 关于成立区委换届选举领导小组的通知

注：2016年10月8日洪泽撤县设区前，中共洪泽县委员会发文

中共淮安市洪泽区委员会发文目录

（洪委发〔2016〕）

11号 关于洪泽县党委、纪委更名以及洪泽县市管领导干部更名为淮安市洪泽区相应职务名称的通知
14号 关于成立区委巡察工作领导小组的通知
19号 关于上报《淮安市洪泽区洪金断面水质达标治理方案》的报告
20号 关于上报《淮安市洪泽区唐曹断面水质达标治理方案》的报告
32号 关于进一步严肃换届和干部推荐工作纪律的通知
47号 转发《区委宣传部、区司法局关于在全区公民中开展法治宣传教育的第七个五年规划（2016-2020年）》的通知
48号 关于洪泽区淮安市第八届人大代表候选人初步人选酝酿推荐情况的报告
49号 关于表彰2011-2015年全区法制宣传教育先进集体和先进个人的通报

注：2016年10月8日洪泽撤县设区后，中共淮安市洪泽区委员会发文按新名称设置文件抬头，发文序号、重新编排

中共洪泽县委员会办公室发文目录

（洪办发〔2016〕）

2号 关于做好村庄环境整治迎检工作的通知
3号 关于印发《洪泽县文化发展专项资金使用管理暂行办法》的通知

6号 关于认真组织开展2015-2016年度全县基层党员冬训工作的意见
8号 关于进一步改进会议和领导活动新闻报道的通知
9号 关于成立洪泽撤县设区工作领导小组
11号 关于转发《县接待办接待工作细则》的通知
12号 关于开展2016年度"民生面对面·干群心贴心"电视问政于民活动的通知
13号 关于印发《洪泽县新乡贤文化建设工作实施方案(试行)》的通知
15号 关于印发《2016年度镇(街道)"三农"工作大比武活动考核办法》的通知
16号 关于转发省委办公厅省政府办公厅《关于加强城乡社区协商的实施意见》的通知
17号 关于印发《洪泽县建立村(居)工作职责制度推进无论村居创建》的通知
18号 关于印发《洪泽县推进基层文化阵地建设实施方案》的通知
19号 关于成立洪泽县"无讼村居"创建工作领导小组的通知
23号 关于印发《县四套班子领导2016年挂钩经济开发区食品科技产业园和镇(街道)一览表》的通知
25号 关于调整2016年度壮村工作挂钩帮扶领导、部门、企业以及目标任务的通知
26号 关于开展"跟项目练本领"活动的通知
27号 关于印发《2016年创新创业工作实施意见》的通知
28号 关于印发《市委落实党风廉政建设责任制检查考核反馈意见整顿方案》的通知
29号 关于促进2016年农业机械化发展的通知
30号 关于成立新型城镇化综合试点课题组的通知
31号 关于做好2016年工业企业质效提升工作的通知
32号 关于调整县工业企业质效提升工作领导小组的通知
33号 关于印发《洪泽县2016年招商引资工作考核办法》的通知
39号 关于开展2016年度创新创优项目评选工作的通知
40号 关于调整县预防职务犯罪工作领导小组的通知
41号 关于印发《洪泽县化工企业安全生产网格化管理办法》的通知
45号 关于印发《2016年度信息调研文稿批示考核办法(试行)》的通知
48号 关于印发《洪泽县2016年"最美家庭"评选表彰活动实施方案》的通知
51号 关于成立洪泽县建设用地"双减量"试点工作指挥部的通知
52号 关于印发《洪泽县2016年优化软环境建设考核评议办法》的通知
53号 关于《在全县党员中开展"学党章党规、学条例讲话、做合格党员"学可教育的实施方案》的通知
55号 关于印发《洪泽县2016年度向上争取资金工作考核办法》的通知
56号 关于印发《利用商铺住宅等资产扶持经济薄弱村经济发展工作方案》的通知
57号 关于印发《洪泽县县级党政机关办公用房管理暂行办法》的通知
58号 关于印发《洪泽县县级机关会议费管理办法(试行)》的通知
59号 关于印发洪泽县2016年夏季秸秆禁烧禁抛和综合利用实施办法的通知
60号 关于印发《2016年度镇、街道和经济开发区科学跨越发展考核实施细则》的通知
61号 关于印发《2016年度部门科学跨越发展考核实施细则》的通知
62号 关于调整领导干部基层"三进三帮"活动挂钩联系对象的通知
65号 关于印发《第十一届中国洪泽湖国际大闸蟹节总体方案》的通知
66号 关于成立洪泽县秸秆机械化还田工作领导小组的通知
67号 关于印发《洪泽县机关和事业单位编制使用管理实施意见》的通知
69号 关于印发《2016年重点项目考核实施细则》的通知
70号 关于印发《洪泽县2016年生态文明建设工作考核办法》的通知
71号 关于印发《洪泽县环境保护网络化划分及监管实施方案(试行)》的通知
73号 关于印发《中共洪泽县委关于省委第五巡视组对洪泽县巡视"回头看"反馈意见整改工作方案》的通知
74号 关于印发《洪泽县党委(党组)意识形态工作责任制考评办法》的通知
75号 关于开展2016年度"博爱在洪泽、人道万人捐"活动的通知
76号 关于建立意识形态领域情况分析研判联席会议制度的通知
78号 关于成立洪泽县棚户区改造总指挥部的通知
79号 关于印发《2016年度全县农业农村经济工作考评办法》的通知
80号 印发《关于扶持现代农业产业发展的若干政策意见》的通知
83号 关于实行奖金发放备案管理的通知
88号 关于印发洪泽撤县改区工作方案的通知
90号 关于印发《洪泽县预决算信息公开管理暂行办法》的通知
96号 关于成立洪泽农村淘宝项目建设领导小组的通知

注:2016年10月8日洪泽撤县设区前,中共洪泽县委员会办公室发文

中共淮安市洪泽区委员会办公室发文目录

（洪办发〔2016〕）

5号　关于第三个“全国扶贫日”期间组织开展访贫问苦调研活动的通知
6号　关于印发洪泽区2016年秋季秸秆禁烧禁抛和综合利用工作实施办法的通知
7号　关于成立国家农村改革试验区政府购买农业公益服务机制创新新试点工作领导小组的通知
8号　关于印发《淮安市洪泽区2016年中央农业生产全程社会化服务试点项目实施方案》的通知
9号　关于做好全区第11届村（居）民委员会换届选举工作的通知
10号　对于启用区委、区人大、区政府、区政协印章的通知
11号　关于启用区纪委印章的通知
12号　关于撤县设区单位更名后启用新印章的通知
13号　关于印发《2016年度扶贫开发工作考核办法》的通知
14号　关于印发《淮安市洪泽区2016年度新型城镇化工作考核办法》的通知
18号　关于印发《2016年度乡镇工业集中区工作考核办法》的通知
19号　关于印发《2016年全民创业工作考核办法》的通知
24号　关于印发《中共淮安市洪泽区村居干部“微权”行使监督检查办法试行》的通知
25号　关于调整《2016年度镇、街道和经济开发区科学跨越发展考核实施细则》的通知
26号　关于调整《2016年度区直部门科学跨越发展考核实施细则》的通知
28号　关于认真组织开展2016-2017年度全区基层党员冬训工作的意见
29号　关于印发《洪泽区年轻干部重点一线实践锻炼管理考核暂行办法》的通知
30号　关于印发《洪泽区重点项目帮办团成员管理考核暂行办法》的通知

注：2016年10月8日洪泽撤县设区后，中共淮安市洪泽区委员会办公室发文按新名称设置文件抬头，发文序号重新编排

淮安市洪泽区人民政府发文目录

（洪政发〔2016〕）

2号　关于印发洪泽县推进教育现代化建设实施意见的通知
3号　关于印发洪泽县国家知识产权强县工程试点县工作实施方案的通知
8号　关于印发洪泽县建设规划新型试点县工作推进计划（2015—2016）的通知
17号　关于印发县政府2016年度重点工作目标任务分解落实方案的通知
18号　关于做好第三次农业普查工作的通知
19号　关于表彰第一届洪泽湖文化奖的决定
22号　关于同意行政区规划调整的报告
31号　关于进一步加强城市长效综合管理的意见
33号　关于印发洪泽县2016年市重大项目投资计划的通知
36号　关于加快推进社会信用体系建设的意见
41号　关于印发洪泽县建设用地“双减量”试点工作实施方案的通知
44号　关于印发洪泽县国民经济和社会发展第十三个五年规划纲要的通知
48号　关于印发洪泽县“十三五”热电联产规划的通知
50号　关于实施不动产统一登记的公告
51号　关于上报洪泽县城镇周边永久基本农田划定方案的报告
57号　关于禁止在洪泽湖洪泽县水域采砂的通告
60号　关于推进投资建设项目“四联合”工作的意见
62号　关于强化落实粮食安全责任制的实施意见
66号　关于印发洪泽县化解房地产库存稳定房地产市场实施办法的通知
67号　关于印发洪泽县乡村旅游发展“十三五”规划的通知
73号　关于推进“先照后证”改革后加强事中事后监管的实施意见
75号　关于印发阿里巴巴洪泽农村淘宝项目建设实施方案的通知
76号　关于印发洪泽县本级地方政府性债务资金管理暂行规定的通知
80号　关于县城区部分道路命名更名的公告
83号　关于印发洪泽县水污染防治工作方案的通知
87号　关于同意岔河镇总体规划（2015—2030）的审查意见
92号　关于印发区政府有关部门和单位安全生产工作职责规定的通知
95号　关于公布2016年度住房保障标准的通知
96号　关于区政府领导同志工作分工调整的通知
97号　2016年度法治政府建设工作报告
103号　关于开展全区成品油市场集中专项整治的通知
106号　关于对危险化学品安全专项整治“黄表”企业进行挂牌督办的通知

注：含2016年1–9月间洪泽县人民政府发文部分

淮安市洪泽区人民政府办公室发文目录

（洪政办发〔2016〕）

2号　关于成立县级公立医院管理委员会的通知

3号　关于进一步完善全县新型农村合作医疗管理办法的通知
4号　关于印发《第一届洪泽县文化奖评奖办法》的通知
5号　关于印发洪泽县成品油市场专项整治工作方案的通知
7号　关于进一步做好政务公开工作的通知
8号　关于印发洪泽县数字化城市管理系统监督指挥手册(试行)的通知
13号　关于印发2016年老旧小区改造工程实施方案的通知
14号　关于印发洪泽县2016年城建交通重点项目的通知
15号　关于印发洪泽经济开发区化工集中区环保专项整治方案的通知
17号　关于印发洪泽县2016年度城市长效综合管理考核奖惩办法的通知
18号　关于印发洪泽县城市建筑垃圾管理实施办法(试行)的通知
20号　关于县政府办公室领导成员分工调整的通知
21号　关于印发洪泽县2016年审计工作意见的通知
22号　关于印发洪泽县2016年农业保险工作实施方案的通知
23号　关于印发洪泽县行政许可和行政处罚等信用信息公示工作实施方案的通知
26号　关于印发洪泽县体育类社会团体发展扶持办法的通知
28号　关于印发洪泽县污废水排水户普查工作实施方案的通知
30号　关于转发县财政局全面推进行政事业单位内部培训建设工作方案的通知
31号　关于印发2016年简政放权行政审批制度改革任务分解表的通知
32号　关于印发2016年全县法治政府建设工作要点的通知
33号　关于印发洪泽县2016年度耕地占补平衡补充耕地项目库实施方案的通知
34号　关于推广行政审批“告知承诺制”的通知
35号　关于印发洪泽县2016年政务督查工作要点的通知
36号　关于印发洪泽县建立双随机抽查机制强化事中事后监管实施方案的通知
37号　关于开展2016年全县行政事业单位国有资产清查工作的通知
41号　关于印发洪泽县2016年秸秆机械化还田实施的办法的通知
42号　关于印发洪泽县2016年秸秆机械化还田作业补助第三方核查办法的通知
43号　关于进一步规范行政自由裁量权的通知
46号　关于印发洪泽县互联网金融风险专项整治工作实施方案的通知
47号　关于印发洪泽县危险化学品安全专项整治实施方案的通知
48号　关于印发《洪泽县建设用地“双减量”试点项目资金管理暂行办法》的通知
51号　关于印发2016年全县新型职业农民培训实施方案的通知
56号　关于印发洪泽县基本医疗保险按病种分值结算试行意见的通知
59号　关于建立撤县设区工作相关制度的通知
60号　关于印发洪泽县粮食安全责任制考核办法的通知
61号　关于开展严厉打击坚决取缔“地条钢”建筑用材生产销售专项行动的通知
62号　关于成立洪泽县畜禽养殖禁养区划定及整治工作领导小组的通知
63号　关于成立洪泽县洪泽湖网络化管理组织机构的通知
64号　关于印发洪泽县政府投资小型工程发包管理办法的通知
65号　关于印发洪泽县2016年“小金库”专项检查工作实施方案的通知
66号　关于印发洪泽县政府网站集约化建设工作方案的通知
68号　关于转发淮安市征地补偿和被征地农民社会保障实施细则的通知
70号　关于印发《洪泽区畜禽养殖区划定及整治工作方案》的通知
71号　关于印发洪泽区老旧住宅小区基本物业服务实施办法的通知
72号　关于印发淮安市洪泽区优化整合妇幼保健和计划生育技术资源的实施意见
73号　转发市政府关于完善困难残疾人生活补助和重度残疾人护理补贴意见的通知
74号　关于进一步规范工作保障区政府日常运转的若干要求
76号　关于印发洪泽区镇(街道)财政国库集中支付制度改革实施方案的通知
77号　关于印发2017年度全区农村水利工作意见的通知
78号　关于开展职工医疗互助保障活动的意见的通知
82号　关于印发洪泽区砖瓦生产企业专项整治工作实施方案的通知
84号　关于印发淮安市洪泽区妇女发展规划(2016–2010)和淮安市洪泽区儿童发展规划(2016–2020年)的通知
85号　关于建立全区推进大众创新创业联席会议制度的通知
86号　转发省政府办公厅关于做好投资项目在线审批监管平台建设工作的通知

注:含2016年1–9月间洪泽县人民政府办公室发文部分

(魏金宇　刘红舟)

2016年度淮安市洪泽区科学跨越发展考核及经济与社会发展工作先进集体和先进个人

一、科学跨越发展考核先进集体

一等奖

西顺河镇　经济开发区　财政局　政府办
经信委　商务局　物价局　交通局
发改委　文广新局　统战部　旅游局
安监局　规划分局　地震局　政法委
供电公司　国土分局

二等奖

高良涧街道　岔河镇　朱坝街道　人社局　组织部
农　委　区委办　水利局　宣传部　人大办
教育局　政协办　乡镇局　妇　联　供销总社
科技局　审计局　小康办　古堰管委会
残　联　城管局　信访局　行政审批局

三等奖

东双沟镇　蒋坝镇　老子山镇

特别贡献单位

国税局　地税局　纪委(监察局)　公安分局
检察院　法　院　环保局

优秀服务部门

食品科技园　人武部　农工部　机关工委
住建局　人　行

二、招商引资、向上争取资金工作

1.招商引资工作先进集体

西顺河镇　朱坝街道　经济开发区　高良涧街道
岔河镇　发改委　经信委　乡镇局
财政局　环保局

2.招商引资工作先进个人

赵　苹　王德宝　杨洪华　韩强业　高　锋
曹　将　刘海健　马千杰　徐亚男　赵华标
宋玉洪　曹俊成　潘友飞　贺剑锋　李　斌
陈志国　孙志永　马　军　季同年　吕叶青
潘国平　蒋少翔

3.向上争取资金工作先进集体

财政局　住建局　发改委　环保局　交通局

4.向上争取资金工作先进个人

沙新燕　傅素玲　唐　欢　贝　蕾　杨兆军
钱晓松　孙玲妹　唐士明　王元喜　康健美
刘　洋　杨柏祥　简夕洪　璩　军　王桂宝
傅　宁　史文霞　居立海

三、财税服务业工作

1.财税服务业工作先进集体

重点项目资金管理办公室　税源办
国税局第一分局　地税局第一分局　人　行
农发行　工　行　发改委　岔河镇　三河镇

2.财税服务业工作先进个人

庄建洪　段舒婉　朱　慧　吕祥宝　潘素红
张惠娟　张德俊　张开勇　吴华平　王　栋
严永顺　侯广辉　邓家策　王晓东　钱拥军
颜　啸　郑　娟　杨　森　陈　祥　韦可梅

四、工业经济工作

1.工业经济工作先进集体

高良涧街道　岔河镇　经济开发区　西顺河镇
经信委　环保局　人社局　物价局
交通局　水利局

2.工业经济工作先进个人

纪开云　刘庆祥　卜慧珍　郭士忠　杨晓竹
褚必真　沈国桥　唐步东　严伟华　陈　嘉
殷　昕　严定军　林庆柱　刘　超　赵友娣
孙华雷　杨　辉　陶卫达

五、开放型经济工作

1.开放型经济先进集体

老子山镇　黄集街道　商务局　资产公司
食品科技园

2.开放型经济先进个人

胡文贤　马长青　许　波　骆殿俊　侯云云
姜亚津　刘　伟　严小兵

六、旅游工作

1.旅游工作先进集体

住建局　食品科技园　蒋坝镇　西顺河镇　老子山镇

2.旅游工作先进个人

王明生　王东源　袁安全　费　剑　陈玉山
张　鼎　张瑞鸿　赵加忠　蒯梅娟

七、新型城镇化、城建交通工作

1.新型城镇化工作先进集体

财政局　环保局　国土分局　规划分局　蒋坝镇

2.新型城镇化工作先进个人

王　圣　孙　洪　谢　飞　刘义书　程登科
冯尚尚　周宗顺　田奕奕　刘　奎

3.城建交通工作先进集体

交通局　住建局　国土分局　征收办　资产公司

4.城建交通工作先进个人

植　健　吴　刚　陈　刚(住建局)　滕建明
王会虎　朱红星　孙　庚　马　鹏　韦可兵

八、农业农村工作

1.农业农村工作先进集体

三河镇　岔河镇　东双沟镇　黄集街道
朱坝街道　高良涧街道　农　委　农工部
农机局　乡镇局

2.农业农村工作先进个人

徐成林　陈金恩　陈加龙　杨伏高　杨华金
孟庆国　刘权武　杨　垒　王修猛　彭旭东
王　徽　陈万学　陈大雪　黄　彤　杨广本
陈晓波

九、全民创业工作

1.全民创业工作先进集体

高良涧街道　商务局　农工部　财政局　统战部

2.全民创业工作先进个人

周　孟　魏新星　龚建军　丁以状　高德飞
胡　祥　张成东　臧恒凯　赵洪彬

十、民生和社会事业工作

1.民生和社会事业工作先进集体

财政局　水利局　人社局　民政局　城管局
教育局　文广新局　住建局　卫计委　妇　联

2.民生和社会事业工作先进个人

苗洪波　张国勤　张　辉　朱永平　杨　丽
朱正洲　胡妍慧　王天伟　高正州　明耀峰
石学元　戚　柱　李　浩　于　洛　王　翊
楚振亚　仲苏洪　车　力　曹国梁　包南庆

十一、环保和安全生产工作

1.环保工作先进集体

经济开发区　高良涧街道　环保局　交通局　发改委

2.环保工作先进个人

梅运奎　陈加云　黄文凯　杨玉华　陈　波(经信委)
郑玉艳　孙德军　赵顺平　陈　军

3.安全生产工作先进集体

高良涧街道　朱坝街道　商务局　检察院
供电公司　经济开发区

4.安全生产工作先进个人

郑洪玉　孙安友　何鹏飞　赵永年　李登玉
朱建生　席华龙　唐士镇　张志云　李宗恒

2016年度淮安市洪泽区政治文明　精神文明建设先进集体和先进个人

一、纪检监察工作

1.纪检监察工作先进集体

朱坝街道纪工委　西顺河镇纪委　老子山镇纪委
教育局纪委　住建局纪委　公安分局纪委
卫计委纪委　区纪委农村纪检监察工作室
区纪委第三纪检监察室　区纪委党风政风监督室

2.纪检监察工作先进个人

高晓梅　赵俊豪　傅　丽　陈　健　浦　文
杨　庆　蒯银华　孙　芹　刘素娟　褚兆丰
张　明　赵树江　滕家文　王爱进　贾　钟
张贵富　赵　越　王　伟　刘颖国　嵇鹏飞

3."阳光洪泽"建设先进集体

阳光办　高良涧街道　西顺河镇　东双沟镇
朱坝街道　人社局　交通局　水利局
城管局　卫计委

4."阳光洪泽"建设先进个人

司振华　施吉春　成子涵　杨　攀　刘东明
陈益生　冯薇薇　王甘明　王　琨　吕伏兵

二、组织工作

1.组织工作先进集体

高良涧街道党工委　朱坝街道党工委　东双沟镇党委
公安分局党委　教育局党委　交通局党委
区级机关工委　人社局党委　检察院党总支
民政局党总支

2.组织工作先进个人

徐留芳　王军辉　唐　辰　潘　璇　赵培成
朱宝强　倪绍宁　李国良　周炜桐　祖青青
王　娟　郭静禾　向红远　王会梅　夏映雪
田　培　陶　春　张乔山　戚加华　邓　红

3.人才工作先进个人

陶园园　徐昊飞　石庆春　高金刚

4.优秀大学生村干部

张孙心宜　高　猛　陆和蓉　林支兵　黄海亮

三、精神文明及宣传思想工作

1.精神文明及宣传思想工作先进集体

高良涧街道　西顺河镇　朱坝街道　信息中心
食品科技园　检察院　交通局　住建局
供电公司　外国语中学

2.精神文明及宣传思想工作先进个人

王素萍　颜君羽　穆　冰　孙高歌　陈圆圆
陈　凯(教育局)　于　杰　束其虎　吴宝来
李　伟　程铁民　凡振峰　方善金　管荣华
唐士海　陈　凯(古堰)　张　林　施玉春
唐传奇　徐　婧

四、综治与平安建设工作

1.综治与平安建设先进集体

高良涧街道　朱坝街道　黄集街道　西顺河镇
政法委(综治办)　公安分局　机关工委
教育局　卫计委　农工部

2.综治与平安建设先进个人

余向鹏　郭　娇　王梓丞　刘红舟　顾树香
陈传华　谷汇林　沈如先　刘旭东　史　晶
史巧俊　顾　琴　陈　琛　孙　雷　韩红艳
周承杰　杨步彦　袁房超　陈　刚(政法委)

五、法治建设工作

1.法治建设先进集体

三河镇　老子山镇　法　院　检察院　法制办
依法治区办　水利局　交通局　总工会　经信委

2.法治建设先进个人

朱文俊　沈正涛　任礼明　唐雪梅　丁　钰
刘连华　靖　忠　袁夕康　周　莉　侍德伟

六、统战工作

1.统战工作先进集体

西顺河镇　老子山镇　侨界联合会　教育局
岔河镇商会

2.统战工作先进个人

丁俊光　张　朝　查友海　张文骥　乔　茜
王　悦　释昌恩　褚忠琴　金　海　张小燕

七、军民融合发展工作

1.军民融合发展工作先进集体

城管局　公安分局　交通局　卫计委　财政局

2.军民融合发展工作先进个人

许　华　贝莉莉　朱杰书　王淑静　刘金刚
赵　斌　卜云龙　金国年　徐化峰

八、信访工作

1.信访工作先进集体

三河镇　东双沟镇　蒋坝镇　黄集街道　公安分局
信访局　民政局　人社局　检察院　教育局

2.信访工作先进个人

赵东风　李　成　金　伟　陈述中　魏　磊
张　骏　杨　鹏　王逆舟　邱玉莲　徐增龙
杨洪忠　陶大大　赵学喜　刘　昊　李　强
张金萍　成　亚

九、优化软环境建设工作

1.“行风十佳”金牌单位

西顺河镇　三河镇　住建局　人社局　地税局
国税局　审计局　公安分局　环保局　行政审批局

2.“行风十佳”优胜单位

黄集街道　蒋坝镇　国土分局　发改委　政法委
总工会　财政局　城管局　教育局　水利局

3.“行风十佳”岗位标兵

顾金军　曹建丰　李　琴　袁国锋　潘如修
韦婷婷　李　红　杨　峰　周　荣　刘德祥

淮安市洪泽区获国家级(含部级)奖项(集体)一览表

(授奖时间:2016年1—12月)

表41

获奖单位	奖项名称	授奖时间	授奖单位
老子山镇	全国美丽宜居示范镇	2016年1月	住房和城乡建设部
区地方海事处马浪岗海事所	第二批全国学雷锋活动示范点	2016年3月	中共中央宣传部
洪泽县(区司法局)	2011-2015年全国法治宣传教育先进(县、区)	2016年5月	司法部 中宣部
区供电公司	2014-2015年度“守合同重信用”企业	2016年7月	国家工商行政管理总局
区检察院	2016年全国检察宣传先进单位	2016年8月	最高人民检察院检察日报社
区信息办	2015年度广播影视科技创新三等奖	2016年8月	国家新闻出版广电总局
西顺河镇	中国最具特色镇 中国最美乡镇	2016年11月	新华社半月谈杂志社 中国国情调查研究中心 全国生态文明城市与景区推选办公室

续表41

获奖单位	奖项名称	授奖时间	授奖单位
区委统战部	2016年度《中国统一战线》杂志学习宣传先进单位	2016年12月	中共中央统一战线工作部宣传办公室
区物价局	2015-2016年度价格认定工作先进单位	2016年12月	国家发展和改革委员会价格认证中心
西顺河镇	中国生态魅力镇	2016年12月	中国市场调查研究中心 中国城市经济专家委员会 中华经济发展交流协会

淮安市洪泽区获省级(含省级部门)奖项(集体)一览表

（授奖时间:2016年1—12月）

表42

获奖单位	奖项名称	授奖时间	授奖单位
洪泽县(区旅游局)	2016长三角自驾游热门十强城市	2016年4月	长三角自驾游专家委员会 新华—长三角自驾游指数工作委员会
洪泽县(区信访局)	2015年度全省信访工作优秀县	2016年2月	江苏省信访工作联席会议
洪泽县(团区委)	2015年度全省基础团务工作先进县	2016年3月	江苏团省委组织部
洪泽区(区交运局)	江苏省“四好农村路”示范县	2016年12月	江苏省交通运输厅
高良涧街道司法所	“2014-2015年度江苏省优秀司法所”	2016年1月	江苏省司法厅
区规划局	江苏省2014-2015 年度村庄环境整治工作先进集体	2016年1月	江苏省村庄环境整治推进工作领导小组
区航道站	2015年度全省航道系统创先争优活动先进单位	2016年1月	江苏省航道局
区航道站	2013-2015年度江苏省文明行业和江苏省文明村镇文明单位	2016年1月	江苏省文明委
区司法局	2014-2015年度江苏省优秀县(市、区)司法局	2016年1月	江苏省司法厅
区烟草专卖局(分公司)	江苏省三星级档案室	2016年1月	江苏省档案局
区司法局	2015年度全省司法行政系统绩效评价优秀单位	2016年1月	江苏省司法厅
区住建局	2015年度江苏省住房和城乡建设系统“安康杯”竞赛先进集体	2016年1月	江苏省住房和城乡建设系统安康杯竞赛领导小组
高良涧街道邓码社区	江苏省科普示范社区	2016年2月	江苏省科学技术协会
高良涧街道王庄村	江苏省“水美村庄”	2016年2月	江苏省水利厅
区供电公司东双沟供电所	2015年度电费回收先进农村供电所	2016年2月	国网江苏省电力公司营销部
区供电公司仁和供电所	2015年度安全生产先进供电所	2016年2月	国网江苏省电力公司
区地方海事处	2015年度全省地方海事船检工作先进集体	2016年2月	江苏省地方海事局

续表42-1

获奖单位	奖项名称	授奖时间	授奖单位
区地方海事处马浪岗海事所	第二批江苏省学雷锋活动示范点	2016年2月	江苏省委宣传部
区法院	集体二等功	2016年2月	江苏省高级人民法院
区法院	全省"无讼村居"创建活动优秀项目	2016年2月	江苏省高级人民法院
区林业局	2015年度全省畜牧工作优秀单位	2016年2月	江苏省农业委员会
区司法局	2015年度全省司法行政系统宣传工作先进集体	2016年2月	江苏省司法厅
区植物保护站	江苏省2015年度"十佳植保站"	2016年2月	江苏省植物保护站
区住建局	2015年度江苏省住房保障和保障性安居工程建设劳动竞赛先进集体	2016年2月	江苏省住房城乡建设系统职工劳动竞赛活动领导小组
区住建局行政审批和房屋登记中心	2015年度江苏省住房和城乡建设系统窗口单位和服务行业优质服务竞赛活动先进集体	2016年2月	江苏省住房城乡建设系统职工劳动竞赛活动领导小组
区公安分局	全省执法质量优秀单位	2016年2月	江苏省公安厅
电信洪泽分公司	江苏省放心消费创建活动先进单位	2016年3月	江苏省放心消费创建活动办公室
区供电公司	离退人员休信息统计工作先进集体	2016年3月	国网江苏省电力公司离退休工作部
区供电公司	档案工作先进单位	2016年3月	国网江苏省电力公司
区供电公司	江苏省放心消费创建活动先进单位	2016年3月	江苏省放心消费创建活动办公室
区机关事务局	2015年度省级节水型单位	2016年3月	江苏省水利厅 江苏省机关事务局 江苏省节约用水办公室
区国土资源局	2014–2015年度全省国土资源政务信息工作先进单位	2016年3月	江苏省国土资源厅
区财政局	全省财政系统先进集体	2016年4月	江苏省财政厅
市公安局洪泽分局团委	江苏省五四红旗团委	2016年5月	共青团江苏省委
区地方海事处马浪岗海事所	江苏省先进基层党组织	2016年6月	中共江苏省委
高良涧街道临河社区	江苏省电子商务示范社区	2016年7月	江苏省商务厅
团区委	2015年度江苏大学生志愿服务苏北计划优秀项目办	2016年7月	共青团江苏省委 江苏省志愿者协会 江苏大学生志愿服务苏北计划省项目管理办公室
区烟草专卖局(分公司)	江苏省放心消费先进单位	2016年7月	江苏省放心消费创建活动办公室
区工商联	江苏省"五好"县级工商联	2016年8月	江苏省工商业联合会 江苏省总商会
电信洪泽分公司	江苏省文明单位	2016年9月	江苏省精神文明建设指导委员会

续表 42-2

获奖单位	奖项名称	授奖时间	授奖单位
区供电公司	江苏省文明单位	2016年9月	江苏省精神文明建设指导委员会
老子山镇	江苏省文明乡镇	2016年9月	江苏省精神文明建设指导委员会
老子山镇龟山村	江苏省文明村	2016年9月	江苏省精神文明建设指导委员会
老子山镇新滩村	江苏省文明村	2016年9月	江苏省精神文明建设指导委员会
区地方海事处	江苏省文明单位	2016年9月	江苏省精神文明建设指导委员会
区气象局	江苏省文明单位	2016年9月	江苏省精神文明建设指导委员会
区人防办	全省人民防空先进城市	2016年9月	江苏省国防动员委员会
西顺河镇	2013–2015年度江苏省文明乡镇	2016年9月	江苏省精神文明建设指导委员会
西顺河镇张福河村	2013–2015年度江苏省文明村	2016年9月	江苏省精神文明建设指导委员会
邮政洪泽分公司	江苏省文明单位	2016年9月	江苏省文明办
区检察院	2013–2015年度江苏省群众性精神文明建设先进单位	2016年10月	江苏省文明办
区检察院	江苏省"平安家庭"创建先进集体	2016年10月	江苏省妇女联合会
区法院	江苏省文明单位	2016年10月	江苏省精神文明建设指导委员会
区司法局	全省社区矫正"严格执法、严格管理"集中整治活动先进集体	2016年10月	江苏省司法厅
西顺河司法所	全省社区矫正"严格执法、严格管理"集中整治活动先进集体	2016年10月	江苏省司法厅
区烟草专卖局(分公司)	江苏省级文明单位	2016年10月	江苏省精神文明建设指导委员会
区财政局	2015年度法治财政标准化建设先进单位	2016年11月	江苏省财政厅
高良涧街道越城村	省级民主法治示范村	2016年11月	江苏省依法治省领导小组
高良涧街道邓码社区	江苏省地震安全示范社区	2016年12月	江苏省地震局
高良涧街道洪渠社区	江苏省"健康社区"	2016年12月	江苏省爱国卫生运动委员会
洪泽新天地家庭农场	省级示范家庭农场	2016年12月	江苏省农业委员会
黄集街道曹圩村	省级文明村	2016年12月	江苏省精神文明建设指导委员会办公室
黄集街道曹圩村	省级和谐示范社区	2016年12月	江苏省民政厅

续表42-3

获奖单位	奖项名称	授奖时间	授奖单位
区工商联	全省县(市、区)工商联先进集体	2016年12月	江苏省工商业联合会 江苏省总商会
区检察院监所科	全省刑罚交付执行法律监督精品案件	2016年12月	江苏省人民检察院
区社会劳动保险管理处	省级社会保险经办服务示范窗口	2016年12月	江苏省人力资源和社会保障厅
区文联	江苏省基层文联工作先进单位	2016年12月	江苏省文学艺术界联合会
区阳光服务中心	全省司法行政系统安置帮教工作先进集体	2016年12月	江苏省司法厅
区公安分局西顺河派出所	集体二等功	2016年12月	江苏省公安厅

淮安市洪泽区获市级(含市级部门)奖项(集体)一览表

(授奖时间:2016年1—12月)

表43

获奖单位	奖项名称	授奖时间	授奖单位
洪泽县(区信访局)	2015年度全市信访工作先进集体	2016年2月	淮安市信访工作联席会议
洪泽县(区商务局)	2015年度全市利用外资工作先进单位(一等奖)	2016年2月	中共淮安市委 淮安市人民政府
洪泽县(区商务局)	2015年度全市对外贸易工作先进单位(二等奖)	2016年2月	中共淮安市委 淮安市人民政府
区财政局	2015年度全市会计人员继续教育网上培训工作先进单位	2016年1月	淮安市财政局
电信洪泽分公司	2015年度淮安分公司“维系之星”技能竞赛团队二等奖	2016年1月	中国电信淮安分公司 江苏省淮安市电信工会
电信洪泽分公司	2015年4G网络建设竞赛三等奖	2016年1月	中国电信淮安分公司
区供电公司	2015年度“四好”领导班子	2016年1月	国网淮安供电公司
区供电公司	2015年度文明单位标兵	2016年1月	国网淮安供电公司
区供电公司	2015年度党风廉政建设先进单位	2016年1月	国网淮安供电公司
区供电公司	2015年度安全生产先进单位	2016年1月	国网淮安供电公司
邮政洪泽分公司	全市邮政信息网运运维竞赛综合奖二等奖	2016年1月	邮政淮安市分公司
邮政洪泽分公司	全市邮政信息网运运维竞赛渠道类一等奖	2016年1月	邮政淮安市分公司
邮政洪泽分公司	全市邮政信息网运运维竞赛安全类一等奖	2016年1月	邮政淮安市分公司
邮政洪泽分公司	全市邮政信息网运运维竞赛管理类一等奖	2016年1月	邮政淮安市分公司
区公安分局法制大队	集体三等功	2016年1月	淮安市公安局
区公安分局刑警大队	集体三等功	2016年1月	淮安市公安局
区公安分局巡特警大队	集体三等功	2016年1月	淮安市公安局

续表 43－1

获奖单位	奖项名称	授奖时间	授奖单位
区公安分局城东派出所	集体三等功	2016年1月	淮安市公安局
区财政局	2016年全市财政企业财务信息工作先进单位	2017年2月	淮安市财政局
朱坝司法所	2015年度全市司法行政系统先进集体(社区矫正工作)	2016年2月	淮安市司法局
东双沟司法所	2015年度全市司法行政系统先进集体(优秀司法所)	2016年2月	淮安市司法局
区公证处	2015年度全市司法行政系统先进集体(公证工作)	2016年2月	淮安市司法局
区司法局法制宣传科	2015年度全市司法行政系统先进集体(法治宣传)	2016年2月	淮安市司法局
区司法局办公室	2015年度全市司法行政系统先进集体(信息宣传工作)	2016年2月	淮安市司法局
区公安分局西顺河派出所	基础工作标兵派出所	2016年2月	淮安市公安局
电信洪泽分公司	淮安2015年"移动用户感知优化"专项行动团体二等奖	2016年2月	中国电信淮安分公司
电信洪泽分公司	淮安2015年"移动用户感知优化"专项行动团体二等奖	2016年2月	中国电信淮安分公司
电信洪泽分公司	淮安"客户服务一体化"专项工作评估一等奖	2016年2月	中国电信淮安分公司
区法院	全市审判系统目标考评一等奖	2016年2月	淮安市中级人民法院
区法院	"无讼村居"创建活动获优秀项目	2016年2月	淮安市中级人民法院
区法院办公室	集体三等功	2016年2月	淮安市中级人民法院
区检察院	2015年度基层检察工作先进单位	2016年2月	淮安市人民检察院
区航道站	全市航道系统2015年度创先争优活动先进单位	2016年2月	淮安市航道局
区航道站	2015年度全市港口管理工作先进单位	2016年2月	淮安市港口局
区地方海事处	全市地方海事工作先进单位标兵 水上安全管理工作先进单位 严格执法推进年活动工作先进单位" 文明创建工作先进单位" 政务信息工作先进单位 宣传报道工作先进单位	2016年2月	淮安市地方海事局
区公路管理站	2015年度全市公路工作先进单位	2016年2月	淮安市公路处
区城管局	城市长效综合管理先进基层单位	2016年2月	中共淮安市委员会 淮安市人民政府
区城管局	城市环境综合整治先进单位	2016年2月	中共淮安市委员会 淮安市人民政府
区城管局	城市长效综合管理及环境整治精品亮点项目(洪泽湖大道两侧城市河道整治项目、洪泽区再生资源回收收集集中管理整治项目、洪泽区巴黎花苑老旧小区整治项目)	2016年2月	中共淮安市委员会 淮安市人民政府

续表43-2

获奖单位	奖项名称	授奖时间	授奖单位
电信洪泽分公司	2015年度“现场综合化维护”专项活动团体二等奖	2016年3月	中国电信淮安分公司
电信洪泽分公司	2015年度“资源质量提升”专项活动团体二等奖	2016年3月	中国电信淮安分公司
电信洪泽分公司	2015年度“网络扫雷和提质”攻坚活动团体二等奖	2016年3月	中国电信淮安分公司
电信洪泽分公司	2015年安全先进单位	2016年3月	中国电信淮安分公司
电信洪泽分公司	2015年“4G 网络质量提升”专项行动优秀团体一等奖	2016年3月	中国电信淮安分公司
电信洪泽分公司实体渠道运行中心	2015年安全先进班组	2016年3月	中国电信淮安分公司
电信洪泽分公司	2015年度“三好装维”班组	2016年3月	中国电信淮安分公司
区供电公司工会	工会工作标准化建设先进单位	2016年3月	国网淮安供电公司
区供电公司	110千伏主变租赁扩建工作先进单位	2016年3月	国网淮安供电公司
区供电公司	技改工程先进单位	2016年3月	国网淮安供电公司
区供电公司	“一流配电网”调控管理提升专项活动先进集体	2016年3月	国网淮安供电公司
区供电公司	淮安信息系统深化应用竞赛先进单位	2016年3月	国网淮安供电公司
区烟草专卖局	淮安市行政执法规范化示范点	2016年3月	淮安市全面推进依法行政工作领导小组
区烟草专卖局	淮安市行政执法规范化示范点	2016年3月	淮安市全面推进依法行政工作领导小组
区地方海事处马浪岗海事所	淮安市行政执法规范化示范点	2016年3月	淮安市依法行政工作领导小组办公室
区公路管理站	2015年度全市公路系统宣传报道工作先进单位	2016年3月	淮安市公路处
区公路管理站	2015年度全市公路系统党风廉政暨行风软环境建设先进单位	2016年3月	淮安市公路处
电信洪泽分公司	2015 年度中国电信淮安分公司工会先进“职工之家”	2016年5月	江苏省淮安市电信工会
区法院少年审判庭	2015年度“青年文明号”	2016年5月	共青团淮安市委 淮安市中级人民法院
邮政洪泽分公司豪景苑支局	2015-2016邮政金融业务跨赛活动网点小组PK赛第一名	2016年5月	邮政淮安市分公司
邮政洪泽分公司朱坝支局	全市金融业务跨年度竞赛网点PK赛冠军	2016年5月	邮政淮安市分公司
邮政洪泽分公司东双沟支局	全市金融业务跨年度竞赛网点PK赛冠军	2016年5月	邮政淮安市分公司
邮政洪泽分公司三河支局	全市金融业务跨年度竞赛网点PK赛冠军	2016年5月	邮政淮安市分公司

续表43-3

获奖单位	奖项名称	授奖时间	授奖单位
邮政洪泽分公司	“全区一季度优秀营销案例评审”活动一等奖	2016年5月	邮政淮安市分公司
区地方海事处马浪岗海事所	践行周恩来精神模范团队	2016年5月	淮安市文明委
区公路管理站	2012-2014年度“淮安市文明单位”	2016年5月	中共淮安市委 淮安市人民政府
区公路管理站	2015年度全系统政务信息工作先进单位	2016年5月	淮安市公路处
西顺河镇团委	2015年度淮安市五四红旗团委	2016年5月	共青团淮安市委员会
区农商行团委	2015年度淮安市五四红旗团委	2016年5月	共青团淮安市委员会
区检察院团总支	2015年度淮安市五四红旗团支部(总支)	2016年5月	共青团淮安市委员会
区妇幼保健院团支部	2015年度淮安市五四红旗团支部(总支)	2016年5月	共青团淮安市委员会
高良涧街道洪建社区团支部	2015年度淮安市五四红旗团支部(总支)	2016年5月	共青团淮安市委员会
区检察院	2015年度全市青年普法志愿者法治文化基层行活动优秀组织单位	2016年6月	淮安市法学会
电信洪泽分公司办公室党支部	先进基层党组织	2016年6月	中共中国电信淮安分公司委员会
电信洪泽分公司	“服务小CEO满意行”优秀协作团队	2016年6月	中国电信淮安分公司 江苏省淮安市电信工会
区法院	2015年度全市青年普法志愿者法治文化基层行活动优秀组织单位	2016年6月	淮安市法学会 淮安市法制办 共青团淮安市委员会 淮安市关心下一代工作委员会
区财政局预算科	全市财政系统先进集体	2016年7月	淮安市财政局
区烟草专卖局	2015年度工人先锋号	2016年6月	淮安市总工会
电信洪泽分公司	“智慧家庭工程师大比武”竞赛团体一等奖	2016年7月	江苏省淮安市电信工会 江苏省通信服务有限公司淮安网盈分公司
区检察院	淮安市“平安家庭”创建活动先进集体	2016年7月	淮安市妇女联合会
邮政洪泽分公司综合支部	全市邮政系统“一创两争”基层优秀党组织	2016年8月	邮政淮安市分公司 邮政淮安市公司工会
区供电公司	驾驶技能团体三等奖	2016年9月	国网淮安供电公司
邮政洪泽分公司	全市“共享读书乐、共筑中国梦”职工读书月活动组织奖	2016年10月	邮政淮安市分公司 邮政淮安市公司工会
区司法局	2011-2015年全市普法工作先进集体	2016年11月	中共淮安市委宣传部 淮安市司法局 淮安市法制宣传教育领导小组办公室
高良涧司法所	2011-2015年普法先进集体	2016年11月	中共淮安市委宣传部 淮安市法制宣传教育领导小组办公室 淮安市司法局

续表43-4

获奖单位	奖项名称	授奖时间	授奖单位
区烟草专卖局	淮安市2011—2015普法工作先进集体	2016年12月	中共淮安市委宣传部 淮安司法局 淮安法制宣传教育办公室
区烟草专卖局	市级2014-2015年度守合同重信用企业	2016年12月	淮安市工商局
区烟草专卖局	淮安市2011—2015普法工作先进集体	2016年12月	中共淮安市委宣传部 淮安市司法局 淮安市法制宣传教育办公室
区公安分局三河派出所	践行恩来精神模范警队	2016年12月	淮安市公安局
区烟草专卖局	市级2014-2015年度守合同重信用企业	2016年12月	淮安市工商局
区委统战部	全市统战工作目标考核一等奖	2016年12月	中共淮安市委统战部
区委统战部	全市统战宣传工作一等奖	2016年12月	中共淮安市委统战部
洪泽外国语中学	2016年度淮安市优秀中学中职共青团组织	2016年12月	共青团淮安市委员会 淮安市教育局
洪泽新区中学	2016年度淮安市优秀中学中职共青团组织	2016年12月	共青团淮安市委员会 淮安市教育局
洪泽陈传军肉鸡专业合作社	淮安市示范专业合作社	2016年12月	中共淮安市委农工部
洪泽元良机插秧专业合作社	淮安市示范合作社	2016年12月	中共淮安市委农工部

淮安市洪泽区获国家级(含部级)奖项(个人)一览表

(授奖时间:2016年1—12月)

表44

获奖人	奖项名称	授奖时间	授奖单位	获奖人单位
李大银	国家电网公司优秀专家人才	2016年1月	国家电网公司	区供电公司运维站
严君华	2016年度《中国邮政报》优秀通讯员	2016年3月	中国邮政报社	邮政洪泽分公司
王伟伟	2015年度江苏省优秀共青团员	2016年5月	共青团江苏省委	淮安市宏伟牧业有限公司董事长
孙成斌(家庭)	全国最美家庭	2016年5月	中华全国妇女联合会	区地方海事处
孙成斌(家庭)	第十届全国五好文明家庭标兵户	2016年5月	中华全国妇女联合会	区地方海事处
马　强	第九届优秀通讯员	2016年12月	最高人民检察院	区人民检察院
张文骥	2016年度《中国统一战线》杂志学习宣传先进个人	2016年12月	中央统战部宣传办公室	区委统战部
孙成斌(家庭)	全国文明家庭	2016年12月	中央精神文明建设指导委员会	区地方海事处

续表44

获奖人	奖项名称	授奖时间	授奖单位	获奖人单位
蒋维金	2014–2016年度全国农牧渔业丰收奖——农业技术推广成果奖一等奖	2016年12月	农业部	黄集街道农技推广服务站

淮安市洪泽区获省级(含省级部门)奖项(个人)一览表

（授奖时间:2016年1—12月）

表45

获奖人	奖项名称	授奖时间	授奖单位	获奖人单位
葛常山	江苏省电信公司“尚美电信人”摄影书画作品大赛摄影类优秀奖	2016年1月	江苏省电信工会	电信洪泽分公司
姜剑铭	2015年办公室工作先进个人	2016年1月	国网江苏省电力公司	区供电公司
陈学忠	2015年度安全生产先进个人	2016年1月	国网江苏省电力公司	区供电公司
徐　琳	2015年度江苏省安装行业优秀建造师	2016年1月	江苏省安装行业协会	区供电公司
凡振峰	全省审判系统信息工作先进个人	2016年2月	江苏省高级人民法院	区法院
侯国飞	2015年度电网建设先进个人	2016年2月	国网江苏省电力公司	区供电公司
王广河	2015年度人力资源信息化工作先进个人	2016年2月	国网江苏省电力公司	区供电公司
高尚杰	2014–2015物资工作先进个人	2016年2月	国网江苏省电力公司	区供电公司
田　勇	2015年度电费回收标兵	2016年2月	国网江苏省电力公司营销部	区供电公司
陈春玉	2015年海事船检‘严格执法推进年’活动先进个人	2016年2月	江苏省地方海事局	区地方海事处
陈书敬	江苏省“三八”红旗手	2016年3月	江苏省妇女联合会	区法院
李　成	2014–2015政工工作先进个人	2016年3月	国网江苏省电力公司	区供电公司
高　元	全市优秀志愿者	2016年3月	中共淮安市委宣传部 淮安市文明委	区人社局
陈寿云	2014–2015年度全省国土资源政务信息先进个人	2016年3月	江苏省国土资源厅	区国土分局
汪小平	2014–2015年度矿产资源补偿费征管工作先进个人	2016年3月	江苏省国土资源厅	区国土分局
周洪明	2015年度新华报业传媒集团“十佳特约摄影师”	2016年3月	新华报业传媒集团	区国土分局
万　滔	全省优秀公诉人	2016年3月	江苏省人民检察院	区检察院
张　建	2015年度江苏省地方海事系统新闻宣传报道先进个人	2016年3月	江苏省地方海事局	区地方海事处
桂国平	2015年度集体企业管理提升工作先进个人	2016年4月	国网江苏省电力公司	区供电公司
茆志龙	2015年度优秀通讯员	2016年4月	江苏省烟草专卖局	区烟草专卖局

续表45-1

获奖人	奖项名称	授奖时间	授奖单位	获奖人单位
成立云	2014–2015年度全省城市环境综合整治先进个人	2016年4月	江苏省城市环境综合整治工作推进小组	区城管局
陈　翔	重大气象服务先进个人	2016年4月	江苏省气象局	区气象局
沈如先	全省统战工作先进个人	2016年5月	江苏省委统战部	区委统战部
孙成斌	江苏省十佳文明职工	2016年5月	中共江苏省委宣传部 江苏省文明办 江苏省总工会	区地方海事处
孙成斌	江苏省五一劳动奖章	2016年5月	江苏省总工会	区地方海事处
王伟伟	2015年度江苏省优秀共青团员	2016年5月	共青团江苏省委	三河镇
马　霞	2015年度小CEO最佳亲和力导师	2016年6月	中国电信江苏公司 江苏省电信工会	电信洪泽分公司
张　志	2015 年度小CEO最佳解决方案导师	2016年6月	中国电信江苏公司 江苏省电信工会	电信洪泽分公司
袁　宁	2015 年度小CEO最佳辅导 业绩提升导师	2016年6月	中国电信江苏公司 江苏省电信工会	电信洪泽分公司
马　霞	优秀共产党员	2016年6月	中共中国电信江苏公司党组	电信洪泽分公司
尹淑红	优秀共产党员	2016年6月	国网江苏省电力公司	区供电公司
赵　敏	“期交发展能手奖”(全省中邮保险“金猴迎春”主题营销活动)	2016年6月	中国邮政集团公司江苏省分公司	邮政洪泽分公司
蒋继飞	全省公安机关打击侵财犯罪质效提升年活动先进个人	2016年6月	江苏省公安厅政治部	区公安分局刑警大队
陈书敬	全省审判系统优秀共产党员	2016年7月	江苏省高级人民法院	区法院
严玉龙	执行标兵	2016年7月	江苏省高级人民法院	区法院
赵　玲	江苏省邮政系统优秀共产党员	2016年7月	中国邮政集团公司江苏省分公司 邮政江苏省分公司工会	邮政洪泽分公司
赵劲松	江苏省《全民科学素质行动计划纲要》“十二五”实施工作先进个人	2016年7月	中共江苏省委组织部 中共江苏省委宣传部 江苏省科协等九家单位	区科技局
韩夕玉	全省“最美司法所长”	2016年8月	江苏省司法厅	区司法局
董茂平	2011–2015年全省普法工作先进个人	2016年8月	江苏省司法厅 中共江苏省委宣传部 江苏省法制宣传领导小组办公室	区司法局
储金莉	全省社区矫正“严格执法、严格管理”集中整治活动先进个人	2016年10月	江苏省司法厅	区司法局
王文广	全省社区矫正“严格执法、严格管理”集中整治活动先进个人	2016年10月	江苏省司法厅	区司法局
贾春萍	全省社区矫正“严格执法、严格管理”集中整治活动先进个人	2016年10月	江苏省司法厅	区司法局

续表45-2

获奖人	奖项名称	授奖时间	授奖单位	获奖人单位
徐慧琴 彭　斌	论文评比二等奖	2016年11月	江苏省法学会	区检察院
陈万会	全市普法工作先进个人	2016年11月	中共淮安市委宣传部 淮安市司法局	区人社局
刘　斌	撰写的“强化廉洁从业风险防控制度建设，提升基层县级局反腐倡廉工作水平”论文获优秀奖	2016年11月	江苏省烟草专卖局	区烟草专卖局
严君华	全省“共享读书乐、共筑中国梦”职工读书月活动二等奖	2016年11月	中国邮政集团公司江苏省分公司 邮政江苏省分公司工会	邮政洪泽分公司
赵余存	2015-2016年度江苏省水上搜救勇敢者	2016年11月	江苏省水上搜救中心	区地方海事处
贯春萍	《江苏省社区矫正工作条例知识竞赛》和有奖征文活动二等奖	2016年11月	江苏省司法厅	区司法局
储金莉	《江苏省社区矫正工作条例知识竞赛》及有奖征文活动优秀奖	2016年11月	江苏省司法厅	区司法局
李劲松	撰写的“增强服务意识，建设服务型团队”论文获三等奖	2016年12月	江苏省烟草专卖局	区烟草专卖局
郭吉林	全省公安机关G20峰会安保工作先进个人	2016年12月	江苏省公安厅政治部	区公安分局治安大队
孙柏年	全省法律援助工作先进个人	2016年12月	江苏省司法厅	区司法局
刘　妍	全省司法行政系统安置帮教工作先进个人	2016年12月	江苏省司法厅	区司法局
万立新	2012—2015年度江苏省优秀基层法律服务工作者	2016年12月	江苏省司法厅	区司法局

淮安市洪泽区获市级（含市级部门）奖项（个人）一览表

（授奖时间：2016年1—12月）

表46

获奖人	奖项名称	授奖时间	授奖单位	获奖人单位
刘正亚	2015年度淮安市杰出青年岗位能手	2016年1月	淮安市精神文明建设指导委员会办公室 共青团淮安市委员会	洪泽湖高级中学
周　荣	2015年度淮安市青年岗位能手	2016年1月	淮安市精神文明建设指导委员会办公室 共青团淮安市委员会	区住建局
夏步军 顾书涛	2015年4G建设突出贡献个人奖	2016年1月	中国电信淮安分公司	区电信公司
凡振峰	2015年度淮安市青年岗位能手	2016年1月	淮安市文明办 共青团淮安市委	区法院
衡兴富	全市公安机关执法优秀民警	2016年1月	淮安市公安局	区公安分局城东派出所

续表46-1

获奖人	奖项名称	授奖时间	授奖单位	获奖人单位
赵　杰	淮安市“百名平安卫士”	2016年1月	淮安市人民政府	区公安分局城东派出所
赵长军	个人三等功	2016年1月	淮安市公安局	区公安分局法制大队
赵长军	全市执法标兵	2016年1月	淮安市公安局	区公安分局法制大队
潘德坠	个人三等功	2016年1月	淮安市公安局	区公安分局高良涧派出所
张圣龙	淮安市“十佳模范民警”	2016年1月	淮安市人民政府	区公安分局高良涧派出所
沙洪文	全市公安机关执法优秀民警	2016年1月	淮安市公安局	区公安分局交警大队
张春明	全市公安机关执法优秀民警	2016年1月	淮安市公安局	区公安分局交警大队
吴长青	淮安市“百名平安卫士”	2016年1月	淮安市人民政府	区公安分局警务保障室
施　伟	全市公安机关执法优秀民警	2016年1月	淮安市公安局	区公安分局三河派出所
陆雷蕾	淮安市“百名平安卫士”	2016年1月	淮安市人民政府	区公安分局网安大队
汤　凯	全市公安机关执法优秀民警	2016年1月	淮安市公安局	区公安分局刑警大队
韩文涛	淮安市“百名平安卫士”	2016年1月	淮安市人民政府	区公安分局巡特警大队
李晓明	淮安市“百名平安卫士”	2016年1月	淮安市人民政府	区公安分局政治处
袁　浩	淮安市“百名平安卫士”	2016年1月	淮安市人民政府	区公安分局指挥中心
康正军	个人三等功	2016年1月	淮安市公安局	区公安分局治安大队
余向阳	全市公安机关执法优秀民警	2016年1月	淮安市公安局	区公安分局治安大队
张志云	淮安市“百名平安卫士”	2016年1月	淮安市人民政府	区公安分局治安大队
唐厚文 孙　刚 李大银	2015年度安全生产先进个人	2016年1月	国网淮安供电公司	区供电公司
吴　珑 刘堂中 朱　伟	2015年度先进工作(生产)者	2016年1月	国网淮安供电公司	区供电公司
张同洲	2015年度县级优秀经营管理者	2016年1月	国网淮安供电公司	区供电公司
陆　军 满昌旺	2015年度国土资源工作先进个人	2016年1月	淮安市国土资源局局	区国土分局
汪小平	2015年度考核优秀等次	2016年1月	淮安市国土资源局	区国土分局
马　强 万　滔	优秀检察信息员	2016年1月	淮安市人民检察院政治部	区检察院
万　滔	优秀公诉人	2016年1月	淮安市人民检察院	区检察院
顾金梁	淮安市“百名平安卫士”	2016年1月	淮安市人民政府	区看守所
李洪亮	全市邮政信息网运运维竞赛优秀维护人员	2016年1月	邮政淮安市分公司	区邮政公司
	2016年全市财政企业财务信息工作先进个人	2017年2月	淮安市财政局	区财政局
曹国梁	2015年度淮安市城市长效综合管理、防违治违、环境整治先进个人	2016年2月	中共淮安市委 淮安市人民政府	区城管局

续表46-2

获奖人	奖项名称	授奖时间	授奖单位	获奖人单位
李小磊	2015年度淮安市城市长效综合管理、防违治违、环境整治先进个人	2016年2月	中共淮安市委 淮安市人民政府	区城管局
沈　蒙	2015年度淮安市城市长效综合管理、防违治违、环境整治先进个人	2016年2月	中共淮安市委 淮安市人民政府	区城管局
孙成斌	“十二五”淮安“最美交通人”	2016年2月	淮安市交通运输局	区地方海事处
顾书涛	淮安2015年“移动用户感知优化”专项行动先进个人	2016年2月	中国电信淮安分公司	区电信公司
凡振峰 陈书敬	个人三等功	2016年2月	淮安市中级人民法院	区法院
黄丛梅	优秀法官	2016年2月	淮安市中级人民法院	区法院
蒋永连	优秀工作者	2016年2月	淮安市中级人民法院	区法院
衡兴富	“四星级”社区民警	2016年2月	淮安市公安局	区公安分局城东派出所
张圣龙	“四星级”社区民警	2016年2月	淮安市公安局	区公安分局高良涧派出所
金德勤	个人三等功	2016年2月	淮安市公安局	区公安分局国保大队
石天飞	“四星级”社区民警	2016年2月	淮安市公安局	区公安分局黄集派出所
马兆峨	个人三等功	2016年2月	淮安市公安局	区公安分局三河派出所
马兆峨	“四星级”社区民警	2016年2月	淮安市公安局	区公安分局三河派出所
王　成	“四星级”社区民警	2016年2月	淮安市公安局	区公安分局西顺河派出所
宣洪生 徐　杰 盛红玲	2015年度全市公路先进工作者	2016年2月	淮安市公路处	区公路管理站
陈春梅 张衔卿	表彰全市航道系统2015年度创先争优活动先进个人	2016年2月	淮安市航道处	区航道站
朱　鸣 夏洪军	2015年度全市港口管理工作先进个人	2016年2月	淮安市港口局	区航道站
徐加山 郑兴顺 马　强 万　滔 刘　丽	个人三等功	2016年2月	淮安市人民检察院	区检察院
杨巨军 马　强	优秀新闻作品	2016年2月	淮安市人民检察院政治部	区检察院
薛　莉	服务利用外资工作先进个人	2016年2月	中共淮安市委 淮安市人民政府	区商务局
程铁民	2015年度全市司法行政系统先进个人(信息宣传工作)	2016年2月	淮安市司法局	区司法局
董　锴	2015年度全市司法行政系统先进个人(执法质量评查工作)	2016年2月	淮安市司法局	区司法局
董茂平	2015年度全市司法行政系统先进个人(记三等功)	2016年2月	淮安市司法局	区司法局

续表46-3

获奖人	奖项名称	授奖时间	授奖单位	获奖人单位
韩夕玉	2015年度全市司法行政系统先进个人(记三等功)	2016年2月	淮安市司法局	区司法局
孙柏年	2015年度全市司法行政系统先进个人(法律援助工作)	2016年2月	淮安市司法局	区司法局
王成军	2015年度全市司法行政系统先进个人(人民调解工作)	2016年2月	淮安市司法局	区司法局
张桂银	2015年度全市司法行政系统先进个人(司法鉴定工作)	2016年2月	淮安市司法局	区司法局
吕伏洋	2015年度全市信访工作先进个人	2016年2月	淮安市信访工作联席会议	区信访局
李劲松	2015年度先进工作者	2016年2月	淮安市烟草专卖局	区烟草专卖局
刘　斌 石洪新	2015年度廉洁家庭	2016年2月	淮安市烟草专卖局	区烟草专卖局
刘海涛	淮安市优秀工会工作者	2016年2月	淮安市总工会	区烟草专卖局
王　晴 张　梅	2015年度和谐家庭	2016年2月	淮安市烟草专卖局	区烟草专卖局
曾祥国 茆志龙 刘长波 严　梅 李歌月 宋卫东	2015年度服务明星	2016年2月	淮安市烟草专卖局	区烟草专卖局
陈建胜 嵇　勇	2015年安全先进个人	2016年3月	中国电信淮安分公司	区电信公司
王俊峰	打击邪教专项行动先进个人	2016年3月	淮安市公安局	区公安分局城东派出所
陈胜齐	打击邪教专项行动先进个人	2016年3月	淮安市公安局	区公安分局国保大队
李　宣	打击邪教专项行动先进个人	2016年3月	淮安市公安局	区公安分局国保大队
张福建	打击邪教专项行动先进个人	2016年3月	淮安市公安局	区公安分局黄集派出所
丁　伟	打击邪教专项行动先进个人	2016年3月	淮安市公安局	区公安分局西顺河派出所
谢学军 宣洪生 吉　祥	2015年度全市公路系统优秀政工论文	2016年3月	淮安市公路处	区公路管理站
谢学军	2015年度全市公路系统优秀思想政治工作者	2016年3月	淮安市公路处	区公路管理站
张　恒 朱长武	2015年度平安公路安全生产情况的通报	2016年3月	淮安市公路处	区公路管理站
郭政宏	配网工程先进个人	2016年3月	国网淮安供电公司	区供电公司
李大银 赵　超	电力调控三项竞赛先进个人	2016年3月	国网淮安供电公司	区供电公司
宋　瑞	淮安信息系统深化应用竞赛先进个人	2016年3月	国网淮安供电公司	区供电公司

续表 46－4

获奖人	奖项名称	授奖时间	授奖单位	获奖人单位
索恩健	工会工作积极分子	2016年3月	国网淮安供电公司	区供电公司
王新顺	110千伏主变租赁扩建工作先进个人	2016年3月	国网淮安供电公司	区供电公司
徐　菁	优秀工会工作者	2016年3月	国网淮安供电公司	区供电公司
张文鑫	配网劳动竞赛先进个人	2016年3月	国网淮安供电公司	区供电公司
朱　伟	技改大修工程先进个人	2016年3月	国网淮安供电公司	区供电公司
顾迎晖	公共机构节能工作先进个人	2016年3月	淮安市公共机构节能工作领导小组办公室	区机关事务局
刘　丽	政法系统“优秀文书”竞赛二等奖	2016年3月	淮安市委政法委	区检察院
万　滔	优秀庭审一等奖	2016年3月	淮安市委政法委	区检察院
王　艳	全市“优秀女检察官”	2016年3月	淮安市人民检察院	区检察院
徐慧琴	全市“优秀女检察官”提名	2016年3月	淮安市人民检察院	区检察院
徐慧琴	淮安市2014–2015年度“十大法治人物”	2016年4月	淮安市依法治市领导小组	区检察院
刘　丽	全市优秀侦查监督能手	2016年4月	淮安市人民检察院政治部	区检察院
万　滔	个人三等功	2016年4月	淮安市人民检察院	区检察院
王　欣 凌　雯	诗歌朗诵三等奖	2016年4月	淮安市人民检察院	区检察院
高尚杰	2015年度淮安市优秀共青团员	2016年5月	共青团淮安市委员会	区供电公司
胡柯兰	2015年度淮安市优秀共青团员	2016年5月	共青团淮安市委员会	区法院
林　灵	2015年度淮安市优秀共青团员	2016年5月	共青团淮安市委员会	区财政局
凌　满	2015年度淮安市优秀共青团干部	2016年5月	共青团淮安市委员会	淮安市共和九年制学校
潘玉凤	2015年度淮安市优秀共青团干部	2016年5月	共青团淮安市委员会	洪泽实验中学
唐丽娜	2015年度淮安市优秀共青团干部	2016年5月	共青团淮安市委员会	团区委
韩爱龙 夏步军	2015年度淮安分公司网络运行维护管理先进个人	2016年5月	中国电信淮安分公司	区电信公司
张　蕊	2015年度“十佳青年法官”	2016年5月	共青团淮安市委员会 淮安市中级人民法院	区法院
宣洪生	2015年度淮安新闻特别奖（好新闻奖）	2016年5月	淮安市公路处	区公路管理站
张玉飞 吉　祥	2015年度全系统政务信息工作先进个人	2016年5月	淮安市公路处	区公路管理站
万　滔	全市“1+2”结对关爱活动优秀个案	2016年5月	淮安市人民检察院	区检察院
田桂春	2015年度市安康杯优秀个人	2016年5月	淮安市总工会	区烟草专卖局
戴新凤	优秀党务工作者	2016年6月	中共中国电信淮安分公司委员会	区电信公司

续表46-5

获奖人	奖项名称	授奖时间	授奖单位	获奖人单位
马　霞 刘　磊 陶　敏 孙明友	优秀共产党员	2016年6月	中共中国电信淮安分公司委员会	区电信公司
马　霞	“服务小CEO满意行”先进个人	2016年6月	中国电信淮安分公司 江苏省淮安市电信工会	区电信公司
潘慧宇	2015年度全市青年普法志愿者法治文化基层行活动优秀普法志愿者	2016年6月	淮安市法学会 淮安市法制办 共青团淮安市委 淮安市关工委	区法院
孙珍妹	优秀共产党员	2016年6月	中共淮安市委	区规划分局
李翠红	全市户籍服务“优胜个人”	2016年6月	淮安市公安局	区公安分局城东派出所
施　伟	全市户籍服务“优胜个人”	2016年6月	淮安市公安局	区公安分局三河派出所
李晓明	优秀党务工作者	2016年6月	中共淮安市委	区公安分局政治处
姜剑铭 李　源 宋　瑞	优秀共产党员	2016年6月	国网淮安供电公司	区供电公司
李　成	优秀党务工作者	2016年6月	国网淮安供电公司	区供电公司
王　欣 孙　逊 李　敏 陈宇豪	“身边的榜样 前行的力量”主题诗歌朗诵比赛中荣获三等奖	2016年6月	中共淮安市委组织部“两学一做”学习教育协调小组	区检察院
吉　祥 史　怡	“两学一做”主题征文三等奖	2016年7月	淮安市公路处	区公路管理站
贝学堂	全市检察机关“优秀转业(退伍)军人”	2016年7月	淮安市人民检察院	区检察院
左会平	全市检察机关“优秀转业(退伍)军人”提名	2016年7月	淮安市人民检察院	区检察院
孙　洪 高晶晶 朱红星 沙新燕	全市财政系统先进工作者	2016年7月	淮安市财政局	区财政局
高　松	个人三等功	2016年8月	淮安市公安局	区公安分局高良涧派出所
李新华	个人三等功	2016年8月	淮安市公安局	区公安分局治安大队
陈　翔	淮安市最美科技人提名奖	2016年8月	淮安市委宣传部、市科技局	区气象局
张荣华	市邮政系统“一创两争”优秀共产党员	2016年8月	邮政淮安市分公司 邮政淮安市分公司工会	区邮政公司
赵长军	全市公安机关优秀教官	2016年9月	淮安市公安局	区公安分局法制大队
王德兵	全市公安机关优秀警师	2016年9月	淮安市公安局	区公安分局经侦大队

续表46–6

获奖人	奖项名称	授奖时间	授奖单位	获奖人单位
孟　勇	全市公安机关优秀警师	2016年9月	淮安市公安局	区公安分局刑警大队
赵　超	配网调控管理调考优胜个人第一名	2016年9月	国网淮安供电公司	区供电公司
周　鑫	配网抢修指挥技能竞赛第五名	2016年9月	国网淮安供电公司	区供电公司
沈迎春	防空袭行动演练先进个人	2016年9月	淮安市国防动员委员会	区机关事务局
薛金玲 李　敏	全市案管检察业务标兵	2016年9月	淮安市人民检察院政治部	区检察院
董　锴	市司法行政系统首届“十大模范提名奖”	2016年9月	淮安市司法局	区司法局
董茂平	市司法行政系统首届“十大模范提名奖”	2016年9月	淮安市司法局	区司法局
韩夕玉	市首届“司法行政十大模范”(记三等功)	2016年9月	淮安市司法局	区司法局
王道勤	个人三等功	2016年10月	淮安市公安局	区公安分局水警大队
云凤飞 郑建波 彭　斌	优秀工作建议	2016年10月	淮安市人民检察院	区检察院
严君华	全市“共享读书乐 共筑中国梦”职工读书月活动一等奖	2016年10月	邮政淮安市分公司 邮政淮安市分公司工会	区邮政公司
吕玥龙	2016年淮安市最美中学生	2016年10月	共青团淮安市委员会 淮安市学生联合会	洪泽外国语中学
洪子函	2016年淮安市中学中职学校“微团课”大赛学生组三等奖	2016年10月	共青团淮安市委员会 淮安市教育局	洪泽中等专业学校
王　培	2016年淮安市中学、中职学校“微团课”大赛教师组二等奖	2016年10月	共青团淮安市委员会 淮安市教育局	洪泽中等专业学校
姚智慧	2016年淮安市中学中职学校“微团课”大赛学生组三等奖	2016年10月	共青团淮安市委员会 淮安市教育局	洪泽中等专业学校
姜剑铭	2011–2015年全市普法工作先进个人	2016年11月	中共淮安市委宣传部、淮安市法制宣传教育领导小组办公室、淮安市司法局	区供电公司
满　潇	2016年淮安市优秀共青团辅导员	2016年12月	共青团淮安市委员会 淮安市教育局	洪泽中等专业学校
孙缪焰	2016年度淮安市青年岗位能手	2016年12月	淮安市精神文明建设指导委员会办公室 共青团淮安市委员会	淮安市老子山九年制学校
薛亚金	2016年淮安市十佳共青团辅导员	2016年12月	共青团淮安市委员会 淮安市教育局	洪泽新区中学
张　锐	2016年度淮安市杰出青年岗位能手	2016年12月	淮安市精神文明建设指导委员会办公室 共青团淮安市委员会	区地方海事处
周丽珍	2016年淮安市优秀共青团辅导员	2016年12月	共青团淮安市委员会 淮安市教育局	洪泽外国语中学

续表46–7

获奖人	奖项名称	授奖时间	授奖单位	获奖人单位
张　泽	“十佳社区”工作者	2016年12月	淮安市民政局	高良涧街道邓码社区
谢爱国	“十佳社区”书记	2016年12月	淮安市民政局	高良涧街道临河社区
谢爱国	“优秀党务工作者”	2016年12月	中共淮安市委	高良涧街道临河社区
颜盈盈	2016年淮安市第二届“百姓文化艺术节”歌手大赛民族组二等奖	2016年12月	淮安市文化广电新闻出版局	高良涧街道文广站
施庆忠	全市公安机关G20峰会安保工作成绩突出个人	2016年12月	淮安市公安局	区公安分局交警大队
王　涛	个人三等功	2016年12月	淮安市公安局	区公安分局网安大队
王　琨	2016年淮安市“创新创业好青年”	2016年12月	淮安市文明办 共青团淮安市委员会	区公安分局指挥中心
冯建飞	“优秀技战法”优秀奖	2016年12月	淮安市人民检察院政治部	区检察院
刘　丽	“最美检察官”提名	2016年12月	淮安市委宣传部、市检察院	区检察院
秦　颖	“法治进校园”精品巡讲课程	2016年12月	淮安市人民检察院政治部	区检察院
郑兴顺	“最美检察官”	2016年12月	中共淮安市委宣传部 淮安市检察院	区检察院
张丽娟	智慧女性 幸福家庭读书征文活动获优秀奖	2016年12月	淮安市总工会	区检察院
刘连华	2011–2015年全市普法工作先进个人	2016年12月	淮安市委宣传部 淮安市司法局 淮安市法制宣传教育领导小组办公室	区司法局
王文广	2011–2015年全市普法工作先进个人	2016年12月	淮安市委宣传部 淮安市司法局 淮安市法制宣传教育领导小组办公室	区司法局
刘　义	2016年度淮安市中学中职共青团工作先进个人	2016年12月29日	共青团淮安市委员会 淮安市教育局	洪泽外国语中学
潘德芳	2016年度淮安市中学中职共青团工作先进个人	2016年12月29日	共青团淮安市委员会 淮安市教育局	洪泽新区中学

2016年洪泽区人口及其变动情况一览表(一)

表47　　单位:人

单位名称	年末户数(户)	年末人口数					年龄			
		合计	城镇人口	乡村人口	男	女	17岁以下	18—34岁	35—60岁	60岁以上
合计	117975	378772	184200	194572	190752	188020	60839	75211	161861	80861
高良涧街道	40297	116583	100912	15671	58561	58022	20318	23851	50849	21565
朱坝街道	8800	30756	30701	55	15444	15312	5145	5890	12982	6739
黄集街道	6402	20588	2940	17648	10275	10313	3017	3989	9371	4211
岔河镇	19222	65889	12092	53797	32993	32896	9475	12733	28217	15464
东双沟镇	17319	60948	7425	53523	31133	29815	9737	11475	26045	13691
三河镇	13478	46833	12838	33995	23613	23220	6668	9039	19898	11228
蒋坝镇	3418	9743	6739	3004	4853	4890	1298	1854	4207	2384
老子山镇	6026	18015	7346	10669	9134	8881	3517	4077	6638	3783
西顺河镇	3013	9417	3207	6210	4746	4671	1664	2303	3654	1796

2016年洪泽区人口及其变动情况一览表(二)

续表47　　单位:人

单位名称	出生人数			死亡人数			迁入		迁出	
	合计	男	女	合计	男	女	省内迁入	省外迁入	迁往省内	迁往省外
合计	3749	1945	1804	1608	857	751	563	511	1700	525
高良涧街道	1218	647	571	242	144	98	291	167	609	255
朱坝街道	317	151	166	84	34	50	33	42	90	17
黄集街道	210	101	109	177	103	74	22	23	80	26
岔河镇	567	283	284	287	158	129	65	86	311	49
东双沟镇	585	309	276	406	202	204	61	60	272	69
三河镇	465	249	216	262	131	131	45	57	206	64
蒋坝镇	51	27	24	44	22	22	5	15	30	12
老子山镇	208	102	106	75	45	30	24	42	74	14
西顺河镇	128	76	52	31	18	13	17	19	28	19

2016年洪泽区社会总产出一览表

表48 （当年价格） 单位：亿元

项　目	2016年	2015年	项　目	2016年	2015年
总产出	747.31	677.28	批发和零售业	26.54	24.65
农、林、牧、渔业	67.08	63.81	批发业	14.00	13.53
1.农业	34.28	32.95	零售业	12.54	11.12
2.林业	4.09	3.83	住宿和餐饮业	14.84	13.75
3.牧业	17.12	15.96	住宿业	4.85	4.51
4.渔业	10.37	9.96	餐饮业	9.99	9.24
5.农林牧渔服务业	1.22	1.11	金融业	17.15	14.39
工业	426.37	390.27	货币金融服务	9.68	8.20
采矿业	13.85	13.61	资本市场服务	0.00	0.00
#开采辅助活动	0.00	0.00	保险业	6.05	5.08
制造业	412.52	376.66	其他金融业	1.42	1.12
#金属制品、机械和设备修理业	0.21	0.20	房地产业	26.96	19.24
电力、燃气及水的生产和供应业	0.00	0.00	房地产开发经营业	14.92	9.86
建筑业	56.17	52.64	物业管理业	1.43	0.98
房屋建筑业	25.51	23.96	房地产中介服务业	1.45	0.94
土木工程建筑业	14.38	13.58	自有房地产经营活动	6.04	5.42
建筑安装业	10.67	9.83	其他房地产业	3.12	2.05
建筑装饰和其他建筑业	5.61	5.27	租赁和商务服务业	10.87	9.29
交通运输、仓储和邮政业	27.32	25.01	租赁业	2.95	2.33
铁路运输业	0.00	0.00	商务服务业	7.92	6.96
道路运输业	7.76	7.16	科学研究、技术服务和地质勘查业	6.13	5.50
水上运输业	17.52	16.03	水利、环境和公共设施管理业	6.30	5.84
航空运输业	0.00	0.00	居民服务和其他服务业	11.98	9.67
管道运输业	0.00	0.00	教育	12.63	11.42
装卸搬运和其他运输服务业	1.59	1.47	卫生、社会保障和社会福利业	9.45	8.58
仓储业	0.00	0.00	文化、体育和娱乐业	3.28	2.87
邮政业	0.45	0.36	公共管理和社会组织	18.65	16.38
信息传输、计算机服务和软件业	5.59	3.97	第一产业	65.86	62.70
电信、广播电视和卫星传输服务	1.58	1.11	第二产业	482.33	442.71
互联网和相关服务	2.76	1.90	第三产业	199.12	171.87
软件和信息技术服务业	1.25	0.96			

2016年洪泽区财政预算内收入情况一览表

表49 单位:万元

收入项目	2016年	收入项目	2016年
一、公共财政预算收入	232424	2.罚没收入	5432
(一)税收收入	184188	3.国有资源使用收入	19120
1.增值税(含改征增值税)	33736	4.行政性收费	13955
2.营业税	46435	5.政府住房基金收入	1108
3.企业所得税	10759	二、基金收入合计	172870
4.个人所得税	3046	(一)政府性基金收入	109394
5.资源税	1576	其中:土地出让金收入	99258
6.城市维护建设税	6429	(二)社会保险基金收入	63476
7.房产税	7068	地方财政收入合计	405294
8.印花税	2107	中央财政收入	60158
9.城镇土地使用税	4503	(一)增值税(75%部分)	38221
10.土地增值税	42589	(二)国内消费税	1229
11.车船税	684	(三)企业所得税(60%部分)	16138
13.契税	25256	(四)个人所得税(60%部分)	4570
(二)非税收入	48236	财政总收入(不含土地出让金)	292582
1.专项收入	8621		

2016年洪泽区财政预算内支出情况一览表

表50 单位:万元

支出项目	2016年	支出项目	2016年
一、公共财政预算支出	414758	14.商业服务业等支出	2337
1.一般公共服务支出	39248	15.金融支出	0
2.国防支出	65	16.援助其他地区支出	453
3.公共安全支出	17259	17.国土海洋气象等支出	2493
4.教育支出	57761	18.住房保障支出	13145
5.科学技术支出	1905	19.粮油物资储备支出	1599
6.文化体育与传媒支出	3035	20.其他支出	1289
7.社会保障和就业支出	38385	21.债务付息支出	12058
8.医疗卫生与计划生育支出	27088	22.债务发行费用支出	141
9.节能环保支出	17677	二、本年基金支出合计	194203
10.城乡社区支出	10749	1.政府性基金支出	130727
11.农林水支出	71077	其中:土地出让金支出	115259
12.交通运输支出	9141	2.社会保障基金支出	63476
13.资源勘探信息等支出	87853	地方财政支出合计	608961

2016年洪泽区金融机构信贷收支情况一览表

表51

单位：万元

项　　目	2016年	项　　目	2016年
一、各项存款	2210294.91	一、各项贷款	1588400.00
（一）境内存款	2209851.95	（一）境内贷款	1588400.00
1.住户存款	998247.98	1.住户贷款	508130.64
（1）活期存款	371326.78	（1）短期贷款	168044.08
（2）定期及其他存款	626921.20	消费贷款	20049.46
2.非金融企业存款	706933.29	经营贷款	147994.62
（1）活期存款	539999.97	（2）中长期贷款	340086.56
（2）定期及其他存款	166933.33	消费贷款	290024.56
3.广义政府存款	504269.24	经营贷款	50062.00
（1）财政性存款	45336.85	2.非金融企业及机关团体贷款	1080269.36
（2）机关团体存款	458932.39	（1）短期贷款	283806.41
4.非银行业金融机构存款	401.43	（2）中长期贷款	662345.11
（二）境外存款	442.97	（3）票据融资	134117.83
二、金融债券		二、债券投资	132625.55
其中：境外发行		三、股权及其他投资	60.00
三、卖出回购资产		四、存放非银行业金融机构款项	
四、借款及非银行业金融机构拆入		五、联行往来（净）	236519.16
五、联行往来（净）		其中：境内存放二级准备金	60355.41
六、应付及暂收款	32077.56	六、金银占款	
七、各项准备	35463.78	七、外汇占款	
八、所有者权益	87693.33	八、应收及预付款	16617.89
其中：实收资本	31135.11	九、投资性房地产	
九、其他	−371939.08	十、固定资产	19367.90
资金来源总计	1993590.50	资金运用总计	1993590.50

2016年洪泽区教育事业情况一览表

表52

项　　目	学校数（所）	班级数（个）	在校生数（人）	招生数（人）	毕业生数（人）	专任教师数（人）
总计	47	962	43694	11178	12544	3482
一、普通中学	10	272	12855	4291	4779	1276
（一）高中	2	102	4621	1553	1775	461
（二）初中	8	170	8234	2738	3004	815
二、普通中等专业学校	1	16	1995	750	686	121
三、技工学校	1	4	1488	249	1256	17
四、小学	12	422	18150	2647	2959	1560
五、特殊教育学校	1	8	115	32	28	23
附：幼儿园	22	240	9091	3209	2836	485

注：普通中等专业学校和技工学校为专业数

2016年洪泽区卫生事业情况一览表

表53

项　目	合计	区级医院	卫生院	疾病预防控制中心	妇幼保健机构	卫生监督所	卫生服务站(村卫生室)	卫生所医务室诊所
一、机构数(个)	126	2	12	1	1	1	88	21
二、床位数(张)编制床位	1094	720	274		100			
实有床位	1560	1005	415		140			
三、人员总数(人)	2076	953	481	47	184	13	282	116
(一)卫生技术人员	1748	779	383	42	139	7	282	116
1.执业医师	547	243	92	20	36	6	115	35
2.执业助理医师	177	3	39	4	4		115	12
3.注册护士	735	396	153	8	61	1	52	64
4.药剂人员	140	71	57	1	9			2
5.检验人员	66	29	19	8	10			
6.其他卫技人员	83	37	23	1	19			3
(二)其他技术人员	70	37	16		12	5		
(三)管理人员	37	12	11	1	12	1		
(四)工勤人员	221	125	71	4	21			

2016年洪泽区交通运输情况一览表

表54

项　目	单位	2016年
客运量	万人	497.2
其中:水上客运量	万人	2.2
公路客运量	万人	495.0
货运量	万吨	1755.0
其中:水上货运量	万吨	1490.0
公路货运量	万吨	265.0
公路里程	公里	1488.0
其中:等级公路	公里	1366.8
其中:高速公路	公里	34.4
一级公路	公里	15.1

2016年洪泽区邮电通信业务情况一览表

表55

项　　目	单位	2016年	项　　目	单位	2016年
邮政局所数	处	14	年订销杂志份数	万份	26.41
邮电业务总量	万元	28698	固定电话用户	万户	51.32
其中:邮政业务总量	万元	7995	#农村电话用户	万户	17.6
邮电业务收入	万元	25680	移动电话年末用户	万户	25.56
其中:邮政业务收入	万元	4677	#4G移动电话用户	万户	15.51
年订销报纸份数	万份	686.18	互联网宽带接入用户	万户	55.23

2016年洪泽区全社会用电情况一览表

表56　　单位:万千瓦时

项　　目	2016年	项　　目	2016年
全社会用电总计	179896	9.化学原料及化学制品制造业	57888
城乡居民生活用电量合计	19570	10.医药制造业	440
1.城镇居民	9659	11.化学纤维制造业	483
2.乡村居民	9911	12.橡胶和塑料制品业	1876
全行业用电分类	160326	13.非金属矿物制品业	6780
一、农、林、牧、渔业	3465	14.黑色金属冶炼及压延加工业	10928
二、工业合计	143537	15.有色金属冶炼及压延加工业	891
1.轻工业用电	30805	16.金属制品业	6980
2.重工业用电	112732	17.通用及专用设备制造业	6264
(一)采矿业	772	18.交通运输、电气、电子设备制造业	7432
(二)制造业	123655	19.工艺品及其他制造业	462
1.食品、饮料和烟草制造业	2714	20.废弃资源和废旧材料回收加工业	523
2.纺织业	11893	(三)电力、燃气及水的生产和供应业	19110
3.服装鞋帽、皮革羽绒及其制品业	495	三、建筑业	1266
4.木材加工及制品和家具制品业	1582	四、交通运输、仓储和邮政业	775
5.造纸及纸制品业	5894	五、信息传输、计算机服务和软件业	1347
6.印刷业和记录媒介的复制	50	六、商业、住宿和餐饮业	4530
7.文体用品制造业	80	七、金融、房地产、商务及居民服务业	1313
8.石油加工、炼焦及核燃料加工业	–	八、公共事业及管理组织	4093

2016年洪泽区规模以上工业主要产品产量一览表

表57

项　目	单位	累计	±%	项　目	单位	累计	±%
元明粉	万吨	222.5	7.9	电子测量仪器	台	9781.0	18.1
浓硝酸	万吨	20.4	-13.0	机柜	台	36538.0	4.2
合成氨	万吨	8.0	-23.7	无纺布	吨	65274.0	25.4
气缸套	万只	313.7	0.2	棉纱	吨	1130.5	-88.6
人造板	万立方米	88.4	20.4	毛纱	吨	24671.5	0.2
水泥	万吨	21.0	-21.1	服装	万件	2340.3	13.0
铜材	吨	35672.0	13.2	发电量	万度	16375.6	-46.3
铝材	吨	54602.7	75.6	太阳能电池	千瓦	61812.0	1.2

2016年洪泽区农林牧渔及服务业增加值一览表

表58　　单位：万元

指标名称	农林牧渔及服务业合计	农林牧渔小计	农　业	林　业	牧　业	渔　业	农林牧渔服务业
一、农林牧渔业总产值	670753	658534	342832	40864	171166	103672	12219
二、中间物质消耗	325667	322297	150871	14859	104221	52346	3370
三、农林牧渔业增加值	345086	336237	191961	26005	66945	51326	8849
(一)固定资产折旧	10593	——	——	——	——	——	——
(二)劳动者报酬	335415	——	——	——	——	——	——
(三)生产税		——	——	——	——	——	——
(四)生产补贴	5117	——	——	——	——	——	——
(五)营业盈余	4195	——	——	——	——	——	——

2016年洪泽区农村组织和从业人员情况一览表(一)

表59

名称	村委会个数	村民小组个数	乡村户数	乡村人口数	1、男	2、女	乡村劳动力资源	1、男	2、女	劳动年龄内人口数	其中:劳动年龄内上学的学生数
	个	个	户	人	人	人	人	人	人	人	人
合计	85	710	75770	275424	139691	135733	182710	95081	87636	166123	15681
高良涧街道	4	35	7276	25857	13013	12844	17460	8516	8222	15792	668
朱坝街道	7	60	7711	25890	13203	12687	18122	8854	8871	17219	791
黄集街道	7	73	6407	20585	10275	10310	15094	7685	7509	13377	1137
岔河镇	22	181	17326	64585	32393	32192	44007	23117	21744	40805	2210
东双沟镇	15	138	15664	61334	31216	30118	37419	19312	17204	33441	6080
三河镇	15	136	12333	46833	23866	22967	31528	16517	14205	27959	3289
蒋坝镇	2	14	1460	5411	2962	2449	3401	2213	1575	3196	132
老子山镇	9	42	5028	16351	8442	7909	10228	6067	5431	9284	1122
西顺河镇	4	31	2565	8578	4321	4257	5451	2800	2875	5050	252

2016年洪泽区农村组织和从业人员情况一览表(二)

续表59-1

名称	劳动年龄内丧失劳动能力的人数	超过劳动年龄而实际参加劳动的人数	乡村实有从业人员合计	其中:劳动年龄内从业人员	1、男从业人员	2、女从业人员	1、农林牧渔业从业人员	其中:种植业从业人员	①男性农林牧渔业从业人员	②女性农林牧渔业从业人员	2、工业从业人员
	人	人	人	人	人	人	人	人	人	人	人
合计	4547	21134	167029	149276	86185	80844	63730	50630	33401	30329	42276
高良涧街道	278	1946	16792	14846	8373	8419	4549	3428	2345	2204	3046
朱坝街道	477	1380	17331	16638	8723	8608	3619	3292	1864	1755	7324
黄集街道	328	2045	13957	11912	7188	6769	4326	3953	2229	2097	3410
岔河镇	870	4072	41797	37206	21029	20768	17466	13949	9019	8447	12517
东双沟镇	1128	5106	31339	27088	16835	14504	13147	12570	7025	6122	7980
三河镇	767	4336	28239	25475	14700	13539	12901	12176	6771	6130	3783
蒋坝镇	174	379	3269	3200	1803	1466	269	300	126	143	1676
老子山镇	301	1245	9106	7861	4920	4186	5555	352	3057	2498	1390
西顺河镇	224	625	5199	5050	2614	2585	1898	610	965	933	1150

2016年洪泽区农村组织和从业人员情况一览表（三）

续表59-2

名称	3、建筑业从业人员	4、交通运输、仓储和邮政业从业人员	5、信息传输、计算机服务和软件业从业人员	6、批发与零售业从业人员	7、住宿和餐饮业从业人员	8、金融、保险业从业人员	9、房地产、社会服务业从业人员	10、卫生、体育和社会福利业从业人员	11、教育、文化、艺术和广播电视事业从业人员	12、科学研究和综合技术服务事业从业人员	13、乡经济组织管理从业人员
	人	人	人	人	人	人	人	人	人	人	人
合计	26397	7572	1437	7800	4501	1103	3387	909	1098	301	716
高良涧街道	3332	1698	387	1286	1005	112	1022	131	102	20	102
朱坝街道	2891	864	162	565	576	71	356	85	85	34	57
黄集街道	2453	285	189	1261	237	127	157	61	92	30	64
岔河镇	6988	1241	186	1045	830	279	463	248	271	102	123
东双沟镇	3848	850	259	1027	657	390	1224	216	302	69	245
三河镇	5125	1735	157	1471	325	58	63	75	119	20	69
蒋坝镇	803	46	17	26	81	14	19	18	23		5
老子山镇	287	388	26	766	353	31	41	57	79	1	34
西顺河镇	670	465	54	353	437	21	42	18	25	25	17

2016年洪泽区农村组织和从业人员情况一览表（四）

续表59-3

名称	14、其他从业人员	1、通宽带的村数	2、自来水受益村数	3、通有线电视村数	4、垃圾集中处理的村	5、建立集中居住点的村	1、涉农街道个数	2、涉农居委会	3、乡镇镇区（不含城关镇）居委会常住户数	4、乡镇镇区（不含城关镇）居委会常住人口数	5、外来从业人员	6、当年到境外从业的从业人员数
	人	个	个	个	个	个	个	个	户	人	人	人
合计	5802	86	81	86	79	49	3	28	25056	81190	5317	139
高良涧街道		4	4	4	4	4	1	7	7376	28357		
朱坝街道	642	7	7	7	7	3	1	3	1409	4963	2427	68
黄集街道	1265	7	7	7	7	7	1	1	1099	2720	568	20
岔河镇	38	22	22	22	22	9		4	6707	20310	675	26
东双沟镇	1125	16	16	16	11	6		5	1380	2760	600	5
三河镇	2338	15	15	15	15	15		4	2871	10408	324	
蒋坝镇	272	2	2	2	2	1		1	1990	4586	214	17
老子山镇	98	9	4	9	7	2		2	1399	4240	474	3
西顺河镇	24	4	4	4	4	2		1	825	2846	35	

2016年洪泽区批发和零售业商品销售情况一览表

表60

单位:万元

指标名称	销售总额			批发额			零售额		
	2016年	2015年	增幅%	2016年	2015年	增幅%	2016年	2015年	增幅%
甲	4	5	6	10	11	12	16	17	18
总计	2843774	2505915.9	13.5	1999011.4	1744551.9	14.6	844762.6	761364	11
一、限额以上企业	342535.6	320689.7	6.8	175930.8	172362.2	2.1	166604.8	148327.4	12.3
(一)批发业	180951.2	173909.7	4	162585.4	156688.7	3.8	18365.8	17221	6.6
(二)零售业	161584.4	146572.5	10.2	13345.4	15303.8	-12.8	148239	131268.7	12.9
二、限额以下企业和个体	2501238.4	2185226.2	14.5	1823080.6	1572189.7	16	678157.8	613036.6	10.6
(一)批发业	1724122.9	1514537	13.8	1540153	1345115.9	14.5	183969.9	169421.1	8.6
(二)零售业	777115.5	670896.7	15.8	282927.6	227443.5	24.4	494187.9	443453.2	11.4

2016年洪泽区住宿餐饮业经营情况一览表

表61

单位:万元

指标名称	2016年	2015年	增幅%
甲	4	5	6
营业额总计	187169.6	162341.6	15.3
限额以上企业	22484.3	20211.1	11.2
(一)住宿业小计	8229.4	8057.8	2.1
1.客房收入	3028.4	2346.1	29.1
2.餐费收入	3166.8	3391.4	-6.6
3.商品销售额	427	550.9	-22.5
4.其他收入	1607.2	1769.4	-9.2
(一)餐饮业小计	14254.9	12140.9	17.4
1.客房收入	766.1	712	7.6
2.餐费收入	12291.1	9969.3	23.3
3.商品销售额	1197.7	1454	-17.6
4.其他收入			-100
限额以下企业和个体	164685.3	142130.5	15.9
(一)住宿业小计	34789.5	31050	12
其中:餐费收入和商品销售额	6833.7	6816.8	0.2
(二)餐饮业小计	129895.8	111092.9	16.9
其中:餐费收入和商品销售额	70337.8	62859.7	11.9

2016年洪泽区住户耐用消费品拥有情况一览表

表62

指标名称	单位	代码	总计	城镇住户（U+UR）	农村住户（R）
耐用消费品拥有情况	—	4971			
全部住户耐用消费品拥有情况	—	4972			
1.家用汽车	辆	4973	36	17	19
2.摩托车	辆	4974	71	30	41
3.助力车	台	4975	267	101	166
4.洗衣机	台	4976	188	85	103
5.电冰箱(柜)	台	4977	192	86	106
6.微波炉	台	4978	128	66	62
7.彩色电视机	台	4979	287	126	161
8.其中：接入有线电视	台	4980	258	119	139
9.空调	台	4981	252	119	133
10.热水器	台	4982	189	84	105
11.其中：太阳能热水器	台	4983	179	79	100
12.消毒碗柜	台	4984	3		3
13.洗碗机	台	4985			
14.排油烟机	台	4986	90	60	30
15.固定电话	线	4987	116	76	40
16.移动电话	部	4988	507	220	287
17.其中：接入互联网	部	4989	396	208	188
18.计算机	台	4990	148	84	64
19.其中：接入互联网	台	4991	139	84	55
20.摄像机	台	4992	5	5	
21.照相机	台	4993	17	13	4
22.中高档乐器	架	4994	7	6	1
23.健身器材	台	4995	8	3	5
24.组合音响	套	4996	21	9	12

2016年洪泽区社会消费品零售总额构成情况一览表

表63

指标名称	社会消费品零售总额（万元）	增幅(%)	占全社会消费品零售总额比重(%)
合计	940306.5	11	100
（一）批发业	202335.7	8.4	21.52
1、限额以上企业(单位)	18365.8	6.6	1.95
2、 限额以下和个体	183969.9	8.6	19.56
（二）零售业	642426.9	11.8	68.32
1、限额以上企业(单位)	148239	12.9	15.76
2、 限额以下和个体	494187.9	11.4	52.56
（三）住宿业	10427.5	-3.1	1.11
1、限额以上企业(单位)	3593.8	-8.8	0.38
2、 限额以下和个体	6833.7	0.2	0.73
（四）餐饮业	85116.4	12.9	9.05
1、限额以上企业(单位)	14778.6	18	1.57
2、 限额以下和个体	70337.8	11.9	7.48

2016年洪泽区各镇(街道)主要经济指标一览表(一)

表64

单位名称	总人口（人）	一般公共预算收入(万元)	一般公共预算支出(万元)	现价工业总产值（万元）	工业主营业务收入(万元)
高良涧街道	116583	17285	24088	831352	771044
朱坝街道	30756	9740	12525	344130	335967
黄集街道	20588	8961	11691	166240	132763
岔河镇	65889	16616	25325	841650	831448
东双沟镇	60948	10362	17029	1206970	1222453
三河镇	46833	16732	20782	1056405	1030725
蒋坝镇	9743	8285	9495	667510	659992
老子山镇	18015	8346	10276	247277	249071
西顺河镇	9417	14162	13565	374127	366834

2016年洪泽区各镇(街道)主要经济指标一览表(二)

续表64-1

单位名称	工业利税(万元)	工业利润(万元)	工业用电量(万千瓦时)	规模以上固定资产投资(万元)	规模以上工业投资(万元)
高良涧街道	41734	29010	15542	166300	104400
朱坝街道	9745	7339	2993	111124	74534
黄集街道	7186	4807	609	100384	66098
岔河镇	99472	60883	1222	160252	99584
东双沟镇	141055	96783	1531	155350	101470
三河镇	117742	70837	5740	150231	107688
蒋坝镇	94320	59329	9747	101046	70356
老子山镇	17387	12864	699	99178	67325
西顺河镇	34655	27202	16727	95800	65300

2016年洪泽区各镇(街道)主要经济指标一览表(三)

续表64-2

单位名称	现价农林牧渔业总产值(万元)	粮食产量(吨)	家禽饲养量(百只)	生猪饲养量(头)	农民人均可支配收入(元)
高良涧街道	59392	40008	13804	25451	24836
朱坝街道	64083	42987	16966	32385	16959
黄集街道	52454	40062	12991	21856	15369
岔河镇	131433	112003	35368	64783	17256
东双沟镇	119581	98315	6274	93767	17470
三河镇	104346	83230	14248	37682	15650
蒋坝镇	11995	5257	969	3265	21310
老子山镇	31864	6459	2601	1683	15596
西顺河镇	26496	3884	518	4891	19733

说 明

一、本索引采用分析索引方法，按汉字拼音字母顺序排列。部分首字符为特殊字符或符号的，未按音序排列，而是单独置于前面。

二、索引名称后阿拉伯数字表示内容所在的页码，条目相同的只标注页码。

三、空一字起排的款目为上一主题的附见内容。

C

D

E

F

G

J

K

Q

R

S

T

W

X

Y

Z

洪泽撤县设区部分机构名称对照表

原机构名称	更名后机构名称
中共洪泽县纪律检查委员会机关	中共淮安市洪泽区纪律检查委员会机关
中共洪泽县委办公室	中共淮安市洪泽区委办公室
中共洪泽县委组织部	中共淮安市洪泽区委组织部
中共洪泽县委宣传部	中共淮安市洪泽区委宣传部
中共洪泽县委统一战线工作部	中共淮安市洪泽区委统一战线工作部
中共洪泽县委政法委员会	中共淮安市洪泽区委政法委员会
中共洪泽县委农村工作部	中共淮安市洪泽区委农村工作部
洪泽县机构编制委员会办公室	淮安市洪泽区机构编制委员会办公室
中共洪泽县委县级机关工作委员会	中共淮安市洪泽区委区级机关工作委员会
中共洪泽县委台湾工作办公室	中共淮安市洪泽区委台湾工作办公室
中共洪泽县委老干部局	中共淮安市洪泽区委老干部局
洪泽县信访局	淮安市洪泽区信访局
洪泽县人民政府办公室	淮安市洪泽区人民政府办公室
洪泽县发展和改革委员会	淮安市洪泽区发展和改革委员会
洪泽县经济和信息化委员会	淮安市洪泽区经济和信息化委员会
洪泽县安全生产监督管理局	淮安市洪泽区安全生产监督管理局
洪泽县民政局	淮安市洪泽区民政局
洪泽县财政局	淮安市洪泽区财政局
洪泽县人力资源和社会保障局	淮安市洪泽区人力资源和社会保障局
洪泽县市场监督管理局	淮安市洪泽区市场监督管理局
洪泽县住房和城乡建设局	淮安市洪泽区住房和城乡建设局
洪泽县城市管理局	淮安市洪泽区城市管理局
洪泽县教育局	淮安市洪泽区教育局
洪泽县科学技术局	淮安市洪泽区科学技术局
洪泽县文化广电新闻出版局	淮安市洪泽区文化广电新闻出版局
洪泽县卫生和计划生育委员会	淮安市洪泽区卫生和计划生育委员会
洪泽县环境保护局	淮安市洪泽区环境保护局
洪泽县交通运输局	淮安市洪泽区交通运输局
洪泽县水利局	淮安市洪泽区水利局
洪泽县农业委员会	淮安市洪泽区农业委员会
洪泽县林业局	淮安市洪泽区林业局
洪泽县商务局	淮安市洪泽区商务局
洪泽县粮食局	淮安市洪泽区粮食局
洪泽县审计局	淮安市洪泽区审计局
洪泽县统计局	淮安市洪泽区统计局
洪泽县民族宗教事务局	淮安市洪泽区民族宗教事务局
洪泽县政务服务管理办公室	淮安市洪泽区行政审批局

洪泽撤县设区部分机构名称对照表

原机构名称	更名后机构名称
洪泽县监察局	淮安市洪泽区监察局
洪泽县司法局	淮安市洪泽区司法局
洪泽县总工会	淮安市洪泽区总工会
共青团洪泽县委员会	共青团淮安市洪泽区委员会
洪泽县妇女联合会	淮安市洪泽区妇女联合会
洪泽县工商业联合会	淮安市洪泽区工商业联合会
洪泽县残疾人联合会	淮安市洪泽区残疾人联合会
洪泽县红十字会	淮安市洪泽区红十字会
江苏洪泽经济开发区管理委员会	江苏洪泽经济开发区管理委员会
洪泽县旅游局	淮安市洪泽区旅游局
洪泽县公安局	淮安市公安局洪泽分局
洪泽县国土资源局	淮安市国土资源局洪泽分局
洪泽县规划局(在县住建局挂牌)	淮安市规划局洪泽分局
中共洪泽县委党校	中共淮安市洪泽区委党校
中共洪泽县委党史办公室	中共淮安市洪泽区委党史工作办公室
洪泽县信息中心	淮安市洪泽区宣传信息中心
洪泽县软件园管理委员会	淮安市洪泽区软件园管理发展中心
洪泽县老子山旅游度假区管理委员会	淮安市洪泽区老子山旅游度假区管理委员会
洪泽县高新技术产业园	淮安市洪泽区高新技术产业园管理发展中心
洪泽县地震局	淮安市洪泽区地震局
洪泽县地方志编纂委员会办公室	淮安市洪泽区地方志编纂委员会办公室
洪泽县“阳光洪泽”管理办公室	淮安市洪泽区“阳光洪泽”管理服务中心
洪泽县县城建设指挥部办公室	淮安市洪泽区城市建设指挥部办公室
洪泽县广播电视台	淮安市洪泽区广播电视台
洪泽县供销合作总社	淮安市洪泽区供销合作总社
洪泽县档案局	淮安市洪泽区档案局
洪泽县接待办公室	淮安市洪泽区接待办公室
洪泽县高良涧街道办事处	淮安市洪泽区高良涧街道办事处
洪泽县朱坝街道办事处	淮安市洪泽区朱坝街道办事处
洪泽县黄集街道办事处	淮安市洪泽区黄集街道办事处
洪泽县岔河镇人民政府	淮安市洪泽区岔河镇人民政府
洪泽县东双沟镇人民政府	淮安市洪泽区东双沟镇人民政府
洪泽县三河镇人民政府	淮安市洪泽区三河镇人民政府
洪泽县蒋坝镇人民政府	淮安市洪泽区蒋坝镇人民政府
洪泽县老子山镇人民政府	淮安市洪泽区老子山镇人民政府
洪泽县西顺河镇人民政府	淮安市洪泽区西顺河镇人民政府

《洪泽年鉴(2017)》中涉及的部分缩略语注解

城管“四无、六净、二不”标准:“四无”:路面无落地生活垃圾、建筑垃圾和杂物;无积水;无人畜粪便;无各类垃圾漏收堆积。“六净”:路面净、路沿净、人行道净、树坑墙根净、窨井口净、垃圾容器净。“二不”:不丢堆、不漏段。

工资集体协商“363”工程:计划用三年时间在全市范围着力培育30个行业、60个企业、30个区域工资集体协商典型。

两学一做:学党章党规、学系列讲话,做合格党员。

两税:增值税、消费税。

“金税三期”税务管理系统:为金税三期工程简答。国家税务总局根据一体化原则,基于统一规范的应用系统平台,依托计算机网络,建立“一个平台、两级处理、三个覆盖、四个系统”;国家税务总局和省局高度集中处理信息,覆盖所有税种、所有工作环节、国地税局并与有关部门联网,包括征管业务、行政管理、外部信息、决策支持等四大子系统的功能齐全、协调高效、信息共享、监控严密、安全稳定、保障有力的税收管理信息系统。

基层“五长”:基层站长、所长、院长、校长、村长。

七位一体:将诉讼服务中心建成集诉讼服务、诉讼引导、立案登记、案件速裁、信访接待、诉调对接和司法辅助为一体的“一站式”服务平台,方便群众诉讼。

“三比两看”优选三类人员:村书记主要比壮村工作、创星定级、活力指数等实绩,事业人员和大学生村官主要比任职年限、学历、年度考核和表彰奖励,分类分项量化计分,参看党委意见、考察组意见。

三推三评三考:通过自我推荐、党员群众推荐、组织推荐,实行群众代表评议、村组干部评议、党员代表评议,开展基础知识考试、工作情况考核、党委组织考察,选拔储备一批村级正职后备人才。

三进三帮:进农村帮壮村富民,进企业帮转型升级,进社区帮和谐共治。

三问三抓:问重点,抓提升;问难点,抓突破;问亮点,抓创新。

三进培训:进党校、进高校、进基地培训。

三学三增:学《党章》增强党性意识、学《准则》增强廉洁意识、学《条例》增强纪律意识。

三看三评:看法庭,评庭审规范情况;看窗口,评服务质量效能;看诉调对接平台,评工作开展情况。

三严三实:严以修身、严以用权、严以律己,谋事要实、创业要实、做人要实。

“三上”文化企业:规模以上(年主营业务收入或产品销售收入2000万元及以上)的工业文化企业;限额以上批发(年主营业务收入2000万元及以上)、零售(年主营业务收入500万元及以上)的文化企业;重点服务业(年主营业务收入200万元及以上或从业人员50人及以上)的文化企业。

四联合:联合评审、联合踏勘、联合图审、联合验收。

“四评”人岗相适度:实行多维评议,立体描绘干部“画像”。是指“一把手”评,知情人评,自己评,组织评。

司法惠民五件实事:开展“无讼”系列创建活动、打造“七位一体”诉讼服务中心、开展司法宣传“五进”活动、建设廉政教育馆、执行提速工程。

五控衔接:卡点堵控、视频监控、巡防管控、便衣守控和区域联控。

“五小”练兵:指开展小时间、小课堂、小教员、小测试、小讲评活动。

五证合一:营业执照、组织机构代码证、税务登记证、社会保险登记证和统计登记证。

五整一打:整治突出治安问题、整治公共安全隐患、整顿交通秩序、整治导控敏感舆情、整顿队伍纪律作风、打击突出违法犯罪。

一案双查:对发生重大腐败案件和不正之风长期滋生蔓延的地方、部门和单位,实行“一案双查”,既要追究当事人责任,又要倒查追究相关领导责任,包括党委和纪委的责任。

一学二谈三查四诺:“一学”指学习换届纪律。“二谈”指开展谈心谈话。“三查”指组织督查督导。“四诺”指集中承诺、公开示诺、监督践诺和严惩失诺。

一个中心三平台:智慧洪泽运营中心、政府管理平台、便民服务平台、公共资源交易平台。

一书四单:党风廉政建设责任书、党风廉政建设主体责任清单、“第一责任人”责任清单、班子成员“一岗双责”责任清单、党风廉政建设主体责任季度工单。

一转四进两倾听:转变作风;走进农村、走进企业、走进学校、走进机关;倾听青年心声,倾听青年心愿。

一综八办:综合办、人武动员办、政治动员办、人民防空办、科技动员办、信息动员办、经济动员办、交通战备办。

营改增:营业税改征增值税。

执纪监督“四种形态”:党内关系要正常化,批评和自我批评要经常开展,让咬耳扯袖、红脸出汗成为常态;党纪轻处分和组织处理要成为大多数;对严重违纪的重处分、作出重大职务调整应当是少数;而严重违纪涉嫌违法立案审查的只能是极极少数。